KB006322

# 우주가 바뀌던 날 그들은 무엇을 했나

THE DAY THE UNIVERSE CHANGED

The Day the Universe Changed
by James Burke

# 우주가 바뀌던 날
## 그들은 무엇을 했나

THE DAY THE UNIVERSE CHANGED

제임스 버크 | 장석봉 옮김

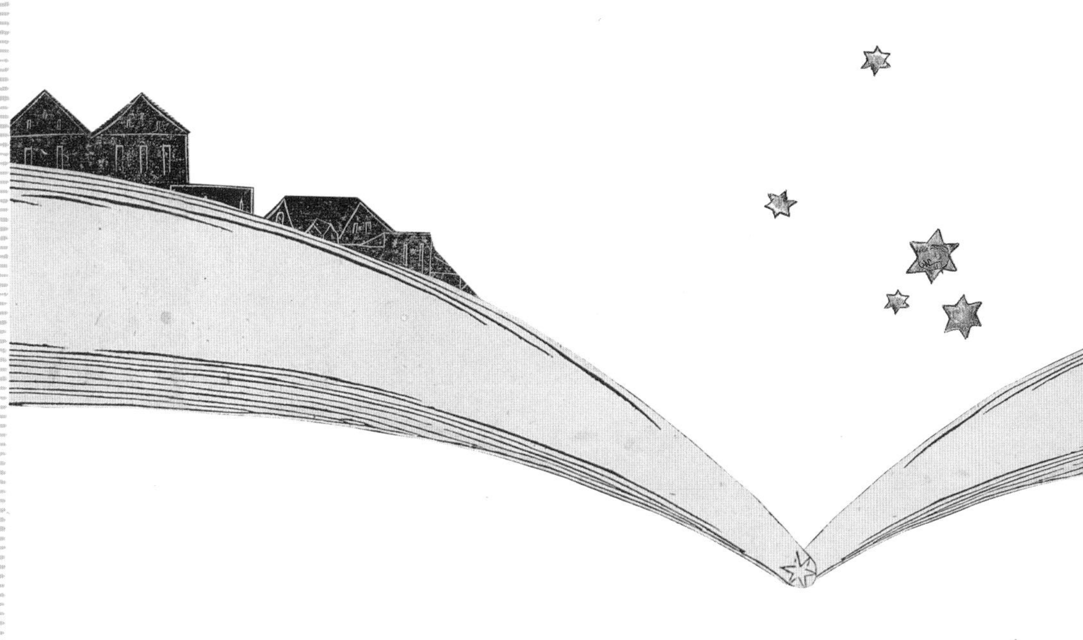

궁리
KungRee

**일러두기**

1. 이 책은 2000년에 지호에서 펴낸 『우주가 바뀌던 날 그들은 무엇을 했나』를 다시 출간한 것입니다.
2. 본문 옆 • 표시가 달린 주는 모두 옮긴이 주입니다.

# 서문

우리가 알고 있는 것이 곧 우리 자신이다. 15세기 유럽인들은 하늘이 지구를 중심으로 돌면서 별과 행성들을 실어나르는 동심同心의 수정체 천구天球들로 닫혀 있다고 '알고' 있었다. 이러한 '지식'은 그들의 행동과 사고의 모든 면을 결정지었다. 그들에게는 그것이 진리였기 때문이다. 그러나 갈릴레이의 망원경은 그 진리를 바꾸어 놓았다.

그 결과, 백 년 후에는 모든 사람이 우주는 무한하고 열려 있으며 마치 거대한 시계처럼 작동한다는 것을 알게 되었다. 건축, 음악, 문학, 과학, 경제, 미술, 정치 이 모든 것들이 지식의 영역에서 생겨난 변화에 따라 등장한 새로운 관점을 반영하며 변화했다.

오늘날 우리는 우주가 어떻게 움직이고 있는가를 설명하는 가장 최신의 설명 방식에 기대어 살고 있다. 이러한 세계관은 이전의 설명 방식들이 당시 사람들에게 영향을 미쳤던 것과 마찬가지로 우리의 행동과 사고에도 영향을 미치고 있다. 과거의 사람들처럼 우리도 어떤 현상이 '틀리'거나 시대에 뒤떨어져 우리의 세계관에 들어맞지 않으면 그것을 거부한다. 과거의 선조들과 마찬가지로 우리도 실재 진리를 알고 있는 것이다.

과거의 어느 시대에나, 신화에 근거를 둔 것이건 혹은 연구 결과에 근거를 둔 것이건 간에 사람들은 우주가 어떻게 작동하는가에 대해 그들 나름의 명백한 관점을 가지고 있었다. 그리고 어느 시대건, 지식의 핵심부가 변화하면 그들이 가진 세계관도 언젠가는 바뀌었다.

이 책은 이러한 변화의 순간들을 살펴봄으로써 오늘날까지 이어져 내려오면서 현대인들의 생활을 이루는 기본 요소가 된 중요한 제도나 사고 방식이 세계관의 변화에 따라 어떻게 만들어져 왔는지를 보여주고자 한다.

각 장들은 세계관이 변화를 시작하려는 바로 그 지점들에서 시작된다. 에스파냐의 정복자들이 엄청난 발견을 하기 전인 11세기, 새로운 회화 기법이 콜럼버스를 아메리카로 이끌기 이전인 14세기에 피렌체에서 일어난 경제적 붐, 인쇄술이 '사실'의 의미를 바꾸어 놓기 전까지 존재했던 이상한 기억의 세계, 근대 과학을 탄생시킨 16세기 포술砲術의 발전, 영국의 무더운 여름이 산업혁명을 낳았던 17세기, 환자들에게 처음으로 통계학을 적용시켰던 프랑스 혁명군의 야전 외과 의무소들, 공룡 화석이 발견됨으로써 진화론이 전개되었던 19세기, 그리고 과학의 확실성에 종말을 고하게 한 1820년대의 전기 실험들.

마지막 장은 지식에 대한 이러한 접근들이 함축하거나 뜻하는 바가 무엇인지에 대해 살펴볼 것이다. 만일 모든 시대의 모든 세계관이 다 타당한 것이라면, 어느 것이 정말로 옳은 것일까? 지식의 발전 방향, 아니면 한 형태에서 다른 형태로의 계승은 과연 존재하는 것일까? 만일 그렇다면, 영원히 불변하는 가치나 척도라는 것이 존재할 수 있을까? 과학자들이 주장하는 것처럼 진리를 찾기 위한 논리적이고 객관적인 연구로서 우주에 대한 연구 작업은 가능한 것일까? 아니면 당대의 이론들에만 맞는 합리적인 절차만을 밟는 연구만이 가능할까? 과학적 기준도 사회적 우선 순위에 따라 바뀔 수 있는 것일까? 만약 그렇다면, 과학에 특권적 지위를 가져다 주는 것은 무엇일까? 모든 연구가 맥락에 따른 이론 부과적인 것이라면, 지식은 단순히 우리가 그래야만 한다고 결정해 버릴 수 있는 그런 것이 아닐까? 우리가 발견해낸 우주, 혹은 우리가 이러이러하다고 말하는 우주는 정말 존재하는 것일까? 만약 지식이 인공물이라면, 우리는 그것을 끝없이 계속해서 만들어 낼 수도 있지 않을까? 만약 그렇다면, 우리가 찾는 진리는 어디에도 없단 말인가?

## 1995년판 서문

오늘날 우리는 3천 년 전 알파벳으로 촉발된 사회적 혁명들 이래로 가장 거대한 혁명의 초입에 서 있다. 지난 10년 동안, 인류가 만들어 놓은 온갖 지식을 전 세계 모든 사람들에게 전달해 줄 수 있는 잠재력을 가진 정보 기술은 말 그대로 세상을 바꾸어 놓았다. 왜냐하면 우리가 가지고 있는 세계관과 우리가 거기에 부여하는 가치는 언제 어디서나 우리가 알고 있는 것을 토대로 형성되기 때문이다. 그리고 우리가 알고 있는 것이 변하면 세계도 바뀌고, 또 그와 함께 모든 것이 바뀌게 마련이기 때문이다.

항상 그래 왔다. 갈릴레이가 태양을 선회하는 금성을 망원경으로 관측하기 전까지만 해도, 우주론자들은 우주의 중심이 지구인 줄 '알고' 있었다. 다윈이 진화론을 내놓기 전까지만 해도, 자연학자들은 하느님이 태초에 모든 종을 지금과 똑같은 모습으로 창조했고 그것은 절대로 변하지 않는다고 '알고' 있었다. 파스퇴르가 미생물을 발견하기 전까지만 해도, 의사들은 질병이 공기중에 있는 눈에 보이지 않는 독기毒氣 때문에 생겨난다고 '알고' 있었다. 사람들이 '알고' 있는 사실은 그들의 행동, 그리고 그들 자신들이 살고 있는 세계에 대한 생각 모두를 결정한다.

역사는 이러한 변화의 순간들로 가득 차 있으며, 이러한 순간마다 우리의 감각은 새로운 데이터들에 의해 수정된다. 우리는 나중 것이 앞의 것보다 세계를 더 완전하고 정확하게 표현해 낸다는 확신 속에서 하나의 단계에서 또 다른 단계로 옮겨간다. 그러나 이러한 확신도 그 자체로 하나의 새로운 태도의 표현이다. 이러한 확신은 지식의 일정한 한 영역에 변화가 생겨 모든 것에 대한 우리의 견해를 바꾸어 놓은 19세기 끝무렵 이전까지만 해도 존재하지 않았던 것이다. 다윈의 획기적인 저술인 『종의 기원』이 발표되면서 진보란 개념이 생겨났고, 그와 함께 역사란 더 나은 방향으로 가는 과정이라는 생각도 생겨났다.

불과 얼마 뒤인 20세기 첫무렵에 발표된 아인슈타인의 상대성 이론은 그것을 근본부터 뒤흔들어 놓았고, 1920년대 하이젠베르크의 불확정성 원리의 강력한 지원을 받은 견해로 대체시켰다. 불확정성의 원리는 존재의 가장 기본적인 요소들이 사실 그것들을 실험하기 위해 사용된 도구들의 산물일 수도 있다는 점을 보여주었다. 아원자 입자들은 실험 방법에 따라 위치와 속도 가운데 하나만이 존재하며 그 둘이 동시에 존재할 수는 없다. 우주는 우리가 '말한' 그대로 존재한다.

지식의 변화는 사물들의 의미도 바꾸어 놓는다. 의학 기술이 생겨나고 박테리아가 발견된 19세기 이전까지만 해도, 의사는 실내 장식가나 이발사와 같은 종복에 불과했다. 그러나 이제 의사는 예전에 사제나 무당들만이 누리던 것과 똑같은 힘을 갖게 되었다. 그리고 사회가 사람들의 행동을 정의하는 방식에도 차례로 변화가 생겼다. 한때 범죄 행위로 치부되던 것들에도 이제는 '비정상' '병적인' 혹은 '정신질환적인' 등의 임상의학적인 용어들이 붙기 시작했다.

새로운 기술은 때로 지식 그 자체를 뒤바꿀 정도로 기존의 사회에 크나큰 위험 요소로 작용하기도 했다. 콜럼버스가 아메리카를 발견함으로써 유럽의 권위 체계는 무너지기 시작했다. 새로운 대륙이 있다는 사실은 당시 유럽의 권력층이 기대고 있던 지식에 비추어 볼 때 완전히 말도 안 되는 사실이었기 때문이다. 메이플 시럽, 파인애플, 보리 그리고 초콜릿은 고전적인 자연학적 지식에는 편입되지 않은 것들이었다. 게다가 그 동안 오직 뜨거운 사막만 있다고 알고 있던 남아메리카에는 열대 우림도 있었다.

콜럼버스의 발견에 뒤이은 광범위한 공황 상태는 더 신뢰할 만한 지식 체계에 대한 욕구를 창출해 냈다. 그 직접적인 결과가 바로 베이컨과 데카르트가 내놓은 환원주의와 방법적 회의, 그리고 우리가 과학이라고 부르는 것의 등장이었다. 그 모든 것들의 목표는 오직 하나였다. 바로 기존의 이론들이 가지고 있는 오류들을 논박해 지식을 더욱 확고하게 만들어 내는 것이었다.

베이컨과 데카르트 이래로 우리는 우리가 살아가는 데 필요한 지식과 믿음과 가치가 변화를 거듭할 것이라는 기대를 갖게 되었다. 이 책은 변화의 순간에 새로운 제도와 사유체계들이 어떻게 생겨났고 또 어떻게 현대 우리들의 세계관에 계속해서 살아남게 되었는지를 알아보기 위해 역사의 여덟 순간을 발생한 순서에 따라 다루고 있다.

이 책이 처음 나온 지 얼마 되지 않은 짧은 기간 동안에도 우리는 그러한 변화의 순간들을 경험하고 있다. 냉전이 종식되면서 그 동안의 적이 갑작스럽게 친구로 돌변했고, 국가 방위 관련 연구들에 대한 전폭적인 지원이 재검토되고 있다. 유전공학은 자연의 본질은 변하지 않는다는 우리의 생각을 바꾸어 놓았다. 그리고 정보통신과 자료 처리 기술은 다시 공간과 시간의 의미를 바꾸어 놓았다.

변화는 이제 우리와 늘 함께 한다. 코페르니쿠스의 태양 중심설이 발표된 이후 우리는 "새로운 철학은 모든 것을 의심하는 데 있다"고 말해 왔다. 새로운 세계관 속에서 우리가 어떻게 살고 있는가가 바로 이 책의 주제이다. 그리고 각각의 장들은 모든 것이 바뀌었을 때 벌어졌던 이전의 유사한 일화들을 알아보는 것을 목적으로 한다. 그리고 마지막 장은 지식이 당대의 환경에 제약을 받는 상대적인 것이며, 이후의 발전에 따라 부정되는 것이라면, 만약 그렇다면 우리가 추구해야 할 진리라는 것이 과연 있기는 한가라는 물음을 던진다. 그리고 지식을 만들어 나가면서 매번 우주의 모습을 달리 만들어 내는 것이 과연 우리 자신인가라고…….

1995년 런던에서

제임스 버크

# 차례

# 1

⊙

# 우리가 존재하는 방식

코페르니쿠스가 활동하기 이전에 살았던 중세 유럽인들은 무척이나 어리석었던 것이 분명하다고 어떤 사람이 비트겐슈타인에게 말한 적이 있었다. 그렇게 하늘을 관찰했으면서도 태양이 지구 주위를 돌고 있다고 믿었으니 말이다. 확실히 그들에게 천문학 상식이 조금이라도 있었다면, 그것이 사실과는 정반대라는 것을 알 수 있었을 것이다. 그러나 비트겐슈타인은 그때 이렇게 대답했다고 한다. "동의합니다. 하지만 만약에 태양이 그 당시에는 지구 주위를 돌고 있었다면, 태양이 지구를 도는 것처럼 보일 수도 있지 않았을까요?"

요점은 두 경우가 완전히 똑같아 보인다는 것이다. 자연을 관찰할 때 우리는 당시에 우리가 안다고 여기고 있는 지식에 비추어서 우리가 보고 싶은 것만을 본다. 자연은 무질서하고 무시무시하고 혼돈스럽다. 우리가 자연에 체계를 부여하려는 것은 혼돈에 대한 공포 때문이다. 우리는 복잡한 것이라면 질색을 하기 때문에 수중에 있는 것이면 무엇이든지 이용하여, 될 수 있는 한 단순화할 방도를 찾는다. 우리는 우주란 무엇이며, 어떻게 운행하는가에 대해 포괄적인 설명을 하려 든다. 이러한 포괄적인 관점을 얻기 위해서 우리는 자연 현상들에 체계를 부여하고 그것을 설명해 줄 이론들을 만들어 낸다. 그래서 자연

이집트 제18왕조(기원전 1567~1320)의 무덤에 그려진 벽화. 맨 위 오른쪽 인물은 측량 기사이다. 관리들과 함께 들판의 경계를 따라 걸으면서 손에 들고 있는 측량 끈을 풀고 있다. 작게 그려진 사람들은 농부이다.

이 어떠어떠하게 움직인다고 말을 하며, 그것에 맞는 일관된 체계로 자연을 분류한다.

우주에 대한 이러한 생각은 우리 생활 구석구석에 침투해 있다. 어느 시대, 어느 곳의 사회에서건 사람들의 행동 속에는 실재에 대한 자신들의 관점이 배어 있다. 우리가 알고 있는 것 바로 그것이 우리 자신을 규정한다. 그리고 우리가 알고 있는 지식의 핵심이 변화하면, 우리 자신도 변화한다

변화는 새로운 지식을 낳고, 그것은 다시 새로운 성향과 제도들을 만들어 낸다. 새로운 시스템들은 이전에 견지되던 구조나 성향을 몰아내거나 또는 그것들과 공존한다. 따라서 오늘날 우리가 가지고 있는 관점에는 시간의 시험을 견뎌 냈고, 어떤 이유에서건 새로운 환경에서도 여전히 유효한 과거의 관점과 현재의 지식이 뒤섞여 있다.

명백히 시대 착오적인 요소들을 낳은 역사적 상황을 살펴보면, (바로 이것이 이 책에서 다루고자 하는 내용이다) 지식의 각 단계에서 우주란 무엇인가에 대한 일반적인 동의는 모두가 공유하는 속기 부호의 형태를 취하는 것처럼 보인다. 말을 하려면 일련의 단어에 뜻을 부여할 수 있는 문법이 있어야 하는 법이다. 마찬가지로 사회적 상호 작용이 의미를 가지려면 사회적으로 합의된 형식이 사용되어야만 한다. 그러한 형식들이 구체화된 것이 바로 의례儀禮이다.

의례에는 경험이 응축되어 있다. 그러나 의례를 행하는 사람들이 그 의례에 담겨 있는 의미나 가치를 확실히 알고 있다거나 이해하고 있다고는 할 수 없다. 의례는 존속되어야 할 가치가 충분히 있다고 여겨지는 문화적인 요소들과 관련이 있다. 의례에 참여한다는 것은 그 자신이 그 집단의 이단자가 아니라는 것을 보여주는 행위이다. 의례를 통해 사람들은 화합을 다진다. 그리고 참가자 모두에게는 특정한 역할이 주어진다. 그것은 고안되거나 다듬어지는 것이 아니라 그 이전부터 전해져 내려오던 것이다.

예를 들면 결혼식은 구조화된 대표적인 의례 행위이다. 앵글로 색슨계 국가들에서는 결혼식이 그 주인공들의 사회적 신분 변화를 나타낸다. 가족의 단순한 구성원이었던 그들은 결혼을 함으로써 이제 또 다른 사회 구성원을 낳아야 할 책임을 떠맡게 된다. 이러저러한 조건들에 대한 합의는 이미 결혼식이 열리기 전에 확실하게 이루어지지만, 결혼식은 그 이행, 즉 신분 변화를 공식화하는 것이다. 결혼식에는 당사자들이 속한 공동체의 관리와 일반인이 입회한다.

의례 가운데는 정말 어처구니없어 보이는 것들도 많이 있다. 신부는 흰옷을 입는다. 의식은 종교적이건 세속적이건, 신랑에게 넘겨질 인적 재산으로서 수행해야 할 여성의 역할을 담은 고풍스러운 언어와 용어들로 진행된다. 결혼식은 온갖 상징으로 충만해 있다. 꽃은 다산을, 반지는 그들의 결혼이 성적인 결합이자 동시에 계약상의 결합임을 상징한다. 신부의 들러리들은 신부가 곧 상실하게 될 처녀성을 암시한다. 신랑과 신부는 계약서에 서명을 하는데, 이러한 행위는 그 두 사람이 법 앞에서 평등함을 뜻하는 것이다. 그리고 신랑과 신부가 새로운 가정을 시작하기 위해 일상 생활의 중압감으로부터 벗어나는 시간이 바로 신혼 여행이다.

이러한 요소들 가운데 어느 하나도 더 이상 오늘날의 신랑, 신부들에게는 직접적인 의미가 없다. 그런데도 그것들이 계속 존속된다는 사실은 결혼이 여전히 사회적으로 중요한 의례임을 보여주고 있다. 이것은 한 사회 집단이 여성과 남성 사이의 관계를 공식화함으로써 그들에게 구속력을 부여하는 것이 사회의 영속과 안정에 필수적이라고 여겨지고 있음을 나타낸다. 의례가 사라지지 않은 것은 이러한 이유 때문이다.

의례가 일반적으로 널리 행해지면 제도화되고, 그것을 담당하는 기관들이 생겨난다. 이들 기관에는 일정한 권위와 책임이 주어진 사람들이 배치되어 사회의 영속적인 안전과 활동에 필수적인 일들을 담당한다. 기관들은 집단이 매일매일 기능하는 데 꼭 필요한 일상적인 서비스를 수행하는 사회적 살림꾼 구실을 한다. 정부 기관의 구성원들 같은 경우에는 사회 전체가 앞으로 해야 할 일에 대해 결정을 내리고 집행할 수 있는 실질적인 권력을 부여받기도 한다.

현대 서양의 경우, 돈과 재산의 중요성은 재정이나 상업적인 거래의 연속성을 보장하는 일을 맡은 기구機構들의 권한이나 제도화된 형태를 보면 알 수 있다. 은행은 교환 수단들이 이리저리 옮겨 다닐 수 있는 방법들을 공인함으로써 이러한 교환 수단들이 안전함을 보증해 준다. 오늘날 전자식 자금 이체 시스템 같은 것은 환어음이나 신용장의 물리적인 존재를 불필요하게 만들고 있지만, 이 새로운 매체 역시 아직은 문서 행위를 처리하기 위해 개발된 원래의 시스템을 고수하고 있다. 그리고 그것은 여전히 17세기의 은행 시스템이다. 이 시스템이 거의 바뀌지 않은 채로 유지되고 있는 것은 우리 사회가 자금 조절의 수단으로서 그것이 충분히 효과적임을 알고 있기 때문이다.

어느 사회에서건 변화의 속도가 가장 완만한 제도를 들라면 그것은 아마도 법일 것이다. 법은 사회의 기본적인 정체성을 법조문에 담아서 보호한다. 법은 해서는 안 될 행위와 해도 될 행위들을 규정하고 그에 따른 처벌권을 가진다. 예컨대 혁신적인 기술이나 발명은 특허법으로 보호를 받으며, 집단의 안정에 결정적인 위해를 가하는 범법 행위에는 사형이라는 처벌을 내리기도 한다. 오늘날 재판에서 볼 수 있는 복장, 화법, 배심원의 수, 법원의 좌석 배치 등은 매우 시대 착오적인 것처럼 보인다. 그러나 그것들은 사회가 그 기관에 부여하고 있는 가치를 상징한다. 옛부터 이어져 내려오는 법적 전통을 이렇게 실제로 보여줌으로써, 그 공동체가 영구적이고 일관된 법의 지배 아래 있다는 인상을 강화시키는 것이다.

제도의 기본적 목표 가운데 하나는 모든 구성원들에게 필수적이라고 여겨지는 일들로부터 그들 대다수를 자유롭게 하는 것이다. 예컨대

부의 창출, 육체적인 건강의 유지, 그리고 무엇보다도 젊은이들에게 삶에 대한 공동체의 세계관을 가르치는 일 등이 그것이다. 인간성은 자녀들에게 성인으로서의 책임이 부여되기 전에 교육되어야 하며 그 시기를 놓치면 가르치기 어렵다. 언어는 교육이라는 형태로 한 세대에서 다른 세대로 지식을 전수하는 독특한 능력을 우리에게 제공한다.

교육의 내용을 보면 우리는 그들이 사회적으로 어떤 집단에 우선 순위를 두고 있는지, 자신들 주변의 세계를 어떠한 용어로 나타내고 있는지, 그리고 그 공동체가 발전해 나가야 한다고 여기고 있는 방향이 무엇인지에 대해 알 수 있다. 바로 이러한 공식적인 교육 기관들의 존재는 그 사회가 특정한 세계관을 영속시킬 수단과 욕망을 가지고 있다는 것을 나타내며, 그러한 세계관이 본성상 진보적이고 낙관적인가 또는 정적이고 이론적인가를 드러낸다.

우리의 경우에는 우리 사회의 젊은 구성원들이 질문을 하도록 훈련시킨다. 서양의 교육은 새로운 것을 발견하는 데 필요한 지적 도구들을 제공하는 내용으로 구성되어 있다. 우리는 새로운 것을 장려하며, 이러한 태도는 우리의 교과 과정에 반영되어 있다. 졸업하는 학생들의 옷에 공식적인 장식물을 달아 주는 것뿐만 아니라, 학위나 교사들의 명칭과 같은 명백한 구습들을 통해서 우리는 중세로부터 이어져 내려오는 그 조직의 기원을 회상할 수 있고 동시에 우리 사회가 얼마나 규범적인 교육에 집착하고 있는가를 알 수 있다. 교육 제도의 성과에 대해서 품질 관리적인 접근법을 취했던 근대 서구 문화는 변화를 창출해 내는 것을 목표로 하는 집단이나 조직을 설립하고 장려했다. 그것들은 일반적으로 산업체나 대학 기관에서 연구 개발을 담당하는 하부 조직의 형태를 띤다. 그 구성원들은 사냥이나 채집 활동으로 먹을 것을 구했던 고대 부족민들의 현대판이라고도 할 수 있을 것이다.

현대 서양 사회의 특징은 서구인들이 누리는 자율성의 정도에 가장 잘 나타나 있다고 할 수 있다. 물론 서구인들도 사회의 하부 단위로서 자신이 속한 사회가 구성원들 모두에게 똑같이 부과하는 일반적인 통제와 제한에 따라야만 한다. 그러나 서구인들이 갖고 있는 지식에 대한 견해나 그 적용 방법 덕택에, 변화를 창출해 내는 사람들은 대체로 사회적 상호 작용의 주류에서 고립된 채 매우 전문적인 분야에서 작업할 수 있다. 그것은 그들의 작업이 갖는 비의적秘義的 성격, 특히 그들이 사용하는 언어 때문이다. 그들의 자율성은 그들이 생산해 낸 것들의 상업적인 성공에 의존한다. 생산품들은 본성상 기술적이고 과학적인 것이긴 하지만, 오늘날에는 서비스나 정보 시스템으로 주도권이 넘어가고 있으며 그것은 우리 사회가 중공업 위주의 단계를 이미 넘어섰다는 징표이다. 우리는 이제 생산을 재구성할 수 있는 수단들을 가지고 있다. 그것들은 우리의 생활 양식을 더 자율적이고 덜 엄격하게 만들겠지만 사회적으로는 파편화시킬 것이다.

서양에서 현대적 기술이 생겨날 수 있었던 가장 중요한 이유는, 끊임없이 변화를 만들어 낼 수 있는 수단들을 생산해 내는 방향으로 그것들이 전적으로 움직였다는 데에 있다. 서양인들과 똑같은 사회 구조를 채택했지만, 그 구조를 사회의 안정성을 지키는데 사용한 과거의 다른 사회들이나 혹은 아직도 그렇게 하고 있는 현대의 다른 사회들과는 달리, 우리는 그것을 우리 사회를 부단히 개혁하는 데 이용한다.

매우 동적인 이러한 삶의 방식은 약 3천 년 전 지중해 동부에서 생겨난 특유의 합리적인 사고 방식의 산물이다.

기원전 1000년 무렵 그리스 본토인들이 동쪽의 이오니아로 이주해 가서 소아시아의 에게 해안과 섬들에 정착했다. 그곳에 간 것은 그들이 처음이었다. 그들은 자신들 앞에 놓인 어떠한 환경에도 적응했으며, 생존에 도움이 되는 것이라면 무엇이든 기꺼이 이용했다. 실리적인 사람들이었던 그들은 실용적인 인생관을 지니고 있었으며, 빈틈이라고는 눈곱만치도 없었다.

이오니아에서 그들이 마주친 환경은 혹독했다. 그들 대부분은 해안선을 따라 띠처럼 펼쳐진 그렇고 그런 땅에 야트막한 담장으로 둘러싸인 작은 촌락들을 세우고, 고작 올리브나 약간의 포도주만을 생산해 낼 수 있는 건지농법乾地農法으로 먹고살았다. 내륙으로 통하는 길은 황량한 산악 지역으로 막혀 있어 이오니아인들은 바다로 나갔다. 그들은 지중해 동쪽 지역을 구석구석 여행하기 시작했고, 얼마 안 있어 자신들이 바빌로니아와 이집트라는 두 거대 제국에 아주 가까이 있다는 것을 알게 되었다. 강 유역에서 발생한 이들 고대 문화는 둘 다 처음이자 거의 동시에 생겨난 문명이며 도시 문명의 대표적인 예이다. 이들 사회는 마술적인 힘을 가진 왕들이 통치하는 신권 정치 사회였다. 과학이나 기술상의 새로운 발명품은 거의 없었는데, 그것은 고도로 규칙적인 자연 환경, 그리고 광대한 관개 체계를 건설하고 유지해야만 하는 필요성에 기반을 둔 사회 구조의 경직성 때문이었다. 이집트인들과 바빌로니아인들은 모두 그들 자신이 바로 문명화된 세계의 경계선이었다. 그들은 당장 쓸 수 있는 실용적인 것들과 관련된 것이 아니면 알려고 하지도 않았다. 바빌로니아의 수학과 천문학은 사제들에게 허용된 연구 주제들로만 제한되었다. 이집트의 기하학은 오직 피라미드를 건설하고 침수된 땅의 면적이나 저수지의 용적을 측정할 때에만 쓰였다.

두 문화는 모두 창조 신화를 가지고 있었으며, 창조가 자신들이 존재하기 바로 얼마 전에 벌어진 일이라고 믿고 있었다. 세상의 모든 일을 주관하는 신들, 그리고 실용적인 목적을 달성하는 데 필요한 최소한의 과학과 기술, 이런 것들이 어우러져 그들의 소박한 우주론이 완성되었다. 경험할 수 없는 것은 굳이 하지 않아도 되는 그런 환경이었다.

그러나 이오니아인들은 그렇지 못했다. 자연 환경은 불리했으며, 농업 생산성은 한계에 다다랐다. 내륙으로는 더 이상 진출할 수 없었으며, 주변의 이웃은 적대적이었다. 그 때문에 무역이 필요했고, 식민지인 그리스인들의 세계관은 동적動的으로 바뀌어 갔다. 그들에겐 발

태양신과 그의 부하들을 그린 기원전 9세기 바빌로니아의 진흙 서판. 신성(神性)을 나타내는 마법의 상징들이 보인다. 태양을 상징하는 것이 신의 앞에 있는 걸상 위에 있고, 캐노피 아래쪽의 하늘에 있는 것들은 달, 태양, 금성이다. 신전은 생명의 원천인 하늘의 바다 위에 있다.

전에 저해가 되는 신권 정치의 전통 같은 게 없었다. 그들은 군주 정치를 일찍이 거부하고, 비교적 소수의 노예 소유주들이 서로 합의해 다스리는 공화제적인 도시 국가를 선택했다.

이오니아인들이 이러한 급진적이고 새로운 세계관을 채택한 것은 경제적인 환경이 원인이었을 것이다. 성직자들이 마법적인 예언을 하는 데 쓰던 바빌로니아의 천문학을 이제 이오니아인들은 바다 항해술에 이용했다. 작은곰자리를 이용해 정확한 위치를 알아내기 시작한 것으로 대표되는 이 중요한 진보는 밀레토스 출신의 고대 이오니아인인 탈레스에게로 그 공이 넘어간다. 그가 이집트를 방문했다는 것은 거의 확실한 일로서, 아마도 그 방문이 이집트 기하학이 이오니아로 도입되는 계기가 되었을 것이다. 그는 또한 바빌로니아의 천문학 기술을 이용해 일식을 예언했다고 알려져 있다.

탈레스, 그리고 그를 추종했던 두 세대에 걸친 제자들은 철학을 발명해 낸 사람들로 인정받고 있다. 우주가 어떻게 운행되는가라는 기본적인 물음을 처음 던졌던 사람들이 바로 이들 이오니아인들이었다. 관습, 포고, 계시, 사제의 권위 등에 젖어 있던 고대 문화 속에서, 탈레스와 일단의 사람들은 세계와 만물의 근원에 관해 자연주의적인 설명을 시도했다. 자연을 설명하고 통제하기 위해, 그들은 자연을 탐구하는 방법을 찾기 시작했다.

이오니아인들은 시금(試金) 기술을 발명하고 그 기술을 이용해 만든 표준적인 귀금속 동전을 통화로 사용했다고 여겨지고 있다. 사진의 스타테르*가 그 한 예로서, 이 동전에 그려진 그림은 창과 활을 들고 있는 사람의 모습이다.

탈레스의 시대에 이오니아인들은 곡물, 맷돌, 비단, 구리, 고무, 소금 등 다양한 상품을 거래하면서 지중해 동쪽 구석구석에서 무역을 하고 있었다. 이러한 무역이 가능했던 것은 어느 정도는 금화와 은화의 발명 덕분이었다. 그들은 흑해 연안을 따라 식민지들을 가지고 있었으며, 북쪽으로는 러시아 스텝 지대, 남쪽으로는 누비아**, 서쪽으로는 대서양까지 갈 정도로 열정적인 탐험가들이었다. 또 그들은 탐험을 위해 서양에서 처음으로 지도를 만들기도 했다.

이오니아인들은 세계에 관한 물음에 실제적인 해답을 얻고자 했다. 자연 현상의 원인이 되는 기제들을 신들이 아닌 다른 곳에서 알아내려는 시도를 미숙하나마 처음으로 한 것도 그들이었다. 탈레스는 생명에 없어서는 안 되는 것이 물이고 따라서 물이 모든 존재의 기본 물질이라고 생각했다. 그와 그의 제자들은 해변, 진흙 퇴적물, 인광燐光, 자기磁氣 작용을 탐구했다. 그들은 바람의 작용이나 연중 기온 변화뿐만 아니라 증발과 응결 현상을 연구함으로써 절기를 추론해 낼 수 있었다.

탈레스의 제자 가운데 한 사람인 아낙시만드로스는 자연이 뜨거움과 차가움, 습한 것과 마른 것, 가벼움과 무거움, 삶과 죽음 등의 대립물들로 이루어져 있다고 말했다. 또 그는 만물이 흙, 물, 공기, 불이라는 네 가지 원소가 서로 다른 양으로 결합하여 구성되어 있다고도 했다. 탈레스의 또 다른 제자인 아낙시마네스는 공기의 움직임을 관

* 스타테르(stater): 고대 그리스의 금화 · 은화 혹은 합금화.

** 누비아(Nubia): 고대 아프리카 북동부에 있던 지방. 이집트 남부 및 수단 북쪽에 해당한다.

파르테논 신전. 논리학과 기하학의 결합이 완전한 형태로 그 모습을 드러낸 것이 그리스의 건축이다. 그리스의 건축은 서구 합리 사상의 기초인 형과 대칭에 대한 욕망을 표현하고 있다.

찰했는데, 공기는 응결되어 물이 되고, 물은 얼면 얼음이 되고 또 증발하면 공기가 되었다.

현상들에 대한 이러한 초보적인 분석과 대립물의 존재에 관한 관찰은 이오니아 사회의 정치적 · 경제적 구조와 결합하여 서양 문명 최고의 지적 구조를 만들어 냈다. 변경의 작은 도시들에서는 모든 결정이 토론을 거쳐 공개적으로 이루어졌다. 처음 무역을 통해 얻은 경험들 덕분에 그들은 논쟁을 통해서 타협을 이끌어 내는 경향을 지니게 되었을 것이다. 환경은 그들로 하여금 특수한 기술들을 좀더 일반적인 것들에 적용시키도록 만들었다.

피라미드를 짓기 위해 이집트인들이 개발한 기하학을 받아들인 이오니아인들은 그것을 더 많은 곳에 두루 적용시켰다. "원은 지름에 의해 둘로 나누어진다" "이등변 삼각형의 밑각은 그 크기가 같다" "교차하는 선들의 맞각은 서로 같다"는 것을 증명한 사람도 바로 탈레스였다고 한다. 얼마 안 있어 이오니아인들은 예컨대 바다에 떠 있는 배에서 해안까지 거리를 알아내는 데 기하학을 사용할 수 있게 되었던 것 같다. 기하학은 만물을 측정하는 표준 수단이 되었다. 천문 현상뿐만 아니라 빛과 소리를 포함하는 모든 자연 현상이 오직 기하학적인 공간에서만 존재하고 측정될 수 있었다.

기하학은 공통으로 사용되는 표준적인 양적 척도에 따라 우주를 탐구할 수 있는 길을 열어 주었다. 대립쌍이라는 개념과 함께 기하학은 그 후 수천 년 동안 서구 문화의 버팀목이 된 합리적인 철학 체계의 토대가 되었다. 기원전 4세기 끝무렵에는 그리스 사상을 대표하는 플라톤과 아리스토텔레스의 철학이 등장했는데, 그 체계들은 반대쌍을 사용하는 논증과 기하학적 형태가 갖는 자명한 성질에 기초를 두고 있었다.

합리적인 토론은 아리스토텔레스가 개발한 삼단논법에 따라 행해졌는데, 견해가 서로 대립되는 경우 이 새로운 논리 기술이 그 대립을 조정하는 지적 구조를 제공했다. 직선의 기본 성질 또는 두 직선의 교차에 관한 성질 같은 기하학의 자명한 공리들은 연역을 통해 더 복잡한 정리定理들로 발전해 갔다. 합리적인 사고에 이 기술이 적용됨으로써, 지적 사변의 영역이 확대되었다.

이러한 방식으로 아리스토텔레스는 개인이 경험할 수 있는 제한된 관찰로부터 자연에 관한 보편적인 진리로 사람들을 인도하는 사고의 체계를 만들어 냈다. 플라톤은 믿을 수 없고 변화하는 감각의 세계와 오직 합리적 이성을 통해서만 알 수 있고 불변하는 진리 세계의 차이점을 검토하였다. 변화하지 않는 기하학적 요소들은 일상적 존재의 덧없는 세계가 자신을 동일화하는 불변하는 영속적인 사고 세계의 척도가 되었다. 기하학과 논리학의 이러한 결합은 서양인들의 삶의 방식에 토대를 놓았다.

이 책은 인간이 자연에 대해 이러한 합리적인 접근을 했던 역사의 특정 시점에서 어떤 일들이 발생했는가를 알아보고 있다. 이 책은 또 질문 체계의 변화가 끊임없이 이어지는 오늘날의 세계로 우리를 이끈 방식에도 주목한다. 그리고 무엇보다도 지식의 근간이 진보하고 그 결과 한 사회가 그 자신을 보는 방식에 큰 변화가 생겼을 때, 서양 문화가 그 변화를 어떻게 받아들였으며, 그에 따라 제도들이 어떻게 생겨났는지를 보여주고자 한다.

변화는 새로운 지식을 낳고, 그것은 다시 새로운 성향과 제도들을 만들어 낸다.
새로운 시스템들은 이전에 견지되던 구조나 성향을 몰아내거나 또는 그것들과 공존한다.
따라서 오늘날 우리가 가지고 있는 관점에는 시간의 시험을 견뎌 냈고,
어떤 이유에서건 새로운 환경에서도 여전히 유효한 과거의 관점과
현재의 지식이 뒤섞여 있다.

# 2

☾

# 천상의 불빛 아래에서

신호등이 빨간 빛으로 바뀌고 차들이 속도를 늦추면 사람들은 길을 건넌다. 이런 무의식적이고 습관적인 행동에는 사회가 돌아가는 방식에 대한 현대인들의 신뢰가 깔려 있다. 그런데 사람들이 신뢰하는 이러한 방식들은 지금으로부터 8백 년 전에 서양에서 생겨난 것이다.

비록 수동적인 모습이긴 하지만 우주 구조에서 인간이 관련된 중심의 개념을 표현한 12세기의 독일 그림. 중세의 우주는 천국의 하느님이 둘러싸 안고 있는 모습으로 표현되었다.

법규정은 국제 무역이나 국가 경영에서 사유 재산의 거래, 직업 계획, 육아에 이르기까지 사회의 크고 작은 온갖 일과 거래를 규제함으로써 사회의 안정을 보장해 준다. 어떤 정치 체제에서건 법은 공정하고, 모든 사회 구성원을 평등하게 대우하고, 권력의 남용을 막고, 범법자를 처벌할 것을 전제로 만들어진다.

현대 세계를 살고 있는 우리가 오늘보다 나은 내일을 기대할 수 있는 것은 혁신적인 기술이나 발명품들을 보호하고 장려하는 법규정, 특히 특허법이 있기 때문이다. 우리가 본질적으로 낙관적인 세계관을 지니고 있는 것 역시 법과 혁신의 결합에 그 이유가 있다. 법은 혁신을 이룩한 사람이 사회의 보호를 받을 수 있다는 사실을 주지시킴으로써 미지의 세계를 탐험하고, 위험을 감수하고, 모험에 나설 자신감을 개개인에게 심어 준다.

알아보기 힘들 정도로 사회가 발전했지만, 유럽의 법은 처음 그 체계가 세워진 이래로 그 목적이 많은 면에서 거의 변하지 않았다. 근대 서양의 법과 그에 따른 제도는 우리에게는 생소한 세계관을 가진, 그래서 모든 면에서 우리와는 다른 사회에서 생겨났다. 서양 사회 특유의 혁신에 대한 욕망과 법의 출현에는 두 사람의 기여가 있었다. 그 둘은 모두 로마제국 안의 같은 도시에 살고 있었지만, 자신들이 임박한 세계 종말로 여기고 있던 것에 대해서는 서로 다른 반응을 보였다.

그들 가운데 한 사람은 북아프리카 히포 출신으로서 기독교로 개종한 아우구스티누스 주교였고, 다른 한 사람은 로마의 공직자로서 프로콘술에까지 올랐던 법률가 마르티아누스 카펠라였다. 그 두 사람은 모두 로마의 아프리카 속주屬州의 수도인 카르타고에 살고 있었다.

한 세기가 넘게 카르타고는 로마에 곡물과 기름을 대는 주 공급처 역할을 해 왔다. 햇빛과 관개의 결합은 풍요로운 결실을 가져다 주었고, 카르타고인들은 제국에서 가장 부유해졌다. 그곳은 조용하고 평화로웠다. 세상과 격리된 채 안락하게 지내던 카르타고인들을 방해하는 것이라고는 기독교도들이 벌이는 알 수 없는 종파 논쟁뿐이었다. 그러나 서기 410년 로마가 고트 족의 습격을 받아 알라리크의 손에 들어갔고, 그 소식은 카르타고인들을 공포로 몰아넣었다. 수십 년 동안 그 야만인들이 제국 곳곳에서 노략질과 약탈을 일삼아 왔었지만, 로마가 무너진다는 것은 생각지도 못했던 일이었다. 로마 문명이 이룩한 거대하고 정교한 관료제도가 산산조각나고 그에 따라 사람들 모두가 몰락하는 것은 이제 시간 문제에 불과해 보였다. 암흑과 죽음은 피할 길이 없어 보였다.

이에 대한 아우구스티누스의 반응은 도피 수단을 제공하는 것이었다. 당시 기독교 교회는 플라톤의 저술에 기초를 둔 신플라톤주의의 영향을 많이 받고 있었다. 플라톤의 철학은 국가로부터 많은 박해를 받고 있던 신생 교파들을 매혹시켰는데, 그것은 그의 철학이 고난을 받는 일을 쉽게 감내할 수 있도록 도와주었기 때문이었다.

플라톤의 철학은 단순한 믿음과 지식뿐만 아니라 실재와 현상도 구분해 설명했다. 일상의 감각 세계는 단순한 믿음의 산물로서 실재의 그림자에 불과하기 때문에 가치가 없는 것이다. 참된 지식은 정신 속에 있으며, 순수하고 이데아적인 형상, 즉 눈에 보이는 사물들의 '이데아'들로 구성되어 있다. 플라톤에게 '탁자'라는 말은 모든 탁자, 즉 탁자들의 이데아를 뜻하는 것이지, 세상에 존재하는 어떤 특정한 탁자를 뜻하는 말이 아니다. 따라서 눈에 보이는 탁자들은 모두 탁자의 '그림자'일 뿐이다. 중요한 것은 오직 또 다른 세계에 있는 '탁자'의 이데아였다.

이제 신플라톤주의적을 지닌 기독교도들의 일상에서는 모든 것들이 진실의 그림자에 불과했다. 이 세상 다른 모든 것들처럼 그들이 겪은 고통이나 시련도 일시적인 것이었다. 인간의 육체 역시 그림자에 불과했다. 오직 영혼만이 실재하는 것이었고, 죽음은 육신이라는 일시적이고 부적절한 감옥에서 탈출하여 영혼이 원래 생겨났던 곳인 하늘, 즉 이데아 세계로 돌아가는 것이었다.

아우구스티누스는 이러한 생각들을 『신국神國』이라는 책에서 성서의 가르침과 결합시켰다. 『신국』은 삶에 필요한 규칙 전체를 완전하게 담고 있었으며, 기독교 사회를 통합할 수 있는 체계를 제공했고, 그 후 천 년 동안이나 기독교 사상에 영향을 미쳤다. 이 책에서 아우구스티누스는 에덴 동산에서 아담과 이브가 추방된 이후로, 인간 사회에는 두 도시가 존재해 왔는데 하나는 하느님과 동맹을, 다른 하나는 사탄과 동맹을 맺었다고 이야기했다. 그 두 도시는 교회와 국가라는 형태를 취해 왔다. 아우구스티누스는 로마가 멸망한 것은 교회가 이교도의 세속적인 권위에 복종했었기 때문이라고 믿었다. 그는 국가가 교회의 도덕적 권위에 복종해야 한다며 반대자들을 몰아세웠다.

그가 그 책을 쓰는 동안, 반달 족들이 지브롤터에서 건너와 카르타고를 파괴하고 로마의 아프리카 지배를 종식시켰다. 아우구스티누스

손으로 그린 중세의 한 세밀화. 성 아우구스티누스의 위대한 책 『신국』을 찬양하고 있다. 손에 책을 들고 신도들에게 읽어 주고 있는 사람이 아우구스티누스이다.

는 수도원에서의 영적인 삶으로의 도피를 제안했다. 믿음은 지상의 지식보다도 더 소중했다. "이해는 오직 믿음으로부터만 온다Credo ut intelligam"는 말은 이후 도래할 암흑 시대 내내 어느 수도원에서나 볼 수 있는 계율이었다.

로마의 몰락에 대해 카르타고의 프로콘술 마르티아누스 카펠라는 보다 실제적인 반응을 보였다. 그는 전 세계로 팽창하던 제국의 수명이 완전히 다했음을 알았다. 만약 로마 사회가 살아남는다면, 모든 것들이 전보다는 훨씬 작은 규모인 전혀 다른 세상이 올 것이다. 중앙집권적인 로마의 영향력이 사라지고 나면, 제국은 제한된 자원에 의존해 자율적으로 유지되는 작은 국가와 도시들로 쪼개질 것이다. 그들은 로마인들의 지식이 응축된 축약본을 필요로 할 것이다.

이러한 축약을 한 사람은 카펠라였다. 그는 제국 학교의 교과 과정용으로 아홉 권으로 된 종합판을 저술했다. 교과 과정은 두 부분으로 나누어져 있었는데, 첫 부분은 수사학, 문법, 논리에 관한 기초적인 주제들을 가르치는 방법을 담고 있었다. 이것들은 초기 로마제국의 기본 교과목들이었다. 당시 로마제국은 피정복 부족들을 자기 편으로 끌어들일 수 있는 웅변술이 필요했다. 또 그들에게 라틴어를 가르치고, 모든 사안들을 같이 판결할 수 있는 복합적인 법안을 만들 필요가 있었다.

제국 끝무렵에 카펠라는 이 세 과목에 네 과목을 더 추가했다. 로마가 성장함에 따라, 복잡한 도시 생활의 일상적인 기구機構들과 관련된 보다 실용적인 과목들로 교과 과정을 확대할 필요가 생겨난 것이다. 음악, 기하학, 산술, 천문학이 추가되었다. 이 과목들은 상급 학년에서 배우는 과목들이었다. 카펠라의 책은 '7자유교양학문'이라고 알려진 이 일곱 과목과 관련된 모든 사실들을 백과사전적 선집의 형태에 담아 자세히 다뤘다. 그의 저작물은 그 후 6세기 동안 교육의 표준 참고서로 쓰였다.

7세기에 수도사 공동체들이 북쪽으로 퍼져 나감에 따라, 그들은 카펠라의 책을 카르타고와는 전혀 다른 세계로 가지고 갔다. 실제로도 암흑 시대의 유럽은 들짐승들이 출몰하고 헤치고 들어가기 힘들 정도의 숲으로 둘러싸인 암흑 그 자체였다. 숲 속에 흩어진 작은 오두막집에서 사는 사람들에게는 멧돼지, 곰, 늑대, 인간이 모두 너무도 두려운 존재들이었다. 로마의 통치는 이미 야만인들의 작은 왕국으로 대체되었지만, 왕국의 영장은 황폐한 도시들 사이에 세워진 야영지들의 반경을 넘어서지 못했다. 숲에서 사는 사람들 못지 않게 그들도 고립된 생활을 했다.

작은 마을들 사이로 로마인들이 닦아 놓았던 길들은 관목과 덤불이 무성히 자라면서 사라져 갔다. 한 곳에서 다른 곳으로의 이동은 찾아볼 수 없었고, 다만 그 안에서 모든 것이 해결되는 작은 점만이 있을 뿐이었다. 주민 수는 점점 줄어들고 있었다. 주민들은 숲 사이에 난 빈터에서 키운 작물로 먹고살았다. 아사르트assart라고 불린 그 공터는

9세기 앵글로색슨 족의 은 브로치. 단순하게 변형된 동물과 인간의 모습, 그리고 자연에 대한 원시적이고 기하하적인 견해에 주목하라. 중앙부는 영원한 천국의 인물들로 채워져 있다.

〈시편〉의 여백에 그려진 12세기 펜화. 여자들이 양털을 깎아 실을 잣고, 그 실로 중세의 수직 베틀을 이용해 거칠고 폭이 넓은 천을 짜고 있다. 실을 추에 매달아 틀 밑으로 늘어뜨렸다.

주저하고 있는 손가락들처럼 숲의 그림자 쪽으로 뻗어 있었다. 무장을 단단히 하거나, 영적인 용기로 자신을 지킬 수 있는 사람들만이 숲으로 나섰다.

그러나 점차 숲이 개간됨에 따라 작은 마을들이 생겨났으며, 8세기에는 몇몇 마을들이 느슨한 장원 제도로 연결되기 시작했다. 장원은 완전히 자율적으로 움직였으며, 그 크기는 수마일을 넘지 않았다. 지배를 받는 농노들이나 지배를 하는 봉건 영주가 모두 똑같이 문맹이었다. 봉건 영주는 물품으로 보상을 받는 대신에 장원을 보호할 의무를 지고 있었다. 화폐는 존재하지 않았다. 장원은 자급 자족해야 했으며, 다른 곳의 도움은 기대할 수가 없었다. 당시 사람들의 평균 수명은 약 40세였다.

대영주 한 명이 이러한 작은 장원 수백 개를 자신의 의도대로 관리하고 지배했다. 토지 소유권, 보유 기간, 소작료 등 모든 거래는 땅을 매개로 이루어졌다. 사람들은 에이커 단위의 토지, 농산물, 노역으로 자신들의 부채를 갚았다. 먹고 자고 일하고 다시 자는 그런 변함없는 일상이 이어졌다. 호기심이 아주 많은 사람일지라도 그 정신적 지평은 숲의 장벽을 넘어설 수가 없었다. 풍속, 옷차림, 대화, 음식, 법 이 모두가 다 그 지방에만 국한된 것들이었다. 그것들이 다른 곳과 차이가 있는지 없는지를 알 수 있는 방법은 없었다. 왜냐하면 작은 마을로 방문객이 찾아오는 일은 일년에 한 명 정도에 불과했고 그나마 그것도 운이 좋을 때의 일이었기 때문이다.

수도사가 마을을 지나가는 것은 좀처럼 볼 수 없는 엄청난 사건이었다. 마을 사람들에게는 수도사복을 입은 이 이상한 사람들이 마치 다른 세계에서 온 사람처럼 보였을 것이 틀림없다. 수도사들은 읽고 쓸 수 있었다. 심지어 그들은 대영주보다도 더 지식이 많았다. 그들은 돌로 지어진 요새 같은 수도원에서 살았다. 수도원은 마치 무지라는 바다에 떠 있는 지식의 섬과 같았다. 그곳에서 그들은 야만인들의 혼란에 대항했으며, 언젠가 자신들의 지식을 이용할 수 있는 세계가 올 것에 대비해 지식을 보전했다. 과거의 수호자인 수도사들은 수세기 동안이나 자신들의 학식을 동료들과 공유했다. 아마도 지식은 사망기록관들과 함께 이 장원에서 저 장원으로 퍼져 나갔을 것이다. 그들은 자신들의 삶을 수도회의 구성원 가운데 죽은 사람들에 대한 자세한 명단과 상속 상납물 명부를 가지고 시골을 여행하면서 보냈다. 이러한 순회 필사자들은 여러 수도원에서 필사본의 형태로 담긴 지식들을 가져오고 또 가져갔다.

야만인들의 침략은 8세기에 잠시 주춤했고, 그 사이에 유럽 문화는 엄청난 속도로 복구되었다. 문화의 부활에 가장 큰 공헌을 한 인물은 샤를마뉴 대제였다. 나이 서른에 프랑크 왕국의 왕위에 오른 그는 좋은 음식, 책, 여성을 사랑하는 왕으로 알려져 있었다. '일반적인 경고' 라는 어두운 제목이 붙은 그의 첫 포고는 일반적인 정사政事의 내용을 담고 있다. 당시의 성직자들은 공공연하게 무기를 휴대했으며, 사업에 손을 대고, 주색잡기에 빠져 있었다. 그들은 문맹인데다가 저속한 라틴어를 사용했으며, 전례를 무시한 채 제멋대로 예배 행위를 했다. 샤를마뉴의 첫 목표는 종교 의례를 표준화하는 것이었다. 공통의 훈련 과정을 거친 행정가들을 배출하기 위해서는 의례가 표준화되어야 했기 때문이다.

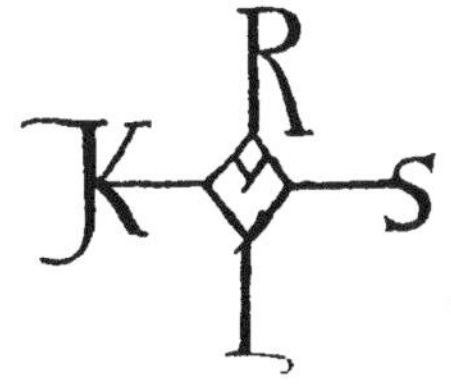


샤를마뉴 대제는 모든 서류에 자신의 이름(라틴어로 카롤루스 Karolus)을 나타내는 이 모노그램으로 서명했다. 이 모노그램의 가운데 부분은 A, O, U의 모양이고, 그 주위에 있는 글자들이 KRLS이다.

샤를마뉴 대제는 프랑스에 있는 모든 수도원과 대성당에다 기본적인 읽기와 쓰기 교육을 목적으로 하는 학교들을 세웠다. 그는 이 길만이 과거의 지식을 계속해서 존속시킬 수 있는 유일한 방법이라고 확신했다. 이런 목적을 달성하기 위해, 샤를마뉴는 수도원의 도서관들에 수세기 동안 보관되어 온 카펠라의 7자유교양학문을 활용했다. 8세기 가운데 무렵부터 자유교양학문은 유럽 도처에서 교육되기 시작했다.

샤를마뉴 대제가 자신의 제국에 도입한 표준 서체. 그의 이름을 따서 카롤링거 서체라고 불린 이 서체는 지금도 서양의 대소문자 활자 양식에 남아 있다.

샤르트르 대성당의 정문은 스스로를 '현대적인 사상가들'이라고 칭한 새로운 사상가 그룹의 일원이었던 학장 티에리의 주장으로 건물에 덧붙여진 것이다. 티에리는 자유교양학문의 인물들을 동정녀 마리아와 어린아이 가까이에 배치함으로써 믿음에서 이성이 얼마나 중요한가를 선포하고 있다.

잉글랜드인 학자 앨퀸은 요크에 있는 학교의 교사로 있다가 샤를마뉴의 눈부신 수도인 아헨에 있는 궁정 학교의 교장이 되었다. 카롤링거 서체를 개발함으로써 글자체를 통일한 것은 아마도 앨퀸이었을 것이다. 작지만 선명한 이 서체는 하루 아침에 소문자와 대문자 쓰기의 근대적 모델이 되었다.

성당 학교들은 또 시편과 찬송가 그리고 절기를 계산하는 법도 가르쳤다. 앨퀸이 세상을 뜬 후로는 모든 교구 신부들이 무료로 이 최소한의 교육을 베풀어야 한다고 공포되었다. 지적 활동의 중심지들과 주요 성당학교들은 프랑스 북부에 있는 파리, 샤르트르, 랑, 랭스에 있었다. 훗날 조각가들은 신을 섬기는 데 지성의 힘이 얼마나 중요한지를 문맹인 신자들에게 보여주기 위해 교과 과정상의 '3학'과 '4과'의

아담이 짐승들에게 이름을 붙이고 있는 장면. 이시도루스가 쓴 동물 우화집에 있는 세밀화이다. 옷을 입고 있는 아담의 모습은 발가벗은 동물들에 대한 우월성을 나타내고 있다. 맨 꼭대기에 있는 게 사자이다.

상징물을 샤르트르 대성당의 정문에 조각해 놓았다.

자유교양학문의 교사들이 이용할 수 있는 자료들은 제한되어 있었다. 그 자료들은 수백 년 동안 수도원의 '스크립토리아'에 보관되어 전해져 왔다. 그것들은 반복해서 필사되어 내려왔는데 간혹 잘못 필사되는 경우도 있었다. 일반 지식의 중요한 원천은 세비야 출신 에스파냐인 이시도루스의 저술들이었다. 그가 활동하던 7세기에는 로마를 포함한 대부분의 유럽을 휩쓸었던 야만인들의 침입이 피레네 산맥의 북쪽에서는 여전히 계속되고 있었으나, 이베리아 반도는 비교적 안전했다. 카펠라처럼 다가올 혼란에 직면한 그도 자신이 보존할 수 있는 것들을 보존할 필요성을 느끼고 있었다. 그는 자신이 알고 있는 모든 것을 스무 권에 모았고, 모든 것의 의미를 어원을 통해 알 수 있다는 원칙 아래 그것들을 조직화했다. 플리니우스와 같은 후기 라틴

9세기에 제작된 간이 달력. 중앙에 있는 그림은 마차를 타고 있는 태양의 모습이고, 그 둘레에 있는 것은 열두 달 그리고 그와 관련된 농경 활동이다. 달을 나타내는 12궁도의 상징은 원의 바깥쪽 구석에 있다.

저자들의 저술을 참조했던 『어원語源』에는 일련의 '나무' 모양을 한 이상한 형태가 실려 있었는데, 그것은 현대의 '가지치기식 학습' 기법과 꽤 유사했다. 독자는 뿌리어의 모든 '실제적인' 의미들을 통해서 하나의 원천이나 하나의 단어로부터 그 단어가 함의하고 있는 것들의 다양한 맥락을 따라갈 수 있었다. 이 텍스트들에는 문법, 수사학, 수학, 의학 그리고 그 자신이 살던 시대의 역사에 관해 이시도루스가 알고 있던 모든 것들이 담겨졌다. 그는 또 인간과 4원소, 4체액, 행성들의 상관 관계를 다룬 『사물들의 본질에 관하여』라는 소책자를 쓰기도 했다.

『어원』은 방대했고, 산만했고, 혼란스러웠다. 노섬벌랜드에 있는 위어머스와 재로의 대수도원장이었던 8세기의 비드 같은 후대의 학자들은 거기에 때때로 다른 것을 더 추가하기도 했다. 세계에 대해 당시 사람들이 알고 있었던 '사실'들의 목록이 광물, 동물, 식물 등에 관한 다양한 책들에 실려 있는데, 이러한 목록이나 백과사전들에 실린 지식은 우리에게는 매우 낯선 방식의 지식이다. 모든 것들에는 숨겨진 의미가 있었다. 아우구스티누스의 가르침에 따르면 그것은 신이 자연의 참된 의미를 눈에 보이지 않도록 만들었기 때문이다. 따라서 눈에 보이는 것이 그대로 사물의 진리는 아니었다. '자연이라는 책'은 암호문이었고, 그 암호는 신앙을 통해서만 풀릴 수 있었다.

그 책들은 세계를 그림자로 묘사했다. 모든 사물의 배후에는 '이데아'가 놓여 있었으며 그 정신적인 실체만이 사물들의 진정한 의미였다. 속세에서 보이는 사물들의 모습은 중요하지 않았다. 모든 것에는 이중적인 의미가 있었다. 붉은 색은 하나의 색인 동시에 예수의 피를 상징했다. 나무는 예수가 못박힌 십자가를 상기시켰다. 옆으로 걷는 게의 동작은 부정 행위를 상징했다. 온 하늘에 노래가 가득 차 있었다. 점성술은 자연에 존재하는 모든 것에 어떤 힘이 깃들어 있으며, 그 힘이 인간의 삶에 일정한 방식으로 영향을 끼칠 수 있다고 보았다.

그러나 9세기에 샤를마뉴 대제가 사망한 후, 그의 제국은 분열되었으며 새로운 침략의 물결이 밀려들어 유럽은 다시 한 번 대혼란에 빠져들었고, 실재에 대한 이러한 기묘하고도 신비스러운 해석도 수도원 안으로 쫓겨났다.

한 세기에 걸친 스칸디나비아의 파상적인 공격이 있은 후, 노르드인들이 프랑스 북부에 정착했고, 혼란은 조금씩 수그러들기 시작했다. 기후도 점차로 좋아졌다. 두더지가 땅 밑에서 올라오듯, 사람들이 천천히 은신처에서 나오기 시작했다. 9세기에 이루어진 무거운 쟁기, 마구馬具, 편자와 같은 농업 기술이 개선되어 숲을 개간하는 일이 좀더 쉬워졌다. 개간된 땅이 늘어남에 따라, 식량 공급과 인구도 늘었다.

잉여 생산물이 생기자 촌락민들은 살 사람들을 찾아 나섰고, 그에 따라 상업 활동이 조금씩 생겨나기 시작했다. 폐허가 된 로마 제국의 성벽 그늘 밑이나 수도원의 문 앞에 시장이 섰다. 상인들은 물물 교환

한 동물우화집에 나오는 중세의 시골 생활. 여성이 옥외에서 들통에다 암소의 젖을 짜고 있다. 광택을 낸 나무 들통에는 단순한 모양의 나무 손잡이가 달려 있다.

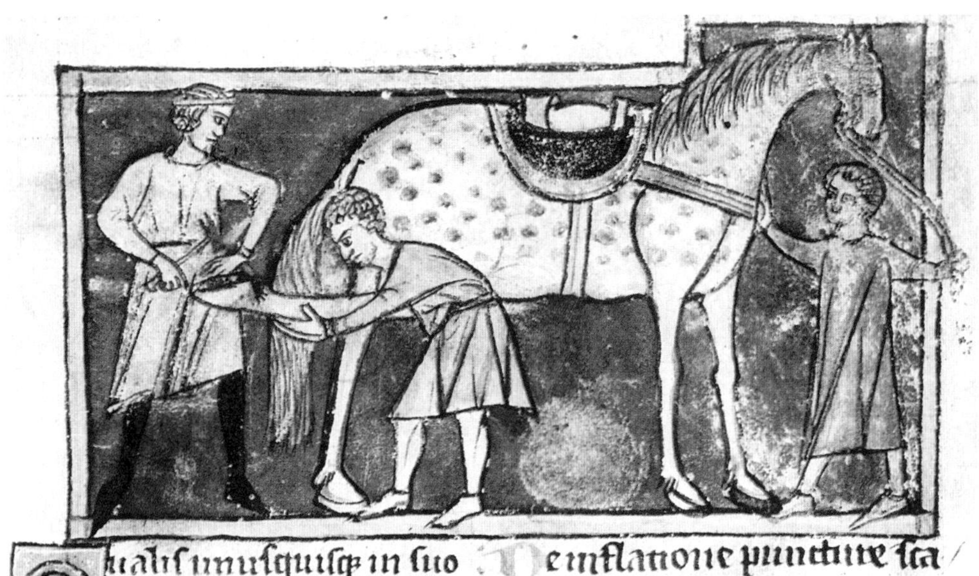

중동에서 수입된 편자는 중세의 경제 복구를 촉진시켰다. 편자는 동물이 거친 땅에서도 잘 움직일 수 있도록 도와주었고, 동물의 발이 썩는 것을 막아 주었다.

을 위해 짧은 거리를 여행하기 시작했다. 작센에 있는 라멜스베르크에서 은이 발견되었고, 그 덕분에 10세기 끝무렵에는 동전이 소량이나마 유통되기 시작했다. 장터 주위로 오늘날의 마을에 해당하는 작은 크기의 타운들이 땅의 형세를 따라 성장했다. 주택은 양지바른 단구段丘 위에 지어졌고, 길은 바람의 힘을 무디게 하기 위해 곡선으로 만들어졌다.

10, 11세기에는 도시들이 부흥했고, 시민들은 새로운 문제들에 직면했다. 그러나 당시의 철학적 세계관은 시민들에게 도움이 되지 못했다. 거기에는 진보의 개념이 없었다. 중세 초기 사람들이 자각한 것은 그동안 잊고 있었던 인간의 위대함이었다. 그들은 말했다. “우리는 거인들의 어깨 위에 서 있다.” 과거는 위대함과 영광스러움 그 자체였다. 과거는 권위의 원천이었다. 어떠한 지적知的 활동도 지난 세계에

유스티니아누스의 비잔티움 법정(라벤나에 있는 산비탈레 성당의 모자이크). 관리들의 옷과 장식은 그 당시 사회의 엄격한 위계 질서를 보여준다. 엄격한 위계 구조는 그들이 살고 있던 우주의 변치 않는 성질을 반영하고 있다.

대해 의문을 달지 않았으며, 오히려 그것에 경의를 덧붙였다.

3학은 행정 기술들만을 다루었고, 4과가 제공하는 얼마 안 되는 산술은 보잘것없었다. 로마 숫자가 사용되었기 때문에 곱셈과 나눗셈은 거의 불가능했다. 1050년에 리에주 사람들은 양피지를 삼각형 모양으로 잘라 기하학 문제들을 풀었다. 그 당시에는 '손가락 셈'이라고 불리는 계산법이 행해졌다. 가경자可敬者 비드는 9,000 이상의 수를 계산하기 위해서는 춤꾼만큼의 고난도 기술이 필요하다고 카펠라를 흉내내어 말했다.

예술 활동에도 아우구스티누스적 취향이 반영되었다. 라벤나 근처의 클라세에 있는 산타폴리나레 성당 같은 로마네스크풍의 웅장한 교회들은 고대 로마의 건축물인 바실리카, 즉 공회당에 기본을 두고 세워졌다. 두꺼운 벽체에 끼워진 반기둥 그리고 거대한 터널 볼트•를 사용해서 지은 이 건물들은 기술자들의 작품이었다. 작은 설화석고雪花石

• 볼트(vault): 아치(arch)에서 발달된 반원형 천장. 지붕을 이루는 곡면구조체, 궁륭이라고도 한다. 크로스볼트는 두 개의 반원통 볼트를 직교시켜 만든다. 터널 볼트는 반원통형 직사각형의 평면을 덮는다.

靑 창들은 벽 위에 떠다니는 것처럼 보이는 번쩍이는 모자이크들을 희미한 빛으로 가리고, 교회의 어둠을 신비스러운 색으로 물들였다.

현세에 관한 이러한 일반적인 무관심은 부르고뉴 베즐레에 있는 막달라 마리아 대성당과 같은 후기 건축물들에서도 엿보인다. 잎무늬 장식은 추상적인 디자인으로 간소화되고, 이차원적인 덮개를 향해 있다. 장미는 원형 돋을새김으로, 아칸서스 잎 모양의 장식은 선인장 비슷한 모양으로 변화했다. 이콘과 흡사한, 비잔티움 양식의 십자가에 못박힌 예수는 팔을 쭉 펴고 은총을 받고 있거나 원으로 상징화된 못으로 박혀 있다. 우리가 기대했던 인간적 고통을 표현하는 십자가는 찾아볼 수 없었다. 성 그레고리우스 1세에 의해 7세기에 도입된 전례용典禮用 성가 음악은 규칙적이지 않았으며 단선율이었다. 그레고리오 성가는 위안을 주지도, 즐거움을 주지도 않았다. 다만 예배에서의 사

행운의 바퀴가 출현했다. 행운의 수녀가 바퀴를 돌림에 따라 야심가들이 올라가거나 내려갔다.

고에 초점을 맞추었다.

중세 초기의 사람들은 우주는 정적이고 변화하지 않는다는 아우구스티누스의 우주관을 그대로 간직하고 있었다. 그들은 신에게 인간이 더 가까이 갈 수 있도록 세계가 인간의 형상으로 만들어졌다고 여겼다. 세계는 다른 어떤 목적도 지니고 있지 않았다. 자연은 신비스러운 것이었고, 자연을 연구한다고 해서 얻을 수 있는 것은 아무것도 없었다. 중요한 것은 내세를 위한 준비뿐이었다. 자연 세계에 대한 사람들의 견해는 무관심 그 자체였으며, 부정적인 경우도 많았다. 눈에 보이는 일상적인 사물들은 단지 신의 불가해한 의도를 상징하는 것말고는 별다른 의미가 없었다.

새롭게 생겨난 도시들의 경제력이 커감에 따라, 시대에 뒤떨어진 이러한 의례적이고 엄격하게 구조지워진 삶은 압박을 받았다. 잉여 상품들의 교역이 활발해졌지만 상인들이 필요로 하는 원료를 통제하는 것은 봉건 영주들이었다. 상품을 육상으로 운송하는 일은 위험하고 비용도 많이 들었다. 상업을 하기에 적당한 다른 장소들을 찾아야 했고, 여기엔 도시가 가장 적합해 보였다.

시골 영주들의 구속에서 벗어난 도시민들은 농부들의 부러움을 샀다. 11세기의 독일인들은 "도시의 공기는 당신을 자유롭게 한다Stadtluft macht frei"라고 말했다. 법으로 정해진 기간 이상을 도시에서 거주한 농노들은 자동으로 자유민이 되었기 때문이다. 곧 도시민의 수가 늘어났고 그들의 경제력도 커졌다. 그들은 농촌의 잉여 생산물로 유지되는 장인들과 함께 왕이나 황제들에게 자신들의 자유를 법적으로 강화해 줄 것을 요구하기 시작했다. 상인들은 농노, 기사, 성직자, 왕으로 이어지는 봉건적인 피라미드 구조 안에서는 설 자리가 없었다, 하지만 이제 그들에게는 사회적 지위를 살 수 있는 돈이 있었다. 귀족들이 농노의 의무를 노동에서 현금으로 바꾸기 시작하자, 돈은 낡은 사회 구조를 약화시키기 시작했다. 야망이 밖으로 표출되기 시작했다. "신분을 바꾸는 것은 이제 너무도 쉬운 일이다." 지르클라리아 출신 이탈리아인 토마신은 이렇게 불평했다. "아무도 자신의 본분을 지키지 않았다!" '야망' 이라는 말이 처음으로 일상적으로 쓰이기 시작했다.

통화의 사용이 늘어남에 따라 군주의 지위에 중대한 변화가 초래되었다. 지금까지는 군주가 세입을 얼마나 늘릴 수 있느냐 하는 문제는 전적으로 그와 남작 봉신奉臣 사이에 맺은 봉건적 계약에 달려 있었다. 계약이 작성될 당시에는 현금은 거의 또는 전혀 없었으며, 부과금은 군사적인 복무나 일정한 형태의 원조로 지급되었다. 더 나아가 왕은 자신의 귀족들을 무시할 수 없었으며, 귀족의 봉신들에게 직접 말할 수도 없었다. 그것은 귀족들의 권리를 침해하는 일이었기 때문이다. 중앙 정부는 세입을 늘리는 데는 한계가 있는 이러한 방식 때문에 곤란을 겪기도 했지만, 화폐 유통량의 증가는 왕의 입지를 강화시켰다. 왕은 이제 토지와 봉사를 매개로 한 이전의 계약을 뒤집지 않고서도 자신이 원할 때면 언제나 세금을 걷을 수 있게 되었다.

돈은 장거리 여행도 가능하게 했다. 숲으로 난 길들이 전보다 안전해짐에 따라, 장인과 특히 건축가들의 여행이 잦아졌다. 건축 양식은 더 널리 퍼져 나갔고 획일화되었다. 전에는 찾아보기 힘들었던 반유대주의가 늘어난 것도 바로 이 무렵이었다. 땅을 소유하기 힘들었던 유대인들은 새로운 유행 사업으로 돌아섰다. 고리 대금업은 교회에서는 금지하고 있었지만, 유대법에서는 허용이 되었다. 많은 유대인들이 부자가 되었지만, 동시에 원한을 샀다.

떠들썩하고 역동적인 이러한 일들이 벌어지는 타운들은 대부분 커다란 광장을 중심으로 세워졌으며, 테라스가 달린 주택들 뒤편으로는 정원이 있었다. 주민들은 오물을 좁은 길 가운데로 난 수채에 투척했다. 사람들은 그런 일에 별로 신경을 쓰지 않았던 것 같기는 하지만, 악취가 진동했을 것임에 틀림없다. 더러운 바닥을 덮는 데 쓰이곤 했던 갈대와 짚은 대소변이 뒤섞여 더러워졌다. 갈대나 짚은 삼사 일에

14세기 카탈루냐의 벽화. 유대인이 눈에 잘 띄는 노란색 원이 그려진 옷을 입고 있다. 모든 유대인들은 법에 따라 외출복에 노란색 원을 새겨 넣어야만 했다.

한 번씩 교체되었는데, 냄새를 제거할 목적으로 향기가 나는 신선한 꽃들을 함께 섞었다.

주택의 벽은 외가지에 진흙을 발라 만든 후에 화려한 색으로 칠을 했고, 지붕은 이엉을 이어 만들었다. 주택 뒤쪽에 있는 정원과 과수원에다 사람들은 닭, 돼지, 토끼 등을 길렀다. 낮에는 교회종이 끊임없이 울렸는데, 그 소리가 새 울음소리와 뒤섞여 대화하기가 힘들 정도였다. 그러나 밤은 적막하고 어두웠다.

모든 건물에는 그 쓰임새가 따로 있었다. 교회는 축제 기간에는 잔치가 열리는 장소로도 이용되었고, 제단 뒤로는 귀중품 보관소가 있었으며, 인생은 교회 문에서 시작해서 교회 문에서 끝났다. 마을 회관은 위층에는 행정용 사무실들이 있었고, 아래로는 아케이드가 있어 궂은 날씨면 그곳에 시장이 섰다. 민가들은 크기가 매우 작았다. 구빈원에는 고작 십여 명 정도가 수용되어 있었을 것이다. 타운의 반경이 20킬로미터를 넘는 경우가 없었으므로, 주민 모두가 서로를 잘 알고 지냈을 것이다. 타운은 나무나 분수를 중심으로 한 단위를 이루며 자율적인 생활을 하는 구역들로 나누어져 있었다.

경제 규모가 커지자, 교회들도 규모에서 뿐만 아니라 형태면에서도 커졌다. 신자들이 늘어남에 따라, 더 많은 성인聖人과 더 많은 성인 축일이 생겨났다. 더 많은 성직자가 신자들의 고해를 들어 주어야 했고, 더 많은 신자들을 수용하기 위해 예배실도 더 많이 생겼다. 임시 예배실들이 복도 벽을 따라, 심지어는 제단 뒤에까지 생겨나기 시작했다. 한편 제단은 이제 단순한 탁자가 아니라 십자군 전사들이 중동에서 가지고 온 성스러운 유물들을 간수하는 진열품용 성궤 역할을 주로 하게 되었다.

11세기 첫무렵 유럽에 도입된 주판은 대선풍을 일으키며, 세속적인 상업공동체를 부양시켰다. 주판은 랭스 대성당 학교의 교사였던 제르베르(999년에 교황 실베스테르 2세가 되었다)가 에스파냐에서 북유럽으로 들여왔다.

이 새로운 도구의 모양은 알을 움직일 수 있는 30개의 수직대가 있는 반원형의 나무판 형태였다. 오리야크의 제르베르는 주판으로 백억까지 계산할 수 있다고 했다. 일, 십, 백 등의 십진법을 사용하는 주판으로 사람들은 덧셈, 뺄셈, 더 나아가 곱셈까지도 쉽게 계산할 수 있었다. 어떤 주판 사용자들은 "그건 정말 땀나는 일이었다"고 불평하는 편지를 제르베르에게 보내기도 했다. 제르베르가 처음으로 로마에 온 후 교황과 황제 사이에 오간 서신들을 보면 주산에 능숙한 사람은 상찬을 받았음을 알 수 있다. 교황이 "이곳에는 탁월한 수학자가 있답니다"라고 편지를 쓰자, 황제는 "그를 도시 밖으로 나가지 못하게 하시오"라고 답했다.

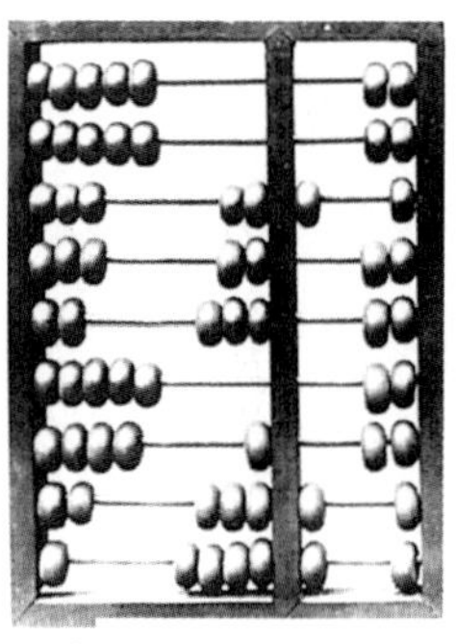

주판. 틀 왼쪽에 있는 알은 1을, 오른쪽 알은 5를 나타낸다. 계산은 중앙에 있는 막대 쪽으로 알을 옮기는 방식으로 이루어진다. 막대의 위치는 알의 값을 나타낸다. 맨 밑의 막대에 있는 알이 1이고, 그 위에 있는 알이 10, 그 위가 100, 이런 식으로 위로 올라갈수록 단위가 커진다. 위 주판에 표시된 수는 7,230,189이다.

도시는 성장을 거듭했고, 경제 발전에 따라 인구도 증가했다. 돈은 많은 사회 권력체들을 세속화시켰고, 세계에 대해 무관심했던 사람들의 태도도 변화하기 시작했다. 낡은 방식은 더 이상 유효하지가 않았다. 좋은 법과 그 법을 관리할 능력이 있는 사람들의 부족은 대단히 심각한 문제로 다가왔다.

상인들은 더 멀리 여행을 나섰고, 낯선 풍속 때문에 활동에 곤란을 겪는 일도 더 많이 생겨났다. 봉건 영주의 독단적이고 케케묵은 결정 과정 아래서는 무역이 원활히 이루어질 수 없었다. 중앙 집권적 군주국들의 힘은 점차로 강해졌고, 그에 따라 왕들은 자신들의 의지를 단일하고도 보편적으로 관철시킬 수 있는 수단이 필요해졌다. 왕의 법이 없다면 중앙 집권적인 정부도 존재할 수 없었다. 도시들은 이전에 자신들이 쟁취했던 자유를 성문화할 지방법을 필요로 했다. 상인들에게는 세금, 관세 의무, 재산 소유권과 관련해 표준화된 법이 필요했다. 특히 교황은 누가 무엇을 다스리는가와 관련된 문제로 황제와 벌이는 언쟁들을 종식시킬 법을 원했다.

그러나 문제는 법령의 미비 때문이 아니었다. 오래된 문서에 기록되어 있는 교황과 왕의 법조항들, 자구상의 법, 지방의 관례, 로마법이나 게르만 부족법의 변형 혹은 잔존물들…… 법은 너무 많이 있었다. 하지만 대부분은 그 법이 생겨난 곳에서만 적용되거나 의미를 가질 수 있었다. 많은 법이 후대의 왕, 교황, 판사들에 의해 개정되거나 재해석되었다. 도무지 이해할 수 없는 법도 많이 있었다. 유럽 전체에 걸쳐 명확하게 집행될 수 있는 통일된 시스템은 존재하지 않았다. 여행이 증가함에 따라 더욱더 많은 사람들이 로마 교황의 법정으로 자신들이 직면한 문제들을 들고 왔고, 법률가의 부족이 절박한 현안으로 떠올랐다.

법은 늘 3학 과정 중 한 부분이었다. 3학의 수사학 과정은 예증, 계획, 소송, 논증으로 세분되어 있었다. '소송' 부분은 로마에서뿐만 아니라 파비아와 옛 비잔티움 이탈리아의 수도였던 라벤나에서도 교육되었다. 가장 큰 어려움은 자료들이 단편적이었다는 것이다. 로마법은 유스티니아누스 황제가 주도한 『로마법 대전』 편찬을 통해 집대성되었지만, 603년에 소실되어 버렸다. 그 가운데는 모든 법의 지침이 되는 『휘찬개요』도 있었는데 거기에는 모든 중요 사항들이 간추려져 있었다. 『휘찬개요』의 사본은 단 두 부만이 전해졌었지만, 그것조차 행방을 알 수 없었다.

그후 1076년에 이르네리우스라는 한 자유교양학문 교사가 『휘찬개요』의 사본을 발견했는데, 발견된 곳은 아마도 그가 살던 볼로냐에서 가까운 라벤나에 있는 왕립 법학교의 도서관이었던 것 같다. 『휘찬개요』의 발견, 그리고 이르네리우스와 그의 계승자들이 그것을 이용한 것은 서유럽의 역사에서 매우 중요한 의미를 갖는다. 왜냐하면 그 덕분에 교회와 시민 모두가 로마법을 활용할 수 있게 되었기 때문이다. 발견 그 자체만으로도 서양의 경제와 정치 용어들의 발전에 막대한 영향을 미쳤지만, 그보다 더 큰 영향을 미친 것은 『휘찬개요』가 편집된 방식이었다.

『휘찬개요』는 극도로 복잡하고 어려워 이해하기 힘들었다. 중세 유럽의 법률가들조차 어렴풋이 알고 있는 상황이나 개념들이 종종 언급되기도 했다. 그것은 엄청나게 복잡했다. 세계에서 가장 거대한 제국을 위해 고대 로마로부터 유스티니아누스의 시대에 이르는 수세기에 걸쳐 적용되어 오는 동안 엄청나게 정교해지고 집적되고 세련되어졌다. 그것은 중세 시대 초기의 제한된 경험만으로는 쉽사리 파악할 수 없는 체계였다. 이르네리우스는 '주석'을 달아서 유스티니아누스 법전을 좀더 쉽게 활용할 수 있도록 만들었다. 주석 달기는 당시에도 이미 사용되고 있던 기법으로서 필사본의 여백에 주해, 분석, 논평 등을 다는 것이었다. 이러한 난외주欄外註는 학생들에게 텍스트를 해석해 주는 교사들의 강의 노트로 널리 쓰였다.

볼로냐에는 이미 많은 학생들이 있었다. 북부 이탈리아의 중앙 교차점에 자리한 볼로냐는 국제적인 요충지였다. 이르네리우스 시대에 이미 볼로냐는 '볼로냐 독타(docta: 학자들)'라는 말로 명성을 얻던 중이었다. 포 강의 비옥한 농경 평야 변방 아펜니노 산맥 기슭에 자리를 잡은 성벽으로 방비된 소도시인 볼로냐에는 오늘날까지도 도시의 성격을 잘 드러내 주는 길고 날씬한 탑들이 이미 11세기부터 있었다. 궂은 날씨면 노점상들은 아케이드 밑으로 자리를 옮겼고, 시민들은 신을 적시지 않고도 아케이드를 통해 도시를 가로질러 갈 수 있었다. 따가운 햇볕이 내리쬐면 시민들은 서늘하고 짙은 그늘 속에서 한가로이 거닐었다. 이 모두가 볼로냐의 특징이었고, 지금도 그렇다.

교황과 황제의 반목은 볼로냐에 유리하게 작용했다. 볼로냐는 교황과 황제 모두로부터 비교적 독립적일 수 있었고, 이러한 자유로운 분위기 속에서 도시의 세속적 역동성은 볼로냐를 일찌감치 부유하고 자유롭게 만들었다. 이르네리우스는 법 과목에 대한 새로운 접근법을 이미 성숙해 있는 시장에다 내놓았다. 명성은 빠르게 펴져 나갔다. 얼마 안 가 볼로냐에는 원주민들보다도 더 많은 외국인 법률학도들이 몰

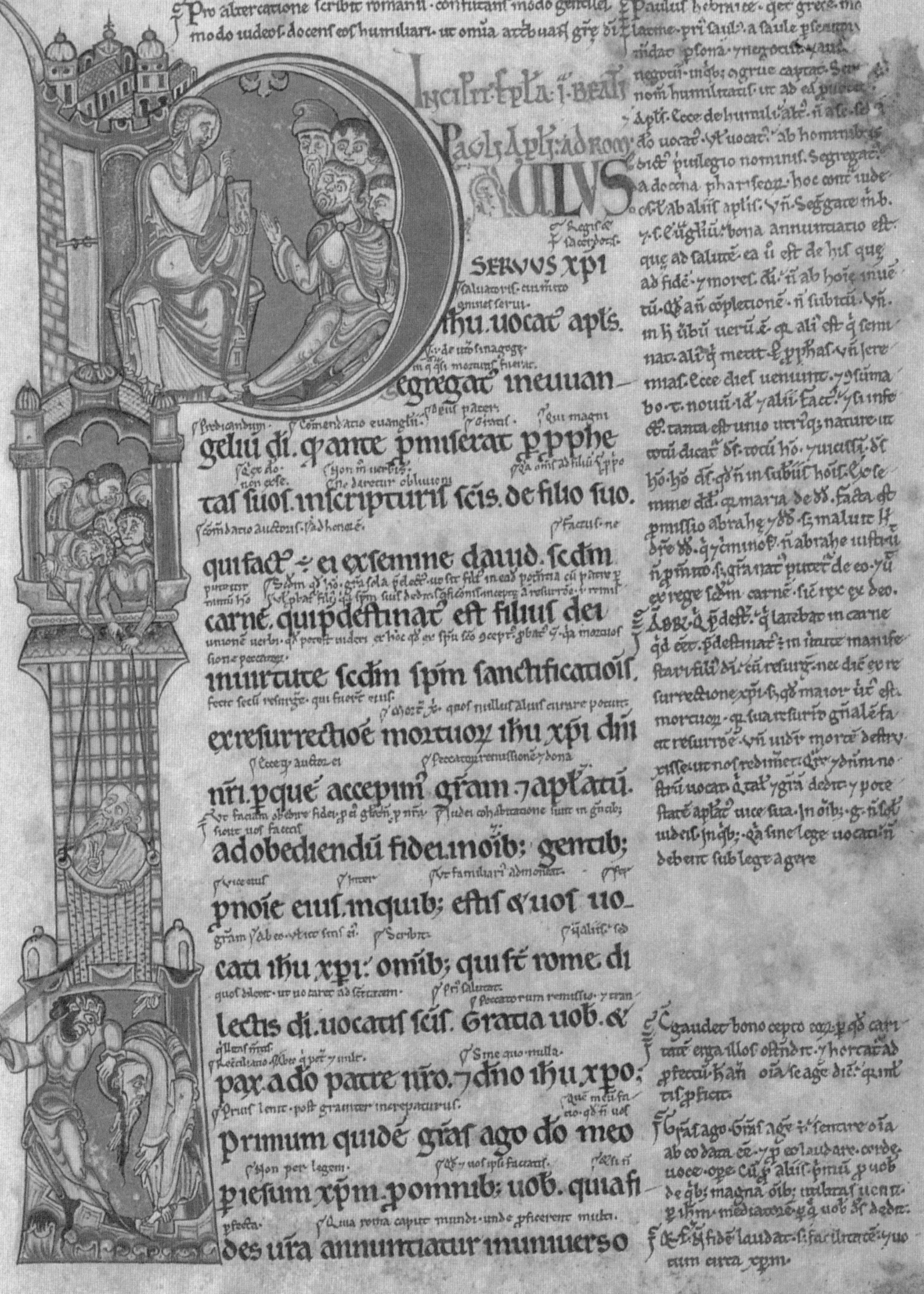

Incipit epla .i. beati Pauli apli ad Roma[nos]

PAULUS SERVUS XPI
ihu. uocat apls.
segregat in euuan
geliu di. quod ante pmiserat p pphe
tas suos. in scripturis scis. de filio suo.
qui fact e ei ex semine dauid. sedm
carne. qui pdestinat est filius dei
in uirtute sedm spm sanctificatiois.
ex resurrectioe mortuor ihu xpi dni
nri. p que accepim gram et aplatu.
ad obediendu fidei in oib; gentib;
p noie eius. in quib; estis & uos uo
cati ihu xpi. omib; qui st rome di
lectis di. uocatis scis. Gratia uob. &
pax a do patre nro. et dno ihu xpo.
Primum quide gras ago do meo
p iesum xpm. p omnib; uob. quia fi
des ura annuntiatur in uniuerso

려들었다.

성 스테판 수도원에서 이르네리우스는 자신의 체계를 상세히 설명했다. 강의의 목표는 문장들의 문자적 의미를 명료하게 하고, 내용 전체에 일관성을 부여하는 데 있었다. 그는 교사는 어려운 단어들이 나오면 동의어를 알려 주고, 불분명한 문장 구조를 명확히 하기 위해 주를 달고, 또 텍스트에 나오는 생소한 관습들에 대해서도 설명을 함으로써 텍스트의 문장들을 이해하는 데 도움을 주어야 한다고 충고했다. 또 교사들은 수물라에(summulae: 법학 전반에 대한 요약 노트), 콘티누아티오네스(continuationes: 각각의 법들에 관한 요약), 디스팅티오네스(distinctiones: 사례들에 대한 다양한 검토)도 준비해야 했다.

이러한 접근 방식의 참신성은 결코 과소 평가될 수 없다. 그 당시에 유럽 전역에서 "법정으로 가자"라는 말은 여전히 신의 기적을 위해 기도하고 자신이 할 수 있는 충고를 해주는 사제를 찾아가는 것을 의미하고 있었다. 용의자들을 묶어서 강물 속에 빠뜨리거나, 화형에 처하는 따위의 신판神判이 종종 벌어지기도 했다. 만약 그들이 익사한다면, 그들이 결백하다는 것이 증명되는 것이었다. 많은 법적 결정 과정이 점성술가들에게 맡겨졌는데, 그들은 피고소인들의 생일을 보고 유죄나 무죄 여부를 판결했다. 법률적인 문제에 합리적이고 분석적인 방식으로 접근하기 시작한 것은 엄청난 진전이었다.

그와 비슷한 진전이 다른 곳에서도 조심스럽게 진행되었다. 그곳은 제르베르의 제자인 퓔베르에 의해 11세기 첫무렵에 세워진 샤르트르 성당 학교였다. 법률학에서와 마찬가지로, 고전 문헌들을 이해하려는 시도가 계속해서 이어졌다. 고전 텍스트들 중 일부는 5세기의 철학자 보이티우스의 저술 속에 담겨 내려왔었고, 이미 학교 교과 과정에 포함되어 있었던 것도 있었다. 기독교 이전의 사상에 대한 관심은 결과적으로 로마식 언어 사용에 대한 흥미를 불러일으켰다. 문체나 수사법에서 문법으로 그 무게가 옮겨가기 시작했다.

12세기 가운데무렵에 만들어진 성 바울로의 사도행전. 머리글자의 그림은 성인의 일생 중 한 장면을 그린 것이다. 작은 글씨는 주석이다. 텍스트의 줄 위로 보이는 주석은 문법과 관련된 것이고, 오른쪽 여백에 있는 주석은 그 성인에 대한 설명이다.

문법적인 분석은 복잡하거나 불명료한 논증들의 의미를 명확히 하는 데 도움을 주었다. 이러한 분석법을 처음 사용한 샤르트르의 학자들은 자신들의 신앙을 공고히 하는 데만 관심을 두었다. 신의 작업을 이해하는 데 이러한 방법을 적용해 가던 중에, 그들의 사상은 인간이 사회와 우주에서 차지하는 위치에 관한 서양인들의 태도에 근본적인 변화를 촉발시켰다.

신에 의해서 혼돈으로부터 질서정연한 우주가 창조되었고, 우주는 이성과 오성을 통해서 알 수 있다고 설명한 플라톤의 『티마이오스』에 영향을 받아서, 샤르트르의 학자들도 신이 인간에게 이성적 사고를 할 수 있는 능력을 부여했으며, 이성이야말로 인간과 여타의 것들을 구별하는 가장 큰 특징이라고 주장했다. 신은 또한 합리적으로 운행하는 우주를 만들어 냈고, 그 우주의 한 부분인 인간 역시 합리적이다. 따라서 인간에게는 우주가 어떻게 운행되는지를 이해할 수 있는 능력이 있다.

무엇이 볼로냐와 샤르트르에서 이러한 고대 사상의 융성을 가져왔는지는 확실히 알 수 없다. 도시민의 생활은 변화했으며, 신작로를 따라 여행이 증가했고 상품과 사상의 교류가 급속히 이루어졌다. 돈은 재능 있고 야망 있는 사람들에게 기회를 제공했다. 세계가 어떻게 움직이고 있는가에 대해 관심이 커져 가고 있었다. 이 모든 것들이 새로운 지적 활동을 자극했다. 그러나 호기심 많은 사람들이 활용할 수 있는 도구는 초라하리만큼 적었다. 그들에게는 체계적인 탐구 방법, 즉 문제를 제기할 틀이 부족했고, 무엇보다도 그리스인들이 가지고 있었던 지식이 부족했다. 그리스인들의 지식에 관해서는 중세 유럽인들도 들어본 적은 있었지만 그 내용은 잊혀져 왔었다.

그리스의 지식이 재발견된 때는 격동의 시기였다. 1085년에 에스파냐의 아랍성 톨레도가 함락된 후, 승리한 기독교 군대들은 꿈도 꿔보지 못했던 문화적 보물들을 발견했다. 점성학과 천문학에 관한 자

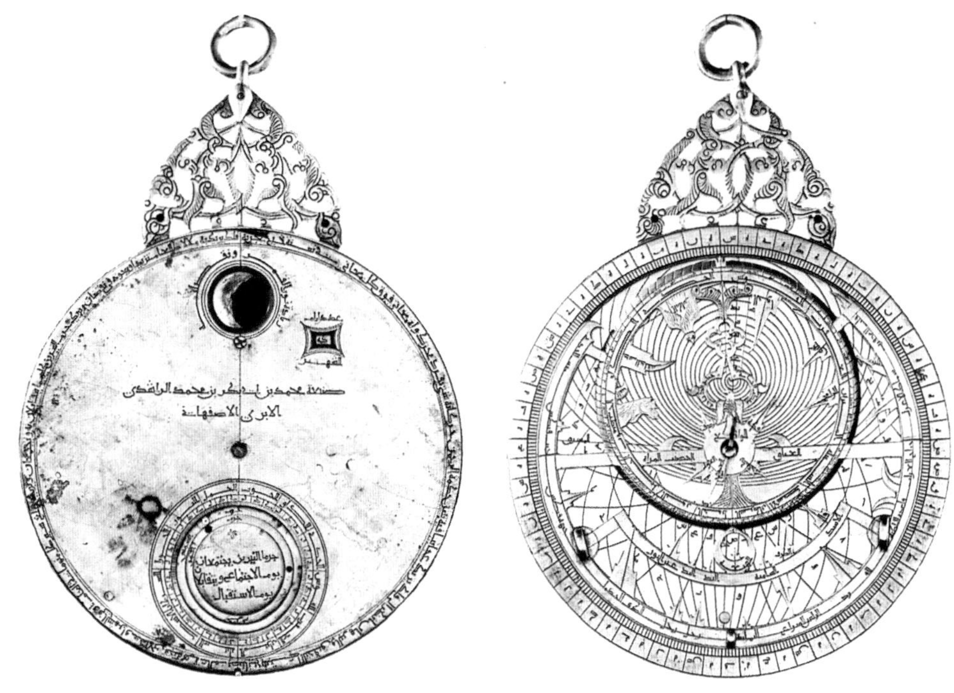

별들의 위치로 날짜나 시간을 알 수 있는 아랍의 아스트롤라베. 기구의 조준기는 움직일 수 있는 별에 맞추어져 있고, 관련된 숫자와 기호는 창이나(왼쪽) 바깥쪽 둘레에 적혀 있다(오른쪽).

료를 찾던 제르베르는 10세기 마지막 10년의 어느 한때 에스파냐의 공작 보렐과 함께 바르셀로나 인근에 있는 비크에 가서 그 지방의 주교였던 이토의 보호를 받으며 공부했다. 제르베르는 주판과 일종의 천문학 계산표인 아스트롤라베를 가지고 돌아왔다.

이 소식은 피레네 산맥을 넘어 유럽 문화계로 퍼져 나갔다. 바르셀로나를 끼고 북쪽 산맥들의 구릉 지대인 에스파냐의 북쪽 지방은 기독교 지역이었다. 711년에 아랍인들이 지브롤터에 상륙해 에스파냐를 침략했지만 그곳은 한 번도 식민지가 된 적이 없었다. 이미 720년에 아랍인들은 코르도바, 톨레도, 메디나, 사라고사와 에스파냐 남부 전역에서 야만인들인 서고트 족을 몰아내고 그 땅을 차지하고 있었다. 아랍인들은 자신들의 새 영토에 반달 족의 땅이라는 뜻의 알 안달루스라는 이름을 붙였다. 오늘날의 안달루시아라는 지명은 여기서 유래한 것이다.

침략 이후 2백 년 동안 알 안달루스는 이슬람 문명 가운데 침체 지역이었다. 학문과 상업의 중심지였던 동쪽의 바그다드나 다마스쿠스에서 너무 멀리 떨어져 있었다. 그러나 그 땅은 점차로 부유해지고 문화도 번창했다. 우마이야 칼리프가 정권을 잡은 932년에는 수도 코르도바와 더불어 에스파냐는 이슬람 왕국의 보석이 되어 있었다.

시리아와 아랍에서 들여온 관개 체계는 건조한 안달루시아 평원을 농업의 코르누코피아• 로 변화시켰다. 올리브와 밀이 재배되던 그곳에 아랍인들은 석류, 오렌지, 레몬, 가지, 아티초크, 커민, 고수, 바나나, 아몬드, 야자, 헤나, 대청, 꼭두서니, 사프란, 사탕수수, 목화, 쌀, 무화과, 포도, 복숭아, 살구, 쌀을 추가로 재배했다. 그곳에서 일하는 무슬림 농부들은 토지를 분양받았다. 그러나 아랍인들이 이룩한 가장 괄목할 만한 혁신은 그라나다에 있는 알람브라 궁전의 헤네랄리페(Generalfe: '건설자의 정원' 이란 뜻의 Jannat-al-arif에서 옴) 같은 기하학적으로 설계된 정원이었다.

• 코르누코피아(cornucopia): 풍요의 뿔이라고도 한다. 제우스의 유모였던 요정 아말테이아의 뿔. 이 뿔에서는 원하는 대로 음료, 과일, 꽃 따위가 쏟아져 나왔다고 한다. 풍요로움의 상징이다.

안달루시아는 우아하고 부유해졌다. 새 왕조의 두 번째 통치자인 하캄은 개화되고 지적인 인물이었다. 그는 수도 코르도바에 거대한 모스크를 세웠다. 당시 코르도바에는 거주자 50만 명과 주택 11만 3천 채가 있었다. 또 모스크 7백 개, 공중목욕탕 3백 개가 그 도시와 21개 교외 주택지에 퍼져 있었다. 길은 포장이 되어 있었고, 등이 밝혀져 있었다. 서점과 70곳이 넘는 도서관이 있었다. 아랍에스파냐의 자랑거리는 코르도바에 있는 도서관이었다. 970년경 왕궁에 세워진 중앙 도서관인 알카사르가 보유하고 있던 도서목록만도 50쪽 분량의 책으로 44권에 달했다. 거기에는 40만 권의 책 이름이 적혀 있었는데, 그 수는 프랑스 전체에 있는 책을 합친 것보다 많은 것이었다.

당시 서양인들에게는 종이가 알려져 있지 않았지만, 아랍인들은 종이를 사용하고 있었다. 종이를 사용할 수 있게 된 덕분에 그들은 정규

안달루시아의 부는 그라나다 알람브라의 사자 궁전의 세련된 건축물을 통해서 알 수 있다.

적인 우편 업무를 통해 인도까지도 서신 왕래가 가능할 정도로 고도로 발전된 문화를 이룰 수 있었다. 또한 그들은 거래에 지폐를 사용했다. 칼리프 지역에서 걷는 세수稅收의 대부분은 수출입세가 차지했다. 9세기가 되자 그 지방에서는 모직물 · 비단(알메리아, 말라가), 유리 · 놋쇠(알메리아), 도기류(발렌시아 인근의 파테르나) 금 · 은(하엔), 철 · 납(코르도바) · 루비(말라가), 검(劍: 톨레도) 등을 생산하기 시작했다. 가죽산업의 중심지였던 코르도바에서는 노동자 1만 3천 명이 가죽업에 종사하고 있었으며, 도자기, 크리스털, 직물도 생산되었다.

이 부유하고 세속적인 사회는 다른 신앙에 대해 관용적이었다. 수천 명의 유대인과 기독교인들이 무슬림 지배자들과 조화를 이루며 평화롭게 함께 살았다. 땅이 가져다 주는 혜택은 삶의 질을 높이는 데

히브리의 세밀화. 무슬림 지배권인 에스파냐의 통치 아래에서 유대인들이 유월절을 자유롭게 축하하고 있다. 그림의 연대는 기독교도들이 재정복하기 이전이다. 기독교도들이 에스파냐를 점령한 이후로 유대인들은 유럽의 다른 지역에서와 마찬가지로 억압을 받았다.

사용되었다. 무엇보다도 종교와 문화가 조화를 이루고 있었다. 그곳으로 이슬람인들이 찾아와서 지식과 그것의 적용법에 대한 갈증을 풀어 주었다. 9세기 코르도바에서 심미안을 가진 인물들 가운데 음악가이자 가수였던 지리얍이란 인물이 있었다. 메디나와 바그다드의 음악 형식의 대표주자였던 그는 우마이야 가家에 의해 코르도바로 초청되었다. 그는 코르도바의 보 브러멀•이었다. 그는 계절에 맞게 옷을 입는 방법, 새로운 헤어 스타일과 문화적인 분위기의 미용실을 소개했다. 또 그는 식사 때 금속그릇 대신에 유리그릇을 사용하는 것뿐만 아니라 음식을 코스에 맞춰 나누어 먹는 습관도 유행시켰다.

코르도바의 칼리프는 북부 에스파냐의 영주이기도 했다. 코르도바와는 달리 레온 왕국이나 나바라 왕국에서는 기독교인들이 나머지 북부 유럽 왕국들의 경우와 마찬가지로 더럽고 무지한 상태에서 찬바람 부는 성에서 살았다. 아랍인으로 구성된 원정대들은 일정한 주기로 북쪽으로 가서 소규모 전투를 벌여 선택적으로 시골을 폐허로 만듦으

• 조지 브러멀(George Brummell): 남자 옷의 유행을 선도한 영국인. 프랑스의 정신병원에서 생을 마쳤다. '보(Beau, 아름답다라는 뜻의 프랑스어)'를 앞에 붙여 옷을 잘 입을 줄 아는 남자를 뜻하는 말로 쓰인다.

로써 평화를 다짐받곤 했다. 이러한 행위는 보통 봄가을에 걸쳐 엄격히 지켜졌다. 여름의 휴전 기간 동안 기독교인들은 코르도바의 치과 의사, 미용사, 외과의, 건축가, 음악가들을 고용했다.

아랍풍 운율을 가진 시와 리듬이 있는 음악이 음악가들을 통해 음유 노래의 형태를 띠고 프로방스 지방을 거쳐 유럽으로 퍼져 나가면서, 유럽의 시와 음악은 매우 근대적인 방식으로 바뀌었다. 춤의 형태에도 변화가 있었는데, 아랍의 영향을 받아 더욱 의례적이 되었다. 그레고리오 성가는 '테너'나 '잡아 끄는' 소리로 불리는 화음과 선율에 자리를 내주기 시작했다. 구이도 다레초는 음표와 그것들이 그려진 선에 아랍식 이름을 붙였다. 연대는 확실치 않지만 1050년 이전의 일이었다.

예술에서 사실주의를 허용하지 않는 문화 속에서, 무슬림 지배하의 에스파냐는 유럽에서 가장 뛰어난 예술성을 보여주는 무늬 도자기를 제작했다.

1013년 아랍의 권력 구조 내부에 균열이 생기면서 코르도바가 함락되고 우마이야 왕조가 막을 내렸다. 대도서관도 파괴되었다. 그러나 이슬람의 전통에 걸맞게 이 새로운 지배자는 세비야, 사라고사, 발렌시아, 바다호스, 그라나다, 데니아, 톨레도와 같은 작은 토후국들의 수도로 도서와 학자들이 분산되는 것을 허락했다. 곧이어 왕실마다 학자들에게 경쟁적으로 집과 연구 시설을 제공하기 시작했다. 11세기 톨레도에서 한 이슬람교도는 이렇게 공언하는 글을 썼다. "안달루시아의 상황은 그 어느 때보다도 좋다." 톨레도의 경우 특히 그 말은 사실이었다.

지난날 페르난도 1세의 아들들 사이에 생긴 불화 때문에 갈라졌던 북부 지역의 세 기독교 왕국 레온, 갈리시아, 카스티야는 11세기 가운데 무렵 알폰소 6세 아래 다시 합쳐졌다. 처음에는 기독교인들이 아랍인들을 공격하는 입장에 있었다. 그들의 군대는 훗날 전설적인 영웅으로 격상된 엘 시드(El Cid: 영주를 뜻하는 al-sid에서 유래)가 지휘했다. 그를 둘러싼 전설과 시가 수없이 많이 생겨났다. 재정복을 찬양했던 교황은 엘 시드가 용기 있고, 신사적이고, 승리에 관대한 인물이며, 사도에 빠져 타락한 아랍인들이라는 악에 맞서 싸우는 완벽한 기독교 기사였다는 신화를 부추겼다.

진실이라고는 조금도 담겨 있지 않았다. 동시대인들의 이야기에 따르면, 그가 정기적으로 기도를 드렸을지는 몰라도, 또 다른 면에서는 인정사정없이 약탈과 노략질을 해대는 야만인이었다. 그는 아랍인들에게 극악무도한 짓을 하면서, 그들도 그렇게 복수하라고 충고했다. 이븐 바쌈은 그를 이렇게 묘사했다. "갈리시아의 개는…… 사슬로 묶은 포로들을 매매했으며, 나라를 쑥대밭으로 만들었고…… 그가 약탈하지 않은 마을이 에스파냐에는 한 곳도 없었다." 엘 시드는 낮에는 잠을 잤고, 밤에는 아랍인들을 공포로 몰아넣었다." 오직 약탈만이 있을 뿐이었다.

신화에 따르면 눈부신 공격으로 톨레도를 함락시키고 승리한 이는 엘 시드였다. 실제로 그는 어디서건 승리했다. 때때로 아랍 군주의 용병이 되어 다른 아랍 군주와 싸우기도 했다. 게다가 톨레도는 스스로 무너졌다. 톨레도에선 궁전 안에도 왕의 적들이 있었고, 그들은 여러 번에 걸쳐 그를 독살하려고 시도했었다. 그래서 그는 좀더 건강에 좋은 기후를 가진 장소를 찾는 데 열중해 있었다. 기독교 침략자인 알폰소 6세는 전에 도시의 손님으로 톨레도에서 몇 년간 망명생활을 했던 적이 있었다. 그는 톨레도를 잘 알고 있었고, 그곳에 지인들도 있었다. 그래서 그가 톨레도의 지배자에게 사라고사의 왕권을 약속하자, 성문이 열렸다. 그와 동시에 도서관의 소장 도서들도 공개되었다.

지식의 약탈이 시작되었다. 북부 유럽의 학자들은 마치 등불을 향해 달려드는 나방들처럼 톨레도로 몰려왔다. 피레네의 산길과 바르셀로나로 통하는 프로방스의 해안을 따라 그들은 타호 강에 있는 요새 도시로 몰려들었다. 실로 장관이었다. 톨레도는 화강암 절벽 위에 서 있었고, 그 골짜기 아래로 톨레도를 끼고 도는 강의 푸른 물이 보였다. 711년 아랍의 침입을 받기 전까지 톨레도는 약 2백 년 동안 서고트의 수도였다. 학문의 도시라는 명성에 걸맞게, 톨레도는 에스파냐에서 유대인들이 가장 많이 사는 도시였다. 기독교인들이 도시를 점령하던 그 해에 그곳에는 1만 명의 유대인들이 살고 있었다. 이들 유대인들과 그곳에 거주하던 소수의 기독교 학자들은 학문을 찾아 북쪽에서 온 여행객들에게 큰 도움을 주었다.

학자들이 계속해서 홍수처럼 밀려들었다. 어떤 이들은 그곳에 그대로 머물렀고, 어떤 이들은 그들이 갈망했던 문헌들을 번역해 가지고 북쪽으로 돌아갔다. 그들은 모두 자신들이 발견한 문화에 매혹당했다. 아랍인들은 북유럽인들의 지적 · 문화적 수준을 소말리 족과 같은 수준으로 여겼다. 북부 유럽 학자들이 에스파냐에서 발견한 지적 공동체는 그들의 고향과 비교하여 너무도 우수해서 질투심이 들 정도였다. 아랍 문화는 그 후 수세기 동안 서양인들의 세계관에 큰 영향을 미치게 된다.

에스파냐에 가서 이슬람의 지식을 가지고 돌아온 초기의 인물들 중에는 배스 출신의 잉글랜드인이 있었다. 그의 이름은 애덜라드였는데, 천문학에 큰 관심을 가지고 있었다. 에스파냐에서 그는 더 많은 것을 보았다. 랑 대성당 학교에서 공부를 마친 후, 애덜라드는 이슬람 국가들을 여행했는데, 시리아, 팔레스타인, 시칠리아를 거쳐 1110년대의 어느 날 톨레도에 도착했다. 자신이 번역한 문헌을 가지고 잉글랜드로 돌아왔을 때, 그의 짐 가운데 가장 중요한 것은 유클리드 기하학의 아랍어 번역본을 라틴어로 재번역한 것들이었다.

그러나 당시 유럽인들에게 가장 큰 충격을 준 것은 바로 아랍 문헌에 나오는 새로운 사고 방식에 관한 애덜라드의 설명이었다. 그는 어린 조카와 대화하는 형식을 취한 책 두 권에다 그것을 서술했다. 그 책에서 아랍에 한 번도 가본 적이 없는 조카는, 자신의 아저씨가 아랍에서 배운 것에 대해 알고 싶어한다. 그 책들을 보면 애덜라드가 아랍 자연과학에 일반적으로 나타나는 합리주의와 실증적인 연구 방법을 터득하고 있었다는 것을 알 수 있다.

그가 강조한 것 중에는 이런 것도 있다. "더 남쪽으로 갈수록 너는 더 많은 것을 알게 된다. 그들은 어떻게 사고해야 하는가를 안다. 나는 아랍인들에게서 한 가지를 배웠다. 그것은 권위에 속박되는 것은 굴레에 속박되는 것과 마찬가지라는 사실이다."

새로운 통찰을 얻은 애덜라드는 라틴 유럽에서 지니고 있었던 과거의 권위에 대한 맹목적인 존경을 버리고, 이성의 힘을 확신하게 되었다.

> 인간은 타고난 무기도 없고, 스스로 날 수도 없지만, 그러나 그보다 훨씬 나은 이성을 가지고 있다. 눈에 보이는 우주는 양화量化될 수 있으며, 그것은 필연적인 것이다.…… 당신과 나 사이에는 이성이라는 판관만이 있을 뿐이다 .…… 왜냐하면 당신은 합리적인 절차를 밟아 나갈 것이고, 나 역시 그렇게 할 것이기 때문이다. …… 또 나는 이성을 주고받을 것이다. …… 우리 세대는 타고난 결함을 가지고 있다. 우리 세대는 동시대인들이 발견했던 어떠한 것도 받아들이지 못한다.

이어서 그는 권위나 도그마에 복종하는 것을 전면적으로 공격하면서 이렇게 썼다. "내게서 더 많은 걸 들으려면, 이성을 교환해라. 나는 고기 그림을 앞에 놓고 허기를 만족시키는 그런 사람이 아니다!"

이러한 유의 접근 방식은 그 자체로서는 그리 혁명적인 것이 아니었다. 그러나 에스파냐에서 전해진 그 밖의 다른 것들과 결합되자 폭발력을 갖게 되었다. 애덜라드가 돌아온 후, 유럽 각지의 사람들이 지식을 찾아 에스파냐로 나섰고, 그들 가운데는 체스터의 로버트, 케른텐의 헤르만, 산타야의 우고, 마르세유의 레몽, 티볼리의 플라토, 스코틀랜드인 마이클 등이 있었다. 몇몇은 1135년에 에스파냐가 새롭게 정복한 지역으로부터 들어오는 산더미 같은 필사본들을 다루는 번역

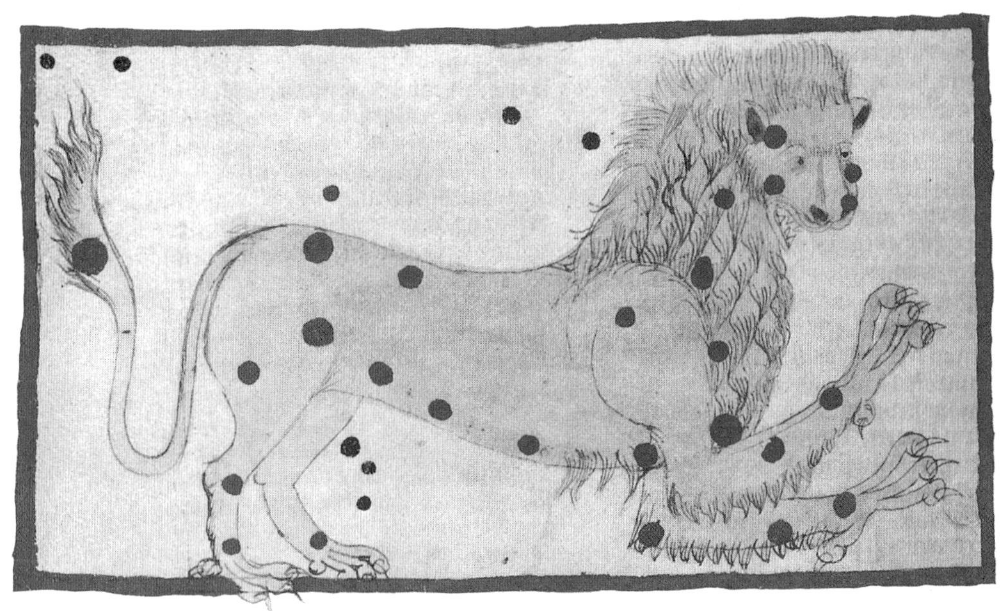

사자자리를 그린 아랍 그림. 그리스 천문학의 중요한 원자료들은 12궁도의 상징물들을 세밀하게 관찰해 그린 그림들에 담겨 보존되었다.

자들로 구성된 느슨한 조합을 결성한 톨레도의 대주교 레몽을 위해 일하려고 머물렀다.

번역 활동을 활발하게 한 그룹들 가운데 하나가 세비야의 부주교 도밍고 곤살레스 아래에서 일했는데, 곤살레스는 이븐 다우드라는 톨레도 출신 유대계 학자와 함께 일하는 기독교 그룹의 리더였다. 번역자들은 그 당시 아랍인들이 알고 있던 모든 주제들을 다루었는데, 대부분은 그리스의 원전에서 추린 지식들로서 라틴 유럽인들에게는 새로운 것들이었다. 주제는 의학, 점성술학, 천문학, 약학, 심리학, 생리학, 동물학, 생물학, 식물학, 광물학, 광학, 화학, 물리학, 수학, 대수학, 기하학, 삼각술, 음악, 기상학, 지리학, 역학, 유체정역학, 항해술, 역사를 포함하는 문헌들을 아우르고 있었다.

이러한 방대한 지식은 그 자체만으로도 라틴 유럽인들에게 중대한 영향을 미쳤을 것이다. 그러나 지식의 폭탄을 폭발시킨 것은 그것과 함께 온 철학이었다. 거기에는 아리스토텔레스의 자연 체계와 논증의 논리가 포함되어 있었다. 자료들의 대부분은 아랍어에서 번역된 것들이었다. 그러나 매우 많은 문헌들이 그리스의 과학적 저작들의 아랍어 번역본에서 다시 옮겨진 것들이었고, 이러한 발달된 문헌을 이해하는 데 많은 도움을 주는 주석들도 함께 번역되었다. 그것들 중 가장 중요한 것은 페르시아의 의사 이븐 시나가 11세기 첫무렵에 쓴 방대한 내용의 『치료의 서書』였다.

이븐 시나의 『치료의 서』는 최초의 철학 대백과사전이었다. 책에서 그가 소개한 아리스토텔레스는 우주를 설명하는 데 종교와 철학에 동등한 지위를 부여했다. 서양인들은 경악했다. 철학과 종교를 동등한 위치에 놓은 것은 기독교 신학에는 배치되는 것이었다. 이븐 시나나 다른 주석가들을 통해서 서양인들은 아리스토텔레스의 삼단논법을 배웠다. 삼단논법에는 마치 마법의 힘이 깃들어 있는 것처럼 보였다. 삼단논법을 사용하면 논리상의 오류나 잘못된 결론을 방지할 수 있었다. 삼단논법은 변증법적이었으며 대전제, 소전제, 결론의 세 부분으로 구성되어 있었다. 삼단논법으로 만들어지는 진술에는 네 가지 유형이 있었는데, 그것은 전칭 긍정, 전칭 부정, 특칭 긍정, 특칭 부정이었다.

모든 인간은 유한하다. 나는 인간이다. 나는 죽는다.

어떤 개도 장님이 아니다. 모든 셰퍼드는 개다. 어떤 셰퍼드도 장님이 아니다.

모든 인간은 이성적이다. 어떤 동물들은 인간이다. 어떤 동물들은 이성적이다.

어떤 이탈리아인도 흑인이 아니다. 어떤 사람들은 이탈리아인이다. 어떤 사람들은 흑인이 아니다.

아랍의 주석자들이 재현한 그리스의 삽화들을 통해 새로운 세계관이 유럽으로 전해진다. 이 삽화는 약초에 관한 글에 실린 것으로, 이 글은 알렉산드로스 시대의 그리스에서 처음 씌어진 것이다.

GRECIS DR. Batosidea.
Alii Cinosbatos.
Prophete Simrophū.
Alii Ematitanos.
Alii Emaideos.
Itali Sinix.
Romani Rubum uocant.
Alii Mora siluatica.

·LIIII·

Nascitur incampis & insepibus. AD AURIUM DOLOREM. Herbē rusci qui masculus ē. expressus inauriculis ē tepefactus & stillatus. aurium dolorē liberat. & sanare dicimus.

Herba rusci qui mas ·uiiii· & mirte qui mas idē ·uiiii· mali granati sicci cortices teres. decoquantur inse. & catesinas impingue. & cū iā refrigidauerit fomentabis tibi sessū. hoc ptriduū faciens miri fice stringet. & sanat. AD PROFLUUIUM MULIERIS. Herbas rusci qui mas teneras ter septenas decoques inaqua usq; ad t̄tias & triduo ieiuno potū dab̄. ita. ut cotidie recēs potionē. AD CARDIACOS. Herba rusci folia pse t̄ta imponuntur & mamille sinistre dolorē tollit. AD USUS GINGEBARŪ ET DOLORŪ UITIA. Herbe rusci caules teneros inuino decoquis & ipsū uinū inore continebis. sume facit. AD UUE REMEDIŪ. Herbe rusci folia arefiant inū bri & ci nere incluario facto. resilit inpresente uuo. AD UULNERA RECENTIA. Herbe rusci flos aut maros sine collecti ones apiculo sanat. AD CONDOLOMATA. Herba rubi inuino decocta adtertias coq; uino foueb̄is condolomata. & omnia uitia sedat. NOMEN SERPENTIS SIPEDEON.

보이티우스를 그린 12세기의 세밀화. 그는 아리스토텔레스의 저술들이 북부 유럽에 소개되기 전까지 논리학의 아버지로 불렸다.

삼단논법의 목적은 이미 알고 있는 두 개의 사실들로부터 전에는 알려져 있지 않던 제3의 사실을 도출해 내는 데 있다. 이러한 기법은 자연 세계를 탐구하는 데 엄청난 도움을 주었다. 직접 관찰할 수 없는 경우에도 삼단논법을 사용해 논리적으로 필연적인 결론들을 이끌어 낼 수 있었기 때문이다. 그리하여

> 피부는 땀으로 젖는다. 습기는 구멍을 통해서 사물 밖으로 새나온다. 피부에는 구멍이 있다.

삼단논법을 통해 결론을 도출해 내는 방법에는 연역과 귀납이라는 두 가지 사고 형태가 있다. 귀납은 특수한 것으로부터 일반적인 것으로 사고하는 것이다. 즉 유사한 대상들이 가지고 있는 특수한 성질들

을 조사함으로써 그것들에 대한 새롭고 일반적인 결론을 이끌어 내는 것이다. 한편 연역은 합리적으로 의심의 여지가 없는 두 개의 일반적인 진리로부터 더욱 특수하고 새로운 제3의 진리를 도출하는 것이다.

아리스토텔레스의 일반 체계는 자연과 우주를 탐구하여 절대적으로 틀림이 없는 진리를 얻는 데 이러한 기법들을 사용했다. 아리스토텔레스의 일반 체계에서 혁명적이었던 것은 자연이 삼단논법의 분석에 따르도록 체계화될 수 있다는 그의 제안이었다.

이 새로운 체계는 유럽의 사상가들, 특히 샤르트르의 사상가들로 하여금, 전에는 이론적으로만 가능했던 것들을 실현케 해주었다. 아리스토텔레스 논리학에 관한 저술들을 모은 것에는『오르가논』(Organon: 도구라는 뜻)이라는 이름이 붙었다. 파리에서 피에르 아벨라르라는 브르타뉴 출신 철학자가 교회를 기초부터 뒤흔들 수 있는 기술의 적용을 시도했다. 그는 변증법적 논리를 성서에 적용시켰다.

『예와 아니오』라는 영향력있고 논쟁적인 저술에서, 아벨라르는 성서의 168개 구절을 분석함으로써, 그 구절들의 공인된 해석들에 모순이 있음을 보였다. 그는 관련된 주석들을 모두 모아 각각의 주장에 찬성하거나 반대하는 논증들을 기술했다. 이러한 기법은 5세기 전반기 교부들의 시대 이래로 일반적으로 사용되어 왔었다. 콰에스티오(quaestio: 질문)라고 불렸던 이 방법은 판정을 내리기 위해 찬성과 반대 주장을 비교하였다. 아벨라르가 활동하던 시대만 해도 어떤 진술이든 공인된 전거典據를 갖기만 하면 증명이 된 것으로 받아들여지고 있었다. 그러나 아벨라르는 이들 전거들에 모순이 있다는 것을 밝혀냈다.

그는 전거에 대한 자신의 공격은 오직 진리를 발견하는 데 그 목표가 있다고 주장했지만, 교회는 그것을 인정하지 않았다. "의심을 함으로써 질문할 수 있고, 질문을 함으로써 진리를 깨달을 수 있다"라고 그가 말했을 때, 거기서 로마는 혁명의 소리를 들었다. 아벨라르는 논증과 탐구에 쓰이는 네 가지 기본 법칙을 제시했다.

> 모든 것에 대해 체계적으로 의심하고 질문하라.
>
> 합리적인 증거를 갖는 진술들과 단지 신념만을 갖는 진술들 사이의 차이점을 알라.
>
> 정확한 용어를 사용하고, 다른 사람들에게도 정확성을 요구하라.
>
> 오류를 경계하라, 그것이 성서에 있는 것일지라도.

이와 같은 말들은 12세기에는 매우 특별한 것이었다. 아무런 편견이 없는 객관성이나 냉정한 추론은 신비주의나 도그마에 젖어 있던 중세인들에게는 익숙한 것이 아니었다.

아벨라르는 새로운 논리학을 신학을 강화하는 데 사용했고, 파리를 변증법의 중심지로 만들었다. 그러나 볼로냐인들은 그것을 다른 방식으로 적용시켰다. 이르네리우스 이후의 세대는 그의 주석들을 로마 법전을 복원하는 데 사용했고, 또 다른 볼로냐인인 불가루스는 한 걸음 더 앞으로 나아가고 있었다. 그 역시 콰에스티오를 이용하고 있었지만, 그는 법학도들에게 그것을 법정에서 사용하는 방법에 대해 가르쳤다. 1130년대에 그는 학생들로 하여금 자신들이 참석한 사건에서 찬성과 반대라는 방식을 사용해 법률적인 주장을 하도록 훈련시켰다.

그 후 1140년에, 볼로냐의 위대한 법학자 그라티아누스는 완전히 새로운 기법들이 담겨 있는 법률가용 교재인 『그라티아누스 교령집』을 내놓았다. 『교령집』은 아벨라르의 『예와 아니오』에 큰 영향을 받았다. 『교령집』은 두 부분으로 나누어져 있었는데, 첫 부분은 모든 법들의 중요한 개요를 담았다. 두 번째 부분은 가상의 사례를 채택하고 아리스토텔레스의 논증과 연역의 규칙을 구체화한 오늘날의 반대 심문 기법을 이용해 찬성항과 반대항을 조화시켰다. 이러한 기법은 법 자체와 관련하여 상충되는 주장들을 다루는 데 특히 유용했다. 그라티아누스는 법률적인 문제들을 다루는 데 사용되는 용어들의 참된 의미를 알아내기 위해 문법의 규칙을 적용하려고 시도하기도 했다.

그 무렵 법은 민법과 교회법의 둘로 나누어졌으며 매우 중요하고 매력적인 직업 분야로 인식되었다. 솔즈베리의 존은 새롭고 성문화된 법이 다루는 일상적인 문제들이 증가하고 있음에 주목했다. 1150년대 끝무렵에 교회법 가운데 가장 골치아픈 영역은 결혼법이었다. 당시 결혼은 결혼과 동시에 어느 한쪽이 권리를 상실하는 경향이 보편화됨에 따라 상속 문제의 관건이자 위험한 모험으로 여겨지고 있었다. 기본적으로 지참금은 남편 가족 가운데 한 명의 소유였는데, 여성이 결혼을 여러 번 하는 경우에는 지참금 문제가 복잡해졌다. 결혼 행위 그 자체는 극도로 비공식적인 것이었다. 흔한 일은 아니었지만, 교회

공식적인 결혼식은 토지 재산의 교환을 보증해 주었다. 이 그림은 한 아버지가 아내의 동의 아래 딸을 통해서 사위에게 자신의 영지 권리를 전해 주는 모습이다. 아라곤의 알폰소 2세(1162~1196)의 명령으로 제작된 필사본에서.

볼로냐 대학의 법률 수업. 교사가 자신의 노트를 학부생들에게 읽어 주고, 학부생들은 그들이 '읽은(공부한)' 노트를 차례로 베껴 적는다. 교수의 '강좌(chair)'는 이 시대에 생겨난 말이다.

가 아닌 곳에서 결혼식을 치르는 경우도 있었다. 그렇다면 상속인의 정통성이 부여되는 결혼은 어떤 결혼인가? 앤스테이의 리처드라는 사람이 대주교의 재판정에 18번, 교황의 재판정에 두 번이나 찾아가고 나서야 그 문제를 해결했다는 기록이 남아 있다.

민법이 다루는 문제들은 대체로 토지의 경계 분쟁, 부채 미납, 재산 소유권, 개인이나 집단의 권리 등 세속적인 일이었다. 왜 법률가들이 그렇게 번창했는가를 아는 것은 그다지 어려운 일이 아니다. 갑작스럽게 변호사가 부와 성공의 지름길로 부상했다. "법률가가 되면, 부자가 되지 않을래야 않을 수가 없다"는 말이 생겨났다. 볼로냐에 있는 공증인公證人 회관은 급속도로 성장한 법률가들의 재력이 어느 정도였나를 잘 보여주고 있다. 성당과 공회당 사이에 독립적으로 서 있는 공증인 회관의 모습은 매우 인상적이다.

처음에 사람들을 볼로냐로 끌어 모은 것은 아마도 이러한 법률 제도의 명성이었을 것이다. 12세기 끝무렵 볼로냐에 강의를 들으러 온 학생들의 출신국 수는 14개국에 달했을 것이다. 그때까지도 북부 유럽의 도시들은 봉건제 하에서 사상의 자유를 거의 누리지 못하고 있었지만, 로마의 자치제 전통을 가지고 있던 볼로냐는 사상의 자유를 쉽게 얻어낼 수 있었다. 아마도 학생들이 매력을 느꼈던 것들 가운데는 이러한 사실도 포함되어 있었을 것이다. 짧은 기간 독재 정권의 지배 아래 있던 때를 제외하고는 볼로냐는 수세기 동안 공화제를 유지해 오고 있었다. 더 나아가 볼로냐는 로마 교황청으로부터도 멀리 떨어져 있었기 때문에 교회의 권위에 대한 맹목적인 복종을 거부하고 마음 놓고 비판을 할 수 있었다. 무엇보다도 중요한 것은 비로소 교회의 간섭에서 벗어나 신성 로마 황제의 보호를 받게 되었다는 점이었다.

중세라는 특수한 상황에 비추어 볼 때, 세계 최초의 대학이 볼로냐에서 생겨난 것은 이러한 이유들 때문이었을 것이다. 고대 혹은 고전 시대의 어떠한 문명에도 대학과 같은 것은 존재하지 않았다. 고등 교육을 실시하는 학교가 있었지만, 그것들은 성직자들을 양성하거나 개인적인 학생들의 제한적인 접근만이 가능한 학술 연구의 장소였다. 이러한 학교들은 시험을 치르지도 않았으며, 공인된 학위도 수여하지 않았다.

학생들 스스로 그룹을 조직해 수업을 받기 시작한 것은 12세기 중반이었는데, 그때는 이미 볼로냐에서 자유교양학문이 교육되기 시작한 지 한 세기가 넘어선 무렵이었다. 학생들에게는 행동의 자유가 상당 부분 허용되었다. 대부분의 학생들은 부유했고, 그들은 볼로냐의 경제에 없어서는 안 될 존재였기 때문이었다. 대학은 학생들에 의해 운영되었다. 학생들이 교사를 임용하고 학칙을 만들었다. 1189년에는 볼로냐로 유학온 타지 출신 학생들에게 집세를 함부로 올려 받지 못하도록 하는 엄격한 지침이 만들어졌다.

외지 학생들은 국적(독일, 영국, 에스파냐, 토스카나, 로마 등등)에 따라 분류되었는데, 나중에는 알프스 남쪽과 북쪽 두 개의 일반 그룹으로 형성되었다. 그들 가운데 일부는 돈을 마련하여 기숙사를 지을 수 있었다. 그 가운데 하나가 아직도 볼로냐에 남아 있는데, 에스파냐 대학이다.

하루에 세 차례 강의가 있었는데, 아침 종소리와 함께 시작되는 첫 교시가 7시에서 9시까지, 둘째 시간이 오후 2시에서 4시, 세 번째가 4시에서 5시 반까지였다. 9시에서 2시 사이에는 '특별' 강의가 있거나, 휴식 시간이었다. 학과 과정은 연속적인 수업으로 구성되어 있었으며, 모든 수업은 같은 형태를 취했다. 수업 텍스트의 요약, 교사 자신의 텍스트 해석과 관련된 사항들에 대한 주의 환기, 주석을 달며 텍스트 읽기, 텍스트의 암송, 텍스트로부터 끌어낸 일반적 법칙, 그리고 질의 응답이 있었다. 희망자 모두가 논쟁에 참여할 수 있는 토론이 벌어지는 사순절 기간을 제외하고는, 교사들은 저녁 때 번갈아 가며 그 날의 요점들을 반복했다.

달력이 불확실했기 때문에 정규 휴일은 골칫거리였다. 매주 목요일과 성축일에는 수업이 없었다. 이와는 별도로 9월 7일에 시작되는 긴 방학이 있었으며, 크리스마스에는 10일 동안 수업이 없었다. 또 부활절에 2주, 사순절이 끝난 다음 날부터 3주, 성신 강림聖神降臨 대축일에도 이틀간 수업이 없었다.

수업 시간에는 참석한 사람들에게 교사가 텍스트를 큰 소리로 읽어 주었으며, 학생들도 독서에 참여했다(옥스퍼드와 캠브리지의 학생들은 지금도 수업 듣는 것을 과목을 '읽는다read' 라는 말로 표현하고 있다). 학생들은 규정된 요금을 내고 책을 빌려서 보았는데, 도시 밖으로 가지고 나가는 것은 법으로 금지되어 있었다. 무엇보다도 텍스트와 주석들을 정확히 옮겨 적는 것이 중요했다. 그래서 '최신 방법' 을 선전하고 다니는 필경사나 실직 교사들의 구인, 구직 활동이 활발했다.

6년이 지나면 학생들은 자신의 학문적 순위, 즉 숙련의 등급을 딸 준비를 시작했다. 어떤 경우에는 한 해 동안의 성적표가 주어지기도 했다. 시험의 첫 과정은 대학의 박사들 앞에서 텍스트와 적절한 주석에 대해 질문받는 것이었다. 이때 학생들은 자신의 견해를 요구받는 것이 아니라 단지 자신이 배운 것을 반복하기만 하면 되었다. 그리고 나서 두 번째의 좀더 겉핥기식의 공개 심사를 통과한 후보들에게 학위가 주어졌다. 최고 등급은 리센티아 도센티(licentia docenti: 가르칠 수 있는 자격증)라고 불렸으며, 교사(Magist라고도 했는데, 여기서 오늘날의 Master라는 말이 나왔다)의 칭호가 수여되었다.

대학교의 원형이라고 할 수 있는 볼로냐의 교사와 학생 단체에 대해 처음으로 언급된 문헌은 1158년에 이탈리아 론칼리아에서 열린 의회에서 프리드리히 1세가 공포한 황제 법령이었다. 이 문서는 '볼로냐 박사들'의 법적인 지위를 명시하고 있다. 1219년에 이르러 학위 제도가 완벽하게 정비되었다.

이르네리우스와 그라티아누스가 볼로냐를 법의 본거지로 만들었다면, 피에르 아벨라르는 파리를 신학과 변증법의 본거지로 만들었다고 할 수 있다. 파리의 대학에 대한 최초의 확실한 언급은 1200년도 로마 교황청 서신에서 발견된다. 그러나 파리의 학술 조직은 볼로냐와는 무척이나 달랐다. 민법은 자유 사상을 부추긴다는 이유로 금지되어 있었다. 교사 길드가 운영되고 있었는데, 교회법, 의학, 신학, 기예(고대의 4과목, 즉 기하학, 음악, 천문학, 수학)로 조직되어 있었다.

가장 중요한 과목은 신학이었다. 주교재는 아벨라르의 『예와 아니오』를 발전시킨 페트루스 롬바르두스의 『명제집』이었다. 이 과정에는 매우 많은 신청자들이 몰려들었는데, 그것은 신학 자격증이 교회에서 승진하는 것을 보장해 주었기 때문이었다. 실제로 13세기 첫무렵 이후로는 신학 학위를 갖고 있는 사람들만이 로마 교황청에 들어갈 수 있었다.

신학 과정은 인문학 과정을 마친 후에 이수되었으며, 6년 동안 진행되었다. 두 해는 『명제집』을 배웠고, 그 후 두 해 동안은 성서 수업을, 그리고 마지막 두 해 동안 강의와 토론을 했다. 이 과정을 끝낸 학생들만이 신학박사 자격을 딸 수 있었다.

인문학부는 곧 논쟁적이 되어 갔다. 왜냐하면 에스파냐에서 들어온 새로운 지식의 영향력을 가장 절실히 느낄 수 있는 곳이 바로 인문학부였기 때문이다. 학생들은 3학을 통해서는 자연을 있는 그대로 배우고, 4과를 통해서는 수학과 이성을 사용해서 연구하는 훈련을 받았다. 아리스토텔레스 논리학도 가르쳤는데, 그 과목은 급속도로 혁명적인 과목이 되어 가고 있었다.

새로운 교육은 대학의 등장을 촉진했다. 그러나 그와 동시에 교회에게는 새로운 문젯거리로 등장했다. 로마 교황청의 어려움은 아리스토텔레스가 자연을 탐구하기 위한 논리적이고 경험적인 관찰의 사용을 지지하고 있다는 사실에 있었다. 이러한 기술은 아우구스티누스의 가르침과는 정면으로 배치되는 것이었다. 우주의 움직임을 분석하고자 하는 학생은 신의 역할이라는 골치 아픈 질문이 나오기 마련인 창조의 메커니즘에 매우 가까이 다가서야만 했다. 그러나 새로운 지적 도구는 너무도 매혹적이어서 쉽게 억누를 수 없었다. 1210년에 파리에서 아리스토텔레스 학설이 금지되자, 학생들은 그 금지를 무시하거나 툴루즈에 있는 새로운 학교로 옮겨갔다. 그곳에서는 지방 백작의 보호 아래 아리스토텔레스를 가르치고 있었다.

1130년에서 12세기 끝무렵 사이에 유럽에는 그리스와 아랍의 과학과 논리학이 쏟아져 들어왔다. 그 문헌들 덕분에 서양인들은 그리스인들이 이룩해 낸 자연주의와 합리주의 사상을 활발히 이용할 수 있게 되었다. 자연은 더 이상 비전秘傳을 전수받은 사람들만이 이해할 수 있는 닫힌 책이 아니었다. 자연은 인간 그 자체와 마찬가지로 우주의 일부분으로 여겨졌고, 인간은 자연을 탐험할 수 있게 되었다. 자연은 이제 삼단논법이나 연역법을 통해 이해될 수 있다고 여겨졌으며, 각기 고유한 연구 규칙들을 갖는 서로 다른 학문 영역으로 나뉘었다.

1200년이 되자 아리스토텔레스를 비롯한 많은 그리스 학자들의 저술들이 원래의 언어 그대로 또는 라틴어로 직접 번역된 형태로 유럽으로 도입되기 시작했다. 아랍의 주석가들의 도움으로 이제 학자들은 극도로 복잡한 원전의 내용을 이해할 수 있게 되었으며, 그 중의 상당수는 무르베커 출신 네덜란드인 빌럼에 의해 번역되었다. 이러한 텍스트들은 이성과 경험적 관찰을 이용하는 데 대한 자신감뿐만 아니라 교회가 통제하고자 하는 것보다 더 많은 지식을 유럽에 가져왔다.

자유 사상의 조류를 저지하기 위해 교황은 1217년에는 도미니쿠스 수도회 수도사들을, 그리고 1230년에는 프란체스코 수도회 수도사들을 파리로 보냈다. 그러나 때는 이미 늦었다. 유클리드의 『기하학 원론』, 공기역학에 관한 헤론의 저서, 프톨레마이오스가 편찬한 위대한 천문학 저서 『알마게스트』뿐만 아니라 아리스토텔레스가 쓴 형이상학, 자연사, 물리학, 윤리학, 우주, 기상학, 동식물에 관한 저술들도 이용되고 있었다. 따라서 전쟁은 이미 진 것이나 마찬가지였다.

마지막 충격이 찾아온 것은 13세기 첫무렵이었다. 아베로에스라는 이름으로 서양에 알려진 아랍철학자 이븐 루슈드가 저술한 아리스토텔레스 주석서들이 소개된 것이다. 번역자들 가운데 가장 많은 활약을 했던 크레모나의 제라르도에 의해 에스파냐에서 번역된 아베로에스의 주석들은 서양인들에게 아리스토텔레스에 관한 한 가장 순수하고 명확한 분석을 제공했다. 단순히 '주석자the commentator' 라는 말로 그를 칭할 정도로 그의 저술들은 널리 읽혔다. 아베로에스는 신에 의해서만 계시된다고 여겨지던 진리를 이성이라는 차가운 빛 앞으로 가져왔다. 그는 창조의 행위가 시간의 시작보다 앞서서 있었고, 그 행위가 일단 행해진 뒤로는 일정한 사건들이 필연적으로 이어졌다고 주장했다. 이러한 지적 앞에서 신이 끼어들 자리는 더 이상 없었다. 이것

샤르트르 대성당의 창. 성당을 짓는 데 드는 경비를 후원한 장인 두 명의 작업 광경을 묘사하고 있다. 위쪽은 구두 수선공이고 아래쪽은 석공이다.

은 자유 의지와 신의 섭리에 관련된 또 하나의 중대한 문제를 교회에 제기했다. 아우구스티누스는 인간은 신의 은총에 의해서만 구원될 수 있다고 말했었지만, 만약 자유 의지가 없다면 인간이 죄를 짓는 것은 불가피한 일이다. 그리고 만약 신이 이 문제에 개입할 수 없다면, 어떠한 종류의 은총도 불가능하다. 신은 제한을 받아 왔었다.

브라반트 출신의 시제루스라는 북유럽인의 지도 아래, 아베로에스주의를 신봉하는 학생들 중 일부가 철학을 신학에서 분리할 것을 제안했다. 마침내 1255년 3월 19일, 교회는 굴복하고 아리스토텔레스의 모든 저술들을 교과목에 넣는 것을 허락했다. 완전한 이단이었던 아리스토텔레스주의가 풀린 것이다. 교회의 최고 지성 가운데 한 명이 이것을 보완하기 위해 발탁되었다. 토마스 아퀴나스는 위대한 명저 『신학대전』에서 두 개의 기준을 승인함으로써 사고의 두 양태를 화해시켰다. 신학은 계시와 관련된 진리의 영역들을 다루고, 이성은 자연세계와 관련된 영역들을 다룬다. 철학은 마침내 독립을 승인받았다.

이러한 논증들이 맹위를 떨치는 동안, 그 논증들이 일으킨 심원한 변화가 효력을 발휘하기 시작했다. 위대한 아퀴나스조차도 수학적 합리성의 불가피성에 굴복했다. 신이 할 수 없는 일들의 목록에는 '신 자신의 변화' '무엇인가를 잊기' '죄를 범하기' 와 같은 한계들이 포함되어 있었다. 아퀴나스는 다음과 같은 결론을 내렸다. "신은 삼각형의 내각의 합을 두 직각의 합보다 크게 만들 수 없다."

새로운 인문주의적인 자신감은 건축에서 기념비적으로 표현되었다. 논리학과 자본을 활용할 수 있게 된 장인과 전문가 집단들은 새로운 수력 기술이 자연을 어떻게 통제할 수 있는가에 대해 더 많이 알게 되었고, 내일이 오늘보다 더 나을 것이라는 기대와 야망을 지니게 되었다. 그들은 자신들이 예배를 보던 건축물의 양식을 변화시켜 갔다. 사실상 고딕 건축이 기술적인 진보를 이룰 수 있었던 것은 이슬람식 둥근 천장으로 된 아치와 그 후의 공중버팀벽 덕분이었다. 그러나 그와 동시에 고딕 건축은 중세 끝무렵의 사람들에게 자신들이 발견한 새로운 힘을 표현할 기회를 제공하는 것이기도 했다. 그들은 하늘을 찌를 듯이 높이 솟은 거대한 성당들을 유럽 전역에 지음으로써 그 일을 해냈다.

1140년에서 1220년 사이에 상스, 누아용, 상리스, 파리, 랑, 샤르트르, 랭스, 아미앵, 보베에 대성당이 지어졌다. 성서에 나오는 이야기들을 표현한 조각과 창으로 장식된 건물들은 돌로 만들어진 백과사전이었다. 유리와 돌 모두에서 새로운 자연주의가 출현했다. 반면에 메시지는 여전히 이성적 진리라기보다는 계시적인 것들이었다. 처음으로 그림의 배경에 대성당 밖의 실제 세계가 많이 등장하기 시작했다. 샤르트르 대성당에 그려진 식물들은 명확히 알아볼 수 있다. 그 식물들은 들장미, 장미, 포도덩굴이다.

교회 활동에서도 현세적인 삶을 느낄 수 있었다. 12세기 끝무렵 기독교는 새로운 방식으로 신도들에게 다가갔다. 그것은 성체 거양, 화체설(化體說, 제단에서 빵과 포도주를 먹는 동안, 그것들이 그리스도의 몸과 피로 변한다는 교리), 그리고 1264년부터 공식적으로 지켜지기 시작한 성체 성혈 대축일 등이었는데, 이 모든 것들이 '보고 만져 보려는' 새로운 욕망을 표출한 것이었다. 10세기에 발생했던 예배식에서의 간단한 막간극은 교회 밖으로 나와 현관에서 공연되었다. 그것은 대중연극의 형태를 띠었다. 새로 생겨난 고딕 양식으로 지어진 첫 건물인 파리의 북쪽 근교에 있는 생드니 대수도원의 문 앞에 대수도원장 쉬제는 이렇게 썼다. "창들이 너희들을 그리스도에게로 이끌리라."

빛의 형이상학적 특성에 관한 이러한 관심은 당연히 아리스토텔레스와 이슬람 철학자들로부터 시작된 빛에 관한 유럽인들의 생각에 변화를 가져왔다. 옥스퍼드에 신설된 대학에서 아리스토텔레스 논리학을 가르치던 그로스테스트 주교는 빛이 창조의 원료라는 견해를 13세기 전반기에 주장했었는데, 그것은 빛이 행동하는 방식 때문이었다. 측정할 수조차 없을 정도로 작은 점에서 출발한 빛이 순간적으로 완전한 구의 형태까지 확장되었다. 아리스토텔레스의 저술들에 기대어 그로스테스트는 방사 현상을 관찰하기 시작했다. 그는 알 하젠 같은 아랍학자들의 책들을 보며 광학, 렌즈, 반사, 굴절 등에 관한 정보를 수집했다. "자연 현상의 모든 원인을 찾기 위해서는 선, 각, 도형을 이용해야만 한다. 그렇지 않고서는 그것들의 원인을 아는 것은 불가능하다"고 말함으로써 그는 자연에 관한 이해는 수학, 광학, 기하학에 그 기초를 두어야 한다고 결론을 내렸다. 그러나 그는 현상에는 몇 가지의 명백한 원인이 있다는 것을 깨닫게 되었다. 그는 반복적인 관찰은 진정한 원인을 증명하거나 논박하는 가장 좋은 방법이라고 말했다. 그는 또한 만약 빛이 기본적인 물질임이 확실하다면, 빛이 생성되는 두 가지 현상이 분석되어야만 한다고 추론했다. 그것은 빛에 의해서 전달되는 첫번째 현시顯示와 그것이 감각되는 두 번째 현시이다. 그로스테스트는 어떤 현상의 원인이 무엇인가를 이해하기 위해서는 관찰만으로는 부족하고 현상 그 자체의 메커니즘을 알아야만 한다고 결론지었다.

그와 동시대인이었지만 나이는 어렸던 로저 베이컨은 진리는 오직 실험을 통해서만 발견될 수 있다고 주장했다. 그는 수학을 이용하여 빛의 문제를 풀고자 했다. "거인의 어깨 위에 서서"라고 절망스럽게 말하던 그의 선배들과는 달리, 베이컨은 이렇게 말했다. "후대인인 우리는 고대인들에게 부족했던 것을 채워야만 한다. 왜냐하면 우리는 그들의 연구에 관여되어 왔기 때문이다. 그리고 우리가 바보들이 아닌 한 그들의 작업들은 우리들을 더 잘할 수 있도록 각성시킬 것이다."

1301년에서 1310년 사이의 언젠가, 테오도리쿠스라는 독일 프라이부르크 출신의 도미니쿠스 수도회 수도사가 이 새로운 접근법에 진실한 실험적 형식을 추가시켰다. 실험을 위해 그가 선택한 빛의 현상은 무지개였다. 육각형의 수정, 물을 가득 채운 구형의 유리잔, 수정으로 만든 작은 '방울' 그리고 바늘구멍이 난 양피지 조각을 이용해서 그는 무지개가 만들어 내는 것이 무엇인가를 알아냈다.

수정 '방울', 즉 그가 물방울이라고 가정한 것에 난 구멍을 통해 햇빛을 비춘 다음, 각도를 조절해 가며 그가 관찰한 것들의 효과를 측정

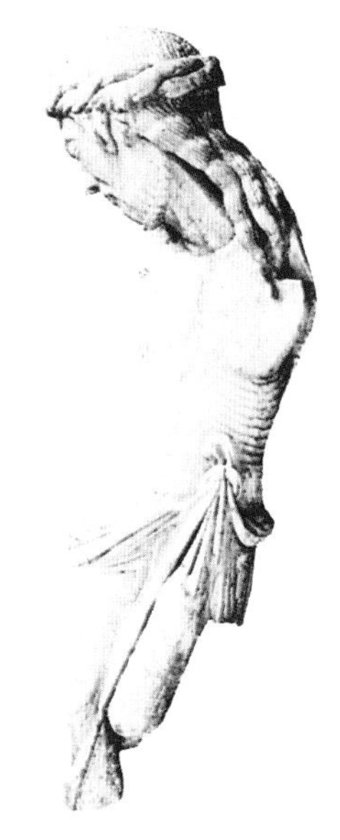

12세기 끝무렵의 십자가상에 표현된 삶에 대한 생각(위). 중세 초기에는 이처럼 틀에 박힌 얼굴로 표정이 없다. 바다코끼리의 상아로 만든 조각(아래). 십자가상과 같은 시대의 것으로 예수의 얼굴에 새겨진 고통에서 이미 이 시기에 새로운 사실주의가 등장했음을 볼 수 있다.

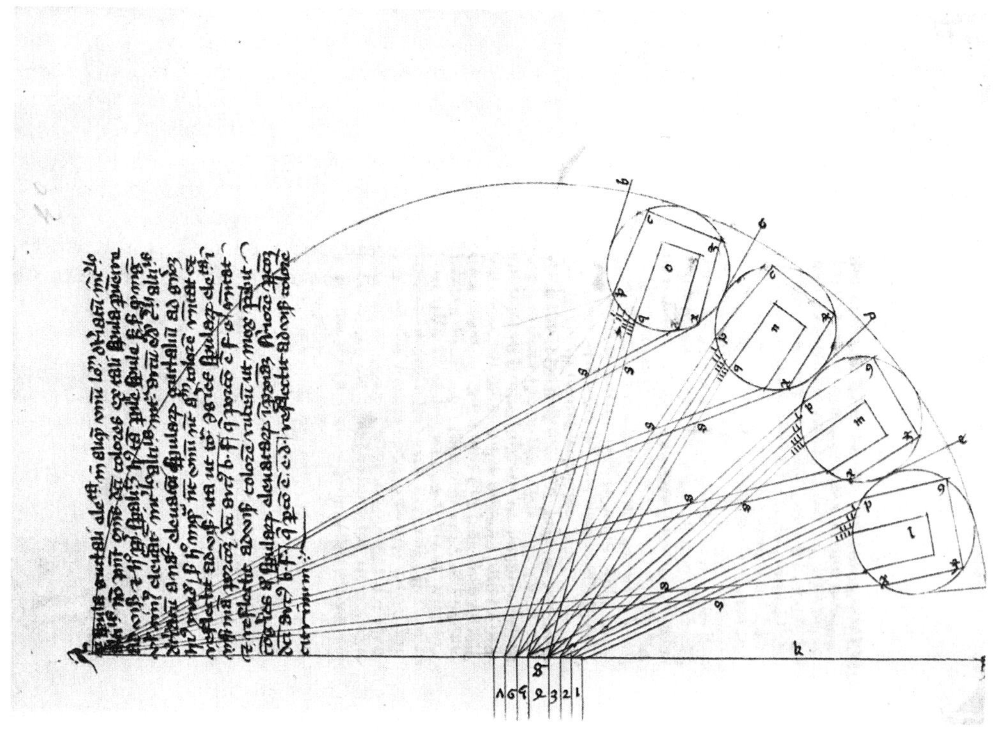

프라이부르크의 테오도리쿠스가 그린 이 스케치는 무지개가 어떻게 형성되는가를 보여주고 있다. 반사와 굴절에 관한 그의 이해를 확실하게 보여주고 있다. 햇빛은 왼쪽에서 '방울' 위로 비치고 있고, 눈은 아래의 중앙에서 순서대로 색을 감지하고 있다.

함으로써, 테오도리쿠스는 무지개가 만들어 내는 스펙트럼의 색이 빛이 '방울'로 들어가는 각도와 관찰자의 위치에 달려 있음을 알아냈다. 테오도리쿠스는 서구 역사에서 처음으로 적절한 과학 실험을 수행했으며, 톨레도의 몰락과 함께 시작되었던 사고思考의 변화를 완성시켰다.

사람들은 한때 "이해는 오직 믿음으로부터만 온다Credo ut intelligna"고 말했었다. 그러나 이제 그들은 "믿음은 오직 이해로부터만 온다Inatelligo ut credam"고 말하기 시작했다. 1277년에 로저 베이컨은 이런 주장들을 지지한다는 이유로 무기형을 선고받고 투옥되었다. 자유롭고 합리적인 자연 탐구는 이성과 믿음의 충돌 속에서 어려움을 겪었다. 그리고 그 충돌은 우리가 살고 있는 이 시대까지도 계속되고 있다.

10, 11세기에는 도시들이 부흥했고, 시민들은 새로운 문제들에 직면했다. 그러나 당시의 철학적 세계관은 시민들에게 도움이 되지 못했다. 거기에는 진보의 개념이 없었다. 중세 초기 사람들이 자각한 것은 그동안 잊고 있었던 인간의 위대함이었다. 그들은 말했다. "우리는 거인들의 어깨 위에 서 있다." 과거는 위대함과 영광스러움 그 자체였다. 과거는 권위의 원천이었다. 어떠한 지적 활동도 지난 세계에 대해 의문을 달지 않았으며, 오히려 그것에 경의를 덧붙였다.

# 3

*

# 관점

현대 서양인들이 가장 소중히 여기는 특권은 아마도 개성의 표현과 관련된 개인들의 권리일 것이다. 사람들은 다양한 방법으로 이러한 권리를 행사한다. 그것은 투표, 표현과 행동의 자유, 그리고 좀더 사적인 것으로는 직업, 가정, 외모 따위로 드러난다. 사람들은 겉으로 드러나는 이러한 행위들을 통해서 타인들과는 다른 자신들만의 개성을 표현한다. 사생활에 관한 관심, 그리고 어쩌면 우리들 자신과 관련되어 대규모로 존재할지도 모르는 정보들로부터 우리를 보호할 필요성은 우리가 살아가는 방식에서 대단히 중요한 요소이다. 우리는 다른 사람들과 적당한 거리를 유지하고 살아간다. 그리고 타인에 대한 신체적인 공격은 중요한 범죄로 여겨진다. 우리는 국가가 우리들에 대해서 많은 권리를 행사하는 것을 받아들이고 있지만, 개체로서의 우리의 권리를 공격하거나 손상시키는 것은 결코 허락하지 않는다.

이러한 권리를 대체로 18세기의 위대한 민주 개혁들에서 생겨난 정치적인 산물이라고 생각하기 쉽다. 그러나 그 개혁들은 그보다 3백 년 전에 이탈리아 북부에서 발생한 사상에서의 지적 혁명이 없었더라면 불가능했을 것이다. 이탈리아 북부에서 발생한 지적 혁명의 배후에는 두 가지 사건이 있었다. 하나는 그때까지 한 번도 경험해 보지 못했던

같은 도시를 그린 두 그림. 위는 14세기, 아래는 16세기의 피렌체이다. 이 그림들은 우주 전체에 관한 인류의 관점에 혁명을 일으킨 회화 기법의 재발견 전과 후의 세계에 대해 완전히 다른 태도를 보여주고 있다.

대재앙이었고, 나머지 하나는 새로운 회화 기법의 발달이었다.

1347년 여름, 흑해에서 돌아오던 한 상선이 무시무시한 질병을 가지고 시칠리아 섬의 메시나 항에 입항했다. 나중에 흑사병이라고 이름이 붙은 이 질병은 급속도로 퍼져 나갔다. 감염이 되면 작고 검은 고름물집이 나타나고, 그로부터 스물네 시간 안에 고통스러운 죽음이 찾아왔다. 흑사병의 영향은 무시무시했다. 20년도 못 되어 유럽 인구 절반이 사망했으며, 시골은 황폐해졌다. 지속적인 경제적 번영을 이루며 낙관주의가 지배하던 시절은 갑작스럽고 비극적인 종말을 맞는다.

흑사병은 부자건 가난한 사람이건 가리지 않고 무차별적으로 엄습했기 때문에, 시인 보카치오처럼 그래도 여유가 있던 사람들은 도시의 악취와 공포를 피해 외딴 곳으로 피신했다. 가장 많은 피해를 본 곳

흑사병이 절정을 이룬 1349년에 시체들을 묻고 있는 프랑스 투르네의 시민들. 인구가 준 유럽에는 "무시무시한 침묵만이 널리 퍼져 있었다."

흑사병에서 살아남은 이들은 자신들이 겪은 무시무시한 경험을 잊기 위해 파티를 열었다. 이런 파티는 그후 수년 동안 유럽 전역에서 열렸다. 그림은 부르고뉴의 귀족들이 참가한 한 파티의 모습이다.

은 인구가 밀집해 있고 불결한 도시들이었다. 병이 퍼져 나감에 따라, 도시 밖에 세워진 공동 묘지에 시체를 묻을 생존자들조차 부족했다.

시골에서도 그 영향은 즉각적이고 확실하게 나타났다. 땅을 경작할 농장 노동자들이 없어서 농토는 황폐해져 갔다. 가축들은 떼죽음을 당했다. 폐허가 된 마을들로 들개와 강도들이 먹을 것을 찾아 헤매기 시작했고, 사람들은 마을을 버리고 떠났다. 독일에서는 경작을 하지 않는 땅이 60퍼센트를 넘었다. 카스티야 지방의 경우 마을 밖으로 나가는 것도 위험할 정도로 시골의 상황은 악화되어 있었다. 길가의 여인숙들이 문을 닫았기 때문에, 여행자들은 집시처럼 야영을 하며 스스로 동물을 잡아 음식을 마련해야 했다.

이것은 그냥 평범한 유행성 전염병이 아니었다. 당시 사람들에게 그것은 세상의 종말처럼 보였다. 경제 전체가 농업에 의존하던 사회에서 주민 수의 감소는 식량의 감소를 뜻했다. 거의 위험 수준에 도달한 주민 수로 인해 땅은 황폐해졌고, 수천 명이 넘는 사람들이 굶어 죽었다. 해가 거듭될수록 페스트는 더욱더 대륙을 유린했고, 죽음의 춤은 그 시대의 미술에 새로운 이미지를 가져다주었다. 깡충깡충 뛰며 히죽히죽 웃는 해골이 비명을 지르는 희생자들을 무덤으로 끌고 갔다. 도망갈 곳은 아무 곳에도 없었다.

지난 20년의 기억을 없애는 데는 백 년이나 걸렸고, 흑사병이 돌기 전 수준으로 주민수가 늘어나는 데는 거의 3백 년이 흘러야 했다. 살아남은 이탈리아의 시인 페트라르카는 후세 사람들이 이 일들을 결코 믿지 않을 것이라고 생각했다.

흑사병은 14세기 끝무렵에 접어들면서 종식되었다. 새로운 기운이 널리 퍼져 나갔다. 살아 있다는 사실에 대한 맹목적인 기쁨이 넘쳐났으며, 살아남은 사람들은 죽은 사람들이 남겨 놓은 유산 덕택에 부자가 되었다. 그들은 그 무시무시했던 세월의 기억들을 완전히 지워 버리기 위해 흥청망청거렸다.

그러나 흑사병이 끼친 가장 큰 영향은 노동자들의 지위 변화였다. 흑사병으로 노동 인구의 반이 죽었다. 유럽을 다시 복구할 식량과 원료를 충분히 생산해 내기 위해서는 남은 노동자들이 절대적으로 필요했다. 그들의 상황은 완전히 바뀌었다. 그들은 더 이상 속박받는 무기력한 농노가 아니었다. 농장 노동자들은 이제 자신들의 노동에 대하여 어떠한 가격도 요구할 수 있을 정도로 높은 상품 가치를 지니게 되었다. 대륙 전체에 걸쳐 노동자들은 한 세대 전에만 해도 생각조차 할 수 없었던 정치적 폭동을 일으킴으로써, 새롭게 자각한 자신들의 산업 근육을 수축시켰다. 이렇게 여기저기서 권위가 무너져 내리면서 이단들이 생겨났다. 잉글랜드에서는 정치적 평등을 설파하던 롤라드파 사람들이 화형에 처해졌다. 체코에서는 급진적 개혁가 얀 후스와 그의 추종자들이 내란에 불을 당겼다. 그 내란은 무수한 파괴와 서구로의 난민을 낳았다. 현대 유럽인들이 무정부주의자 또는 관습에 얽매이지 않는 사람을 지칭하는 데 사용하는 보헤미안이라는 말도 이 내란에서 나온 말이다. 모든 곳에서 사회의 신분 질서가 무너진 것처럼 보였다. 스코틀랜드에서는 플로든 전투에서 큰 활을 사용하는 보통 사람들이 말을 탄 귀족들을 안장에서 떨어뜨리고도 무사했다.

그 이유가 기후 조건에 있었는지, 아니면 농업 때문이었는지, 그도 저도 아니라면 여행자용 건강증명서 도입 등의 위생상의 예방조치에 있었는지는 단정적으로 말하기 어렵지만, 아무튼 흑사병으로 황폐화된 나라들 중에서 가장 빨리 복구가 이루어진 곳은 이탈리아였다. 살아 남은 소수의 대지주들에게 농촌의 경제력이 집중되자, 시골 주민들은 떼지어 도시로 몰려들었다. 그 당시 북부 이탈리아에서는 시민들이 흑사병 이후 물려받은 유산을 대리석이나 석조로 근사한 건물들을 새로 짓는 데 소비하고 있었다. 그 도시들 주위로 불평에 가득 찬 도시 빈민들이 판자촌을 형성하기 시작했다.

혁명의 조류를 억제하고 폭동(대륙의 가장 부유한 국가인 부르고뉴에서 있었던 야만적인 폭동과 같은)을 억누르기 위한 시도로서 프란체스코 수도회의 수도사들은 새롭고 개인적인 구원의 형태에 대해 설교했다. 회중會衆이 설교단을 더 잘 볼 수 있도록 아일* 없이 넓게 지은 설교 중심의 교회들에서는 고딕 건축이 은밀한 신비를 거의 찾아볼 수 없었다. 북부의 양식은 결코 이탈리아에 뿌리를 내린 적이 없었다. 그리고 프랑스에 있는 것과 같은 보수적인 신학 중심자들의 영향을 받은 적도 없었다. 그러나 수학이나 의학 분야에서는 대학의 훌륭한 전통을 이미 갖고 있었던 이탈리아의 지식인들은 북쪽의 이웃들보다도 자연에 대해 더 개방적이었고, 더 호기심이 많았다.

그러나 탐구는 그 본성상 학문적인 영역 내에서만 머물렀고, 이러한 상황은 두 세기 이상 지속되었다. 그 당시의 세계관은 여전히 중세적이었다. 우주의 중심에 지구가 있고, 지구를 동심同心의 수정체 천구水晶體天球들이 둘러싸고 있으며, 그 천구들에 태양, 달, 행성들, 가장 바깥쪽으로 별들이 고정되어 있다는 아리스토텔레스적인 우주관이 지배하고 있었다.

* 아일(aisle): 교회의 성가대석과 같은 주요 공간과 평행하게 혹은 이들을 둘러싼 통로. 원래 회중석으로 가는 통로로 쓰였다. 측랑(側廊)이라고도 한다.

피렌체에 있는 에스파냐 예배당에 있는 14세기 프레스코화의 일부분. 사실성에 대한 신학적 무관심을 보여주고 있다. 성인들은 자신들을 따르는 선인(善人)들보다 크고(아래), 선인들은 죄 많은 춤꾼들(위)보다 크다.

아리스토텔레스는 제1운동자, 즉 신이 세계를 창조할 때 영원히 원운동을 하는 완벽한 천구를 만들었다고 주장했다. 빈 공간처럼 보이는 것조차도 신의 현존으로 가득차 있기 때문에 빈 공간 따위는 결코 없었다. 화가들은 성서에 나오는 이야기를 그렸으며, 신학적인 고려에 의해 그 이야기에서 차지하는 전례학상의 중요성에 따라 주인공들의 크기를 제한했다. 화가들은 그림에 인물들의 배경을 그려 넣지 않았다. 속세의 사물에 대한 중세인들의 극단적인 무관심 때문이었다. 인물들 사이의 공간은 금색 물감으로 메워졌는데, 그것은 세상의 모든 일을 신이 관장하고 있다는 것을 나타내기 위해서였다.

예술은 또한 우주의 상징주의를 반영했다. 새롭게 생겨나는 것은 아무것도 없었다. 우주는 살아 있는 유기체였고, 우주의 각 부분들은 도덕적 가치를 가지고 있었다. 우주는 낮은 것이 아니라 높은 것이었고, 변화하는 것이 아니라 늘 같은 모습으로 있는 것이었으며, 움직이는 것이 아니라 움직이지 않는 것이었다. 자연의 모든 것들에 상대적인 가치의 위계가 부여되었다. 귀족 아래로 평민이 있었고, 평민 아래로는 여성이, 그 밑으로 동물, 식물, 돌이 차례로 놓였다. 이러한 거대한 '존재의 사슬'은 독립된 범주들로 분할되었는데, 그 각각에도 그들 나름의 위계가 있었다. 그리하여 짐승의 왕은 사자였고, 새의 지배자는 독수리였다.

마법은 대중들 깊숙이 퍼져 있었다. 많은 사람들이 의학적 치료를 받으러 마녀들을 찾아갔다. 연금술사들은 모든 것을 금으로 바꿀 수 있는 촉매인 현자賢者의 돌을 찾으려고 노력했다. 부적, 주문, 요술, 상징, 카발라의 화신이 널리 행해졌다. 오늘날의 눈으로 보면 그 세계는 무대 효과들로 가득 찼던 것처럼 보일 수도 있다. 그러나 그 시대의 사람들은 그것들을 사실로 믿고 있었다. 악마, 님프, 요정들은 실제로 있었다. 그것들은 밤의 어둠 속에서 어린아이들을 기다렸다.

중세의 의사들은 환자들의 '체액', 즉 체질에 따라 진찰을 했다. 이 그림에서처럼 체액은 만물을 이루는 원소들과 관계가 있었다. 왼쪽에서 오른쪽으로 차례로 점액질(차분하고 행동이 느리다;물), 우울질(사려 깊고 솔직하다;흙), 혈액질(말수가 적고, 애정이 풍부하다;공기), 담즙질(거만하고 화를 잘 낸다;불)을 나타낸다.

만물은 흙, 물, 공기, 불의 4원소로 만들어졌다. 만물이 존재하는 바와 같이 사계절은 이들 넷으로 나뉜 우주의 영역에 각각 대응했다. 네 바람, 네 방위, 인간의 네 연령대…… 하늘의 대우주와 땅 위의 소우주 사이에 있는 모든 사물들은 서로 관계를 맺고 있었다. 사람들은 이러한 관계를 믿었다. 그들에게 건물은 인간의 몸이었고, 신은 거대한 자치체의 수장이었다. 인간은 월계수처럼 번개를 쫓아낼 수도 있었다.

숫자에도 이러한 관계가 적용되었으며, 숫자 그 자체에 마법적인 속성이 부여되었다. 신이 세계를 6일 동안에 창조한 것은 1, 2, 3을 모두 더한 값도 6이고, 그것들을 모두 곱한 값도 6이기 때문이었다. 숫자 7은 마법의 수였다. 왜냐하면 7은 수정체 천구의 수이고, 동시에 3(삼위일체)과 4(사 원소)의 합이기 때문이었다. 또한 3에다 4를 곱하면 12(그리스도의 12사도)가 되었다.

숫자에 친숙했던 것에는 실제적인 가치도 있었다. 당시에는 표준적인 도량법이 없었다. 상품이 시장에 도착하면, 원산지에서 명기했던 도량의 단위는 그 상품을 구매할 사람들에게는 아무런 의미가 없었다. 따라서 사람들은 크기를 어림잡는 데 능숙해 있었다. 학생들은 학교에서 무게와 크기를 측정하는 법을 가르쳤다. 나뭇가지가 교구教具로 사용되었다. 천막을 원뿔대라고 한다면, 천막을 만드는 데 얼마나 많은 천이 필요할까? 파이$^{\pi}$ 값을 알아내는 데는 원통이 사용되었다.

상업적인 산술은 '3의 규칙('황금률' 또는 '상인들의 열쇠'라고도 불림)'과 같은 관계를 사용하기도 했다. 옷감 일곱 단위의 값이 7리라일 때, 다섯 단위의 값을 계산해 보자. 당신이 알고자 하는 것을 가격으로 곱하고, 그 결과를 남아 있는 것으로 나눈다. 그 결과는

옷감 5단위 × 9리라 = 45　　　$45 \div 7 = 6\frac{3}{7}$리라

그 풀이법은 통상적으로 계산의 각 항목들이 어떻게 연결되어 있는가를 보여준다.

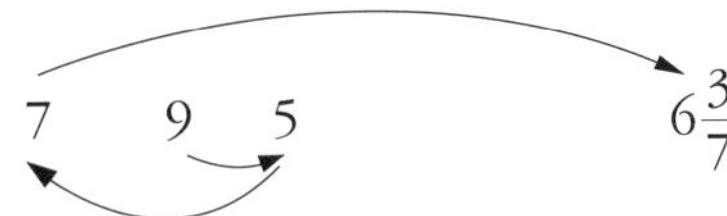

이러한 계산법은 기본적으로 비율의 규칙이다. 눈으로 계산을 하던 사회에서 이 방식은 시장에서 직접 사용할 수 있는 실용적인 접근 방법이었다.

15세기 끝무렵의 이탈리아인들은 도형을 사용하는 데 익숙했다. 그들은 수학에 관한 책을 사고, 수학과 관련된 게임과 농담을 했다. 그들은 능숙한 눈으로 세상을 측정했다. 숫자에 대한 이러한 관심은 피타고라스에 의해 시작된 그리스의 철학적 교단에 뿌리를 두고 있다. 피타고라스는 마법의 수와 그 수들 사이의 내적 관계를 통해서만 우주의 신비를 꿰뚫어 이해할 수 있다고 믿었다. 피타고라스의 저술들을 처음 접했던 피렌체인들은 그의 견해에 매혹되었다.

당시 이탈리아에서 시작된 근대 서양 음악은 피타고라스 음계를 채택했다. 경도가 같은 6, 8, 9, 12인치의 네 현을 사용하면, 주요 디비전•들뿐만 아니라 옥타브가 만들어졌다. 6인치와 12인치의 현들이 떨어져 한 옥타브를 이루었으며, 8인치와 12인치는 제5음에 의해 분리되었다. 9인치와 12인치는 제4음을 형성했고, 8과 9의 현들은 하나의 음표에 의해 분리되었다. 15세기 사람들이 쓰는 '천구의 음악(즉 아리스토텔레스의 우주에 나오는 신비로운 천상의 소리)'이라는 말에는 문자 그대로의 의미가 담겨져 있다. 음악과 숫자는 하나이자 같은 것이었다.

• 디비전(division): 고대나 중세에서 음정을 연구할 때 진동하는 현의 여러 가지 길이를 측정하기 위해 눈금을 달 때 사용하던 방법.

수에 밝고, 미신을 믿고, 감정적이고, 몰인정하고, 이기적이었던 그 사회는 흑사병의 습격으로부터 빠르게 회복할 수 있는 이상적인 위치에 있었다. 이탈리아는 북유럽과 근동의 꼭 중간에 있었다. 이탈리아는 북유럽의 산물들(금, 곡물, 가죽, 포도주, 섬유)을 흑해와 레반트 지역으로 가져가 향료, 비단, 면화 등의 사치품과 교환했다. 14세기 끝무렵에는 제노바, 베네치아, 피사, 리보르노 등 이탈리아 큰 해양공화국들이 지중해 동부를 근거지로 삼고 있었으며, 발트 해로 가는 출항이 정기적으로 있었다.

이탈리아 그 중에서도 특히 피렌체인들이 엄청난 돈과 재화를 관리할 수 있었던 것은 그들만이 독점하고 있던 최신 회계 시스템 덕분이었다. 피사에서 태어나 북아프리카의 알제에서 자란 레오나르도 피보나치는 아랍과 인도의 십진법 계산과 관련된 거의 모든 사항들을 소개했다. 그 표기법은 모래판에 즉석으로 계산하던 원래의 관습 때문에 '모래 문자들'이라고 불렸다. 피보나치는 또 수입과 지출을 결산하는 아랍의 최신 기법을 들여왔다. 그 시절 유럽의 회계 업무는 원시적인 수준이었다. 상인들은 대부분 개개의 거래를 따로따로 처리했다. 추후에 비용, 이익, 매상 등을 기록하기 위해, 거래의 세부사항을 적은 문장 밑의 줄은 비워 놓았다. 예산을 일목요연하게 알아볼 수 있도록 모든 거래들을 한꺼번에 기록해 보려는 시도는 거의 없었다. 피보나치의 복식 기장법은 14세기 들어 처음에는 제노바에서, 그 다음에는 베네치아에서 시험적으로 쓰이기 시작했다. 하지만 이 기장법으로 가장 많은 득을 본 이는 피렌체인들이었다.

1397년에는 메디치 가家가 국제적인 규모로 돈을 굴리기 시작했다. 물론 다른 사람들도 예전에 그러한 일을 시도한 적이 있었다. 흑사병이 돌기 몇 년 전에, 바르디 가, 페루치 가, 아차이우올리 가가 잉글랜드와 나폴리의 왕가에게 막대한 돈을 빌려 주었다가 채무 불이행으로 파산했던 적도 있었다. 그러나 14세기 끝무렵이 되자 유럽은 전염병의 피해가 전반적으로 복구되었으며, 그에 따라 보다 탄력적인 재정

시스템을 필요로 하게 되었다. 메디치 가는 유럽 전역에 은행을 열어 안정적인 환율과 정규적인 서비스를 제공했다. 은행의 지점장들은 자신들의 능력에 따른 독자적인 결정권을 가지고 있었으며, 특히 효율적인 복식 부기를 사용하고 있었다. 만약 복식 부기가 없었다면, 변동 환율과 연결된 현금의 유통과 같이 고도로 복잡한 문제를 처리하기란 불가능했을 것이다. 메디치 가는 유럽의 자금 시장을 거의 독점했는데, 그것은 그들이 장부를 결산할 수 있었기 때문이었다.

유럽의 다른 지역들도 급속도로 발전하기 시작했다. 전례가 없을 정도로 큰 건축물들이 지어졌다. 독일의 울름 성당, 잉글랜드의 라우스 성당과 같이 엄청나게 높은 첨탑을 가진 후기 고딕 성당들이 이때 세워졌다. 하지만 복구가 가장 대규모로 이루어진 곳은 이탈리아였다. 이 시기는 베네치아의 두칼레 궁전, 파도바의 라조네 궁전, 시에나의 시민 궁전의 시대였다. 이들 궁전에는 좋은 정부와 나쁜 정부의

제노바의 은행가들과 유대계 금융업자(오른쪽에서 두 번째 사람)의 모습을 그린 14세기 말 세밀화. 이탈리아에서 회계가 유럽 전역에서 통용될 정도로 이탈리아는 경제력이 막강했다. 고리대금의 죄악을 상기시키는 성경의 문구가 벽에 걸려 있다. 당시에는 이자를 징수하는 것은 유대인들뿐이라고 여겨지고 있었다.

효과를 그림으로 나타내 경고를 하는 프레스코화가 있었다.

광대한 황무지와 버려진 농장들에 익숙해 있던 북유럽에서 온 사절들의 눈에 이탈리아는 분명히 초만원으로 비쳤을 것이다. 베네치아와 나폴리는 인구가 10만에 달했으며, 피렌체와 로마는 4만을 넘었다. 당시 파리의 인구가 4만이었고, 독일에서는 인구수 2만이 넘는 도시가 극소수에 불과했다. 이탈리아어는 유행하는 만국공용어였다.

군주국가가 성장하고 지방어의 사용을 장려함에 따라 유럽에서는 이미 라틴어가 공용어로서의 위력을 잃어 가고 있었다. 로마 교황청조차도 더 이상 라틴어만을 고집하지 않았다.

15세기 끝무렵의 베네치아. 지중해의 초강대국이었던 베네치아는 "가장 고귀한 공화국"으로 불릴 정도였다. 그림에 보이는 것은 새로운 군주, 도제를 위해 신축된 궁전이다. 뒤쪽으로 베네치아의 부를 가득 실은 무역선 두 척을 볼 수 있다.

> 한 세대 뒤의 사람들은 서로의 말을 이해하지 못하게 될 것이다.…… 누가 서로 다른 그 언어들을 이해할 것인가? 누가 그 다양한 관습들을 규제할 것인가? 누가 잉글랜드인들과 프랑스인들을 사이좋게 만들겠는가? 제노바인들과 아라곤인들은 누가 하나로 뭉치게 할 수 있겠는가? 또 독일인들을 헝가리인들이나 보헤미아인들과 화해시킬 자는 누구인가?

대학이 확산됨에 따라 고등 교육을 받기 위해 더 이상 외국으로 나갈 필요가 없어졌다.

이러한 급격한 지방의 성장 속에서, 피렌체는 그 어떤 지역보다도 우뚝 솟아 있었다. 피렌체 주민의 3분의 1이 모직물을 생산하는 일에 종사했고, 양질의 모직물은 생산이 되는 즉시 대륙 구석구석으로 팔려 나갔다. 유럽에서 처음으로 소득세가 부과되고 재산 조사가 실시된 것도 피렌체였다. 그에 따라 피렌체에서는 일종의 재산세가 징수되고 있었다.

이 시기는 사업가들의 시대였다. 새로운 무역의 기회들이 주어짐에 따라 새로운 가문들은 이제까지의 특권 귀족들이 가지고 있던 권력을 지닐 수 있는 위치로 올라섰다. 피렌체는 14세기 가운데 무렵 공화정이 되었고, 국가의 힘은 점차로 강력해졌다. 길드들은 세습 귀족 가문들과 정치적인 우위를 놓고 다투었다.

북부 유럽이 피렌체를 모델로 하여 너무도 빠르게 성장해 감에 따라, 지중해를 무대로 활동하는 이탈리아의 무역상들은 이러한 도전에 맞서 이기기 위해 국가의 지원을 필요로 하게 되었다. 1393년에 처음으로 피렌체와 그 시장에서 외국의 천에 관세를 부과하기 시작했다. 같은 해에 피렌체의 생산품을 비피렌체 선박으로 운송하는 것이 불법화되었다. 50플로린이 넘는 금화를 수출하는 것은 금지되었다.

이 모든 새 규제들을 처리하기 위해서는 더 많은 관리官吏들이 필요했다. 1350년에서 1400년 사이에 관료의 수는 다섯 배가 되었다. 변호사, 공증인, 회계사도 같은 정도로 늘어났다. 한 곳의 세관에서 징수 업무를 하는 데 필요한 공무원의 수는 18명이나 되었다. 58명의 판무관들이 용병 부대들과의 계약 업무를 맡고 있었다(피렌체인들은 자신들이 직접 전쟁을 하기에는 너무도 바빴다). 교회의 자유조차도 축소되었다. 1380년대에 들어서는 토스카나의 성직자들은 중세에 누리던 자유와 의무면제 특권의 대부분을 상실했다. 교회는 공공기금에 정기적으로 기부를 하기 시작했다. 교회의 땅은 몰수되었다. 한때 권력을 가지고 있던 종교 단체들이 사실상 국가의 통제 아래로 넘어갔고, 그 단체들을 관리하기 위해 평신도 대표가 임명되었다.

도시에 가면 기회를 잡을 수 있으리라는 생각은 너무도 매혹적이었다. 시골 마을에서 행세깨나 하는 지방 유력 지주들이 자신들의 이름을 바꾸고 시민권이 있는 일반 도시민이 되었다. 실용주의와 장사 수완이 새로운 덕목으로 떠올랐다. 허세나 격식은 시대에 뒤떨어진 북부인들이나 부리는 것으로 치부되었다. 터무니없이 낡아 빠진 기사도적 질서도 마찬가지였다.

사람들은 좀더 많은 평등을 요구하기 시작했고, 국가의 통제가 삶을 속속들이 지배하기 시작했다. 결혼식에서 주고받는 선물의 값, 비공식적인 영역에서 일하는 매춘부들에게 과하는 벌금, 생선값, 혼수 보험에 매기는 할증금 등을 국가의 관리들이 규제했다. 국가에 새로운 재정적 책무가 생겨남에 따라, 공공채무는 균형을 깰 정도로 늘어났다. 돈을 대부하는 것이 교회법에 어긋나던 시절에 전당 기관으로서 설립되었던 자선 은행은 이제 부채를 다루는 복잡한 기관이 되었고, 주주들에게 8퍼센트의 '선물'을 제공했다.

주주의 수는 1345년에서 1427년 사이에 스무 배로 늘어났다. 1427년에 실시한 재산 조사 결과 거의 모든 사람들에게 5천 플로린 이상이 이해관계가 자선 은행에 걸려 있는 것으로 나타났다. 그들 중 많은 사람들은 그 문제에 관한 한 선택의 여지가 거의 없었다. 1390년 이후 공채를 늘리는 제도가 시행되었다. 그해에 그들은 50만 플로린을 빌렸다. 1400년에는 그 액수가 120만 플로린으로 올라갔고, 공적 채무

피렌체의 힘을 떠받친 것은 섬유 제조업에서 나온 부였다. 한 부녀자가 옷을 맞추기 위해 치수를 재고 있는 장면을 그린 15세기의 세밀화이다. 수염을 깎지 않은 재봉사를 통해 그 당시에 면도날이 비싼 물품이었다는 것을 알 수 있다.

피렌체의 시장. 사람들이 가정용 도기류, 옷, 신발 등을 사고 있다. 왼쪽에 있는 손님은 허리춤에 정교하게 장식된 돈지갑을 들고 있다. 사람들이 가죽 모자를 쓰고 있는 것으로 보아 겨울임을 알 수 있다.

의 합계는 850만 플로린에 달했다. 그것은 도시 전체의 상업적인 부의 7배 반에 달하는 금액이었다. 부유한 피렌체인들은 자신들의 공동체의 복지 면에서 기득권을 가지고 있었다. 혁명의 시절은 끝이 났다. 피렌체를 다스리도록 초청된 어떠한 지배자도 관료 조직과 막대한 빚을 청산하고 난 후에 벌어질 급격한 변화를 처리하는 데 필요한 시간을 충분히 가지지 못했다.

돈이 열쇠가 되었다. 사람들은 말했다. "세속적인 부에 반대하는 위선적인 설교나 해대는 성직자들을 때려눕히자. 그들의 말을 들으면, 사회의 조직은 산산조각나고 말리라." 피렌체인들은 서양 역사상 가장 거대한 기업 국가의 주주들이었다. 재능 있는 개인들에게 이러한 국가는 자신들의 기량을 펼칠 많은 기회를 제공했다. 물론 한계는 있었다. 위원회는 조사에 착수했고, '국가의 이익'에 반하는 행위를 하는 사람들은 필요하다면 처형도 서슴치 않았다.

절반은 민주적이고 절반은 전체주의적인 이 새로운 사회의 중추는 중산층이었다. 그리고 이들 새로운 사람들이 원하는 것은 사회적 안정이었다. 그들에게는 사회적 신분을 과시할 가문이 없었다. 그래서 그들은 국가 그 자체를 자신들의 긍지의 원천으로 삼았다. 시민의 자부심은 자신들이 얻고자 하는 공적인 인정을 그들에게 가져다 주었다. 종교의 영역은 사적인 문제들로 축소되었다. 그들은 말했다. "인간은 약하다. 공동체만이 완전함을 얻을 수 있다." 그것은 시민들에게 자긍심을 높여 주는 말이었다. 이러한 말들 속에서 확연히 드러나는 공적인 삶은 개인적이고 고립적인 삶을 선호하는 사람들을 부정하는 덕목을 지닌 사람들에게 행복을 가져다 줄 매혹적인 기회를 제공했다. 높은 지위와 안정이 새로운 영예가 되었다. 노동과 부는 그 공적 가치로 인해 신성시되었다.

길드가 사라짐으로써 중세 동안에 누리던 보호막을 상실한 자치 도시민 계급에게 이러한 태도는 필수적이었다. 일만큼이나 자신들의 삶도 잘 꾸려 나가는 성공한 상인, 성실한 학자, 실리적인 사람들은 시민들로부터 인정을 받았다. 새로운 정치와 사회적 · 개인적 삶에 대한 새로운 가치관은 안정적인 결혼 생활의 신성함, 시민으로서의 기여에 대한 자부심, 상호 이익을 위한 사상의 교류, 공동체의 일원으로서 느끼는 행복감 등을 강화했다. 우리에게는 이러한 생활 양식이 19세기 회사 도시보다도 훨씬 도가 지나친 것처럼 비칠 수도 있다.

피렌체인들의 유일한 과제는 어떻게 하면 자신들의 새롭고 역동적인 부르주아 자본주의가 지적 · 미학적인 인정을 받을 수 있겠는가 하는 것이었다. 그 해답은 터키인들로부터 간접적으로 도출되었다. 14 · 15세기 들어, 팽창을 거듭하던 터키 제국에서 무슬림의 침략이라는 유령이 찾아온 것이다.

마솔리노의 그림. 장애인을 치료하고 있는 성 베드로를 산책을 하던 두 사람이 지켜보고 있다. 최신 유행의 옷을 입은 그들은 새롭게 부상한 피렌체의 중산층이다.

서양 군대는 일련의 재앙 속에서 투르크 군과 그 후원군들 앞에서 괴멸되었다. 1396년 유럽에서 소집된 대규모의 십자군 흑해의 니코폴리스 전투에서 투르크 족과 마주쳤고, 서양 귀족제의 꽃은 무참히 짓밟혔다. 프랑스 왕의 사촌들, 부르고뉴의 공작의 상속자, 프랑스의 육군 총사령관, 유럽 기사 가문의 고위층들이 포로로 잡혔다. 어느 누구도 대학살을 멈출 수 없어 보였다.

유럽에서 가장 관련이 깊은 인물은 비잔티움의 황제 마누엘 2세였다. 왜냐하면 그가 가장 가까이서 위협을 받고 있었기 때문이다. 그는 마누엘 크리솔로라스라는 학자를 서양으로 보내 도움을 청했다. 그러나 투르크 족의 술탄처럼 교황 역시 동기독교 왕국이 멸망하기를 바라고 있었기 때문에 그의 임무는 실패했고, 그의 측근들은 동방으로 돌아왔다. 그러나 크리솔로라스는 피렌체 대학이 제안한 그리스어 교수직을 받아들였다. 그는 1397년에 그곳에 정착해 3년 동안 머물렀다.

그의 제자들은 피렌체 공화국의 유력 인사로 성장했다. 그들 가운데 한 명인 레오나드로 브루니는 총리직에 올랐다. 그 밖에도 포조 브라치올리니, 니콜로 니콜리와 같은 대학자, 카포디스트리아 출신의 유명한 교사 베르제리오가 있었다. 크리솔로라스의 그리스어 강의는 피렌체인들에게 고전 문화에 대한 갈증을 불러일으켰다. 고전 문화에 관한 정규 수업을 들은 사람들 중에는 영향력 있는 사업가들도 있었는데, 그들은 1400년에 콘스탄티노플로 단체 여행을 할 수 있는 기회를 마련했다. 그리스의 수도를 방문한 사람들 모두가 감명을 받은 것은 아니었다. 치리아코는 돌아와서 그 도시는 "수많은 사람들이 멸시를 받으며 살고 있는 박물관"이었다고 말했다. 그러나 피렌체의 중산층들은 대부분 감명을 받았다. 그리고 비잔티움과의 접촉은 이미 확산되고 있던 고대 로마적인 것에 관한 관심을 더욱 자극했다.

피렌체가 부유해지면 질수록, 피렌체인들은 더욱더 자신들을 고대

프란체스코 수도회의 수학자인 루카 파치올리가 한 귀족 학생에게 유클리드 평면 기하학의 예를 보여주고 있다. 파치올리가 쓴 복식 부기에 관한 글은 르네상스기의 유럽에 큰 공헌을 했다.

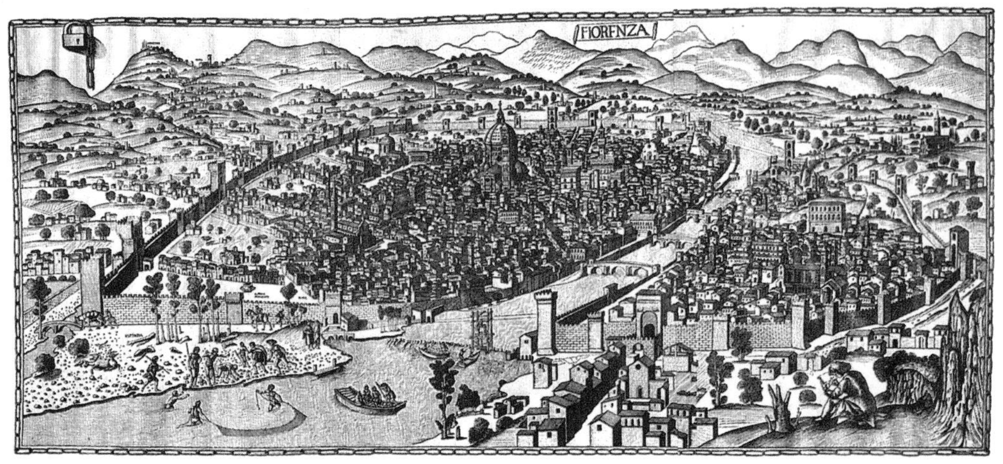


피렌체의 최전성기였던 1470년의 모습을 그린 목판화. 오른쪽에 보이는 신축된 담이 새롭게 생겨난 교외 지역을 도시 중심에서부터 강을 가로지르며 둘러싸고 있다.

공화정 시대의 로마와 비교하기 시작했다. 중세 이래로 변호사와 공증인들은 전통적으로 라틴어를 사용하고 있었다. 그리스 문화에 매료된 그들은 이제 피렌체가 누릴 영광을 위해 과거 고전 시대를 돌아보기 시작했다.

그들은 유럽 각지로 필사본을 찾아 나섰다. 산골 깊숙한 곳에 고립되어 있던 수도원들에서 많은 필사본들이 발견되었다. 그러나 이번에 양피지 필사본들을 조사하는 목적은 12 · 13세기의 학자들처럼 과학적 · 법적 전문 지식을 찾기 위한 것이 아니라, 우아한 삶의 모델을 찾기 위해서였다. 피렌체인들이 찾고자 하는 것은 문학이었다. 그것은 진정한 품위가 무엇인가를 보여줄 수 있는 모델이었고, 영웅적인 이상이었다.

페트라르카가 수십 년 전에 그 기초를 놓았었다. "어둠이 쫓겨난 다음에는(그가 말하는 어둠은 중세이다) 우리의 손자들은 과거의 순수한 광채로 되돌아 갈 수 있을 것이다." 기독교 이전의 고전 사상을 갈망하면 할수록, 피렌체인들은 자신들이 원하는 것이 무엇인지를 더 잘 알게 되었다. 그것은 의식 있는 개인들로 이루어진 공동체의 시민적 영화榮華였다. 로마인들과 그리스인들은 지식의 모범이라기보다는 우수함의 모범으로 여겨졌다. 그리스의 수사학, 교육, 시, 도덕, 철학 분야의 핵심적 저술들의 주인공은 예수가 아니었다. 그것은 중세의 신학자들이 보잘것없고 덧없는 존재로 묘사했던 바로 그 인간이었다. 그리스인들의 눈에 비친 인간은 독립적이고 지적이며, 모험심이 강하고 능력도 있는 그런 존재였다.

인문주의자들, 즉 신보다는 인간을 중심으로 사고하는 사람들이 피렌체와 유럽 사상의 다가올 한 세기를 규정지었다. 새로운 유형의 사람들은 타고난 아름다움을 지키며 품위 있고 긍정적인 삶을 살았다. 사람들은 이제 교회의 신비적인 의식을 행함으로써가 아니라 성실한 행위와 정연한 도덕 규범을 통해서 자신을 구원할 수 있다고 생각하기 시작했다. 이제 더 이상 동굴에서 수행할 필요가 없어졌다. 인간의 위치는 이제 세상이 되었다.

사업이 흥하고 신분상의 이동이 심한 그 세계에는 새로운 가치가 필요했다. 학교는 인문주의적 세계관을 즉시 받아들였다. 위대한 교사들 가운데 일부가 크리솔로라스와 함께했다. 이내 다른 사람들이 그 뒤를 좇았다. 1404년에 크리솔로라스의 제자 가운데 한 명이었던 베르제리오는 파도바 대학에서 교육에 관한 논문을 썼다. 그는 그들에게 지식을 가르치는 것보다 품성을 길러 주는 것이 더 중요하다고 말했다. 그가 마음속에 그리고 있던 전형적인 제자는 물론 상인의 아들들이었다. 야망과 경쟁의식을 갖고 사업적인 문제에 냉정한 결정을 내릴 수 있는 모습을 보임으로써 아버지의 동료들을 기쁘게 할 수 있는 그런 학생들이었다. 베르제리오는 비잔티움인들에게서 꼼꼼함을 배웠고, 그것은 사업 세계에 잘 들어맞았다. 그는 이렇게 충고했다. "늘 기록하라."

뒤이어 다른 두 사람이 앞장섰다. 그들은 모두 교사였고, 둘 다 새로운 인문주의자의 궁정으로 갔다. 한 명은 만토바의 곤차가 가로 갔고, 한 명은 페라라의 에스테 왕가의 궁정으로 갔다. 비토리노 다 펠트레와 과리노 다 베로나는 귀족 주인들의 아이들뿐만 아니라 가난한 사람들의 아이들도 함께 가르쳤다. 그들은 자신들의 임무를 교회를 위해서가 아니라 대중의 삶을 위해서 준비했다. 그들은 고전 문헌, 문법 시, 수사학, 역사, 도덕철학 등을 가르쳤다. 비토리노는 이렇게 말했다. "모든 사람이 다 법률가나 의사나 철학자가 될 수 있는 것은 아니다.…… 그러나 우리들 모두는 사회적 의무를 다하며 살도록 창조되었고, 우리 모두에게는 자신들이 만들어 낸 개인적 영향력에 대한 책임이 있다."

새로운 태도는 교육 과정에 반영되었다. 형식적인 수사학과 대중연설과 같은 낡은 과목들은 차례로 산문체의 작문, 편지쓰기, 경영학으로 대체되었다. 학생들은 아르스 딕타미스ars dictaminis, 즉 논리정연한 보고서나 편지를 필경사들에게 받아적게 하는 법을 활용했다.

세속화의 물결은 역사에 대한 엄청난 흥미를 촉발시켰다. 신흥 부르주아들의 또 하나의 소원은 빛나는 조상을 갖는 것이었다. 유럽 사회는 문서화된 과거를 처음으로 접하게 되었다. 고전시대 작가들의 저술을 읽을 수 있게 된 사람들은 이제 페트라르카가 "중세의 어둠"이라고 묘사한 시절 이전에 존재했던 고도의 문명에 대해 알게 되었다. 당시 중세 유럽 대부분의 지역에서는 샤를마뉴는 거의 마법에 가까운 창시자로 여겨지고 있었고, 피렌체를 세운 것도 그였다는 오래된 이야기가 전해 내려오고 있었다. 이제 그러나 피렌체를 세운 것은 그가 아니라 율리우스 카이사르의 군대였다는 전설이 새로 생겨났다.

이러한 인문주의적 세계관이 겉으로는 진보한 것처럼 보일지는 모르지만, 피렌체인들이 새롭게 얻은 자신감을 구체적으로 표현할 수 있는 도구는 아직도 별로 없었다는 사실을 우리는 기억해야만 한다. 로마인들과 그리스인들이 그렇게 생각했건 안 했건 간에, 피렌체인들에게 자연은 여전히 신비스럽고 상징적인 것으로 남아 있었다. 그러나 파도바 대학에서 공부를 마치고 피렌체로 돌아온 한 청년이 모든 것을 바꾸어 놓았다. 파올로 토스카넬리가 돌아온 연대는 확실치 않지만 아마도 1400년에서 1420년 사이였을 것이다. 향료 무역으로 성공한 피렌체 명문가 출신인 그는 파도바에 의학을 공부하러 갔다.

파도바는 아베로에스의 지지자들이 13세기에서 14세기 첫무렵에 피난해 있던 곳이었다. 경험을 중시하는 탐구를 통해 창조를 합리적인 법칙들에 따른 기계론적인 과정의 일환으로 보는 아베로에스의 철학을 그들은 계속해서 가르치고자 했다. 1404년에 베네치아로 넘어간 파도바는 대체로 독립적인 지적 전통을 유지하고 있었다. 베네치아는 이탈리아에서 가장 강력한 국가로서 콘스탄티노플, 잉글랜드, 프랑스와 동등하게 취급되었다. 또한 베네치아가 성직자와 교황에 적대적이었다는 점도 이 대목에서 빠뜨릴 수 없을 것이다. 베네치아 지배 아래서 연구와 교육의 자유가 보장되었다.

토스카넬리는 하인 열아홉, 말 두 마리, 노새 한 마리를 소유한 부유한 부르주아 가문에서 1397년에 태어났다. 그는 파도바에서 파르마 출신의 대 수학자 비아조 펠라카니에게서 배우고 피렌체로 돌아왔다. 아마도 1424년이었을 어느 날 저녁, 토스카넬리는 친구의 정원에서 열린 만찬 모임에서 한 사람을 만났다. 그 자신이 말한 바에 따르면 "내 생애 최상의 교제"를 나눈 사람이었다. 그 사람은 피렌체의 건축가이자 건축업자인 필리포 브루넬레스키로 당시 그는 공사중인 대성당의 돔을 짓는 일을 코뮌*의 의뢰로 진행하고 있었다. 브루넬레스키가 봉착한 난관은 그 스스로 초래한 것이었다. 그는 팔각형의 기초 위에 원형 구조물을 세우고 싶어했다.

브루넬레스키의 경력은 모두 경험에 바탕을 둔 것이었다. 그는 라틴어를 공부한 적이 없었다. 그가 읽은 책이라고는 지방어로 번역이 되어 있던 단테의 성서가 고작이었다. 그때까지도 건축가는 이론가라기보다는 장인이었다. 그들은 여전히 경험에 의존해서 건물을 설계하

* 코뮌(commune): 지방자치제도를 채택한 중세 서유럽의 행정구. 중세의 자치도시들은 하나의 코뮌으로 느슨하게 형성되어 있었다.

브루넬레스키가 만든 피렌체 대성당의 유명한 돔. 그 당시의 어떠한 천재적인 건축가나 공학기술자들도 필적할 수 없었던 이 건축물은 도시를 작아 보이게 했고, 시민들이 절실히 갈망하던 신분적 상징물을 제공했다.

고 세웠다. 그 전에도 밀라노 대성당의 설계자들은 계산법의 사용을 건축물을 짓는 데 적용되는 아리스토텔레스적 견해와 맞지 않는다는 이유로 거부하였다. 건물에 작용하는 힘은 처음에 설계할 때 생각했던 것보다 거의 두 배나 되었다. 많은 건물들이 붕괴했다.

피렌체에서 있었던 만찬에서, 혹은 그 직후에 토스카넬리는 자신이 대학에서 배운 기하학적 지식을 브루넬레스키에게 가르쳐 주었다. 그 두 사람은 돔의 설계 작업을 함께 했을 것이다. 브루넬레스키는 비계• 를 만드는 데 나무를 거의 쓰지 않았으며, 아무런 홍예틀 없이 돔을 만드는 방법을 개발해 냈다. 전에는 아무도 해내지 못했던 방식이었다. 브루넬레스키의 이러한 아이디어는 부분적으로 예전에 로마에 몇 주간 머물렀던 경험에서 비롯된 것임에 의심의 여지가 없다. 그는 그때 도나텔로와 함께 개선문, 반원통형 볼트, 터널 볼트, 정간井間 천장 등을 어떻게 만드는지를 피렌체의 신부유층 후원자들에게 보여주기 위해 로마의 유적들을 꼼꼼하게 시험하고 측정했다. 두 사람은 로마인들이 보물 도굴꾼으로 의심할 정도로 많은 시간을 지하에서 보냈다. 그러나 이들의 로마 여행은 과거를 찾아 나선 여러 분야에 걸친 조사 활동의 한 예에 불과했다.

또 다른 건축가 레온 바티스타 알베르티가 브루넬레스키가 만든 돔에 대하여 높이 평가한 말 속에 그것을 세운 도시민들의 목표가 드러난다.

> 여기 이렇게 하늘로 높이 치솟은, 그 그림자가 토스카나 주민 모두를 덮을 정도로 거대하면서도 홍예틀도 없이, 그리고 목재도 많이 사용하지 않고 지어진 이 건축물을 보면서 그 누가 건축가 필리포를 칭찬하지 않고 질투하지 않을 수 있겠는가? '우리' 시대가 이룩한 업적이라고는 여겨지지 않는 이 작품을 고대인들이 알고 있거나 생각해 내지는 못했을 것이다.

• 비계: 고층 건물을 지을 때 디디고 서기 위해 긴 나무와 널판지 따위를 걸쳐 놓은 시설.

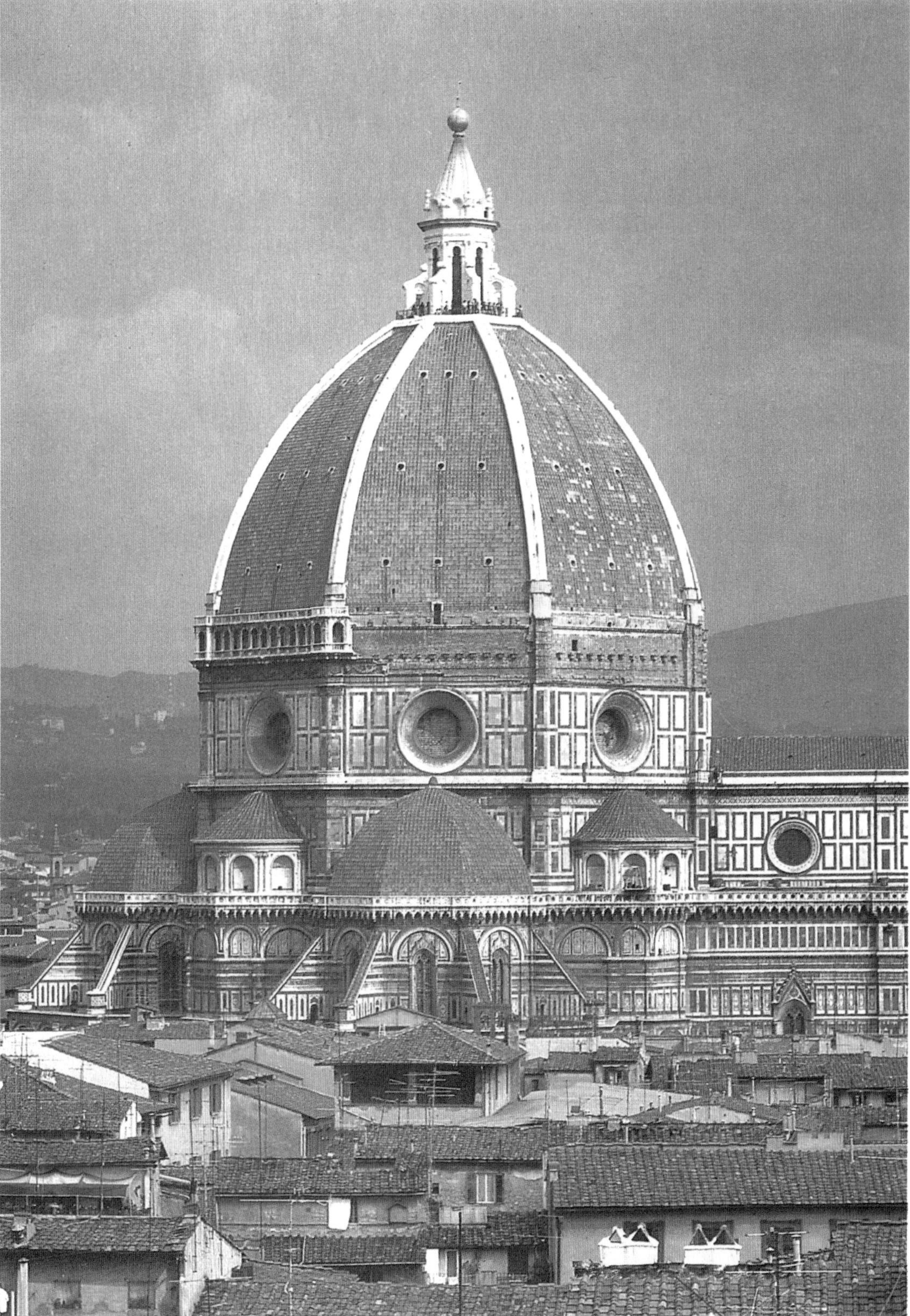

돔은 1436년이 되어서야 완성되었는데, 그것이 세워지자 피렌체인들은 자신들이 고대 로마인들이나 그리스인들보다 무언가 더 나은 일을 할 수 있다고 자각했다. 그들이 해낸 것은 단지 모방이 아니었다. 피렌체인들은 옛 전통에 자신들만의 이 새로운 역동성을 녹여 넣었다.

그러나 가장 역동적인 행위를 보여주는 것은 토스카넬리와 브루넬레스키의 관계에 있는 다른 측면이었다. 토스카넬리가 파도바에 있었을 때 그의 스승인 비아조 펠라카니는 광학 강의를 개설했다. 그는 이 수업에서 아랍의 위대한 사상가 알 하젠의 저술을 접할 수 있었다.

서기 965년에 바스라에서 태어난 알 하젠은 아리스토텔레스, 갈레노스, 유클리드, 프톨레마이오스의 저술을 참조해 광학적 전통의 모든 면에 대해서 저술하였다. 10세기에 알려져 있던 이론에 의하면 눈目은 다양한 방식으로 광선을 방출하는데(이에 대해서는 학파들에 따라 서로 다른 주장을 하고 있었다), 그 광선이 나아가는 경로에서 물체와 부딪치면, 그 물체의 상像을 다시 눈으로 보낸다는 것이었다. 그러나 알 하산은 여기에 동의하지 않았다. 그는 밝은 빛을 보면 눈이 아픈데, 어떻게 눈이 밝은 빛을 만들 수 있겠는가라고 논박했다. 그리고 눈이 모든 것을 빛나게 하는 것이라면, 눈을 한번 깜빡거릴 때마다 눈에 보이는 모든 것들을 밝힐 수 있을 만큼 충분한 빛을 눈에다 담고 있어야 한다.

알 하젠은 양초나 태양과 같은 광원光源에서 나온 빛이 대상에 반사되고, 그 상이 눈에 전달되는 것이라고 주장했다. 많은 대상들로부터 나오는 광선이 눈의 작은 동공으로 들어갈 수 있다는 것은 초점을 맞출 수 있는 어떤 방법이 있다는 것을 뜻했다. 그러므로 눈은 눈의 모든 시각 부문에서 나오는 시각 광선들로 구성된 빛의 원뿔대 꼭지점에 존재해야만 했다. 구부러진 칼보다는 똑바른 칼이 더 깊게 자를 수 있다는 비유를 통해 그는 눈에 수직인 빛이 가장 강하다고 말했다. 그는 그것을 '중심 빛' 이라고 불렀다.

알 하젠의 이론은 로저 베이컨, 존 페컴(캔터베리의 대주교), 특히 폴란드의 성직자이자 학자인 비텔로 같은 서양의 뛰어난 학자들에게 대단한 영향을 미쳤다. 그리고 그들의 저술들로부터 비아조 다 파르마가 영향을 받았다.

비아조의 강의에는 '원근법에 대한 질문들'이라는 제목이 붙었고, 그 당시의 방식대로 토스카넬리도 필기를 했다. 그는 그 내용을 브루넬레스키에게 설명해 주었는데 그때의 주 관심사는 실용적인 면에만 치우쳐 있었을 것이다. 원근법 수학은 의뢰인에게 건축 도면을 3차원적 입면도로 그려서 보여줄 수 있게 했고, 브루넬레스키의 건축가로서의 명성은 엄청나게 높아졌다. 서양 사상사에서 기본이 되는 것들 가운데 하나를 밝혀 낼 수 있는 실험을 브루넬레스키가 수행한 것은 아마도 이러한 도면 작업을 진행하던 중이었을 것이다.

15세기 첫무렵이었던 이 당시 베네치아 초호礁湖에 있는 무라노 섬에서는 유리 세공인들이 뒷면에 납을 입힌 평평한 거울을 새로이 만들어 내고 있었다. 토스카넬리는 거울에 비친 대상이 사물의 원근감을 얼마나 과장하는지를 브루넬레스키에게 보여주었다. 눈앞에서 수직인 위치, 즉 알 하산이 '중심' 위치라고 이름 붙였을 위치에서 거울을 앞뒤로 회전시켜 보면, 대상들이 멀어짐에 따라 크기가 줄어드는 방식이 뚜렷이 관찰될 것이다.

브루넬레스키는 이러한 생각을 직접 실행에 옮겼다. 그는 피렌체 대성당의 정문 안쪽으로 약 2미터쯤의 위치에 거울을 바깥쪽으로 향하게 세워, 광장 건너편에서도 거울 속의 세례당을 볼 수 있도록 만들었다. 그러고 나서 그는 평평한 나무판에다 이 역상逆像을 그린 후에 그림의 가운데에 구멍을 뚫었다. 관람자들은 그림의 뒤쪽에 난 구멍을 통해 그림 앞쪽으로 어느 정도 거리를 유지하면서, 거울에 반사된 상을 볼 수 있었다. 그때 관람자들은 세례당을 마주하고 서 있었고, 거울을 치워도 세례당을 계속해서 볼 수 있었다. 브루넬레스키는 이렇게 함으로써 실제 실물과의 차이점을 거의 알아낼 수 없을 정도로 정교한 거울-그림을 그릴 수 있었다.

원근법을 사용한 첫 번째 예였던 이 그림은 비원근법적 재현 방식에 익숙해 있던 당시의 사람들에게 엄청난 인상을 주었음이 틀림없다. 브루넬레스키가 세례당을 선택했던 것은, 세례당의 높이, 폭, 그리고 성당으로부터의 거리가 거의 똑같았기 때문이다. 이 세 가지 차원의 원근 비율은 쉽게 재생산될 수 있었다. 그 비율은 1:1:1이었다. 그가

브루넬레스키가 원근법을 써서 그린 세례당의 모습을 재현한 것. 관람자는 거울에 반사되는 그림을 문 중앙에 난 구멍을 통해서 들여다보았다. 그는 구름을 반사시키는 거울로 하늘을 볼 수도 있었을 것이다.

그림을 그리려고 선택했던 곳과 똑같은 장소에서 실제 세례당을 볼 수 있는 관객의 눈높이에 맞게 들여다보는 구멍을 뚫음으로써, 브루넬레스키는 그 그림이 모든 사물들의 정확한 원근을 관람자들에게 충실히 보여줄 수 있으리라는 것을 확신했다. 그 효과는 창문을 통해 실제 광경을 보는 것과 같았다.

같은 해에 브루넬레스키의 젊은 친구 마사초가 의뢰를 받아 제작한 원근법 그림에 의해 그 정확한 효과가 포착되었다. 그 그림은 지금 산타 마리아 노벨라 교회의 벽에 걸려 있다. 〈삼위일체〉라고 불리는 이 그림은 새로운 미술의 첫 대표적인 예였다. 이 그림은 마치 창문을 통해서 예배당을 보고 있는 것처럼 보인다. 원통형 볼트와 정간井間 천장은 마치 건축용 청사진처럼 수학적으로 정확하다. 원근법은 여러 단계에 걸쳐 회화 '에' 도형이 도입됨에 따라 더욱 강화되었다. 마사초가 원근법 '설계도' 로 벽에 긁어 놓은 선들은 오늘날까지도 그대로 남아 있다. 그림의 중심점은 바닥에서 대략 160센티미터쯤 떨어져 있는데, 그것은 마사초 시대의 피렌체 관객들의 평균 눈높이였다. 당시에는 수학이라는 도구를 통해 우주를 설명하고 신으로 다가갈 수 있는 길을 발견할 수 있으리라는 새로운 감성이 모든 곳에서 표현되고 있었다. 삼위일체의 하나님이라는 주제에 기하학적 상징주의가 스며들어 있는 이 그림은 바로 그 증거라고 할 수 있을 것이다.

사람들이 흔히 말해 왔듯 브루넬레스키는 학문을 가까이하는 장인이었다. 그는 자신의 집에다 연구진들이 머물 숙소를 세우고 용어와 상황들, 고용과 해고 등과 관련된 자신들의 합의점에 관해 논의했으며, 자신을 건축가로서 조금이라도 평가해 주는 학자나 지식인들에게 자신의 혁명적인 기술에 대한 관심을 유발시켰다.

그의 학문적 옹호자는 건축가이자 수학자이며 교황의 전직 서기이기도 했던 알베르티였다. 그는 브루넬리스키의 원근법 기하학을 적절한 고전 전거와 함께 라틴어로 기술해 완전히 만족스럽게 만들었으며,

마사초가 피렌체의 산타마리아 노벨라 교회의 벽에 그린 〈삼위일체〉. 정간 천장은 고전 로마 건축의 한 요소였다. 앞쪽에 무릎을 꿇고 있는 두 사람은 이 벽화의 제작에 돈을 기부한 부유한 상인과 그의 아내이다.

또한 어떤 화가나 건축가라도 따라할 수 있도록 쉽게 만들었다. 그는 실의 교차선들이 일종의 격자를 만드는 정교하게 짜여진 면 베일을 사용하는 것으로부터 시작했다. 화가와 대상 사이에 격자가 세워지면, 각각의 대상들은 그 상대적 크기와 눈으로부터의 거리에 따라 격자 한 공간 이상을 차지하거나 모자라거나 하는 것으로 보였다. 그리드를 이용해서 그림을 그리면 상대적 비율을 정확히 표현할 수 있었다.

모든 것을 그것의 대상에서의 거리에 대한 정확한 비율에 따라 배치하는 원근법 기하학을 이용해 알베르티는 상상으로부터 실제로 대상을 그리는 기법으로 이동해 갔다. 이것은 화가와 장면 사이에 격자형 베일들을 놓음으로써 처음으로 선보이기 시작했다. 눈에서 다양한 거리들에 놓여진 같은 크기의 도형들은 앞의 격자와 실들로 연결되었다. 화가의 시점에서 보면 이들 실들은 대상 뒤의 한 점으로 모이는 것처럼 보였다. 이것이 바로 알 하산이 말한 '중심점'이었다. 알베르티는 이것을 '소실점'이라고 불렀다.

재현을 위해서는 벽에 안내선을 그려야만 했고, 기하학적인 설계도가 먼저 그 선들을 따라 그려졌다. 틀이 정해지면, 관람자의 눈높이에서 직사각형의 틀을 가로지르는 수평선이 그려졌다. 틀 아래쪽을 같은 간격으로 분할하였고, 틀의 위쪽 가장자리도 똑같이 분할되었다. 이 점들로부터 수평선의 중앙점으로 선들이 그어졌다, 중심점으로부터 방사된 이들 선들은 모든 대상들이 그 장면의 앞면으로부터의 거리의 비율에 따라 정확히 위치지워 그려질 수 있는 틀을 제공했다.

장면의 원근감을 더욱 강조하기 위해 사용된 바닥 '포장'의 효과는 더 나은 기하학과 함께 성취되었다. 액자의 바닥은 그림 앞에 있는 관람자의 눈의 거리에 의거해 한 면이 넓어졌다. 그러고 나서 그 선의 끝에서부터 수평선의 지시점까지 수직선이 그어졌고, 이 점은 틀의 밑면에 그려진 분할점들로 방사된 선들과 만났다. 다른 면에서도 똑같은 과정이 시행되었다. 이들 모든 측면선들이 밑면에서 중앙의 점

사물(이 그림에서는 류트)을 축소하여 재현하는 첫 단계들을 연구하고 있는 한 화가를 묘사한 뒤러의 판화. '겨냥' 실을 사물의 여러 점에 부착시켜서 스크린에 그 점들을 표시했다.

으로 난 선들과 교차할 때, 측면선들은 깊이의 완전한 환영을 얻으려는 감상자들에 의해 요구되는 원근법에 따라 엄격히 형성된 직사각형들이 되었다.

알베르티는 사물들의 모양은 사물들로부터 나오는 외부의 빛 때문에 생기는 것이고, 색채는 내부의 빛 때문에 만들어진다는 것 이상의 광학 지식을 갖고 있지는 못했지만, 보는 이가 그리드에 위치시킨 평면이 알 하산이 말했던 시각적 피라미드를 가로지르는 평면 위에 있다는 것은 알고 있었다.

그가 이룩해 낸 것은 세계를 보는 방식과 관련지어 볼 때 하나의 혁명이었다. 그것은 단순히 시각적 표현이라는 측면에서 뿐만이 아니라 철학적 시점에서도 하나의 혁명이었다. 원근법적 기하학의 발견은 우주에서의 인간의 위치도 변화시켰다. 이 새로운 기법 덕분에 사람들은 세계를 비율에 따라 측정할 수 있게 되었다. 이 새로운 기하학의 도움으로 물체들의 상대적 크기를 처음으로 '거리에 따라' 산정할 수 있게 되었다. 사람들은 멀리 있는 체들을 그것이 우주의 어느 위치에 있건 간에 정확하게 재현하고 꼭 들어맞게 창조할 수 있게 되었으며, 수학적으로 다룰 수 있게 되었다. 이것은 엄청난 함의를 담고 있었다. 아리스토텔레스적인 사상에 따르면 모든 사물에는 개체적이고 비교 불가능한 독특한 성질 즉 '본질'이 부여되어 있었다. 그러므로 사물들의 위치란 다른 사물들의 위치와 비교되는 것이 아니라 우주의 중심에 있는 신과 비교되어야만 하는 것이었다. 그러나 이제 독립적인 사물들과 신 사이의 특별한 관계는 제거되고, 측정 가능한 동일한 공간에

브루넬레스키의 설계로 1423년에 지어진 피렌체 산로렌초 교회는 원근법의 원리를 엄격하게 지켰다. 입구에서 볼 때 건물의 소실점과 초점은 제단 위의 성궤이다.

존재하는 물체들에 대한 인간의 통제로 갑작스럽게 대체되었다.

거리에 대한 이러한 통제는 하늘에 있는 물체들에도 적용되었다. 형태가 없고 영원한 하늘의 행성들은 아리스토텔레스의 수정체 천구들 위를 회전하고 있는 것으로 여겨지고 있었다. 이제는 행성들도 측정될 수 있었고 심지어는 멀리서 통제될 수도 있게 되었다. 새로운 기하학적 도구를 가진 인간은 이제 만물의 척도가 되었다. 이제 세계는 표준화가 가능해졌다, 모든 것들이 같은 척도로 비교될 수 있었고, 단순히 철학적 성질 대신에 수학적 기능을 하는 용어로 묘사될 수 있게 되었다. 물체들의 움직임은 공통의 기준으로 측정될 수 있었고, 그것은 아마도 자연의 나머지 위치 관계들 이상을 확충하는 법칙으로 보일 수도 있을 것이다. 자연은 지배하는 공통의 표준적이고 측정 가능한 법칙들이 있을 것 같았다.

한편 그러한 발견이 피렌체인들에게서 생겨날 것임에 틀림없으리라는 자신감은 그 실체를 드러내기 시작했다. 만약 인간이 만물의 척도라면, 모든 것들이 인간의 경험, 인간의 관찰, 인간의 관점 등 인간의 척도와 관계를 맺고 있어야 한다는 것은 확실하다.

회화는 소재 면에서나 양식 면에서 모두 더욱더 사실적이 되어 갔다. 중산층 예술 후원자들의 욕망은 새로운 철학에 의해 정당화되었다. 후원자들의 수와 재력이 늘어남에 따라, 예술가들의 독립성도 늘어났다. 사람들은 "네 스스로의 개인적 스타일로 그려라Pigliare buna naniera propria per te"라고 말하기 시작했다. 지금까지는 이러한 말은 의미없는 충고에 불과했을 것이다. 세계에 관한 개인적이고 주관적인 견해는 적절치 못했으며, 신학적인 위험성까지 있었다. 그러나 새롭게 확립된 원근법 규칙들은 그것들을 좀더 안전한 기반 위에 올려놓았다.

1420년에는 약 5퍼센트의 그림들만이 비종교적인 주제를 다루고 있었다. 한 세기 후에 그 비율은 20퍼센트까지 올라갔다. 그림의 주제는 이제 성서보다는 고전들 가운데서 채택되었다. 배경이 점점 더 중요해진 반면에, 성인들의 모습은 크기가 줄어들었다. 초상화가 점점 늘어났다. 새로운 사실주의는 자신과 가족들의 그림을 그림으로써 자신의 지위를 과시하려는 상인들을 부추겼다.

그러나 예전 방식의 이상한 유물이 아직 남아 있었다. 침묵의 의사소통을 위한 베네딕투스 규율이 제스처로 여전히 표현되었다, 관람자에게 손등을 드러내는 것은 긍정의 뜻이었고, 손바닥으로 사물을 가리키는 것은 감정의 표현이었다. 손바닥으로 가슴을 누르는 것은 슬픔을, 손으로 눈을 가리는 것은 부끄러움을 나타냈다(마사초가 그린 〈아담과 이브의 추방〉에서 이브의 잘못은 그가 단순히 슬픔을 표현하고 있다는 데서 드러난다. 반면에 아담은 부끄러워하고 있다). 환영의 제스처는 손가락을 늘어뜨리고 손바닥을 보인 채로 손을 쭉 뻗는 것이다.

도제 궁전의 결혼식장에 있는 만테냐의 프레스코화. 루드비코 곤차가와 그의 아내인 브란덴부르크 출신의 바르비라, 그리고 그들의 가족이다. 양식이 극도로 사실적이고 규범적이다. 오른쪽 아래에 궁중 난쟁이들 가운데 한 명이 보인다.

마사초의 프레스코화 〈아담과 이브의 추방〉(1424~1428). 피렌체의 브란카치 예배당에 있다.

만테냐가 만토바에서 그린 프레스코화는 자신을 후원하는 왕족 곤차가의 삶을 그린 것으로서 양식이 매우 자연스럽다. 일상적인 장면들을 그린 그 그림들은 마치 살아 있는 것 같다. 그 그림들에는 이야기가 없다. 단지 기록을 위해 포착된 순간만이 있을 뿐이다. 그가 자신의 작품에 서명을 한 바로 그 순간, 미술의 의미는 일상적인 삶의 목격자로 확장되었다. 그는 사과를 먹고 있는 모습, 손을 잡고 있는 모습, 서로에게 귀엣말을 하는 모습을 주제로 하는 프레스코화를 그렸다.

페데리코 다 몬테펠트로는 자신의 초상화를 그리게 했다. 그러나 이 뛰어난 장군은 전쟁 중의 모습이 아니라 집이나 관저에서 책을 읽고 있는 모습을 그리도록 했다. 이러한 의미로서 개인주의의 성장은 더 큰 규모에서도 볼 수 있다. 페데리코가 살았던 우르비노에 있는 두칼 궁전의 시골 주위에는 "나는 페데리코이다.…… 그리고 내가 이곳을 세웠다."라고 새겨져 있다.

문학에서도 작가들은 더욱 개성적으로 자신을 표현하기 시작했다. 심리학에 대한 새로운 관심으로 인해 성인들만이 아닌 평범한 남녀들의 자서전이 씌어지기 시작했다. 처음으로 노벨라 소설이 출현했는데, 사람들과 그들의 일상 삶을 다룬 이야기였다. 연극은 교회나 종교적인 주제에서 나와 극단으로 이동해 갔다. 다른 성부聲部들 위로 들리는 솔로 멜로디가 있는 마드리갈 형식의 세속 음악이 이제 집에서도 연주되었다. 연주곡들이 처음 씌어지기 시작한 것도 이 무렵이었다.

물론 이러한 예술적인 성향의 변화를 가장 잘 볼 수 있는 분야는 건축이었다. 고전적인 형식을 채택한 것은 새로운 원근법 때문만이 아니라 인문주의적인 것에 관한 초기의 관심 때문이었다. 피렌체인들은 고딕 양식을 접할 시간이 거의 없었다. 실제로 고딕이란 용어 자체도 피렌체인들 중 한 명이 만들어 낸 말로서, 자신들의 시대와 고대 사이에 끼인 기간, 즉 고트 족의 침략으로 야만인들의 영향을 받은 '중세'

라파엘로의 〈아테네 학당〉. 새로운 원근법으로 그린 중요한 작품으로서 매우 역동적이다. 포석의 선들과 뒤로 갈수록 크기가 줄어드는 아치들이 장면의 사실감을 더해 주고 있다. 그리고 인물들이 구석에서 잘려 나가게 그렸기 때문에, 아치 안으로 들어가면 더 많은 것을 볼 수 있을 듯하다.

에 대한 경멸이 담겨 있었다.

피렌체는 대체할 전통을 찾고자 했고, 그들은 그것을 고전 시대의 유적에서 발견했다. 이오니아, 도리스, 코린토스 식 등의 고전적인 오더들이 건축물에 채택되었으며, 개선문들이 세워졌다(그 중 하나가 리미니에 있는 말라테스타 교회 앞에 오늘날까지 남아 있다). 신 부유층들은 흉상胸像과 기마상을 무척 갖고 싶어했다. 그리고 로마식을 모방한 정간 천장이 아치형 볼트를 대체했다.

그러나 이 모든 것들도 건축물이 인간을 중심에 두고 지어져야 한다고 설파하는 양식 면에서의 중심적 변화에 비한다면 미미한 것에 불과했다. 건물의 크기는 그것을 바라보는 인간, 그리고 인간의 관점과 관계를 맺어야 했다. 이러한 변화를 처음으로 구현한 것이 중앙 집중식 평면의 교회였다. 그것은 본질적으로 이교도적 양식이었다. 왜냐하면

리미니의 말라테스타 교회. 이 교회는 전에 지어진 건물에 알베르티가 설계를 덧붙인 것이다. 중앙 개선문이 후원자 집안인 시지기스문트 판돌프 말라테스타임을 나타내는 로마 양식의 명각을 떠받치고 있다.

그것이 성직자와 평신도들은 분리되어야 한다는 오랜 기간 동안 관습적으로 지속되어 온 규칙을 깨는 것이었기 때문이다.

1450년경에 알베르티는 이 새로운 교회 건축에 전반적인 방향을 제시했다. 그는 교회는 늘상 있는 일상의 혼잡스러움에서 고립된 사방이 확 트이고 아름다운 광장의 높은 지반 위에 세워져야 한다고 말했다. 건물 파사드에는 포티코나 콜로네이드가 있어야 했다. 볼트의 색은 가장 순수한 색, 즉 완전한 흰색으로 칠했다. 창에는 그림보다는 조각상들이 있는 것이 이상적이었다. 포석鋪石에는 음악이나 기하학을 표현한 선 혹은 도형들이 그려져 있어야 했다. 창은 어느 누구도 바깥세계와 접촉할 수 없을 정도로 높은 곳에 있어야 했다.

알베르티의 규칙들과 브루넬레스키가 발견한 원근법의 효과가 처음으로 완벽하게 구현된 예는 피렌체에서 몇 마일 떨어지지 않은 곳인 프라토에 세워진 산타마리아 델레 카르체리 교회이다. 아마도 알베르티에 의해서 설계되었을 이 교회는 1485년 줄리아노 다 상갈로가 처음 짓기 시작했다. 이 중앙집중식 평면의 교회는 그리스 십자가를 도입했다. 중세 세계에서 십자가는 그리스도가 못박혀 죽은 것을 상징했다. 여기서 고전적 십자가는 수학적 순수성의 의미를 부여하기 위해 사용되곤 했다. 신비하리만치 높은 제단과 그 위로 첨탑을 세운 고딕 양식 속에서, 이 새로운 교회는 합리적인 평가를 받았다. 산타마리아 교회의 외부는 녹색의 띠장식을 이용해 기하학적인 모양으로 나눈 석회암 석판들로 만들어졌다. 건물의 연결부들은 회색 돌인 피에트라 세레나로 표시되었고, 나머지는 흰색이었다. 돔 아래쪽 교회 중앙에 서서 보면 주위의 모든 것이 조화를 이루며 비례가 맞는다. 원근법의 영향을 보여주는 것이 바로 이 정확한 균형이었다. 가장 중요한 것은 비례였다. 모든 교회들이 알베르티의 이러한 정확한 설계도를 모범으로 삼아 지어졌다. 볼트까지 올라가는 높은 벽은 도면상의 직경의

알베르티의 규칙과 브루넬레스키의 원근법이 처음으로 완벽하게 구현된, 피렌체 근처인 프라토에 있는 산타마리아 델레 카르체리 교회.

1/2, 2/3, 또는 3/4이 되어야 했다. 1:2, 2:3, 3:4라는 이 비율들은 구조물을 웅장하게 만들었다. 산타마리아 교회에서 십자가의 네 팔은 길이가 모두 같다. 각 팔들의 두께는 팔길이의 절반이다. 네 개의 끝 벽의 길이는 높이와 같았다.

비례의 사용을 가장 잘 보여주는 것은 알베르티가 설계한 피렌체의 산타마리아 노벨라 교회의 파사드이다. 이 새로운 파사드는 고딕 양식의 교회에 부가된 것이다. 알베르티는 자기 자신의 원칙을 충실히 지켰다. 앞면은 정사각형이고, 위층과 아래층은 꼭 중간에서 나뉜다. 파사드의 위층은 교회 위층 전체의 정확히 절반이다. 아래층의 파사드가 이루는 직사각형은 가운데를 중심으로 좌우 대칭을 이루고 있다. 위층 파사드 면적의 절반을 차지하는 중앙 베이는 위쪽과 아래쪽의 엔태블러처•를 정확히 가르고 있다. 이것의 반은 위층 측면 베이들의 폭과 같다. 이 지점에서 위쪽의 모든 것이 2:1의 비율을 지키고 있다. 그러나 입구가 있는 베이의 높이는 폭의 1과 2/1배이다. 그러므로 폭과 높이의 비는 2:3이다. 어두운 애틱••의 검은 정사각형 마감재들은 애틱 높이의 1/3이고 기둥의 직경과의 비는 2:1이다. 파사드 전체는 이등분의 비율이 계속적으로 이어지며 기하학적으로 만들어졌다.

도시 건축에 쓰인 규칙도 마찬가지로 비례를 중시했다. 도시들은 조화로운 우주의 거울이었고, 건물들은 기능에 따라 배치되어 있었다. 건물은 세 가지 형태로 분류할 수 있었다. 군주들을 위한 공공건물, 알베르티가 지은 피렌체의 루첼라이 궁전과 같은, 안목이 높고 판단력도 있는 부유한 시민들을 위한 건물, 그리고 가난한 사람들이 사는 그런대로 쓸 만한 건물이 그것이다. 도시 계획은 인간을 기준으로 세워졌다.

인문주의자였던 교황 피우스 2세는 토스카나에 있는 자신의 고향인 코르시냐노 마을에 알베르티의 규칙에 따라 피엔차라는 타운을 건설할 것을 지시했다. 건축가는 베르나르도 로셀리노였는데, 그는 대성

• 엔태블러처(entablature): 기둥 위에 건너지는 수평부.

•• 애틱(attic): 지붕과 천장 사이의 공간. 돌림띠 위의 장식벽 또는 낮은 이층.

알베르티가 설계하여 1470년에 완성된 피렌체의 산타마리아 노벨라 교회의 정면. 중세의 교회는 종탑은 뒤에서도 보인다. 위층 양쪽의 소용돌이 장식은 다음 세기에 나타나는 화려한 바로크 스타일의 첫걸음이었다.

당의 벽에 그림을 그리거나 장식을 하는 사람은 누구든 처벌을 하겠다고 특히 강조했다. 작은 마을 피엔차는 알베르티의 대칭의 규칙에 따라 지어질 당시 모습 거의 그대로 지금도 존재한다. 광장은 완벽했다.

당국이 관여하는 공공 사업 계획의 수가 점차 증가하고 있었고, 피엔차는 그 한 예에 불과했다. 피렌체 세례당에 쓰일 문들은 경쟁 입찰에 붙여져 서른네 명의 전문가들로 이루어진 심사위원단의 평가를 받았는데, 심사위원단 가운데 일부는 피렌체 출신이 아닌 외부 인사들이었다. 길드들은 자신들의 교회인 오르산미켈레에 세울 조각상들을 주문했다. 그 조각들 가운데 하나가 영웅에게 인간의 특성을 확실하게 부여한 완전히 새로운 종류의 조각인 도나텔로의 〈성 게오르기우스〉였다. 돔 건설 이후 브루넬레스키가 맡은 첫 대작으로서 1424년에 완성된 고아원에 자금을 댄 것은 비단공들의 길드였다. 무엇보다도, 부유한 메디치 가의 후원이 어디서건 돋보였다. 코시모 데 메디치는 미켈레초가 지은 궁전과 이탈리아의 첫 공공 도서관인 성 마르코 도서관에 자금을 댔다.

원근법을 처음으로 사용하기 시작한 곳에서 일련의 사건들이 이러한 발전과 더불어 발생했다. 그것은 재앙이었다. 이것은 다시금 점증하던 투르크 족의 위협에 의해서 격발되었다. 두 부류의 사람들이 투르크 족의 문제를 푸는 데 큰 관심을 가지고 있었다, 비잔티움의 황제가 그 중 한 부류였다. 원조 모금 운동을 벌여 콘스탄티노플을 방어하

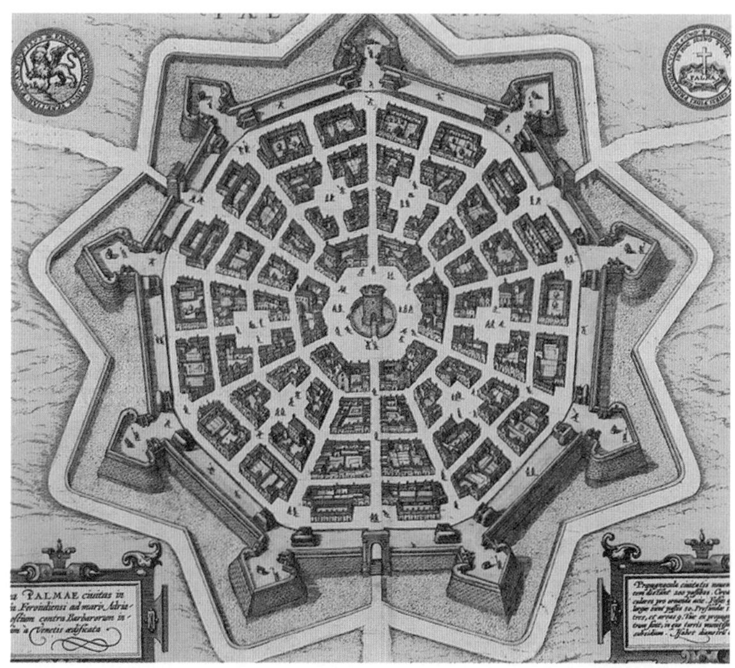


새로운 도시 계획으로 타운의 주문 제작이 가능해졌다. 이탈리아의 팔마노바는 1593년 요새로 건축되었다. 지휘소로 집중된 방사상의 길들은 성채로 직접 갈 수 있도록 나 있었고, 벽을 따라서 군대와 군수품들의 이동을 쉽게 할 수 있었다.

고자 했던 마누엘 2세 팔라이올로고스의 실패 이후에, 그의 손자인 요한네스가 다시 한 번 해결을 시도했다. 그 무렵의 상황은 더욱 심각한 상태였다.

요한네스는 자신의 교회와 로마 교황권 사이의 불화를 해소시킬 것을 제안했다. 그는 동서東西 간의 분열을 초교파적으로 해결할 방안을 모색하기 위해 대표를 공의회에 파견했다. 로마의 교황 에우게니우스 4세는 일방적으로 조건을 정하는 강력한 위치에 있었다. 1430년 투르크는 테살로니카를 점령했고, 이제는 거의 요한네스의 문턱까지 와 있었기 때문이다.

공의회는 처음에는 페라라에서 개최되었는데, 후에 피렌체에서 모든 비용을 지불하기로 하고 그곳으로 옮겨서 열렸다. 1439년 7월 6일, 5백 명이 넘는 대표자들이 공의회를 열기 위해 산타마리아 델피오리 교회로 모였다. 결정할 사안들이 중요했던 만큼, 그들 가운데는 예루살렘, 로도스, 트라페주스• 그리고 멀리 아프리카와 동방에서 온 사람들도 있었다.

투르크의 문제에 중요한 관심을 가진 또 다른 사람들은 토스카넬리와 포르투갈의 왕이었다. 수세대에 걸쳐 향료 무역에 종사해 왔던 토스카넬리 가는 콘스탄티노플을 점령한 투르크 족이 혹시 동방으로 가는 길을 막거나, 중계무역에 터무니없는 부과금을 매기지나 않을지 걱정스러워 했다. 그렇게 되면 향료 시장은 붕괴될 것이 명백했다. 포르투갈의 왕도 향료 무역에 관심이 있었다. 수십 년 동안이나 포르투갈은 말레이 반도에서 인근에 있는 향료제도로 가는 항로를 찾고 있었다. 1415년에 이미 아프리카 서쪽 해안을 탐험하기 시작했던 그들은 카나리아 · 아조레스 · 마데이라 제도를 개척했었다. 1419년에 항해왕자 엔히크는 유럽 최서쪽인 사그르스 즉 상비센테 곶에다 항해 학교를 세웠다. 독실한 기독교 신자였던 그는 교회의 메시지를 아프리카 원주민들에게 전파하고, 중앙 아프리카의 전설적인 기독교 군주 사제

• 트라페주스(Trapezus): 터키 동북부 지역에 있던 중세의 왕국(1204~1461). 현재 이름은 트라브존이다.

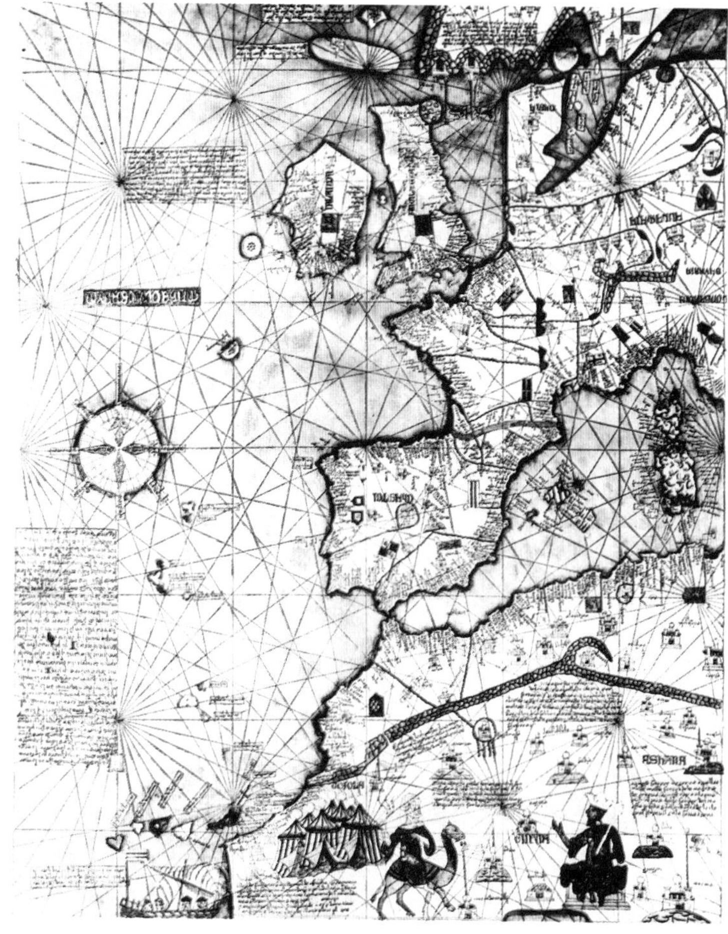

1374년 카탈루냐의 탁월한 지도 제작자들이 만든 포르톨라노 해도. 보자도르 곶의 남쪽으로는 아무것도 알려져 있지 않았다. 십자형으로 교차하는 풍향선과 자세하게 표시된 해안선의 육표들이 선원들이 원하는 정보였다. 내륙 국가는 사실상 지도에 표시되지 않았다.

왕 요한을 찾기를 희망했다. 그는 또 아프리카 대륙의 무슬림이 지배하는 곳이 어디까지인지를 알아보고, 새로운 무역 항로, 특히 동방의 향료제도로 가는 다른 길을 개척하고 싶어했다.

1425년에 엔히크의 형 페드루는 그가 주문한 지도와 지리학과 관련된 자료들을 구하고 또 피렌체가 포르투갈에 지고 있던 상당량의 빚을 돌려 받기 위해서 피렌체를 방문했다. 그는 토스카넬리와 만났는데, 토스카넬리 가는 리스본에 지점을 가지고 있었다. 그러나 페드루가 피렌체에 온 것은 무엇보다도 피렌체가 지도 제작이 가장 활발한 중심지였기 때문이다.

지도 제작법에 대한 피렌체인들의 관심은 크리솔로라스로부터 처음으로 그리스어를 배운 일단의 사업가들이 문화와 고전 문헌들을 찾아 콘스탄티노플로 갔다가 1400년에 돌아왔던 15세기 첫무렵부터 고조되기 시작했다. 난파와 모험을 겪은 그들은 고대의 훌륭한 지도 제작법 문헌을 가지고 돌아왔다. 그것이 바로 프톨레마이오스의 『지리학』이었다.

그 책이 소개된 것은 마침 초기 인문주의가 정점에 달했던 시기였고, 따라서 그 책은 열광적인 환영을 받았다. 많은 호화판 사본들이 제작되었다. 지구에 대해 그리스인들이 알고 있던 모든 것들을 담고 있다는 것 말고도 그 책에는 아주 특별한 점이 있었다. 그 책 속의 지도에는 그리드가 그려져 있었던 것이다.

이탈리아인들도 전에 지도를 본 적이 있었다. 백여 년이 넘게 그들은 포르톨라노 해도를 사용해 왔었다. 해안선의 구역에 따라 개별적으로 제작된 그 지도에는 풍향과 해안선들이 아주 자세히 표시되어 있었다. 그러나 『지리학』에는 그때까지 알려져 있던 세계가 전부 지도로 만들어져 있었다. 게다가 경도와 위도의 격자선을 이용해 일관되고 표준화된 방법으로 제작되어 있었다. 그러므로 지구표면을 이 지도 제작법으로 표시하면, 지도 위의 모든 지점들의 상대적인 거리를 알 수 있었고, 심지어는 알려지지 않은 장소까지도 좌표상에 표시할 수 있었다.

토스카넬리는 의사였지만 당시의 일반적인 풍조대로 수학도 공부했다. 그 외에도 그는 지도 제작자이기도 했는데, 공의회에 참가한 대표들로부터 지도제작에 관한 정보를 얻을 수 있는 유리한 위치에 있었다. 포르투갈인들의 의뢰를 받은 그는 극동에 관해서 무엇인가를 들려 줄 수 있는 대표라면 누구와도 면담을 했다. 공의회 기간중에 안드

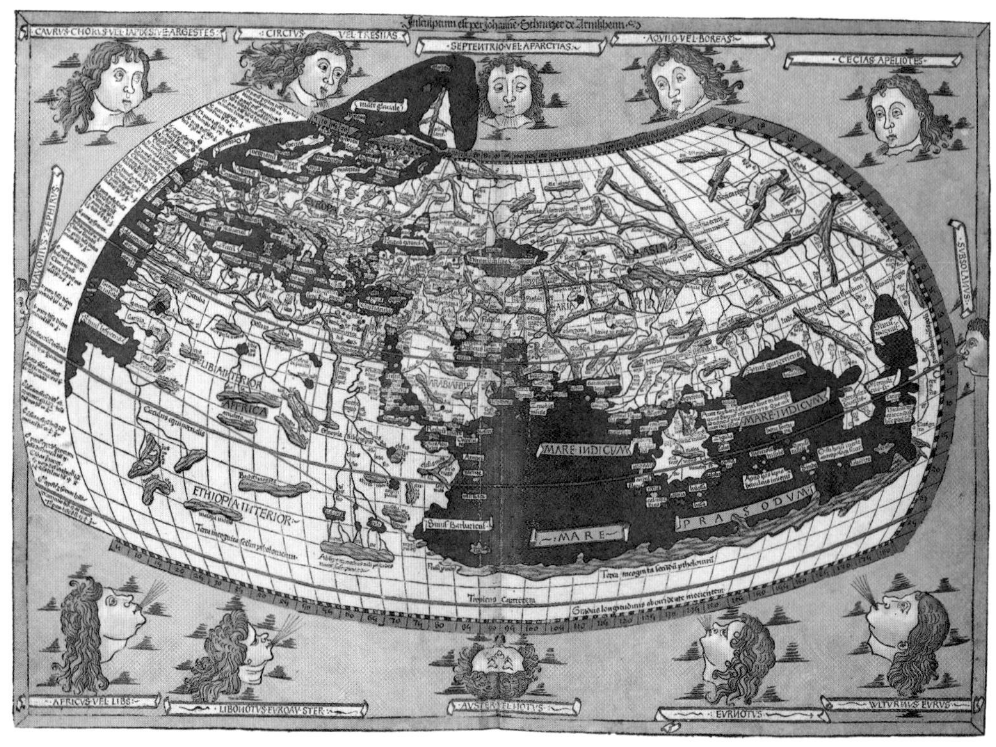


알렉산드리아 출신의 프톨레마이오스가 만든 세계 지도. 왼쪽 아래쪽의 'ETHIOPIA INTERIOR' 아래로 보이는 '미지의 땅(terra inconita)'이라는 말을 통해 프톨레마이오스는 남쪽은 사람이 살 수 없는 곳이라는 아리스토텔레스적 시대의 믿음으로부터 탐험가들을 해방시켰다.

레아 다 사르테아노라는 무역상이 한 이탈리아인과 함께 페르시아 만에서 돌아왔다. 카이로에서 무일푼이 되어 오도가도 못하게 되었던 미콜로 다 콘티라는 그 이탈리아인은 극동에서 수년을 보냈었다.

같은 해인 1441년에 포르투갈인들의 탐험에 대한 관심은 귀금속과 그에 못지않게 값비싼 노예들이 풍부한 아프리카 황금 해안의 발견으로 최고조에 달했다. 먼 거리를 항해할 수 있는 기술을 개발하는 것이 당면 과제로 떠올랐다.

몇 년 전에 토스카넬리가 파도바에서 공부하고 있었을 때, 그의 학우 가운데 니콜라우스라는 사람이 있었다. 모젤 강변의 트리어 인근 쿠에스 출신인 그는 주전공이 법학이었지만 동시에 수학자이기도 했다. 토스카넬리와 그는 모두 프로도치모 데 벨도만디의 수학 수업에 감명을 받았었다. 1437년에 교황의 명령에 따라, 니콜로는 피렌체 공의회로 요한네스 황제를 안내하러 갔다.

니콜라우스는 토스카넬리를 무척 높이 평가하고 있었다. 토스카넬리를 유럽에서 가장 뛰어난 수학자로 여긴 그는 토스카넬리에게 몇 권의 책을 헌정했다. 토스카넬리는 니콜라우스가 후에 추기경의 위치에 오를 때까지 오랫동안 긴밀한 관계를 유지하고 있었다. 1440년대에 니콜라우스는 우주에 대한 최초의 상대적인 견해를 천명한 대작 『반대의 일치』를 썼다.

> 만약 우주가 무한하다면, 지구가 중심에 있지 않다는 것은 필연적이거나 적어도 가능한 일일 것이다. 만약 그렇다면, 지구가 태양 주위를 돌 수도 있을 것이다. 지구가 우주의 중심에 있다고 생각하게끔 만드는 것은 단지 지구 위에 서 있는 관찰자의 관점일 뿐이다. 달, 혹은 우주에 존재하는 어떤 다른 별이나 행성에 서 있는 누구에게도 그것은 똑같이 적용될 것이다. 그리고 만약 모든 것들이 다른 모든 것들과 관련지어져 있다면, 지구 위에 있건 혹은 행성 위에 있건 간에 당신이 어디에 있는가를 아는 유일한 방법은 '다른 것' 을 측정할 수 있는 방법을 발견해 내는 일일 것이다.

이것은 브루넬레스키의 원근법 기하학이 가능하게 한 것들을 잘 짚고 있었다. 그것은 먼 거리의 측정이었다. 프톨레마이오스의 그리드 시스템과 원근법적 기하학을 이용하면 대양 항해용 지도를 제작할 수 있으리라는 생각이 토스카넬리에게 떠올랐다. 육표陸標가 없는 대양을 항해하는 데는 표준적인 판정 기준이 필수적이었다.

1464년 8월 11일, 교황을 섬기기 위해 로마로 가던 니콜라우스가 움브리아의 토디에서 사망했다. 오랜 친구의 장례식에 참석한 토스카넬리는 그곳에서 포르투갈 아폰수 왕의 고해신부였던 리스본에서 수사신부 페르낭 마르틴스 데 로리스를 만났다.

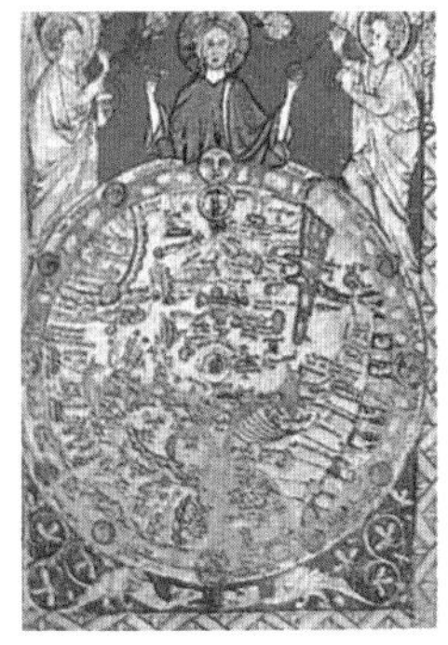

예루살렘을 지구의 중심에 놓지 않은 새 해도는 기독교적 전통도 깨뜨렸다. 중세의 세계 지도는 아시아와 유럽은 대양으로 완전히 둘러싸인 것으로 묘사했다.

아프리카 해안 탐사의 착수 문제를 다루는 상설 위원회의 항해 분과를 책임지고 있었던 마르틴스는 포르투갈의 항해 탐사에 대해서 믿어지지 않을 정도로 많은 정보를 가지고 있었다. 당시 선장들은 큰 문제점에 봉착해 있었다. 아프리카 서쪽 해안을 따라 내려가노라면, 북극성은 점점 후방의 북쪽 수평선으로 낮게 떨어졌다. 그리고 적도 이남으로 가면 북극성은 아예 보이지도 않게 되었고, 그들은 고향으로 항해할 수 있는 능력을 상실했다.

그 당시의 항해술은 기본적으로 특정 시간의 북극성의 고도각을 측정하고, 남북으로 내려가거나 올라감으로써 목적지를 찾아가는 방식이었다. 항해자는 우선 북극성이 적절한 위치에 올 때까지 북쪽으로 항해했고, 그리고 나서 리스본이 나올 때까지 동쪽으로 갔다. 그런데 적도 남쪽에서는 그 별이 보이지 않았다. 위도표는 아무짝에도 쓸모가 없었다. 항로를 잃지 않으려면, 새로운 항해법을 개발해야만 했다.

그 새로운 방법을 개발하기 위해 토스카넬리는 니콜라우스와 함께했던 시절로 되돌아갔다. 만약 원근법 기하학으로 멀리 떨어져 있는 물체들 사이의 거리를 측정할 수 있다면, 그와 같은 일이 지구 표면에

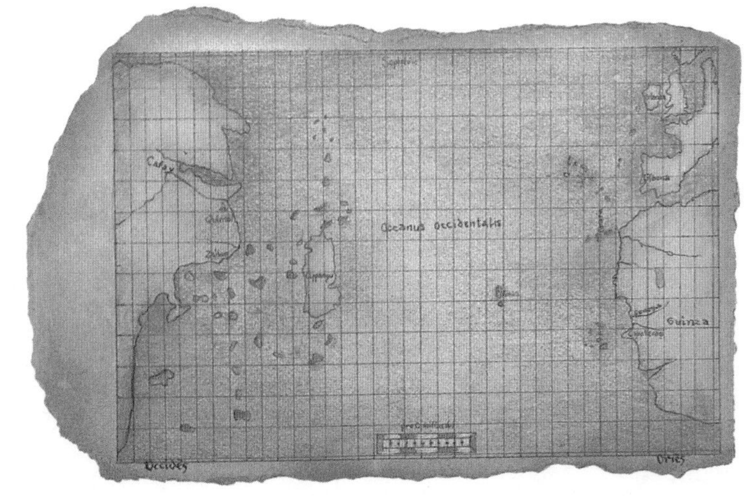


1474년에 제작된 토스카넬리의 지도를 현대에 재현한 것이다. 아메리카 대륙이 없는 것에 주목하라. 대서양에 있는 거대한 섬에 대한 소식은 이미 보고되어 있었다. 그 섬은 아마도 아조레스(Azores)였을 텐데 여기서는 상상의 섬 안틸리아(Antilia)로 표시되어 있다.

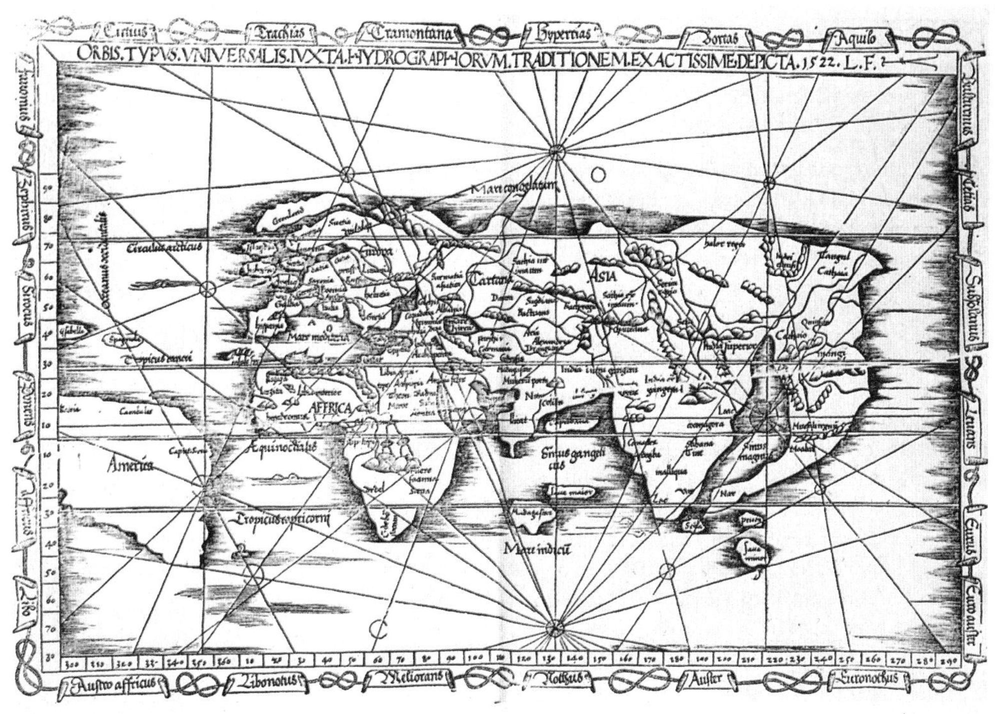


남아메리카가 포함된 초기의 신세계 지도. 남아메리카는 남대서양에서 서쪽으로 바람에 떠밀려 내려갔던 포르투갈의 연습선들이 발견했다. 신대륙의 존재는 발견된 것들이 진실이냐에 대한 의혹을 불러일으켰다. 왜냐하면 성경에는 그것에 대한 언급이 없었기 때문이다.

서도 가능할 것이다. 이제 그리드 방식으로 거리를 정확히 측정할 수 있게 되었다. 표준 축척의 지도가 생겨나자 적도 남쪽에서 돌아서야만 했던 선원들은 낮에도 주어진 그리드 거리의 수에 따라 북쪽으로 항해할 수 있게 되었고, 똑같은 방식으로 돌아올 수도 있게 되었다.

토스카넬리가 이러한 생각을 해내기 몇 년 전에 아폰수 왕의 특사가 피렌체에 와서 자신들의 좀더 큰 계획에 대해 말한 적이 있었다. 토스카넬리가 그때 그 계획에서 성공의 가능성을 보았음은 분명한 일이다. 그것은 향료제도로 가는 서아프리카 항로 말고 다른 항로의 발견 가능성이었다. 포르투갈인들은 남대서양 밖으로 나가는 훈련 항해를 시작했다. 태양을 이용한 항해였다. 토스카넬리는 콘티라는 여행가가 일본의 동쪽에 대양大洋이 있을 것이라고 생각한다고 자신에게 말했던 것을 기억해 냈다. 대양의 다른 끝은 어디에 있을까?

마침내 1474년 6월 25일, 토스카넬리는 리스본에서 마르틴스에게 편지를 썼다.

> 나는 국왕께서 지금 시도되고 있는 아프리카 항로보다 더 짧은 항로에 관심을 가지고 계시다는 것을 기쁘게 생각합니다.…… 아일랜드에서 인도에 이르는 모든 섬들과 남쪽으로는 구이아나(가나)를 포괄한 해도를 동봉합니다.…… 다른 선들은 남북의 거리를 나타냅니다.…… 만약 리스본에서 서쪽으로 간다면…… 당신은 쿠인사이(Quinsay : 중국)의 훌륭한 도시들…… 그리고…… 금, 진주, 보석들로 가득한 시팡고(Chipango : 일본)에 도착할 수 있을 것입니다.

토스카넬리의 해도는 적도상의 원주면을 120킬로미터씩 나눈 값에 기초를 두었다. 그는 중국이 리스본과 위도는 북위 40도로 같고 원주의 약 3분의 1만큼 떨어져 있다고 계산했다. 그래서 그는 그의 해도를 4백킬로미터에 해당하는 수직선으로 나누고, 리스본에서 중국까지의 거리를 서쪽 항로로 26개의 선, 즉 10,460킬로미터로 표시했다. 오늘에 와서 보면 그의 자료는 정확하지 않다. 그는 마르코 폴로가 유라시아의 크기를 과장해서 보고했던 것을 그대로 이용했다. 그러나 그의 계산에 의하면, 일본으로 가는 서쪽 길은 누구나 한번쯤은 가볼 생각이 들 만큼 짧았다.

그는 해도의 사본을 이탈리아의 한 선장에게 보냈고, 선장은 1483년에 향료제도로 가는 항해와 관련된 사항을 다루는 리스본의 위원회로 그것을 가지고 갔다. 선장은 에스파냐 왕실을 포함한 다른 사람들에게도 가보았지만, 모두 실패했다. 그후 선장은 자신의 일을 간청하러 프랑스의 왕실로 가려 했다. 그런데 그가 프랑스로 가는 배를 타기 바로 직전에 에스파냐인들이 마음을 바꾸고 선장을 후원하기로 결정했다.

자신의 지도책 면지에 토스카넬리니의 지도를 붙이고, 선장은 일본으로 항해를 시작했다. 그러나 그는 그곳에 도착하지 못했다. 일본으로 가는 도중 콜럼버스 선장은 아메리카를 발견했다.

# 4

# 사실의 문제

비행기가 활주로를 따라 속도를 더해 가는 중에, 부조종사가 "로테이트Rotate!"라고 외친다. 조종사가 조종륜을 후퇴시킨다. 시속 240킬로미터 이상의 속도로 3백 명이 넘는 사람들을 실어 나르는 백 톤이 넘는 쇳덩어리가 세로대 축의 각을 약간 바꾸고 하늘로 솟는다. 승객들이 비행기에 탑승하는 것은 이러한 일이 실제로 일어날 것임을 그들이 믿고 있기 때문이다.

인쇄술은 많은 것들을 변화시켰다. 과학과 기술은 책을 통해 비교 연구가 가능해짐으로써 더욱 정확해지고 향상되었다. (위)그림이 그려진 성서들은 교회의 권위를 강화시켰다. (아래) 가나안에서 돌아오고 있는 밀정들의 모습.

우리가 우리 삶을 구성하고 있는 기술들과 맺고 있는 관계를 떠받쳐 주는 다른 모든 사실들을 그대로 믿듯이, 우리는 비행기가 무사히 이륙할 것임을 믿어 의심치 않는다. 과학과 기술에 의해 밝혀진 사실들이 역시 과학과 기술에 의해 낡은 것이 되어 버리는 일이 비일비재하다. 그럼에도 우리는 과학적 사실과 기술을 받아들이도록 교육받는다. 그러나 우리가 일반적으로 받아들이고 있는 '사실'이라는 개념은 비교적 최근에 생겨난 개념이다. 그러한 개념이 세상에 나온 것은 불과 5백 년 전의 일이었다. '사실'이란 개념은 사람들이 서로 이해할 수 있는 표준적인 방식으로 각자의 주장을 펼칠 수 있게 함으로써 서양인들의 삶을 급격하게 바꾸어 놓았던 어떤 한 사건의 결과물이었다.

현대의 연구 결과에 따르면 이러한 변화 이전에 살던 사람들은 쉽게

농업에 기반을 둔 생활을 하던 중세인들은 서로 의존적인 세 계급으로 나누어져 있었다. 기사는 안전을, 사제는 구원을, 농민은 식량을 책임졌다. 농민은 대화에서 소외된 낮은 신분으로 묘사되고 있다.

흥분하고, 화를 잘 내고, 분위기에 약하고, 눈물도 잘 흘렸다고 한다. 그들이 즐기는 놀이나 오락은 자장가처럼 단순하고 반복적이었다. 그들은 화려한 색깔을 좋아했다. 그리고 그들의 몸짓에는 과장이 심했다. 거의 모든 관계가 개인적이고, 제멋대로였으며 잔인했다. 그들은 동물이 피를 흘리며 싸우는 것을 보는 걸 즐겼다.

그들 삶의 대부분은 현재의 끊임없는 지속이라고 할 수 있었다. 과거에 대한 지식은 개인적 경험에 관한 기억들이 전부였다. 그들은 미래에는 거의 관심이 없었다. 지금 우리가 알고 있는 시간의 개념은 그들에겐 아무런 의미가 없었다. 그들은 먹고 싶을 때 먹고, 자고 싶을 때 잤으며, 머리를 안 써도 되는 단순한 일을 장시간 하면서도 지루해하지 않았다.

그러나 중세의 성인成人들의 지능이 오늘날의 성인들에 비해 떨어졌다고 말할 수는 없다. 그들은 우리와는 다른 세상에 살고 있었을 뿐이다. 그들에게는 달리 절박한 일이 주어지지 않았다. 그들이 살던 세계에는 '사실'이 없었다. 실제로, 그들은 현대인들이 말하는 '사실'을 이해하지 못했을 것이다. 중세인들은 그들 자신이나 그날의 정보에 의존해서 살아갔다. 그들의 생활은 규칙적이고 반복적이었으며, 변화라고는 하나도 없었다.

사실이 부재하는 이러한 세계에서 살던 사람들에게는 자신들이 살고 있는 지역을 넘어서는 일이 거의 없었다. 사실상 거의 모든 사람들이 자신들의 마을 밖에서 일어나는 일에 대해 알 방법이 없었다. 모든 소식은 입에서 입으로 전해졌고, 그러고 나면 소문만이 남았다. 개인적으로 경험할 수 없는 모든 것들이 뜬소문의 주제가 되었다. 그러나 뜬소문 가운데 오늘날과 같이 비방하기 위한 것은 별로 없었다. 명성은 가벼운 입방아만으로도 쉽게 손상되었기 때문에, 조심스럽게 보호되었다. 소문을 부정하는 일이 설사 가능하다 하더라도 매우 어려운 일이었다. 문맹인들의 거래에서 남을 쉽게 믿는 경향은 무척이나 중

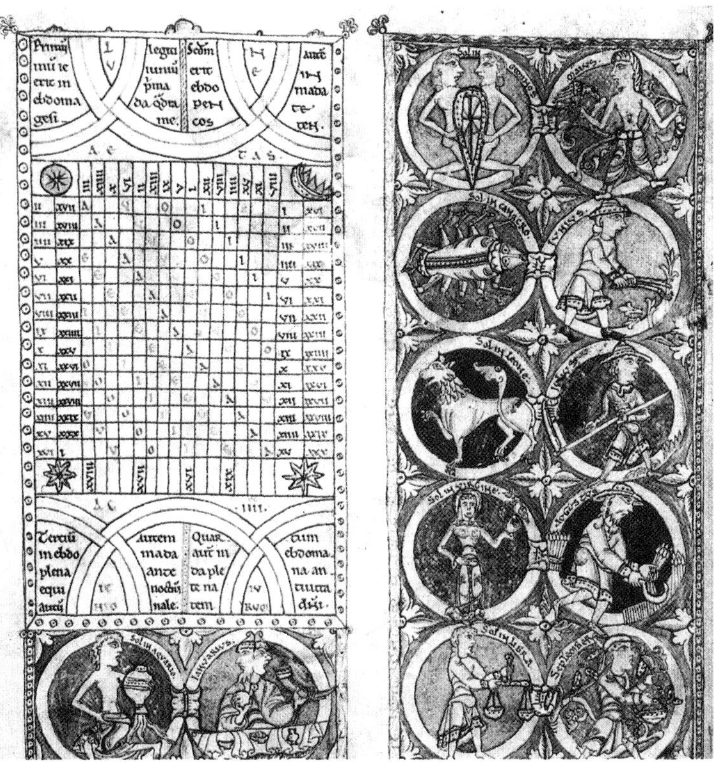

12세기의 이 교회 달력에는 농업의 중요성이 잘 나타나 있다. 황도 12궁의 상징물들 뒤로 나오는 달은 절기상에 맞춰 할 일들이 그려져 있다. 맨 아래 오른쪽 그림은 9월인데, 포도를 수확하는 모습이다.

요했다.

중세인들이 '사실' 이라고 부른 것은, 지금 우리가 '견해' 라고 부르는 것에 해당할 것이다. 그리고 그 차이를 알 만큼 여행을 많이 한 사람도 거의 없었다. 하룻동안 갈 수 있는 여행 거리는 평균 11킬로미터였고, 그 거리는 사람들이 말을 타고 나섰다가 날이 저물기 전에는 확실히 돌아올 수 있는 그런 거리였다.

이들 고립된 공동체들에서는 근친 결혼이 잦았고, 그에 따라 저능아들이 많이 태어났다. 경험이 중시되던 그 시대에는 연장자들이 힘을 갖고 있었다. 연장자들은 지방의 대소사를 결정하고, 법적인 분쟁이 발생하면 판사 역할을 했다. 그들은 변화를 용납하지 않았다, 나이 인간의 연령대를 넷으로 나누어 거기에 맞는 네 가지 기질, 네 계절, 네 방위와 원소들의 상관 관계를 나타낸 11세기의 재현품에 그려진 과거 지향적 세계. 이 그림은 단순히 배열만이 새롭게 바뀐 채 수천 년 동안이나 변하지 않은 개념들을 보여주고 있다.

든 사람들이 이게 늘 해왔던 방식이라고 말하면 그대로 행해졌다.

방언을 쓰는 마을 사람들은 80킬로미터 밖에 사는 사람들의 말도 제대로 알아듣지 못했다. 잉글랜드의 초서가 말했던 것처럼 잉글랜드 북부 해안에 난파된 일단의 14세기 런던 상인들이 외국 첩자로 몰려 감옥에 갇힌 적도 있었다. 공동체들 사이에 사회 · 경제적 교류가 거의 없었기 때문에, 언어는 방언의 형태로 조각나 있었다.

문맹인데다 방언을 쓰는 마을 사람들에게 교회는 정보의 중요한 원천이었다. 성서의 주제들을 그린 경전들은 각 계절에 해야 할 일들을 상기시켰으며 도덕을 강조했다. 스테인드글라스로 된 창에서는 성서에 나오는 이야기들이 빛났다. 사람들은 고딕 양식의 대성당을 "유리와 돌로 만든 백과사전"이라고 불렀다. 교회에 관한 것이건 시민들의 일이건 세상에 관한 소식은 모두 설교로부터 나왔다.

수백 년 동안 고립된 채로 자급자족 생활을 해왔던 공동체들의 사회구조는 봉건제였다. 귀족, 사제, 농부의 세 계급이 있었다. 귀족은 모두를 위해 싸웠고, 농부는 모두를 위해 일했으며, 사제는 모두를 위해 기도했다.

매우 드문 경우이긴 했지만, 바깥의 소식이 전해지면 포고를 알리는 사람이 공동체 구석구석으로 외치며 돌아다녔다. 이러한 이유로 사람의 목소리가 미칠 수 있는 범위보다 큰 마을은 드물었고, 타운도 그와 같은 크기의 행정 소구역으로 편성되었다. 마을의 법과 관습도 사람의 말로써 판결이 났다. 궁극적인 판단 기준은 당대의 기억이었다. 양피지에 씌어진 말들보다 현장에 있었던 목격자의 말이 더 신뢰를 받는 일은 타운의 법정에서조차 흔해 빠진 일이었다.

문서는 희귀했다. 죽은 동물의 가죽에다 불확실한 의미의 표시를 하는 것이 고작이었다. 글을 모르는 사람들에게 서류는 아무런 증거물도 되지 못했다. 왜냐하면 서류를 조작하는 것은 쉬운 일이었기 때문이다. 현장의 증인은 진실을 말했다. 왜냐하면 그들은 계속해서 살

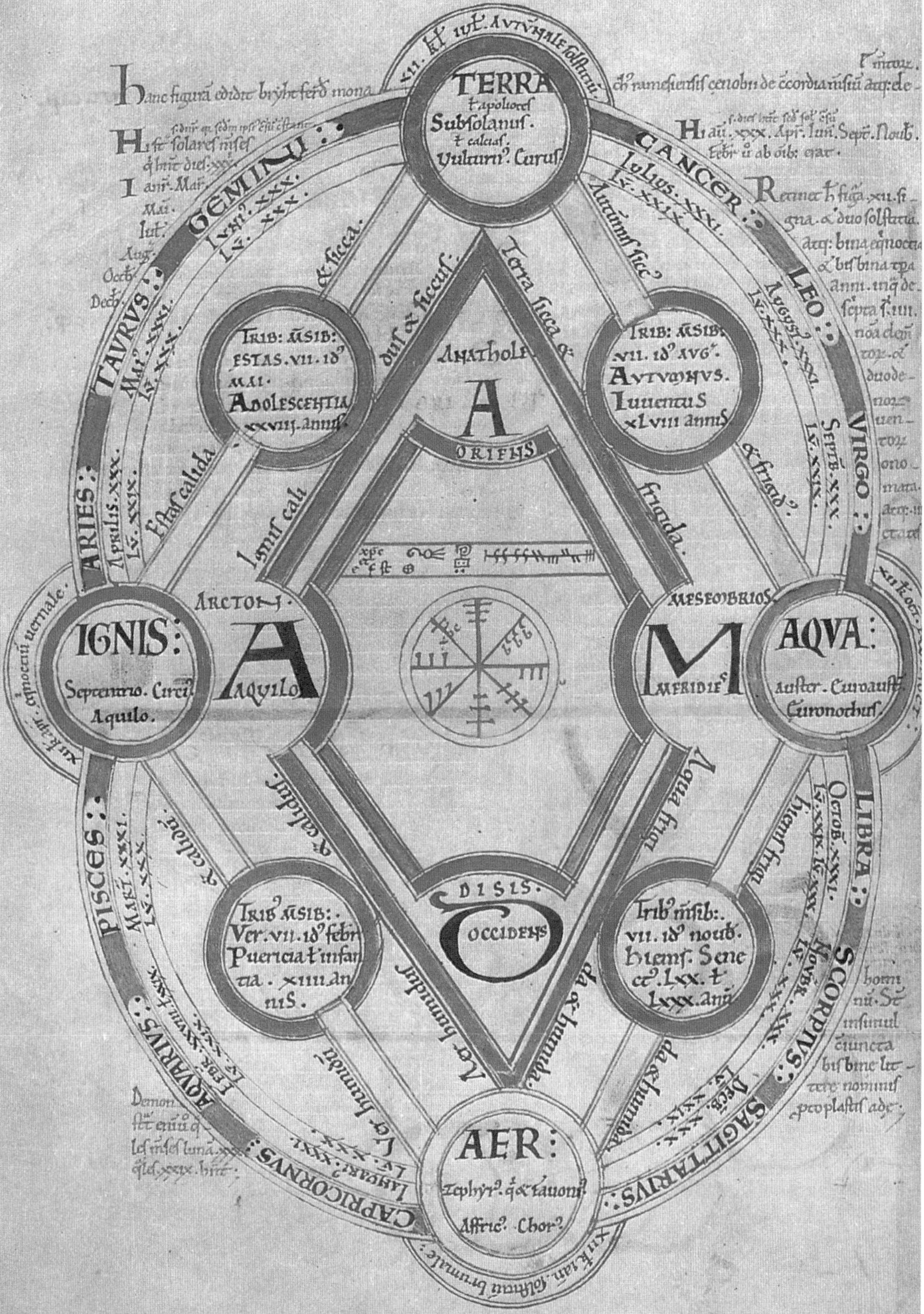
TERRA
Subsolanus.
IGNIS:
Septentrio. Circius
Aquilo.
AQVA:
Auster.
Euronothus.
AER:
GEMINI
CANCER
LEO
VIRGO
LIBRA
SCORPIUS
SAGITTARIUS
CAPRICORNVS
AQVARIUS
PISCES
ARIES
TAURUS
ANATHOLE
A
ORIENS
ARCTON
A
AQUILO
MESEMBRIOS
M
MERIDIES
DISIS
O
OCCIDENS

기를 바랐기 때문이다. 재판은 구두로 진행되었고, 그 관행은 지금까지 이어져 오고 있다. 집회는 사람의 말을 통해 소집되었고, 가끔 종을 쳐서 알리기도 했다. 고소 내용은 피고측에 큰 소리로 낭독되었다. 중세 끝무렵에 소송 당사자는 그 자신의 변호를 위해 말을 할 의무가 있었고, 따라서 벙어리와 귀머거리를 위한 작은 재판이 있었다. 법정은 증거를 '들었다.' 유죄냐 무죄냐는 논쟁을 통해서 결정되었다.

달력, 시계 또는 문자 기록 등이 없던 때였으므로, 시간의 흐름은 중요한 일들로 표시되었다. 물론 마을에서 시간은 '멧도요가 날 때' '수확철' 등 절기별로 일어나는 일들과 연관지워졌다. 시골 사람들은 일 년의 흐름에 대해 대단히 잘 알고 있었다. 그러나 절기상의 신호들 사이, 즉 오늘날의 '시간'에 해당하는 것은 존재하지 않았다. 물시계나 해시계가 있는 부자 마을에서조차, 교회탑에서 시간을 알려주는 사람들이 매시간 시간을 외쳤다. 그 시간은 들판에서 일하는 일꾼들의 외침 소리에 실려 주변의 시골 마을로 퍼져 나갔다. 한 시간보다 작은 단위의 시간은 거의 쓰이지 않았다. 자연의 속도에 맞춰 움직이는 세계에서는 그런 작은 단위의 시간은 필요가 없었다.

달은 대충 정해졌다. 춘분 같은 달력의 중요한 절기들이 해마다 달력으로는 서로 다른 시간에 생겨났기 때문이다. 날짜가 태양과 달의

잉글랜드 사자왕 리처드의 큰 도장. 이것은 서명이라기보다는 하나의 상징물로서, 글을 못 읽은 사람들에게 문서에 담겨져 있는 내용의 권위와 원천을 확증시켜 주었다.

위치 관계에 따라 정해졌던 부활절은 극도로 혼란스러웠다. 왜냐하면 그것의 날짜는 태양과 달의 위치 관계에 달려 있었기 때문이다. 그리고 이러한 합合은 달이 보이지 않을 때 종종 발생했다. 사람들은 삶의 중대사들을 이를테면 혹한, 대풍작, 죽음 등과 같은 좀더 믿을 만한 표식들을 목격하며 회상했다. 성축일들의 날짜는 신뢰할 수가 없었다. 그 위대한 에라스무스조차도 자신이 성 유다 축일에 태어났는지 아니면 성 베드로 축일에 태어났는지 확실히 모르고 있을 정도였다.

시간을 나타내는 이러한 표식은 중요했는데, 그것은 종종 그들이 탄생 기념일을 정할 필요가 있었기 때문이다. 중세 시대에는 유산과 관련하여 탄생 기념일이 매우 중요하게 여겨지고 있었다. 주고 받는 행위들은 꽤 복잡했다. 왜냐하면 문서가 없이 살던 당시에는 그런 행위에는 증인이 배석해야 했기 때문이었다. 예컨대 1153년에 서식스의 셀르에 있는 성 베드로 수도원에 천연 염전을 기부하는 자리에는 "많은 사람들이 참석하여 보고 들었다." 어떤 일의 법적 효력을 강화하는 데 사용되는 맹세는 구두口頭 증인의 증언을 보강하는 수단이었으며, 그 점은 지금도 마찬가지이다.

서류가 널리 쓰이기 시작한 중세 끝무렵에조차 이 오래된 습관은 쉽사리 사라지지 않았다. 거래 사실을 나타내기 위해 상징적인 물건들이 여전히 교환되었다. 가장 애용되던 상징물은 칼이었다. 계약은 칼의 손잡이에 기록되었는데, 12세기 중엽 잉글랜드 북부에 있는 린디스판의 수사들에게 주어진 증정품에서 그 예를 찾아 볼 수 있다. 수사들은 로윅의 예배당 전속 사목직을 수여받았고, 그것으로 십일조를 징수할 수 있었다. 칼의 손잡이에는 "로윅 예배당을 대표함sygnum de capella ed lowic"이라고 씌어 있었다. 그러나 그것은 그 일을 상징화해 기억을 환기시키는 데 도움을 주는 것으로서, 명문銘文이 아니라 칼에 불과했다. 편지에 개인의 도장을 찍는다거나 결혼 반지를 끼는 것도 같은 이유였다.

독일의 은행가인 야코프 푸거가 파발마로 보낼 편지를 받아 적게 하고 있다. 문서철에는 분점이 있는 도시 이름이 적혀 있다. 크라쿠프, 인스부르크, 리스본이라는 도시명이 보인다.

서류가 조작되는 일도 가끔 있었다. 중세에는 서류에 날짜를 쓰지 않는 것이 보통이었다, 문서 세 개 중 하나는 가짜였다. 캔터베리의 수도사들은 연대가 7세기에서 10세기 사이로 추정되는 교황 교서를 '발견' 했다. 그들은 잉글랜드를 대표하는 수석 대주교직이 요크에 있는 경쟁자들에게 넘어갈까 봐 불안해 하던 참이었는데, 그 교서가 그들의 명분을 강화해 주었다. 그 문서들은 '다른 책들 안에서 발견' 되었다. 그러나 수사들은 "그것들이 사본이지만 그럼에도 유효하다"고 인정했다.

일반적으로 정보의 전달은 느슨했고, 그것은 중세인들의 생활에 많은 영향을 주었다. 그로 인해 여행도 더 위험했다. 불가피하게 여행을 해야 하는 사람들의 대다수는 숲속에서 무섭고 위험한 시간이나 날들을 보내야만 했고, 길을 따라 마을에서 안전하게 보낼 수 있는 시간은 짧았다. 그것은 사나운 야생 동물들 때문이 아니었다. 당시 유럽의 대부분은 사람이 한 번도 접근하지 않은 숲들로 뒤덮여 있었던 것은 사실이었지만, 그보다 더 큰 이유는 여행자 자신이 목적지가 어디에 있는지 어렴풋이밖에 모르고 있었기 때문이었다.

지도도 없었고, 길도 거의 나 있지 않았다. 여행자들은 태양과 달의 위치, 새들이 나는 방향, 물의 흐름, 지형 등을 보고 방향을 알아 내는 감각이 예민했다. 그러나 전에 똑같은 길을 갔었던 다른 여행자로부터 얻은 정보조차도 만약 그가 다른 계절이나 다른 상황에서 여행을 한 것이라면 제한된 가치밖에는 없었다. 강물의 흐름이 바뀌고, 여울이 깊어졌으며, 다리가 무너지는 일도 생겼다. 안전하게 여행을 하는 방법은 단체로 하는 것이었고, 사실 그것만이 유일한 방법이었다. 중세에 장거리를 여행하는 사람은 아주 희귀했다. 그들은 보통 왕의 업

상아에 새긴 14세기 프랑스의 얕은 돋을새김에는 트루바두르 방랑 시인 두 명이 보인다. 정교하게 조각된 류트 머리와 수를 놓은 신발을 통해 그들이 연극적인 성향을 지니고 있었음을 알 수 있다.

무를 담당하는 조신朝臣들이었는데, 긴 전언을 말 그대로 암송하는 훈련을 받았다. 이러한 전언은 위조나 분실의 가능성이 없었다. 15세기까지 로마 교황청과 잉글랜드의 왕실, 아라공, 베네치아 공화국, 그리고 파리의 대학들이 정기적인 전령 제도를 시행했다. 남부 독일의 광산촌인 울름, 레겐스부르크, 아우크스부르크 같은 지역에서는 정기적인 지방 우편 업무가 시행되고 있었다.

부르고뉴의 상인 자크 쾨르는 비둘기를 우편에 이용했다. 메디치가의 은행원들은 우편 전령원들을 이용해서 유럽 전역의 지점장들 및 40여 대행자들과 정기적인 연락을 취하고 있었다. 우편 전령원들은

광대들이 15세기 중반 뉘른베르크의 쉬로우브타이드 행사에 도착하고 있다. 그들이 입고 있는 산뜻하고 단순한 복장은 청중들이 듣고 기억할 공연이 단순하고 반복적임을 시사한다.

자신들이 탄 말이 지쳤을 때 바꾸어 타고 갈 여력이 없었던 일반 여행자들보다 더 빨랐다. 팔팔한 말을 탄 전령들은 하루에 평균 145킬로미터를 갈 수 있었는데, 그것은 말을 탄 일반인들이 가는 거리의 두 배였다.

그럼에도 소식 전달이 매우 지연되는 경우가 종종 있었고, 그러면 도시에서조차 과장된 소문이 먼저 돌았다. 15세기에 잔다르크가 죽었다는 소식이 콘스탄티노플까지 전해지는 데는 18개월이나 걸렸다. 1453년에 콘스탄티노플의 함락 소식이 베네치아에 전해지는 데는 한 달이, 로마에는 두 달이, 그리고 유럽의 다른 지역에 전해지는 데는 석 달이 걸렸다. 훗날 콜럼버스가 항해한 거리에 대해서도 사람들은 잘못된 감각을 가지고 있었다. 콜럼버스가 대서양을 건너 아메리카 대륙에 상륙했다는 소식이 포르투갈의 저잣거리에 알려지는 데 걸린 시간과 폴란드에서 일어난 소식이 전해지는 데 걸린 시간이 같았기 때문이다.

무역과 아무런 상관이 없는 말을 사람들이나 주부들이 들을 수 있는 소식은 종글뢰르 혹은 트루바두르라고 불리는 음악가와 시인들로 구성된 작은 집단인 방랑 연예인들로부터 나왔다. 보통 종글뢰르가 연주자였고, 트루바두르는 작가나 작곡가였다. 그들의 공연에는 저글링, 마술, 동물 묘기, 어쩌면 서커스까지도 포함되어 있었을지도 모른다. 그러나 기본적으로 그들의 공연은 실제 있었던 일에 관해서 씌여진 시나 노래를 부르는 독창회의 형식을 띠었다.

관객이 그 이야기를 한 번밖에는 들을 수 없었기 때문에, 공연은 기억되기 쉽도록 연극적이고 반복적으로 행해졌으며, 종종 관객을 위해 원작을 그 지방의 방언으로 다시 만들기도 했다. 감정 묘사는 단순하고 과장이 심했다. 공연 전체가 운율로 이루어져 있어서, 공연자와 관객 모두 쉽게 기억할 수 있었다. 공연자는 목소리와 의상을 적절히 바꾸어 가며 공연의 전 부분에 참여했다. 연기가 재미있을수록 더 많은 돈을 벌 수 있었다. 어떤 시가 성공을 거두면, 다른 종글뢰르들은 그 시를 암기하여 후에 자신이 공연하기 위해 몇 번이고 들으려고 애를 썼다.

특정한 소문을 널리 퍼뜨리려는 사람들이 종종 이들 방랑 시인들을 후원하곤 했다. 이런 형태의 시들은 시르방트sirvente라고 불렸다. 겉으로 보기에는 낭만적인 주제를 다루고 있었지만, 그 시들에는 정치적인 혹은 개인적인 메시지가 감추어져 있었다. 드문 일이긴 하지만, 풍자의 대상이 되는 사람의 이름이 그대로 드러나 있는 경우도 있었다. 1285년에 아라공의 페드로 3세는 에스파냐의 펠리페 3세를 시르방트로 공격했다. 이러한 종류의 선전물을 썼던 작가로서 13세기에 가장 유명했던 사람이 기욤이었다. 이러한 시를 공연하는 것은 구 효과가 무척 컸을 것임에 틀림없다. 왜냐하면 가장 강력한 구속력의 기반이 충성심이었던 구두口頭 세계에서 명성은 아주 중요한 것이었고, 따라서 소문은 효과적인 무기가 될 수 있었기 때문이다.

종글뢰르들은 가끔씩 서로 만나 자신들의 공연 목록을 교환하곤 했다. 퓌puy라고 불린 이러한 모임은 프랑스 곳곳에서 열렸는데, 종글뢰르들이 자신들의 놀라운 기억력을 과시하는 일종의 시 경연회의 형태를 띠었다. 탁월한 종글뢰르들은 서너 번만 듣고도 수백 줄이나 되는 시 전체를 머릿속에 넣을 수 있었다. 그러나 이것은 당시로서는 그리 놀랄 만한 일이 못 되었다. 대학의 교사들은 제자들이 큰소리로 말하는 백 줄의 텍스트를 단 한 번만 듣고서도 암송할 수 있었다고 알려져 있다.

읽고 쓸 줄 아는 사람들이 매우 드물었던 세계에서는 좋은 기억력이 필수적이었다. 유용한 기억 보조물인 압운이 당시의 문학 형태에서 많이 나타났던 것도 바로 이러한 이유 때문이었다. 14세기에 이르기까지, 법률적인 서류들을 빼놓고는 거의 모든 글에 압운이 쓰였다. 프랑스의 상인들은 상업 산술의 모든 규칙들을 137개의 압운쌍에 담은

시장의 수가 늘어나고 확산됨에 따라, 파리 시장에 판매대를 세운 이들 국제 상인들은 1400년에 이미 회계나 재고 조사가 너무나 복잡해져서 모두 기억하기 힘들다는 문제들을 안고 있었다.

시를 이용했다.

필기 재료들의 비용 때문에, 기억 훈련은 상인들 못지않게 학자들에게도 필요한 것이었다. 중세인들 가운데 일상적인 기억력 이상을 요구하는 특별한 업무를 해야 했던 전문직 종사자들은 후기 고전 시대에 만들어진 학습 도움법을 이용했다. 그것은 학자들만이 사용했다. 학자들은 그것을 7자유교양학문 수업에 적용했는데, 기억술은 수사학의 표제 아래 교육되었다. 중세의 중요한 기억술 참고서로 쓰였던 『헤레니우스에게 바치는 수사학』이 교재였다. 그 책은 '기억 극장'을 사용해 엄청난 분량의 내용을 기억할 수 있는 기술을 담고 있었다.

기억해야 할 것이 어떤 친숙한 장소에 있다고 일단 상상했다. 장소

라몬 룰은 천계, 지옥 등을 회상하는 데 도움이 되는 일련의 나무 도표들을 고안해 냈다. 이 그림은 줄기의 인간(homo)을 잎과 가지에 써 놓은 자연과 논리의 요소들과 연관시키고 있다.

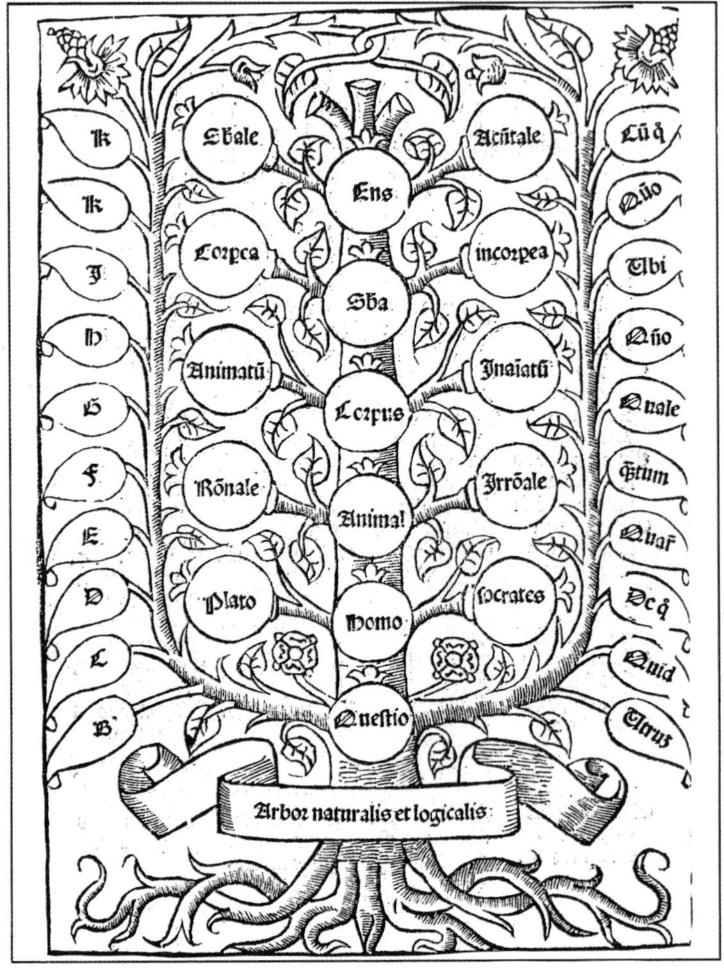


는 아치, 모퉁이, 현관의 홀 등 건물의 모든 부분이 될 수 있었다. 장소는 또한 어떤 범주를 나타낸다고 가정되기도 했다. 건물 내부는 쉽게 구별될 수 있도록 서로 다른 요소로 만들어졌다. 건물이 너무 크면 기억의 정확성이 떨어졌다. 그렇다고 너무 작으면, 기억해내야 할 것들의 독자적인 영역들이 너무나 가깝게 위치하게 되어서 개별적인 회상을 어렵게 했다. 너무 밝으면 눈이 부셔서 기억할 수가 없었다. 너무 어두우면 기억할 내용들이 보이지 않았다.

장소의 각 부분들은 9미터 정도 떨어진 것으로 여겨졌는데, 그것은 내용의 큰 구획들이 다른 것들과 섞이지 않도록 하기 위해서였다. 일단 이렇게 기억 극장이 마련되고 나면, 그 건물 사이를 마음속으로 걸어다니면서 기억을 하면 되었다. 그 길은 논리적으로 습관적인 길이어야만 했다. 그래야만 쉽고도 자연스러운 회상이 가능했다. 이제 극장은 기억해야 할 재료들로 가득해질 준비를 마쳤다.

이 재료들은 회상되어야 할 서로 다른 요소들을 나타내는 정신적 이미지들의 형태를 띠었다. 『헤레니우스에게 바치는 수사학』은 이미지는 강력할수록 좋고, 이성은 그 자료들을 눈에 잘 띄게 만들 수 있는 방법을 알아내야만 한다고 충고했다. 이미지들은 재미있거나, 무시무시하거나, 화려하거나, 꾸밈이 많거나, 비상식적인 것들이 좋았다.

이러한 이미지들은 기억의 '대리물' 역할을 했고, 각각의 이미지들은 재료의 몇몇 요소들의 회상을 촉발시켰다. 회상해야 할 개별적인 요

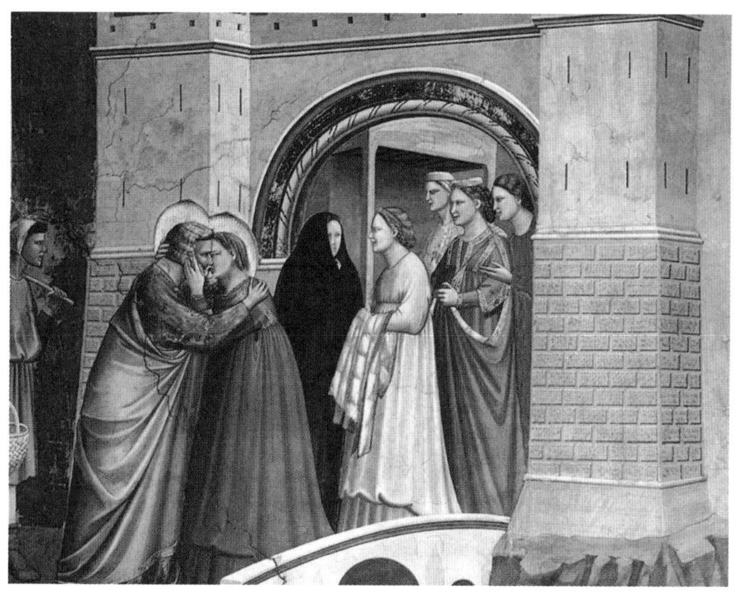

파도바의 아레네 교회에 있는 조토의 프레스코화 부분. 황금의 문에서 안나와 요아킴이 만나는 장면을 그린 것이다. 미약하긴 하나 원근법을 시도하고 있음을 엿볼 수 있다.

산뜻하고 기억하기 쉬운 양식으로 정교하게 그려진 아레나 교회의 프레스코화 전경. 신자들은 그림들을 순서에 따라 '읽고' 외웠다. 이 프레스코화들은 1313년에 완성되었다.

소들은 재료의 종류에 따라 상상해야 했다. 만약 법률적인 논증을 기억하고자 한다면, 극적인 장면이 좋을 것이다. 어떤 것을 기억해 내려고 하는 사람이 기억 극장을 여행하다 원하던 지점에 도착하면, 그 지점의 장면들은 끝까지 들추어지고 연결되면서 회상해야 할 것들을 상기시켜 주었다. 저장된 이미지들은 개개의 단어, 구절 또는 논증 전체와 연결지어졌다. 의성擬聲, 즉 묘사하고자 하는 행위와 비슷한 소리를 내는 단어들을 사용하는 것은 이와 관련하여 특히 도움이 되었다.

중세의 위대한 신학자 토마스 아퀴나스는 기억 극장을 이용한 이미지 기억법을 종교적인 문제들을 기억하는 데 활용할 것을 특별히 추천했다. 그는 "모든 지식의 기원은 감각에 있다"고 말했다. 시각적 도움을 통해 진리에 도달할 수 있었다. 특히 12세기와 13세기에 그리스와 아랍의 과학적인 혹은 일반적인 지식들이 밀려들자, 학자와 교수들에게 기억화는 이전보다 훨씬 중요해졌다.

회화와 조각이 교회에 등장하기 시작함에 따라, 회상을 하기 위한 똑같은 기법이 그곳에도 그대로 작용되었다. 교회의 예술 형상물들은 기억 대리인의 형태를 띠었다. 파도바에 있는 아레나 교회 안에는 조토 디 본도네가 1306년에 그린 그림이 걸려 있는데, 그 그림 속의 일련의 이미지들은 모두 기억 극장으로 구조화되어 있다. 그림으로 묘사된 각각의 성서 이야기들은 각기 떨어져 있는 장소의 인물이나 그룹을 매개로 해서 이야기되고 있는데, 당시에 새롭게 개발된 깊이의 예술적 환영을 사용해서 더욱 기억하기 쉽게 되어 있다. 각각의 이미지들은 약 9미터씩 떨어져 있으며, 모든 것이 가장 단순하고 명확하게 묘사될 수 있도록 최대한 주의 깊게 그려졌다. 예배당은 구원으로 가는 기억술의 길이었다.

극적이고 사실적인 인물들을 이용해 악덕과 미덕을 강력하게 기억시키는 새로운 방법을 아레나 교회에서 볼 수 있다. 여기서 자비심이 하늘로부터 선물을 받고 있다. 그녀는 접시 위의 선물들을 아낌없이 다른 사람들에게 준다.

피렌체에 있는 산타마리아 노벨라 교회의 프레스코화들에는 7과, 7덕, 7죄악이 순서대로 묘사되어 있다. 네 개의 중요 덕목의 그림에 기억의 암시물이 덧붙여져 있다. 현명함을 상징하는 인물은 덕의 여덟

부분이 씌어진 원(시간을 나타낸다)을 들고 있다. 이미지, 배치, 글자 쓰기를 모두 사용함으로써, 기억용 프레스코화 하나로 지식 체계 전체를 끌어낼 수 있었다. 대성당은 신도들이 천당과 지옥을 자세히 회상할 수 있도록 도와주는 거대한 기억 극장이었다.

기억술은 그 수가 점차로 늘어나고 있던 대학인들에게도 유용하게 쓰였다. 모든 강의는 교사들이 자신들이 주석이나 코멘트를 달아 놓은 해설을 읽는 것으로 진행되었다. 학생들에게 지도하는 내용은 주로 시험일에 대비해서 그때 사용할 수 있도록 만든 기억용 목록이나 약어들이었다.

오늘날에는 읽기와 쓰기에 큰 차이점이 없지만, 필사본들을 쉽게 구할 수 있을 정도의 부자들에게는 읽기와 쓰기가 서로 다른 것이었다. 귀족 가문의 사람들에게는 읽기와 쓰기가 서로 다른 것이었다. 귀족 가문의 사람들에게는 읽을 줄 아는 하인과 쓸 줄 아는 하인이 따로따로 적어도 한 명씩은 있었다. 수취인이 편지를 읽는 일은 결코 없었다. 편지를 읽는 것은 이 하인들이었다. 더 나아가 글을 읽을 수 있는 하인들이라고 해서 반드시 글자를 쓸 수 있는 것도 아니었다. 뒤에서 살펴보겠지만, 쓰기는 글자에 관한 단순한 지식 이상을 요구하는 독립된 기술이었다.

계산서는 관련된 사람들에게 큰 소리로 낭독되었는데, 오늘날 우리가 쓰고 있는 '오디팅'* 이란 단어도 이런 듣기의 관습에서 온 것이다. 베리세인트에드먼즈의 대수도원장 샘슨은 일주일에 한 번씩 자신의 계산서를 들었다. 교황 인노켄티우스 3세는 읽을 수 있었지만, 항상 자신에게 큰 소리로 편지를 읽어 주도록 시켰다. 이러한 습관을 보면, "이것을 다른 사람들의 앞에서 비밀이라도 되는 것처럼 속으로 읽지 말라"는 것과 같은 경고가 텍스트에 암시되어 있었다는 것을 알 수 있다. 실제로 속으로 읽을 수 있는 사람은 두려움의 대상이 되기도 했다. 아우구스티누스는 암브로시우스에 대해 이렇게 말했다. "……놀

* 오디팅(Auditing): 회계 감사를 뜻하는 영어 단어. 접두사 'aud'에는 '듣다'라는 뜻이 담겨 있다.

라운 일이다.…… 그가 자신의 눈을 책장들 위로 미끄러지듯이 굴리며 책을 읽을 때면, 그의 심장은 그 의미를 알아차렸지만 그의 목청과 혀는 움직이지 않았다."

학교에 수사학 과목이 있었는데도 쓰기가 쇠퇴한 것은 쓴다는 것이 크게 읽는 것을 의미했기 때문이다. 옛 특허장 또는 토지 양도서는 마치 증여자가 자신의 청중들에게 연설을 끝내며 하는 것처럼 발레테 valete: goodbye라는 말로 끝을 맺곤 했다. 사람들은 오늘날까지도 유언장을 큰 소리로 낭독한다.

읽기와 쓰기를 분리시킨 것은 이러한 구술 습관 때문이었다. 전자는 목청을 사용했고, 후자는 손과 눈을 사용했다. 그러나 쓰기조차도 침묵의 작업은 아니었다. 새로운 지식의 유입과 경제의 전반적인 개선이 이루어진 13세기에는 필사본에 대한 수요가 늘어났다. 수도원은 클로이스터[•]의 한쪽 벽에 칸막이로 작은 개인 열람실들을 만들어 수고본들을 필사하는 수도사들을 수용하기 시작했는데, 어떤 열람실은 불과 80센티미터 남짓에 불과했다. 이들 열람실들은 '캐롤'이라고 불렀다. 캐롤에는 교회의 정원이나 클로이스터에 접해 있는 창문이 있었는데, 날씨가 나쁘면 거기를 기름 먹인 종이, 골풀로 만든 깔개, 유리 혹은 나무 칸막이 등을 써서 막아야 했다.

잉글랜드에서는 베리세인트에드먼즈 성당, 이브섬 대수도원, 애빙던, 캔터베리에 있는 아우구스티누스, 더럼 수도원에 캐롤이 있었다. 그곳에는 북쪽 벽을 따라 11개의 창이 나 있었고, 각각 세 개의 캐롤이 있었다.

원고를 필사하며 수도사들은 단어를 중얼거리곤 했는데, 그러면 아치형 천장의 차가운 공기 속으로 지식이 울려 퍼졌다. 필사는 고통스러울 정도로 느린 작업이었다. 수도사들은 동물의 가죽으로 만든 용지를 준비했다. 최상품은 송아지 가죽으로 만든 벨럼[••]이었다. 먼저 속돌과 긁개를 사용해서 가죽을 매끄럽게 했다. 그것을 다시 크레용

• 클로이스터(cloister): 수도원이나 대성당 등에서 안뜰을 둘러싸고 있는 지붕 달린 복도. 수도원의 클로이스터는 그곳에 거주하는 사람들의 활동 중심지였다. 이곳에서 젊은 사람들은 교육을 받았고, 나이 많은 사람들은 연구를 했다.

•• 벨럼(vellum): 아주 어린 송아지나 사산된 송아지, 새끼 염소, 새끼양의 가죽으로 만든 양피지를 말한다. 벨럼은 잉크가 번지지 않아 원래의 색깔을 그대로 보존할 수 있다. 벨럼이라는 말은 그 사용 범위가 점차로 확대되어 모든 최고급 양피지를 일컫는 말로 쓰이게 되었다.

으로 부드럽게 만든 후, 네 번을 접어서 필경사 앞에 있는 수직 책상 위에 놓았다. 검은 잉크와 깃털펜을 이용하여 그 위에 글자를 썼는데, 깃털펜이 뭉툭해지면 펜 나이프로 날카롭게 만들었다.

수도사들은 걸상에 앉아서 독서대에 놓인 원고를 베껴 적었다. 그들은 못이 달린 작은 장치나 송곳으로 책장에다 작은 구멍들을 일렬로 뚫었다. 오늘날과 같은 쪽번호는 없었지만, '쿼터니언'● 의 오른쪽 아래 귀퉁이에 쿼터니언의 번호와 그것이 접혀져 생긴 쪽에 해당하는 번호가 9i, 9ii 등으로 표시되었다. 한 수도사가 일 년에 텍스트 한 권을 필사하기도 힘들었다. 그것은 무척 고단하고 느린 작업이었다.

● 쿼터니언(quaternion): 제본용으로 두 번 접어서 생긴 4쪽.

필경은 또 전례상典禮上의 중요성도 지니고 있었다. 그 문제를 주제로 한 설교가 12세기에 더럼 성당의 필경사들에게 행해졌다.

> 당신은 신성한 공포의 칼로 긁어내고, 천상의 소망이 담긴 속돌로 매끄럽게 하고, 성스러운 생각의 초크로 하얗게 만든 순수한 정신의 양피지 위에

영국에서 가장 유명한 캐롤은 성 베드로 성당에 있다. 글로스터셔에 있는 이 베네딕투스 대수도원은 지금은 성당이 되어 있다. 돌을 조각해서 만든 20개의 캐롤은 1370년에서 1412년에 걸쳐 지어졌다. 각 캐롤은 폭 1.2미터, 깊이 50센티미터, 높이 2미터이며, 창은 두 개이다.

왼쪽 : 작업중인 15세기 초기의 필경사의 모습. 필사 원고는 위쪽 성서대에 있다. 양피지에는 미리 줄이 그어져 있다. 수사는 왼손에 잘못 쓴 것들을 지울 때 쓰는 긁개를 들고 있다.

오른쪽 : 지루할 때면 수사들은 필사본의 여백에 자신의 흔적을 남기기도 했다. 11세기 시토 수도회의 한 필경사가 교단에서 요구하는 육체 노동을 묘사한 것.

기억의 펜으로 씁니다. 룰러는 하느님의 의지입니다. 니퍼는 하느님의 사랑과 우리 이웃의 결합입니다. 채색용 잉크는 천상의 우아함입니다. 글자본은 그리스도의 삶입니다.

필경사들은 원고에 있는 것을 양피지에 정확히 옮기려고 노력했다. 종종 판독하기가 극도로 어려운 경우도 있었다. 자주 있는 경우로서, 기근이 들거나 혼란스러웠던 시기에 쓰여진 원본들은 필경과 지적 수준이 낮았기 때문에 특히 힘이 들었다. 원본을 쓴 사람이 급하게 약자를 쓴 경우에도 해독하는 데 많은 시간과 노력이 소요되었다. 특히 원본이 구술된 것이라면, 받아 적는 과정에서 많은 오류가 있을 수 있었다.

필경사들은 단어를 그 발음으로 확인했다. 캐롤은 낭독하거나 중얼거리는 수도사들로 가득했다. 그들은 종종 er을 ar로 잘못 쓰는 등의 철자상의 실수를 하곤 했는데, 그것은 원저자의 발음과 수도사들의 발음 간의 차이 때문이었다. 철자는 개별적인 사안이던 반면에, 구두점은 오직 줄표나 마침표만 쓰였다.

말을 입으로 '씹는 것'에는 이중의 의미가 있었다. 기도는 큰소리로 읽는 것과 커다란 연관이 있었다. 기도문에 씌어진 것들은 말해짐으로써 의미가 더해졌다. 성스러운 텍스트들을 읽는 것은 정보를 얻는 것이라기보다는 신의 지혜를 음미하는 것이었다. 읽기는 거의 명상이나 마찬가지였다. 사람들은 클뤼니의 대수도원장 페트루스에 대해 "그의 입은 쉴새없이 신성한 어구들을 반추했다"고 말했다. 그리고 1090년대에 성 안셀무스는 읽기에 대하여 이렇게 썼다. "우리 주 그리스도의 훌륭함을 음미하라…… 그의 말씀의 벌집을 씹고, 꿀보다 달콤한 그 말씀의 향기를 들이마시고, 그 감미로움을 삼켜라. 생각으로 씹고, 이해로 들이마시고, 사랑과 환희로 삼켜라."

모든 저술들이 읽는 이들에게 일종의 마술적 힘을 가지고 있는 것처럼 여겨졌다. 특히 성스러운 텍스트들은 더 그러했다. 문자의 '베일'을 통해서 독자들에게 하느님의 빛이 비춰지는 느낌이었다. 실제로 빛은 스테인드글라스를 통해 찾아왔지만, 독서는 영적인 활기를 주는 신체적 행위였다.

사실 책은 놀라운 사물이었다. 15세기 첫무렵에 유럽 경제가 성장한 이후로, 이 놀라운 책(기도서, 성시집, 성서 등)들에 대한 수요는 꾸준히 증가했다. 물론 캔터베리의 에드윈 시편들이나 아일랜드의 켈스의 서• 같은 위대한 책들은 그 자체만으로도 성스러운 유물로 여겨졌

• 켈스의 서Book of Kells: 아름다운 장식이 붙은 복음서 사본. 아일랜드색슨 양식으로 된 걸작품으로, 아마도 켈스 수도원에서 8세기 첫무렵에 완성된 듯하다.

다. 가죽 장정에 값비싼 보석으로 장식되고 독자들이 자신이 읽고 있던 곳을 쉽게 찾을 수 있도록 눈부시게 화려한 문자들로 꾸며진 이 명품들은 성스러운 접시나 그릇들과 함께 대성당의 보고寶庫에 보관되었다. 이러한 필기는 신의 눈을 즐겁게 하기 위한 것이었지, 보통 사람들의 일상적인 의사 전달을 위한 것은 아니었다.

이런 위대한 작품을 만들어 내는 것은 엄청난 시간을 잡아먹는 숭배 행위였으며, 실수가 많이 발생했을 뿐만 아니라 심지어는 텍스트 전체를 유실하는 일까지 있었다. 왜냐하면 필사를 마친 후에 그것들이 일단 수도원이나 교회에 수장收藏되면 그것들을 다시 찾을 수 있는 방법이 있었기 때문이다. 어떠한 분류 시스템도 당시에는 존재하지 않았다.

무엇보다도 저자의 이름이 무엇인지, 또는 그 작품의 주제가 무엇인지를 말하기가 무척 곤란했다. 예를 들면 "세르모네스 보나벤투라에Sermones Bonaventurae"라는 제목이 붙은 필사본은 아마도 다음과 같이 옮겨질 수 있을 것이다.

피덴자의 성 보나벤투라가 정리한 설교집sermons

보나벤투라라는 어떤 사람이 정리한 설교집

보나벤투라라는 사람이 필사한 설교집

성 보나벤투라 교회의 누군가가 필사한 설교집

보나벤투라라는 사람이 행한 설교집

보나벤투라라는 사람이 소장한 설교집

성 보나벤투라 교회가 소장한 설교집

여러 사람들에 의해서 만들어졌는데 처음 시작한 사람 혹은 가장 중요한 사람이 보나벤투라라는 사람인 설교집.

이런 책을 어디다 분류해 놓을 수 있겠는가?

Ce livre present fut fait & ordonne
principalment a linstance dung aultre
fait en rime na gueres & de nouvel
venu a congnoissance q est intitule
des esches amoureux et des eschez da
mours aussi come pour declarer aucunes
choses q la rime contient q semblent
estre obscures et estranges de premiere
face. Et pour ce fut il fait en prose pour
ce q prose est plus clere a entendre
par raison q nest rime lacteur donc
q le fist commence ainsi son livre &
met ung tel prologue.

Pour ce que la matiere da
mours est delitable en soy
et ioyeuse et plaisant a plus
escoutans Et par especial aux ieunes
gens du monde ausquelz le fait da
mours aussi est plus appartenant.
Pource voult celz qui fist le livre
des eschez amoureux monstrer com
ment il fut amoureux en sa ieunesse
espris et esmeuz de lamour dune ieune
damoiselle. Et ce voult il signiffi
er couvertement par le ieu des eschez
plus q par aultre voye par aventure

이렇게 무계획적으로 분류되어 소장되긴 했지만, 책 그 자체는 매우 희귀하고 귀한 물건이었다. 책에는 종종 이런 경고문이 덧붙여지곤 했다. "이 책을 훔친 자는 죽음을 면치 못할 것이다. 냄비에 넣어서 지글지글 튀길 것이고, 몸에 혹독한 병이 들 것이며, 형거刑車로 찢어 죽일 것이다." 책이 있는 교회나 수도원을 알게 되더라도 그것을 되찾기 위해서는 길고도 위험한 여행을 해야만 했다. 게다가 그 여행은 아마도 실패로 돌아갈 것이다.

8세기의 위대한 작품인 아일랜드의 『켈스의 서』의 표제면. 화려한 그림들과 희귀성 때문에 그 자체만으로도 숭배의 대상이 되었다. 환상적인 양식은 그 당시 아일랜드에 전파된 강력하고 이교도적인 게르만-영국계 미술의 영향을 드러내고 있다.

왜냐하면 도서 목록이 없는 도서관에서 책을 찾아내는 것은 힘든 일이었기 때문이다. 책은 아주 귀했다. 그러나 서로 다른 판본들을 비교해 책에 담긴 정보를 정확하게 확정해 내는 일의 필요성은 아직 크게 제기되지 않았다.

이러한 이유로 그곳에는 역사라는 개념이 없었다. 단지 공동체의 울타리 너머의 세계에서 일어났던 일들을 바탕으로 한 기사도 이야기나 연대기들이 존재했는데, 그 이야기들은 당시의 금욕적인 세계관과는 차이가 많이 났다. 지리학도 자연사도 과학도 없었다. 그것은 그 학문들이 다루는 자료들의 신뢰도를 확인할 수가 없었기 때문이다. 확증된 사실이라고는 아무것도 없었지만, 그것으로 곤란을 당한 사람은 거의 없었다. 삶은 중세 기독교 교회에 의해 덧없고, 구원과는 관련이 없는 것으로 취급받았다. 진리는 오직 신의 마음속에만 존재했다. 신만이 모든 것을 알고 있었으며 신의 이성은 너무도 심원한 것이었다.

기억, 소문, 환상으로 점철되어 있던 낯선 외국들과 관련된 실제적이고 합리적인 정보의 필요성을 처음으로 절감하기 시작한 것은 무역상들이었다. 계산목tally stick에다 거래 내용을 기재하며, 그들은 수세기 도안이나 여행을 다녔다. '탤리tally' 라는 말은 '자르다to cut' 를 뜻하는 라틴어에서 나온 말이다. 중세 후기까지도 널리 이용된 이 막대기는 잉글랜드의 왕실 세입 관리국을 포함한 모든 회계사들이 사용했는데,

왕과 귀족들은 종종 이처럼 뛰어난 삽화들이 가득한 고가의 필사본 책을 주문하기도 했다. 이 그림은 사랑에 관한 어떤 책에 나오는 것이다.

그들은 거기에 일련의 복잡한 새김눈들을 새겨 넣었다. 행상들에게는 이 계산목이 유용하게 쓰였을지도 모르지만, 국제적인 은행 거래나, 여러 나라의 돈으로 거래를 하는 15세기 첫무렵의 상인들에게는 적합하지 않았다.

그 수가 증가한 대학, 그래머 스쿨, 성당 학교의 학생들은 확대일로에 있던 상업 세계로 발을 들여놓았다. 그들은 정보에 접근하기를 원했다. 봉건제가 세금을 징수해 운영되는 중앙 집권제로 바뀌어 감에 따라 부담이 커진 유럽의 왕과 영주들 또한 전례 없이 비대해진 관료제를 필요로 했다. 구식 주판이나 로마 숫자를 사용하는 것보다 장부 정리가 훨씬 쉬운 아랍수학이 14세기 이래로 유럽의 모든 시장에서 사용되었고, 국제 무역을 촉진시켰다.

13세기의 회계원들이 쓰던 계산목. 각기 다른 면과 위치에 있는 새김눈은 서로 다른 통화 단위를 가리킨다. 막대는 분리되어 있는데, 큰 것은 영수증으로, 작은 조각(아래)은 사본으로 쓰였다.

읽고 쓰는 능력의 필요성을 늘려 놓은 가장 큰 요인은 갑작스러운 종이의 사용에 있었다. 원래 중국의 발명품인 종이는 8세기에 사마르칸트를 점령한 아랍인들이 발견했다. 그들은 중국에서 포로로 잡은

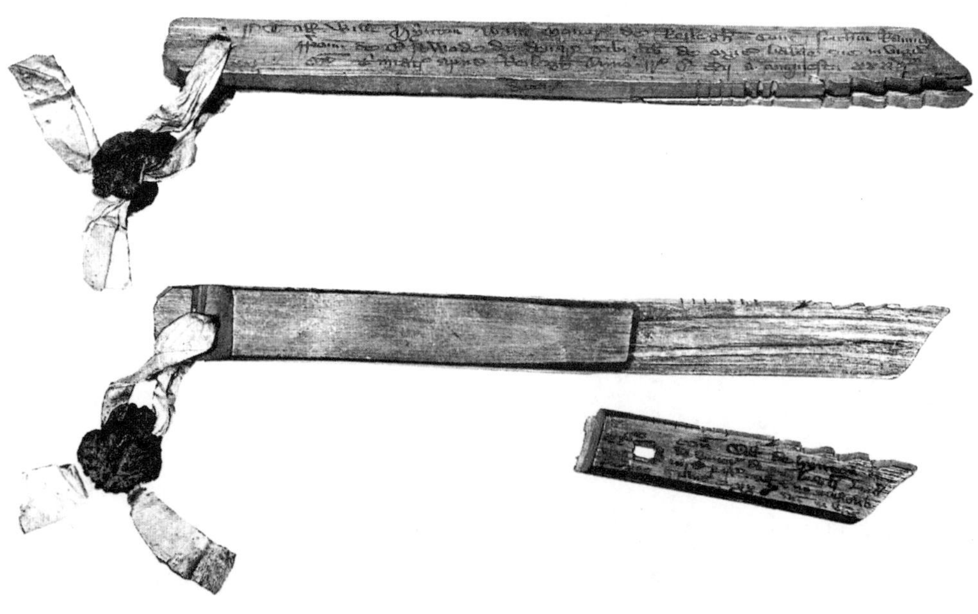

초창기의 종이 제조에는 린넨 조각을 찧어 빻아 펄프로 만드는 헤머를 움직이는 데 수차의 힘을 이용했다. 물기가 있는 펄프가 상자에 담겨져 시각형으로 되면 압착해 낱장 상태로 줄에 걸려 말렸다.

기술자들을 사마르칸트로 이송해 종이 제조 공장을 세웠다. 14세기가 되자 새로운 수력 기술은 넝마주이들이 린넨 조각을 모아 오기가 무섭게 그것들을 값싸고 오래가는 종이로 만들어 낼 수 있을 정도가 되었다. 볼로냐의 종이 값은 14세기 끝무렵에는 4백 퍼센트나 내려갔다. 종이는 양피지보다 훨씬 쌌지만, 그럼에도 여전히 종이의 사용을 주저하는 사람들도 있었다. 그들은 이렇게 말했다. "양피지는 천 년이 가는데, 종이는 얼마나 오래갈 수 있을라고?"

제지 공장들이 많이 생겨남에 따라, 종교 개혁의 목소리도 커져갔다. 교회는 오랫동안 성직聖職 매매나 수상쩍은 행위들로 비난받아 왔는데, 그로 인해 초기 기독교의 소박하고 순수한 형태로 돌아가자는 공동 생활 형제회가 이끄는 개혁 운동이 중세 끝무렵에 생겨났다. '데보티오 모데르나'[•]는 에라스무스와 같은 저명한 학자들을 포함한 당시의 많은 학자들을 끌어 모았다. 여기서 중요한 것은 형제회나 그들과 같은 생각을 가진 학교들이 읽고 쓸 줄 아는 성직자들을 대량 해고시켰다는 점이다. 이 사람들은 유럽 곳곳에서 생겨난 스크립토리움, 즉 필경 작업소에 빠른 속도로 고용되기 시작했다. 필경 작업소의 수요는 넉넉했다. 유럽에서 가장 크게 급성장한 직업 단체를 가진 법률가나 공증인들뿐만 아니라 무역상이나 정부도 그들의 고객이 되었다.

가장 유명한 필경 작업소는 피렌체에 있었다. 그곳은 새롭게 세상에 그 모습을 드러낸 '스테이셔너'[••]들 가운데 한 사람인 베스파시아노 다 비스티치가 경영하는 작업소였다. 스테이셔너라고 불린 까닭은 그들이 종이를 팔러 돌아다니는 일을 청산하고, 상점을 차렸기 때문이다. 비스타치가 고용한 필경사의 수는 한때 50명이나 되었는데, 그들은 집에서 일을 하며 필사물 한 장당 얼마씩의 임금을 지급받았다. 그는 번역자들에게 자신의 도서 목록을 보낸 후에 새로운 텍스트를 보내 달라고 의뢰하고는, 작가의 동의 아래 그것을 임대해 완전히 필사될 수 있도록 장려했다.

종이의 가격이 점점 떨어지고, 안경이 개발됨으로써 훨씬 더 많은 사람들이 글을 읽고 쓸 수 있게 되었다. 14세기 첫무렵에 처음으로 출현한 안경은 그 후 한 세기 만에 일반화되었다. 필경사와 독자 모두 안경 덕분에 책을 볼 수 있는 시간이 늘어났고, 따라서 책의 수요도 늘어났다.

그러나 당시 유럽에는 해결할 실마리가 보이지 않는 곤혹스러운 문제가 있었다. 그 당시 막 성장하기 시작한 사업상의 업무를 다룰 필경사들의 수가 많이 부족했고, 따라서 그들의 임금 또한 엄청나게 높았던 것이다. 경제 성장은 벽에 부딪힌 것처럼 보였다.

1450년대의 어느 날 그 문제에 대한 해답이 나왔고, 그것은 서양 문

• 데보티오 모데르나(devotio moderna): 14세기 말에서 16세기 사이에 일어난 로마 카톨릭 내의 종교 운동. 지나치게 사색적인 영성(靈性)을 비판하면서 명상과 내면 생활을 강조했다. 네덜란드에서 처음 시작되어 독일과 프랑스 북부, 에스파냐, 이탈리아로 전파되었다. '근대적 헌신'이라는 뜻의 라틴어이다.

•• 스테이셔너(stationer): 문방구상, 서적상, 출판업자 등을 뜻하는 말로 라틴어 '움직이지 않는(stationari)'에서 나온 말이다.

1352년의 이 이탈리아 그림은 안경을 그린 것들 가운데 가장 오래된 것이다. 피렌체와 피스토이아는 서로 안경을 자신들의 발명품이라고 주장한다.

명의 한 전환점이 되었다. 그 일이 일어난 장소는 남북 독일의 광산 지대로 귀금속이 많이 나오는 곳이었다. 중요한 은광들이 자리 잡고 있었던 그곳에는 유럽에서 가장 강력한 가문인 푸거 가家가 그 지역 제1의 도시인 아우크스부르크에 본부를 두고 엄청난 부를 끌어 모으고 있었다. 인근의 도시들인 레겐스부르크, 울름, 뉘른베르크는 오랫동안 유럽 금속 산업의 중심지 역할을 해 왔었다.

이들 도시들은 천문과 항해 기기들의 주 생산지였으며, 문자나 도안들을 새기는 기술이 발달해 있었다. 전문적인 보석 세공인들과 금 세공인들이 예식용 갑옷에다 귀금속을 입혔고, 철사줄로 작동되는 정교한 장난감들을 만들어 냈다. 그 지역에는 연성 금속軟性金屬을 다루는 작업에 고도로 숙련된 사람들이 많이 있었다.

금 세공업자들이 쓰는 순도 검증 각인용 펀치가 연성 금속 주형에서 글자의 모양을 주조하는 데도 사용될 수 있다는 것을 발견한 사람은 아마도 이들 금속공들 가운데 한 명이었을 것이다. 주형에다 고온의 주석 · 안티몬 합금을 채워 냉각시킨 것이 호환 가능한 첫 인쇄기용 활자체였다. 그 인쇄기 자체는 수세기에 걸쳐 사용되어 왔던 리넨 인쇄기를 변형시킨 것이었다. 이제 뒤집혀 있는 글자의 잉크가 묻은 지형紙型 아래로 종이를 밀어 넣는 방법이 채택되었고, 글자들 각각은 지형대의 표준 구멍에 맞도록 옆에 있는 것들과 활자의 높이가 거의 비슷했다. 그러나 양피지에는 잉크가 잘 묻지 않았기 때문에, 이 기법은 양피지에는 사용되지 않았다.

이러한 공정을 발명한 사람이 요하네스 구텐베르크였다. 그가 발명한 인쇄술은 구술 사회를 무너뜨렸다. 인쇄술은 서양 지성사에서 일찍이 경험해 보지 못했던 급진적인 변화를 몰고 왔고, 그 영향력은 인

작업중인 15세기의 화폐 주조자. 은금속편으로 동전을 찍어내고 있다. 이것은 극도로 정교한 솜씨를 요구하는 작업이었다. 각 동전은 일격에 완벽하게 찍어내야 했다.

류 활동의 구석구석으로 파급되었다.

그러나 그의 발명은 실제로는 최초가 아니었다. 인쇄술은 그 이전에 중국에서 먼저 시도되었다. 중국인들은 진흙을 구워 만든 활자를 만들었지만 그 활자들은 깨지기 쉽고, 대량 생산도 어려웠다. 여하튼 그것은 위압적인 과제였다. 왜냐하면 한자는 4만에서 5만 개에 이르는 표의 문자로 이루어져 있었기 때문이다.

그 다음 차례는 한국이었다. 1126년에 난* 이 일어나 그 나라의 왕궁과 도서관이 파괴되었다. 유실된 책들을 되돌려 놓을 필요성이 급작스럽게 생겨났다. 잃어버린 책들은 너무도 많았고 책을 복구하자면 단단한 목재를 써야 했는데, 한국에는 그에 적합한 나무가 자작나무밖에는 없었다. 불행하게도 그 나무의 수량은 제한되어 있었고, 그나마도 종이돈을 인쇄하는 데 써버렸었다. 문제의 해결책은 금속 활자가 개발된 1313년경에야 나왔다. 글자를 성형시킬 주형을 뜨기 위해 거푸집을 주조하는 방법이 채택되었는데, 그것은 12세기 이래로 놋쇠나 청동으로 주물이나 동전을 만드는 장인들이 널리 사용하고 있었던 방법으로서 그 당시에는 이미 잘 알려져 있던 방식이었다.

유학자들은 인쇄의 상업적 이용을 금지하고 있었기 때문에, 한국의 이 새로운 방식으로 제작된 책들은 정부가 무료로 보급하였다. 그것은 인쇄 기술의 확산을 엄격히 제한시켰다. 그래서 새로운 기술은 왕궁 활자 주조소에서만 사용되었고, 그곳에서는 공식적인 서적들만이 인쇄되었다. 그것의 기본적인 관심은 더 많은 사람들의 환영을 받던 한국의 문학보다는 중국의 고전을 찍어내는 일에 있었다. 15세기 첫 무렵에 세종 대왕은 보통 사람들이 사용할 수 있도록 스물넉 자** 로 된 간단한 문자를 창제했다. 이 문자의 발명으로 대량의 활자주조가 실현되었지만, 그에 걸맞는 영향을 몰고 오지는 못했다. 왕립 인쇄소는 여전히 자국의 텍스트는 인쇄하지 않았다.

활자 주조 기술은 그 후에 아마도 아랍 무역상들을 통해 유럽으로

* 고려 시대 이자겸의 난을 말한다. 1126년에 일어난 이 난으로 고려 궁중 청연각과 서적포에 있던 책들이 모두 불타 없어졌다.

** 처음 만들어질 당시의 기본 글자는 28자였다. 현재는 그중 4글자가 소멸되고 24자만이 쓰이고 있다.

명나라 첫 황제가 통치하던 1368년에서 1399년 사이에 발행된 은행 지폐.

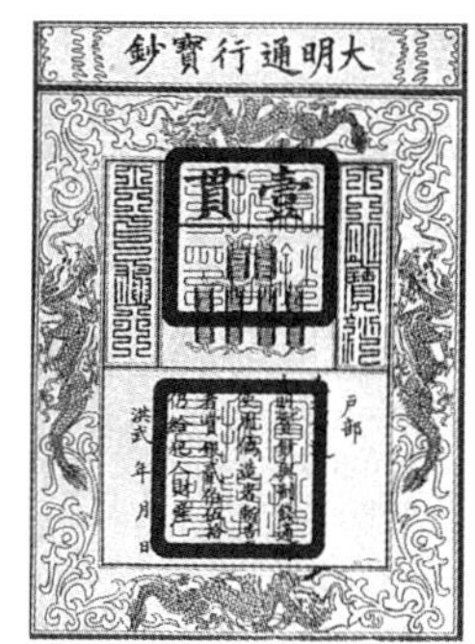

1457년 마인츠에서 인쇄된 시편 중의 한 페이지. 구텐베르크의 전 동업자가 그의 새로운 활자를 이용해 인쇄했다. 당시의 독자들에게는 친숙했을 필기체 약어 기호(예를 들면 글자들 위의 선)가 그대로 유지되고 있음에 주목하라.

전파되었을 것이다. 한국의 활자 주조 방식은 구텐베르크가 도입한 방식과 거의 일치하는 것이 확실하다. 실제로 그의 아버지는 마인츠 주조공 조합의 회원이었다.

구텐베르크에 앞서서 유럽에서 브뤼헤, 볼로냐, 아비뇽에서 인공적인 필기법에 대한 시도가 있었다는 기록들이 남아 있다. 그리고 코스터르라는 네덜란드인이나, 이름이 전해지지 않는 한 잉글랜드인이 그보다 먼저 인쇄술을 발명했었을 수도 있다. 세계 최초의 호환 가능한 활자의 이용과 확산이 두 세기 동안이나 방해를 받은 것은 아마도 한국인들의 중국 문화에 대한 관심과 그로 인해 새롭게 발명된 문자가 채택되지 못한 데 있다고 할 수 있겠다.

서양에서 뒤늦게나마 이렇게 인쇄술이 출현한 것은 아마도 인쇄술에 선행되어야 할 발전 단계들의 수와 관련이 있는 듯하다. 그것에는 금속학의 발전, 잉크와 기름에 대한 새로운 실험, 종이의 생산, 안경의 실용화 등이 포함되어 있다. 또한 중요한 것은 콜레라의 유행 이후의 경제 회복과 병행된 교육 수준의 향상뿐만 아니라 경제가 좋아지면서 필사물들에 대한 수요와 필경 제작소의 과도한 가격에 대한 불만이 증가했다는 점이다.

그러나 인쇄술이 일단 도입되기 시작하자, 이미 무르익어 있었던 시장과 사용자들로 인해 그 전파력에는 가속도가 붙었다. 마인츠에서 시작된 인쇄술이 전파된 연도는 쾰른 1464년, 바젤 1466년, 로마 1467년, 베네치아 1469년, 파리 · 뉘른베르크, 위트레흐트 1470년, 밀라노 · 나폴리 · 피렌체 1471년, 아우크스부르크 1472년, 리옹 · 발렌시아 · 부다페스트 1473년, 크라쿠프와 브루게 1474년, 뤼베크와 브로추와프 1475년, 웨스트민스터와 로스토크 1476년, 제네바 · 팔레르모 · 메시나 1478년, 런던 1480년, 안트베르펜과 라이프치히 1481년, 스톡홀름이 1483년이었다.

주목해야 할 점은 이 도시들에는 대학도시가 거의 포함되어 있지 않다는 점이다. 이 도시들은 모두 경제의 중심지이거나 왕궁이 있는 곳, 혹은 은행 조직의 본사가 있는 곳이었다. 15세기 끝무렵에는 인쇄소의 수가 이탈리아에 73개, 독일에 51개, 프랑스에 39개, 에스파냐에 25개, 저지대국低地帶國들에는 15개, 스위스에 8개였다. 처음 50년 동안에 인쇄된 책의 수는 8백만 권이었다.

책이라는 이 새로운 상품의 보급에 가격은 결정적인 중요성을 갖고 있었다. 1483년에 피렌체에 있는 리폴라 인쇄소는 피치노가 번역한 플라톤의 『대화』편들을 조판하고 인쇄해서 한 권당 3플로린에 팔았다. 저작자는 한 권당 아마 1플로린을 받았을 것이다. 리폴라 인쇄소는 그 책을 1,025부 제작했다.

모든 사람들이 한결같이 인쇄술을 갈망했던 것은 아니다. 구텐베르크에게 돈을 대주었던 요아힘 푸르스트는 성서 12부를 가지고 파리로

16세기의 인쇄소 모습. 종이가 도착하면 활자에 잉크가 묻혀지고, 종이에 인쇄가 된다. 그러고 나면 사환이 인쇄된 것을 쌓아 올린다, 왼쪽에서는 식자공이 새로운 텍스트를 준비하고, 교정자는 면을 검사하고 있다.

갔지만, 서적상 조합에 의해 책 무역 길드에게 고발당하고 쫓겨났다. 그들은 똑같은 책을 그렇게 많이 만들어 낼 수 있는 것은 악마의 도움을 받아야만 가능하다고 생각했다.

새로운 인쇄소들은 노동 착취 공장, 하숙집, 연구 기관 등으로 다양하게 묘사되었다. 인쇄소는 서로 이질적인 사회 구성원들을 불러 모았다. 장인들이 학자나 사업가들과 어깨를 나란히 할 수 있었다. 저명한 학자나 예술가들 말고도 인쇄소는 외국인 번역가들과 거래를 했다. 대개 망명자이거나 피난민들이었던 그들은 자신들의 특별한 재능을 인쇄소에 제공했다. 무엇보다도 인쇄소는 지적 · 문화적 교류의 새로운 중심지였다. 길드 제도의 틀 밖에 있었기 때문에 그들은 길드의 제한 조치들로부터 자유로웠다. 자신들이 필경의 전통을 이어받았다고 여기고 있던 신흥 인쇄업자들은 인쇄업자impressor라는 좀더 정확한 말을 놔두고, 필사자scriptor라는 말로 스스로를 지칭했다.

초기에 인쇄된 책들에는 서체의 양식이 그대로 쓰였다. 그러한 보수적인 접근법에는 일정 정도 시장의 요구가 담겨 있었다. 구매자들은 자신들이 보아 왔던 친근한 필사본의 약자나 구두법들을 새로운 책이 나왔다고 해서 쉽사리 버리지 못했다. 인쇄업자들이 완전한 철자를 쓰고 구두법을 표준화하기 시작한 것은 인쇄된 책들이 제대로 정착하게 된 다음 세기의 일이었다.

인쇄소는 최초의 자본주의적 벤처 산업이었다. 인쇄업자나 그의 파트너들은 투자자들을 찾고 공급과 노동을 조직하고, 생산 계획을 짜

챈서리의 법률가들이 사용하던 손 글씨체(아래 왼쪽)가 새로운 인쇄업자들에 의해 표준으로 채택되었다(오른쪽).

ſtruendiſ opibuſ aut cumulandiſ honoribu
quoniam fragileſ terreneq; ſunt et ad ſolut
nemo melior nemo iuſtior effici poteſt. Er
cognitione dignissimi quam ſcire tantoper
eam rebuſ omnib; anteponerent. Nam et a
miliareſ ſuaſ et renuntiaſſe uniuerſiſ uolu
nudamq; uirtutem, nudi expeditiq; ſequer
uirtutiſ nomen et auctoritaſ ualuit ut in ip
um predicarent. Sed neq; adepti ſunt id q
ſimul atq; induſtriam perdiderunt; quia ue

ALEXIS II.

N ec ſum adeo informis, nuper me in littor
C um placidum uentis ſtaret mare. non eg
I udice te metuam, ſi nunquam fallat im
O tantum libeat mecum tibi ſordida rura
A tq; humileis habitare caſas, & figere ce
O edorumq; gregem uiridi compellere hib
M ecum una in ſyluis imitabere Pana can
P an primus calamos cæra coniungere plu
I nſtituit, Pan curat oues, ouiumq; magiſ
N ec te pœniteat calamo triuiſſe labellum.
H æc eadem ut ſciret, quid non faciebat,
E ſt mihi diſparibus ſeptem compacta cicu
F iſtula, Damœtas dono mihi quam dedit
E t dixit moriens, te nunc habet iſta ſecun
D ixit Damœtas, inuidit ſtultus Amyntas
P ræterea duo nec tuta mihi ualle reperti
C apreoli, ſparſis etiam nunc pellibus alb
B ina die ſiccant ouis ubera, quos tibi ſer
I am pridem à me illos abducere Theſtyli
E t faciet. quoniam ſordent tibi munera
H uc ades o formoſe puer. tibi lilia plenis
E cce ferunt nymphæ calathis, tibi candid

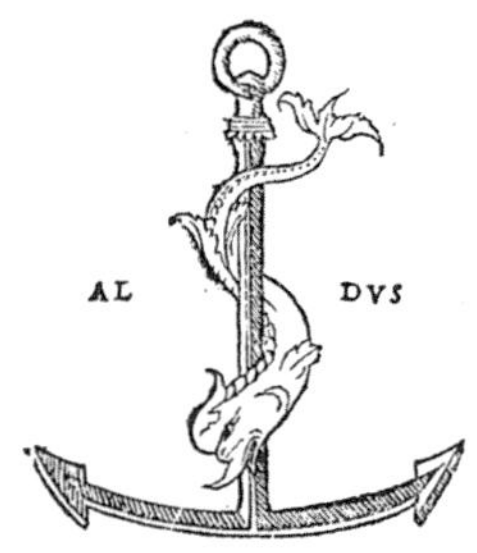


알두스의 마크인 닻과 돌고래.

고, 파업에 대처하고, 학력을 갖춘 조수들을 고용하고, 인쇄된 책들의 시장을 분석하는 일 등을 책임져야 하는 유능한 상인이었다. 그와 똑같은 일을 하는 경쟁자들이 많이 있었고, 비싼 설비 구입에 따르는 자본상의 위험을 감수해야 했다.

이 사람들이 광고의 기법을 처음 개발해 냈다는 것은 그리 놀랄 만한 일이 못 된다. 그들은 도서 목록, 그리고 상호명과 주소가 담긴 회보를 간행했다. 그들은 회사의 이름과 표장標章을 책의 첫 장에 수록했다. 그리하여 전통적으로 책의 뒤에 자리잡아 왔던 표제지가 더 눈에 잘 띄는 앞장으로 옮겨졌다. 인쇄소들은 대학 강의 공고를 교재와 강의의 요강을 덧붙여 인쇄했다.

초기에는 인쇄업자들마다 제각기 그 지역에서 가장 많이 쓰이는 서체를 사용했지만, 얼마 안 가서 인쇄체가 표준화되었다. 1840년 무렵에는 필기체가 사라졌고, 텍스트들은 당시 유럽 지성계를 이끌던 이탈리아의 인문주의자들이 선호하던 고전적인 글자체인 칸셀레리아 서체로 인쇄되었다. 16세기 첫무렵에 이탈리아 베네치아의 유명한 인쇄업자였던 알두스 마나티우스와 그의 조수인 볼로냐 출신 프란체스코 그리포가 칸셀레리아 서체를 조금 기울여 쓴 형태의 서체를 발명했다. 지면을 절약할 수 있도록 디자인된 이 서체 덕분에 알두스는 안낭이나 주머니에 쉽게 넣고 다닐 수 있는 크기의 책 시장을 독점할 수 있었다. 이 새로운 활자체는 이탤릭체라고 불렸다.

서적 시장은 기본적으로 제한되어 있었다. 인쇄술 발명 초기에 인쇄된 텍스트들은 다음과 같은 범주로 나누어질 수 있었다. 종교서적(성서와 기도서들), 학술 서적(학교에서 사용된 도나투스의 문법서), 행정적인 문서(교황의 면죄부나 칙령), 지방어로 씌어진 것들(소수였고, 그 대부분은 독일어였다)이 그것이다.

이후에 책의 내용은 급속도로 더 다양해졌다. 16세기 끝무렵에는 가이드북, 지도, 외국어 관용구집, 환율표, ABC책, 교리문답집, 달력, 각종 기도집, 초보자용 독본讀本, 사전 등 우리가 오늘날 당연하게 여기고 있으며 우리들 생활의 구석구석에 영향을 미치고 있는 모든 종류의 책들이 모습을 드러냈다.

인쇄술은 발명된 직후부터 15세기 유럽인들의 생활에 영향을 끼치기 시작했는데, 그 효과가 항상 긍정적이었던 것은 아니다. 지식의 확산과 더불어 고대 신비서들이 부정확한 채로 다량으로 인쇄되어 혼란이 발생했다. 신비적이고 비밀스러운 저술들, 점성술과 마법서들이 대량으로 복제되어 예언, 부적, 마술이 총망라된 듯했다. 인쇄로 얻어진 표준화는 오류가 한번 발생하면 그것이 영원히 그것도 대규모로 지속된다는 것을 뜻했다.

그리스 및 라틴어 고전들(그것들 대부분이 인쇄술 발명 후 백 년 안에 인쇄되었다)과 성서를 제외하고 가장 많이 팔린 책은 다양한 실용서들이었다. 유럽의 경제는 장인을 절실히 필요로 하고 있었다. 페스트로 인해 장인들의 수는 감소해 있었고, 이러한 기술들은 말과 직접적인 행위로 세대에서 세대로 이어지며 수세기 동안 아무런 도전도 변화도 겪지 않았었다. 그러나 인쇄술 덕분에 그러한 기술들은 책을 살 수 있는 사람이라면 누구나 소유할 수 있는 공동의 재산이 되었다. 이제 전문가가 쓴 것을 인쇄기로 똑같이 복제해 낼 수 있었고, 따라서 기술 정보의 이전도 더욱 정확을 기하게 되었다.

그러나 인쇄술이 끼친 가장 큰 영향은 책의 내용 그 자체에 있었다. 인쇄는 텍스트의 오류 가능성을 줄여 놓았다. 원고에만 오류가 없다면, 자동적으로 정확한 복제가 이루어졌다. 텍스트를 위조하는 것도 쉽지 않게 되었다. 저작권의 개념도 생겨났다. 작가는 자신이 쓴 것에 대하여 개인적으로 책임질 수 있는 광범위한 독자층들에게 다가갈 수 있음을 처음으로 확신하게 되었다. 인쇄술 덕분에 물리적인 의사소통 없이도 상호 문화적 교류가 가능해졌다. 책을 소장하고, 분류하고, 진열하는 새로운 방법이 개발되었고, 그에 따라 책을 저자나 주제에 따라 체계적으로 수집할 수 있게 되었다. 그러나 인쇄술의 가장 직접적이고도 명백한 효과는 텍스트들의 사본을 훨씬 많이 만들어 낼 수 있게 되었다는 사실에 있었다.

교회가 인쇄술을 이용하여 면죄부를 수천 장이나 복제했던 것은 이미 존재하던 텍스트들의 대량 유포가 가능해졌다는 사실을 보여주는 예이다. 면죄부는 기도, 참회, 성지순례, 그리고 무엇보다도 돈에 대한 대가로 신자들에게 주어지는 문서였다. 경쟁 도시였던 콘스탄티노플이 몰락한 뒤 16세기 첫무렵의 교황들 특히 율리우스 2세는 로마를 화려하게 꾸밀 원대한 계획을 가지고 있었다. 로마는 세계의 중심이 되고, 면죄부는 미켈란젤로와 같이 돈이 많이 드는 미술가들에게 작업을 의뢰하는 데 유용하게 쓰인다.

기술 세계와 성직자들의 결탁은 냉소주의의 확산을 낳았고, 그것이 종교개혁의 불꽃을 당긴 비텐베르크의 아우구스티누스 수도회 소속 수사 마르틴 루터에게 영향을 끼친 요소 중 하나였다는 것에는 의심의 여지가 없다. 막시밀리안 1세의 재위 25주년 되던 해인 1517년에는 면죄부가 대량으로 팔려 나가고 있었다. 면죄부 판매를 교황에게 위임받은 대리인들 가운데 한 명인 요한 테첼이라는 사람이 비텐베르크 인근에서 대량의 면죄부를 팔고 있었던 것이다. 소문에 현혹된 사람들이 그의 현란한 설교를 듣고 그가 파는 상품을 사려고 떼를 지어 몰려들었다. 암시장이 번창할 정도로 면죄부의 수요는 엄청났다.

루터파는 선전용 무기로 인쇄물을 활용했다. 아래와 같이 교황을 깔보는 풍자화들은 문맹자들에게조차 먹혀들었다.

루터는 교회에 대한 95항의 비판을 비텐베르크에 있는 자신의 교회 게시판에 붙임으로써 그러한 일들에 대해 반발했다. 또 그는 그 사본을 자신의 주교와 친구들에게 보냈다. 그러나 자신의 불만에 대하여 친구들과 함께 조용히 학구적으로 토론해 보려 했던 그의 바람은 그 사본이 인쇄되어 배포되기 시작하자마자 산산조각나 버렸다. 불과 일주일 만에 '이것들'은 온 독일에서 읽혀졌다. 그리고 한 달 만에 그것들은 유럽 전역으로 퍼져 나갔다. 그는 반란군의 우두머리가 되어 있

Jnnomine domini noſtri ieſu chriſti amen. Pateat uniuerſis quõ p̄puiſioe ſieda ꝫ theu/
crũ qui iaꝫ ozas Jtalie pzeoccupauit. Ozdinata p̄ ſanctiſſimũ dñm nr̃m dñm Sixtum diuina pzoni
dentia papam quartum ſtatutam per
eundem dominum papam ſecit contributionem. Et pzopterea auctoritate preſati domini pape ipſ
indulgentiam habet pleniſſimam omnium ſuorum peccatozũ. Et poteſtate eligendi ſibi confeſſozem
idoneum etiam cuinſcunqꝫ religionis qui audita eius cofeſſione poſſit ⁊ debeat e m abſoluere ab om
nibus peccatis ⁊ excommunicationibus a inre nel per ſtatuta quecunque pzomulgatis ⁊ ſedi Apo/
ſtolice reſeruatis q̄tumcunqꝫ enozmibus ſemel in nita dumtaxat. de non reſeruatis ſedi apoſtolice to
tiens quotiens id petierit. Et in moztis articulo plenariam omnium peccatozum eius impendere re
miſſionez non obſtantibus quibuſcunqꝫ reſeruationibus a pzefato pontifice aut eius pzedeceſſozibus
factis ut in bullis einſdem datis anno domini. 1423. pzidie nonae decembzis plenius cotinetur. Jn
cui⁹ rei ſide ego deputatus ſup hoc negotio a reuerẽdo patre fratre
Angelo de Clauaſio ozdinis minozum de obſeruantia pzedicatoze ⁊ commiſſario apoſtolico ſuper
p̄dict bullis exequẽdis hãc ſcripturã fieri ſeci ⁊ ſigillo munini. Die Menſis

교황의 면죄부. 구매자가 자신의 기부액과 이름을 적어 넣을 수 있게 빈 칸(위쪽과 아래쪽 세 번째 줄)을 두었다.

었다. 한 번도 생각해 보지 못했던 일이었다. 봉기를 효과적으로 이끌 유일한 방법은 봉기가 시작되었던 때와 똑같은 무기를 쓰는 것이었다. 그 무기를 바로 인쇄물이었다.

3년 후에 루터의 95개 조항의 사본 30만 부가 시장에 나왔다. 브로드시트•가 그의 글을 모든 마을로 실어 날랐다. 인쇄물에 사용된 그림은 문맹자들에게도 그의 주장이 먹혀들게 했고, 지방어는 당시 막 싹트고 있던 민주주의 성향의 독일 신교도 군주들을 강하게 끌어 당겼다. 루터는 "인쇄술은 신의 가장 위대한 발명품"이라고 말했다. 최초의 선전전은 승리로 끝났다.

자신의 주장을 다른 사람들에게 퍼뜨려 그들에게 영향력을 행사하고 싶어했던 사람들은 어느 누구도 이 새로운 힘을 놓치려 하지 않았

• 브로드시트(broadsheet): 큰 종이의 한 면에만 인쇄된 삐라 · 포스터 · 광고물 등을 가리키는 말.

다. 인쇄업자들 스스로가 자신들의 광고를 제작함으로써 그 방법을 직접 보여주었다. 이제 브로드시트는 의사 소통의 방식을 결정적으로 바꾸어 놓았다. 곳곳에 나붙은 브로드시트는 그것을 읽을 수 없는 사람들에게 누구든 글자를 읽고 쓸 수 있어야 하고 교육을 받아야 한다는 사고를 부추겼다. 감정에 호소하는 익명의 호소, 그리고 인쇄된 것은 모두 사실일 것이라는 믿음을 등에 업고 여론이라는 것이 처음으로 형성되고 있었다.

중앙 집권제 하의 군주들은 통제하고 새로 제정된 법령이나 세금 징수령을 고지시키는 데 인쇄술을 이용했다. 대량으로 배포되는 훈령들이 모두 단 한 곳의 확실한 인쇄소에서 제작되었기 때문에, 무엇은 읽힐 수 있고, 무엇은 그렇지 않은가를 교회나 국가가 통제하는 것은 쉬운 일이었다.

물론 그것이 민족적인 열정(지방어가 인쇄되어 퍼짐으로써 촉진되었다)으로 표출되건 혹은 종교적인 것으로 표출되건 간에 서로 다른 생각을 가진 사람들의 목소리가 커진 것은 당연한 귀결이었다. 16세기 유럽을 휩쓴 종교 전쟁이나 박해는 인쇄물을 통해 신선한 관성을 지속적으로 얻어 나갔다. 인쇄물의 한쪽 한쪽이 지지자들을 열광으로 몰고 갈 선전물들로 이용되었다.

정치적인 영역에서도 인쇄술은 통제를 위한 새로운 무기를 국가에 제공했다. 점차로 문자를 익히게 됨에 따라, 사람들은 준수를 약속하는 계약서에 서명을 하게 되었다. 단순한 맹세는 이제 더 이상 유효하지 않았고, 인간은 맹세의 사실을 부정할 수도 있었다. 그러나 명확하게 인쇄된 문서의 끝부분에 한 서명을 부정할 수는 없었다. 이로써 근대적인 계약이 처음으로 모습을 드러낸 것이다. 그리고 그와 더불어 국가 권력의 중앙 집권화가 이루어졌다.

군주들은 인쇄물들을 활용해 백성들에게 직접 접근할 수 있었다. 더 이상 봉신들이나 그들의 세력권에 있는 지방의 충성에 대해 염려할 필요가 없어진 것이다. 교단마다 성명서와 포고문을 인쇄해서 돌렸다. 극본은 자신들의 정책을 찬양하고 정당성을 부여받고자 하는 군주들의 후원을 받아 인쇄되었다. 그들의 위대한 업적을 찬양하는 풍자화를 그린 판화들이 유포되었다. 오스트리아의 막시밀리안 황제를 그린 풍자화에는 이런 제목이 붙은 것도 있었다. "기념비적인 배경에 단순히 그의 이름을 재현한 개선문."

정치적인 문구와 표어가 출현했고, 정치적인 노래도 등장했다. 그것은 왕국과 군주를 동일시함으로써 군주의 지위를 강화하는 데 그 목적이 있었다. 전쟁은 "왕의 전쟁"으로 불리기 시작했고, 세금은 왕의 필요에 의해서 걷혔다. 왕의 건강을 기원하는 기도문이 인쇄되어 배포되었는데, 잉글랜드에서는 그것이 국교회 기도서에까지 삽입되기도 했다. 국가명이 적힌 브로드시트들이 길모퉁이마다 눈에 띄었다. 프랑스의 지폐에서 사람들은 처음으로 왕의 실제 얼굴을 볼 수 있게 되었다.

인쇄술은 대리적인 삶이나 사고의 양식을 낳았다. 멀리 떨어져 있는 곳의 일이나 사람들에 대해서 쉽게 알 수 있게 된 것은 이때가 처음이었다. 과거 어느 때보다 유럽인들은 지방색에 대해 관심을 갖게 되었다. 지방의 인쇄소들은 점차로 라틴어가 아닌 지방어로 인쇄를 하기 시작했고, 그에 따라 지방간의 차이는 더욱 두드러지게 나타났다. 인쇄술은 의상뿐만 아니라 매너, 미술, 건축, 음악 등 삶의 모든 영역에 걸쳐 국제적인 유행을 촉진시켰다. 에스파냐식 옷입기에 관한 책을 합스부르크 제국에서 찾아볼 수 있을 정도였다.

출판업은 한 세기 혹은 그 이상 동안 미적 감각을 판단하는 기준 국가로서 이탈리아를 세계의 앞자리에 있게 했고, 르네상스가 유럽에서 더 지속적으로 그리고 더 효과적으로 유지되는 데 그 어느 것 보다도 큰 공헌을 했다.

인쇄술의 확산은 기억의 손실을 가져왔다. 교육이 점차로 텍스트 중심으로 되어 감에 따라, 기억 극장 기법은 사라졌다. 산문이 더 빈번히 출현했고, 시를 기억하는 일은 덜 중요하게 되었다.

인쇄술은 조각이나 스테인드글라스를 통해 성서 속의 이야기들을 상기시켰던 교회 건축의 교육적 기능도 일정 부분을 앗아갔다. 6세기에 교황 그레고리우스 2세가 조각상은 문맹자들을 위한 책이라고 말했던 적도 있었지만, 신자들이 글자를 깨우치게 되자 조각상은 이제 그 쓰임새를 상실했다. 인쇄술은 개혁가들의 성상聖像 파괴적 경향을 강화시켰다. 하느님의 말씀을 인쇄된 책으로 접할 수 있다면, 교회의 장식물들이 무슨 필요가 있겠는가? 장식이 없고 소박한 신교도들의

막시밀리안 황제의 의뢰를 받아 뒤러가 제작한 판화. 개선문은 모든 가능한 방법을 동원해 황제의 이름을 기리고 있다. 이것은 실제의 개선문보다 대중들에게 훨씬 더 많은 영향을 주었고, 비용도 덜 들었다.

윌리엄 콕스톤이 인쇄한 이 『이솝 우화』의 영국 번역본 비종교적인 책 가운데 가장 오래된 것들 중 하나이다.

교회는 이러한 새로운 문자 중심의 사고를 반영한 것이었다.

모든 예술 분야에 걸쳐 점차로 개인의 감정 상태, 즉 세계에 대한 주관적인 해석이 이루어지기 시작했다. 그것은 예술을 위한 예술이었다. 인쇄술로 인해 모든 사람들이 알 수 있는 이미지는 더 이상 필요치 않게 되었고, 문자 이전의 공동체들을 지탱해 왔던 집합적 기억을 파괴했다. 코메이우스 그림책이나 루터의 교리 학습서 같은 아동용 그림책이라는 새로운 장르도 생겨났다. 이 그림책들과 기타 다른 그림책들은 옛 이미지들을 새로운 형태의 이미지로 바꾸어 지속시키는 데 일조했다.

인쇄술이 낳은 중요한 결과들 가운데 하나가 효율적인 분류 체계였다. 똑같은 원본에서 1천 개가 넘는 판본이 복제되었고, 책 수집이 유행했다. 장서를 수집하기 위해서는 목록 작업이 필요했다. 게다가, 인쇄업자들은 자신들의 책을 저자뿐만 아니라 제목으로도 분류하기 시작했고, 그렇게 함으로써 그 책이 무엇에 관한 것인지를 아는 일이 더욱 쉬워졌다.

그러나 목록을 작성하기 위해서는 다른 새로운 능력이 있어야만 했다. 사람들은 인쇄술이 생기기 전에는 거의 쓸모가 없었던 알파벳을 배우기 시작했다. 초창기의 출판업자들은 책에다 색인을 달면 더 많이 팔린다는 것을 알게 되었다. 필경을 하던 시절에는 양피지 한쪽에 꼬리표를 달아 색인으로 이용하는 경우가 간혹 있었다. 스폰하임 수도원의 요한네스 트리테미우스 대수도원장이 바젤에서 1494년에 색인이 딸린 목록을 처음으로 만들었는데 그것이 『교회에 관한 문서들의 책』이었다.

그의 계승자였던 콘라트 게스너는 한 걸음 더 나아갔다. 출판업자와 책 판매상의 목록을 이용해 라틴어, 히브리어, 그리스어로 된 저작들의 초판본 모두를 담은 종합적이고도 공통적인 참고 문헌을 작성하겠다는 것이 그의 생각이었다. 1545년에 그는 1만 개의 타이틀과 3천 명의 저자가 실린 『도서총람』을 출판했다. 1548년에 각기 다른 학문 분야에 해당하는 19개의 표제로 나뉜 목록인 『만유총람萬有總覽』이 후속 작업으로 이어졌다. 각 권에는 저자와 제목에 따라 교차 검색이 가능한 주제별 표제어들이 실려 있었으며, 출판업자들의 목록을 솜씨있게 담은 헌정사도 있었다. 수록된 항목은 3만 개가 넘었다.

게스너의 『동물지』는 자연에 관해서 기술한 새로운 결정본들 가운데 최초의 것이다. 이 그림은 오록스를 그린 것이다.

새롭게 일기 시작한 목록 작업에 대한 관심은 오래된 문헌들에 대해 더욱 실제적인 분석을 할 수 있게 해주었다. 마키아벨리의 아버지는 베스파시아노 다 비스티치로부터 리비우스의 『로마사』 색인 작업을 의뢰받았다. 그는 그 작업을 통해 도덕적 법칙에 따른 문헌 접근을 취하지 않고, 식물상과 동물상, 지명 그리고 기타 다른 실제적인 자료들의 종합적인 목록을 작성해 후세의 역사가들에게 큰 영향을 주었다. 과학으로서의 자료와 정보라는 신개념의 사용은 그 자체만으로도 자료의 이용과 수집을 더욱 용이하게 만들었다. 그러나 인쇄술이 지식에 기여한 가장 중요한 공헌은 정확한 복제를 가능케 한 데 있다고 할 수 있다. 저자가 누구인지 알 수 있는 책이 나오기 시작하자, 저자들은 저술에 더욱더 공을 들이게 되었다. 저자들보다 그 주제에 대해 더 정통한 사람들이 그 책을 읽을 수도 있었기 때문이다. 더불어 저자들은 이제 그 분야의 전문가들이 이전에 쓴 책들을 참조해 가며 저술을 할 수 있게 되었다. 더 이상 학문은 매번 최초의 원리로 되돌아가지 않아도 되었고, 따라서 사상은 진보했고, 풍부해졌다.

텍스트들은 독자들에 의해 전문 지식이나 지방의 지식과 대조되고 수정되었다. 정보는 더욱더 신뢰를 얻어 나갔다. 더 많은 책들이 나와 학제간의 학문 활동을 촉진시켰고, 그에 따라 지식의 새로운 조합과 새로운 영역이 생겨났다. 초창기의 텍스트들 중에는 그 수가 점차로 늘어가고 있던 선장들이 간절히 바라던 수학표나 항해용 조견표들도 포함되어 있었다.

계산 조견표들은 기술이나 사업상의 일들을 용이하게 해주었다. 똑같은 이미지를 수많은 독자들이 동시에 볼 수 있다는 사실은 그 자체만으로도 혁명적인 것이었다. 이제 세계는 공동체의 수많은 사람들 의해 분석되었다, 신비스럽기만 한 '본질'이나 신이 부여한 만질 수 없는 '실체'는 자연을 수학적으로 측정하고 기술할 수 있는 새로운 원근법 과학의 이점에 자리를 내주었다, 세계는 측정 가능하게 되었을

A

B

Kuchenschell. Hacketkraut.

OTO BRVNNFELSIVS.

CONSTITVERAMVS ab ipso statim operis nostri initio, quicquid esset huiuscemodi herbarum incognitarum, et de quarum nomenclaturis dubitaremus, ad libri calcem appendere, & eas tantum sumere describendas, quæ fuissent plane uulgatissimæ, adeoq; & officinis in usu: uerum longe secus accidit, & rei ipsius periculum nos edocuit, interdū seruiendum esse scenæ καὶ καιρῷ λατρεύειν, quod dicitur. Nam cum formarum deliniatores & sculptores, uehementer nos remorarentur, ne interim ociose agerent & prēla, cōacti sumus, quamlibet proxime obuiam arripere. Statuimus igitur nudas herbas, quarum tantum nomina germanica nobis cognita sunt, prētarea nihil. Nam latina neq; ab medicis, neq; ab herbarijs rimari uoluimus (tantum abest, ut ex Dioscoride, uel aliquo ueterum hanc quiuerimus demonstrare) magis adeo ut locum supplerent, & occasionem præberent doctioribus de ijs deliberandi, q̄

뿐만 아니라, 다른 사람들도 똑같이 경험할 수 있는 지식의 손안으로 들어가게 되었다.

세계에 대한 이미지와 설명을 표준화할 수 있게 됨에 따라, 새로운 과학이 싹텄다. 초기에는 고전의 재간행이라는 형태를 취했다. 그러나 곧 유럽인들은 자신들을 둘러싸고 있는 동시대의 세계를 설명하기 시작했다. 취리히에서 게스너는 자신이 아는 모든 인쇄물들에 언급된 동물 전부에 관한 총목록을 편찬하기 시작해 1557년에 네 권으로 출판했다. 한편 1530년에 오토 브룬펠스는 『초본草本의 활화活畵』라는 식물에 관한 책을 출간했다. 1535년에는 르망 출신의 피에르 블롱이 『어류와 조류』를 출간했으며, 1542년에는 레온하르트 푸크스의 『식물의 자연사』가 나왔다. 4년 후에는 지하 세계의 현상에 관해 쓴 게오르크 바우어의 저술이 아그리콜라라는 필명으로 출판되었다. 보헤미아에 있는 광산의 감독관이었던 그는 1553년에는 『광물에 관하여』라는 대작을 썼다.

브룬펠스의 『초본의 활화』에 실린 삽화. 이전 작가의 작품이 아니라 자연을 직접 보고 그린 삽화들이 처음으로 채택되었다. 본문은 라틴어로 씌어졌지만 식물의 이름은 보통 알려져 있는 독일어명으로 되어 있는 것에 주목하라.

인쇄술은 전시대 사람들이 이룩한 업적들에 대한 존경을 우스꽝스러운 것으로 만들어 놓았고, 극도로 과거 지향적이었던 사회관을 진보와 개선을 바라는 사회관으로 바꾸어 놓았다.

출판물에 담겨 퍼뜨려진 신교도 윤리는 힘든 노동과 검약의 미덕을 찬양하는 물질적 성공을 장려했다. 인쇄물은 이러한 태도를 강조했다. 지식을 책으로부터 얻을 수 있게 되었다는 것은 권위의 시대가 종식된 것을 뜻했다. 인쇄물에 나타난 15세기의 역사는 새로운 주장을 표명했다. "젊은이들도 성실한 연구로 똑같은 지식을 얻을 수 있는데, 왜 나이든 사람들이 나이 어린 사람들보다 높은 평가를 받아야 하는가?"

젊음에 대한 숭배가 시작되었다. 텍스트의 표준화는 새로운 과학 분야의 등장을 가능케 했고, 그 길을 개척한 젊은이들이 새로운 사상의 영역을 탐구하는 것은 당연한 일이었다. 그리하여 근대 사회에 활력을 불어 넣을 전문가들이 탄생했다. 인쇄술은 전문가들 사이의 대화를 가능케 해서, 축적된 지식을 활용해 자신들의 연구를 진척시킬 수 있게 되었다. 연구자들은 자신들의 학문에 쓰이는 언어로 편지를 교환하기 시작했다. 이른바 근대 과학의 '까다로운 용어'들이 생겨난 것이다. 이러한 전문가들 사이의 의견 교환은 실험상의 정밀성을 요구했다. 더욱 정확한 관찰 결과를 얻기 위해 저자들은 자신들의 동료 전문가들과 결합했고, 더 정밀한 기기들의 개발을 격려해 주었다. 지식은 상당한 정도로 검증받아야 할 그 무엇이 되었다. 증명을 거쳐 동의를 얻은 것은 '사실'이 되었다.

인쇄술은 우리의 사고를 정연하게 할 수 있는 근대적인 방식을 제공했다. 인쇄술은 우리를 '흰 바탕에 검정 글자'에 담겨진 진리에 대한 열광으로 몰아넣었다. 그것은 우리를 권위와 연륜에 대한 존경에서 벗어나 일상의 경험적 관찰에 대한 자신감에 기반을 둔 자연에 대한 탐구 방법으로 나아가게 했다. 이러한 접근법으로 사실들은 그것이 인쇄되는 그 순간에 곧바로 시대에 뒤떨어진 것들이 되어 버렸다.

회상을 위한 옛 기억술과 공동체의 집단적 기억을 쫓아낸 인쇄술은 전에는 경험하지 못했던 방식으로 우리들을 고립시켰다. 그러나 그 대신 우리는 더 큰 세계를 공유할 수 있게 되었다. 읽을 수 있는 사람들의 손에 지식이 집중됨에 따라, 전문 지식인들이 문맹자들과 보통 사람들을 지배하게 되었다. 소수의 사람들만이 이해할 수 있는 자신들의 발견들을 적용시키기 위해 노력하는 사이에, 전문가들은 오늘날 우리가 경험하고 있는 변화의 속도를 초래했고, 그것으로 인해 과학의 전공 분야들의 경계를 넘어선 전문적인 '사실들'은 의사소통이 불가능해졌다.

그러나 동시에 인쇄술은 인류 전체의 지식을 공유하고, 다른 사람들의 정신을 탐험하고, 두려움 대신에 자신감을 갖고 자연의 신비에 접근할 수 있는 길을 글을 읽을 수 있는 모든 사람들에게 처음으로 열어 주었다.

/

중세인들이 '사실' 이라고 부른 것은,

지금 우리가 '견해' 라고 부르는 것에 해당할 것이다.

그리고 그 차이를 알 만큼 여행을 많이 한 사람도 거의 없었다.

하룻동안 갈 수 있는 여행 거리는 평균 11킬로미터였고,

그 거리는 사람들이 말을 타고 나섰다가 날이 저물기 전에는

확실히 돌아올 수 있는 그런 거리였다.

/

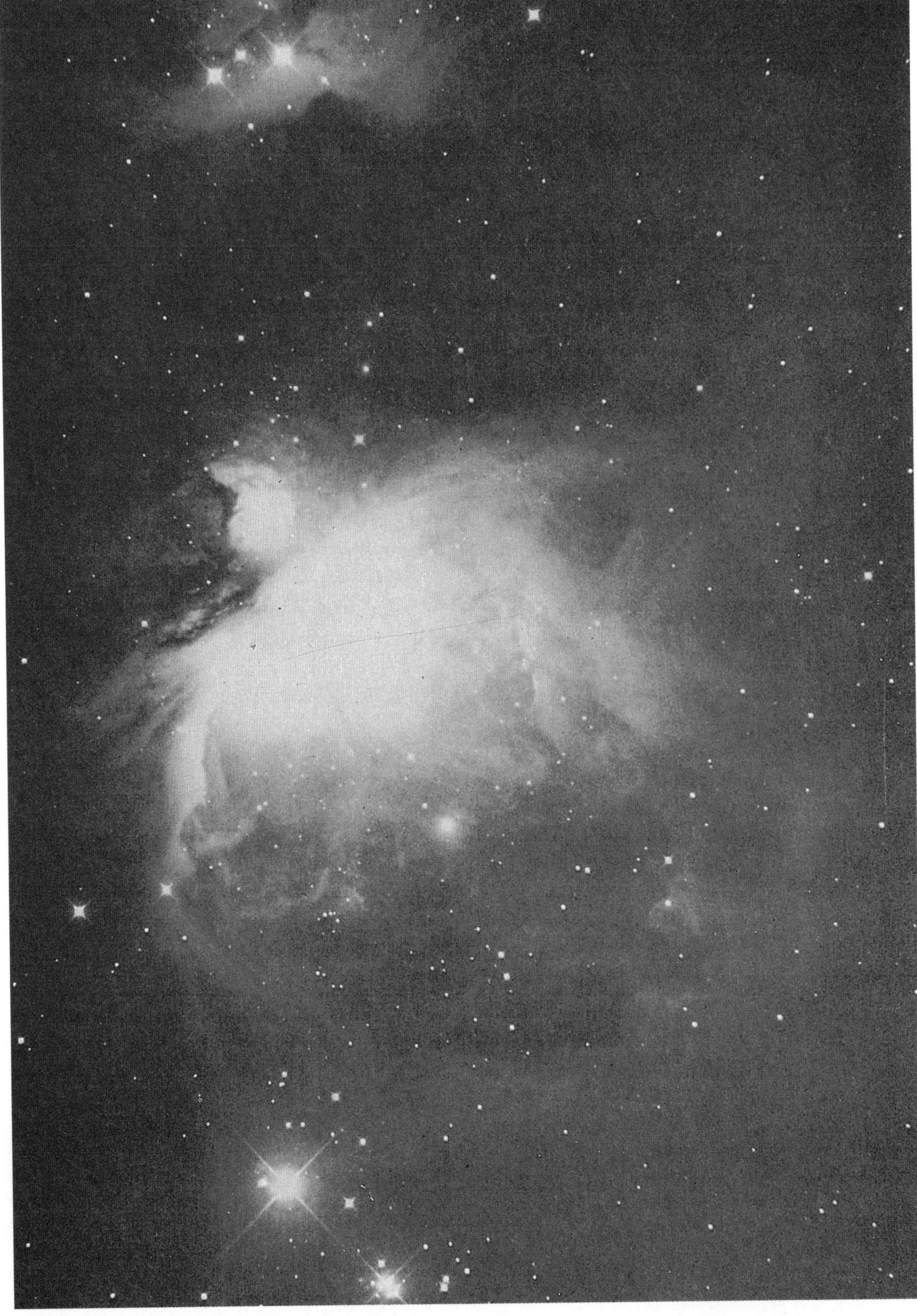

5

☿

# 무한히 합리적인

아원자 입자를 발견했다는 소식을 듣는다거나 우주 저 너머 은하의 새로운 사진을 본다든지 또는 새로운 치료법에 관한 기사를 보는 게 오늘날에는 그다지 놀랄 만한 일이 아니다. 그런 일들이 우리를 기쁘게 하거나 슬프게 할는지는 모르지만 말이다. 우리는 우주가 광대하고 복잡하다는 사실을 무덤덤하게 받아들이고 있다. 우주를 탐구하고 이해할 수 있는 능력을 우리 자신이 지니고 있다고 믿기 때문이다. 과학의 자손들인 우리는 운명의 주인으로서 독립적이고 자신에 차 있다. 우리는 정말로 멋진 축제를 벌일 수도 있고, 또 그것을 당연한 일로 여기고 있다.

광대한 우주와 아주 작은 입자가 모두 같은 법칙을 따른다. 자연의 기본 메커니즘을 발견해 낸 것은 바로 우리의 능력에 대한 자신감이다. 그리고 그것은 서양 문화에 역동적인 낙관주의를 심어 주었다.

그것은 새로운 것을 받아들일 때도 그대로 적용된다. 옛날 방식이 더 나을 수도 있다는 생각을 갖게 될 정도로 우리는 너무도 급격한 변화 속에 살고 있다. 우리는 그러한 변화의 속도로 우리의 경제를 발전시켰으며, 똑같은 태도를 삶의 다른 모든 측면에 적용했다. 영원히 변치 않고 존재할 수 있는 것은 아무것도 없다. 모든 것이 변화한다는 사실 그 자체만이 영원히 변치 않을 뿐이다.

인간의 지식도 이와 마찬가지로 일시적인 가치만을 지닐 뿐이라는 생각은 과학의 발전에 큰 역할을 했다. 과학자들은 극도의 정밀성과

정확성을 견지하며 작업을 수행함으로써 무엇보다도 자신들의 이론에 있는 오류를 찾아내고자 한다. 그들은 자신들이 가진 지식에서 균열을 찾아내고, 그것을 대체할 또 다른 지식 체계를 만들어 낸다. 연구 행위는 새로운 학문 분과들을 만들어 내고, 그 분과들은 차례차례 새로운 과학으로 인정받게 되었다. 과학의 연구 활동은 우주의 크기에서 심해의 깊이에 이르기까지 삶의 모든 면에 걸쳐 관련을 맺고 있을 정도로 친숙해졌다.

과학의 본성상 우리는 수많은 실험실에서 무수한 사람들이 우리들의 삶을 바꾸기 위해 노력하고 있다는 사실을 비교적 무덤덤하게 받아들이고 있다. 이제 인간의 행위 가운데 진정으로 민주적이며, 신뢰할 만하고, 비정치적이고, 합리적이면서, 자기 절제적인 것은 과학밖에는 없는 것처럼 보인다. 각각의 학문 분과는 그 전문성으로 인해, 보통 사람들은 말할 것도 없고 다른 학문 분과들과의 관계도 끊어져 버렸다.

근래에는 컴퓨터 덕분에 과학의 발전 속도가 더욱 빨라졌다. 우리는 이 새로운 전자 데이터 베이스를 쓸 수 있게 됨으로써 현재 이용할 수 있는 자료나 사상들로부터 더 많은 것들을 창조해 낼 수 있다. 우리는 모든 물질과 힘에 관한 자료를 얻을 수 있고, 그것들에 대하여 우리가 알고 있는 것들을 수數로 바꾸어 컴퓨터에 입력해서 여러 방식으로 조작을 하면 과거 혹은 미래의 어떠한 일일지라도 재현해 낼 수 있다. 우리는 하나의 칩 안에 우주를 집어넣을 수도 있고, 우주를 통제하기 위해 우주 자체의 법칙을 이용할 수도 있다.

과학이 시작된 것은 모든 현상들이 보편적인 법칙의 지배를 받고 있다고 생각하게 되면서부터이다. 법칙들은 천체에서 뿐만 아니라 지구 위에서도 유효하다는 이러한 생각은 이미 4백 년 전에 전개된 것이지만, 과학적 연구와는 아무런 상관 없이 생겨난 것이다.

1545년 12월 13일, 이탈리아 북부 도시 트렌토의 한 성당에 일단의

성당에서 열린 트렌토 공의회의 회 장면을 그린 티치아노의 그림. 십자가 아래 중앙 쪽에 추기경이 있고 그 주위로 서기관들이 보인다. 참가자들이 추기경의 오른쪽 제단에 서 있는 연사의 말을 듣고 있다.

성직자들이 모였다. 그들 위로는 운명의 수레바퀴가 그려진 스테인드 글라스 창이 빛나고 있었다. 그들은 교황 파울루스 3세가 소집한 공의회에 참가한 가톨릭 교회의 대표자들이었다. 그들이 모이려고 시도한 것은 이번이 네 번째였다. 논쟁과 전쟁으로 인해 공의회는 계속 연기되었고, 개최지도 두 번이나 변경되었다. 트렌토 공의회에 참석한 인원은 기대했던 것보다 적었다. 고작 서른한 명의 대수도원장, 교단 대표, 주교들이 참석한 이 공의회는 교황의 특사인 조반니 델 몬테(후에 교황 율리우스 3세가 됨), 마르첼로 체르비니(후에 교황 마르켈루스 2세가 됨), 잉글랜드인 레지널드 폴이 주재했다.

교회 역사상 최대의 위기 국면을 수습하기 위해 트렌토로 왔던 고위 성직자들의 토의 결과는 유럽의 정세를 바꿔 놓기에 충분한 것이었다.

그 위기는 약 30년 전 비텐베르크의 교회에 마르틴 루터가 교회의

78. Des Teufels Dudelsack

루터에 대한 반발은 신속하고도 맹렬하게 표출되었다. 교황청은 그를 악마의 사주를 받은 인물로 묘사한 풍자화들을 만들어 온 유럽에 배포했다.

개혁을 요구하는 95개 조항을 작성하여 붙임으로써 촉발된 것이었다. 그 요구 조항에는 교회의 조직을 '불필요한' 것으로 간주함으로써, 독일인들로 하여금 예배 의식을 개혁하도록 호소하는 내용도 포함되어 있었다.

로마에 체류한 적이 있었던 루터는 그곳의 부패와 타락상을 목격하고는 큰 충격을 받았다. 독일로 돌아온 그는 또다시 격분했다. 로마의 면죄부 판매상이 마인츠로 와서 미켈란젤로의 작품들로 치장한 성 베드로 대성당을 완공시킬 자금을 충당할 면죄부를 팔기 시작한 것이다.

루터의 이러한 혁명의 메시지는 들불처럼 순식간에 독일 전역으로 퍼져 나갔다. 교황과 관계를 끊으면 교회의 값진 재산들을 자신의 수중에 넣을 수 있을 것이라고 기대한 귀족들이 그에게 합류했다. 로마 가톨릭 교회 안에도 개혁에 대한 루터의 열망에 공감하는 사람들이 많이 있었다. 성직자들의 조직은 오랫동안 정비를 필요로 해 왔었다. 루터의 목표는 파괴가 아니라 개혁이었다. 독일 농민들이 무장 봉기를

종교개혁을 촉발시킨 마르틴 루터의 95개 조항 중 일부. 루터의 목표는 파괴가 아니라 개혁이었다.

¶ Amore et studio elucidande veritatis, hec subscripta disputabuntur Wittenburge Presidente R. P. Martino Luther Eremitano Augustiniano Artiũ et S. Theologie Magistro, eiusdemq; ibidem lectore Ordinario. Quare petit vt qui non possunt verbis presentes nobiscum disceptare / agant id literis absentes.

In Nomine dñi nostri Ihesu Christi. Amen.

1 Dñs et magister noster Jhesus Christus, dicendo penitẽciã agite &c. omnẽ vitam fidelium, penitentiam esse voluit.

2 Qd verbũ de penitẽtia sacramẽtali (.i. cõfessionis et satisfactionis que sacerdotum ministerio celebratur) non potest intelligi.

3 Nõ tñ solã intẽdit interiorẽ: immo interior nulla est, nisi foris operetur varias carnis mortificationes

4 Manet itaq; pena donec manet odiũ sui (.i. penitẽtia vera intus) scz vsq; ad introitum regni ·elorum.

5 Papa nõ vult nec põt: vllas penas remittere, preter eas, q̃s arbitrio vel suo vel canonum imposuit.

6 Papa nõ potest remittere vllã culpam, nisi declarando et approbando remissaz a deo. Aut certe remittendo casus reseruatos sibi, quibus contẽptis culpa prorsus remaneret.

7 Nulli prorsus remittit deus culpã, quin simul eũ subijciat: humiliatũ in omnibus: sacerdoti suo vicario.

8 Canones penitentiales solũ viuentibus sunt jmpositi: nihilq; morituris ꝑm eosdem debet imponi.

9 Inde bñ nobis facit spũssanctus in papa, excipiendo in suis decretis semper articulum mortis et necessitatis.

10 Indocte et male faciũt sacerdotes ij, qui morituris pñias canonicas in purgatorium reseruant.

11 Zizania illa de mutanda pena Canonica: in penaz purgatorij, videtur certe dormientibus Episcopis seminata.

12 Olim poene canonice nõ post, sed ante absolutionẽ imponebant, tãq̃ tentamenta vere contritionis.

13 Morituri: per mortẽ oĩa soluũt: et legibus canonũ mortui iam sunt: hñtes iure earum relaxationem.

14 Imperfecta sanitas seu charitas morituri: necessario secum fert, magnũ timorem, tantoq; maiorem: quanto minor fuerit ipsa.

38 Docẽdi sunt Christiani, q̃ Papa sicut magis eget: ita magis optat: in venijs dandis p̄ se deuotam orõnem: q̃ promptam pecuninam.

39 Docendi sunt Christiani, q̃ venie Pape sunt vtiles: si nõ in eas cõfidant: ꝑ nocentissime: Si timorem dei per eas amittant.

40 Docẽdi sunt Christiani q̃ si Papa nosset exactiões venialiũ p̄dicatoꝝ, mallet Basilicã S. Petri i cineres ire, q̃ edificari: cute carne & ossib9 ouiũ suaꝝ.

41 Docẽdi sunt Christiani, q̃ Papa sicut debet ita vellet: etiã vẽdita (si op9 sit) Basilica S. Petri, de suis pecunijs dare illis: a quorũ plurimis quidã concionatores veniarum pecuniam eliciunt.

42 Vana est fiducia salutis p̄ literas veniarũ etiã si Commissarius: immo Papa ipse suam animam p̄ illis impignoraret.

43 Hostes Christi et Pape: sunt ij: qui propter venias p̄dicãdas verbũ dei in alijs ecclesijs penitus silere iubent.

44 Iniuria fit vbo Dei: dũ in eodẽ ꝑmõe: equale vel longius tp̄s impenditur venijs q̃ illi.

45 Mens Pape necessario est q̃ si venie (qd minimũ est) vna cãpana: vnis põpis et ceremonijs celebrantur.

46 Euãgeliũ (qd maximũ est) centũ cãpanis: cẽtũ põpis: centũ ceremonijs p̄dicetur.

47 Thezauri ecclesie: vnde Papa dat indulgentias: neq; satis nominati sunt: neq; cogniti apud populum Christi.

48 Temporales certe nõ esse patet q̃ nõ tam facile eos p̄fundũt: sed tantũmodo colligũt multi Concionatorum.

49 Nec sunt merita Christi et sanctorũ: q2 hec semp̄ sine Papa: operantur gratiam hominis interioris: et crucẽ mortem infernumq; exterioris.

50 Thesauros ecclesie S. Laurentius dixit esse: pauperes ecclesie: sed locutus est vsu vocabuli suo tempore.

51 Sñ temere ítate dicim9 claues eccl'ie (merito Cristi donatas) eẽ thesauꝝ istũ

52 Clarũ est eñ q̃ ad remissionẽ penarũ et casuũ sola sufficit ptãs Pape.

하자, 그는 그들을 비난했다. 그러나 그의 질책은 이미 시기를 놓친 것이었다. 루터 자신은 그런 일에 항의를 했지만, 이미 그는 로마로부터 독립하여 자신의 이름을 단 새로운 교회를 운영하고 있었다. 독일의 왕들은 그를 기꺼이 보호했다. 그렇게 하는 것이 그들의 정치적 이해와 맞아떨어졌던 것이다.

당시의 유럽은 다른 이유들로 동요를 겪고 있었는데, 그 가운데 중요한 것은 신성로마제국을 부흥시키려는 황제 카를 5세의 꿈을 실현하려는 시도였다. 그러나 이 거대한 계획은 적대적인 봉신들의 격렬한 반대에 직면했다. 잉글랜드의 왕 헨리 8세는 1531년에 로마와 결별했다. 한편 신교를 격렬히 반대했던 프랑스는 신성로마제국의 지배력을 시기한 나머지 이탈리아의 지배권을 놓고 카를 황제와 싸웠다.

지식인 사회도 동요했다. 이탈리아의 인문주의자들은 자신들의 세속적인 교의들을 유럽 전역으로 퍼뜨렸다. 그들의 회의적인 태도는 장인과 학자들 사이에 교류가 있었던 초기 르네상스 시대의 분위기와 맞물려 거의 모든 분야에서 기존의 권위를 위협했다.

신학자들은 적도의 남쪽 지역은 뜨거운 빛으로 불타오르고 있을 것이라고 경고했지만, 지구를 주항하고 돌아온 포르투갈인들은 멀쩡했다. 평범한 항해가들이 로마 교황청의 가르침을 뒤엎은 것이다. 신세계의 발견으로 인해 시장으로 유입된 아메리카의 은은 경제의 균형을 깨뜨렸다. 바로 그 발견 자체가 교회로서는 골칫거리였다. 만약 초기 기독교 교리에 아메리카의 존재가 납득할 수 있는 형태로 담겨져 있지 않다면, 그것은 교회로서는 아무것도 미처 대비하지 못한 셈이 되는 것 아닌가?

대학은 한때 강력했었지만 이제 대학에서 얻을 수 있는 도움이라고는 거의 없었다. 대학은 신학의 버팀목으로 변했고, 대학 교사들은 신앙의 수호자들일 뿐이었다. 대학 강의실에서는 새로운 과학과 기술적 발견들이 설 자리가 없었다. 심지어는 신학에서도 교사가 부족했다.

리파가 쓴 성상학 편람의 영어 번역판본. 이 편람은 유럽의 모든 기독교 국가들의 화가들에게 기준이 되었다. 여기에는 모든 인물들의 특징, 악덕, 덕성이 기록되어 있었는데, 이는 화가들이 자의적으로 해석할 여지를 주지 않기 위해서였다. 당시는 교권이 절대적이었다.

대학의 강의실은 얼토당토않은 논리 싸움만이 울려 퍼지는 지저분한 방으로 전락했다.

트렌토 공의회는 이 모든 위협들에 강력하게 대응해 나갔다. 공의회가 30년 동안이나 계속되는 동안 참가 성직자들의 수는 대규모로 늘어났고, 그들은 더 강력하고 새로운 통제법을 생각해 내느라 머리를 싸맸다. 한 사제가 소유할 수 있는 지역 교회의 수를 제한하거나, 주교들을 자신들의 교구에 머무르도록 하는 등 악습에 대한 어느 정도의 개혁 조치가 있었다. 공의회는 독일의 반대를 심화시키는 칙령들을 승인했다. 성체聖體에 그리스도의 몸과 피가 실제로 임재한다고 정의했고, 미사만이 전례에 맞는 참된 의식이라고 규정했다.

공의회는 조직을 더욱 효율적으로 만들기 위한 조치들도 폭넓게 채택했다. 공식적인 교리문답서, 성무일도서, 미사경본 등을 준비할 것이 권고되었다. 또한 교구마다 학교를 세우고, 사제가 되려면 그 전에 먼저 시험을 치러야만 한다고 결정되었다. 이단이나 일탈 문제를 다루기 위해 종교재판이 강화되고, 금서 목록이 주기적으로 갱신되었다.

원래 동양과 신세계에 신앙을 전파할 목적으로 설립되었던 예수회도 강화되었다. '게릴라' 성직자들을 교육시키기 위한 학교들도 신설되었다. 바스크 군 퇴역 장교로 전에 프란체스코 수도회에 들어가려 했지만 거절당했었던 예수회 총회장 성 이그나티우스 로욜라는 자신의 군대를 배치하기 시작했다. 그는 독일에서 세력을 넓혀가던 신교에 맞서 싸우기 위해 1544년에서 1565년 사이에 쾰른, 빈, 잉골슈타트, 뮌헨, 트리어, 마인츠, 브라운스베르크, 딜링겐에 대학을 세웠다. 잉글랜드 신교도들을 위해서는 생토메르, 리에주, 로마, 두에에 해외 대학들을 세웠고, 스코틀랜드는 마드리드에 학교를 세웠다. 아일랜드인들은 로마, 푸아티에, 세비야, 리스본으로 갔다. 프랑스에는 거의 모든 주요 도시마다 예수회 대학이 있었다.

### Fig. 25. Armonia: *HARMONY.*

A beautiful Queen with a Crown on her Head, glittering with precious Stones, a Base-Viol in one Hand, and a Bow, to play with, in the other.

Her Crown demonstrates her *Empire* over all Hearts, every one being willing to lend an *Ear* to her Consorts; like *Orpheus*, who, by his *melodious* Tunes, made the very Rocks *sensible*, and the very Trees to *move*.

### Fig. 26. Arroganza: *ARROGANCE.*

A Lady clothed with a green Garment, with Asses Ears, holding under her left Arm a Peacock, and extending the right Arm, points with her Fore-finger.

Arrogance ascribes to itself what is not its own, therefore it has the Ears of an *Ass*, for this Vice proceeds from *Stupidity* and *Ignorance*. The Peacock shews *valuing* ones self, and *despising* others.

표준화된 엄격한 교육이 실시되었다. 교과 과정은 고전, 수학, 우주론, 지리, 수사학, 예법, 성경 과목으로 구성되어 있었다. 목표는 더 많은 유력 인사들에게 신앙을 널리, 그리고 굳건하게 퍼뜨리는 것이었다.

농민들을 위해서 공의회가 내놓은 계획은 그들의 신앙 생활에서 예배의 모습을 바꾸어 놓았다. 교회와 교회의 활동을 좀더 매력적으로 바꾸어야만 할 시기였던 것이다. 신교도들이 내건 자유주의적 약속들에 맞서기 위해, 가톨릭 교회는 하늘과 땅의 표상을 들고 나올 수밖에 없었다. 감각에 호소함으로써 신자들이 가슴속에 막연히 느끼고 있던 영적 욕망들을 일깨워 냈다. 체사레 리파는 성상학聖像學 편람을 만들어, 많은 판을 거듭하며 유럽 전역에 커다란 영향을 끼쳤다. 성상을 신도들에게 보여줌으로써 신도들을 성사聖事에 참석케 하고, 종교적 제의에서 신앙심을 불러일으키는 것이 그 목적이었다.

새로운 양식樣式은 보통 사람들의 열정에 호소했다. 성인들의 삶을 더욱 강조함으로써 사람들이 일상 생활에서 종교를 더욱 가깝게 느낄 수 있게 했다. 그것은 교회에 가기만 하면 그곳에서 천상의 거주자들을 볼 수 있다는 것을 뜻했다. 교회의 전체적인 설계와 장식은 고개를 들어 위를 쳐다볼 때 천장화가 그려진 돔에 의해 색의 소용돌이와 장식물들이 강조되어 천상처럼 보일 수 있도록 꾸며졌다.

눈부실 정도로 아름다운 재료와 색으로 꾸며진 빛, 구름, 휘장, 성상이 모든 것들은 교회를 극장으로 바꾸어 놓았다. 웅변조의 혁명적인 방식을 통해 진리를 단 한순간에 얻게 하는 것이 그 목표였다. 성서에 나오는 이야기를 냉정하고 근엄하게 가르치던 예술은 이제 사라져 버렸다. 르네상스기의 균형 잡힌 비례는 혼란스러운 형태와 색채에 자리를 내주었다. 실제로 로마의 산타마리아 델레 비토리아, 코르나로 예배당에 있는 성 테레사 상은 천상의 모습에 접해 무아지경에 빠져 있으며, 그녀의 몸은 드레이퍼리•가 감각적으로 감싸고 있다.

• 드레이퍼리(drapery): 서양 미술에서 소묘 · 회화 · 조각에 묘사된 옷의 주름. 주름을 처리하는 기법은 옷감의 성질과는 아무런 관계가 없고, 대체로 걸치고 있는 옷 안의 인체 자체를 표현한다는 점에서 중요하다. 기법은 미술사조와 화가에 따라 다르게 나타난다.

베르니니의 〈성녀 테레사의 법열〉. 1644년에서 1647년 사이에 만들어진 이 상은 르네상스의 균형과 비례가 화려하고 장식적인 교회 장식에 자리를 내주었음을 상징한다.

그리고 코르나로 가家의 가족들이 마치 극장의 칸막이 관람석에 있는 관객들처럼 대리석 발코니 뒤에서 그 광경을 지켜보고 있다.

오늘날 우리가 바로크라고 부르는 그 새로운 예술 형식이 처음으로 완전히 실현된 것은 1578년의 일이었다. 바로크 건축의 양식이 잘 구현된 첫 전범은 로마의 예수회 교회인 제수 교회였다.

한편 공의회는 회의가 소집되기 두 해 전에 일어난 사건의 요점을 완전히 놓치고 있었다. 그 사건은 마르틴 루터가 꿈꾸었던 그 어느 것보다도 더 거대한 변화를 몰고 온다. 그 사건은 교회 자체의 명령에 대한 대답으로 생겨난 것이었다. 달력 개혁의 필요성이 심각하게 제기되고 있었다. 16세기에 들어서자 율리우스력에 약 11일의 오차가 생겨났는데, 이것은 아주 무식한 신자가 보기에도 달의 운행에 비추어 크게 잘못된 것이었다. 이것은 신학적인 문제였다. 구원을 얻으려면 신자들은 성도 기념일을 잘 지켜야만 했는데, 이제 부활절 같은 큰 축제일이 큰 문제를 불러일으키게 된 것이다. 부활절의 날짜가 걸린 달의 위상을 계산하기 위해서는 율리우스력뿐만 아니라 히브리력도 함께 고려해야만 했다. 따라서 날짜 계산은 무척 어려운 일이었다. 불행히도 태양 주기와 달 주기를 이용하여 날짜를 알아내는 간편한 방법은 없었기 때문이다. 태양과 달의 주기는 쉽게 들어맞지 않았다. 태음력 달이나 태양년에 정확히 들어맞는 숫자는 존재하지 않는다. 이 두 주기가 일치하는 때는 19년에 한 번에 불과했다. 그러나 19년은 신자들에게는 너무도 긴 시간이었다.

교황 식스투스 4세는 독일의 천문학자 레기오몬타누스에게 달력 개혁 문제를 연구해 줄 것을 요구했지만, 관측 자료들이 충분치 않은 상태에서 그가 할 수 있는 일이라고는 거의 없었다. 자료가 부족한 이유

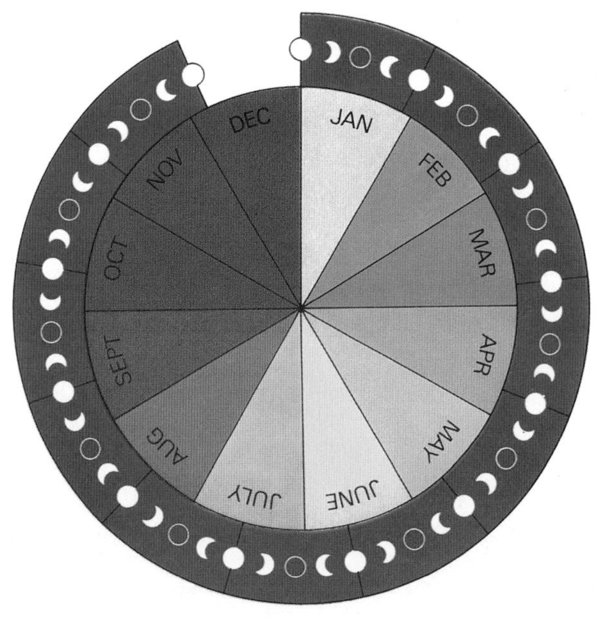


태양과 달의 월(month)이 일치하지 않았다는 것이 역법의 문제점이었다. 바깥쪽의 원은 달의 월을 가리키며, 각각은 28일이다. 월력으로는 한 해가 336일이 된다. 이는 안쪽의 태양의 해보다 29 1/4일이 짧았다.

는 두 가지였다. 대양을 횡단하기 이전의 항해가들은 우세풍과 해안 조류에 의존하여 항해했으므로 하늘에서 무슨 일들이 벌어지는지에 그다지 관심이 없었던 것이 그 첫번째 이유이다. 당시에는 아리스토텔레스의 우주론이 지배적이었는데, 그에 따르면 관찰 가능한 천체의 움직임이란 거의 없었다.

2천 년 동안이나 거의 그대로 유지되어 온 아리스토텔레스의 우주론 체계는 우주에 대한 상식적인 생각에 기초한 것이었다. 보통 사람들에게는 하늘이 움직이는 것처럼 보인다. 별들은 매일 밤 빠르게 선회를 하지만, 위치는 결코 바뀌지 않는다. 천극天極에서 북극성 주위를 도는 별들은 결코 사라지지 않는다. 고정된 별들 사이로 다섯 개의 방랑하는 빛이 보인다. 플래넷(planet: 행성)은 그리스어로 '방랑자'를 뜻한다. 태양이 지구를 도는 것처럼 달도 지구를 돌고 있다.

아리스토텔레스는 태양, 달, 행성과 별들이 각각 고정된 여덟 개의 수정체 천구들로 이루어진 우주론 체계로 이러한 현상들을 설명하였다. 움직이지 않는 지구 주위로 이들 천구들이 영원히 구르고 있었다. 게다가 하늘은 완전하고 불변하는 데 반해 지구는 그렇지 않았다. 지상의 사물들은 퇴락하고 죽었다. 지상의 운동은 모두 직선 운동이다. 물체들은 자신들에게 '적당한' 위치, 즉 그들이 찾을 수 있는 가장 낮은 위치로 수직 운동을 했다.

하늘에 있는 별들이 하는 운동은 완전하고 영원한 운동인 원 운동이었다. 천구는 파괴되지도 않고 다른 것으로 바뀌지도 않는 물질, 즉 에테르로 구성되어 있었다. 그것은 제5의 물질이었다. 반면에 지상의 원소들은 흙, 물, 공기, 불로 구성되어 있었다. 천구들은 원 운동을 했고 따라서 '강제된' 힘이 작용하지 않았기 때문에 붕괴하지 않았다. 지상에서는 사물들의 자연스러운 상태는 정지해 있는 것이긴 했지만, 모든 운동은 직선 운동이었다. 그러므로 지상에서 벌어지는 운동은 4원소의 운동을 제외하고는 모두 강제된 운동이다. 공기와 불은 가볍

PRIMVM MOBILE
CRISTALLINE
FIRMAMENT
FIER
AER
YEARTH
WATER
CŒLIFER ATLAS
Hic canet errantē Lunam, Solisq; labores
Arcturūq;, pluuiasq; hyad. gēinosq; triōes
ID.

기 때문에 위로 올라가고, 흙과 물은 무겁기 때문에 가라앉았다. 사물들은 모두 이 4원소로 구성되었다. 사물들이 썩는 이유는 강제된 힘에 굴복하기 때문이었다.

프톨레마이오스의 우주(1559). 구조물을 떠받치고 있는 아틀라스와 그 배경은 화가가 지어낸 것이다. 그러나 엄밀히 말하자면 가장 바깥쪽에 있는 천구 너머는 보이지 않는 신적 작용 말고는 아무것도 없었다.

지구는 하나의 구球였다. 왜냐하면 구는 완벽한 형태이며, 달에 비친 그림자를 통해서도 알 수 있기 때문이다. 지구는 정지해 있다. 그것은 지구에 자연스러운 힘이 작용하고 있거나 아니면 강제된 힘이 작용하고 있기 때문이다. 그런데 지구가 여전히 존재하는 것을 보면 그것이 자연스러운 운동일 것이다. 왜냐하면 강제된 힘은 사물을 파괴하는 힘이기 때문이다. 그러나 지상에서 가능한 자연스러운 운동은 오직 지구의 중심으로 향하는 직선 운동이었다. 만약 지구가 어떤 방식으로건 회전하거나 움직인다면, 그것은 '두 개의' 자연스러운 힘을 전제해야만 가능했다. 지구가 정지해 있다는 것만이 유일한 설명 방법이었다. 물론 이러한 생각은 성서에 의해 지지되고 있었다.

천구가 어떻게 움직이는가에 관해서는 두 가지 설명 방식이 있을 수 있었다. 행성들처럼 자체적으로 부양할 수 있는 사물들이 무수히 많이 있거나, 신이 부동의 원동자 역할을 해서 영원한 운동을 개시시켰다는 것이 그것이었는데 후자가 더 그럴듯하게 보였다.

그러나 이러한 체계로는 설명할 수 없는 일들이 있음은 명백했고, 그것은 교회를 곤란하게 만들었다. 수세기 동안 교회는 그것을 여러 방식으로 설명해 왔었다. 행성이 운행 경로를 바꾸는 경우도 있었다. 예를 들자면 화성은 때때로 멈추어 섰다가는 뒤로 가곤 했다. 천구가 방향을 바꿀 수 없다는 설명 하에서는 알렉산드리아의 천문학자 클라우디오스 프톨레마이오스가 2세기에 제시한 설명 방식만이 유일하게 설득력을 가졌다. 그는 각각의 행성들이 큰 천구에 붙어 있는 작은 구를 따라 돈다고 설명했다. 그의 천체 체계에서는 큰 천구를 도는 것과 작은 천구를 도는 것이 합쳐지는 경우 지상의 관찰자에게 시간 차이가 존재했다. 프톨레마이오스는 이러한 작은 천구들을 주전원이라고 불

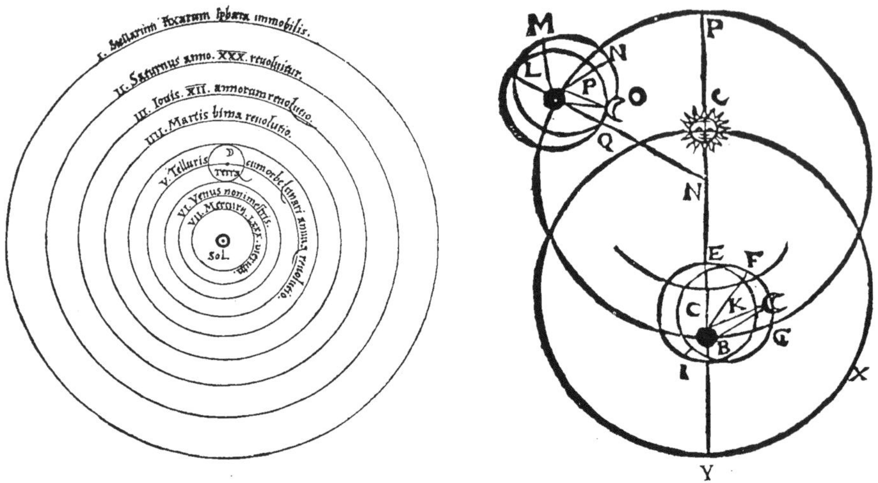


코페르니쿠스가 설명한 태양 중심의 행성계(1543). 행성의 속도와 운동이 규칙적으로 변하는 것을 설명하기 위해 코페르니쿠스는 90개나 되는 주전원을 사용해야 했다.

렀다.

달력을 개혁하기 위해서는 이러한 모든 현상과 그 원인에 대한 설명이 뒤따라야만 했다. 왜냐하면 우주, 그리고 그 안에 있는 만물은 모두가 신의 계획에 따라 만들어진 것이기 때문이었다. 아리스토텔레스와 프톨레마이오스에 대한 믿음은 사회 안정의 기반이었다.

1514년에 교황의 비서관은 폴란드 프롬보르크의 성당 참사회원이던 무명의 한 수학자에게 달력 개혁 문제를 연구해 줄 것을 요청했다. 니콜라우스 코페르니쿠스라는 그 사제는 달력 개혁 문제를 해결하기 위해서는 먼저 태양과 달의 관계가 밝혀져야 한다고 회답했다.

크라쿠프 대학교에서 수학했던 코페르니쿠스는 그 후 이탈리아로 가 파도바와 볼로냐에서 공부했고 1503년에 페라라에서 교회법으로 박사학위를 받았다. 여기서 그는 천문학과 관련하여 수학과 관찰에 중요성을 두고 있었던 동시대인들의 르네상스적 사고를 흡수했다. 1503년에 다시 프롬보르크로 돌아온 그는 틈틈이 천문학을 연구했다.

당시 행성의 이러한 명백한 불규칙성을 설명하기 위해 통용되던 체계는 아리스토텔레스가 채택했던 원래의 방식, 즉 원형 체계의 개념에 더 가까웠다. 그러나 코페르니쿠스는 그보다 더 단순한 체계로 그것을 설명해 내는 데 온 힘을 쏟았다. 그는 행성 운동의 불규칙성을 설명하는 더 나은 방법이 있다고 결론내렸다. 1514년 5월 1일 그는 『주해서』라는 제목의 짧은 글을 배포했다. 이 논문에서 코페르니쿠스는 아리스토텔레스 체계에 전면적인 의혹을 제기하고, 지구가 움직이는 태양 중심의 체계를 제안했다. 태양 중심설이 완전하게 출간된 것은 그가 사망한 1543년 이후의 일이었다. 아마 자신의 새로운 이론이 일으킬 파장에 대한 코페르니쿠스의 우려 때문이었을 것이다. 아니 어쩌면 단순히 그는 자신이 잘못 계산했다고 여겼기 때문일지도 모른다.

이 이론에서 그는 지구가 하루에 한 번씩 축을 중심으로 회전하면서 태양 궤도를 돈다는 태양 중심 체계를 제안했다. 그는 이탈리아의 인문주의자들이 좋아하던 피타고라스와 아리스타르코스를 인용함으로써 자신이 태양 중심설을 처음으로 만들어 낸 것이 아님을 인정받아 이단의 책임을 피해 갔다. 1543년에 출판된 그 저서에는 『천구의 회전에 관하여』라는 제목이 붙여졌다. 이 책에서 그는 우주의 중심이 태양 근처 어딘가에 있는 한 점이라고 주장했다. 그는 엄청나게 먼 별들 사이의 거리에 비하면 시차는 너무도 작기 때문에 측정할 수 없다고 주장함으로써 지구가 태양 주위를 돈다면, 별들의 위치가 변하는 것처럼 보여야 하지 않느냐는 별들의 시차 문제에도 대답했다. 그러나 그는 지구가 회전한다면 어째서 공중으로 던진 물체가 서쪽으로 기울어 땅에 떨어지지 않느냐는 물음에는 설명을 회피했다.

코페르니쿠스의 체계는 원 운동에 대한 철학적 신학적 믿음을 충족시켰다. 그러나 다른 모든 면에서 그의 주장은 아리스토텔리스학파와 기독교도들의 믿음의 심장부를 강타했다. 지구는 우주의 중심에서 밀려났고, 따라서 신의 계획의 핵심도 아니었다. 새로운 체계에서 우주는 더 이상 인간을 중심으로 창조된 것이 아니었다. 그의 체계는 또한 지구를 천체의 천구들 안에 놓음으로써 불멸하는 것과 불멸하지 않는 것 사이를 나누는 장벽을 제거하였다. 그러나 만약 그의 주장대로 지구도 불멸하는 것이라면, 지상의 사물들이 썩는 이유는 무엇인가? 해결 방안은 천구들이 부패하기 쉽고, 불완전하며, 변화할 수도 있다고 설명하는 것이었다. 그는 별들에서 관찰되는 시차 축이 부족한 것을 근거로 우주가 무한하다는 주장에 가까운 말을 했다. 그것은 완전히 닫힌 우주라는 신조에 정면으로 배치되는 것이었다.

코페르니쿠스설은 출판되기 전에 20년 동안 유럽 전역에서 논의되었었다. 역설적이게도 가장 먼저 공격을 개시한 쪽은 신교도들이었다. 루터는 이렇게 말했다. "하늘이나 하늘의 덮개, 해와 달…… 이 아니라 지구가 회전한다는 것을 입증하려고 발버둥치는 오만불손한 천문학자의 말에 현혹되고 있다. 그 바보는 천문학 전체가 뒷걸음치는 걸 바라고 있다." 그의 동료 종교개혁가인 필리프 멜란히톤의 말은 더 심했다. "멍청이가 새것 중독자들을 사로잡았다." 장 칼뱅은 성서로 눈을 돌렸다. "성서에는 '세계는 또한 그것이 움직일 수 없게 정해졌다' 고 씌어 있다."

그러나 코페르니쿠스의 제자로서 신교도 대학의 교수로 있던 요아힘 레티쿠스가 코페르니쿠스의 저술을 출판한 지 불과 2년 만에 로마 교황청은 트렌토 공의회에서 아무런 반대 없이 그 책을 받아들였다. 그것은 코페르니쿠스적 사고가 가진 명백한 혁명성을 간과한 것이었다. 공식적인 견해는 이미 1541년에 네덜란드의 천문학자 헤마 프리시위스에 의해서 표명되었었다.

> 별들의 운동과 그 운동 주기에 관한 정확한 지식을 가지고 있고, 그리고 그것들 모두를 정확히 계산해 낼 수만 있다면, 그가 지구가 움직인다고 주장했는지, 아니면 지구가 움직이지 않는다고 주장했는지는 나에게는 그리 중

요하지 않다.

코페르니쿠스설은 그 수학적 정밀성 덕분에 높은 평가를 받았다. 그의 이론 덕분에 학자들은 천체를 정확하고 반복적으로 관측할 수 있게 되었다. 그는 자신의 이론을 설명하기 위해 교황에게 보낸 편지에서, 자기는 천체에 수학적 질서를 부여하려던 이전의 시도가 각기 서로 다른 체계를 사용함으로써 혼란에 빠져 있다는 사실에 주목했었다고 썼다. 그는 자신의 목표가 질서를 가져오는 것이라고 공언했다. 레티쿠스는 1540년에 그를 변호하면서 이렇게 말했다. "…… 학식이 높은 내 스승이 내놓은 가설은 그것과 상호 교체될 수 있는 현상들에 매우 잘 들어맞는다. 그것은 마치 잘 내려진 정의定意와 같다." 또 다른 학자 조반니 폰타노는 1512년에 이렇게 말했다.

그 원(이를테면 천구)들은 보이지 않는다. 왜냐하면 그것들은 실제로 존재

달력을 개혁하기 위해 교황 그레고리우스 13세의 주도로 열린 교황청 위원회. 탁자 위에 최신 천문 기구가 보인다. 연사의 지시봉이 가리키고 있는 것은 황도표이다.

> 하지 않기 때문이다. 그것들은 가르치거나 이해하기 쉽게 하려고 머릿속에서 가정해 낸 것이다. 우리가 보는 하늘에는 선이나 교차점 따위는 없다. 그것들은 대단히 천재적인 사람들이 천문학을 가르치거나 보여주려는 생각에서 만든 것으로, 그러한 과정이 없었다면…… 다른 사람들에게…… 천문학을 이해시키는 일은 불가능했을 것이다.

심지어는 그보다 일찍이 장뎅의 장이라는 중세의 학자가 자신이 살던 시대의 일반적인 견해에 대하여 이렇게 표현한 적이 있다.

> 만약 주전원이…… 존재하는데도, 천체의 움직임과 그 밖의 다른 현상들이 지금과 똑같이 일어난다면…… 천문학자들은 행성들의 위치와 운동을 정확하게 측정할 수 있는 수단이 주어진다면, 자신들이 하늘에 상정한 것과 같은 수단이 실제로 존재하는지 존재하지 않는지에 대해서는 탐구하지 않는다.…… 앞의 것이 틀릴지라도 결과는 옳을 수 있기 때문이다.

학문의 마지막 전성기를 맞아 장은 교회의 무관심에 대해 설명한 것이다. 중요한 것은 행성과 다른 천체 현상들의 '겉보기 현상들을 구해 내는 것' 뿐이었다. 코페르니쿠스가 제안하고 있는 것이 물리적으로 실재한다고는 생각하지 않았다.

고대 이래로 천문학의 과업은 천체의 불규칙성을 원 운동의 이론에 들어맞는 관점에서 설명해 내는 것이었다. 코페르니쿠스설의 매력은 천체의 운동을 단순하고 단일하게 환원해 적용하기가 편하다는 데 있었다. 코페르니쿠스설은 편의상 쓰이는 수학적 상상물로 여겨졌고, 따라서 이단으로 몰리지도 않았다. 인간의 눈에는 어떻게 비치건 간에, 신은 실제로 천체가 성서와 아리스토텔레스가 말한 것처럼 움직인다는 것을 알고 있었다.

코페르니쿠스는 최대한 단순하면서도, 가능한 한 정확하게 '겉보기 현상들을 구할', 즉 천체에서 발생하는 현상을 설명할 수 있는 가설들을 요구하는 모든 사람들을 만족시켰다. 허구상으로만 궤도를 도는 지구가 그 일을 해냈다. 그 도식은 아무런 주저함 없이 채택되어 1582년의 달력 개혁에 쓰였다. 그런데 또다시 역설적인 일이 벌어졌다. 신교도가 그를 도운 것이다. 비텐베르크의 천문학 교수였던 에라스무스 라인홀트는 1551년에 코페르니쿠스의 계산에 근거해 새롭게 개선한 천체표들을 고안해 냈다. 프로이센의 공작에게 헌정되었기 때문에 프레이센 표라고 불리는 이 표는 새로운 달력을 계산해 내는 데 기초가 되었다.

뉘른베르크, 아우크스부르크, 울름, 레겐스부르크 등의 커다란 광

17세기 첫무렵의 최신 과학 기술이 이룩한 경이로움을 보여주는 그림. 새롭게 발견된 아메리카 대륙, 증류법, 대포가 보인다. 모두 과학 연구에 지대한 영향을 끼친 것들이다.

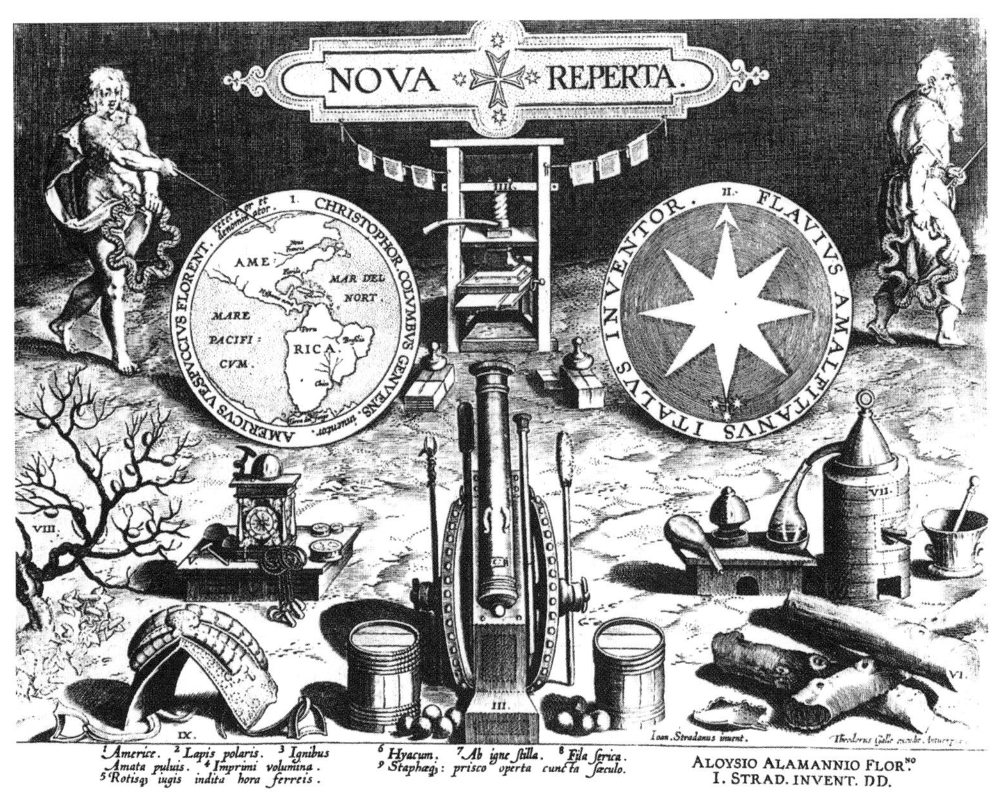

아리스토텔레스의 물리학 법칙에 따라 대포를 발사하는 그림. 대포알은 위 아래로 직선으로만 움직일 수 있다.

업 도시들이 한 세기 이상 기계 제작의 중심지였던 독일은 천문학이 특히 발전해 있었다. 최신형 대포들이 제작되던 곳도 바로 이 도시들이었다.

화약이 널리 사용되는 데는 백 년밖에 걸리지 않았다. 화약은 유럽의 군주들에게 즉각적이고도 광범위한 호응을 얻었다. 반란을 일으킨 타운을 진압하러 간 군주들이 하는 일이라고는 단지 자신들이 대포로 무장하고 있다는 사실을 알리는 것뿐이었다. 16세기 중엽 대포에 구멍을 내는 새로운 방법이 개발되었다. 청동을 사용해 더 저렴한 비용으로 포를 주조할 수 있게 되고, 조준과 발사에 더 많은 신경을 써서 포구砲口의 정밀도가 높아진 것도 같은 시기의 일이었다. 유럽 각지의 기술자와 포수砲手들이 좀더 정확하게 발사할 수 있는 방법을 찾기 위해 고심했다. 지구를 행성들 사이에 위치시키고, 천상과 지상의 사이에 존재하는 차이를 희석시킴으로써 코페르니쿠스의 작은 이단자들이 중요한 변화를 이끌어 내는 순간이었다.

대포알의 운동을 분석하기 위해서는 공기중에서 포탄에 어떤 일이 발생하는가를 알아야만 했다. 아리스토텔레스의 법칙에 따르면 지상에 있는 물체들의 자연스러운 상태는 정지하는 것이다. 무거운 물체들은 모두 지구의 중심으로 가까워지려는 자연스러운 '욕망'을 가지고 있기 때문에 자신들이 찾을 수 있는 가장 낮은 장소에서 정지해 있으려는 경향을 갖는다. 지구의 중심에서 멀어지는 방향으로의 운동은 동인動因이 없이는 불가능하다. 또한 사물들은 낙하할수록 점점 빨라지는데, 그것은 그들이 자신에게 가장 자연스러운 위치인 낮은 곳으로 행복해 하며 움직이기 때문이다. 그와 다른 방향으로 움직이는 물체의 경우에는 일단 동인의 작용이 멈추면 물체의 운동도 멈춘다. 따

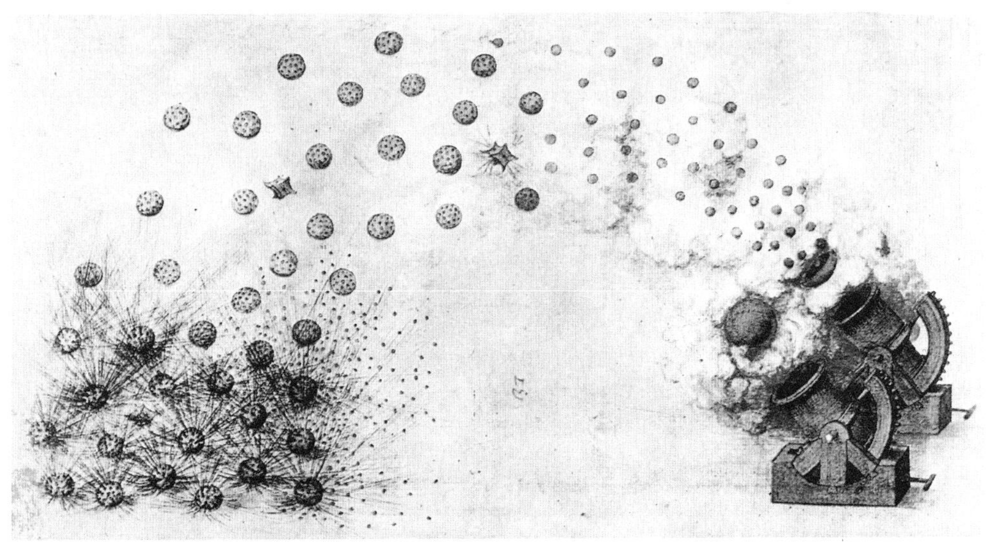

대포알이 발사되는 장면을 그린 레오나르도 다 빈치의 드로잉. 곡선으로 나가는 대포알의 경로는 언뜻 보면 아리스토텔레스에 대한 도전하는 것으로 보인다. 그러나 그는 이러한 화가적 감성을 넘어서서 물체에 대한 분석을 시도하진 않았다.

라서 물체는 지구에 직선으로 낙하하는 데서 행복을 찾는다고 할 수 있다. 사물이 계속해서 움직이는 동안의 속도는 그것을 둘러싸고 있는 매질이 저항하는 크기에 달려 있다. 아리스토텔레스가 진공이 없다고 말한 것은 바로 이러한 이유 때문이었다. 만약 진공이 존재한다면 물체는 아무런 저항도 받지 않고 순간적으로 이곳에서 저곳으로 움직일 수 있을 것이다. 이러한 일은 결코 볼 수 없으므로, 진공은 절대로 존재하지 않았다.

자칭 아리스토텔레스 신도들에게조차도 이러한 주장에 결함이 있다는 사실은 명백했다. 발사체들은 똑바로 직선을 이루며 땅으로 떨어지는 것이 아니라, 포물선을 그리며 떨어졌다. 활시위, 즉 동인을 놓아도 화살은 땅에 즉시 떨어지지 않았다. 이러한 현상들과 관련이 있는 '점차로 변화하는 힘'에 대해 처음으로 설명한 것은 장 뷔리당과 니콜 오렘이라는 두 프랑스 성직자들이었다. 그들은 그 힘을 '임페투스(impetus: 관성)'라고 불렀는데, 그들이 자신들의 이론을 출판한 지 백 년 이상이 지난 후인 15세기에는 이 용어가 널리 받아들여졌다.

임페투스 개념은 모든 사물에는 그들만의 '성질'이 있다는 아리스토텔레스의 이론에 잘 들어맞았다. 임페투스는 '운동을 제공하는 성질'이었다. 임페투스는 부지깽이에서의 열과 같이 물체 속에서 생겨나지만 시간이 지나면 소멸되는 그런 작용을 하는 속성으로 여겨졌다. 물체가 빠르게 움직이면 움직일수록 더 많은 임페투스를 소유할 수 있었다. 이것이 바로 물체가 낙하할 때 가속이 붙는 이유였다.

그러나 15세기가 끝나기 전에, 레오나르도 다 빈치가 대포알은 포물선을 그리며 나간다는 것을 보여주었다. 임페투스가 있건 없건 상관없이 이것은 불가능한 것으로 여겨졌었다. 왜냐하면 자연스러운 운동과 강제된 운동이라는 두 종류의 힘만이 존재한다는 아리스토텔레스의 법칙을 위반하는 것이기 때문이었다. 발사된 직후의 대포알의 운동은 직선이었고 그것은 설명이 가능했다. 그것은 타락한 지상의 운동이었다. 그러나 뒤이어 나타나는 포물선은 순수한 천상의 운동이었고, 지상에서는 있을 수 없는 운동이었다.

대포는 아리스토텔레스의 이론에 구멍을 냈다. 실험을 해본 모든 사람들에게 탄도가 포물선을 그린다는 사실은 명백했기 때문이다. 그것을 설명하는 데는 아르키메데스가 도움이 되었다. 코페르니쿠스설이 출판된 해인 1543년에 니콜로 타르탈리아라는 이탈리아의 한 포술砲術 전문가가 수중에서 물체의 운동에 관한 아르키메데스의 논문의 라틴어판을 출판했다. 그 논문은 아르키메데스가 목욕통에서 변위變位의 원리를 발견한 후 일으켰던 그 유명한 유레카 사건에 기초를 둔 것이었다. 그의 논문은, 여러 매질에서 일어나는 물체의 운동에는 법칙이 있으며 기하학적 수단을 활용해 측정이 가능하다는 것을 증명했다. 아르키메데스는 물체들이 가지고 있다고 여겨지던 신비스러운 '특성'들로부터 무게, 무게 중심, 균형 등과 같은 양화할 수 있는 문제들로 강조점을 옮겨 놓았다.

16세기 후반 배를 설계하고 있는 모습. 이 그림에서 보이는 것과 같은 수학적 정확성에도 불구하고, 변위에 대한 이해 부족 때문에 많은 배들이 항해에 적합치 않아 난파했다.

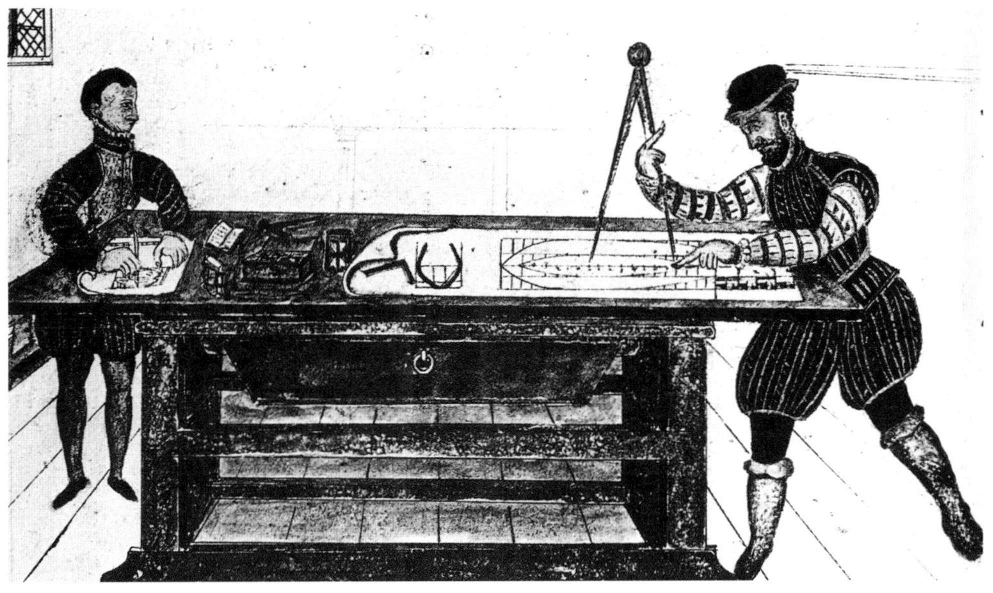

1551년에 쓴 기념비적인 논문에서, 타르탈리아는 천상의 물체들에만 있다는 곡선 운동이 포탄을 쏘아올릴 때도 나타난다는 사실을 보여줌으로써 아리스토텔레스의 법칙을 뒤엎었다. 하지만 그는 자신의 발견으로부터 아무런 철학적 결론도 끌어내지 않았고, 그 때문에 박해를 피할 수 있었다.

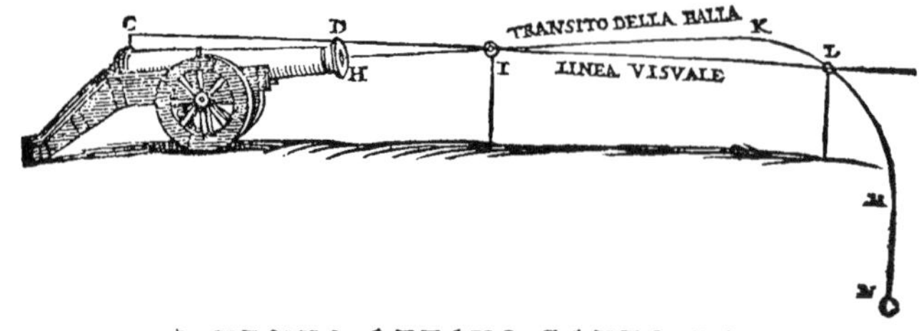


QVESITO OTTAVO FATTO DAL.
medesimo.S.Prior di Barletta.

PRIORE. Hor seguitamo la materia de hiersera. N. Hiersera(se ben mi aricordo)fu detto tutti gli effetti, ouer botte che puo occorrere, quando che per la molta cortezza, ouer bassezza della mira denanti rispetto à quella de drio, la nostra

아르키메데스의 저술들을 번역한 타르탈리아는 베네치아 대학의 수학 교수로 있었다. 그의 본명은 폰타나였고, 타르탈리아는 브레시아 전투에서 머리 부상을 당한 후 얻은 언어 장애 때문에 붙여진 별명으로, '말더듬이'라는 뜻이었다. 타르탈리아가 가장 관심을 가지고 있던 분야는 군사과학이었고, 그의 이론들은 대포 발사 능력을 개선하고 싶어하는 귀족 후원자들의 수요와 맞아떨어졌다.

타르탈리아는 이미 1537년에 『새로운 과학』이라는 대포알의 탄도에 관한 책을 출판했었다. 이 책에서 그는 대포알은 포물선을 이루며 날아가고, 가장 멀리 쏘려면 발사각을 45도로 해야 한다는 것을 밝혔다. 이탈리아어 판이 출판된 것은 1551년이었는데, 그의 제자였던 조반니 베네데티가 그 책을 처음 읽은 것도 아마 그 무렵이었을 것이다.

역사가들에게는 거의 잊혀졌지만, 베네데티는 그때 막 유럽의 사상계를 지배하려고 하던 철학적 혁명에 동시대의 어느 누구보다도 큰 기여를 했을 것이다. 수학자인 그는 물체를 낙하시키는 것보다 물체를 쏘는 데 더 흥미를 느끼고 있었다. 물체의 낙하 속도에 무게를 관련시켜 아리스토텔레스의 주장을 시험해 보려는 생각을 한 사람은 일찍이 아무도 없었다. 베네데티가 처음으로 그 일을 해냈다. 그는 무시해도 좋을 만큼의 무게를 지닌 실을 써서 같은 무게의 두 물체를 묶으면 무게는 두 배가 될 것이고, 따라서 두 배의 속도로 낙하할 것이라고 가정했다. 그러나 그런 일은 생기지 않았다. 베네데티는 그것들이 원래의 속도대로 떨어진 것은 그것들이 무겁건 가볍건 간에 낙하하면서 받는 공기 저항 때문이라고 생각했다. 즉 그것들은 아르키메데스가 말한 물 위에 뜬 물체들처럼 운동했던 것이다. 그러므로 진공 상태에서는 깃털도 무거운 물체와 똑같은 속도로 떨어질 것이다. 하지만 관찰을 통해 이 사실을 증명하는 것은 진공 펌프가 발명되는 다음 세기까지 기다려야 했다.

베네데티의 이러한 모든 이론과 관찰들은 에스파냐의 도미니쿠스 수도사인 구스만이란 사람에게 보낸 편지에 설명되어 있다. 그 이후 여러 해 동안 그는 파르마에서 오르시니 공작의 예배당 관리인 겸 수학자로 있으면서 임페투스 이론과 원 운동 개념에 무엇이 잘못되어 있는가를 알아내려는 연구를 했다. 그가 처음에 한 일은 사물들이 점점 빠르게 낙하하면서 되도록 가장 낮은 위치, 즉 일종의 '적당한 위치'로 간다는 아리스토텔레스적 사고를 거부한 것이었다. 베네데티는 일어난 일 자체보다 발사되어 날아가고 있는 물체에 무슨 일이 벌어지고 있는가를 더 집중적으로 연구했다. 그는 줄의 끝에 돌을 매달아 회전시키다 끈을 놓으면 그 돌은 자신이 돌고 있던 원에 접한 직선으로 날아간다는 것을 알아냈다. 그러므로 임페투스는 물체를 원뿐만 아니라 직선으로도 움직이게 한다는 게 명백했다. 더욱이 발사체가 땅에 떨어지는 방식을 보면 임페투스가 물체를 땅에 떨어지게 하는 어떠한 상태도 만들어 내지 않는다는 것이 확실했다.

그러나 베네데티의 노력은 어느 하나도 가치있다는 평가를 받지 못했다. 그의 생각은 장 테스니에라는 프랑스인에게 도둑 맞아 베네데티라는 이름은 2백 년이 넘게 세상에 알려지지 못했다. 테스니에가 표절한 그의 저술은 대단한 갈채를 받았다. 하지만 얼마 안 있어 돌의 낙하와 대포 발사가 어떤 가치를 지니고 있는지 공개적으로 시험된다. 1572년 끝무렵 밤하늘에 한 신성新星이 카시오페아 자리에서 조용히 빛을 내며 온 유럽을 깜짝 놀라게 했다. 그 별은 대낮에도 보일 정도로 밝았는데 2년 동안이나 빛을 발하고 난 후에야 사그라들었다.

새로운 별의 출현은 아리스토텔레스적 우주론을 뿌리째 뒤흔들었다. 먼저, 우주가 완전하고 불변하는 것이라면, 그리고 신이 7일째에 그 수고를 끝내고 창조를 완성한 것이라면 그 별은 어디서 온 것이란 말인가? 게다가 그 별은 아무런 시차視差도 보여주지 않는데, 그렇다면 바깥쪽의 천구 너머의 믿을 수 없을 만큼 먼 거리에 있어야만 했다. 교회는 학자와 농민들 앞에서 점점 설 곳을 잃어 가고 있었다. 사물이 변화할 수 있는 곳은 지구의 구밖에는 없다는 아리스토텔레스의 이론에 따라 몇몇 학자들이 그 신성이 지구의 구에 속한다는 것을 증명하려고 애썼지만 소용이 없었다. 그들은 신성이 기상과 관련있는 어떤 것으로, 일종의 무지개 같은 현상이라고 주장했다. 그렇다 하더라도 시차의 문제는 계속해서 남았다.

모든 사람들이 생각하고 있던 것을 발표한 사람은 튀코 브라헤라는 덴마크인이었다. 신성이 출현한 1572년 끝무렵 그는 스물여섯 살이었다. 열여섯 살 때부터 그는 대부분의 시간을 관찰에 쏟아부었고, 독일 아우크스부르크의 천문대에도 잠시 있었다. 그가 신성을 본 것은 고향으로 돌아온 직후의 일이었다. 그는 천문학은 고도로 정확한 관찰에 의해서만 발전할 수 있다고 항상 확신하고 있었다. 그는 거대한 사분의•를 사용해 다른 천문학자들보다 열 배나 정확하게 천체상의 위치를 측정할 수 있었다. 이러한 정확성은 우주가 변화하는 것이 확실하므로 아리스토텔레스가 틀렸다는, 반박할 수 없는 명백한 증거를 제공했다.

1573년에 출판된 브라헤의 책 『신성』을 보고 큰 감명을 받은 덴마크의 왕은 덴마크와 스웨덴 사이에 있는 호벤의 봉건영주직을 하사했

• 사분의(四分儀): 천문이나 항해에서 고도를 측정하는 데 쓰이는 도구. 각 도를 나타내는 눈금이 새겨진 사분원이 달려 있다.

위: 1577년에 나타난 대 혜성을 기념하기 위해 주조된 메달. 브라헤로 하여금 타원형 궤도를 발견케 하고, 수정 같은 구들이 존재하지 않는다는 것을 알아채게 한 바로 그 혜성이다.

왼쪽: 흐벤에 있던 브라헤의 천문대 우라니보르그. 실제로 브라헤는 2년 동안 매일 밤 하늘을 관측했다.

다. 브라헤는 그곳에다 즉시 바로크식 성城을 짓고 우라니보르그라는 이름을 붙였다. 많은 조수들의 도움을 받게 된 그의 관측은 더욱더 정확성을 더해 가며 계속되었다. 실제로 그는 그 후로 20년 동안 밤마다 하늘에서 벌어지는 모든 일들을 관찰했다.

아리스토텔레스의 우주론에 미심쩍어하던 브라헤는 흐벤으로 옮긴 지 4년 뒤인 1577년에 출현한 큰 혜성을 보고 나서 자신이 옳았음을 확인할 수 있었다. 그때까지 혜성은 무지개처럼 대기중에 나타나는 지구와 달 사이에서 일어나는 현상의 일부분으로 여겨지고 있었다. 그는 그 혜성이 신성보다 훨씬 가깝다는 것을 보여주는 작은 시차를 관측해 냈다. 그러나 시차의 축은 행성이 움직여 감에 따라 하루하루 작아져 갔고, 결국에는 지구에서 달보다도 멀리 떨어져 있다고 생각될 수밖에 없을 정도로 작아졌다.

그것은 하늘은 변화하지 않는다고 생각되던 당시로서는 또 다른 새로운 별이었으며, 또 다른 변화였다. 그보다 앞선 관측자인 비네비츠는 혜성들의 꼬리가 항상 태양의 반대쪽을 향하고 있고, 그로 인해 혜성이 태양의 영향 아래 있는 것처럼 보인다는 것을 알아냈다. 아리스토텔레스에 따르자면 이것은 혜성들이 태양의 구에 있다는 것을 의미해야만 했다. 그러나 한 행성의 구는 하나의 천체만이 있을 수 있었다. 혜성을 위한 별도의 구가 존재하는 것일까? 브라헤의 관측 결과들은 혜성이 '타원형' 궤도로 움직이고 있음을 확실히 보여주고 있었다. 이것은 혜성이 행성 천구들을 '통과하며' 움직이고 있음을 뜻했다. 그것은 불가능한 일이었다.

브라헤는 자신이 내린 결론을 출판했다. "하늘에는 어떠한 천구도 실재하지 않는다.…… 혜성이 부착되어 있을 실재의 천구를 발견하고자 노력하는 것은 부질없는 일 같다.…… 〔혜성들이〕 어느 천구에건 부착되어 돌고 있다는 것을 증명할 수단은 존재하지 않는다."

코페르니쿠스설에 대해 브라헤가 내놓은 절충안. 그가 제시한 체계에서는 모든 행성들이 태양을 돌지만, 그 일단의 태양과 행성들은 지구-달 체계를 돈다. 태양중심설을 완전히 받아들일 수 없었던 사람들에게 이런 조심스런 접근법은 설득력이 있었다.

브라헤는 코페르니쿠스의 설명을 완전히 그대로 받아들일 준비가 되어 있지 않았다. 그는 절충적인 체계를 고안해 냈다. 모든 행성들이 태양을 중심으로 돌지만, 태양과 달만은 지구를 중심으로 돈다. 브라헤는 타원 궤도라는 정말로 난해한 문제에 대한 해답을 찾아낼 수가 없었다. 그런 일은 가능하지가 않다. 원형이 아닌 궤도가 어떻게 규칙적이고 안정된 상태로 유지될 수 있겠는가?

한편 브라헤의 발견으로 제기된 더 큰 문제가 있었다. 만약 행성들이 수정체 천구들에 의해 유지되는 것이 사실이 아니라면, 행성들은 왜 떨어지지 않는가? 그리고 행성들이 천구에 붙어 있지 않다면, 행성들을 움직이도록 하는 매질은 무엇인가?

피사의 어느 실패한 포목상의 스물아홉 살 난 아들이 1591년에 파도바 대학의 수학교수로 임용되었다. 바로 갈릴레오 갈릴레이였다. 그는 브라헤가 제기했던 물음을 연구하면서 특별한 일 없이 파도바에서 18년 간을 보냈다. 갈릴레이는 낙하 물체나 날아가는 발사체와 관련하여 하늘에서나 땅에서나 모두 똑같이 잘 적용될 수 있는 운동 법칙이 있다고 믿었다.

갈릴레이는 물리학자들은 아리스토텔레스가 말한 '본질'을 이제 버려야 한다고 제안함으로써 지적 혁명을 촉발시켰다. 무슨 일이 일어나고 있는가를 알아내는 유일한 방법은 발견과 실험뿐이라는 게 그의 생각이었다. 발생한 일들 가운데 규칙적인 사건이나 행동, 현상의 가장 가까운 원인은 실험을 통해서 찾아야만 하며, 또한 반복적인 관찰이 가능해야 한다. 감각 기관을 통한 우주의 관찰도 믿을 수 있는 것이다. 그리고 가능한 한 모든 것이 수학으로 환원되어야 한다.

물체가 어떻게 낙하하는가를 알아내서 그것을 수학으로 환원하는 일은 힘든 작업이었다. 물체의 낙하가 너무나 빠르게 일어나는 일인데다 1초 미만의 정확한 측정을 필요로 했기 때문이었다. 1602년에 갈릴레이는 의사인 자신의 친구 산토리오의 발명품을 이용하기 시작했다. 그 장치는 눈금이 표시된 막대 끝에 실로 추를 연결해 놓은 맥박계였다. 추를 올리고 내림에 따라 진동 주기가 바뀌었는데, 진동하는 데 걸리는 시간은 추의 위치를 표시하는 눈금을 통해서 알 수 있었다.

시간을 측정하는 이 기구를 이용할 수 있게 된 갈릴레이는 공기중을 날아가는 대포알에 관한 가설 설정 작업에서 실제 실험으로 개념상의 도약을 했다. 그는 실험은 먼저 추상화의 과정을 거친 후에 그 결과를 실제에 적용하는 것이라고 생각하고 있었다. 그는 땅에 떨어질 때 직선으로 움직이는 물체는 그것이 임페투스 때문이건 아니건 그 경향성, 즉 일종의 잡아 당기는 힘의 영향을 받을 때까지는 같은 방향으로 가고자 한다고 추론했다. 잡아 당기는 힘이 작용할 때 그것은 땅으로 떨어지게 된다. 대포알은 발사되어 아래로 하강하기 시작하면 속도가 올라간다. 대포알의 운동은 직진과 하강 운동이 혼합되어 있는데, 한 운동에서 다른 운동으로 바뀌는 일은 점진적으로 빨라진다.

갈릴레이는 이러한 추상적인 개념을 포물선 형태의 나무 홈통에 공을 놓아 아래로 구르게 하는 실험을 통해서 실제로 재현해 냈다. 실과 쐐기못 약간, 그리고 산토리오가 만든 맥박계로 갈릴레이는 온갖 크기의 공과 경사면을 이용한 실험을 계속해서, 물체가 경사면을 굴러 내려올 때는 같은 시간 동안 같은 비율만큼 속력이 증가한다는 결론을 내리게 되었다. 그것이 바로 '1초의 제곱당 32피트'*의 법칙이었다.

이것은 코페르니쿠스가 해결하지 못했던 문제를 설명할 수 있었다. 지구가 회전하는데 왜 땅으로 낙하하는 물체들은 원래의 위치에서 서쪽으로 떨어지지 않는가? 갈릴레이는 지구가 도는 데 따라 모든 것이 함께 돌고, 따라서 낙하하는 물체도 지구와 함께 동쪽으로 움직인다고 주장했다. 물체가 투하된 지점에서 수직인 지점으로 낙하하기 위해서는 두 가지 요소가 작용해야 했다. 그는 상식적인 경험을 예로 들어 설명했다. 배의 돛대 꼭대기에서 물체를 떨어뜨리면 물체는 갑판으로 떨어진다. 배와 물체가 모두 함께 움직이고 있기 때문이다. 이

* 지구의 중력가속도이다. 미터법으로 환산하면 약 9.80㎨이다.

러한 설명은 아리스토텔레스의 강제적인 운동과 자연스러운 운동의 구별을 없애고, 행성들의 운동에 수학을 적용시킬 수 있는 틀을 제공했다.

당시에는 물체가 처음 장소로 떨어지도록 하는 것이 무엇인가에 관한 새로운 생각도 널리 퍼져 있었다. 1600년에 엘리자베스 1세의 주치의였던 윌리엄 길버트는 『자석에 관하여』라는, 자석에 관한 해설서 한 권을 출판했다. 자석이 왜 그렇게 반응하는지를 알아내는 것을 목표로 18년 동안이나 연구한 끝에, 그는 지구가 인력이 있는 남극과 북극을 가진 큰 자석이며, 물체를 낙하시키고 지구의 표면 위에 붙어 있게 하는 것이 바로 이 자기 인력이라고 생각했다. 이 자성磁性은 지구의 회전 효과를 상쇄할 만큼 강력했다. 여기서 지구의 회전 주기가 24시간이란 사실과 지구의 크기를 알게 되는 데는 그다지 많은 시간이 걸리지 않았다.

세계는 이제 더 이상 사물들에 욕망이나 경향을 부여하는 신비스러운 '본질'과 '성질'로 이루어진 것이 아니었다. 자연 법칙에 따라 가속도가 붙는 '자연스러운' 운동이 이루어지는 세계였다. 지구의 끌어당기는 성질 같은 '강제적인' 운동은 자연스러운 운동에 작용하는 힘이었다. 이제 왜 물체가 그렇게 움직이느냐가 아니라, '어떻게' 움직이느냐가 더 중요한 질문이 되었다.

이 기간 동안 거의 모든 분야에 걸친 활동의 중심지가 점차로 지중해에서 북쪽으로 옮겨졌다. 신교 국가인 독일에 있는 주요 금속 산업과 포르투갈의 향료 수입은 가장 이익이 많이 남는 시장이었던 북부유럽으로 옮겨 갔고, 16세기 중반에 이르러 안트베르펜은 국제 무역의 중심지가 되었다. 흑사병이 창궐한 이후 저지대국의 섬유 산업은 유럽의 경제 회복의 열쇠가 되었고, 그 결과 중세 이후부터 저지대국들은 북부유럽의 경제에서 독보적인 위치를 차지하게 되었다. 포르투갈의 향료가 최종적으로 독일의 귀금속으로 교환되는 곳이 바로 홀란

트였다.

이탈리아 은행의 대리인들도 홀란트에 와 있었으며, 정교한 신용 시스템이 점차로 발전해 가고 있었다. 특히 그 세기 중반에 에스파냐의 원격지 왕 펠리페 2세의 고압적인 법은 점차 저지대국 북부 지방 신교도들의 저항에 부딪혔다. 1566년 네덜란드인들은 에스파냐인들로부터 땅을 되찾으려는 시도를 시작했다. 침묵공 빌럼 1세 치하에서 벌어진 그 게릴라전은 마침내 피비린내 나는 혼란을 일으키게 되었다.

자치적인 경향이 강했던 북부 지방의 홀란트가 처음으로 에스파냐의 지배에 반기를 들었다. 상황은 더욱 나빠졌고, 1576년에 에스파냐 군대가 안트베르펜을 공격했다. 안트베르펜은 과거의 국제적 명성을 다시는 되찾지 못했다. 전쟁의 결과로, 1579년에 북부 지방들이 위트레흐트에 모여 에스파냐에 영원히 저항하겠다는 조약에 서명했다. 그리고 1581년 각 지방들은 자신들의 주권 포기를 선언하는 공식 문서에 서명하고, 에스파냐로부터 떨어져 나와 암스테르담을 수도로 하는 네덜란드 공화국을 세웠다.

같은 해에 안트베르펜에서 회계사를 하던 시몬 스테빈이라는 이가 새로 생긴 레이던 대학으로 부임해 갔다. 스테빈은 유럽의 많은 군사 지도자들의 고문 역할을 했었는데, 특히 네덜란드가 군사력을 재정비하던 동안에는 마우리츠 공公의 고문역을 맡았다. 1600년에 스테빈은 모래 위를 달리는 요트를 왕에게 만들어 바쳤는데, 그 요트는 네덜란드와 외국의 고위인사 28명을 태우고 북해의 모래를 따라 스헤베닝언에서 페턴까지 약 23킬로미터를 달렸다.

스테빈의 실용적인 작업에는 항해뿐만 아니라 제분기와 수문(水門)의 개량도 포함되어 있었는데, 네덜란드인들에게는 특히 중요한 것들이었다. 1585년에 그는 지상에서 행한 실험들을 하늘의 행성들에 적용해 관련된 문제들을 풀 수 있는 계산 기법을 연구하기 시작했다. 그는 소수의 사용법과 그것을 도량형에 적용하는 법을 체계적으로 설명한 책을 처음으로 출판했다.

1585년에 그는 수학과 대수학에 관한 중요한 연구 결과를 제출했다. 1년 후 그는 『무게측정술의 요소들』이라는 책을 썼는데, 이 책에는 수학에 문외한인 사람들도 쉽게 이해할 수 있게 설명하겠다는 그의 욕망을 잘 보여주는 좋은 예가 하나 나온다. 금속 구슬로 된 목걸이를 꼭지점이 위에 있고 한 면이 다른 한 면보다 긴 삼각형에 건다면, 목걸이는 삼각형 위로 걸쳐질 것이다. 그러고 나서 삼각형 아래쪽으로 늘어진 구슬들을 모두 치우면, 경사진 두 개의 면에 걸쳐진 것들만 남을 것이다. 짧고 경사가 급한 면에는 두 개의 구슬이, 길고 경사가 둔

스테빈의 유명한 '천구들의 고리'가 그려진 그의 책표지. 그의 과학적 모토인 "보이는 것 가운데 기적은 없다"가 보인다.

한 면에는 네 개의 구슬이 놓이게 되지만 구슬들은 떨어지지 않고 그대로 있을 것이다. 이것은 각 면에 대해 아래쪽으로 작용하는 힘들 사이의 관계 때문이다. 이 힘들은 지지하는 각도가 서로 다르기 때문에 균형을 유지하고 있는 것이다. 서로 다른 힘들에 대한 이러한 해법은 오늘날 힘의 평행사변형으로 알려져 있다.

스테빈은 이 실험 그림 위에 자신의 과학적 모토를 써 넣었다. "보이는 것 가운데 기적은 없다Wonder en is gheen wonder." 그의 말대로 '천구들의 고리'는 행성이 움직이고 있으면서도 안정되게 있을 수 있게 하는 것이 행성에 작용하는 힘이라는 증거를 천문학자들에게 제공했다.

물론 이러한 모든 수학적 사변들은 하늘이 교회에서 말하는 대로 움직이지 않는다는 증거가 나오기 전까지는 추측에 불과한 것이었다. 갈릴레이가 가장 관심을 갖고 몰두하게 된 문제가 바로 이것이었고, 이 연구로 그는 비록 유명하지는 않지만 안정된 수학교수에서 전 유럽의 유명인사로 바뀐다. 1610년, 그가 예수회 지지자들의 서슬이 시퍼렇던 피렌체로 떠날 때 그의 친구들이 우려했던 대로 사건이 터져 버린 것이다.

갈릴레이가 자신의 몰락을 가져올 24쪽짜리 논문을 쓴 곳이 바로 피렌체였다. 그보다 한 해 전에 그는 리페르헤이라는 네덜란드인이 '보는 도구looker'라는 것을 새로 발명했다는 소식을 듣고는 1611년 가운데 무렵까지 그 보는 도구, 즉 망원경의 배율을 천 배로 높여 사물을 30배나 가깝게 볼 수 있도록 개선했다. 망원경을 통해 처음으로 달을 본 그는 달에도 마치 지구처럼 산과 바다가 있다고 주장했다. 그러나 그때까지도 달 역시 하나의 천체로서 완전하고 불규칙하지 않다고 여겨지고 있었다. 그는 별들을 보았다. 망원경을 통해서 본 별은 단지 더 밝게 보일 뿐이지 크게 보이지는 않았다. 그것은 별들이 엄청나게 멀리 떨어져 있다는 것을 뜻했다. 그러나 아리스토텔레스가 말했던 것보다 훨씬 많은 수의 별들이 있었다. 특히 은하수는 수백 개의 별들이 떼를 지어 있는 것 같았다. 그는 그 별들의 무리를 구름nebulae[星雲]이라고 불렀다.

1610년 1월 7일 자신이 가진 가장 좋은 망원경으로 목성을 관측하던 갈릴레이는 전에는 본 적이 없었던 별 세 개를 발견했는데 두 개는 그 행성의 동쪽에, 하나는 서쪽에 있었다. 그런데 그 별들은 다음날 밤에는 모두 서쪽에 한 줄로 있었다. 만약 이것들이 별들이라면 목성은 그 반대로 돌아 위성들 모두가 행성의 동쪽에서 보여야만 했다. 겨울 내내 이 작은 별들을 관찰한 그는 그 별들이 목성의 위성이라고 확신하게 되었다.

태양의 주위를 도는 목성이 위성들을 가지고 있다면, 지구도 똑같이 태양을 돌면서 동시에 위성을 가지고 있어야 하지 않을까? 갈릴레이는 이러한 이론들을 1610년 봄에 출판된 『천계통보』라는 소논문을 통해 발표했다. 그 책을 읽은 사람들은 모두들 갈릴레이가 보았었던 것을 망원경을 통해 확인할 수 있었다. 그러고 나서 1613년에 갈릴레이는 또 다른 책을 펴냈다. 이번 책은 많은 사람들이 알고 있던 태양흑점에 대해서 설명한 책이었다. 광학수학을 사용하여 계산한 결과 흑점들이 태양의 표면에 있다는 것을 확인하자 그는 흑점들이 태양의 표면에 난 결함이라고 말했다. 목성의 위성과 태양흑점은 아리스토텔레스의 이론에 큰 타격을 주었다. 그는 또한 태양이 회전을 하고 있다는 것도 알아냈다. 예수회 수도사들은 전에 코페르니쿠스설을 편의상의 수학적 허구로 치부하고 그대로 수용했었던 것처럼 이번에도 아무런 이의를 달지 않고 갈릴레이의 이론을 받아들였다. 그 뒤 갈릴레이는 토스카나 대공비 크리스티나에게 편지를 보냈는데, 그 편지에서 그는 자신의 연구에 대한 세간의 비난에 관해 언급하고 자신은 과학적 오류를 성서에 전가시키지 않는데 그것은 성서가 과학 텍스트가 아니기 때문이라고 주장했다.

그는 왜 과학 탐구가 독립적이어야 하는가와 그가 왜 감각 기관에 목성의 위성을 관찰하고 쓴 갈릴레이의 친필 기록. 목성은 우아한 수레바퀴로, 그 위성들은 별표(*)로 표시했다. 갈릴레이는 목성의 양쪽에 위치를 바꿔 가며 존재하는 이 작은 물체들을 목성의 위성이라고 확신했다.

의한 증거들을 우선시하는가에 대해 자세히 변론했다. 그것은 자신을 신학자들이 있는 투기장으로 내몬 위험한 행동이었다. 그 얼마 전에 신학자들은 우주가 무한하며 지구와 같은 행성들도 수없이 많다는 주장을 폈다는 이유로 브루노를 이단자로 몰아 화형을 시킨 적이 있었다. 신비주의자이기도 했던 브루노는 자국 프랑스의 왕 앙리 4세가 신교도로 개종한 것을 로마에서의 혁명을 예고하는 사건으로 해석함으로써 정치적 곤란에 빠졌다. 재판이 있은 지 8년 후인 1600년 그는 '마법사'로 판결을 받고 화형대로 보내졌다.

이런저런 소동을 겪은 교회는 경직된 태도를 보이기 시작했다. 50년 전에 그들이 편의상의 허구를 달력 개혁을 위해 받아들이는 문제를 준비했던 것은, 그것이 신의 의도를 위협하는 것처럼 보이지 않았기 때문이었다. 그것은 천체를 보는 인간의 지각에 관한 문제에 불과한 것처럼 보였다. 그러나 이제 생각이 바뀌었다. 귀가 얇은 사람들은 새로이 부상한 태양 중심설이 지금껏 교회가 포고한 모든 것들을 무효로 만들 것이라고 생각했다.

1624년 갈릴레이는 더 많은 자유를 주장하기 위해 로마로 갔다. 예를 들어 그가 만약 조수潮水 작용이 달의 어떤 신비한 효과 때문이 아니라 지구의 움직임 때문이라는 것을 증명한다면, 그것은 받아들여질 수 있을까? 사람들은 그에게 가톨릭 신자들이 잘못된 이유로 성서에 대한 믿음을 잃는 것을 방지하기 위해서는 그의 가설이 서서히 주의 깊게 받아들이도록 해야 할 것이라고 충고했다. 그러나 그는 완전한 자유를 고집했다.

1632년에 그는 『두 개의 주된 우주 체계에 관한 대화』를 저술해 세상을 떠들썩하게 만들었다. 그 책에는 코페르니쿠스 체계를 반대하는 사람들이 얼간이로 묘사되어 있었다. 그것은 교회에 대한 전면적인 공격으로 비쳤다. 1633년에 갈릴레이는 자택 연금을 선고받았고, 1642년 숨을 거둘 때까지 피렌체 근처의 아르체트리에 머물렀다. 그의 책은 1835년까지도 금서 목록에 올라 있었다.

갈릴레이의 재판으로 사실상 이탈리아에서의 과학 연구는 종식을 고했고, 교회는 과학 활동에 대한 방침을 바꾸었다. 그 이후 교회는 가설은 편의상의 허구가 아니라 실재와 관련을 맺어야 한다고 주장했다. 이제 가설은 물리학의 원리들과 모순을 일으키지 않아야 하며, 동시에 어떠한 경우에도 성서에 어긋나지 않아야 했다. 모든 가설들에는 두 가지 조건이 부과되었다. 가설은 철학적인 잘못이 없어야 하며, 신성에 위배되지 않아야 했다. 갈릴레이의 『대화』는 이단적인 견해를 빌린 코페르니쿠스설을 입증함으로써 이 두 가지 규칙 모두를 어겼다. 이제 그러한 가설들은 이탈리아, 더 나아가 로마 교황청의 권위가 통하는 모든 곳에서 금지되었다.

반면 북유럽에서는 연구 활동이 계속될 수 있었다. 그곳은 로마교황청의 명령이 덜 먹혀들던 곳이었으며, 갈릴레이와 동시대의 한 독일인이 살던 곳이기도 했다. 그는 자신의 이단적인 요소를 피타고라스학파들이 사용하는 용어들 속에 숨겼고, 게다가 그가 살던 곳은 방비가 튼튼한 오스트리아의 신교도 지역인 린츠 근처였기 때문에 말썽을 피해 갈 수 있었다. 요한네스 케플러는 초신성超新星이 출현하기 한 해 전인 1571년에 태어났다. 그는 루터교 신학교에서 공부를 했었지만 수학과 천문학에 전념하기 위해 신학 공부를 포기했다. 학교를 떠난 직후, 그는 오스트리아의 그라츠로 가서 두 과목을 담당하는 교사로 임명되었다. 케플러는 그 시대의 전형적인 인물이었다. 그는 점성술과 우주의 조화라는 신비를 믿고 있었을 뿐만 아니라 광신적인 수학자이기도 했다.

1600년에 그는 브라헤의 초빙을 받고 프라하 외곽에 있는 베나트키 성의 연구원으로 갔다. 그곳에서 이 위대한 인물은 제국의 왕실 천문학자가 되었다. 브라헤와 보낸 이 격정적인 18개월 동안 그는 정확한 관측에 대한 브라헤의 강박관념을 배웠다. 1602년에 브라헤가 사망하자, 그는 노학자가 남긴 산더미 같은 연구 기록을 인수받았다. 이후 수년 동안 그는 브라헤가 남겨 놓은 숫자들 속에 파묻혀 지냈다. 20년 동안 밤마다 마음대로 관측을 할 수 있었던 그는 행성의 운동에 관해서 어느 누구도 따라올 수 없을 정도로 정밀한 연구를 할 수 있었다. 그는 우주의 법칙을 발견해 내서 우주가 마치 '시계 장치' 처럼 작동한다는 것을 보여주고 싶다는 욕망에 사로잡혀 있었다. 그를 이러한 법칙들로 인도한 것은 행성의 운동에 관한 브라헤의 관측 자료들에 항상 나타나는 이상한 모순이었다.

화성의 운동에는 뭔가 틀린 것이 있었다. 태양을 도는 화성의 경로는 고르지가 않았다. 아리스토텔레스가 말한 궤도, 즉 원이라면 당연히 있어야 할 대칭이 이루어지지 않았던 것이다. 태양을 중심으로 도는 행성의 경로를 보면 한쪽 호가 다른 쪽보다 8분이 더 길었다. 이 어긋남의 발견은 천문학에 대변혁을 일으킨다.

관측 자료를 4년에 걸쳐 연구한 끝에 9백 쪽에 달하는 계산을 마친 케플러는 화성의 궤도가 원이 아니라 타원임을 알아냈다. 그러나 이상한 것은 궤도가 일정하다는 점이었다. 원형 궤도만큼이나 일정하게 반복되는 타원 궤도를 설명하기 위한 방법은 행성의 운동에 따라 끊임없이 변화하는 힘을 상정하는 것뿐이었다. 그는 행성들이 태양에서 멀어질수록 더 천천히 움직인다는 사실에 주목했다. 미약한 어떤 힘이 작용하고 있는 것일까? 길버트의 자기태양 이론을 믿고 있던 그는 그것을 명백한 답으로 여겼다.

그는 화성의 궤도가 어떻게 변화하는지를 알아보기 위해 직접 그 궤도를 관측했다. 그 결과 타원 궤도에서 행성은 태양에 접근하면 빨라지고 멀어지면 느려지며 그 비율은 일정한 것으로 나타났다. 이러한 규칙성을 이용해 케플러는 태양과 화성을 잇는 선을 그으면, 행성이 궤도를 따라 움직일 때 일정 시간 동안 그 선이 쓸고 지나가는 궤도상의 면적은 언제나 똑같다는 사실을 증명했다. 그러므로 행성의 속도 변화는 정확히 태양으로부터의 거리와 관련이 있었다.

케플러가 행성이 쓸고 지나가는 면적을 측정하는 데 사용한 방법은 아르키메데스가 썼던 구식 방법이었다. 그는 태양과 행성 사이의 면적을 일련의 삼각형들로 분할해 계산했다. 삼각형의 수를 늘릴수록, 그 삼각형들의 밑변과 원호 사이의 계산되지 않는 부분들 때문에 생기는 오차는 줄어들었다.

1612년 린츠로 옮긴 직후 케플러는 그 기술을 개선했다. 그곳에서 그는 그 지방의 주류상인들이 모양이 다른 통 안에 든 술의 양을 같은 방법으로 측정하는 것에 주목했다. 그들은 통 안을 대각선으로 가로질러 재는 계침봉을 사용하고 있었다. 케플러는 어떻게 겉보기에는 아무렇게나 하는 것처럼 보이는 이런 방법으로 술의 양을 잴 수 있는지를 알아내기로 했다. 그리고 1615년에 자신이 발견한 것을 『통의 부피 측정』이라는 책으로 펴냈다. 이 무해한 책에 담긴 기하학적 진보는 천문학에 지대한 공헌을 했다.

통의 부피를 측정할 수 있는 다른 방법들을 연구하기 위해 케플러는 통의 단면을 수평으로 무수히 잘랐다. 그렇게 잘린 부분들의 형태는 원이다. 그는 그 원들에 다시 평행선을 그어 수많은 조각들로 분할했다. 각 조각 끝의 모서리들에서 선을 그으면 그것은 직사각형이 되어 쉽게 면적을 계산할 수 있었다. 직사각형들 끝부분의 짧은 쪽을 밑변으로 하는 삼각형들을 덧붙이면 직사각형의 짧은 변과 행성 궤도의 곡선 사이에 생긴 부분이 대부분 메워졌다. 이러한 조각과 삼각형의 수를 무한하게 하면, 삼각형과 곡선 사이의 측정이 불가능한 부분이 무한히 작아져서, 사실상 정확한 궤도의 면적을 얻을 수 있다. 케플러가 나중에 궤도의 천문학적 계산에 사용했던 것이 바로 이 무한 시스템이었다. 그 결과로 나온 것이 행성의 공전 주기는 행성과 태양 사이의 거리와 관련이 있다는 케플러의 제3법칙이었다. 행성의 공전 주기의 제곱은 그 행성에서 태양까지 거리의 세제곱과 같았다.

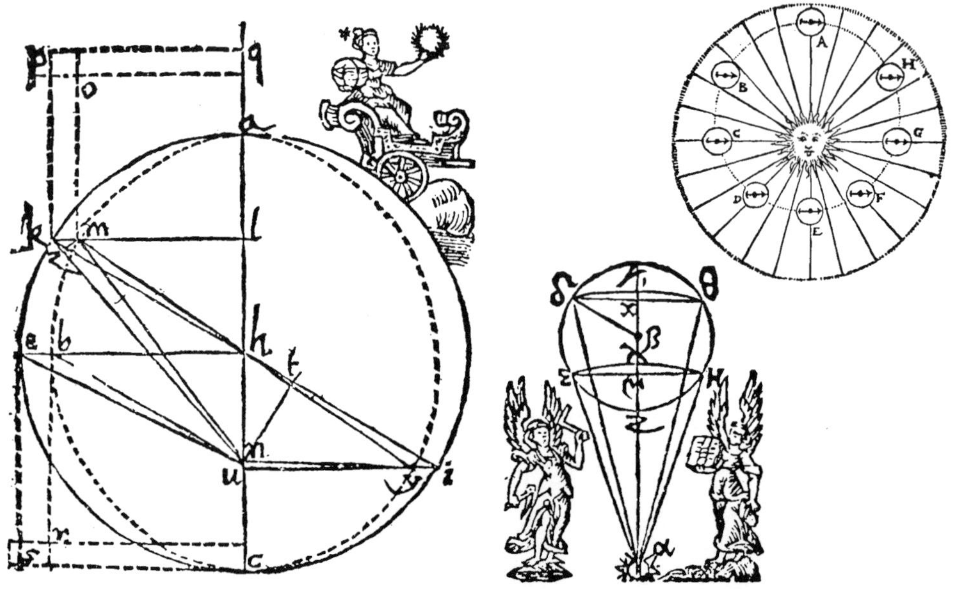


'끌어당기는 성질'이 어떻게 타원 궤도의 성질을 설명할 수 있는가를 보여주는 케플러의 그림.

왼쪽: 미적분법이 발명되기 전에는 매우 수고스러운 기하학이 필요했다. 오른쪽 위의 그림에서 나침반의 바늘이 가리키는 게 케플러가 말하는 '성질'로서 일종의 자기이다.

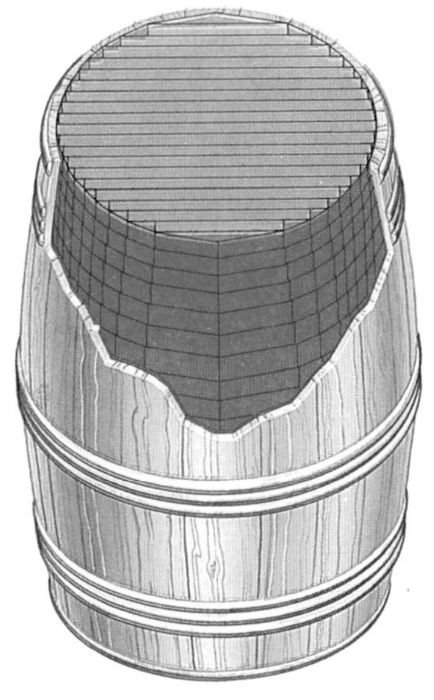

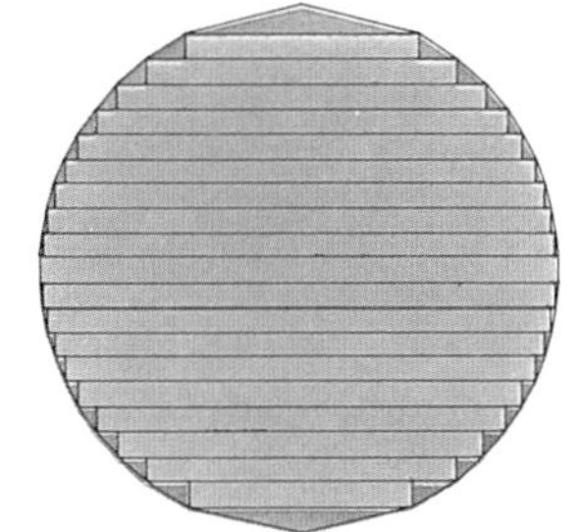

왼쪽: 케플러는 술의 양을 측정하는 방법에서 힌트를 얻어 무한소의 개념을 발견했다. 이 기법으로 인해 그는 브라헤가 남긴 행성의 궤도에 관한 관측자료들을 더욱더 정확히 해석할 수 있게 되었고, 화성의 궤도가 타원이라고 확신하게 되었다.

오른쪽: 16세기 주류 상인들은 계침봉을 사용해서 통의 부피를 측정했다. 케플러가 힌트를 얻은 것이 바로 이 방법이다.

케플러의 법칙으로 행성들은 천체 공동체로부터 떨어져 나왔다. 행성들은 여러 요소들에 의해 서로 수학적으로 관련을 맺으며 태양계를 이루고 있음이 밝혀졌다. 태양계는 케플러가 원했던 것처럼 움직였다. 마치 '시계 장치' 처럼. 유일하게 남은 문제는 수학이었다. 케플러의 새로운 기하학적 기법을 써도 계산은 기가 질리도록 어렵고 시간이 걸리는 작업이었다.

해답은 다른 신교도 국가에서 나왔다. 17세기의 첫 4반세기에는 지적 자유가 허용된 곳이 거의 없었다. 에스파냐에서는 무능한 펠리페 3세가 전체주의적 통치를 하고 있었다. 독일은 30년 전쟁이 한창이었는데, 그 전쟁으로 독일은 거의 전 국토가 황폐해졌으며 흑사병 때만큼이나 인구가 감소했다. 북부의 가톨릭 국가들 가운데 프랑스는 종교 전쟁의 후유증에서 회복되고 있었지만, 잉글랜드와 네덜란드로 탈출하는 신교 위그노교도들이 줄을 잇고 있었다. 명목상으로 루이 13세의 지배 아래 있었지만 실질적으로 프랑스를 지배한 인물은 총리인

리슐리외였다. 그의 목표는 강력한 절대왕정을 확립하는 것이었다. 이를 위해서 그는 의회가 왕실회의에 대해 가지고 있었던 우월한 권위를 포기한 이후, 군사력을 확대하고, 함대를 강화했으며, 세금을 인상하고, 군주가 반대 없이 통치할 수 있게 하자는 주장을 펴는 데 교회를 동원했다.

억압과 검열이 일상적으로 행해지던 분위기 속에서 신설 아카데미 프랑세즈의 행사조차 국가에 의해서 통제되었다. 정부와 예수회 사이의 불일치로 인한 삐걱거리는 소리만이 들리고 있었으며, 내정 간섭을 하던 예수회 성직자들은 결국 제명을 당하고 말았다. 수도회 내부 문제로 바빴던 그들은 17세기 첫무렵에 성장한 소수의 자유사상가들에 효과적으로 대처하지 못했다.

안전을 이유로 이들 프랑스의 자유주의자들은 자신들의 첫 모임을 서신 왕래로 열었다. 최초의 정보전달자, 즉 우편 정보 중개자는 엑상 프로방스 출신의 페레스크라는 부유한 남부 사람이었다. 피렌체의 학자들과 접촉을 해 왔었던 그는 과학 문서들을 수집하기도 하고, 집에 망원경을 상비해 두고 천체 관측 파티를 열기도 했다. 프랑스의 우편 제도가 새롭게 개선됨에 따라, 그는 5백 명이 넘는 기고가들을 모을 수 있었는데, 그 중에는 알레포나 뤼베크처럼 아주 먼 곳의 학자들도 있었다.

1617년 파리에서 역사가이자 의회의 의원이었던 자크 오귀스트 드 투는 자신의 집에 있는 도서관에서 매일 토론 모임을 가졌는데, 그의 도서관은 그 도시에서 가장 풍부한 과학 문헌을 소장하고 있다고 말해지고 있었다. 투의 사망 이후 그의 도서관은 앞으로의 모임을 위한 장소로 기부되었다.

그후 1630년에 마랭 메르센이라는 프란체스코회 수사가 일주일에 두 번씩 지식인들을 포르 루아얄 수도원의 자기 방으로 모으기 시작했다. 메르센은 다른 사람들의 작품을 통해 거의 모든 저명한 과학사상

16세기의 위대한 탐험가들. 네덜란드의 항해가들이 무역에 쓰이는 기구들을 가지고 작업중이다. 직각기를 들고 있는 오른쪽의 두 남자를 주목하라. 직각기는 육표의 거리뿐만 아니라 태양과 별의 각도를 측정하는 데도 쓰였다.

가들과 접촉을 하는 세기의 위대한 연락통이었다. 파리에 있는 사상가들은 누구나가 과학과 철학을 토론하기 위해 일주일에 두 번은 꼭 수도원에 모습을 나타냈다. 1634년에 메르센은 『질문들』을 출판해 이탈리아인들에게는 금지되어 있었던 과학적 탐구를 시도했다. 이 책에서 그는 과학적 탐구의 세 가지 규칙들을 제시했다. 이전의 모든 권위를 부정할 것, 모든 결과들은 직접적 관찰과 실험에 기초를 둘 것, 자연 현상에 관한 모든 이해는 수학에 기반할 것.

비밀리에 열리던 메르센의 모임 초창기에 그 모임을 방문했던 사람들 가운데는 네덜란드 군사학교에서 훈련을 받고 온 사람도 있었다. 그 프랑스인은 나중에 파리의 정치적 상황이 나아지면 그 모임에 참석할 수 있으리라 생각했다. 그는 바이에른에서 잇달아 전투에 참가했었고, 이탈리아를 여행한 후, 파리로 돌아왔다가 다시 네덜란드로 떠

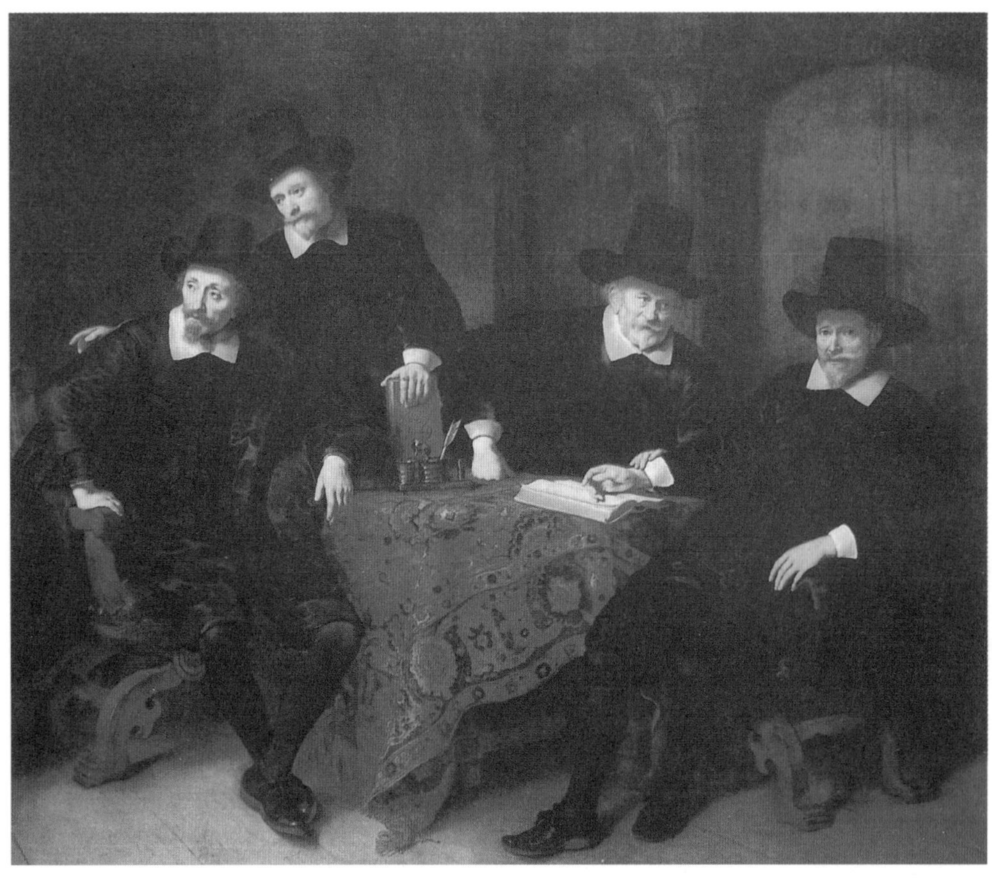

네덜란드는 견실한 시민들이 나서 자발적으로 사회사업을 벌일 정도로 계몽된 국가였다. 그림에 나오는 사람들은 나병 환자들을 위한 요양소 운영에 대해 논의하고 있다.

났다. 르네 데카르트가 바로 그의 이름이었다. 유럽의 자유사상가들에게 널리 알려져 있던 그는 가톨릭 교회의 의심을 살 만한 활동을 한 사람들 모두에게 관용을 베풀던 네덜란드로 은신했다.

네덜란드는 빠른 속도로 유럽의 부유국 반열에 올라섰다. 지난 세기에 안트베르펜의 재능있는 사람들이 이주해 온 결과, 암스테르담은 이제 서양 경제의 중심지가 되었다. 1602년 네덜란드의 동인도 회사가 극동과의 무역을 놓고 벌어진 포르투갈 인들과의 경쟁에서 이기기 위해 세워졌다. 또한 경제 발전을 촉진시키기 위해 1609년에는 정부에 의해 암스테르담 은행이 설립되었다. 은행은 장기의 신용 대부를 제공했고, 어음과 은행권을 발행했다. 그리고 은행은 네덜란드의 선단들이 유럽으로 가져온 동서양의 부를 네덜란드의 선박 기술자들이 발명한 매우 짧은 단거리용 화물선인 그 유명한 플라이트선*에 실어 유럽으로 재수출해서 부를 쌓고 있던 상인들을 지원했다. 선박과 은행은 모두 네덜란드를 유럽의 무역 중심지로 만드는 데 큰 역할을 했다.

네덜란드는 명목상으로는 칼뱅파 국가였지만 국가 운영에 방해가 되지 않는 한, 출판과 언론의 자유를 보장했다. 억압적이고, 중앙집권적인 절대군주 체제였던 가톨릭 국가들은 왕권과 바티칸의 힘을 과시하기 위해 자국의 도시들에다 화려한 바로크식 건물들을 우뚝 세웠지만, 네덜란드에서는 건축가들이 부유한 상인들을 위해 작고 우아한 집들을 암스테르담 운하의 둑을 따라 지었다.

신고전주의적이고 차분한 이 팔라디오 양식은 곧 영국 해협을 건너가 그곳에서 유행했다. 런던의 주택 그리고 네덜란드 맨션에 난 커다란 창 속에서 새로운 태도가 출현했다. 양국, 특히 네덜란드에서는 국가의 간섭 없이 자신의 이익을 추구할 수 있는 자유가 개인들에게 보장되어 있었다. 네덜란드는 피난처를 구하는 망명자들 누구나에게 열려 있었다. 데카르트도 그러한 망명자들 가운데 한 명이었다.

1637년 그는 네덜란드에서 과학의 발전에 이후 백 년 동안이나 영향을 미치며 근대 사상의 토대가 될 한 권의 책을 출판했다. 동시대의 다른 과학자들과 마찬가지로 데카르트도 천구가 존재하는지, 성서가 문자 그대로 맞는 것인지 따위의 문제를 놓고 교회와 일전을 벌이는 것은 무모한 짓이라고 생각했다. 대신에 그는 증가일로에 있는 과학 · 기술 지식은 항해가나 기술자, 건축가, 수학자, 기업가, 신흥 광산 자본가들을 위해 쓰여야 한다고 생각했다. 데카르트는 자신의 책 서문에서 이렇게 말했다. "철학은 모든 사물들에 대하여 그럴듯하게 이야기하며 학식이 자기만 못한 사람들의 찬탄을 사게 하는 수단을 제

* 플라이트선(fluytship): 17세기 유럽에서 사용되던 소형 상선. 밑바닥이 평평하고 고물이 둥글며 돛대가 세 개이다.

공한다.…… 철학에는 개혁이 필요하다."

데카르트가 쓴 그 책의 제목은 『방법서설』이었다. 아리스토텔레스의 논리학이 4백 년 전에 유럽인들의 논증 형식에 혁명을 가져왔듯, 이제 데카르트의 '방법'이 또다시 혁명을 일으켰다. 이 책은 독자들에게 모든 것을 회의하도록 권했다. 그는 그럴듯하게 여겨지는 것은 틀린 것으로, 확실하다고 여겨지는 것은 그럴듯한 것으로 받아들이고, 그 밖의 모든 것은 거부하라고 독자들에게 충고했다. 이 자유사상가는 모든 것을 아는 것이 가능하며, 회의는 증명을 통해서만 풀릴 수 있다고 믿었다. 특히 감각이 회의의 대상이 되었다. 왜냐하면 감각은 환각의 원천이기도 하기 때문이었다. 수학조차도 의심을 받았는데, 신이 인간으로 하여금 2+2=5라는 것을 믿도록 만들었을지도 모르기 때문이었다.

확실한 것은 오직 사고 작용뿐이었다. 거짓으로건, 미쳐서건, 혹은 진지하게 생각하고 있건 간에 한 인간이 생각하고 있다는 사실은 그가 존재하고 있다는 것을 증명한다. 데카르트는 이러한 생각을 유명한 말로 표현했다. "나는 생각한다, 고로 나는 존재한다Cogito, ergo sum." 경험에만 기반하고 있는 사물에 대한 지식은 달라질 수 있다. 그것은 마치 벌집에서 꿀을 제거해도 여느 벌집과 똑같아 보이겠지만, 그것이 더 이상 벌집이 아닌 것과 같다. 오직 정신만을 믿을 수 있을 뿐이다. 왜냐하면 "우리가 극히 명석하고 판명하게 인식하는 모든 것은 참"이기 때문이다.

비판적 회의의 형태 속에서 생각은 과학자가 신뢰할 수 있는 유일한 도구이다. 문제를 해결할 때는 가장 쉽게 답을 구할 수 있는 것을 먼저 풀고 난 다음에 그보다 복잡한 것을 풀어야 한다. 곡선보다는 직선이 먼저 가정되어야만 했다. 문제를 풀기 위한 사고를 전개시키는 데 있어서, 데카르트는 분석적인 접근 방식을 취했다. 그렇게 함으로써, 그는 자신의 해답이 옳은지 틀린지를 빨리 알아차릴 수 있게 된다.

데카르트는 방법적 회의를 우주의 운동에 적용했다. 1640년 쓴 『철

학의 원리』에서 그는 태양이 소용돌이, 즉 힘의 연못
행성들을 움직이게 한다는 케플러의 이론을 사용했다. 데
주에는 진공이 없으며, 인력 또한 필요치 않다고 주장했다.

그는 물질에는 세 종류가 있다고 했다. 고체, 태양에 의해 방사되는 빛, 그리고 공간을 가득 채운 빛을 내는 성질의 입자들로 구성된 에테르가 그것들이었다. 태양이 회전을 하면서 방출하는 빛은 일종의 태양의 소용돌이에서 입자들을 회전하게 했다. 그렇게 함에 따라 입자들은 각 행성들을 소용돌이 안에 붙잡아 두고, 그것은 태양 주위의 궤도에 있는 행성들을 운반함에 따라 회전했다.

중력은 입자들이 태양으로부터 소용돌이치고 나오며 일으키는 작용으로서, 지구상의 물체들을 땅으로 떨어지게 하고 행성이 궤도를 유지하게 하는 힘을 주는 것으로 설명된다. 데카르트가 설명한 우주는 완전히 기계적인 우주였다. 우주에는 입자들 간의 충돌로 인해 생기는 결과들말고는 아무것도 발생하지 않는다. 데카르트는 "세계는 기계"라고 말했다. 만물이 존재하는 것은 충돌로 생겨난 운동의 작용 때문이다. 생명이 내재하지 않는 물질이 충돌할 때, 물질은 "느낀다." 이것이 바로 인간이 감각적인 인상을 경험하는 이유이다.

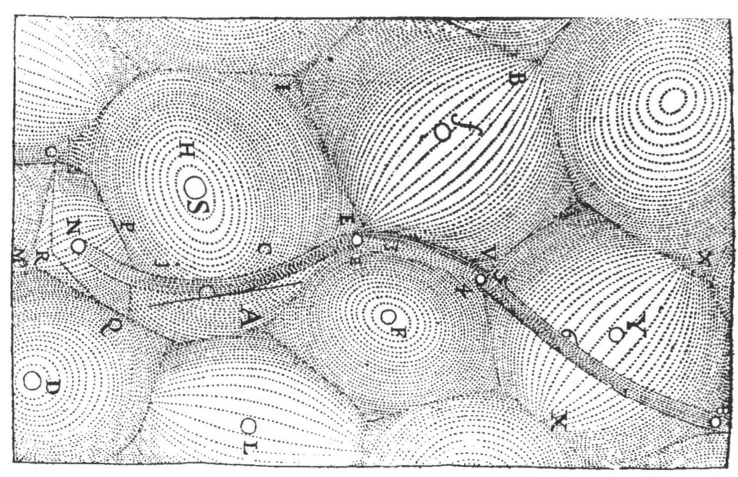

데카르트가 생각한 우주. 물질의 소용돌이로 가득 차 있다. 각 소용돌이의 중심에는 태양이 있다. S, F, D, Y 등등. 가로로 길게 난 곡선은 한 소용돌이에서 다른 소용돌이로 움직이는 혜성의 경로를 나타내고 있다.

성서의 설명을 받아들이지만, 자신 ·언급하면서 우주론의 설명을 시작 없으면, 행성들이 자신들의 궤도를 |라는 베네데티의 생각을 수용했다. 란 정말 커다란 진보는 물체가 스스로 움직이 해했다는 것이다. 물체는 충격을 받아야만 움직이 이 있다. 운동을 하고 있는 모든 물체는 계속해서 움직이려 는데, 그것은 물체의 스스로 움직이지 못하는 상태가 충격에 의 해 바뀌었기 때문이다. 그러나 데카르트는 행성들이 다른 행성들을 끌어당긴다는 케플러의 생각만은 받아들이지 않았는데 이는 중력에 관한 이론이 완전해지는 것을 지연시켰다.

데카르트의 우주는 차갑고 텅빈 수학적인 장소였다. 그러나 그가 어떻게 우주의 운동을 수학적으로 해명하는 데 위대한 공헌을 하게 되었는가에 관해서는 재미있는 일화가 있다. 2주에 한 번씩 메르센의 방에서 모임을 갖던 어느 날, 파리가 날아다니는 것이 그의 눈에 들어왔다. 문득 공간상의 파리의 위치를 옆쪽과 아래쪽에서 시작해 파리 위에서 직각을 이루며 교차되는 두 개의 선을 이용해서 나타낼 수 있다는 생각이 든 것이다. 이러한 축을 사용하면 파리가 어디에 있건 그 위치를 서로 직교하는 두 개의 선으로 나타낼 수 있다. 정확한 좌표 설정이 가능한 이 새로운 시스템이 바로 오늘날 우리가 그래프라고 부르는 것이다.

그래프의 등장으로 번거롭고 기하학적인 케플러식 그림은 더 이상 쓸모가 없어졌다. 그래프가 과학사에 끼친 영향은 결코 과소평가될 수 없다. 물체가 어떠한 선을 따라 움직이건 간에 그 물체의 위치를 모두 좌표를 써서 나타낼 수 있게 된 것이다. 예를 들어 45도 각도로 솟아오르는 투사체는 xy축 값이 항상 같으므로, y=x로 나타낼 수 있게 되었다.

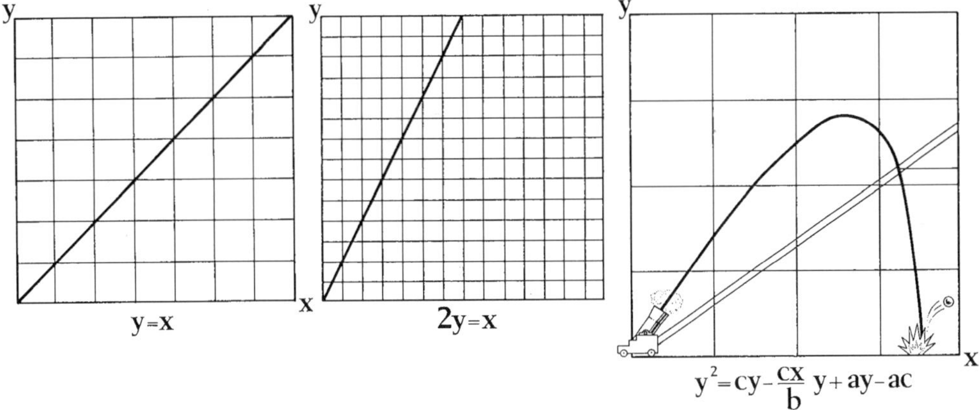


데카르트는 공중에 날아다니는 파리를 보다가 이런 그래프 도식을 고안해 냈다. 오른쪽: 근대의 탄도 방정식에는 관련된 모든 요소들(중력, 화약, 탄환의 무게 등등)이 담겨 있다. 이제 총포를 종이 위에서도 테스트할 수 있게 되었다.

이 새로운 해석기하학 덕분에 운동의 모든 형태를 이론적으로 분석할 수 있게 되었다. 탄도 곡선에 관한 모든 문제를 수학적으로 기술하고 조작할 수 있었다. 따라서 추진력이나 무게의 증가 같은 변수에 따라 투사체의 운동에 어떤 변화가 생겨나는가를 보여줄 수 있게 되었다. 물론 이러한 방법은 발사체가 도달할 수 없는 행성 궤도를 연구하는 데도 아주 유용하게 쓰였다. 이제 그렇게 조작될 데이터를 더욱 정밀하게 측정하는 일만이 남았다.

17세기 가운데무렵까지, 이러한 발전은 이미 잘 진행되고 있었다. 1628년에 윌리엄 하비가 혈액 순환을 증명하였고, 1644년에는 헬몬트가 기체의 존재를 발견하였다. 그리고 1646년에는 에반젤리스타 토리첼리가 진공을 만들어 냈고, 그 결과 1648년 이후로는 기압을 정확히 측정할 수 있게 되었다. 오토 폰 게리케는 진공 펌프를 개발했다. 잉글랜드에서는 로버트 훅과 로버트 보일이 공기의 압축률, 탄성, 무게에 관해 연구했으며, 공기가 호흡에 필수적이라는 사실을 증명해 냈다. 1661년 보일은 모든 물질이 4원소로 구성되어 있다는 아리스토텔레스의 이론으로부터 과학자들을 자유롭게 함으로써 근대 과학의 문을 열었다.

제도화된 과학: 프랑스의 루이 14세에 의해 신설된 과학 아카데미가 활동하는 모습을 담은 판화. 자세히 들여다보면 국가의 경제적 복리를 증진시킬 수 있는 과학적 방법을 찾기 위한 연구가 광범위하게 행해지고 있었음을 알 수 있다.

변화는 과학용 기기들, 특히 정밀 기기들의 발전에서도 급속히 빠른 속도로 진행되었다. 1675년까지는 망원경, 진자 시계, 마이크로미터 나사, 공기 펌프, 진공 펌프, 기압계, 크로노미터•, 기포수준기氣泡水準器, 그리고 무엇보다도 현미경이 개발되었다. 사실상 기계적 원리들에 따라 움직이는 생물이나 유기물의 미세한 형태가 1660년부터 현미경을 통해 드러남으로써 우주의 기계적 성질이 강조되기 시작했다. 이러한 기기들의 발전은 실험과학에 엄청난 영향을 주었다.

17세기 가운데무렵에 유럽의 모든 국가들에 과학학회가 세워졌다. 1660년에 설립되어 1662년에 왕립학회라는 이름을 얻게 된 잉글랜드 왕립 학회는 과학자들뿐만 아니라 상인과 항해가들도 회원으로 받아들였다. 그 학회의 목적은 자연을 연구해, 잉글랜드 산업의 효율성과 수익성을 높일 새로운 방법을 찾아내는 것이었다. 한편 프랑스에서 왕립 과학 아카데미는 루이 14세의 재무장관이었던 장 바티스트 콜베

• 크로노미터(chronometer): 해상에서 경도를 측정하는 데 사용하는 매우 정밀한 계시장치(計時裝置)이다.

르에 의해 순수히 산업적인 목적으로 세워졌다. 데카르트 이론은 토론이 금지되었다. 검열은 엄격하게 강화되었다. 콜베르 장관은 프랑스를 왕이 신권적 통치를 하는 순종적 프티 부르주아 국가로 만들고자 했다. 프랑스의 예술은 왕의 이름을 드높이는 데 이용되었다. 장 바티스트 륄리는 왕을 기쁘게 하기 위해 실내악단을 만들고, 발레를 창안해 냈다. 코르네유와 라신은 왕실을 위해 개인의 욕망과 공적 의무 사이의 갈등에 관한 비극들을 끊임없이 써냈다.

1685년에 창의력이 풍부한 프랑스 중산층 신교도 위그노들은 잉글랜드로 건너가 노리치, 사우샘프턴, 브리스톨, 런던 등에 정착했다. 그들은 네덜란드로도 갔다. 프랑스는 유럽 최대의 군사력을 유지하는 데 자본력을 집중하느라 경제가 마비되어 갔다. 반면에 네덜란드는 유럽에서 평화를 구가하는 유일한 나라였다. 한편 잉글랜드는 내란과 왕정복고를 거쳐, 왕관을 네덜란드 총독인 윌리엄과 메리에게 내주었는데, 그들은 결국 1688년에 잉글랜드와 네덜란드의 공동 군주가 되었다.

이 북부의 두 나라에서는 베네데티와 갈릴레이가 시작했던 실험의 논리적 귀결을 향해 두 사람이 각기 연구를 하고 있었다. 그들은 하늘을 지상으로 끌어내려 실험적 연구가 가능하도록 만들고자 했다. 네덜란드의 그 인물은 박해를 피해 에스파냐계 유대인인 아버지를 따라 네덜란드로 건너와 렌즈 가는 일을 하던 과묵한 철학자 베네딕트 데 스피노자였다. 그는 유대교에서 파문당했으며, 기독교도들의 공격을 받았지만, 네덜란드 정부는 그를 관대히 받아들였다. 1663년부터 그는 데카르트의 이론을 철학과 윤리학에 적용함으로써 이성의 힘을 찬양하는 자신의 생각을 담은 책을 출판하기 시작했다. 스피노자는 데카르트의 "법칙에 복종하고 종교를 존경하라"는 금언을 "너의 이웃을 사랑하고, 너의 이성을 완전하게 하라"로 대체했다.

스피노자는 거룩한 삶을 살라는 종교적인 명령은 자연 법칙에 따라 움직이는 기계적인 우주에는 필요치 않다고 했다. 신은 어느 곳에나 존재하며, 지식을 늘려 나감으로써 자신의 이성을 계발하라는 그의 사상은 자유인들에 의해 충분히 숭배되었다. 「인간의 연대에 관하여」라는 제목의 논문에서 스피노자는 우리가 만약 있는 그대로의 우리 모습밖에는 사고할 수 없다면, 종교나 국가의 포로가 될 수밖에 없다고 주장했다. 전체로서의 우리를 인식하는 순간, 우리는 더 이상 포로가 아니며, 우리 자신을 해방시킬 수 있다. 그는 국가는 개인의 자아 실현 기회를 억누를 것이 아니라 신장시켜 줄 의무가 있다고 덧붙였다. 신이 세계를 창조한 것은 명백하지만, 세계를 움직이는 것은 인간이다. 17세기 후반 네덜란드는 유럽에서 신앙과 관련해 이러한 진술이 가능했던 유일한 국가였다.

잉글랜드에서는 또 다른 사상가가 합리적으로 작동하는 우주를 향한 이러한 욕망을 물리적인 현실로 바꾸어 놓고 있었다. 그의 이름은 뉴턴이었다. 루카스 석좌 수학교수인 배로의 제자였던 그는 1665년에 스물세 살의 나이로 케임브리지에서 학위를 받았다. 바로 그 해 전염병이 돌자, 감염을 피해 시골로 내려간 다른 사람들과 마찬가지로 그도 고향인 링컨셔 울스소프로 돌아왔다.

그곳에서 머문 두 해 동안, 뉴턴은 우주가 어떻게 운행되는지를 발견했다. 그러나 그는 자신의 이론을 12년이나 후인 1685년이 되어서야 쓰기 시작했고, 1687년에 『프린키피아(자연철학의 수학적 원리)』라는 제목으로 출판했다. 우주론 체계를 모두 포괄한 그 책을 접한 과학계는 사실상 그 후 한 세기 동안이나 충격에서 벗어나지 못했다.

뉴턴은 자신은 오직 우주의 운행에만 관심이 있을 뿐이라는 말로 책을 시작했다. 그는 "내가 의도하는 것은 이러한 힘들에 대한 수학적 관념을 제공하는 것일 뿐이지, 그것들의 원인이나 소재를 밝히고자 하는 것이 아니다"라고 씀으로써, 현상에 대한 낡고, 스콜라적인 접근법에 대한 거부를 드러냈다. 뉴턴의 기본적인 질문은 "왜?"가 아니라

"어떻게?"였다.

천체 현상을 가능한 한 정확하게 측정하기 위해 뉴턴은 데카르트와 케플러가 한 작업 모두를 개선한 새로운 계산법을 개발해야만 했다. 그의 새로운 계산법은 독일의 수학자인 고트프리트 라이프니츠의 계산법과 동시에 나왔다. 그 계산법은 일정한 힘에 종속되어 변화가 없는 운동뿐만 아니라 변화하는 힘에 종속되어 매순간 변화하는 운동도 측정해 내는 것이 목적이었다. 그래서 뉴턴은 행성의 역학적 원리들과 관련된 힘을 측정할 방법을 찾고 있었다.

기본적인 문제는 이러한 힘들이 항상 변화한다는 것이었다. 궤도를 도는 행성은 항상 두 가지 힘의 영향 아래 있었다. 그것은 행성을 궤도면의 접선 방향으로 벗어나게 하는 관성과 행성을 태양 쪽으로 안으로 잡아당기는 힘이었다. 행성을 궤도에 유지시키는 것은 바로 이 두 힘 사이의 균형이었다. 그러나 케플러가 이미 밝혔듯이, 비원형 궤도에서는 궤도를 도는 행성의 속도가 바뀌면 그에 따라 힘들도 항상 변

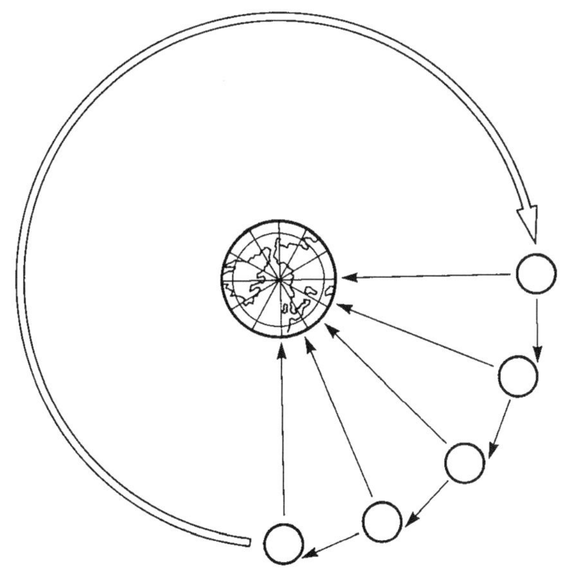

뉴턴의 발견: 만약 지구의 중력이 달을 끌어당기지 않는다면 달은 접선 방향으로 달아나 버릴 것이다. 지구는 매순간 초당 0.0088피트의 속도로 달을 잡아당기고 있는데, 그것은 달이 공간으로 날아가 버리려는 경향과 완전히 균형을 이루고 있다.

화했다. 행성의 속도 변화율 자체도 변화했다. 필요한 것은 투사의 모든 시점에서 변화율을 순간적으로 측정하는 방법이었다. 그와 관련된 계산은 무한히 작았다.

이 문제를 풀기 위해 뉴턴은 두 가지의 계산법을 개발했다. 미분법은 운동에서 변화율의 효과를 보여주는 차이를 측정했다. 적분은 변화율이 한 점에서 다른 한 점으로 어떻게 변화해 가는가를 보여줌으로써 변화율을 다른 하나에 대한 하나의 비율로 나타낼 수 있게 해 주었다. 뉴턴은 변화의 단위들을 유율流率이라고 불렀다. 그는 유율을 이용해서 낙하체들로 가득찬 우주의 운동을 계산했다.

나무에서 사과가 떨어진 이야기가 사실이건 아니건, 뉴턴은 모든 물체가 다른 물체를 끌어당긴다는 자신의 이론을 설명하는 데 떨어지는 사과를 인용했다. 그는 지구가 사과를 끄는 동안에, 무한히 작은 정도이긴 하지만 사과도 역시 지구를 끌어당긴다고 말했다. 이것을 처음 생각해 낸 사람은 케플러로서 그는 상호인력에 관해서 말했었다. 그러나 케플러는 그 힘이 지구와 달이라는 두 천체에 작용함으로써 지구를 도는 달을 잡아 두고 밀물과 썰물을 일으킨다는 것만을 알아냈다. 행성들은 두 가지 힘을 받고 있는데, 하나의 힘은 태양쪽으로 당겨지는 힘이고, 다른 하나는 태양으로부터 벗어나려는 힘이라고 말했음에도 불구하고 그는 모든 만물에 작용하는 힘에 대해서는 알지 못했다. 그는 뉴턴으로 가는 길을 준비한 셈이었다.

뉴턴은 모든 문제에 데카르트적 사고 방식으로 접근했다. 그는 주어진 문제의 해법을 알아내는 데 수학을 사용했으며, 실험과 관찰을 통해서 자신의 결론이 맞다는 것을 증명했다. 줄의 끝에 돌을 매달고 돌림으로써 그는 돌이 원형으로 움직이는 것은 줄이 돌을 붙잡고 있기 때문이라는 것을 보여주었다. 그러므로 지구는 달을 붙잡고 있어야 했고, 태양은 행성들을 붙잡고 있어야 했다. 그것들이 궤도의 접점에서 날아가 버리지 않는다는 사실은 안쪽으로 작용하는 인력과 바깥쪽

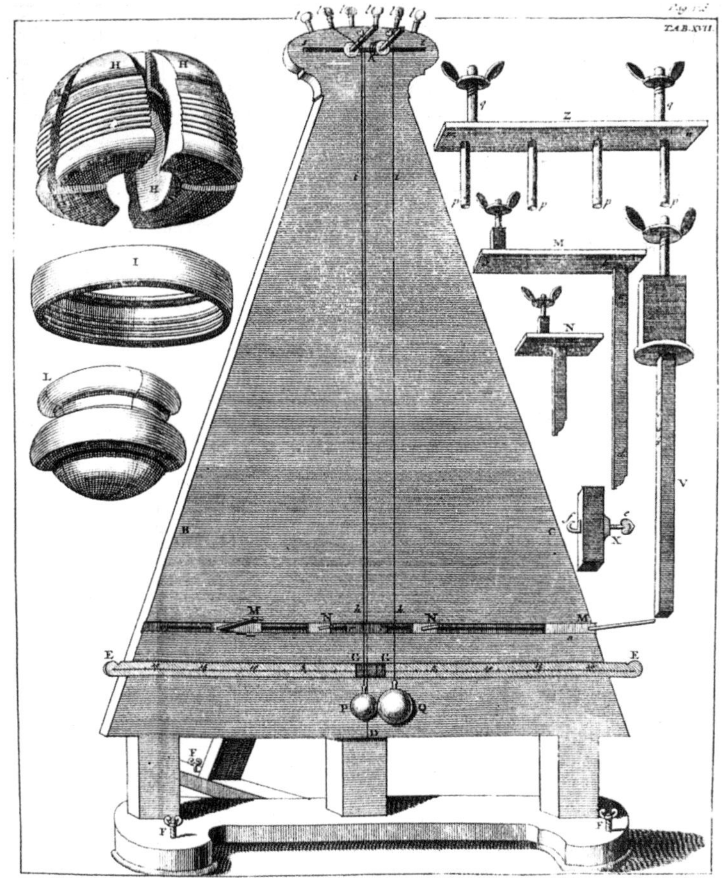

1725년에 대중용으로 출판된 뉴턴의 책에 실린 삽화. 공중에 매달린 물체의 충돌 효과를 측정해냄으로써 관성을 연구하기 위한 실험. 근대에 이러한 원리를 이용한 장난감이 만들어졌는데 "뉴턴의 요람"이라고 불렸다.

으로 작용하는 행성들의 관성이 같다는 것을 증명하는 것이었다.

뉴턴은 상호 인력이 행성들 사이의 거리에 따라 작용한다는 케플러의 생각에 동의했다. 그는 그 힘이 거리에 반비례한다는 이론을 만들어 냈다. 지구 반경의 60배 거리에 있는 달의 경우, 지구 인력의 크기는 그 인력의 $1/60^2$가 되어야 했다. 그리고 그것은 갈릴레이가 초당 32피트라고 보여주었던 것이다. 그러므로 지구는 $32/60^2$, 즉 초당 0.0088피트(0.00268미터)의 비율로 달을 관성 경로로부터 공간상으로 잡아당긴다. 달의 경로를 초 단위로 재면 뉴턴이 옳았음이 입증된다.

『프린키피아』에서 뉴턴은 이 계산법들을 이용해서, 어떻게 궤도 운동으로부터 모든 행성의 질량을 이끌어 낼 수 있는가에 대해 계속해서 설명했다. 그는 달이 불규칙하게 움직이는 것은 태양이 달을 잡아당기고 있기 때문이며, 달이 실제로 조석을 일으키고, 혜성은 태양계의 일부분이며 궤도를 계산할 수 있고, 지구의 축이 궤도 평면에서 66.5도 기울어져 있다는 것을 증명했다.

"만물은 모든 다른 것들을 잡아당기며, 그 힘은 그것들의 질량의 곱에 비례하고 그것들 간의 거리의 제곱에 반비례한다."라는 말로 뉴턴은 모든 행성들의 운동을 분석할 수 있는 틀을 제공했다.

만유인력 이론으로 뉴턴은 보이지는 않지만 모든 곳에 현재하는 신의 손에 의해 움직인다는 중세의 세계상을 깨뜨렸다. 인간은 더 이상 전능한 신이 자신의 화신을 위해 창조한 세계의 중심이 아니었다. 지구는 단지 계산 가능한 법칙들에 따라 움직이며 이해 불가능할 정도로 광대하고 생명력이 없는 우주에 있는 한 작은 행성에 불과했다. 인간사에 신이 관여할 장소가 우주의 어느 곳에도 없는 것처럼 보인 것은 이때가 처음이었다. 호기심과 재기를 지닌 인류는 이제 신의 간섭이나 지도에 대한 두려움 없이 우주를 탐구할 수 있는 도구를 만들어 낸 것이다.

인간의 지식도 이와 마찬가지로 일시적인 가치만을 지닐 뿐이라는 생각은
과학의 발전에 큰 역할을 했다. 과학자들은 극도의 정밀성과 정확성을 견지하며
작업을 수행함으로써 무엇보다도 자신들의 이론에 있는 오류를 찾아내고자 한다.
그들은 자신들이 가진 지식에서 균열을 찾아내고,
그것을 대체할 또 다른 지식 체계를 만들어 낸다.
연구 행위는 새로운 학문 분과들을 만들어 내고,
그 분과들은 차례차례 새로운 과학으로 인정받게 되었다.
과학의 연구 활동은 우주의 크기에서 심해의 깊이에 이르기까지
삶의 모든 면에 걸쳐 관련을 맺고 있을 정도로 친숙해졌다.

# 6

# 산업혁명의 진실

세상이 항상 우리가 오늘날 알고 있는 모습 그대로 존재하지는 않았다는 사실에 당혹감을 느끼는 경우가 종종 있다. 인간은 출생, 출산, 죽음이라는 사건을 겪는다. 밥을 먹고 일을 해야 하며 또 일정한 규율을 지켜야만 한다. 오늘날과 마찬가지로 과거에도 사람들은 땅에 농사를 지었고, 거기서 수확한 농작물을 먹고 살았다. 우리처럼 그들도 주위 세계를 개선하기 위하여 도구를 사용했다. 그러나 현대인들의 생활을 구성하는 요소들은 과거의 것들과는 여러 면에서 본질적으로 다르며, 유사점보다는 차이점이 훨씬 많다.

영국의 콜브룩데일. 이곳에서 대량 생산이 처음 시작되었다. 산업혁명은 어둡고 흉물스런 공장과 함께 시작되었다기보다는 수 세기 동안 변하지 않았던 시골의 녹색 배경에 멀리 떨어진 한 줄기 연기처럼 숲과 강으로부터 출현하였다.

오늘날 우리 대부분은 우리가 사용하는 물품들을 스스로 생산하지 않는다. 우리 대부분은 그저 소비자일 뿐이다. 상품을 사기 위해서는 일을 해야 하고, 그것이 우리의 삶을 규정한다. 일상은 작업기와 휴식기로 구분된다. 휴가는 특정한 때를 위해 특별한 달에나 있다. 노동을 해 번 돈은 다른 사람의 노동력을 얻기 위해 지출되거나 투자된다. 현대의 공장 생산 시스템에서는 컨베이어 벨트에서 일하는 노동자들 가운데 극소수만이 자신들의 노동력으로 만들어 낸 최종 생산물을 볼 수 있다.

이러한 소유의 민주화가 이루어진 사회에서 무엇인가를 소유한다는 것은 그것에 대한 배타적인 권리를 가진다는 뜻이 되며, 사유재산은 타인이나 국가가 함부로 사용할 수 없도록 법으로 엄격히 보호되고 있다. 우리들 대부분은 언론의 자유에 대한 권리를 누리고 있다. 최소한 서방 세계에서는 각 개인들은 생존과 자유와 행복을 추구할 권리를 가지고 있다. 무엇보다도 중요한 것은 우리가 더 이상 전적으로 자연의 지배를 받지 않게 되었다는 점이다. 일반적으로 우리는 변덕스런 계절로 인한 풍요나 기근의 순환 때문에 고통을 겪지 않는다. 오히려 우리는 자연을 통제하며, 그 힘은 자연이 우리를 통제하는 힘을 훨씬 능가한다.

이러한 힘, 그리고 그 힘이 창조해 낸 오늘날의 세계는 비교적 최근에 생겨난 것이다. 1720년까지만 해도 역사 전체를 통틀어서 어느 시대, 어느 곳에 살았건 많은 사람들이 날씨에 크게 영향을 받았다. 날씨가 좋아 풍작이 되면, 사람들은 더 많이 먹을 수 있었고 그에 따라 더 건강해졌다. 기후가 온화해지면 사람들은 아이들이 잘 살아남을 수 있다는 기대를 하고, 더 많은 아이들을 낳았다. 토지에 비해서 인구가 너무 많아지면, 사람들은 더 많은 땅을 개간하고 경작했다. 그렇지 않으면 식량 공급은 한계에 도달했다. 어느 경우든, 다음 번에 날씨가 나빠져 농작물 작황이 신통치 않으면, 식량이 부족해져 많은 사람들이 굶어 죽게 되었다. 그러면 그 다음 세대는 결혼을 늦게 하고, 그에 따라 출산율이 떨어지고 부양할 가족 수도 줄어들었다. 다시 날씨가 좋아질 때까지는 적은 수의 사람들이 농사를 짓게 되고, 그에 따라 수확량도 줄어들 것이다.

이러한 순환은 끊임없이 반복되었으며 때로는 역병이 돌아 상황을 악화시키기도 했다. 땅에 대한 종속은 사실상 절대적인 것이었다. 경제 전체가 농업에 달려 있었다. 1720년 잉글랜드의 인구는 약 550만으로 추정되는데 그 가운데 꼬박 425만이 농촌에 살고 있었다. 모든 부는 궁극적으로 토지에서 나왔고, 따라서 사람들은 토지를 지키는

18세기 시골 생활의 이러한 낭만적인 풍경은 사실보다는 상상에 힘입은 바가 크다. 온화한 기후와 풍성한 수확, 풍부한 식량에도 불구하고 노동자들은 거의 농노와 다름없었다.

데 빈틈이 없었다. 그 해 여름은 사람들이 기억하는 한 가장 뜨거운 여름이었다. 그것은 뜨거운 여름과 따뜻한 겨울이 이어지는 좋은 날씨가 이후 30년 동안이나 계속될 전조였다. 역사가들이 "작은 빙하기"라고 부른 시기가 끝난 것이다. 그 시기는 2백 년 동안이나 계속되었었다.

더욱이 거의 같은 시기에 잉글랜드에서는 페스트의 전염원인 곰쥐를 대신해 시궁쥐가 번성했다. 이 두 쥐의 사이의 주요한 차이점은, 곰쥐가 옮기는 벼룩은 여기저기 옮겨 다니는데 반해 시궁쥐의 벼룩은 한 곳에만 머물러 있는다는 점이다. 페스트균을 옮기는 벼룩이 숙주와 함께 시궁쥐의 몸에만 머물게 되자 페스트는 사실상 소멸되었다.

새로운 기후 조건은 잉글랜드 밖에서도 사회 상황의 순환성에 거의 영향을 미치지 않았다. 그러나 새로운 기후 조건은 잉글랜드에서는 그들의 독특한 사회 구조를 통해 서구 사회의 성격을 바꾸어 놓을 근본적인 변화를 초래한다.

잉글랜드는 매우 안정된 사회였다. 잉글랜드인들이 경험했던 유일한 자생적 혁명도 이미 60년 전에 끝이 났다. 20년 동안 올리버 크롬웰의 공화 정부가 찰스 2세의 즉위와 함께 군주제로 복귀했지만, 옛날의 통치 방식은 영원히 사라졌다. 새로운 영국은 더 이상 봉건국가가 아니었다. 왕권은 의회의 권력에 복종해야만 했다. 국왕은 대신들을 임명할 수는 있었지만, 그들의 활동은 의회의 승인을 얻어야만 했다.

코먼 로common law는 최고의 법이었다. 세금은 국민에 의해 결정되었다. 정부는 중앙집권화되었고 반자치적인 영주의 성城과 파벌 도시의 성벽들은 시민 혁명 동안에 완전히 파괴되어 버렸다. 봉건제의 종말과 함께 지주는 지대를 노동력이 아닌 화폐로 받기 시작했다.

유럽 대륙의 농장 노동자들과는 달리 잉글랜드의 농부들은 토지를 소유하지 않았다. 거의 2백만에 달하는 농부들이 임금을 지불하며 농사를 짓는 소작농들이었다. 그들은 귀족들의 영지에서 살고 있었다. 이들 농부들은 250만이 넘는 품팔이 농민들을 고용했다. 품팔이 농민들은 계절에 따라 농번기와 농한기가 반복되는 불안정한 고용상태에 익숙해 있었다.

이것이 바로, 컨스터블의 그림들에 나오는 것처럼, 맑은 하늘 아래 평화롭고 유쾌한 작은 시골 마을, 자비로운 지주들과 헌신적인 성직자들이 있는 단결이 잘되는 공동체, 마을의 초지에서는 크리켓 경기가 벌어지고, 부모들이 낫을 놓고 맥주통과 신선하게 구워진 빵을 들면서 휴식하는 동안 뺨이 사과빛으로 달아오른 아이들은 들판에서 웃고 뛰어 노는 정경을 지닌 소위 황금 시대의 잉글랜드다.

그러나 현실은 그다지 유쾌한 것이 아니었다. 17세기 가운데무렵의 거주지법은 마을을 사실상의 감옥으로 만들어 놓았다. 대체로 대지주들이었던 치안판사가 발행한 여행 증명서 없이는 아무도 다른 마을로 이동할 수 없었다. 이런 증명서는 파업이나 노동자의 정치 운동을 제한하는 데 이용되었다. 잉글랜드에는 교구에 있는 빈민들을 위한 빈민 구호법이 이미 제정되어 있었지만, 어느 마을도 공공재산을 써서 부랑자들을 부양하려 하지 않았다.

치안판사들은 대중이 사슴 사냥터로 가는 것을 금지시켰고, 빈민과 소작민들을 무장 해제시켰으며 정부의 간섭도 받지 않았다. 그들은 그 마을에서 태어나지 않은 사람들을 추방하여 법적으로 확인된 최종 거주지로 돌려 보낼 권한을 갖고 있었다. 또한 그들은 범죄자들을 식민지로 후송할 수도 있었는데, 주기적으로 그렇게 하는 일이 많아졌다.

법제정의 목표는 토지에서 최대의 이윤을 거두는 것과, 노동 인구가 런던으로 몰리지 않도록 이들의 이동을 막고 분리시키는 일이었다. 여행 증명서는 문제가 생겼을 경우 가장 쉽게 원래의 거주지로 돌려보낼 수 있는 아일랜드나 스코틀랜드의 독신 남성들에게 주로 발급되었다.

런던에서는 상업이 크게 발전하고 있었지만, 지주들은 사냥이나 활쏘기, 낚시 등의 전원 생활에 탐닉하며 자신들의 작은 왕국 안에서 자족했다. 그들은 죽기 전에 장남에게 토지를 상속할 수 있도록 허용한 새로운 입법 덕택에 이전보다도 더 나은 생활을 영위할 수 있었다. 지속적인 소유권을 보장해 준 것이다.

봉건적인 장자 상속 관행의 지속과 함께 장자가 상업이나 전문직에 종사하는 것을 금하는 법률이 17세기 가운데무렵 이후 제정되었다. 대신 이러한 것들은 연하 형제들에게 허용되었다. 따라서 토지의 소유권은 절대적이었고 영구적인 것이었으며, 비록 상속인이 미성년자이거나 법적 피보호자일지라도 임의적인 유산 상속세를 면제받을 수 있었다. 이러한 새 법률의 가장 큰 가치는 지주들이 일시적으로 재정적 곤란에 빠지더라도 토지의 전부나 혹은 일부를 팔지 않고서도 토지의 장기적 가치를 담보로 돈을 차용함으로써 그 위기를 무사히 넘길 수 있게 되었다는 점이었다. 토지에 대한 지주들의 지배력이 강화된 것이다.

더욱이 크롬웰 공화정 동안 부동산 가치로 환산했을 때 7백만 파운드 이상의 토지가 수용되어 하층 계급에 분배됨으로써 많은 군소 지주들이 몰락했다. 왕정 복고 뒤 토지를 되찾은 사람들은 손실을 만회하기 위해 토지에서 좀더 많은 이익을 남길 방법을 찾으려 했다. 그 방법 가운데 하나가 공유지에 울타리를 쳐서 나머지와 차단하는 것이었다.

1743년의 영국은 부의 95퍼센트가 인구의 2퍼센트의 사람들 소유였다. 그런 부유층인 젠트리가 에시다운 공원에 사냥을 위해 모였다.

이러한 공유지의 사유지화인클로저가 가져올 이익은 분명했다. 울타리를 침으로써 야생동물에 의한 질병의 확산을 방지할 수 있게 되었을 뿐만 아니라 작물과 가축의 산출량 증가와 관련된 통제 실험도 가능해졌다. 1653년에 농업경제학자 어덜퍼스 스피드는 이렇게 말했다. "잉

18세기 초기에 등장한 새로운 모습의 시골 풍경. 공유지는 생울타리를 쳐서 사유지화되었으며, 경작지와 목축지로 나뉘었다.

글랜드에는 거주민들을 위한 땅이 충분하다. 그리고 단지 땅에 효과적으로 거름만 부지런히 주어도, 새로운 농장을 찾아 자메이카까지 갈 필요가 없어질 것이다."

그 이전까지 빈민들은 관목이 무성한 공유지에서 토끼를 포획하거나 양과 젖소를 길렀다. 그러나 공유지 때문에 사람들이 돈을 받고 고용되는 일을 꺼린다고 생각한 지주들은 빈민들의 공유지 이용을 제한했다. "공유지가 줄어들수록 빈민도 줄어든다"는 것이었다. 즉 공유지의 양을 제한하면 더 많은 사람들이 임금을 받기 위해 일할 것이고, 그럼으로써 궁극적으로 그들의 환경이 개선되리라는 것이다. 게다가 17세기 끝무렵에는 실제로 개간된 땅의 가치가 인클로저를 통해 세 배 이상 상승했다는 계산이 나오기도 했다.

물론 모든 지주들이 이런 일들을 그들 스스로 실행에 옮긴 것은 아니었다. 대부분의 경우 유력인사들은 자신들의 토지를 능력 있고 수완 좋은 차지인借地人들에게 임대하거나 팔았다. 차지인들은 주로 상류층으로 진출하려는 상인, 사업가, 전문직 종사자들이었다. 새로운 법률 또한 이런 일들을 용이하게 만들었다. 17세기 끝무렵 기사 법정이

폐지되었고, "권력자에 대한 모독죄"라 불리는 범죄도 더 이상 존재하지 않게 되었다. 이제 문장紋章은 사회적인 동의 아래 수여되었다. 장남이 아닌 아들들 중 많은 이들이 상업에 종사했다.

관직 임명권이 남발되었다. 에드워드 기번은 이 제도의 일반적인 승인에 대해 묘사하고 있다. "의회를 대표하는 자가, '그의 동료들로 하여금 자유 국가에서 가장 영예스런 직함을 획득하고, 권위와 명성을 얻을 수 있도록' 요구하면 국가가 승인한다." 그런데 여기서 동료란 명망 있는 사람들뿐 아니라 친척, 직원, 후원인, 동업자, 마을 사람들, 소작농을 포함하는 것이었다. 보통 가난한 집의 자식들은 부친의 후원인에 의해 교육을 받았고, 시인에게는 명예직이 부여되었으며, 전속 목사에게는 성직록이 주어졌고, 집사들은 공무원이 되었다. 심지어는 마을의 빈민에게조차 교구의 신사 직분이 맡겨졌다. 어디서건 돈이 곧 토지이고 토지가 곧 신분인 그런 시대였다. 대니얼 디포는 이렇게 썼다.

> 운명은 금전이건 코로닛[•]이건
> 전혀 가리지 않는다네.

통화량의 증가는 주로 무역의 증가 때문이었다. 공화정 때인 1651년에 제정된 항해법은 잉글랜드의 무역이 팽창하는 계기를 만들었다. 이 법을 두고 뒷날 애덤 스미스는 "잉글랜드에서 가장 탁월한 상업적 규제였을 것"이라고 말했다. 항해법의 결과 사적私的으로 성립된 식민지건 왕권에 의해 공인된 식민지건 모두가 의회에 종속되었다. 식민지와 무역할 때는 잉글랜드 선박만을 이용해야 했다. 그것은 외국 선박, 특히 네덜란드 선박을 배제함으로써 가난한 외국 시장과의 거래에서 이익을 남기는 데 목적이 있었다.

17세기 끝무렵에 잉글랜드 선박의 수송 용적이 두 배로 늘고 수출

• 코로닛(coronet): 영국의 귀족이나 귀부인들의 의식용 머리 장식. 코로닛이란 용어는 '작은 왕관'을 뜻한다.

입이 네 배로 증가한 것은 모두 항해법의 직접적인 결과물이었다. 이들 중 15퍼센트는 식민지와의 거래를 통한 것이었다. 네덜란드가 쥐고 있던 국제 무역의 주도권은, 잉글랜드가 제의한 정치적 동맹을 거부한 이후, 1652년에서 1674년 사이에 있었던 일련의 전쟁으로 와해되었다.

잉글랜드는 담배, 콩, 설탕, 모피를 수입해 다른 유럽 국가들에 재수출함으로써 막대한 이익을 남기기 시작했다. 항해법 덕분에 국제무역에서 독점권을 누렸던 기존의 무역 회사들은 더 이상 쓸모없게 되었다. 템스 강을 따라 선창과 창고가 증축되고 있던 잉글랜드에서 가장 큰 항구인 런던으로 무역이나 그와 연관된 회사들이 몰려들었다. 상인들이 싸게 수입해 비싸게 판매하는 것이 항해법에 의해 허용됨에 따라, 엄청난 자본이 형성되었다. 17세기 끝무렵 무역은 발트해 연안국과 아프리카, 러시아, 뉴펀들랜드로까지 개방되었다. 네덜란드 식민지였던 뉴암스테르담을 매입, 합병한 잉글랜드는 그곳의 이름을 뉴욕으로 바꾸었다. 그들은 동인도에서는 향료 · 커피 · 차를, 서인도 제도에서는 설탕 · 럼주 · 당밀을, 아메리카 대륙에서는 담배를 들여왔다.

점차로 상품이 흘러넘치자 사람들은 그것들을 규제할 법률의 필요성을 더욱 절실히 인식하게 되었다. 1637년 르네 데카르트가 『방법서설』을 쓴 이후로, "기계적"이라는 말은 일종의 슬로건이 되었다. 모든 것에 기계적인 적용이 가능해 보였다. 이러한 기계론적 비유는 사회의 기능이나 정부를 설명하는 데도 사용되었다. 공동체는 더 이상 지도자에 의해 인도되는 유기체가 아니었다. 사회란 서로 조화를 이루며 움직이는 다양한 부분들로 구성되어 있으며, 기계처럼 그 기능이 개선될 수 있다는 사고가 확산되기 시작했다. 사람들은 우주를 움직이는 과학적 법칙이 인간에게도 적용되어야 한다고 믿었다. 물리학자들은 정보의 수집을 추천했고 그 결과 새 상무성의 통계가로 찰스 대

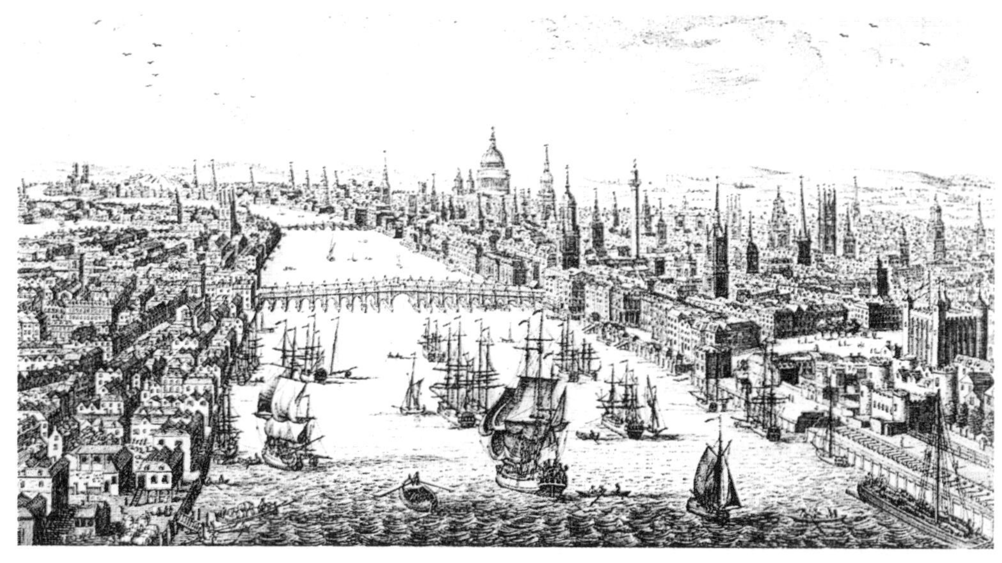

18세기 후반 런던의 일반적인 풍경. 강 상류의 풍경으로 탑의 정사각형 형태가 오른쪽 끝단에 보이고 있다.

버넌트가 임명되었다. 공무는 비약적으로 증가했고, 우편 업무도 개시되었다.

합리적인 방법으로 사회적인 문제를 해결할 수 있다고 생각되기는 했지만, 그렇다고 새로운 사상이 학문의 영역에까지 파급되지는 못했다. 17세기 가운데무렵 옥스퍼드와 케임브리지 두 대학은 극단적인 보수주의자였던 로드 대주교의 영향력 아래서 숨을 죽이고 있었다. 교육은 여전히 중세적 관행을 굳건히 유지하고 있었다. 변증법이 최고의 학문으로 군림했으며 문학사 학위는 문법, 수사학, 윤리학, 정치학 등 2백 년 전과 거의 마찬가지 학과들로 구성되어 있었다.

혁신은 주로 신흥 상인들로부터 나왔다. 그 가운데 한 사람인 더들리 노스 경은 열일곱 나이로 돈을 빌려 레반트 사에 합류해 터키로 갔다. 서른에 그는 그 지역에서 가장 큰 상인이 되었고, 잉글랜드산 모직과 철을 콘스탄티노플에서 향료, 포도주, 면화, 건포도와 교환했다. 이미 관세청장이자 국회의원이 되어 있던 1692년에 그는 무역에 관한 방대한 책을 썼다. 그는 이렇게 말했다. "모든 경우처럼 금의 가격은 공급과 수요에 따라 결정된다.……부는 규제가 아닌 생산성에서 나오며…… 시장은 스스로 최선을 찾아낸다.…… 무역이 없으면 돈도 없다."

노스 경은 무역과 돈의 유용성 사이에 어떤 관계가 있는지에 대해 논증했다. 그는 잉여 자산이 토지에서 나온 것이든, 사업상의 이윤으로부터 나온 것이든 간에 돈은 차용된 것이라고 말했다. 토지는 지대를 목적으로 임대되며 화폐는 이자를 받기 위해 대출된다. 그리고 무역이 성행할수록 대출해 줄 수 있는 더 많은 이윤이 발생하고, 따라서 이자율은 더욱 낮아질 것이다. 모든 것이 수요와 공급의 법칙에 따라 결정되기 때문이다. 이것은 당시로서는 대단히 혁신적인 생각이었음에도 급속히 공감대를 넓혀 갔다. 17세기가 막을 내릴 무렵 무역을 안정적으로 성장시킬 수 있는 방법에 대한 요구가 생겨났다. 위험 부담을 줄이며 해운업에 투자하기 위해서는 보험 제도가 있어야만 했다.

가동중인 런던의 소방 펌프. 소방 펌프는 이것이 배치된 거리나 구역에서 동원되었는데 주로 보험 회사가 투자한 것이었다. 아래는 손을 맞잡고 있는 1639년에 설립된 초창기 보험 회사의 심볼이다. 화재보험에 가입한 건물 외벽에는 소방펌프가 설치되어 있음을 보험사가 보증하는 금속으로 만든 서명이 부착되었다.

화재 보험 덕분에 더 많은 돈이 도시로 유입되었다. 안정된 생활을 영위하려는 사람들, 그리고 파산으로부터 자신들의 상속자를 보호하려는 사람들이 보험에 가입했다. 무엇보다도 중요한 것은 보험 덕분에 대출받기가 쉬워졌다는 점이다.

이러한 필요성에다 찰스 2세의 방탕한 생활이 겹쳐져 1694년에 영국의 중요 재정 기관이 그 모습을 처음으로 드러냈다. 자신의 군대에게 줄 임금에 대한 의회의 승인을 얻는 데 실패한 그는 1672년에 왕립 조폐국에 런던의 상인들이 안전한 보관을 위해 맡겨 놓았던 20만 파운드 상당의 금을 빼돌렸다.

그 이후로 상인들은 자신들의 금을 보관할 장소로 건실한 금 세공업

1750년 런던 부두의 세관. 당시 런던은 세계에서 가장 번화한 항구였다. 통메장이가 선적을 위해 통을 준비하는 동안 서기가 화물을 점검하고 있다. 왼쪽 잉글랜드 군함에서 함기가 휘날리고 있다.

출세한 잉글랜드 상인. 창문을 통해 상인의 선창과 화물 창고가 보인다. 상인이 서기로부터 매출 현황에 대해 설명을 듣고 있는 동안 값비싼 최신 유행으로 차려입은 가족들이 자신들의 시골 별장을 그린 풍경화 앞에서 흑인 하인의 시중을 받고 있다.

자들의 금고실을 이용하기 시작했다. 얼마 후 금고실에 보관된 이 금들은 그들이 예치한 금의 양을 보증하기 위해 발행한 증서와 함께 가지불假支拂에 이용되었다. 금 세공업자들은 자신들이 보관하고 있는 금을 이용해 돈을 벌 수 있다는 것을 알게 되었다. 그들은 이자를 받는 조건으로 이 증서를 발행하고, 그 이자의 일부분은 금을 맡긴 사람들에게 지불하기 시작했다.

17세기 끝무렵에는 무역량이 엄청나게 늘어남에 따라 이런 종류의 신용 거래에 대한 수요도 급속히 증가했다. 그러나 종종 심각한 재정상의 폐해도 발생했다. 그에 따라 국가적인 규모로 운영되는 믿을 만한 기구의 필요성이 제기되었다. 그때 막 영국의 왕위를 계승하기 위해 네덜란드에서 온 윌리엄 3세는 프랑스의 루이 14세와 벌인 전쟁에 드는 돈을 마련하기 위해 막대한 금액을 차용해야만 했고, 잉글랜드인들은 네덜란드식 자금 조달방법을 알게 되었다.

네덜란드는 1609년 암스테르담 은행이 설립된 이래 은행과 신용 제도를 널리 갖추고 있었다. 은행에는 여신과 수신 업무, 동전 교환, 조폐국에서 쓸 금속이나 통용되지 않는 동전 구매, 어음 교환소의 역할을 할 권한 등이 부여되어 있었다. 무엇보다도 은행은 암스테르담 시 당국이나 네덜란드 동인도 회사 같은 중요한 기관들에게 신용대출을 해 주었다.

윌리엄 패터슨이라는 스코틀랜드인이 잉글랜드에 이와 유사한 기관의 설립을 제안했다. 세 번이나 시도한 끝에 그는 자신의 계획에 대한 의회의 승인을 얻어낼 수 있었다. 덤프리스 출신의 상인이었던 그는 스코틀랜드인들이 전에 파나마 지협에 식민지를 세우려다 막대한 피해를 입은 일에도 연루되어 있었다. 금융 개혁에 대한 그의 아이디어는 1694년 6월 21일에 착수되었다. 120만 파운드의 출자금이 모이면 그 돈을 8퍼센트의 이자로 왕에게 대부할 예정이었다. 만약 그 돈의 절반이 8월 1일까지 출자된다면, 출자자들은 '잉글랜드 은행 회사와 정부'의 공식 승인 아래 회사의 일원이 된다. 자신이 투자한 만큼만 책임을 지면 되는 유한 책임 회사를 세울 수 있도록 한 법률이 1662년에 이미 제정되어 있었기 때문에, 이러한 협정에는 위험 부담이 없었다. 투자자들에게는 맥주와 에일 맥주, 식초에 대한 소비세를 징수할 권리도 주어졌다. 더 나아가 은행은 그들이 왕에게 제공한 금액만큼의 수표를 발행할 권리가 주어졌고, 필요한 경우에는 왕의 조세에 의해 즉시 지불이 보증되었다.

이 회사는 열흘 만에 120만 파운드를 모두 모을 수 있었고, 페터슨은 그 은행의 이사가 되었다. 1694년 7월 27일 잉글랜드 은행은 런던에 있는 링컨스인 법학원의 포위스 하우스에서 조인되어 승인을 얻었다. 은행은 즉시 국왕에게 대출을 시작했고 국가의 부채는 급격히 늘어갔다.

2년 뒤에는 상공업을 장려하기 위한 상무성이 설립되었다. 이 무렵 런던에서는 새롭게 생겨난 커피점들을 중심으로 금융시장이 번창하고 있었다. 커피점에서는 선적과 재고에 관한 정보들을 들을 수 있었다. 수표가 유통되기 시작한 것은 1675년의 일이었다. 1697년부터 주 2회씩 환율표가 발행되었다. 이 새롭고 상업적인 접근은 모든 거래에서 통용되었다. 국가는 더 이상 이념적인 또는 종교적인 최고 기관이 아니었다. 국가는 이제 경제적 권력 기구가 되었다.

새롭고 역동적이면서도 모험적인 분위기 속에서 돈을 벌고, 상류계급으로 올라서고, 토지를 매입하는 것이 인생의 중요한 목표로 떠올랐다. 소설가 스몰릿은 "돈이 없으면 살아가면서 어떠한 존경도, 명예도, 안락도 얻을 수 없다"고 썼다. 신흥 상인들과 토지 가치를 담보로 돈을 빌릴 수 있게 된 대지주들 모두가 토지에 울타리를 침으로써 이익을 남길 수 있는 방법을 모색하기 시작했다.

동절기 동안에는 농장의 동물들에게 먹이를 공급하는 것이 쉽지 않았기 때문에 대량으로 도축할 수밖에 없었는데 이 문제를 해결하는 것이 가장 절실한 과제였다. 더 많은 수확을 얻기 위해서는 야생 관목이 자라는 토지를 활용할 필요도 있었다. 이러한 개선을 가능하게 하는 몇 가지 묘책이 네덜란드로부터 도입되었다. 네덜란드인들은 수세기 동안 토지를 매립하고 개간을 해 왔었다.

그러나 가장 먼저 나온 개선책은 영국에서 비롯되었을 것이다. 이 개선책은 습지 목초지를 활용해 동물들에게 먹일 건초를 더 많이 생산하는 기술이었다. 원래 건초는 고지나 저지대의 습지 모두에서 생산되었는데 1635년 이후로는 냇물을 막아 일부러 이러한 초지를 범람시켰다(목초가 부패하지 않는 한도 내에서는 흐르는 물이 필요했다). 물이 하수나 배설물을 실어 나름으로써 토지가 더 비옥해질 수 있었던 것이다. 겨울에는 목초에 물을 채워 넣어서 서리나 눈으로부터 보호했다. 3센티미터 정도 높이의 물이면 충분하였다. 3월 중순이면 목초는 15

센티미터 높이로 자랐고 그러면 양들을 목초지로 들여보냈다. 4월 말이 되면 양들이 목초를 모두 뜯어 먹었고, 그러면 다시 물을 채워 두었다. 6월경이면 가축에게 줄 건초가 마련되었다. 건초의 질은 좋았고, 침수된 목초지에서는 마른 초지에 비해 네 배가 넘는 건초를 수확할 수 있었다. 침수를 반복함으로써 두 번 혹은 세 번의 수확을 하는 경우도 있었다. 9월이 되면 가축을 위한 더 많은 목초가 마련되었고 11월에는 다시 한 번 목초지를 범람시켰다. 고수확을 얻을 수 있는 이러한 방법은 17세기에는 이미 잉글랜드 전역에서 일반적으로 사용되었다.

당시에 새로이 재배되기 시작한 작물의 대부분은 겨울용 사료로 쓰이는 것들이었다. 가장 먼저 재배된 것은 아마 당근이었을 것이다. 이스트앵글리아에서는 당근을 재배해 겨울 내내 땅 속에 두었다가 필요할 때 꺼내서 말에게 먹였다. 그러나 17세기에 재배되기 시작한 농작물들 가운데 가장 놀라운 것은 순무였다. 이 야채가 대륙에서 들어온 것은 수십 년 전의 일이었지만 (이에 관한 최초의 기록으로는 1662년 것이 있다) 당시에만 해도 시장에 내기 위해 시장용 청과물 농원에서만 재배되고 있었다. 그러던 것이 서퍽 주 북부 지역에서 처음으로 순무가 사료로 널리 사용되기 시작했다. 밀을 수확하고 나면 바로 토지를 쟁기질하고 순무씨를 뿌렸다. 이따금 손으로 제초 작업을 해주었다. 가을이 되어 다 자란 순무는 헛간에 보관하거나 들판에 그대로 두었다. 건초와 짚과 함께 순무를 먹은 젖소는 겨울 내내 우유를 생산할 수 있었다. 숫소도 동절기 동안 순무를 먹고 살을 불릴 수 있었다. 순무는 3월까지 사료로 쓰일 수 있었다.

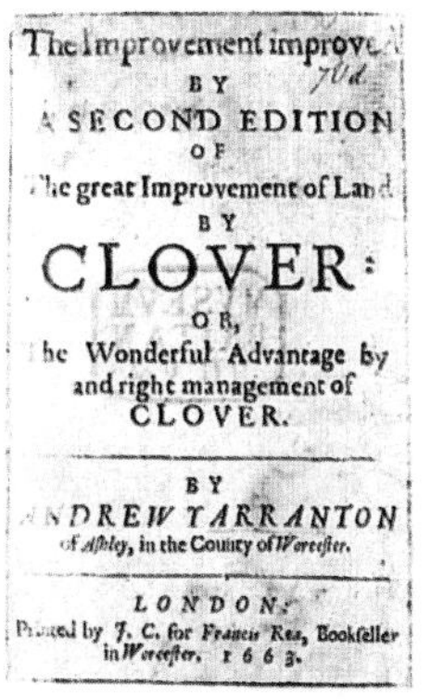
The Improvement improve
BY
A SECOND EDITION
OF
The great Improvement of Land
BY
CLOVER:
OR,
he Wonderful Advantage by and right management of
CLOVER.

BY
NDREW TARRANTON
of Ashley, in the County of Worcester.

LONDON:
Printed by J. C. for Francis Rea, Bookseller in Worcester. 1663.

당시 베스트셀러였던 클로버 이용법에 관한 책의 속표지.

18세기 첫무렵에는 순무는 이미 흔한 작물이 되었다. 이제 '순무' 전설인즉, 타운센드가 해외에서 순무를 들여온 이야기는 전설이 되어 버렸다. 타운센드가 하노버에서 '희귀한 씨앗'을 가져온 것이라지만, 실제로 하노버에서는 순무가 재배된 적이 한 번도 없었다. 게다가 순무 씨는 다른 곳에서는 흔히 볼 수 있는 것이었다.

국가의 경제적 성장에 순무만큼이나 중요한 식물이 또 있었다. 그 작물이 얼마나 중요한지는 "클로버처럼 살다to be in clover"라는 숙어가 새롭게 생겨난 데서도 알 수 있다. 이 말은 클로버를 널리 이용하게 됨에 따라 토양이 기름지게 되었고, 그 덕분에 생겨난 이익으로 잘 살게 된 데서 나왔다. 1770년대 이후로 완두콩과 강낭콩은 완전히 클로버 재배로 대체되었다. 땅을 개간하는 데 클로버를 처음으로 쓰기 시작한 곳은 네덜란드였다. 순무, 클로버 같은 작물들이나 호밀풀과 같은 인위적인 초지 조성으로 비교적 단기간에 황무지를 경작지로 바꾸는 일이 가능해졌다.

1720년까지 이 새로운 농작물들은 토지의 이용 방식을 바꾸어 버렸다. 다모작을 도입한 이는 노퍽이었다. 잉글랜드 동부 지방의 전답들은 대부분 좁았기 때문에, 순무 재배를 농장 전체에 똑같이 확대할 필요가 있었다. 그에 따라 전답들은 윤작을 위해 여섯 부분으로 나누어졌다. 윤작은 한 곳 혹은 두 곳의 전답에서 실시되었으며 차례로 밀, 보리, 순무, 보리와 호밀풀 또는 보리와 클로버, 호밀풀과 클로버, 마지막으로 여름 휴경지용으로 호밀풀과 클로버를 심었다.

어떠한 전답에서도 순무나 여름 휴경은 빠지지 않았다. 이 농경법이 모든 곳에서 적용된 것은 아니었고 윤작을 위해 선별된 전답에서만 행해졌다. 윤작을 실시하는 전답일지라도 일반적인 흉작이 예상되는 경우에는 정규적인 농작물 재배법이 행해졌다.

이 방식은 대단히 융통성이 있었다. 작물의 교체는 농장 전체에 적용되었고, 경지에 알맞는 것들을 번갈아 가며 재배하는 방식이었다. 예컨대 순무, 보리, 클로버, 밀을 재배했으면 다음에는 순무, 귀리, 클로버, 밀을 재배하고, 그 다음에는 일부는 묵혀 두고 일부는 순무, 밀, 클로버를 재배했으며 그 다음에 밀, 보리, 순무, 클로버를 재배하였다.

17세기 후반기의 경작 교범에 그려진 식물 재배와 동물 사육의 여러 모습들.

같은 시기에 비료의 이용법이 개선되었다. 이회토를 뿌리거나 석회와 점토를 섞어 주기도 했으며 석회, 모래, 퇴비의 사용도 증가하였다. "자기 자신을 위한 것이라면 모래를, 아들을 위한 것이라면 석회를, 손자를 위한 것이라면 이회토를 쓴다"는 말이 나돌기도 했다. 울타리 치기의 효과는 가축들이 들판을 돌아다니며 휴경지의 풀을 뜯어 먹어 건강해지고, 씨를 뿌린 땅에 그 가축들이 배설을 함으로써 땅을 기름지게 하는 큰 이득으로도 나타났다.

경작에 있어서 이러한 혁명은 토지의 수익을 올리는 데 대한 관심을 증가시켰다. 또한 그로 인해 당시의 농장 노동자들은 오늘날의 농장 노동자들 못지않은 영양 섭취가 가능해졌다. 17세기 끝무렵의 농업 노동자들은 공황기의 현대 빈민에 비해 열 배의 철분과 칼슘, 다섯 배의 복합 비타민 B, 여섯 배의 비타민 C, 같은 양 이상의 비타민 D, 거의 같은 수준의 비타민 E를 섭취할 수 있었다. 또 그들은 지방질과 칼로리 섭취 면에서도 앞서 있었다. 한 사람이 일주일 동안 밀 1펙(1펙은 약 8.81리터), 보리 7/10펙을 함유한 맥주, 서너 파운드의 베이컨과 고기, 치즈 1/4파운드, 약간의 과일 · 향료 · 소금 · 귀리 · 홉 그리고 다량의 계란과 사냥해서 잡은 고기를 섭취했다. 이 정도의 영양 섭취량은 오늘날 중산층이 평균적으로 섭취하는 양과 같거나 어떤 경우에는 더 많기도 했다.

먹을 것이 이렇게 풍부해진 것은, 똑같은 양의 씨앗에서 더 많은 양의 작물을 수확할 수 있게 되었기 때문이다. 똑같은 밀 씨앗에서 전보다 다섯 배나 많은 수확을 거둘 수도 있게 되었다. 새로운 경작법은 그 수확율을 배가시켰다. 보리의 경우에는 수확률이 네 배로 늘어났으며, 옥수수와 목초는 두 배로 증가했다. 18세기 첫무렵까지는 아무리 가난한 농장 노동자들일지라도 밀로 만든 빵을 먹을 수 있게 되었다. 그들은 더 이상 호밀이나 보리, 귀리 등으로 만든 빵을 먹지 않아도 되었다. 1540년에는 인구 3백만 명을 가까스로 먹여 살릴 수 있었던 잉글랜드였지만, 이제는 새로운 농경법으로 인해 6백만 명을 부양하면서도 생산된 곡물의 절반을 수출할 수 있었다.

1720년에 좋은 날씨가 찾아왔을 때, 잉글랜드(부분적으로는 웨일스와 스코틀랜드에서도)에는 투자할 곳을 찾지 못한 부자들로 넘쳐나고 있었다. 자신들이 소유한 엄청난 규모의 토지를 개선해 많은 이익을 본 대지주들은 중소지주들의 땅을 사는 데 돈을 아끼지 않았다. 이로 인해 소비처를 찾는 잉여 현금이 형성되었다. 그것은 식민지 시장의 성장에 따라 해마다 이익을 늘려만 가던 상인들의 경우도 마찬가지였다.

지주와 상인들은 그 돈의 일부를 푸짐한 결혼지참금을 주어서 딸을 시집보내 상류계급으로 올라가는 데 썼다. 그보다 흔한 일은 아니었지만, 그들의 돈이 최신 유행의 팔라디오 양식의 큰 저택을 짓는 데 몰리기도 했다. 1690년에서 1730년 사이에는 위풍당당한 집을 짓는 것이 붐을 이루었고, '가능성' 브라운* 같은 재능있는 사람들이 이 새로운 저택에 필요한 우아한 조경을 제공했다.

기후의 변화와 그에 수반된 농작물과 수익의 증가는 빈민들에게도 도움이 되었다. 수확량이 늘어 농산물의 가격이 내렸고, 그것은 실질임금이 상승하는 효과를 가져왔다. 노동자들은 당장 쓸 수 있는 현금을 비교적 많이 소유하기 시작했다. 그 가운데 많은 돈들이 18세기 첫 무렵부터 생겨나기 시작한 마을 상점으로 모여들었다. 넘쳐나는 수요로 상점들은 담배, 신발, 의복 등을 적정량 이상으로 확보해 두어야만 할 정도였다.

국내 시장의 성장은 동시에 무역량의 증가로 인한 문제들을 정치적 · 제도적으로 잘 조절할 수 있도록 유도하였다. 런던에는 재정 상태가 양호한 은행과 주식 시장들이 있었다. 게다가 보험 · 저당 · 회사에 관한 법률도 존재했으며, 사업체의 수도 증가하고 있었다. 모두 밝은 미래를 약속하는 것들이었다.

* 브라운(Lancelot Brown, 1715~1783): 영국의 조경가. 정원 설계에서 영국 최고의 거장으로 꼽힌다. 의도적인 느낌이 들지 않는 자연스러운 정원을 설계했다. 가능성이라는 그의 별명은 장소는 '가능성(capabilities)'을 가진다고 늘 말하던 그의 버릇에서 비롯되었다.

당시의 잉글랜드는 시골 변호사의 아들로 태어난 한 철학자의 영향력 안에 있었다. 철학자들 중 존 로크보다 큰 영향력을 행사했던 인물은 없을 것이다. 그는 윌리엄 3세를 영국으로 입성시키고 정부를 설득시켰던 소위 혁명의 사도였다. 그는 옥스퍼드에서 탁월한 학문적 업적을 쌓았으며 섀프츠베리 백작의 고문으로도 다년간 일했었다. 섀프츠베리 경은 재무성 장관을 역임했지만 찰스 2세를 피해 정치적 망명을 했던 인물이다. 51세가 되던 1683년 로크는 네덜란드로 망명해 린덴 박사라는 가명을 쓰며 윌리엄이 잉글랜드 왕으로 취임할 때까지 그곳에 머물렀다.

당시 자유농들은 풍성한 수확으로 이익을 얻었다. '농부 자일스 가족'이란 이 풍자 만화는 상류학교에서 방금 돌아온 16세 딸 베티의 재능을 이웃에게 자랑하려고 안달인 부부의 모습을 그리고 있다.

그 동안에 로크는 18세기 유럽에 심대한 영향을 끼친 몇 권의 철학과 정치 관련 저서를 집필했다. 『인간 오성론』은 1684년에 위트레흐트에서 완성했다. 잉글랜드로 귀국한 뒤, 로크는 논쟁적인 글인 『관용에 관한 서한』을, 그 다음 해에는 『통치론』을 출간하였다. 현재도 유

18세기 가운데무렵에는 품위있는 가옥을 건축하려는 붐이 일었다. 이 기간 동안 잉글랜드에선 수많은 대저택이 건축되었다. 팔라디오 양식과 고전 양식이 만연했다. 이 그림에서는 건축가가 도안한 설계도를 부부가 함께 살펴보고 있다. 오른쪽 하단에 당장이라도 쓸 수 있게 준비된 로마식 기둥 단편에 주목하라.

지되고 있는 정부의 기본 신조들 가운데 많은 것들이 이 저작에서 비롯된 것이다. 그는 독점적인 권한을 용인하는 왕권을 제한하는 것이 불가피하다고 생각했다. 또 그는 조세권을 의회의 권한 밑에 둘 것과 종교의 자유, 왕실의 억압에 대한 자유로운 비판, 임의적인 체포의 종식, 정기적인 의회 회기의 보장 등을 희망했다.

로크는 인간이란 근본적으로 이기심을 쫓아 행동하기 마련인 존재이며, 따라서 이기심을 추구할 자유를 보장하는 것이 "모든 자유의 토대"가 될 것이라고 여겼다. 그는 "자연 상태"를 행복을 추구하며 함께 삶을 영위하고, 개인과 공동의 지고한 이익을 보장하기 위해 이성에 따라 서로 결속된 상태라고 하였다.

로크가 생각하기에 이기심의 가장 중요한 측면은 개인 소유물을 안전하게 보호하는 문제였다. 그는 모든 사회의 궁극적 목표는 개인의 재산권을 보존해 주는 일이라고 생각했다. 사람의 재산은 모두 다 노동의 결과물이므로, 개인 재산의 소유는 합법적으로 보장을 받아야만 한다는 것이다. 재산의 가치는 그것을 만들어 내기 위해 투입된 노동

가내 직물 산업, 얼스터에서 아마를 준비하는 노동자의 모습이 보인다. 왼쪽에서 실을 잣고, 가운데에서는 이것을 삶으며, 오른쪽에서는 사용하기 위해 얼레에 감고 있다.

력에 달려 있었다. 그에 따르면 사회란 인간이 "사람들 사이에서 안락하고, 안전하고, 평화로운 삶을 영위하기 위해 타인들과 결속하거나 연대하여 사회를 이룰 것에 대해 다른 사람들과 동의"함으로써 생겨난 것이다. 안전을 보장받는 대신에 "모든 인간은 하나의 정부 아래 단일 정체를 만들 것에 대해 다른 사람들과 함께 동의하고, 다수의 결정에 따르는 그 사회 전체 구성원들에 대한 의무를 스스로에게 부과하게 되는 것이다."

정부의 예속하에서, 인간이 포기해야 할 유일한 권리는 '자연적' 행위를 법률적으로 보장해 주는 대가로서 필요한 권리였다. 로크는 다음과 같이 기술하고 있다.

> 정치적 권력은…… 재산을 통제하고 보존하기 위해 사형을 부과할 수 있는 법이나 혹은…… 그보다 가벼운 벌칙을 만드는 권리이며, 공공의 침해로부터 공공 복리를 방어하기 위한 법 집행에 공권력을 사용할 수 있는 권리이다. 그러나 이 모든 것은 오직 공익을 위한 것이어야만 한다.

로크는 시민과 정부 사이의 관계를 나타내기 위해 '사회 계약'이라는 상업상의 용어를 사용했다. 정부는 한 개인을 사형에 처할 수는 있을 것이다. 그러나 개인의 동의 없이는 그나 가족의 재산을 빼앗을 수는 없다. "재산의 보호는 정부의 목적이다." 이 계약에 로크는 오늘날의 정부에서도 그대로 받아들여지는 하나의 조항을 추가했다. 동일한 사람들이 국가의 입법권과 집행권을 동시에 손에 쥐게 해서는 안 된다는 것이다. 사회 계약은 이러한 조건이 충족되었을 때에만 효력을 발휘할 수 있을 것이다. 권력 분립이 이루어지지 않는다면 전제정치가 될 가능성이 있기 때문이다.

로크는 사업상의 관계를 국왕과 국민 사이의 관계에 비유했다. 기본적으로 정부는 국왕과 국민 모두를 육성하는 데 관심이 있었으므로, 투자를 촉진시킬 수 있도록 세법을 만들었다. 이윤에는 세금이 없었고 단지 소비와 수입輸入에만 세금이 부과되었다. 따라서 제조업과 판매업은 수익성이 매우 높은 사업이었다. 그러나 문제는 18세기 첫무렵의 산업은 자금을 필요로 하지 않았기 때문에 투자를 통한 산업의 팽창은 가능할 것 같지 않았다는 데 있었다.

생산 시설의 대부분은 도시로부터 떨어진, 연료 공급이 용이한 숲이나 제분기를 가동시킬 수력이 공급되는 계곡과 급류 근처에 들어서 있었다. 제철업자들은 망치, 풀무, 가열로 등을 운반하며 이곳저곳으로 떠돌아 다녔다. 나무의 공급이 끊어지면 목탄을 구하러 어디로건 찾아 나서야만 했기 때문이다.

가장 흔한 동시에 규모도 가장 큰 산업이었던 직물 산업 역시 구릉

지대에 있었다. 농장 공동체의 구성원들은 양을 기르며 동시에 양모 생산 과정에 골고루 참여했다. 어떤 가족은 양털을 분류하고 세척을 했으며, 또 다른 가족들은 빗질을 하고 보풀을 세우고, 실을 잣고, 실을 엮고, 늘이고, 표백하고, 다듬고, 보풀을 베어 내고, 염색을 하곤 했다.

직물 산업과 제철 산업의 경우에는 일거리가 부정기적이었고 계절을 탔다. 이 두 산업은 모두 많은 경비를 필요로 하는 산업이 아니었다. 임금은 주로 현금으로 지급되었다. 1700년경에는 나무 기근 현상이 피부에 와 닿게 되었고, 그에 따라 제조업자들은 심각한 연료 부족 문제에 직면했다. 게다가 공급자들로부터 원료를 공급받는 일과 완제품을 시장으로 내보내는 일도 쉬운 일이 아니었다. 1663년에 의회에서 치안판사들에게 지방 도로를 개선할 것과 개선 자금 확보를 위해 통행료 징수문을 설치할 것을 명령한 일도 있지만, 도로 수송은 극도로 위험천만한 일이었다.

지방 치안판사들이 자신들의 직무를 성실히 수행한 곳에서는 1700년경부터 장소에 따라 그 기준이 다르긴 했지만 통행료가 본격적으로 징수되기 시작했다. 도로를 유지하고 보수하는 데도 많은 시간이 소요되었다. 잉글랜드에는 농민들의 노동력을 강제로 동원하는 코르베* 와 같은 제도가 없었기 때문이다. 주요 도로를 모두 2.5미터로 확장해야 한다는 1691년의 조례는 무시되었다. 지방의 노동력을 이용한 도로의 유지는 거의 이루어지지 않았다. 도로는 여름에는 흙먼지로 뒤덮이고 겨울이면 진창으로 변했다. 런던의 스미스필드 시장으로 향하는 4만 마리의 스코틀랜드 고지대산 소들과 3만 마리의 웨일스산 가축의 통행이 고작 일 년에 단 한 차례 그 도로에 난 바퀴 흔적을 휘저어 놓을 뿐이었다.

디포는 1724년에 어떤 글에서 "도로는 비좁았으며, 과도하게 사용되어 망가져 있었다"고 썼다. 전진하기 위해서는 들판을 가로질러 가

* 코르베(corvée): 봉건 시대의 부역. 강제 노역.

폐허로 변해버린 잉글랜드의 도로. 사실상 여행이 불가능하였으므로 잉글랜드의 지방들은 모든 면에서 구별되었다. 사투리와 풍습과 생활 양식이 불과 80킬로미터 떨어진 지역에서조차도 서로 달랐다.

는 수밖에는 도리가 없었다. 짐을 운반하는 데 동물을 선호한 이유도 바로 그 때문이었다. 런던에서 옥스퍼드까지 96킬로미터를 가는 데 걸리는 시간은 12시간이었다. 옥스퍼드 너머의 도로 상태는 놀랄 정도로 악화되어 갔다. 지방의 감독관들이 직무를 충실히 하는 경우에도, 지방 당국의 관리를 받고 있는 도로의 평균 길이는 불과 30킬로미터에 지나지 않았다. 일반 도로의 개선은 아주 더디게 진행되었다.

좋은 기후와 싼 곡물로 인해 농부들의 실질 소득이 증가하였다. 소득의 증가는 소비의 증가로 이어졌고, 인구가 늘어남에 따라 규모가 커진 시장으로 예비 사업가들이 몰려들었다. 시장에서 양질의 고기나 신선한 채소를 구하는 것은 이미 쉬운 일이었고, 그 위에 차, 커피, 설탕과 같은 새로운 식품과 염가의 향료가 덧붙여졌다. 사람들은 현금을 지불하고 흰빵, 흑맥주, 담배, 감자를 구입할 수 있게 되었다. 아메리카 대륙에서 새로이 도입된 뿌리채소인 감자는 다른 곡물에 비해 같은 면적에서 두 배 이상의 수확을 얻을 수 있었다.

주택 사정도 나아졌다. 외를 엮은 가지에 점토와 진흙을 섞어 만든 허술한 벽이 벽돌벽이나 나무벽으로 대체되기 시작했다. 이엉은 차차 기와에 자리를 양보했다. 의자가 벤치를 대신하였다. 유리 제품, 자물쇠, 거울은 물론 책까지도 일반 가정에 등장하였다.

좋은 음식과 나아진 환경으로 인해 조혼이 늘어났다. 18세기 전반에는 평균 결혼 연령이 27세로 낮아졌다. 당시는 나날이 번창하던 시기였기 때문에 산아 조절이 잘 이루어지지 않았다. 산모들은 아이들이 두 살이 될 때까지 젖을 먹였다. 건강 상태가 전반적으로 개선됨에 따라 유산율이 낮아져 더 많은 아이들이 태어났으며, 태어난 아이들의 생존율 역시 좋은 영양 섭취로 인해 높아졌다. 그 이전 수세기 동안은 인구가 거의 혹은 전혀 늘어나지 않았었지만 1720년 이후로는 인구 성장률이 10년마다 3퍼센트, 5퍼센트, 그리고 10퍼센트까지 늘어났다. 좋은 기후, 커져가는 시장 규모, 풍성한 수확은 더 많은 일자리와 더 높은 임금을 만들어 냈다.

1740년까지 영국은 프랑스와 네덜란드에 대한 군사상의 승리를 거두었을 뿐만 아니라 영국 해군은 해로를 지배하게 되었다. 이를 기려 "브리타니아여 통치하라!"가 다시 씌어졌다. 이때가 바로 영국이 캐나다, 인도, 과달루페, 세네갈을 프랑스로부터 점유했던 때였다. 영국과 아메리카 식민지 사이의 교역량은 1700~1730년 사이의 30년 동안에 25퍼센트가 증가했다.

가장 짭짤한 가외 소득을 얻을 수 있는 일은 노예 무역이었다. 1729년에 조슈어 지라는 사람은 "우리들이 이렇게 엄청난 부를 축적할 수 있는 것은 식민지 흑인들의 값싼 노동 덕분이다"라고 했다. 노예제도는 항해법의 필수불가결한 조항이었다. 항해법은 노예 제도를 장려하고 왕립 아프리카 회사에 독점권을 부여하고 있었다.

노예 무역은 통상적인 방식을 따라 이루어졌다. 노예 상인들은 직물과 상품을 가지고 아프리카로 가 노예들을 사 모은 다음, 서인도의 사탕수수 농장으로 보냈다. 노예 상인들은 그 대가로 설탕을 받았다. 설탕은 유럽으로 다시 수입되거나, 아메리카 식민지인들에게 담배 대금으로 지불되었다. 담배는 유럽으로 가져오기만 하면 많은 이익을 남길 수 있었다. 이러한 삼각 무역에서 발생하는 이익은 엄청났다. 심지어는 운송 도중에 인간 화물의 5분의 1이 희생되는 경우도 흔한 일이었지만, 남아 있는 노예들만 팔아도 여전히 상당한 이익을 남길 수 있었다. 노예들은 다른 상품들과 똑같이 다루어졌다. 서인도의 농장주들은 자신들이 부리는 검둥이들에게 교육을 시키거나 기독교 신앙을 제공하는 것에 반대했다. 복음 전도 단체는 미국에서 노예들에게 실을 잣고 피륙을 짜는 것을 가르치려는 계획을 세웠지만 거부되었다.

영국은 노예 사업에 엄청난 투자를 했다. 영국은 에스파냐의 남아메리카 식민지 전지역과 노예 공급 계약을 맺을 정도였다. 1730년 의회는 아프리카 노예 상인을 보호할 목적으로 황금 해안에 세울 요새의 건설 비용으로 1만 파운드의 예산을 통과시켰다. 노예 무역을 통해 부

아프리카 노예와 카리브산 설탕의 교역은 엄청난 이익을 남겼고, 그에 따라 영국에는 많은 대가문들이 생겨났다. 자유의 수호자였던 존 로크조차도 노예 제도에 찬성했다.

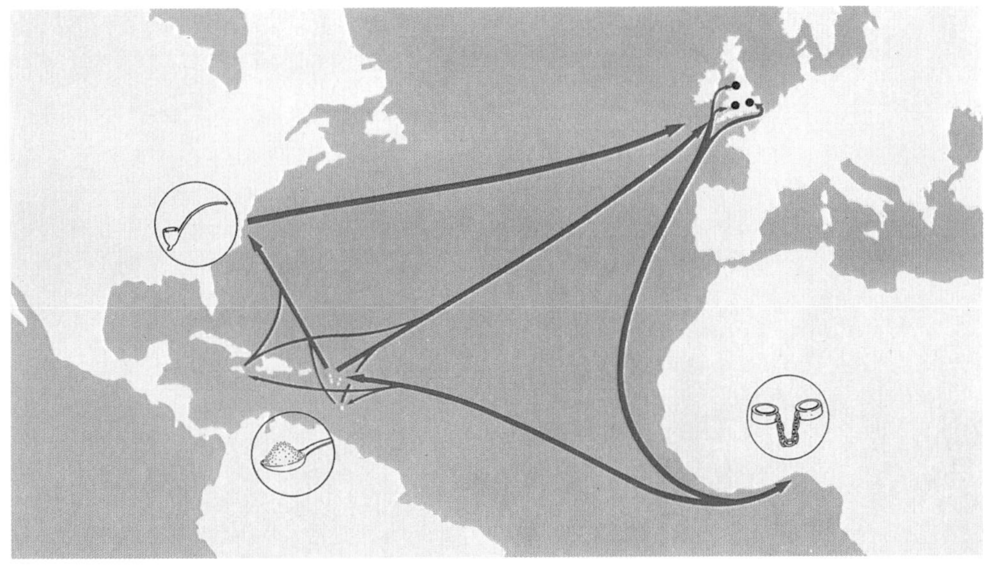

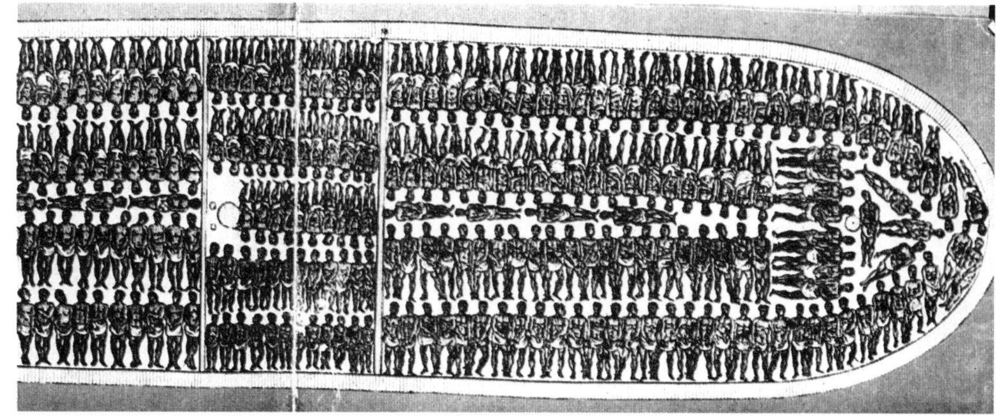

6백 명 이상을 실어나를 수 있도록 정교하게 디자인된 노예선. 고수익을 남기는 상품이라 선창에 무리하게 채워 넣었다. 많은 노예들이 항해 기간 동안 살아남지 못했다는 게 그리 놀랄 만한 일이 아니었다.

를 쌓은 리버풀과 브리스톨이 중요한 도시로 성장했다. 훗날 랭커셔에서 산업이 발전할 수 있었던 것은 그곳이 리버풀 항에 가까이 있었던 덕분이었다. 리버풀 항에는 직물을 가득 싣고 아프리카로 떠날 준비를 하는 배들로 항상 북적거렸다.

인도에서 벌어들이는 부도 노예 무역에서 벌어들이는 부에 못지 않았다. 동인도 회사는 매년 40만 파운드 이상의 수익을 남겼는데, 1757~1766년의 10년 사이에 동인도 회사의 고용인들이 인도로부터 6백만 파운드 이상의 '선물'을 모았다는 소문이 나돌기도 했다. 차(茶) 수입의 급증에 따른 가격의 하락으로 대부분의 잉글랜드인들이 이 독특한 향의 음료를 즐길 수 있게 되었다. 18세기 동안 차의 수입은 매년 4백만 파운드 이상으로 증가했다.

국내 시장이 성장하자 제조업자들은 엄청난 자극을 받았다. 게다가 점차 감소하던 나무 공급량에 구애받지 않고도 철을 생산할 수 있는 방법이 18세기 첫무렵에 발견되었다. 가정용품 시장에서 기회를 찾고 있었던 퀘이커교도 에이브러햄 다비라는 사람이 세번 강변의 슈롭셔라는 지방에서 구리와 놋쇠를 제련하는 연료로 코크스를 사용하기 시작했다. 불순물이 거의 포함되지 않은 그 지방의 역청탄과 다비가 새로운 용광로에 사용했던 코크스 덕분에 양질의 순수한 철을 생산할 수 있게 되었다.

이 방식이 비용이 덜 들었기 때문에 다비는 곧 철 생산 방법을 바꾸었다. 1707년 그의 직공이었던 존 토머스라는 사람이 대부분의 불순물을 연소시킨 코크스를 이용해 훨씬 떠 싸고 양질인 철을 생산할 수 있는 비법을 고안해 냈다.

1712년에 토머스 뉴커먼이라는 데번 출신의 한 철물상이 자신이 새로이 설계한 펌프용 엔진에 동력을 전달하는 실린더를 주조하는 데 다비가 생산한 철을 사용했다. 늘어만 가는 철의 수요를 감당하기 위해서 광부들은 더 깊숙이 광산을 파고 들어가야만 했고, 그에 따라 솟구쳐 올라오는 물의 양도 많아졌다. 당연히 펌프의 수요도 증가했다. 당시 산업이 직면해 있던 문제들 가운데 하나를 다비의 기술이 해결해

워슬리와 멘체스터 사이에 놓인 브리지워터 공작의 운하 중 바르톤의 이르웰 강 위에 있는 수도교(水道橋). 이 수도교는 제임스 브린들리에 의해 잉글랜드 최초로 건설된 것이다. 제임스 브린들리는 비국교도이자 문맹이었다.

낸 것이다. 잉글랜드는 석탄이 풍부한 섬이었으므로 연료 사정은 풍족해졌다. 그러나 또 다른 중요한 문제가 하나 있었다. 석탄 산지로부터 석탄을 어떻게 운송하는가의 문제였다. 탄전은 하나같이 항구에서 멀리 떨어져 있었다. 무겁디 무거운 석탄을 도로를 따라 운송한다는 것은 느리고 비용도 매우 비싸게 먹혔다.

상황은 노동력의 이동에 따라 더욱더 악화되었다. 많은 사람들이 고향을 떠나 작은 공장이나 공공 사업이 만들어 낸 일자리를 찾아 도시로 모여들었는데, 그들 대부분이 젊은 미혼 남자였다. 18세기 첫무렵에는 9천 명에 불과했던 맨체스터의 인구는 18세기 끝무렵에는 77만 명으로 늘어났다. 글래스고는 1만 2천에서 8만 4천으로, 리버풀은 5천에서 3만으로, 브리스톨은 4만 5천에서 9만으로 각각 늘어났다. 새로운 도시들은 하수도, 조명시설, 도로포장, 치안이 요구되었다. 무엇보다도 도시의 공장과 집들은 연료를 필요로 했고, 숲이 없는 상황에서 유일한 대안은 석탄이었다.

운송 문제는 18세기 가운데무렵에 운하에 의해서 해결되었다. 운하를 건설하는 데 드는 자금은 무역 수입과 농업의 개선에서 나온 잉여 자금과 광산을 가진 토지 소유주들에 의해 충당되었다. 1757년에 체셔 산産 소금과 랭커셔 산 석탄을 운송할 목적으로 최초의 큰 운하가 머지 강과 랭커셔 지방에 있는 세인트헬렌 강 사이에 건설되었다. 농지를 임차해 주어서 얻은 수입으로 탄광 소유주가 된 브리지워터 공작은 자신의 광산에서 난 석탄을 도시로 공급하기 위해 워슬리에서 맨체스터 사이에 운하를 건설했다.

1763년 7년 전쟁이 끝나고 정부가 급박한 재정 압박으로부터 벗어나자, 대출 금리는 4퍼센트로 하락하였다. 브리지워터 운하가 렁컨까지 확장되어 랭커셔 지방 남동부와 리버풀이 연결됨으로써 석탄의 판매가가 절반으로 떨어지게 되었다. 도로를 통한 석탄의 운송 비용은 톤당 2파운드였으나, 운하를 이용한 운송에는 6실링밖에 들지 않았다.

그 후 40년 동안 세 가지 형태의 운하가 건설되었다. 폭이 넓은 운하는 대부분 북동 · 북서 잉글랜드와 스코틀랜드에 건설되었다. 폭이 좁은 운하는 주로 남부 웨일스와 버밍엄 주변에 집중되어 있었는데 갑문의 폭이 2미터쯤에 불과했으며 값이 싼 노선이었다. 세 번째 형태인 '텁tub' 은 남서부 지방과 슈롭셔의 경사가 가파른 지역에 건설되었다. 운하 건설이 절정을 이루던 때에는 길이가 21미터이고 폭이 2미터 남짓한 길쭉한 배로 잉글랜드 남부 트렌트 강과 머지 강의 어느 곳이든 운항할 수 있게 되었다. 북부 지방에서는 길이 16미터, 폭 4.2미터인 거룻배가 이용되었다.

운하를 건설하는 데는 비용이 최우선적으로 고려되었다. 기술자들은 언덕을 깎아 내는 것보다 지형 조건을 그대로 따르는 것을 선호했다. 뱃사공의 임금이 크게 오르지 않는 한 운하의 길이는 문제가 되지 않았기 때문이다. 언덕을 잘라 내는 것보다는 터널을 만드는 것이 비용이 훨씬 적게 들었다. 결국 완공된 터널들의 길이를 모두 합하면 73킬로미터가 넘었다. 그 중에서 가장 긴 터널은 스탠디지에 있는 허더즈필드 운하에 있는 것으로 길이가 5킬로미터였다. 빙글리의 리즈 리버풀 운하에 있는 다섯 관문의 계단은 기술공학의 경이로운 성과물이었다.

수로 건설작업에는 작업이 끝난 다음 치안판사들이 쉽게 고향으로 돌려보낼 수 있는 아일랜드인들이 주로 동원되었다. 이들은 '내비게이터navigator' 또는 '내비navvy' 라고 불렸는데, 이러한 말들은 운송로에서 일하는 사람들을 가리키는 말이었다. 1775년까지는 런던, 브리스톨, 헐, 리버풀 등 잉글랜드의 주요 항구도시와 모든 주요 탄광들이 수로망으로 연결되었다.

그러나 탄광에서는 여전히 원시적인 작업을 하고 있었다. 노섬벌랜드, 더럼, 컴벌랜드에 있는 탄광들을 제외하고는 어느 광산도 90미터 이상 깊이 파 내려가지 않았다. 대부분의 석탄은 탄광의 표면에서 채

굴했다. 석탄 생산은 값싼 운송비에 자극 받아 1770년에는 625만 톤으로 증가하였다. 연료를 얻기 위해 더 이상 나무가 많은 숲을 찾지 않아도 됨에 따라 다비의 코크스 기법이 많은 주물공장으로 확산되었다. 공장주들은 이제 항구 근처의 랭커셔 평원에 상설 용광로를 만들기 시작했다.

가정용품 시장도 더욱 커졌다. 1763년 《브리티시 매거진》은 "상류층의 생활 방식을 모방하려는 유행은 빈천한 양가집에까지 퍼져 있다. 아마도 몇 년 안에 우리는 평민들을 보지 못하게 될지도 모른다"라고 썼다. 잉글랜드를 여행한 대륙의 여행자가 "다른 어느 곳에서보다 사람들이 잘 입고, 잘 먹고, 좋은 집에서 살았다"고 말할 정도로 잉글랜드는 실제로도 번영을 누리고 있었다.

상업과 산업의 성장은 재정과 관련되어 이루어진 발전에 힘을 얻은 바가 컸다. 런던에서는 18세기 첫무렵부터 많은 은행들이 착실히 성

브리지워터 운하의 시작 지점. 운하로 들어가는 터널이 보인다.

영국의 높은 소비율로 인해 외국인들이 런던으로 몰렸다. 하프시코드 제작자인 스위스인 브르크하트 슈디도 이러한 사람 중 하나였다. 여기에서 그의 악기를 조율하고 있는 모습을 볼 수 있다. 작곡가 헨델도 그의 고객이었다.

장해 1770년에는 은행의 수가 50개에 이르렀다. 은행들은 보통 토지 소유주들에게 중간 규모의 대출을 12개월간 해주었다. 1716년부터 런던에 있는 은행들이 증가일로에 있던 많은 지방 은행들의 중개 역할을 했다. 런던의 은행들은 지방 은행들의 금과 은을 예치받았다. 그들은 이스트 앵글리아에 있는 은행들이 맡긴 것을 미들랜즈의 은행에 재대출하는 식으로 해서 이윤을 남길 수 있었다.

이들 지방 은행 중 처음으로 설립된 은행은 잉글랜드에서 두 번째로 큰 상업 도시인 브리스톨에 있었다. 1750년에는 이런 지방 은행이 열 개로 늘어났고, 1810년에는 그 수가 7백 개에 이르렀다. 지방에서 영업을 시작한 주요 은행 가운데 하나인 바클레이스 은행이 퀘이커교의 자금으로 설립되었던 것은 우연이 아니었다. 앞으로 보게 되겠지만, 실제로 잉글랜드에서 시작해 마침내 유럽 전역을 강타할 엄청난 변화의 배후에는 비국교도들의 성장이 자리하고 있다.

크롬웰 이후, 클래런던 법전*은 국교회 교도가 아닌 사람이 지방 정

* 클래런던 법전(Clarendon Code): 영국에서 클래런던 백작 1세 에드워드 하이드가 장관으로 재직할 때 비국교도 세력을 무력화하기 위해 통과시킨 네 개의 법률.

퀘이커 교도의 집회. 교우들은 잉글랜드의 버밍햄에서부터 펜실베이니아까지 확장된 단단하게 결속된 공동체를 형성하였다. 또한 이들은 잉글랜드에서 가장 훌륭한 시계와 도구의 제작자들이었다.

부나 공무원, 대학에 임용되는 것을 금지시켰다. 그러나 비국교도들이 상업에 종사하는 것은 허용되어 이 분야에서 급속하게 성장하였다. 17세기 끝무렵 유니테리언교도•에 의해 장로교도들이 밀려난 이후 더 이상의 급진적인 종교개혁가들은 나타나지 않았다. 지옥불에 대한 설교도 사라졌다. 교인들은 더 안락한 생활을 위해 일하는 데 따르는 죄의식을 없앨 수 있게 되었다.

한편 영국 국교회는 점차 지방의 신사계급들이 주를 이루게 되었고, 그에 따라 목가적 무기력증에 빠져들었다. 군주정치가 약화됨에 따라 관용의 기운이 퍼져 나갔다. 하노버 왕가의 조지 1세가 왕위에 오른 해인 1714년, 자신이 왕권의 보다 직접적인 계승자임을 주장한 사람이 57명이나 되었다.

영국 국교회에 반대하는 비국교도자들은 금융과 산업계에서 성공하였다. 그들은 같은 신도들끼리 전국적인 망을 형성하며 깊은 유대관계를 맺고 있었다. 예를 들어 퀘이커교도들이 세운 바클레이스 은행은 런던, 노리치, 미들랜즈, 필라델피아에 '호의적인' 연줄을 갖고

• 유니테리언교도(Unitarians): 유니테리언교는 프로테스탄트의 한 파로서 이성의 자유로운 활동을 강조한다. 삼위일체설을 배격하며, 각 교회에 완전한 자율권을 부여한다. 유니테리언교도는 유니테리언교를 신봉하는 사람들을 일컫는 말.

있었다.

비국교도들, 특히 퀘이커교도들이나 유니테리언교도들은 성공이나 남보다 앞서는 것에 대한 강한 동기를 줄 수 있는 교육 체계를 주장했다. 비국교도인들이 가르치는 것을 허용받은 비국교도 학교들은 산업 현장에서의 유용성을 가장 중시하는 근대적인 교과 과정을 운영했다. 최초로 완전한 과학 교육이 실시된 곳도 바로 이들 학교였다. 18세기 끝무렵에 행해진 무작위적인 한 조사에 따르면 성공한 기업가들 가운데 비국교도가 49퍼센트나 되었다.

비국교도들이 살기에 가장 안전한 도시는 버밍엄이었다. 그곳은 클래런던 법전이 비국교도들이 어떤 도시에서건 그 도시의 중심에서 8킬로미터 이내에서 설교하는 것을 금지한 직후 큰 규모로 성장했다. 버밍엄은 국교 반대자들의 도시였고, 18세기에 영국에서 비국교도자들이 가장 많이 살던 도시였다.

1770년 무렵 영국은 풍족한 재정, 새로운 연료원, 신용 제도의 확대, 의욕으로 가득한 기업가들로 인해 거대한 도약을 준비하고 있었다. 결정적인 계기는 인도에서 비롯되었다. 인도산 면화의 수입 증가는 영국의 직물 산업을 동요시키기 시작했다. 18세기 중반 인도에서 전쟁이 발발하자 수입상들은 카리브해와 아메리카 남부 식민지로 수입선을 전환했다. 리버풀 항으로 들어온 원면은 랭커셔 지방의 구릉지대로 옮겨져 양 우리 근처의 시골 가옥들에서 방적되었다.

그러나 직물공들은 오래지 않아 구릉지대를 벗어나게 된다. 1760년대, 존 케이라는 랭커셔 지방의 한 시계 제조업자가 직물을 짜는 방법을 새롭게 개량했다. 그는 물레 위에 직기북을 얹고, 해머를 사용해 그것을 날실 사이로 때려 넣었다. 이 장치로 한 사람당 두 배의 직물 생산이 가능해졌다. 7년 뒤, 또 다른 발명품이 출현해 방적기가 이 새로운 직기에 보조를 맞출 수 있게 해 주었다. 제임스 하그리브스가 발명한 이 수동식 다중방적기는 제니 방적기라고 불렸다. 1788년 이 기

하그리브스의 제니 방적기. 기계에 의해 다양한 실을 짤 수 있도록 된 최초의 실용적인 장치였다. 왼쪽의 수직 얼레에서 원면이 풀어지면, 뽑히며 꼬여지고, 자아낸 실이 밑에 있는 얼레에 감긴다.

계의 보급은 2만 대에 달했다. 제니 방적기는 부드러운 실만을 씨실로 사용했다. 거칠고 질긴 날실은 물레를 사용해 여전히 손으로 생산되었다.

1769년에는 리처드 아크라이트라는 가발업자가 양조상을 하던 한 친구로부터 재정적 후원을 받아 수력기를 생산했다. 이 기계는 처음으로 직물공들이 한 공장 안에 함께 모여 작업을 할 수 있게 해주었다. 1771년 아크라이트는 3백 명의 직공을 고용했고, 1781년에는 직공수가 9백 명에 달했다. 하지만 당시 대부분의 신설 공장들은 여전히 소규모에다 구식이었다. 또 다른 비국교도였던 매슈 볼턴이 버밍엄의 소호에서 금속 가공업을 시작했을 때만 해도, 그의 공장은 초기 가내수공업 체제를 연상시키는 작은 건물들을 모아 놓은 것에 지나지 않았다.

이제 남은 것은 동력 문제뿐이었다. 비록 재간있는 사람들이 수력을 끌어들여 사용하기는 했지만 이것은 효율적이지도 못했고, 그때까지 국가가 키워 온 엄청난 잠재적인 발전 가능성을 충족시킬 만큼 풍

18세기 중반의 콜브룩데일. 연기가 오른쪽 코크스 작업장에서 치솟아 오르고 있다. 전경에 일단의 말들이 웰링턴 가를 따라 증기 기관 실린더를 끌고 있다. 용광로 굴뚝이 중앙의 좌측에 보인다.

부하지도 값이 싸지도 않았다. 국내 수요는 외국 시장보다 10배에서 20배까지로 계산되었다.

돈은 쓰일 곳만을 기다리고 있었다. 담배에서 축적된 자금은 클라이드 계곡 지역 산업의 기반이 되었고, 차에서 나온 자본은 남웨일스의 철강업을 일으켰다.

면직 산업은 생산량만이 문제가 될 정도로 무한한 성장 가능성을 갖고 있었다. 인구는 알맞은 속도로 증가했다. 인구의 증가 속도는 노동 비용을 끌어내리면서도 동시에 상품의 수요를 증가시킬 정도였으며, 실질 임금이 유지 혹은 개선되지 않은 채 노동력 감축을 위한 혁신이 촉진될 정도로 빠르지도 않았다.

대량 생산이 시작되고 있었다. 볼턴은 고전적 디자인을 연구하여 그 가운데 하나를 골라 자신이 만드는 모든 단추에 적용시켰다. 조사이어 웨지우드는 '에투르리아식' 디자인을 표준으로 한 도자기를 만들어 대성공을 거두었다. 치펀데일과 셰러튼은 다른 사람들이 보고 베낄 수 있는 디자인 책을 만들었다. 1760년에는 글래스고에 있는 캐론 제철소에서 제분기용 무쇠 톱니바퀴가 생산되기 시작했다.

다비가 만든 반사로反射爐는 원래 유리를 생산하기 위한 것이었지만, 이제는 제철용으로 전국적으로 쓰이게 되었다. 열을 반사시킴으로써 효율을 높일 수 있도록 벽돌로 만든 용광로는 철을 연료와 접촉시키지 않고 용해시켰다. 1760년 영국에는 17개의 코크스 용광로가 있었는데, 1790년에는 81개로 그 수가 늘어난다. 1776년에는 최초의 철교가 콜브룩데일의 세번 강 위에 건설되었다. 비국교도 제임스 윌킨슨은 제철소를 세우고, 양조장용 철제관과 철제 탱크를 제작하고, 대포 총구를 매우 정밀하게 깎아 낼 수 있는 방법을 개발했다. 위대한 제철업자답게 그의 시신은 결국 철제관에 넣어져 묘지에 묻혔다.

조사이어 웨지우드의 런던 전시장. 새롭게 대두된 중산계층이 이곳에서 경쟁적으로 그의 도자기를 구입했다. 웨지우드는 자신의 도자기를 파는 데 사람들의 속물 근성을 이용했다. '여왕의 식기' 라는 디자인으로 그는 엄청난 성공을 거두었다.

프리스틀리가 액체의 탄화를 측정하는 데 사용한 장치. 프리스틀리는 공기의 성분 연구에 기초한 새로운 기체화학의 창시자 가운데 한 사람이다.

윌킨슨이 이룬 성과는 영국과 프랑스 사이의 전쟁 때문에 늘어난 수요 그리고 도가니강鋼의 발명에 힘입은 것이었다. 1750년대 동커스터에서 시계를 제작하던 벤저민 헌츠먼이 동일한 방식의 반사로를 사용해 순도가 높은 강철을 생산해 내었다. 1775년경 윌킨슨은 헌츠먼의 강철로부터 만든 절단기를 사용해 수밀리미터의 오차 내에서 철을 정확하게 절단할 수 있었다. 어려움을 겪던 위스키 증류업자들이 새로운 동력원을 찾아냄으로써 영국의 동력난을 해소할 수 있게 되었을 때 가장 중요한 요소가 되었던 것이 바로 이러한 정밀성이었을 것이다.

그 바로 전 세기에 뉴턴은 어떤 물체들에 같은 힘이 가해졌을 때, 운동량이 동일하게 변화했다면 그 물체들의 질량이 같다는 것을 설명해 냄으로써 물질에 관한 연구에 굳건한 토대를 세웠었다. 이후 질량의 항상성은 18세기 물질의 운동을 탐구하는 데 기초가 되었다.

1756년에 스코틀랜드인 의사 조지프 블랙이라는 비국교도가 당시에 소화불량 치료제로 쓰이기 시작한 마그네시아 알바•를 더 좋게 만들 수 있는 방법을 찾고 있었다. 그 과정에서 그는 화학반응에 관한 상세한 연구를 처음으로 수행했다. 백악白堊을 산에 용해시키면 녹는 동안 기포가 생긴다는 것을 알게 된 그는 매우 정밀한 계량기를 사용하여 그 무게를 쟀다. 무게의 40퍼센트가 줄어 있었다. 그 혼합물을 태워 본 그는, 다시 늘어난 무게가 기포가 되어 날아가 버린 무게와 거의 같다는 것을 알아냈다. 그는 백악에 일종의 공기가 '고정되어' 있다고 결론을 내렸고, 그것에 '고정된 공기'라는 이름을 붙였다. 블랙의 실험은 기체와 공기에 관한 관심을 불러일으켰고, 더 나아가서 버밍엄의 조지프 프리스틀리와 프랑스의 앙투안 로랑 라부아지에와 같은 실험가들의 연구를 심화시켰다.

1764년에 블랙은 스코틀랜드 증류업자들의 회사가 겪고 있는 문제를 해결해 달라는 부탁을 받았다. 해외 무역과 관련하여 스코틀랜드

• 마그네시아 알바(magnesia alba): 백색 무미의 탄산 마그네슘. 제산제와 하제로 쓰인다.

인에게 가해졌던 이전의 차별은 1707년 잉글랜드와 스코틀랜드가 통합된 이후 중지되었다. 그 결과 〔스코틀랜드의 항구도시인〕 글래스고가 설탕과 담배가 들어오는 주요 항구가 되어 1750년대에 대륙으로 가는 담배 재수출의 절반 이상이 그곳을 통해서 이루어졌다. 이러한 무역을 통해 형성된 여유 자금은 이 지방의 소비, 특히 직물과 위스키의 수요를 자극했다. 증류주 제조업자들은 바야흐로 매우 이윤이 많이 남는 잠재 시장을 갖게 되었다. 문제는 공급에 있었다. 더 많은 위스키를 효과적이고도 저렴하게 증류할 수 있는 방법을 찾아내는 것이 당면 과제로 떠올랐다. 많은 양의 액체를 증기로 바꾸기 위해서는 엄청난 양의 열량이 필요했다. 게다가 증기에서 열을 제거해 위스키로 액화시키는 데 필요한 물의 양도 만만치 않았다. 블랙이 의뢰 받은 것은 필요한 연료와 물의 양이 얼마나 되는가를 알아내는 것이었다.

블랙은 하이랜즈에 있는 증류주 제조공장을 방문했는데, 그곳은 냉각에 필요한 막대한 양의 물을 찾을 수 있는 곳이었다. 그는 예상했던 대로 태양이 밝게 빛나는 낮 동안에도 언덕 위의 얼음과 눈이 녹지 않는 것을 알아냈다. 얼음을 녹이는 데는 엄청난 양의 열이 필요하다는 게 분명했다.

블랙은 얼음을 녹이는 실험을 했다. 그는 거의 얼기 직전의 물과 얼음을 동일한 양으로 준비해 동일한 온도에서 10시간을 두었다. 그는 물이 주위의 열을 흡수해 시간당 14°F씩 상승해 방의 온도와 같아진다는 것을 알아냈다. 얼음의 경우도 같은 일이 있어났는데, 얼음이 녹아서 방의 온도까지 올라가는 데는 10시간이 모두 소요되었다. 일반적인 온도 상승률을 고려해 본다면, 10시간 동안 열을 흡수한 얼음은 140°F까지 올라가야 했다. 그러나 얼음의 온도는 방안의 온도까지밖에는 상승하지 않았다. 얼음이 물로 변화하면서 온도계에는 나타나지 않는 많은 양의 열이 흡수된 것이다. 그는 그것을 '숨은 열hidden heat' 이라고 불렀다.

블랙은 이어서 증기를 만들어 내는 일로 넘어갔다. 약한 불에다 같은 양의 물을 얹어, 하나는 차가운 상태에서 끓기 시작할 때까지 가열하였다. 물은 시간당 40.5°F씩 열을 흡수했다. 한편 다른 냄비에 있는 물은 끓어서 증발하도록 계속해서 가열했다. 그렇게 하는 데에는 더 많은 시간이 소요되었고, 810°F 이상의 열이 흡수되었다. 블랙은 액체를 끓여서 증발시키는 데 그렇게 많은 시간이 걸리는 이유는 그 과정에 '숨어 있는', 즉 보이지 않는 열의 전이가 있기 때문이라고 결론지었다. 그것이 물을 펄펄 끓여 증기를 만드는 데 그렇게 많은 시간이 걸리고, 그것을 다시 액화시키는 데 엄청난 양의 물이 필요한 이유였다. 그는 물의 온도를 끓는점까지 올리는 데 한 단위의 열이 필요하다면, 물을 증기로 바꾸는 데는 다섯 배의 열이 필요하다는 것도 알아냈다.

블랙의 이 새로운 이론은 스코틀랜드의 위스키 산업에 도움을 주었을 뿐만 아니라, 글래스고 대학의 한 동료에게도 도움을 주었다. 목수의 아들로 그리녹에서 태어난 그는 대학의 과학 실험실에서 쓸 도구들을 만들고 있었다. 그곳에서 그가 한 일 가운데 하나가 숨은 열潛熱에 관한 블랙의 새로운 이론을 증명할 도구를 만드는 것이었다.

이 청년의 또 다른 임무는 대학에 있는 기계 장치들을 수리하는 일이었다. 그가 뉴커먼의 증기 기관이 얼마나 비효율적인가를 알게 된 것도 그 모델을 수리하던 중이었다. 침수된 갱도의 물을 배수시키는 데 주로 사용하였던 그 엔진은 냉수를 분사시켜 응축시킨 증기를 실린더에 채워 작동하는 것이었다. 그렇게 해서 부분적인 진공이 생기면, 실린더에 가해진 대기압으로 인해 피스톤이 아래로 밀려 내려갔다. 평형간平衡桿의 한끝에는 피스톤이, 다른 한끝에는 잡아 당길 수 있는 로프나 체인이 달려 있었다. 피스톤이 아래로 내려가면 이것들이 간단한 밸브 흡입 펌프를 작동시켰다. 실린더 안에 다시 증기가 차면 이

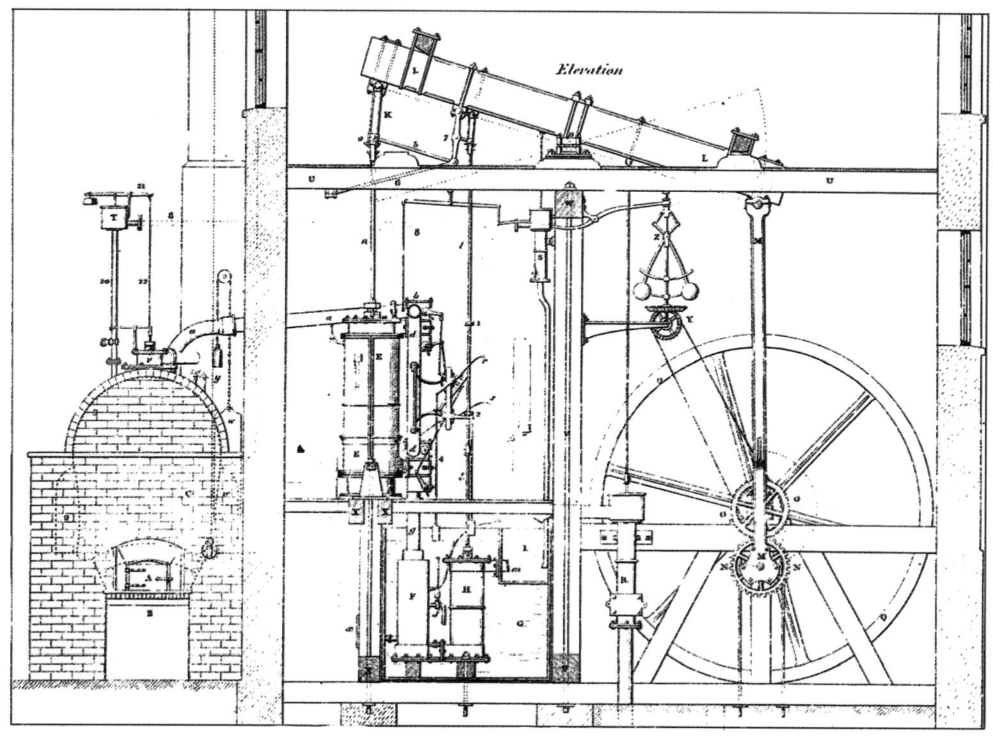


세계를 변화시킨 기계인 와트의 증기 기관. 유성 톱니바퀴 장치가 오른쪽의 동륜축 위에 보인다. 중앙 하단의 물 아래가 분리 응축기이다. 그 위 왼쪽이 축에 부착된 주 피스톤이다.

순환 과정이 반복되었다.

이 기계의 제작자가 바로 제임스 와트(우연히도 그 역시 비국교도였다)였다. 그는 냉수가 실린더를 너무 낮은 온도로 냉각시키며 바로 그 때문에 증기가 너무 빨리 응축한다는 것을 알아냈다. 그 원인은 블랙의 이론이 설명해 주었다. 와트는 이렇게 말했다.

> 증기를 가장 효율적으로 이용하기 위해서는 다음과 같은 조건이 필요하다는 것을 알았다. 첫째, 실린더는 증기가 유입될 수 있도록 항상 가열된 상태를 유지하여야 하며 둘째, 증기가 물로 응결되었을 때, 그 물의 온도는 …… 100도나 그 이하로 냉각되어야 한다는 것이다.…… 증기가 차 있는 실린더와 공기가 배출되는 다른 실室이 연결되어 있다면…… 증기는 빈 실

> 안으로 곧바로 유입될 것이고…… 또 이 실의 온도가 매우 낮다면…… 더 많은 증기가 포화 상태에 이를 때까지 계속해 유입될 것이라는 생각이 일찍이 1765년에 〔블랙의 발견 후임〕 떠올랐었다.

분리액화장치에 관한 착상은 이렇게 해서 생겨난 것이다. 그것은 주 실린더에서 발생한 뜨거운 증기가 연결 파이프를 통해 냉수에 담가 둔 실린더로 들어가는 장치였다. 이러한 방식으로 냉수는 주 실린더의 증기를 응축시켜 액화장치와 주 실린더 안을 모두 진공으로 만들면서도 주 실린더의 가열상태를 그대로 유지시킬 수 있었다. 그에 따라 증기를 더 효과적으로 사용해 동력을 발생시킬 수 있게 되었으며 당연히 연료비도 절감되었다.

1765년에 와트는 '화력 기관에서 증기와 연료의 소비를 줄이는 새로운 방법'에 관한 특허를 획득했다. '화력 기관'이라는 말은 그 장치가 연료를 태움으로써 움직이는 것이었기 때문이다. 불행히도 자본이 없었던 와트는 갱도의 배수 문제에 관심을 갖고 있던 비국교도 실업가 존 로벅을 블랙으로부터 소개받고 나서야 자신의 아이디어를 실행에 옮길 수 있었다. 로벅은 필요한 자금의 3분의 2를 투자했고, 마침내 그의 집 마당에서 실험용 엔진이 만들어졌다. 1773년 로벅이 파산하자 특허와 관련된 그의 지분은 버밍엄에 제철 공장을 소유하고 있던 볼턴에게로 넘어갔다. 일전에 런던에 갔을 때 볼턴은 와트를 만난 적이 있었다. 그 당시 소호 지역의 물 부족을 겪고 있었던 볼턴은 동력원을 절실히 필요로 하고 있었다.

1775년 볼턴과 와트는 의회에 청원을 해, 와트의 특허권을 1800년까지 연장받았다. 와트가 공기를 거의 밀폐시킬 수 있을 정도로 정밀한 기관용 실린더를 만드는 데는 윌킨슨이 개발했던 대포 총구 깎는 법이 유용하게 쓰였다. 그 결과 와트가 만든 기관은 다른 기관들에 비해 연료 소비를 3분의 1로 줄일 수 있었다. 그것은 모두가 소망하던 바였다.

이 새로운 기관은 갱도의 물을 빼는 데도 뛰어난 성능을 발휘했지만, 이 기관을 더 절실히 필요로 했던 곳은 공장이었다. 그러나 와트의 피스톤은 상하 운동만이 가능했던 데 반해, 공장에서 필요로 하는 기관은 회전 운동을 하는 것이었다. 1781년 윌리엄 머독이라는 와트의 조수가 증기기관으로 공장 기계들을 가동시킬 수 있는 기어 시스템을 개발했다. 그 시스템은 동력을 전달하는 톱니바퀴의 궤도 운동 때문에 '태양-행성 방식'이라고 알려졌다. 벨트를 사용해 구동장치를 공장 기계 위쪽 축들과 연결시키고, 그 외의 벨트들은 샤프트로부터 기계에 연결시켰다. 이전에는 수차水車로 작동시켰던 기계에 이제는 증기가 동력을 공급할 수 있게 된 것이다. 태양-행성 방식이 특허를 획득한 지 일 년이 지난 1782년부터는 영국 경제를 나타내는 모든 그래프들이 급상승 곡선을 그리기 시작했다.

1782년 헨리 코트라는 제철업자가 자칭 '대단한 비밀'이라고 하는 것을 가지고 와 와트와 접촉했다. 그것은 공기를 세차게 불어 넣어서 철을 만드는 기술이었다. 그런 세찬 송풍送風을 만들어 내기 위해서는 와트가 만든 기관을 써서 송풍기를 구동시켜야만 했으며, 망치로 두드려 단조할 많은 동력을 얻는 데도 와트의 기관이 필요했다. 그 방법은 용융된 철의 표면으로 슬래그가 떠오를 때까지 반사로에서 열을 가함으로써 더 많은 철을 만들 수 있도록 고안된 것이었다. 보통 이 시점에서 슬래그가 분리되었다. 코트는 혼합물에 슬래그를 그대로 남겨 둔 채 계속해서 온도를 높였다. 그런 다음 그는 용융된 철을 잠시 동안 냉각되도록 놓아 둔 후에, 아직 빨갛게 달구어진 채로 있는 것을 용광로용 해머로 두들겨 슬래그를 떼어 냈다. 그런 다음 용접이 가능할 정도의 온도를 지닌 압연 롤러에 통과시켜 나머지 슬래그를 판판하게 했다. 이 기술은 종래의 방법에 비해 15배 이상의 철을 생산해 낼 수 있었다. 용광로에서 휘저어 공기중의 탄소를 제거하는 '교련攪鍊'

이라는 공정을 거쳐 생산된 철은 주철보다 더 큰 가단성可鍛性을 가지고 있었다.

코트는 압연 과정을 거친 단철鍛鐵을 12시간당 15톤씩 생산해 낼 수 있었다. 이 새로운 철의 생산이 건축, 터널과 철교 건설, 공학 기술, 기계의 발전에 끼친 영향은 엄청난 것이었다. 이제 목재보다 저렴한 철로 기계를 만들 수 있게 된 것이었다.

이 무렵 새로운 기계가 섬유산업에 도입되기 시작했다. 그것은 새무얼 크럼프턴이 제작한 크럼프턴 뮬 방적기•로 볼턴식 방적기였다. 뮬 방적기라고 불린 이유는 그 방적기가 하그리브스가 만든 제니 방적기와 아크라이트가 만든 수력 방적기의 중간형태였기 때문이었다. 1779년에 최초로 생산된 뮬 방적기는 수력방적기의 롤러와 제니 방적기의 움직이는 운반대를 결합해 만들었다. 뮬 방적기의 가장 큰 장점은 롤러의 속도와 운반대의 이동 사이의 관계를 변경시킬 수 있어, 다

• '뮬(mule)'은 노새를 뜻하는 영어 단어이다. 노새는 숫말과 암나귀 사이에서 태어난 잡종이다. 즉, 볼턴식 방적기의 특성을 여기에 비유한 것이다.

콜브룩데일에 꼭 맞도록 건설된 최초의 철교 그림. 1780년 무렵 이미 이곳은 관광 명소였다. 관광객들은 강 중간에 뜬 배 위에서 자신들이 설명받은 다리의 우아한 모습을 구경할 수 있었다.

글래스고 근교 뉴라나크의 시범 산업 지대 노동자들의 초기 사진. 1800년부터 이곳의 공장들은 관리자인 로버트 오언의 지도로 원시 사회주의 원리를 실천하였다. 오언의 목표는 자본주의의 실행 가능한 대안으로 노동자들의 협동 조합을 설립하는 것이었다.

양한 종류의 실을 만들 수 있다는 것이었다.

면직물 생산의 전과정을 기계로 처리할 수 있을 정도로 다른 기계들도 발전했다. 산업혁명이 그토록 거대한 변화를 이룩할 수 있었던 것도 면화 산업 덕분이었다고 할 수 있을 것이다. 초기의 면직 산업은 랭커셔에 집중되어 있었다. 왜냐하면 리버풀 항을 통한 아프리카나 대서양과의 교역이 활발하게 이루어지고 있었던데다 그 지역에는 길드도 조직되어 있지 않아 제한적인 관행이 거의 없었기 때문이었다. 도제 제도를 인정한 17세기 끝무렵의 법은 랭커셔에서는 적용되지 않았다.

면직 산업은 그 자체가 새로운 현상이었고, 따라서 혁신을 가로막는 편견이나 관행이 존재하지 않았다. 아메리카와 서인도 제도에서 생산되는 값싼 면화의 수입은 증가해 갔고, 새로운 기계의 사용도 늘어만 갔다. 그에 따라 면직물의 생산량도 놀라울 정도로 증가했다. 1781년 영국은 이미 5백만 톤이 넘는 원면을 수입했는데, 8년 후에는 그 양이 6배로 늘어났다. 생산이 증가하면서 면직물의 가격은 하락했고 수요도 엄청나게 늘어났다. 직공織工들도 부유해졌는데, 불턴의 직공들은 신설 영국은행이 발행한 5파운드짜리 지폐로 테를 두른 모자를 쓰고 다닐 정도였다.

18세기의 마지막 8년 동안엔 모슬린의 가격이 3분의 2까지 내려갔다. 수요는 계속해서 늘었고, 더 많은 기계가 설치되었는데 그 가운데에는 동력으로 구동되는 것도 있었다. 1801년 글래스고 근처의 폴록쇼즈에 문을 연 공장은 2백 대의 직기를 보유하고 있었다. 면직 산업은 기타 다른 업계의 발전에도 자극을 주었는데, 1783년에는 기계를 사용한 날염법이 1790년에는 새로운 표백법과 염색법이 등장했다.

새 증기 기관은 석탄을 연료로 사용했다. 석탄의 수요를 맞추기 위해 수송과 석탄 채광의 방식도 개선되었다. 석탄은 운송수단과 기계를 더 많이 만드는 데 드는 철을 생산해 내기 위해서도 필요했다. 철이 많이 생산됨에 따라 더 많은 운송수단과 기계가 제작되었고, 생산량이 증가할수록 원료와 그 수송의 수요도 증가했다. 이러한 순환은 계속되었다.

그러나 증기 기관이 가져다 준 가장 큰 효과는 제조업자들이 공장을 탄광 근처로 이전시킬 수 있게 되었고, 섬유 산업이 시장 인근으로 옮겨 갈 수 있게 되었다는 데 있다. 수력은 더 이상 중요한 동력원이 아니었다. 따라서 공장은 이제 구릉지대나 강변에서 벗어나 상품과 원료의 운송이 편리한 평야 지대로 내려왔다.

전반적인 변화는 공장의 작업 방식의 변화에서 가장 잘 드러날 것이다. 공장에 설치된 100hp의 증기 기관 하나가 직공 880명분의 일을 한다는 사실이 알려진 것은 19세기가 시작된 지 몇 년 안 된 때의 일이었다. 750명을 고용한 한 공장에서 무명실 5만 스핀들* 이 생산되었는데, 그것은 증기 기관이 도입되기 전의 226배나 되는 양이었다. 이러한 생산량의 증가에는 1810년대에 도입된 프랑스의 아르강 등燈** 도 한몫 했다. 그 등은 똑같은 심지를 사용하고도 10배나 밝은 빛을 냈다. 아르강 등 덕분에 교대 작업이 가능해졌다. 이제 밤낮에 구애받지

* 스핀들(spindle): 방적사의 단위. 무명실의 경우 15,200야드(13,899미터)이다.

** 아르강 등(Argand lamp): 동심(同心)인 두 개의 금속관과 그 사이의 원통형 심지로 구성되어 있다. 안쪽 관은 공기가 가운데를 통해 올라갈 수 있도록 하여 심지의 바깥쪽 면만 아니라 안쪽 면에서도 연소가 잘 되도록 한다. 1784년 스위스의 에밀 아르강이 특허를 냈다.

않고 생산이 가능해졌다.

새로운 도시로 몰려든 사람들은 자신들이 떠나온 시골과는 매우 다른 생활 방식에 직면했다. 도시라고 시골 마을보다 더 나은 대접을 받은 것은 아니었다. 하수 시설은 갖추어져 있지 않았으며 쓰레기 처리도 매우 원시적이었다. 쓰레기를 거리에다 아무렇게나 내다 버리는 일도 여전했다. 그러나 무엇보다 큰 문제는 도시 인구의 지속적인 증가에 대처할 만한 방법이 없었다는 점이다.

새로운 이주민들에게 도시는 낯설고 외로운 곳이었다. 노동자들은 안정과 보호를 위해 동호회나 친교 단체를 결성해 서로 뭉치기 시작했고, 결국에는 조합으로 발전했다. 공장 생활은 면직 산업기 때의 상황과 그다지 다를 바가 없었다. 사람들은 끔찍한 조건에서 장시간 노동을 했다. 공장의 기계 시스템이 만들어 낸 규격화는 작업에 대한 사람들의 태도를 바꿔 놓았다. 이제 개인은 자신의 선택에 따라 작업을 하거나 휴식을 취할 자유를 박탈당했다. 새로운 규율은 노예와 같은 굴욕감이나 적개심을 낳았다.

그럼에도 새로이 도시로 이주한 노동자들의 형편은 이전의 시골 생활에 비하면 더 나아졌다. 불황기 때에도 사람들은 고향으로 돌아가려 하지 않았다. 지급받는 임금으로는 터무니없이 비싼 사내 매장에서 물건을 구입하기에 버거운 경우가 많았지만, 아무튼 시골에서와는 달리 꼬박꼬박 받을 수는 있었다. 새로운 노동자들은 더 이상 들판에 나가 땔감과 의복과 음식을 구하지 않아도 되었다. 노동자들은 이제 더 이상 생산의 근원이 아니었다. 사상 처음으로 그들은 현금에 종속된 소비자들로 변했다. 이제는 돈이 노동 관계를 규정하게 되었다.

산업혁명은 근대적인 의미의 진보, 그리고 인간의 기술과 인간이 발명한 기계에 의한 더 나은 수준의 생활을 기대할 수 있게 해 주었다. 시장 수요의 창출, 광고와 영업력을 활용한 매상 증진, 수요에 따른 적정량의 상품 제조, 생산과 관련된 기술적인 문제점들에 대한 해결

책, 상품 질의 유지, 원자재의 적절한 공급 보장, 경영의 조직화, 기술을 갖춘 노동력 양성, 그리고 무엇보다도 중요한 것으로, 생산성 향상을 위해 사업에 재투자함으로써 더 많은 이익을 남길 수 있는 충분한 돈을 버는 것과 같이 오늘날의 사업가들이 사용하는 기본적인 기법들이 도입되었다.

또한 산업혁명은 사회주의를 탄생시켰고, 분업을 통해 사회적 간극을 초래했다. 산업혁명은 새롭고 역동적인 관계 안으로 과학과 산업을 끌어들였으며, 국가의 모습과 시민들의 행동 방식을 급격히 바꾸어 놓았다. 또한 현대의 도시 생활은 대량 생산 기술에 종속되어 그것 없이는 아무도 살아갈 수 없게 되었다.

# 7

## 의사들은 그때 무슨 일을 했을까

현대 의학의 기적을 논할 때 우리는 흔히 오늘날 노인들의 수를 예로 들곤 한다. 의학의 진보 덕분에 은퇴 연령 이상의 인구비가 노동 가능한 젊은 인구비를 앞지를 날도 멀지 않았다. 수명을 연장시킬 수 있는 발견들이 하루도 빠짐없이 이루어지는 것 같다.

18세기의 의사들은 환자의 침대 곁을 잘 지키는 것이 중요한 일이었다. 과학적인 약품이 없던 때에는 이런 게 아마 최고의 치료 도구였을 것이다.

그러나 진짜 기적은 공업 국가들이 생겨남에 따라 대규모로 모여 사는 사람들이 늘어났음에도, 20세기에 들어서는 사람들이 주요 전염병으로 고통을 겪지 않았다는 사실이다. 오늘날에는 수백만에 달하는 사람들이 일상 생활에서, 즉 사무실이나 상점에서, 혹은 대중 교통수단 속에서나 붐비는 거리에서 부대끼며 살고 있다. 우리들 하나하나가 대규모의 죽음을 몰고 올 수도 있는 잠재적 위험의 근원이지만, 의학과 약학이 질병의 폭발적인 확산을 발병 이전 단계에서부터 저지시키고 있다.

의학은 사소한 증상들이 인구가 과밀한 오늘날의 생활 환경으로 인해 사회를 대규모로 위협하는 심각한 전염병으로 발전하는 것을 예방해 준다. 정교한 공중 위생 조처들이 이러한 상황에 대한 종합적인 통제를 맡고 있다. 이 모든 일은 질병을 일으키는 미생물을 공격하여 초기에 질병을 차단함으로써만 가능하다.

18세기 말 미카엘 슈파흐의 약국. 소변 분석을 통한 병의 진단에 성공한 그는 유럽에서 가장 유명한 의사가 되었고, 스위스 시골에 있는 그의 실험실에는 하루에 백 명 정도의 환자들이 찾아왔다.

불과 2백 년 전만 하더라도 사람들은 질병에 대해 오늘날과는 완전히 다르게 생각했다. 그때에는 개인의 병은 환자의 사정에 따라 치료를 달리 받아야 할 개별적인 것으로 여겨졌다. 17세기의 프랑스 희곡 〈상상병 환자〉에 등장하는 어떤 의사는 이것에 대해 "높은 사람들을 치료할 때의 문제점은 자신들이 병이 들었을 때 무조건 나을 것을 고집한다는 데 있다"고 묘사하고 있다. 이미 무식해져 버린 18세기의 의학계가 아무런 과학상의 진보도 이루지 못하도록 방해한 것은 의사들의 치료에 간섭을 일삼던 환자들이었다.

당시의 의학 이론은 알렉산드리아의 갈레노스가 2세기에 만들어 놓았던 체계를 거의 넘어서지 못하고 있었다. 그저 16세기와 17세기에 해부학적 지식과 관련된 미미한 발전이 있었을 뿐이었다. 혈액의 순환이나 호흡에 관한 극히 원시적인 이론들이 그 예이다. 그러나 여타의 전반적인 과학상의 진보는 의학에 사실상 전혀 반영되지 않았다.

질병은 인간을 구성하는 필요 요소인 네 가지 체액, 즉 피 · 점액 ·

황담즙 · 흑담즙 사이의 균형이 무너졌을 때 발생하는 신체 전반의 일반적인 상태라고 여겨지고 있었다. 이러한 체액들은 개인적 특성의 각기 다른 양태들을 조절한다고 여겨졌으며, 모든 것들이 흙 · 물 · 공기 · 불로 만들어져 있다는 우주발생론의 하위 부문이기도 했다. 정상적인 건강 상태란 네 가지 체액이 균형을 이루는 것이라고 정의되었다.

살아 있는 환자의 신체 내부를 들여다볼 수 있는 방법이 없었으므로, 약은 겉으로 나타나는 증상에 따라 목록을 작성한 일련의 분류 체계에 의존하였는데 그것이 의사가 진단하는 데 이용할 수 있는 유일한 자료였다. 약은 겉으로 드러나는 질병들의 목록과 억측에 근거한 사변적인 병리학에 의지해 조제되었다. 질병은 단일한 실체이지만, 누구에게 어떠한 상황에서, 그리고 질병의 공격을 받은 신체의 부위가 어디냐에 따라 서로 다른 증상을 보이며 그 자신을 드러낸다고 여겨졌다. 사람들은 따라서 질병의 제1원인은 다른 어떤 것으로도 환원될 수 없는 단일한 실체임이 틀림없다고 생각했다. 환자들은 병에 걸릴 소인素因을 가지고 있으므로, 의사는 환자 개인이 지닌 신체적 요소에 따르는 특이한 패턴을 확인해야 했다. 신체는 지난 세기에 뉴턴이

18세기 의술의 두 얼굴.

왼쪽: 가난한 사람들을 치료하는 데 시간과 돈을 쏟아붓고 있는 의사.

오른쪽: 현금을 주지 않으면 치료를 거부하며 돈만 밝히는 의사. 이쪽이 더 전형적인 의사의 모습이었다.

밝혀 내었던 대우주에 필적하는 소우주로서, 그 자체의 성장과 쇠퇴의 법칙에 종속되어 있었다. 이러한 이유로 인해 의학은 극도의 혼란에 빠져 있었다. 의사들은 모든 증상을 치료할 수 있는 치료법을 찾고 있었다.

이러한 '질병'에 대한 처방은 기껏해야 특정한 환자들에게만 효과가 있었으며, 최악의 경우에는 위험하기까지 했다. 1801년 에든버러에서 출판된 임상 가이드에는 디기탈리스●, 게 눈, 백장미 시럽, 피마자유, 아편, 진주, '신성한 만병통치제' 등이 치료약으로 실려 있었다. 이러한 약과 수술용 칼이 가득 든 가방을 손에 들고 있었지만 의사가 할 수 있는 일은 거의 없었다. 변비나 통증을 줄여 주거나, 맥박을 유지시키거나 혹은 절단 수술을 해 주는 것이 고작이었다. 이러한 묘기의 성패는 그 사회의 상류 유력인사 환자들에게 어떻게 자신의 특별 처방을 소개하느냐에 달려 있었다. 예컨대 의사가 진찰을 하면서 발진티푸스를 "늘상 쥐냄새가 나는 병"이라는 식으로밖에 분류하지 못한다면, 돈을 지불할 침상의 환자에게 그다지 큰 인상을 심어 주지 못했을 것이다.

비록 의사는 6년의 교육 과정을 거쳐야 하는 옥스퍼드나 케임브리지 대학에서 의사 자격을 획득한 신사들이었지만 대부분이 귀족은 아니었다. 많은 의사들이 자유분방한 옷을 입고 유행에 맞는 매너를 취함으로써 귀족 환자들을 본떴다. 그들이 구사하는 과장된 말에는 고전 교육을 받은 상류층들이 사용하는 상투적인 라틴어가 양념처럼 끼여들었다. 돈을 모은 의사들은 상류층으로 올라가는 사다리를 타기 위해 토지를 구매했다.

의사들의 성공과 실패는 침상 곁에서 환자와 어떤 관계를 맺느냐에 달려 있었다. 돈벌이가 많이 되는 자리를 다른 의사에게 빼앗기지 않기 위한 경쟁이 모든 의사들에게 중요했던 것도 바로 이 때문이었다. 의사들은 자신을 자연의 힘과 씨름하는 사람이며, 오직 자기만이 알

● 디기탈리스(digitalis): 현삼과에 속하는 여러해살이 풀이다. 씨와 잎을 말려 강심제로 쓴다.

고 있는 고결하고 비밀스러운 약을 통해 기술과 '치유력'으로 질병을 이겨내는 사람이라고 소개하는 등 그럴듯한 근거들을 내달았다. 치료와 처방과 관련된 의사들의 무방비적인 시장 경쟁은 대단히 비싼 비방 광고를 낳았다. 의사들은 광고를 통해 다른 의사들은 모두 돌팔이들이며 그들의 치료약은 살못 처방되어 위험한 것이라고 주장하곤 했다.

경쟁은 치열했고, 질병에 대한 상호 배타적인 이론과 치료법이 만연했다. 치료 방법이 특이하면 할수록 환자들은 자신들이 의사로부터 특별하고도 개인적인 치료를 받고 있다고 느꼈다. 처방과 치료에 대한 최종적인 거부권은 환자에게 있었고, 의사는 어디가 잘못된 것인지에 대한 환자 자신의 견해를 기초로 해서 치료 수단을 추천했다. 18세기에 가장 흔히 진단되던 질환은 건강염려증이었다. 모든 환자들이 자신의 고통이 매우 특이한 것이라고 여기고는, 의사들에게 특별한 처방을 요구했다.

의학이 이렇게 '침상 곁에서' 이루어지던 시기에는 과학적 진보가 거의 이루어지지 않았다. 지나친 경쟁 의식에 사로잡혀 있던 의사들이 서로 자신들의 경험과 지식을 나누는 것을 꺼렸기 때문이다. 직업상의 출세는 환자용 복부 브러시, 전해-의학-천체 침대, 생명을 생성하는 강심제와 같은 미심쩍은 보조 기구를 어떻게 성공적으로 권할 수 있는가에 달려 있었고, 이것은 사업상의 비밀로 엄격하게 보호되었다. 개업의들이 개별적으로 수행했던 진정한 연구들 가운데 어느 하나도 공유되지 않았으며, 공개되더라도 대부분의 경우는 부적절한 것으로 간주될 뿐이었다.

개업의들 가운데 해부학적 검사를 일상적으로 수행했던 이들은 외과의사들뿐이었다. 1745년까지도 이들은 육체 노동자로 분류되고 있었으며 사회적으로 이발사와 같은 계급에 속해 있었다. 외과의사들은 환자를 곁에서 돌볼 수도 없었으며, 내과의사들과 어울리지도 못했다. 따라서 그들이 가진 해부학적 지식은 환자들에게 거의 쓰이지 못했다. 해부는 치료비를 지불할 수 없었던 빈민이나 생계 곤란자들에게만 허용되었고, 그들로부터 오는 치료 수익이란 건 보잘것없었으므로 아무도 그들의 병든 몸에는 관심을 기울이지 않았다. 당시 영국의 저명한 의사들 중 한 사람이었던 토머스 시드넘은 의사의 업무란 "질병을 치료하는 것만이 전부다"라고 말했다. 아무런 비법도 공유되지 않았고 따라서 전체적인 발전도 없었다.

이러한 상황에서 의사들은 당연히 불신을 받을 수밖에 없었다. 병이 났을 때 할 수 있는 가장 안전한 방법은 의사들이나 그들의 치료법을 멀리하는 것이었다. 병원은 빈민, 열병 환자, 정신병자들이나 가는 곳이었다. 제정신인 사람은 아무도 병동에 수용되려고 하지 않았다.

독학으로 의술을 익힌 프랑스 시골 외과의사가 수술용 칼을 사용하고 있다. 18세기에는 대다수의 사람들이 의존할 수 있는 의술이라고는 이것뿐이었다. 기구들을 꽂아 두려고 허리에 찬 주머니, 그리고 모자에 찔러 놓은 갈고리가 보인다.

그로부터 수십 년이 지나 다음 세기에 이르렀을 때, 이를 두고 플로런스 나이팅게일은 다음과 같이 말했다. "병원에서 가장 요구되는 일은 …… 환자들에게 해를 입히지 않는 것이다."

정신병자를 수용하던 성 루가 병원의 여성 병동. 당시 가장 유행하던 치료법은 새로 개발된 전기 충격 요법이었다.(1800년, 런던)

그러나 18세기가 끝나 가면서 여러 요소들이 복합적으로 작용해 의학의 진보를 가져왔다. 무엇보다도 인구가 증가하고, 산업화가 진행되면서 동시에 도시가 날로 발전하고 있던 잉글랜드를 이상적인 모델로 여기는 정치적 성향이 생겨났다. 사람들은 강력한 중상주의적 분위기 속에서 국력이 인구에 달려 있다고 생각했다. 인구가 많을수록 부강한 나라라는 것이다.

신흥국가들에서도 건강이 강조되기 시작했다. 만약 국민들이 새로 세워진 공장에서 생산적으로 일할 수만 있다면, "국가의 건강이 곧 국가의 부로 이어지는 것이었다." 계몽된 전제 군주 빌헬름 2세 하에서 효과적이고도 빠른 개혁을 이루고 있었던 프러시아는 의학상의 난맥을 바로잡았다. 일찍이 1764년 볼프강 라우는 국가의 건강 정책이라는 개념을 경제적 관점에서 해석해 자신의 견해로 제시하였다. 그는

"의사인 우리는 얼마나 즐겁게 사는지 모르겠네. 사람들을 속여서 주머니를 채운다네."

국가가 전쟁시나 평화시 모두 성공을 거두기 위해서는 건강한 신민들이 필요하며 따라서 사이비 치료를 막을 법을 정하고, 그 법을 집행하기 위한 행정 기술을 발전시켜야 한다고 주장했다. 공중 위생은 경제적 자원이므로 이에 합당한 보호를 받아야 하고 따라서 의사들의 교육과 자격은 국가의 규제 아래 놓여야 했다.

빈의 요한 페터 프랑크는 그 새로운 접근 방법을 처음으로 실행에 옮긴 대표적 인물이었다. 병원 행정가이자 임상의이면서 동시에 교육자이기도 했던 그는 전 유럽을 널리 여행하였고 이탈리아의 파비아, 오스트리아의 빈, 그리고 리투아니아의 빌뉴스에서 강의를 했다. 이들 나라에서 그는 인구 성장을 조절할 수 있는 수단을 원하고 있던 비교적 소국의 전제 군주들을 위한 연구를 수행했다.

프랑크는 1790년 이후 수년 동안 주요 저술을 간행했다. 이 저술은 의학전문가들보다는 주로 행정가들의 관심을 끌었다. 7권으로 구성된 이 책은 『의학 정책의 체계』라는 개괄적인 제목을 달고 있었으며 주요 유럽어로 번역이 되었다. 이 책들에서 프랑크는 건강의 공중적 측면을 집중적으로 다루었다. 전제 군주들은 국민들의 개인사에까지도 관여하기를 원했고, 프랑크가 그렇게 할 수 있는 방법을 제공해 주었다.

인구를 늘리는 것은 중요한 일이었고, 그래서 프랑크는 출산에서 결혼에 이르는 모든 것에 관한 지침들을 자신의 주제에 포함시켰다. 그는 여성들이 출산 전후로 6주 이상 침대에서 몸조리를 할 수 있도록 국가가 지원해 주어야 한다고 권고하였다. 육아에는 학교 정책, 조명, 난방, 환기 등의 규정 같은 큰 배려가 뒤따랐다. 그가 국가의 식량 조달을 위해 작성한 프로그램은 밭에서 입에 이르는 각 분배 단계별 감독 사항까지 다룰 정도로 상세한 것이었다.

프랑크는 문제의 근본이 되는 의학과 전반적인 환경 문제를 다루었다. 그는 가난을 근절시키고, 병원에서 의사들에게 새로운 방식의 교육을 시켜야 한다고 말했다. 의사들은 병원에서 살아 있는 환자를 접하며 실용적인 의학을 배우고, 증례症例들을 익히고, 부검을 행해야 한다. 교육과 실습은 서로 보완 관계를 유지해야 하므로, 다양한 성 · 연령 · 질병의 환자를 접할 수 있도록 병원은 여러 학생들이 같은 병상에서 함께 교육을 받을 수 있는 시설을 마련해야만 한다. 의사들은 치료에 따른 처방전을 작성하고, 회복기 동안에도 환자에게 주의를 기울여야 하고, 무엇보다 환자가 사망한 후에는 해부를 행하는 것을 정례화해야 한다. "봉사함으로써 국가를 번영시키라." 프랑크가 자신의 저작 표지에 실은 좌우명이었다.

그러나 독일의 발전을 따라잡을 수 있게 한 일련의 사건들이 프랑스에서 일어났다. 18세기 후반까지 유럽 철학은 잉글랜드인 존 로크의 사상이 주도하고 있었다. 한 세기 전에 그는 감각론의 개념을 발전시켰다. 그는 지식의 근원은 오직 경험뿐이라고 주장했다. 경험에는 주변 세계로부터 혹은 그것과 접촉함으로써 얻어지는 외적 경험과 정신적인 반성의 과정을 통해서 얻어지는 내적 경험이 있다.

감각 기관과 외부 세계의 접촉은 '관념'을 낳는다. 그리고 관념에는 단순 관념과 복합 관념이 있다. 힘, 공간 등과 같은 단순 관념은 본질적으로 더 이상 나누어질 수 없는 관념이다. 반면에 복합 관념은 단순 관념들의 결합이다. 로크의 이러한 이성적 분석 체계는 계몽주의라는 지적 운동을 촉발시켰다.

프랑스의 위대한 계몽주의 사상가들 중 한 사람인 에티엔 콩디야크는 로크의 사상을 더욱 발전시켰다. 그는 세계를 이해할 수 있는 유일한 방법은 지각을 인식의 제1자료로 간주하는 것이라고 했다. 모든 관념들과 오성의 작용들은 단순 관념들이 합성된 것이며, 단순 관념들은 감각의 결과이며 복합 관념의 분석을 통해서 발견할 수 있다. 결국 모든 것은 감각작용의 결과물이다. "사고작용은 감각작용이다Penser, c'est toujours sentir." 감각의 원천이 되는 모든 자료들은 주의 깊게 조사되어야 하고, 다른 감각 자료들과의 관계가 주의 깊게 살펴져야만 한다. 가장 명료한 분석을 해내기 위해서는 관계에 관한 선입관들을 버려야만 한다.

1780년 콩디야크가 사망한 후 이마누엘 칸트가 이 체계를 온 유럽에 보급시켰다. 칸트의 철학에 매료된 독일의 내과의사들은 의료 행위를 좀더 단순하고 확실한 체계로 만드는 일에 매달렸다. 칸트에 따르면, 의사가 활동하는 영역은 물리적인 표상 세계이므로 의사는 환자에 대한 진단을 내리기 전에 이러한 표상에 대한 자신의 지각, 오성, 판단이 어떻게 이루어지는가에 대해 알고 있어야만 했다.

의사들은 칸트를 독단에 대항함으로써 이성을 통해 자신들을 확실성과 효율성으로 이끌어 줄 수 있는 인물로 여기고 환영했다. 그러나 칸트는 그들을 훨씬 더 멀리 이끌어 갔다. 그는 세계에 대한 오성의 작용은 정신 속에 이미 내재해 있는 특정한 개념들, 즉 시간, 공간, 인과율 등에 의해서만 가능하다고 가정하였다. 이것들은 모든 감각된 현상들이 일목요연하게 들어맞는 그물망과 같이 기능하였다. 칸트는 따라서 자연 자체에는 아무런 법칙이 없으며, 법칙이란 단지 무질서한 자료에 형태를 부여하도록 인간의 정신 속에 세워진 정신적 구조라고 하였다. 그는 과학이란 현상 및 그들 상호간의 관계를 명석하게 이해하기 위해 현상들을 구조화하는 방법이라고 말했다. 따라서 모든 지식은 모든 경우에 들어맞는 몇 안 되는 원리들로 환원될 수 있었다.

칸트의 후계자들 가운데 한 사람으로 밤베르크 대학의 의학교수였던 프리드리히 폰 셸링은 이러한 생각들을 자연철학이라는 사상체계로 발전시켰고, 그것은 뒷날 낭만주의 운동과 유럽 과학에 깊은 영향을 끼친다. 셸링은 두서너 개의 근본 원리를 발견해 내는 일에 집중적으로 매달렸다. 그는 인간이란 원래 자연과 합일적인 존재였지만, 반성하는 능력이 발전됨에 따라 점차 자연으로부터 분리되었다고 보았다. 따라서 모든 사상의 목표는 인간과 자연 사이의 인위적이고 '반성적인' 심연을 제거하는 것이었다. 모든 생명체에 공통되는 생명의 비밀은 그 '합일'의 상실을 이해하는 데서 찾을 수 있을 것이다. 셸링이 1805년 "의학은 자연과학의 정수이자 대미大尾이다. 그것은 마치 생물 특히 인간이라는 유기체가 창조의 대미를 장식하는 것과 같다"라고 썼던 것은 그 비밀을 밝혀 내고자 하는 것과 매우 유사한 영역에 관한 것이었다. 관찰을 통해 추론해 낼 수 있는 두서너 개의 간단한 기초법칙이 반드시 있을 것이고, 그 법칙들을 이용해 가장 기본적인 생명의 힘이 무엇인가를 결정할 수 있다고 본 것은 이성적으로 추론해 보았을 때 근거가 있는 주장이었다. 그러나 생명의 힘을 발견해 내겠다는 꿈은 독일 의학을 자극해 그후 40년 동안이나 미세微細 현상들을 집중적으로 연구하는 불필요한 결과를 초래했을 뿐만 아니라 다른 연구 분야에도 유해한 영향을 미쳤다.

비록 프랑스인들은 독일인적인 집요함이 없었고, 그래서 우주의 비밀을 캐내는 데 환자의 희생이라는 대가를 치르기는 했지만, 프랑스인들은 이론을 좀더 실제적인 일들에 적용하는 데 관심이 많았다. 따라서 그들은 독일인들과는 다른 길을 밟았다. 그들의 연구는 보고 듣고 만질 수 있는 자료를 주의 깊게 관찰하고 분석하는 일에 집중되었다. 이런 접근법은 1789년에 일어난 프랑스 혁명이라는 특별한 사건으로 인해 야기된 의학적 · 사회적 · 지적 변화에 기인하는 것이었다. 그때까지만 해도 프랑스의 내과의사들은 다른 나라의 의사들과 별다른 차이가 없었다. 귀족에 봉사하는 소수의 힘있는 엘리트들이었이던 의사들은 그 이유로 인해 혁명위원회 하에서 고생을 했다. 정치적인 격변 속에서 의학상의 중요한 두 가지의 변화가 잇달아 일어났다.

첫째, 의사들을 가장 절실히 필요로 했던 혁명기간 동안 모든 의료기관이 강제로 폐쇄됨으로써 프랑스는 일종의 의학적 무정부 상태에 빠져들었다. 의사들은 상류 계층에 속한 사람들이었으므로 그들은 재교육을 받아야 했다. 그러나 똑같이 혁명의 와중에 있었지만 외과의사

프랑스에서 가장 유명했던 야전 외과의사로서 앰뷸런스 시설을 고안해 낸 라레가 무릎을 꿇고 앉아 부상자를 지혈하고 있다. 의료 상자 안에 들어 있는 기구들이 매우 빈약해 보인다.

들은 장인이었고, 따라서 새로운 이데올로기는 이들을 높이 평가했다.

바스티유 감옥이 습격받기 전에도 외과의사들의 사회적인 환경은 미미하게나마 개선되고 있었다. 1743년에는 외과의들도 대학에 입학해 학위를 취득받고 '박사'라는 호칭을 얻을 수 있게 되었다. 내과의사들은 외과의사들의 대학입학 허가에 엄청난 반발을 했다. 그들은 외과의사들의 진료 행위는 빈민들이 이용하는 병원들로만 엄격히 제한해야 한다는 주장을 관철시키기 위해 온 힘을 기울였다. 대학 의학부 교수회는 속이 뻔히 들여다보이는 충고를 했다. "병원을 도서관으로, 시체를 책으로 활용합시다." 외과의들은 그 충고를 받아들였다. 그들은 내과의사들이 수익성이 적다고 기피하는 소규모의 읍이나 마을로 진료를 나갔다. 그 결과 혁명 후 전쟁이 터졌을 때 프랑스에는 내과의사보다 외과의사들의 수가 더 많았다.

의료 환경에서 두 번째로 중요했던 요인은 가장 절실히 의사를 필요로 하던 시기에 외과의사가 내과의사보다 수적으로 우세했다는 점이다. 외과의사들이 해부와 관련해 받은 실제적인 훈련은 내과의사들은 지니지 못한 커다란 이점이었다. 환자의 침대 곁에서 수다나 떨던 내과의사들이 자신이 처방한 약이나 증상 목록을 지니고 전쟁터로 나섰던 반면, 외과의사들은 칼과 약간의 붕대만으로 무장하고 있었다. 치료약이 바닥나면, 내과의사들은 그것을 대체할 만한 방법을 찾지 못했다. 부상을 입은 군인들은 증상을 설명하는 것은 고사하고 쇼크로 인해 말조차 할 수 없는 경우도 흔했다. 그러나 외과의사들은 빠르게 적응해 나갔다. 그들이 치료해야 할 부상은 가지각색이었다. 사브르• 나 총검으로 당한 것과 같은 단순부상도 있었지만, 탄환이 군복 조각과 함께 살 속으로 박혀 들어간 복합적인 부상도 있었다. 뼈를 산산조각낸 납탄이 살 속에 그대로 남아 있기도 했다. 크고 작은 다양한 형태의 부상은 제각기 다른 통증과 증상을 일으켰다.

• 사브르(sabre): 칼이 약간 휘고, 한쪽으로만 날이 있는 군용 칼.

곧 외과의들은 몸속에 남아 있는 물체들이 감염을 일으키는 원인이 된다는 것을 알게 되었다. 외상을 입은 부위를 째고 그 주위를 깨끗이 할 정도로 외과 수술법이 발전했다. 많은 수술이 즉석에서 행해졌다. 파편을 제거하는 데는 손가락이나 간단한 족집게가 쓰였다. 엄지손가락이 지혈기 대신에 사용되었다. 린트천이 없어 풀이나 이끼가 대용되었다. 좀더 간단하면서도 붕대를 아낄 수 있는 붕대 처치법도 개발되었다. 의료용품의 부족은 새로운 해결책들을 낳았다. 뜨겁게 달군 인두를 이용한 소작燒灼법이 널리 쓰였는데, 상처를 치료하려다 사람이 죽는 경우도 있었다. '목세moxe' 라는 도구를 사용하는 새롭고도 효과적인 방법이 채택되었는데 이것은 작은 실린더, 즉 원뿔체처럼 생기고 끝에 구멍이 난 기구에 연소성 물질을 담아 상처에 따라 선택적으로 사용할 수 있는 기구였다. 이것을 사용하면 필요한 시간만큼 필요한 깊이로 상처를 소작시킬 수가 있었다.

연고가 없었기 때문에 부상을 치료하는 데 물이 널리 쓰였다. 냉수는 쇼크뿐만 아니라 사브르, 총검, 칼로 인한 외상에도 사용이 권장되었다. 뜨거운 물은 총상을 입은 경우에 가장 유용했다. 이러한 방법으로 상처 부위를 세척하면 상처가 좀더 빨리 아문다는 것이 밝혀졌다.

골절을 치료하는 새로운 방법도 개발되었다. 전쟁 초에 보주 산맥 발다졸 근처의 프랑스와 독일 국경에서 격렬한 전투가 있었다. 그 지방의 르부퇴르(rebouteur, 접골사를 뜻하는 프랑스어)들은 넘어져서 생긴 부상을 치료하는 데 일가견이 있었다. 그들은 알코올을 이용하면 환자의 감각을 무디게 하고 진정시켜 처치를 좀더 쉽게 할 수 있음을 외과의사들에게 가르쳐 주었다. 그들은 또 복부 수술에 사용되는 니코틴의 독성 문제도 해결해 냈다. 의사들은 환자의 엉덩이와 골반을

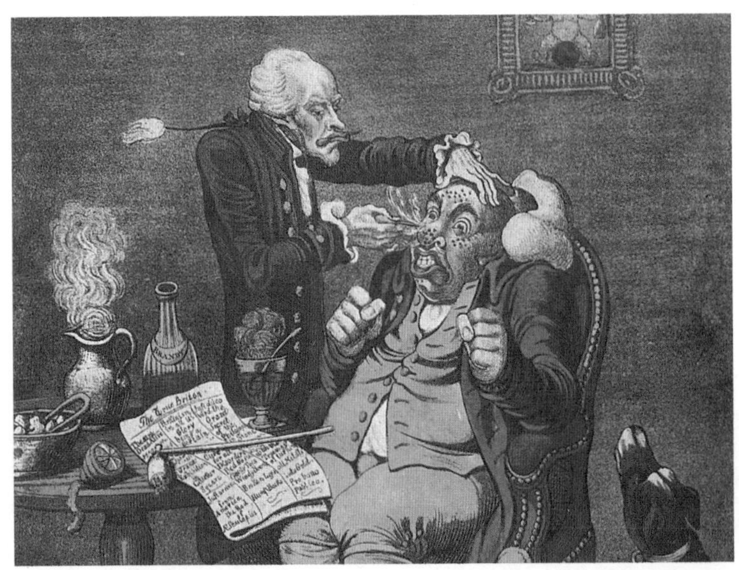

목세로 상처 부위를 소작하고 있는 잉글랜드인 의사. 환자가 무척이나 고통스러운 표정을 짓고 있다. 탁자 위에는 약으로 쓰는 브랜디가 놓여 있다.

고정시키는 데 니코틴 오일을 사용했다. 그들은 니코틴 오일에 진정 작용과 마취작용이 있다고 여겼다. 그러나 니코틴의 강한 독성 때문에 환자가 사망하는 경우가 흔히 발생했다. 접골사들은 같은 효과를 발휘하면서도 중독의 위험이 없는 엽궐련을 환자의 직장直腸에 삽입했다.

야전 외과의들은 수술은 항상 현장에서 즉시 시행해야 한다는 기존의 생각이 틀렸고 그보다는 먼저 쇼크에 대한 처치를 해야 한다는 것을 알게 되었다. 천두술* 은 폐기되었다. 두개골 골절 환자의 경우, 두개골에 구멍을 내어 압력을 낮추는 수술이 보편적으로 행해져 왔었으나 전쟁터에서는 두개골에 구멍을 내는 기구들이 없었기 때문에, 천두술을 거의 행할 수 없었다. 그러나 그 결과 그 수술을 받지 않고도 그 이전보다 더 많은 사람들이 살아남을 수 있었다.

* 천두술(穿頭術): 두개골의 일부를 잘라 내는 수술.

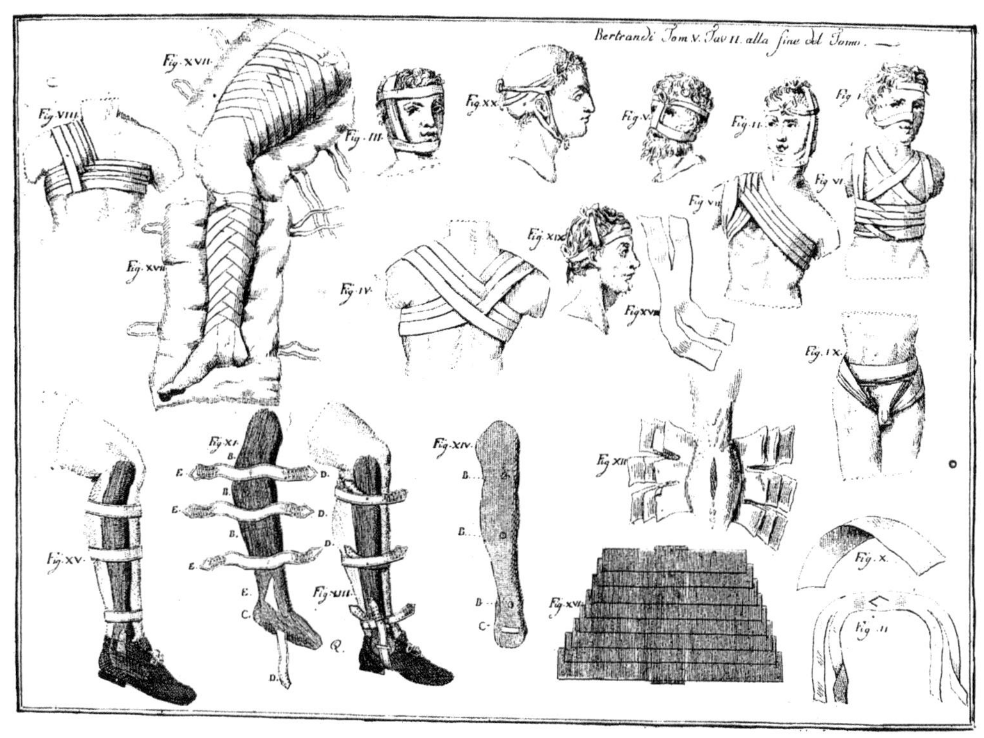


18세기 이탈리아의 해부도감에 실린 붕대와 부목 사용법.

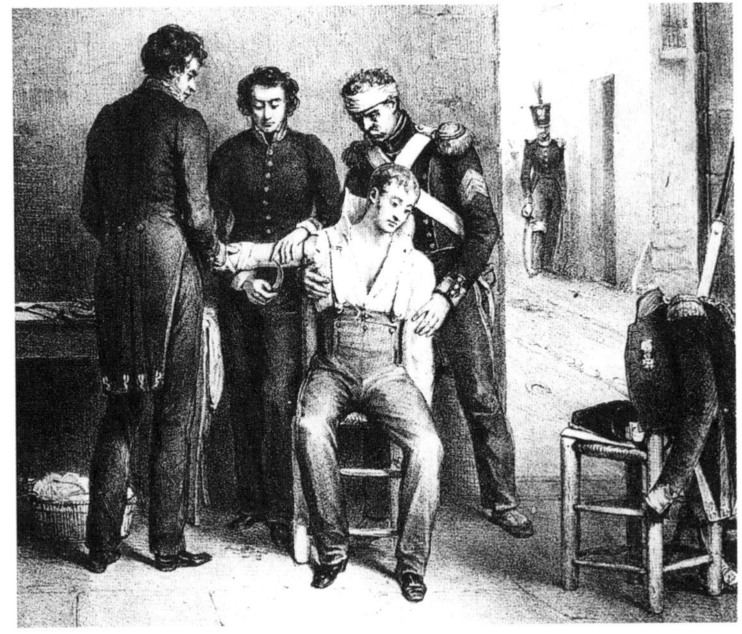

전장에서 행해진 절단 수술. 19세기 초 곡선형 나이프로 절개수술을 막 시작하려 하는 외과의사의 모습. 조수들이 환자를 움직이지 못하게 붙들고 있고 뼈를 자르는 쇠톱이 왼쪽 테이블에 놓여 있다.

절단 수술법에도 변화가 있었다. 외과의사들은 수족 절단이 가능해질 때까지 더 이상 기다리지 않았다. 24시간 내에 절단을 하거나 그렇지 않으면 절단을 하지 않는다는 것이 전쟁이 일어난 지 3년 후에는 규범으로 자리잡았다. 공급이 부족해 실과 바늘을 충분히 사용할 수 없었던 환경 속에서, 찢어진 두 살갗을 맞붙여 놓으면 서로 아문다는 것이 밝혀졌고, 일반 붕대로도 상처를 제자리에 고정시킬 수 있게 되었다. 화상의 경우에는 린트천이나 통증을 덜어 줄 수 있는 단순한 기름의 사용뿐만 아니라 피부 이식까지도 시도되었다.

그 당시에 발견된 가장 기묘한 사례는 풍사風死라는 것이었다. 신체적인 외상이 전혀 없이 죽어 있는 군인들이 많이 발견되었다. 의사들은 총알이 스치고 지나가면서 이들의 호흡을 멈추게 하여 질식을 일으켰기 때문이라고 생각했다. 얼마 후, 전쟁터에서 나온 많은 사체들 덕분에 해부할 기회를 자주 갖게 된 의사들은 외상이 전혀 없이도 심한 내상으로 사망할 수 있음을 보여주는 사례들을 접하게 되었다.

혁명 전쟁 동안 내과의사와 외과의사에게는 '위생관' 이라는 새로운 지위가 부여되었다. 점차로 이 두 분야의 의사들은 공동 작업에 익숙해졌다. 전후戰後에 신설된 병원에서 그들은 함께 근무했다. 전쟁은 수십만 명의 응급 환자들을 쏟아 냈다. 1793년 1월 국민의회는 부상병들을 분리해 부상 정도에 따라 재배치하기 시작했다. 생자크가街에 있는 발 데 그라스 수도원이 징발되어 병원으로 사용되었는데 1천 2백 명을 수용할 수 있었다. 치료를 받아야 할 환자들로 이내 넘쳐 나게 되자, 징발은 파리의 모든 병원들로 확장되어 열병, 피부병, 성병 등의 전문 병원으로 재지정되었고, 환자 또한 이런 식으로 분류되었다.

1794년에는 모든 병원들이 국유화되었고 시설 확장도 지속적으로 이루어졌다. 1807년에는 파리에 있는 병원들만 해도 병상이 3만 7천 개를 넘어섰다. 당시 영국의 모든 병원을 합해도 5천 명의 환자도 채 수용할 수가 없었다. 1794년에 있었던 병원 재조직으로 의학의 중심지가 된 파리는 유럽 각지와 미국으로부터 학생들과 방문객들을 끌어모았다.

이제 새로 신설된 보건 학교에는 외과의사들이 임용되었다. 22개의 교수직 중 해부와 생리학, 의료 화학과 약학, 의료 물리학과 위생학, 외과 병리학, 산과학産科學, 법의학과 의학사, 내과 병리학, 의학 자연사, 외과, 외과 임상학, 내과 임상학과 고급 임상학 등 12개 과목의 교수직을 외과의사들이 차지했다.

학생들이 처음 3년 동안 받는 교육 과정에는 전에는 외과의사들이나 하는 일이라고 여겨지던 것들이 포함되어 있었다. 그것은 상처에 붕대 감기, 간단한 절개 수술, 일일 기록, 해부학 표본의 수집, 시체 해부 등이었다. 학교의 교훈은 "적게 읽고 많이 관찰하고 많이 실습하라"였다. 새로운 접근법은 즉각적인 성공을 거두었다. 열병 환자의 경우 내과의사의 치료를 받은 경우보다 외과의사의 치료를 받은 경우가

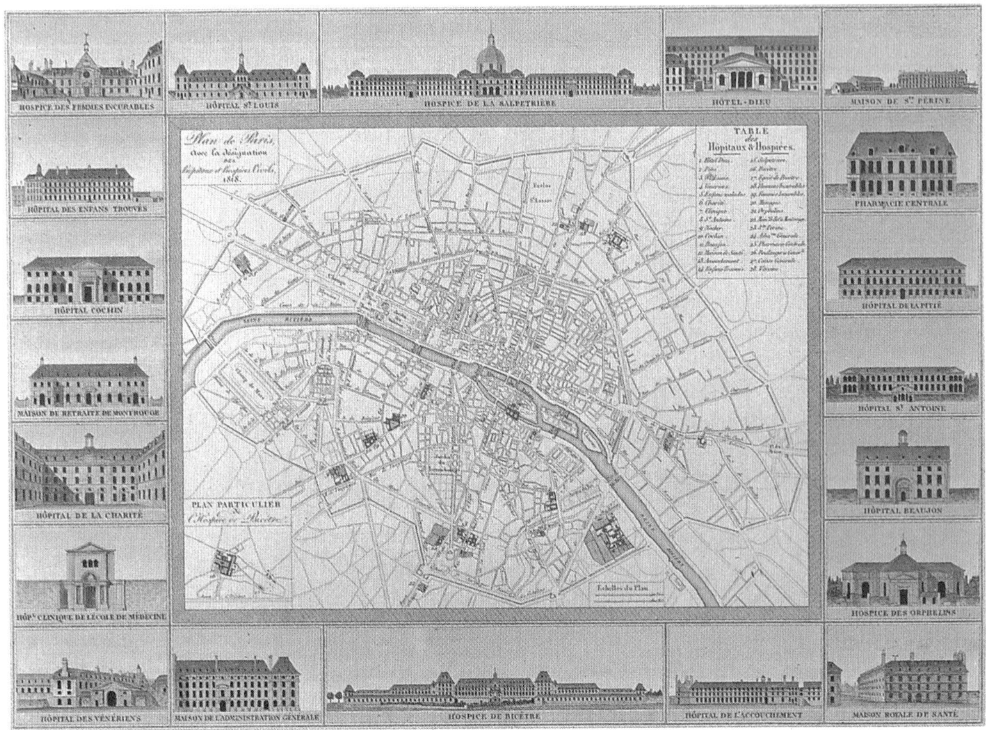


유럽의 의학 중심지였던 파리의 병원과 수용소의 안내도(1818년). 왼쪽 상단의 신설 의대에 주목하라.

생존율이 더 높았던 것이다.

또한 새로운 환경은 감각론* 과 세부적인 분석으로 향하던 이전의 철학적 경향을 완성시킬 수 있는 유일한 기회를 제공했다. 결국 외과 의사들은 직업상의 감각론자들인 셈이었다. 의사들의 일이란 항상 통증의 국부적인 원인, 즉 병소病巢 그 자체를 직접적으로 관찰하고 진단하고 다루는 것이었다.

파리 대학에서 초창기에 외과 과정을 밟았던 학생들 가운데 한 사람이었던 필리프 피넬은 콩디야크의 영향을 받은 관념 철학자들과 친교를 맺고 있었다. 1798년 피넬은 『질병의 철학적 분류』라는 책을 썼다. 20년 동안 6판이 간행된 이 책은 유럽 전역의 의사들에게 영향을 미쳤다. 피넬은 증상에만 기초한 병의 개념으로는 불충분하다고 주장하였

* 감각론(感覺論) : 인식론과 심리학에서 감각작용에 전적으로 혹은 주로 의거하여 인식작용을 설명하려는 이론.

다. 질병을 올바르게 이해하려면, 데이터를 임상적으로 관찰해서 신체 기관에서 병을 일으키는 원인을 추적해 가야 한다는 것이다.

이러한 분석은 피넬의 제자이자 그 자신이 외과의사이기도 했던 샤비에르 비샤에게는 완전해 보이지 않았다. 비샤는 피넬의 기본적 분석들을 살아 있는 기관들보다는 구조가 덜 복잡해서 연구하기가 수월한 신체의 고정된 조직들에 적용하였다. 비샤는 기관들의 조직을 콩디야크식으로 말해 환원 불가능한 단순한 요소들이라고 할 수 있을 것이라고 믿었다.

비샤는 신체 조직에 관해 가능한 한 모든 것을 알아내고자 했다. 먼저 조직을 섬유질 상태로 절개했다. 그러고 나서 그는 조직의 부패 정도를 조사했으며, 물에 담궈 보기도, 끓이거나 구워 보기도 했다. 그는 산이나 염기 등에 조직이 어떻게 반응하는지에 대해서도 실험해 보았다. 그는 조직의 화학적 구성보다는 조직의 '반응'과 '성질'에 더

의사에 대한 평판이 점점 높아지게 된다. 19세기 초에 정부 관계자들의 공식적인 모임에서 한 외과의사가 성공한 백내장 수술 결과에 대해 설명하고 있다.

관심이 많았다. 그는 조직을 정보의 감각적이고도 단순한 원천으로 여겼고, 마침내 조직의 21가지 유형을 확인했다. 그 가운데는 세포조직, 신경조직, 동맥조직, 정맥조직, 발산조직, 피부조직, 흡수조직, 뼈조직, 척수조직, 연골조직, 섬유조직, 모발조직, 섬유질 조직, 연골조직, 근조직, 점액조직, 장액조직, 활액조직, 분비선조직 등이 포함되어 있었다.

1800년에 출판된 『막에 관한 논문』에서 비샤는 질병을 국소적인 현상으로 보는 견해를 처음 체계적으로 제시했다. 사람들은 더 이상 병을 하나의 실체로 여기지 않게 되었다. 병은 신체의 모든 부분에서 다른 형태로 발생했다. 질병은 병소에 따라 다른 식으로 나타났고, 조직에서 활동했다. 질병이 몸속의 조직에서 조직으로 퍼져 나간다는 비

함부르크의 병원 풍경. 치료와 마찬가지로 병실도 서로 섞여 있다. 왼쪽에서는 종부성사가 거행되고 있고 가운데에서는 절단 수술이 행해지고 있다. 이 와중에 옆에서는 안과 수술이 벌어지고 있다. 뒤쪽으로는 정신병자가 독방 문을 통해 내다보고 있는 모습이 보인다.

샤의 이론은 부검으로 확인되었다. 비샤는 병리해부학을 만들어 낸 것이다.

질병에 대한 이러한 새로운 생각은 의사와 환자 간의 이전의 직접적인 관계를 바꾸어 놓았다. 병원의 상황은 환자의 고립을 부채질했다. 병원 의사들은 이제 더욱 막강한 엘리트식職이 되었다. 환자들은 신품종처럼 취급되었다. 환자들은 대부분 비천하고 궁핍했으며, 명령을 받는 일에만 익숙한 발언권이 없는 병사들이었다. 그들은 수동적이고 순종적인 태도로 병원에 누워 있었다. 수천 명의 환자들이 자신들의 의지와는 상관없이 그들 곁에 나타난 학생들에 의해 찢기고 찔렸다. 볼 만한 환자나 임산부가 있다는 것을 나타내기 위해 병원 밖에다 랜턴을 다는 경우도 자주 있었다. 고위층을 위한 메종 루아얄을 제외한 모든 병원들이 학생들에게 개방되어 있었다.

만약 환자가 치료를 거부하면, 보통은 그 즉시 퇴원 조치를 받았다. 환자들 대부분은 가난한 노동 계층이었다. 그들은 비좁은 집에서 북적거리며 살아왔기 때문에 공공연히 대소변을 보고, 성교를 하는 데 거의 아무런 거리낌이 없었다. 그래서 환자들을 옷을 벗긴 채로 학생들이 진료해도 아무런 문제가 없었다. 이것은 교육을 더욱 효과적으로 하는 데 도움을 주었다.

환자가 사망하면 그의 친척들은 매장 비용으로 60프랑 정도의 꽤 많은 돈을 지불해야 했다. 그렇게 하지 않으면 사망 원인을 밝힌다는 이유를 들어 시체를 해부실로 보냈다. 병리해부학이 번성한 파리로 영국 등의 외국 해부학과 학생들이 몰려들었다. 영국에서 해부용 시체를 구하려면 시체 날치기나 묘지 도둑들로부터 시체를 사는 수밖에 없었다. 반면에 프랑스에서는 수술중 사망한 환자들을 조사하기 위해 해부할 수 있는 권리가 의사들에게 자동적으로 부여되었고, 환자의 친척들이 시체 해부를 거부하기 위해서는 상당한 근거가 있는 논거를 제시해야만 했다. 보통의 친척들에게는 해부를 거부할 만한 능력이

지방 학생들과 외국 학생들로 가득 찬 파리 의대의 강의실. 학생들은 대부분 중년이었다.

없었다.

이런 조직組織 편향의 새로운 분위기 속에서 의학은 환자가 바라는 것보다는 의사가 원하는 쪽으로 쉽사리 옮겨갈 수 있었다. 의사들은 치료보다는 질병의 진단과 분류를 원했다. 이제 필요한 것이라곤 통계적으로 타당한 질병 및 치료의 윤곽을 세우는 데 필요한 데이터를 마련할 충분한 임상적 관찰을 하는 일뿐이었다.

전염병이 돌던 기간에 집계된 사망증명서를 근거로 근사치에 가까운 총 사망자수를 밝히려는 통계학적인 시도가 16세기 이래 잉글랜드에서 초보적으로나마 있었다. 17세기 무역과 상업의 팽창에 자극을 받은 잉글랜드인 존 그랜트는 통계자료 사용에 대해 연구하기 시작했다. 1662년에 그는 수가 작은 경우에는 잘 드러나지 않던 규칙성이나 패턴이 수가 커지면 잘 드러난다는 기초적인 발견을 했다. 런던의 50년 간의 출생과 사망 기록 분석을 통해서 그는 이러한 자료가 전염병의 예견과 진단에 도움을 줄 수 있다는 것을 보여주었다. 그는 또 고

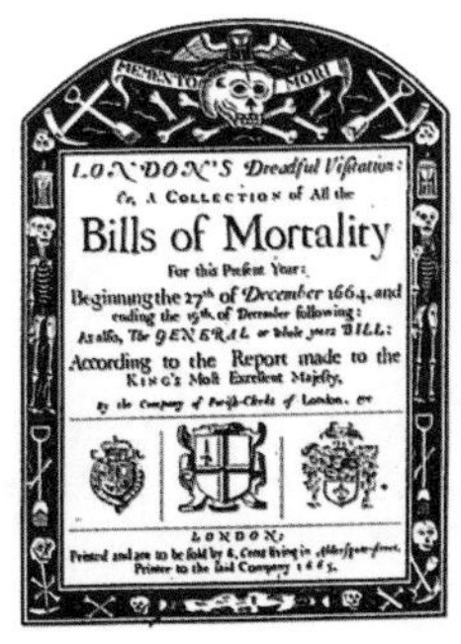

MEMENTO MORI

LONDON'S Dreadful Visitation:
Or, A COLLECTION of All the
Bills of Mortality
For this Present Year:
Beginning the 27th of December 1664, and ending the 19th of December following:
As also, The GENERAL or whole years BILL:
According to the Report made to the
KING'S Most Excellent Majesty,
By the Company of Parish-Clerks of London, &c.

LONDON:
Printed and are to be sold by E. Cotes living in Aldersgate-street, Printer to the said Company 1665.

전염병 사망자에 관한 오래된 보고서들 가운데 하나. 행정구의 기록을 토대로 1664년에 편찬되었다.

질적이고 주기적인 질병과 기후 사이에 상관관계가 있다는 것도 알아냈다.

18세기 첫무렵에 신설 보험회사들이 보험료를 정하기 위해 통계학을 이용하기 시작했다. 그들은 사망 가능성에 대한 실제적인 통계 분석에 기초를 두었다. 그 후 18세기 가운데 무렵 프랑스에서 발행된 드니 디드로의 『백과전서』에는 확률에 관한 항목이 실렸는데 그 글은 통계학적 분석을 계몽사상의 주류로 편입시키는 데 기여했다. 특히 주목을 받은 것은 사회 환경을 분석해 내는 데 통계학이 가진 잠재력이었다. 물론 통계는 정부가 인구수와 인구의 구성 상태를 정확히 파악하는 데에도 도움이 되었다. 통계학이란 용어는 당시 절대군주가 인구조절을 가장 절실히 원하던 프러시아에서 생겨난 것으로 여겨지고 있다. 바로 인구 통계가 가져다 주는 이점 때문이었을 것이다.

칸트학파와 계몽주의 이론가들은 자신들이 생각한 합일적이고 자연적인 세계상의 중심에 인간을 놓았고, 그럼으로써 일종의 학제적學際的 사고를 촉진시켰다. 그리고 그것을 지식의 모든 영역에 적용시키는 것이 바람직하다고 여겼다. 철학자들에게 고무를 받은 의학은 새

파리의 살페트리에르 전경. 여성 환자 6천 명이 수용되어 있었는데, 10명 중 한 명이 정신병자로 취급되고 있었다. 이 기관은 병원뿐만 아니라 노역소나 감옥의 기능도 하였다.

로운 수학으로 시선을 돌렸다.

『백과전서』에 글을 쓴 또 다른 필로조프• 콩도르세 후작은 1785년에 「다수 결정의 확률에 대한 분석적용에 관한 소론」이라는 제목의 논문을 썼다. 콩도르세는 보험회사에서 통계학적 연구가 잘 쓰이고 있다면, 다른 분야에서도 그럴 것이라고 말했다. "통계학은 의사 결정을 내리는 사람들에게 매우 값진 도움을 줄 것이고,…… 증거나 결정에 관한 개연적 진리를 계산해 주고 그러한 신념의 토대도 마련해 준다."

• 필로조프(philosophe): 철학자를 뜻하는 프랑스어. 여기서는 특별히 18세기의 계몽사상가를 뜻한다.

새로운 수학이 이렇게 이용될 수 있었던 데에는 나름대로의 정치적인 이유가 있었다. 혁명 후 전국적인 규모로 사회를 개혁하려는 시도가 있었지만 전체 인구가 얼마나 되는지를 아무도 모른다는 단순한 사실 때문에 좌절되었다. 계획을 세우는 일은 불가능하지는 않았지만 어려운 일이었다. 개개인들을 한 명 두 명 센다는 것은 재정상으로나 편제상으로나 말도 안 되는 소리였다. 그후 1795년 프랑스의 저명한 물리학자 피에르 시몽 라플라스가 파리 고등사범학교에서 일련의 강

살페트리에르에서 피넬이 정신병자의 족쇄를 풀어 주고 있다. 또 다른 환자가 감사의 표시로 그의 손에 입을 맞추고 있다. 환자를 묶고 있던 가죽끈을 제거하는 모습이 그림 중앙에 보인다.

연을 하였다. 그 가운데 마지막 강의가 확률의 계산에 관한 것이었는데, 그 강의에서 그는 운에 좌우되는 게임들에 관한 자신의 관심이 확률론을 발전시킬 수 있었던 계기가 되었다고 말했다. 인간사에 확률론을 이용한다면 통계 분석에서 일어나는 오류의 원인을 밝히는 데 도움을 줄 수 있다. 왜냐하면 발생 가능한 원인에 의해 빈번히 발생하는 사건으로부터 그 이유를 추론해 낼 수 있기 때문이다. 사건이 더 자주 발생할수록 반복의 일관성과 규칙에 대해 더 잘 알 수 있었다.

그 후 수년 동안 라플라스는 자신이 만들어 낸 계산법의 활용법들을 제안하기 시작했다. 그는 그 계산법이 관찰 방법을 제시하고 개선시키며, 실험 결과의 신뢰성을 평가하며, 불규칙적이고 우연적인 방해물이나 관찰상의 중대한 오류에 의해 은폐된 법칙 혹은 숨겨진 자연 규칙을 발견하거나 그 원인을 제시하는 데 사용될 수 있음을 보여주었다. 그는 극히 적은 수의 표본을 이용해 총인구수를 가장 정확하게 계산해 낼 수 있는 방정식을 고안하였고, 그렇게 함으로써 통계학적으로 의미 있는 비율이라는 개념을 고안해 냈다.

이러한 계산법을 활용함으로써 진단이나 치료의 효과를 높일 수 있다는 생각은 여러 병원으로 급속히 확산되었고, 병원의 수많은 환자들에 기초해서 대량의 데이터를 수집할 수 있었다. 이러한 데이터에 대한 분석을 처음으로 시도한 사람은 벤저민 프랭클린의 친구였던 피넬이었다. 그는 1792년 파리의 노인과 병약자를 위한 수용소였던 비셰트르의 수석의사가 되었다. 유럽에서 가장 규모가 큰 보호시설이었던 그곳에는 8천 명이 넘는 환자들이 수용되어 있었지만 그들의 대부분은 이미 도움을 기대하기에는 상태가 이미 심하게 악화된 것으로 간주되고 있었다.

피넬은 의학의 발전이 더디게 진행되는 것은 부정확하고 검증되지도 않은 방법들이 사용되고 있기 때문이라고 생각했다. 그는 환자들을 반복적으로 관찰해 그 결과들을 정기적으로 기록하고, 시간의 추이에 따른 데이터들을 비교할 것을 역설했다. 그는 이런 방법이야말로 많은 수의 환자들을 올바로 치료할 수 있는 유일한 방법이라고 주장했다. 피넬의 방법은 간단하면서 성공이나 실패율에 대한 진술 이상을 요구하지 않았기 때문에 대중적인 관심을 끌어낼 수 있었다. 또한 그는 환자들에게 채워져 있던 족쇄를 풀어 주기로 결정해 의사들 사이에 명성을 얻게 되었다.

1820년대 첫무렵에 파리 의대의 부학장이었던 피에르 루이가 피넬의 방법을 도입해 확대 실시하였다. 루이는 7년이 넘는 동안 개인적인 진료는 전혀 하지 않고 환자에 관한 자료를 수집하거나 환자가 사망한 이후의 검시 증거와 증상의 진행과정을 연관시키는 연구를 하며 하루 다섯 시간을 꼬박 병동에서 보냈다. 이러한 일은 외과의사들이 이미 해 왔던 방법이었지만, 루이는 통계분석법을 통해 그의 전임자들이 치료에 성공했다고 주장한 것들이 사실은 부정확하고 부적절한 자료에 근거했다는 것을 밝혀 냈다. 이제 치료와 진단은 한층 더 정확해졌다.

다른 한편으로는 증상에 관한 자료 수집과 관련된 진보도 이루어지고 있었다. 병이 생긴 특정 부위에 대한 관심은 오스트리아 빈의 의사 요제프 레오폴트 아우엔브루거가 개발해 냈던 기술에 대한 흥미를 불러일으켰다. 1761년에 그는 가슴을 두드릴 때 나오는 소리를 통해 심장의 위치와 폐의 상태를 알아낼 수 있다는 사실을 밝혀 냈었다. 그 방법은 심장의 상태에 관한 전문가로서 1808년에 파리 병리 의학 학교를 세운 나폴레옹의 주치의 장 니콜라 코르비자르에 의해 대중화되었다.

1816년에 라에네크라는 의사가 뻣뻣한 종이로 만든 원통을 이용해 몸에서 나는 소리를 증폭시켜 들을 수 있음을 발견했다. 그가 발명한 것에는 청진기라는 이름이 붙었다.

이러한 발전들로 인해 환자를 훨씬 더 세밀하게 진단할 수 있게 되었다. 라에네크는 특정한 질병의 증거를 찾기 위해 해부한 시체를 조사해, 같은 질병의 증상을 보이는 살아 있는 환자의 관련 기관이 움직이는 소리를 청진하였다. 소리와 증상 간의 관계를 통해 그는 폐기종, 폐부종, 폐회저, 폐렴 그리고 무엇보다도 많은 수의 노년층을 사망케 하는 결핵을 진단할 수 있었다.

라에네크는 신체 내부의 병변에 대한 진단을 외과적 질병과 동일한 수준으로 끌어올리겠다는 자신의 목표를 이루어 냈다. 당시 영국 의학의 진단 수준이 프랑스 병원의 수준에 비해 얼마나 뒤떨어져 있었는지는 청진기를 접한 영국인들이 보인 다음과 같은 반응을 통해 잘 알 수 있다. "환자의 가슴에 연결된 긴 튜브를 통해서 근엄하게 무엇인가를 듣고 있는 내과의사들의 모습은 어떤 면에서는 우스꽝스럽기까지 하다."

1825년 무렵 파리에서는 질병과 치료에 관한 완전히 새로운 견해가 대두하였다. 외과의사들이 질병이 생겨나는 장소, 또 검시 결과와 환자의 증상 사이의 관련성을 밝혀 냈고, 그 덕분에 병리해부학은 과학의 한 연구 분야로 자리잡았다. 증상은 이제 가장 중요한 자료로서의 위치를 상실했다. 증상은 신체 전부에는 아닐지라도, 조직과 기관에

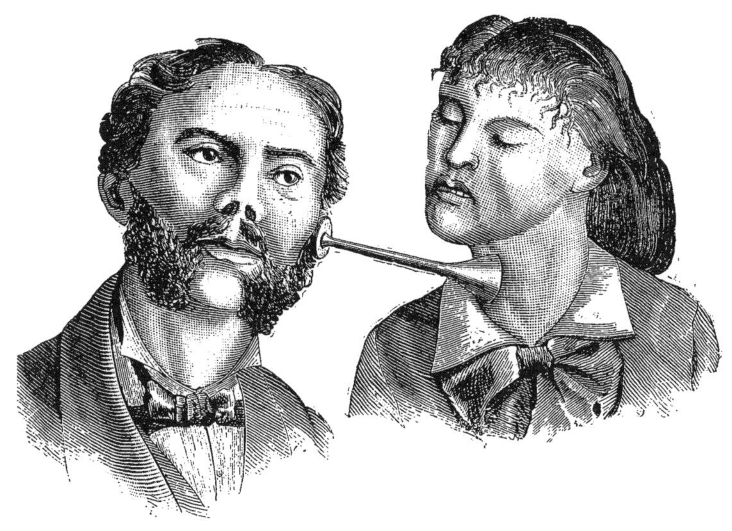

초창기의 청진기. 의사의 눈을 보면 그가 세심하게 주의를 기울이고 있음을 알 수 있다. 반면에 환자는 이 새롭고 복잡한 의학 기술을 이해하지 못한 채 의사의 지시에 수동적으로 따르고 있다.

감염된 질병의 내적 활동에 의해 야기된 표면적인 상태일 뿐이었다.

새로운 검사 기술로 인해 질병에 대한 환자 자신의 견해는 더 이상 큰 의미를 갖지 못하게 되었다. 타진법과 청진기 덕분에 의사들은 이제 대부분의 경우 환자도 알지 못하는 신체 내부의 상태에 접근할 수 있게 되었다. 통계학을 활용하기 위해서는 질병과 그 치료에 관한 자료의 수집이 필요했고, 따라서 정확하고도 대규모적인 관찰은 필수적이었다. 이러한 모든 발전의 결과로 의사의 사회적 지위뿐만 아니라 의사와 환자 사이의 관계에도 급속한 변화가 생겨났다. 환자가 의사의 능력에 대해 평가를 내리던 시대는 이제 끝이 났다.

늘어나는 임상 기법들의 수용이 일반화되자 의사 개개인의 직무 수행에 대해 심판자로 나서게 된 것이 바로 전문의 제도였다. 이제 의사 생활에서 가장 중요한 것은 동료 의사들 간의 관계였다. 의사들은 자신들의 기술과 정보를 공유함으로써 직업상의 명성이나 승진을 얻을 수 있게 되었고, 그에 따라 병상 옆의 비밀은 설 곳을 잃어 버렸다. 1820년대에 파리에서는 일련의 의학지醫學誌들이 등장하였다. 이 의학지들은 의학의 분업을 촉진시켰고, 그에 따라 초창기의 전문의들은 특정한 기관의 작용에 대해 집중적으로 연구하기 시작했다.

신체는 질병이 일어나는 장소로서 재규정되었다. 의사와 환자가 서로를 평가하는 관행도 사라졌다. 이제 모든 것이 의사의 통제권 안으로 들어갔다. 자신들의 통제권을 늘리려는 유혹은 매력적인 것이었다. 이미 18세기에 혁명론자들은 도시 대중들의 생활 조건을 개선시킬 필요가 있다는 것을 인식하고 있었다. 세기 중반에 장 자크 루소는 『불평등 기원론』에서 질병을 문명 사회의 특징이라고 규정짓고, 질병의 원인을 건강하지 못한 환경과 부적합한 의술이 끼친 악영향으로 돌렸다.

중상주의자重商主義者들이 사용한 것처럼, 인구라는 말에는 처음에는 '일반 대중', 즉 너무 무지한 탓에 자신들의 복지를 책임질 수 없는 천민 계급, 빈민 노동층이라는 부가적인 의미가 내포되어 있었다. 프뤼넬은 1818년 몽펠리에에서 행한 강연에서 건강한 대중과 풍요로운 국가 사이의 상관 관계에 대해 언급하였다. 프랑크를 연상시키는 그는 건강한 환경을 보장하고 유지할 수 있도록 국가가 주택, 결혼, 의복, 직업, 오락 등에 직접 관여해야 한다고 주장했다. 치료약을 병원에서 사라지게 만들어야 하며, 인구 전체에 적용되는 예방정책을 수행해야 한다는 것이었다.

상하수도 시설, 환기 시설, 출산, 개인 위생, 노동 환경 등을 개선시키려는 이러한 욕구들은 언뜻 계몽적인 것으로 보이기도 하지만, 사실상은 복지를 주로 경제적이고 정치적인 문제로 바라보는 상업적인 경향에서 유래한 것이 대부분이었다. 1820년에 베누아스통 드 샤

1817년 갠지스 삼각주에서 발발한 콜레라 전염병은 유럽 쪽으로 무자비하게 확산되었다. 이 질병의 실체에 대한 무지, 그리고 이 병이 신비의 동양에서 왔다는 사실로 인해 공포는 점점 더 도를 더해 갔다.

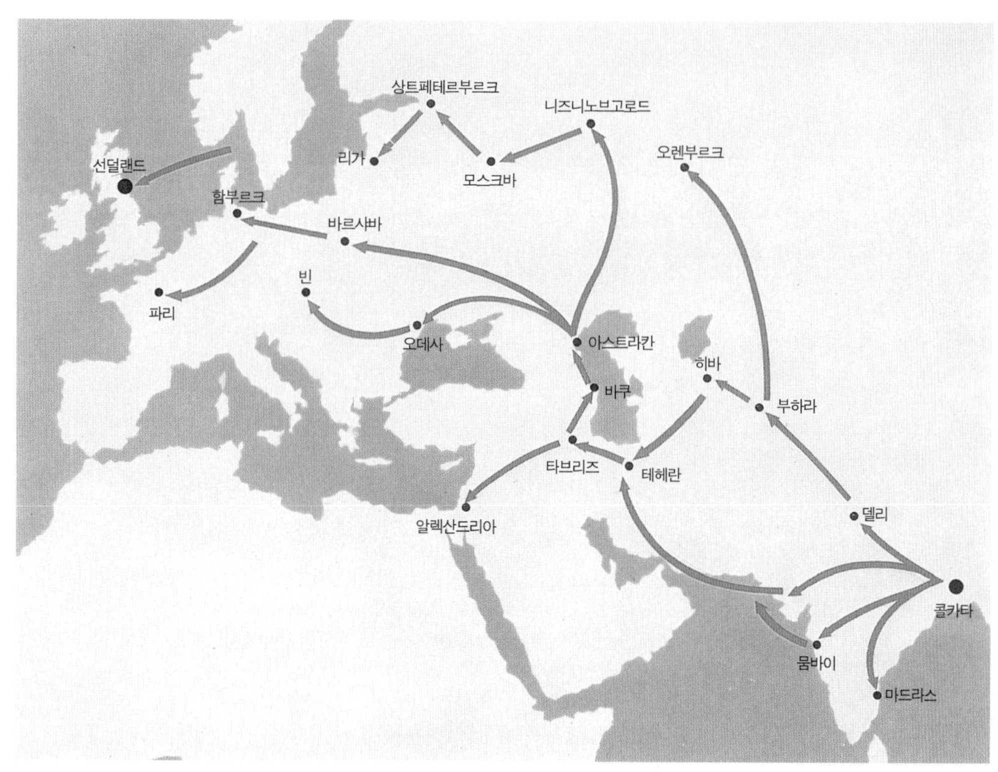

현미경을 이용한 푸르키네의 위대한 발견들 가운데 하나. 대뇌 피질에 있는 뉴런. 푸르키네 세포라고 알려져 있다. 오른쪽 상단에 섬유다발처럼 자리한 것들이 푸르키네 세포들이다.

토뇌프는 다음과 같이 썼다. "의사들의 헌신적인 보살핌을 받는 것은 모든 사람들의 행복을 위해서 중요한 일이다.…… 신체적 · 도덕적 본성에 대해 깊이 있는 연구를 한 의사들보다…… 더 적격인 사람들이 있겠는가?" 그로부터 9년 후 공중 위생에 대한 이러한 급진적인 접근 방법과 전체 국민에 대한 국가의 통상적인 개입을 19세기 끝무렵이 되기 전에 가능케 한 두 가지 사건이 동시에 발생했다.

첫번째 사건은 인도 북부에서 발생한 질병이 10년 이상에 걸쳐 하루 8킬로미터의 속도로 전파되어 유럽에 도달한 사건이었다. 1829년에 유럽을 처음으로 강타해 오스트리아, 폴란드, 독일, 스웨덴을 공포로 몰아넣은 이 질병은 콜레라였다.

두 번째는 같은 해 조지프 잭슨 리스터라는 런던의 포도주 상인이 색지움* 현미경을 발명한 일이었다. 17세기에 발명된 초창기 현미경에는 두 가지 중요한 결함이 있었다. 렌즈 바깥쪽에서 들어온 광선들은 비대칭적으로 휘어져 서로 다른 초점으로 집중됨에 따라 상(像)의 초점이 맞지 않았다. 또한 광선들이 휘어지는 정도가 달랐기 때문에 백색광을 만들어 내는 색들로 서로 다른 정도로 휘어지고, 따라서 색상의 가장자리가 깨끗하게 나오지 못했다. 이러한 현상들을 각각 구면수차와 색수차라고 한다.

리스터는 크라운 유리**로 된 볼록렌즈와 플린트 유리***로 된 평요平凹 렌즈를 조합해 이를 개선시켰다. 이 방법은 수차收差를 없애 선명한 상을 얻게 해 주었다. 새로운 색지움 현미경은 생명의 기본적인 과정을 밝히려는 독일인의 강박관념에 가까운 욕구를 자극했다. 1831년에는 마티아스 슐라이덴이 처음으로 세포핵을 관찰했다. 조직 안의 이런 묘한 구멍은 이미 식물에서도 발견된 바 있었다. 17세기 끝무렵에 마르첼로 말피기는 그것을 '작은 주머니들이라고 묘사했고, 또 어떤 사람들은 그것을 맥주 거품에 비유하기도 했다. 1809년 고트프리트 트레비라누스는 미나리아재비 세포를 분리해 내어 세포들 사이에

* 색지움: 색수차를 없애 주는 일.

** 크라운 유리(crown glass): 용해된 유리 원료에 숨을 불어넣은 후 회전시켜 원형의 판 모양으로 만든 유리이다. 소다-석회를 주성분으로 한다. 빛의 분산이 낮고 굴절률 또한 낮다.

*** 플린트 유리(flint glass): 빛의 분산과 굴절률이 큰 광학용 고급 유리. 플린트 유리라는 말은 처음 개발 당시에 '부싯돌(flint)'을 주원료로 사용했었던 데서 나온 말이다. 그러나 지금은 더 이상 부싯돌을 원료로 사용하지는 않는다.

있는 막이 이중벽으로 되어 있음을 밝혔다. 그 기능이 어떻건 간에 세포는 하나의 독립된 실체였다.

세포의 중심에 있는 핵을 발견한 지 얼마 지나지 않아 슐라이덴은 자신의 동료였던 테오도어 슈반과 그것에 대해 의견을 나누었다. 슈반은 자신이 알고 있는 모든 종류의 세포 조직을 조사해 보기로 했다. 현미경을 사용한 그의 철저한 관찰은 질병의 기원에 대한 기존의 관념을 전면적으로 변화시킨다. 슈반은 1839년에 출판된 저서에서 모든 식물 조직과 동물 조직은 근본적으로 동일하다고 주장하였다. 그는 이렇게 썼다. "아무리 다른 종류라 할지라도 유기체의 기본적인 부분들의 발달에서는 오직 한 가지 보편적인 원리만이 존재한다. 그 원리란 바로 세포의 형성이다." 한 가지 재미있는 일은 이단으로 고발될 경우에 대비해 슈반이 자신의 교구 주교에게 이 책을 헌정하였다는 사실이다.

슈반은 세포는 조직의 종류에 따라 다르게 무리지어 있다는 것을 발견했다. 혈액이나 림프 안에서는 세포들이 독립적으로 분리된 채로 있었다. 상피上皮에서는 세포들이 독립되어 있었지만 서로 결합된 상태였다. 뼈에서는 세포들이 세포간 물질에 의해 서로 접착되어 있었다. 힘줄과 탄성 조직 안에서의 세포들은 섬유질로 되어 있었다. 그는 각각의 세포들은 원래 독립된 생명체였었는데, 공통적이고 기본적인 물질의 분화 과정을 통해 다른 세포의 내부나 옆에 존재하게 되었다고 이론화했다. 슈반은 생명이 정신적인 것 즉 어떠한 '관념'의 현현이 아니라 단지 물질이라는 사실을 세포를 통해서 보여주었다.

같은 해인 1839년에 체코인 얀 푸르키네가 동물의 난자와 배胚 세포에서 젤리와 흡사한 물질을 발견했다. 그는 그것을 '생명을 나타나게 하는 물질', 즉 '원형질'이라고 불렀다. 고체도 아니고 액체도 아닌 이 물질 안에는 유기체를 이루는 기본적인 입자들이 있었다. 이곳이 바로 생명 그 자체의 장소일까? 1846년에 카를 폰 베어는 살아 있는

라부아지에의 공기에 관한 실험은 산소가 생기를 준다는 설을 확립시켰다. 그러나 불행히도 그는 세금 징수 문제로 프랑스 혁명 중 목숨을 잃었다.

George Cruikshank

성게 알의 난할을 관찰하고는 "핵은 분할 이전에 이미 둘로 갈라졌다"라고 적었다. 1852년에 로베르트 레마크는 "모든 세포는 다른 세포로부터 나온다Omnis cellula e cellula"라는 유명한 말을 했다.

세포 이론을 크게 꽃피운 또 다른 사람은 루돌프 피르호란 독일인이었다. 과학 전반에 걸쳐 커다란 공헌을 했던 그는 '독일 의학의 교황'이라고까지 불리기도 했다. 청년기에 급진적인 경향이 있었던 그는 1848년의 독일 혁명에 연루되기도 했다. 그의 연구는 독일 의학계가 실험심리학으로 가는 데 큰 기여를 했다.

피르호는 세포와 세포핵을 중점적으로 연구했다. 그는 분비물, 손발톱, 수정체를 생산하는 세포들이 각기 따로 존재한다는 것을 밝혔다. 특히 그것들은 연골, 뼈 , 결합 조직, 혈관, 근육 섬유 등을 이루는 세포들로 분화되어 있었다. 피르호는 정맥염, 백혈구증가증, 혈전증, 혈액의 착색, 염증, 종양 등에서의 세포의 활동에 대해서도 연구했다. 관찰이 거듭될수록 그는 세포가 공격을 당해 약해지거나 비정상적으로 활동하는 현상이 질병이며 그 예로서 고름을 들 수 있다고 확신했다.

그는 "우리는 세포 이하로는 더 이상 내려갈 수 없다. 세포는 인간의 신체를 구성하는 상호 의존적인 거대한 사슬과 같은 구조물에서 최종적이자 반드시 있어야만 하는 고리이다"라고 말했다. 그의 관찰은 질병과 건강 그리고 양자의 상호관계에 대한 새로운 견해를 제시함으로써 의료 전문가들이 기존에 갖고 있던 자신들의 일에 대한 생각 전반에 걸쳐 변화를 몰고 왔다. "…… 치료의 대상은 질병이 아니라 상태다. …… 우리는 단지 생명의 상태 변화에만 관심을 갖고 있을 뿐이다. 질병이란 생명체에 생기는 상태의 변화에 불과한 것이다." 그는 절대주의적 정치 지도자들에게 경의를 표하는 자리에서 "유기체란 살아 있는 세포로 이루어진 사회이며, 질서정연한 소국가"라고 덧붙이기도 했다.

강연자가 공기 주머니를 돌리자 청중이 아산화질소를 흡입하며 그 효과를 즐기고 있다. 데이비의 강연은 좀더 냉정한 것이었으며, 일종의 사회적 행사로서 유행을 탔다.

신체의 심층구조를 연구하고, 의식이 있는 환자의 간섭을 피하려는 이러한 발전은 기술의 발전으로 더욱 강화되었다. 산업이 발달한 영국에서는 19세기 첫무렵에 '기체 화학'에 대한 관심이 고조되어 공기의 성분을 알아내려는 다양한 시도가 이루어졌다. 특정한 물질이 연소할 때 방출되는 기체들을 확인하는 연구는 라부아지에와 조지프 프리스틀리에 의해 주도되었는데, 그 과정에서 아산화질소도 분리되었었다. 1798년 브리스톨의 토머스 베도스 박사 기체 연구소의 한 조교가 이 물질을 흡입하였다. 그 조교의 이름은 험프리 데이비로 후에 런던 왕립 연구소의 강사가 되었을 때 이 이상한 '웃음 가스'에 대해 강의를 하였다. 데이비가 이 가스의 의학적 이용 가능성에 대해 언급을 하기는 했지만, 이 기체는 주로 여흥이나 파티에 이용되었다. 이것을 흡입한 효과는 '천상의 놀음'과도 같았다.

이 기체를 의학 치료에 처음으로 사용한 사람은 크로퍼드 윌리엄슨 롱이라는 미국인이었는데, 자신의 환자들처럼 그 역시도 약물중독자였던 것 같다. 조지아 주의 제퍼슨 카운티의 개업의였던 그는 일찍이 1842년에 환자 치료에 에틸 에테르 흡입을 시도한 사람으로 인정받고 있다. 환자에게 에틸 에테르를 흡입하게 한 후 환자의 목에서 종양을 제거하는 수술을 통해서 에틸 에테르의 마취 효과를 발견해 낸 사람이 바로 그였다.

1846년 10월 16일, 보스턴에 있는 매사추세츠 종합병원의 외과의사 존 콜린스 워런이 처음으로 공개적인 수술을 실시했는데, 그때의 수술도 역시 목에 난 종양을 제거하는 것이었다. 수술은 대성공이었다. 그 소식은 빠른 속도로 퍼져 나갔다. 같은 해 12월에 영국의 일류 외과의사 가운데 한 사람인 유니버시티 칼리지 병원의 로버트 리스턴이 프레드 처칠이라는 집사의 허벅다리를 절단하는 수술을 했다. 그는 자신이 시술했던 수술 가운데 처음으로 시간을 갖고 천천히 할 수 있었다고 술회했다. 수술을 끝낸 그는 영원히 잊혀지지 않을 말을 남

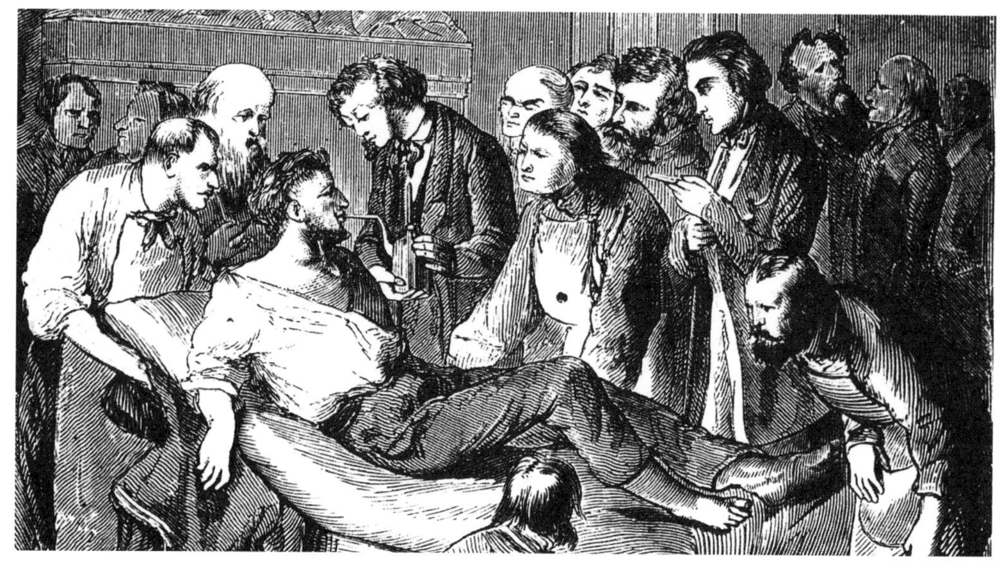

졌다. "양키들이 만든 이 방법이 최면술을 산산조각 냈다." 일년 후에는 클로로포름도 마취제로 사용되었다.

마취제를 사용하던 초창기의 모습을 그린 그림(보스턴). 환자는 액체 에테르가 담겨 있는 플라스크에 부착된 튜브를 통해서 가스를 흡입했다.

쇼크나 끔찍한 고통으로 인해 죽을 수도 있었던 과거와는 달리, 이제 환자들은 더 이상 지독한 고통을 받지 않고도 큰 수술을 받을 수 있게 되었다. 더 나아가 이제 외과의사들은 마취로 의식이 없는 환자들에게 전에는 상상조차 할 수 없었던 시술을 할 수 있게 되었다. 그들은 흉곽이나 복강과 같은 주요 체강들을 열어 볼 수 있었다. 이러한 수술들은 그때가지만 해도 무수한 사상자를 만들었었다. 완전한 것은 아니었지만, 마취는 의학에 일대 변혁을 몰고 왔다.

의사들은 이제 수술을 더 이상 두려워하지 않게 되었다. 그들은 절개 수술을 통해 환자를 치료하는 방법에 대해 더 많은 관심을 갖게 되었다. 의학 기술은 더욱더 발전해 갔다. 1840년 이래 피하주사바늘이 사용되기 시작했으며, 1844년에는 존 허친슨이 제임스 와트의 착상을 채택해 건강한 성인의 폐활량을 측정했다. 1848년에 카를 루트비

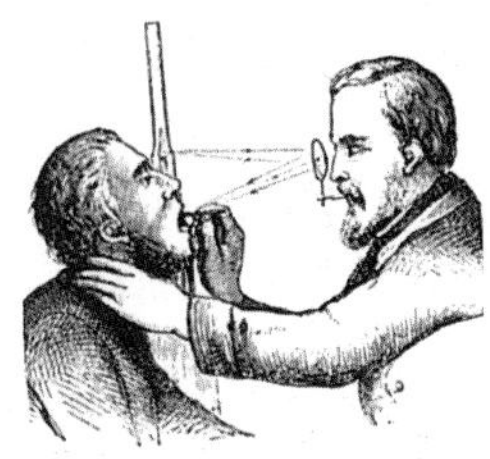
체르마크가 후두경으로 진찰하고 있는 모습. 의사가 이로 물고 있는 거울에 반사된 촛불이 환자의 목구멍 안을 비춰 주고 있다.

히가 카이모그래프라는 장치를 발명해 맥박을 그래프로 표시했다. 1850년부터는 사진이 임상 자료를 기록하는 데 널리 쓰이기 시작했다. 1850년 카를 피에로르트는 손목의 맥박을 차단하는 데 필요한 무게를 측정해 혈압을 기록하는 수단을 찾아냈다.

그러나 마취제의 출현으로 가장 큰 도움을 얻은 기술은 내시경 검사법이었다. 클로로포름이나 에틸 에테르는 직장 검사와 같은 시술의 고통을 크게 덜어 주었다. 1850년에는 귀의 내부를 검사하는 데 쓰이는 이경耳鏡이 개발되었다. 1851년 헤르만 폰 헬름홀츠는 망막이 빛을 반사시킨다는 사실을 발견한 얀 푸르키네의 업적을 포함하여 눈의 내부를 조사하기 위한 여러 시도에 대해 연구하고 있었다. 그는 광원과 관찰자의 눈을 자신이 새로 만든 검안경檢眼鏡의 같은 지점에 위치시켜, 살아 있는 사람의 눈 내부를 조사할 수 있었다.

1855년 런던의 한 성악 교사가 목구멍 아래로 태양빛을 반사시키는 이중 거울을 만들어 냈다. 2년 후 유럽의 오페라 중심지였던 빈에서 얀 체르마크라는 폴란드 생리학자가 인공 광원을 덧붙임으로써 관찰자의 머리 위에 위치한 거울로부터 환자의 목구멍 안의 손거울까지 빛을 반사시켰다. 이 새로운 후두경喉頭鏡 덕분에 성대 수술이 가능해졌다. 오스트리아의 한 왕족에게 한 최초의 수술에서는 철사 고리를 사용하여 종양을 성공적으로 제거했다.

방광, 질, 직장, 위장의 내부를 검사하는 방식이 그후 10년 동안에 개발되었다. "눈으로 볼 수 없는 것은 믿지 말라"라는 새로운 슬로건이 생겨났다.

외과 수술에 이러한 새로운 보조 기구가 사용되기 시작하면서 발생한 문제는 바로 수술의 횟수가 늘어남에 따라 사망률도 증가했다는 것이었다. 외과의사들이 작업하는 환경이나 회복기의 환자들이 수용되는 환경이 수술용 칼보다도 더 위험했던 것이다. 19세기 가운데 무렵에 플로런스 나이팅게일은 병실 하나에 60명의 환자들이 수용되는 것을 목격하고서 이렇게 적었다. "보통의 목재로 된…… 마루는…… 유기물로 흠뻑 젖어 있었고…… 회벽은…… 불순물로 더럽혀져 있었으며…… 창문은 난방 때문에 수개월 동안이나 닫힌 채로 있었다. 습기 때문에 물기가 축축하게 흘러내리는 벽은…… 온통 곰팡이들로 뒤덮여 있었다."

환자들은 앞선 환자들이 사용했던 시트를 그대로 썼으며, 한 번도 교체된 적이 없는 축축한 매트리스에서 잠을 잤다. 1851년 나이팅게일은 간호사들 대부분이 술에 찌들어 살았으며, 장삿속에만 밝아 환자들이 무언가를 갖다 바칠 때에만 약을 주는 "길거리에서 데려다 놓은 창녀들"이라고 묘사하였다.

더블린의 의사가 응접실에서 악성 종양을 제거하고 있다. 수술 후 한 달도 못 되어 환자가 사망하는 일이 다반사였다.

콜레라가 런던에 엄습하기 직전인 1831년 11월에 런던 전역에 배포되었던 포스터. 병의 증상과 치료법이 씌어 있다. 하단에 "절제와 건전한 생활"을 통해 병을 예방하자고 주장한 글귀가 실려 있다.

의사들도 별다른 도움이 못 되었다. 대부분이 손수건으로 코를 막은 채 병동을 어슬렁거릴 뿐이었다. 씻을 물도 귀했다. 수술실은 어둡고 불결했다. 외과의사들은 그냥 외출용 외투를 '수술용 상의'로 입었는데, 피로 얼룩진 이 '수술용 상의'는 6개월씩이나 세탁하지 않은 채 걸려 있는 게 보통이었다. 수술실 한구석에는 불을 지펴 놓았다. 마루 틈의 먼지들은 길에서 수술실로 곧장 들어온 학생들의 신발에서 떨어진 진흙과 함께 피로 흠뻑 적셔져 있었다. 이런 조건에서 복합 골절은 언제나 외과의사들에게 공포의 대상이었다. 복합 골절은 찢어진 살갗으로 인해 감염의 위험이 뒤따랐다. 패혈증, 단독•, 병원괴저는 병동의 골칫거리였다. 그에 따라 "환자는 사망해도 수술은 성공한다"는 말이 유행했다.

감염이 어떻게 퍼져 나가는지에 대해서는 두 가지 견해가 대립하고 있었다. 하나는 불결한 곳에서 발생되는 보이지 않는 가스, 즉 독기毒氣를 환자가 뿜어낸다는 견해이고, 다른 하나는 세균학이 출현하기 이전부터 서서히 기반을 다져 오던, 부패 물질이 상처와 접촉하여 감염을 일으킨다는 견해였다.

1850년대 빈의 이그나츠 제멜바이스가 시체 해부중 관찰한 것들과 신체적 증세를 연관시켜 연구하려는 학생들이 손을 씻지도 않은 채 해부실에서 병동으로 돌아옴으로써 생존 환자들에 감염을 일으킨다는 것을 밝혀 냈다. 제멜바이스가 학생들에게 염소로 소독한 석회수에 손을 씻도록 하자마자, 병원의 사망률이 뚝 떨어졌다.

그러나 감염이 처음 발생하는 원인에 대해서는 여전히 알려져 있지 않았다. 살갗이 찢어진 환자는 병동에서 2주 안에 모두 사망했다. 수술 후에는 가능한 한 빨리 환자를 병원에서 옮겨가는 것이 가장 안전한 방법으로 여겨졌다.

감염에 대한 다양한 대처법이 시도되었다. 독일인들은 신선한 공기를 선호했다. 뜨거운 아마인•• 습포제와 함께 냉수 붕대법도 시도되

• 단독(丹毒): A용혈성 연쇄상구균에 의해 피하조직과 피부에 나타나는 접촉 전염성 질환. 피부가 빨갛게 부어오르는 것이 특징이다.

•• 아마인(亞麻仁): 아마의 씨를 약재로 이르는 말.

***TO THE INHABITANTS OF THE PARISH OF***

# CLERKENWELL.

**His Majesty's Privy Council having approved of precautions proposed by the Board of Health in London, on the alarming approach**

OF THE

# INDIAN CHOLERA

**It is deemed proper to call the attention of the Inhabitants to some of the Symptoms and Remedies mentioned by them as printed, and now in circulation.**

## Symptoms of the Disorder;

**Giddiness, sickness, nervous agitation, slow pulse, cramp beginning at the fingers and toes and rapidly approaching the trunk, change of colour to a leaden blue, purple, black or brown; the skin dreadfully cold, and often damp, the tongue moist and loaded but flabby and chilly, the voice much affected, and respiration quick and irregular.**

All means tending to restore circulation and to maintain the warmth of the body should be had recourse to without the least delay.

The patient should be immediately put to bed, wrapped up in hot blankets, and warmth should be sustained by other external applications, such as repeated frictions with flannels and camphorated spirits, poultices of mustard and linseed (equal parts) to the stomach, particularly where pain and vomiting exist, and similar poultices to the feet and legs to restore their warmth. The returning heat of the body may be promoted by bags containing hot salt or bran applied to different parts, and for the same purpose of restoring and sustaining the circulation white wine wey with spice, hot brandy and water, or salvolatile in a dose of a tea spoon full in hot water, frequently repeated; or from 5 to 20 drops of some of the essential oils, as peppermint, cloves or cajeput, in a wine glass of water may be administered with the same view. Where the stomach will bear it, warm broth with spice may be employed. In every severe case or where medical aid is difficult to be obtained, from 20 to 40 drops of laudanum may be given in any of the warm drinks previously recommended.

**These simple means are proposed as resources in the incipient stages of the Disease, until Medical aid can be had.**

**THOS. KEY,**
**GEO. TINDALL,** } ***Churchwardens.***

Sir GILBERT BLANE, Bart. in a pamphlet written by him on the subject of this Disease, recommends persons to guard against its approach by moderate and temperate living, and to have in readiness, the prescribed remedies; and in case of attack to resort thereto *immediately* but the great preventative he states, is found to consist in a *due regard to Cleanliness and Ventilation.*

N.B It is particularly requested that this Paper may be preserved, and that the Inmates generally, in the House where it is left may be made acquainted with its contents.

*NOV.* 1*st*, 1831.

T. GOODE, PRINTER, CROSS STREET, WILDERNESS ROW

었다. 물로 끊임없이 씻어 주었으며 심지어 얼음 압박요법도 사용하였다. 19세기 가운데 무렵에는 런던 의대 부속병원의 사망률 25퍼센트가 글래스고의 39퍼센트, 에든버러의 43퍼센트, 파리의 59퍼센트라는 가공할 사망률에 비한다면 무척 낮은 수준이라는 것에 만족스러워 할 정도로 상황이 안 좋았다.

질병이 확산되는 메커니즘에 대한 관심은 1829년에 병원 밖에서 일어난 한 사건 때문에 더욱더 절박한 문제로 떠올랐다. 정체를 알 수 없는 새로운 질병이 그 해 유럽에 상륙했다. 이 병에 걸린 환자들은 이삼 일 동안 심한 설사를 하고, 극도로 고통스러운 구토와 함께 점차로 더 격렬한 증상을 보였다. 환자는 탈수와 체액 손실로 심한 갈증을 겪었다. 이어서 위, 복근, 팔다리에 심한 고통이 찾아오고, 피부색이 푸르스름하게 변하며 곧바로 사망했다.

유럽인들로서는 난생 처음 경험해 보는 이 무시무시한 전염병이 파리에 돌기 시작한 지 불과 18일 만에 무려 7천 명이 목숨을 잃었다. 2년 후 이 전염병은 뉴욕에 상륙한다. 한편 이 새로운 전염병으로 가장 큰 피해를 입은 나라는 그 당시 세계에서 가장 산업화가 진전되어 있던 영국이었다. 영국의 과밀 도시들은 새로운 전염병의 완벽한 인큐베이터였다.

콜레라는 1831년 10월 20일 선덜랜드에서 영국 최초의 희생자를 만들어 내며, 빈민층 사이에 소요와 무정부적 공포를 야기시켰다. 그러나 이 전염병은 사람을 가리지 않았다. 이 병은 부자나 빈자를 가리지 않고 공격했다. 콜레라는 처음 2년 동안 아무런 대비도 되어 있지 않던 지역을 대상으로 눈부시고도 통렬한 공격을 퍼부어 2만 2천 명 이상의 목숨을 앗아갔다.

산업혁명의 초창기 이래로 영국의 인구는 해마다 십만 명씩 늘어났었다. 대다수의 사람들이 당시 급속도로 성장하고 있던 산업 도시인 글래스고, 맨체스터, 버밍엄, 리버풀, 런던에서 태어나거나, 그곳으

19세기 가운데무렵 빈민들은 이 그림보다 훨씬 비참했다. 이 현대적인 그림은 당시의 런던 빈민가를 오히려 대강만 묘사했다는 느낌을 준다. 빨랫줄에 걸린 넝마옷에 주목하라.

로 몰려들었다. 수많은 농장 노동자들이 도시로 이주함에 따라 위험하고 불결하고 조악한 주택들이 날림으로 지어졌다. 아무튼 그들은 이미 시골에서의 원시적인 환경에 익숙해 있기는 했다. 시간과 이동거리를 줄이려면, 공장 가까이에 집을 지어야만 했다. 공장들은 주택이 지어진 후에야 가동될 수 있었다. 그래서 숙박시설들은 가능한 한 작업장에서 가까운 곳에 세워졌다. 건축업자들은 그곳에다 테라스가 맞붙은 셋방들을 가능한 한 많이 채워 넣었다. 급한 마음에 그들은 기초 공사조차 제대로 하지 않았고, 또 그 지방에서 나는 빈약한 재료들을 모아 담장으로 만들었다.

처음에는 시골의 예에 따라 세대당 한 채의 집, 혹은 때로는 두 세대당 한 채의 집을 짓기로 계획되어 있었다. 그러나 이 계획은 인구가 증가하면서 이내 변경되었다. 수로나 강 근처의 토지가 고갈되고 이주민들이 폭주하자 임대하거나 하숙을 치는 일이 일상적인 일이 되었다.

부자들이 새롭게 부상한 교외로 떠나자, 빈민들이 도시 중심가로 모여들었다. 공동 소유의 '공터' 주위로 많은 집들이 신축되었다. 공터에는 우물이라고는 고작 하나뿐이었는데, 심지어는 배수도 되지 않는 쓰레기 더미 위로 깊이 뚫어 만든 경우도 종종 있었다. 사람들은 그 공터에서 돼지들을 사육하기도 했는데, 돼지들은 자신들의 배설물 속에서 뒹굴었다. 포장이 안 된 중심 지역에는 물이 고여 썩어 있었다. 그들은 쓰레기와 음식 찌꺼기들을 창문 밖으로 내던져 돼지가 먹도록 했다. 숙소가 없는 사람들은 이런 안뜰에서 노숙을 하기도 했다. 콜레라가 창궐하였을 때 리버풀에서는 6만 이상의 사람들이 아무런 보호 시설도 없이 노숙을 하고 있었다. 그렇다고 이렇게 사는 사람들이 지하에 거주하는 4만 명의 사람들보다는 더 나쁘다고 할 수도 없었다. 지하 창고방 하나에 열두 명씩 기거하는 경우도 흔히 볼 수 있었다. 그들의 환경은 말로 옮길 수 없을 정도로 열악했다.

물은 공동 펌프로 길어서 썼다. 그러나 펌프는 하나뿐이었고, 그것마저도 하루에 한두 시간밖에는 이용할 수 없었으며, 게다가 일요일

엑서터의 거리 모습. 배수 시설이 없는 이 거리에서 사람들은 건물 벽에 한쪽을 기대어 지은 헛간에서 돼지들과 함께 살았다.

에는 이용할 수조차 없었다. 비록 더러운 강이나 하수구로부터 오물이 유입되는 우물이기는 했지만, 사람들은 서로 다투어 물을 길었다. 콜레라가 덮쳤을 무렵 큰 강들은 모두 공장에서 유출된 폐수나 처리되지 않은 하수 오물로 오염되어 있었다. 애초에 규모가 큰 읍내에는 벽돌로 바닥을 평평하게 만든 하수 시설을 해 놓았있지만 그것은 홍수 때 물을 넘치게 해서 처리하게끔 설계되어 있었다. 사람의 배설물은 허름하게 지은 옥외 변소에서 처리해 정기적으로 수레를 이용해 실어 날랐다. 그러나 한층 위생적인 수세식 변기의 사용이 늘어남에 따라 1750년부터는 배설물이 하수 처리 시설로 유입되기 시작했고 그 양도 급격히 늘어났다. 도시의 어느 한 곳, 오염되지 않은 곳을 찾아 볼 수 없었다. 심지어 벨그레이비어• 조차도 악취로 진동했다.

도시 하층민들의 생활은 이미 악화될 대로 악화되어 있었고, 그에 따라 안뜰의 위생 수준은 섬뜩할 정도로 형편없었다. 많은 사람들이 만성적인 영양 부족에 시달리고 있었으며, 습기로 가득찬 환경으로 인해 류머티즘이나 폐병에 걸렸다. 좁은 공간 때문에 여러 사람이 같은 침대를 사용할 수밖에 없었고 그에 따라 전염병과 근친상간이 만연하였다. 사람들은 불결한 공장에서 장시간 일했다. 공기는 눅눅하고 더러웠다. 남녀노소 모두 기계에 보조를 맞추느라 녹초가 되어 있었으며, 기계에 신체의 일부를 잃는 일도 종종 발생했다.

광산의 상태 역시 마찬가지로 소름끼칠 정도였다. 어린 소녀 3천 명이 야만적이고 음란하고 상스러운 환경에서 하루에 12시간씩 석탄을 등에다 지고 날랐으며, 자신들을 고용한 남자들로부터 성적 학대를 받는 일도 자주 있었다. 작업이 끝나고 다음날 다시 작업에 복귀할 때까지 이들이 할 수 있는 일이라고는 더럽고 사람들로 꽉 찬 침대나 마룻바닥에 몸을 맡기고 잠을 자는 일밖에는 없었다. 임금은 주급으로 지급되었는데, 유통되는 소액 동전이 부족해 식당이나 여관에서 발행하는 전표로 지급되는 경우도 자주 있었다. 노동자들은 임금의 대부

• 벨그레이비어(Belgravia): 런던의 하이드 파크 인근 고급 주택 지역.

《펀치》라는 잡지에 실린 한 풍자 만화. 공터의 도시 빈민들의 전형적인 모습을 보여주고 있다. 아이들이 죽은 쥐를 찾아낸 쓰레기 더미에서 어떤 여자가 먹을 것을 주워 모으고 있다.

분을 술값으로 탕진하는 일이 잦았기 때문에 선술집이나 여관의 주인들도 이런 협정에 동의를 했다. 짧은 여가 시간이나마 다른 용도로 보내려고 해도 빈민들에게는 그럴 기회가 거의 없었다. 동호회나 즐길 만한 스포츠도 없고, 문맹이었던 도시의 대중들에게 소일거리라곤 술뿐이었다. 수입의 거의 대부분이 술값과 장례 보험료로 나갔다.

1831년 가을, 콜레라가 잉글랜드를 덮쳤을 때, 잉글랜드는 이미 자국으로 서서히 다가오던 이 병에 대한 대비를 부적절하게나마 서두르고 있었다. 1831년 6월 보건국이 설립되었다. 보건국은 지방 정부의 활동에 의해 공중 위생을 유도하려는 첫번째 시도라고 할 수 있었다. 모든 도시와 마을에 지방 보건국이 설립되었다. 각 도시들은 구역별로 나뉘어 관리되었다. 비록 질병의 확산을 저지하는 데는 별다른 성과를 거두지 못했지만, 환자들을 격리시키기 위해 특별한 건물들을 세웠다. 감염된 건물들은 물로 씻거나 석회로 문질러 깨끗하게 했고, 감염 후 수주일 동안은 창문과 문을 그대로 열어 놓았다. 감염된 환자들은 강제로 격리 수용소로 옮겨졌다. 이러한 예방책들은 절망적일 정도로 미숙한 것이었다. 질병 자체에 대한 이해 부족은 별도로 치더라도, 공동체를 지킬 위생 수단의 권한을 지방당국이 쥐고 있었다는 것이 중요한 실책이었다. 18세기 가운데 무렵에 이미 지방 개선 행정관청이 신설되어 있었지만, 책임 소재가 지역적으로 중첩되어 있다는 점과 기득권 다툼으로 인해 개혁은 불가능했었다. 당시 도시 사회에 자리잡고 있었던 부정부패도 이에 한몫을 했다. 19세기 첫무렵 뉴욕의 거리 청소를 담당하던 어떤 사람이 뇌물로 쓸 1백만 달러의 자금을 지녔다는 이야기가 나돌 정도였다. 문제를 어렵게 만든 것은 당국이 산업화와 도시 이주의 규모와 속도를 제대로 알지 못하고 있었다는 점이다. 탐욕스러운 개발업자들이 이 혼란을 더욱 가중시켰다. 기득권을 쥐고 있던 그들은 오로지 공장을 확장시킬 기회를 잡는 데만 혈안이 되어 있었다.

콜레라가 만연한 1831년과 그후 영국 전역에 걸쳐 발생한 광범위한 폭동은 사회 개혁의 필요성이 절박함을 일깨워 주었다. 공포 분위기가 명백해진 가운데 의회 개혁을 위한 선거가 그 이듬해에 실시되었다. 중산층은 자신들의 안마당에서 '무정부적이고 사회주의자이며 무신론적인 세력들'이 활동하는 것을 볼 수도있었다. 그러나 그들 중산층은 이러한 상황이 산업화에 따른 필연적인 결과물이라는 인식을 하지 못했다. 산업이 모두에게 이익을 가져다 준다는 인식이 대체적이었다. 그들의 관심은 고작 미성년 노동자들이 처한 환경 문제에 국한되어 있었다. 책임은 하층계급의 타고난 성질이나 특성, 그리고 그들의 무지와 열악한 환경에 있다고 믿었다. 의회 개혁과 함께 설립된 새로운 위원회는 20년 전에 파리 의학계가 시행했던 것과 같은 방식의

펌프는 죽음을 실어 날랐다. 콜레라의 근원지는 오염된 물이었다.

탄광의 석탄을 운반하는 데는 갱내용 조랑말을 쓰는 것보다 소녀나 부녀자들을 고용하는 것이 비용이 덜 들었다.

구호救護 자료에 의존했다. 그들은 통계학으로 관심을 돌렸다.

통계학은 주민들이 놓인 실제적인 상황을 연구하는 데 이용되었다. 대중들은 폭동과 소요를 일으키며 위험스러운 무질서에 빠져들고 있었고, 그러한 상황에서 통계학은 그들을 통제할 수 있는 방법을 제공해 줄 수 있으리라는 기대를 받았다. '불행 · 악덕 · 질병 · 무대책에 대한 대비' 라는 선의의 옷으로 포장이 되었어도, 프랑스에서 이미 그러했던 것처럼 이 학문의 목적은 사회를 통제하는 효과적인 수단을 찾아내는 것이었다. 만약 전염병이 혁명적으로 확산되지 않았다면, 폭동에 물든 사람들이 격리되어야 할 상황이었다. 약은 콜레라를 퇴치하는데 별다른 도움이 되지 못했다. 그러나 숫자는 현재의 상황이 어떠한지 정도는 알려줄 수 있었다. 보고서가 준비되었다.

가장 광범위한 분석을 준비하던 사람은 한때 위대한 개혁가 제러미 벤섬의 비서이기도 했던 에드윈 채드윅이었다. 1834년의 폭동 이후에, 구빈법 위원회는 채드윅에게 입법상의 개혁의 필요성에 대해 조사해 달라고 요청했다. 그는 먼저 빈민들에 관한 업무를 새로운 조직으로 이관시켰다. 구빈원, 보호 수용소, 고아원이 결합된 교구敎區 연합이라고 불린 그 조직은 지방 당국이 맡아 하던 모든 기능을 인계받았다. 새로운 교구연합에 너무도 많은 권한이 주어졌기 때문에 시설 기관들의 원장이나 여감독들의 반발을 사기는 했지만, 아무튼 교구연합은 그 이전보다는 훨씬 효율적인 관리 체계였다.

1836년 등기소가 설립되었다. 등기소는 출생과 결혼, 사망에 관한 자료를 수집해 매년 의회에 그 보고서를 의무적으로 제출해야 했다. 이들 보고서를 만든 사람은 슈롭셔의 가난한 농부의 아들로 태어나 파리 의대에서 공부한 통계학자 윌리엄 파였다. 그는 통계가 개혁가들에게 도움을 주어, 영원히 지워지지 않을 흔적을 근대 서구인들의 삶에 남겨 줄 것이라고 확신하고 있었다. 그는 "삶의 가치와 그 가치의

1831년 잉글랜드 전역에서 발생한 폭동은 가혹한 생활 조건과 비민주적인 정치 기구들, 그리고 콜레라로 인해 발생한 것이었다. 이들을 진압하기 위해 강제력이 사용되기도 했지만, 의회는 4년 안에 개혁 조치를 내놓았다.

런던의 구빈원. 범죄자, 주정뱅이 노인, 매춘부 일을 하는 가난한 어머니들 속에 아이들이 방치되어 있다. 대부분의 사람들은 이런 시설에서 사느니 차라리 굶어 죽는 쪽이 낫다고 여겼다.

유지를 위해 쏟아 부은 관심 사이에는 일정한 관련이 있다"고 생각했다. 그 당시의 많은 뉴턴주의자들처럼 파도 삶을 지배하는 '법칙들'이 있다고 보았다. 마치 행성의 운동이나 화학 반응이 필연적인 법칙에 따르듯이 그는 삶과 죽음 또한 일정한 패턴을 따른다고 믿었다. 보험회사의 보험 통계표를 집계했던 경험이 있는 그는 한 세대에서 다른 세대에까지 주어진 조건하에서의 사망 연령에 수치상의 연속성이 있다는 것에 주목했다.

> 연구 결과에 따르면 사람들이 살아가는 동안 대를 잇고, 건강을 증진시키고, 병으로 고통을 받거나 쇠약해지는 데에는 일정한 법칙이 있다. 그것은 죽음이나 질병의 빈도는…… 건강에 유익하거나 혹은 해로운 요인들과 관련된…… 조건들이 같으면, 항상 일정하다는 것이다.

통계학에 힘을 실어 준 것은 바로 삶의 이러한 규칙성이었다. 삶의 법칙을 찾아낸다는 것은 사회적인 조작을 통해 공익을 증진시킬 수도 있다는 것을 뜻했다. 파는 질병이 풍토병일 때 혹은 전염되어 온 나라에 퍼졌을 때 그 질병이 특정한 지역에 사는 주민들의 수에 영향을 일으키는지, 또 질병이 감염을 통해 퍼져 나가는지 혹은 이미 악화되어 있던 원인, 예컨대 기후나 기아에 의해 산발적으로 발생하는지를 알아내기 위해 전국적인 출생률, 출산율, 사망률을 조사했다.

결과를 집계하는 동안 채드윅은, 파가 진행중이었던 질병들이 발생할 수 있는 환경에 대한 최초의 중요한 조사를 행했다. 채드윅의 보고서는 『영국 노동 인구의 위생 상태』라는 제목으로 1842년 출판되어, 태평스럽기만 했던 영국의 중산 계층에 엄청난 충격을 주었다. 전국 553개 지역의 자료에 기초한 이 보고서는 상상조차 할 수 없을 정도로 상황이 악화되어 있다는 것을 드러냈다. 모든 도시 곳곳에 믿을 수 없을 만큼의 질병, 감염, 유아 사망, 과부, 고아가 존재한다는 것이 이 보고서의 글과 통계, 그림, 지도를 통해 생생히 드러났다.

보고서는 불결한 위생, 오염된 물, 쓰레기가 평균 수명을 최소한 10년은 단축시킨다는 점을 명확히 입증했다. 수천 명의 아이들이 구걸이나 매춘으로 생계를 이어가며 거리를 방황하고 있었다. 혁명이 코앞까지 다가와 있었다. 젠트리 계급의 평균 사망 연령은 43세였다. 상인들은 35세였으며 노동자들은 21세를 넘지 못했다. 노령이나 폭행으로 사망하는 사람이 한 명이라면 질병으로 죽는 사람은 여덟 명이나 되었다. 맨체스터 같은 전형적인 산업 도시는 또래 아이들의 수는 서리 주州와 거의 같았지만, 5세 이하의 나이로 사망하는 아이들의 수는 3배나 많았다. 파는 다음과 같이 언급했다.

> 리버풀에서 어린이의 사망은 너무 빈번하고 끔찍했고…… 관과 장례식을 제공하는 특수한 보험 제도가 생겨났다. 아기를 보고 있는 어머니들은 아기가 죽을 때를 생각해서 보험에 들 것을 권유받는다. 보험은 아기의 옷이

아니라 수의를 마련하기 위한 것이다.

파는 공중위생학자들에게 이 문제에 접근할 수 있는 과학적인 수단을 마련해 주었다. 그는 이것을 바이오미터biometer라고 불렀다. 사실 이것은 계리인들이 보험 정책에 입각한 보험 요율을 정하기 위해 개발한 수명표와 같은 형태였다. 생명표는 토머스 에드먼즈에 의해 개발되었는데 그는 후에 1825년에 신설된 법률과 일반 보험 협회의 보험 계리인이 되었다. 그는 사망률은 생애를 통해 세 단계로 규칙적으로 변한다는 것을 밝혀 냈다. 생후 6주에서부터 9세까지는 사망률이 일 년에 32.4퍼센트씩 하락하며, 그 이후부터 15세까지는 최소치를 지속적으로 유지하고 그 이후부터 죽을 때까지는 일 년에 7.99퍼센트의

채드윅의 보고서에 실린 리즈 시의 위생 지도. 어두운 부분이 노동 계층의 가옥들이고 밝은 부분이 제1계급의 가옥들이다. 출생률, 사망률과 함께 인구 수도 표시되어 있다.

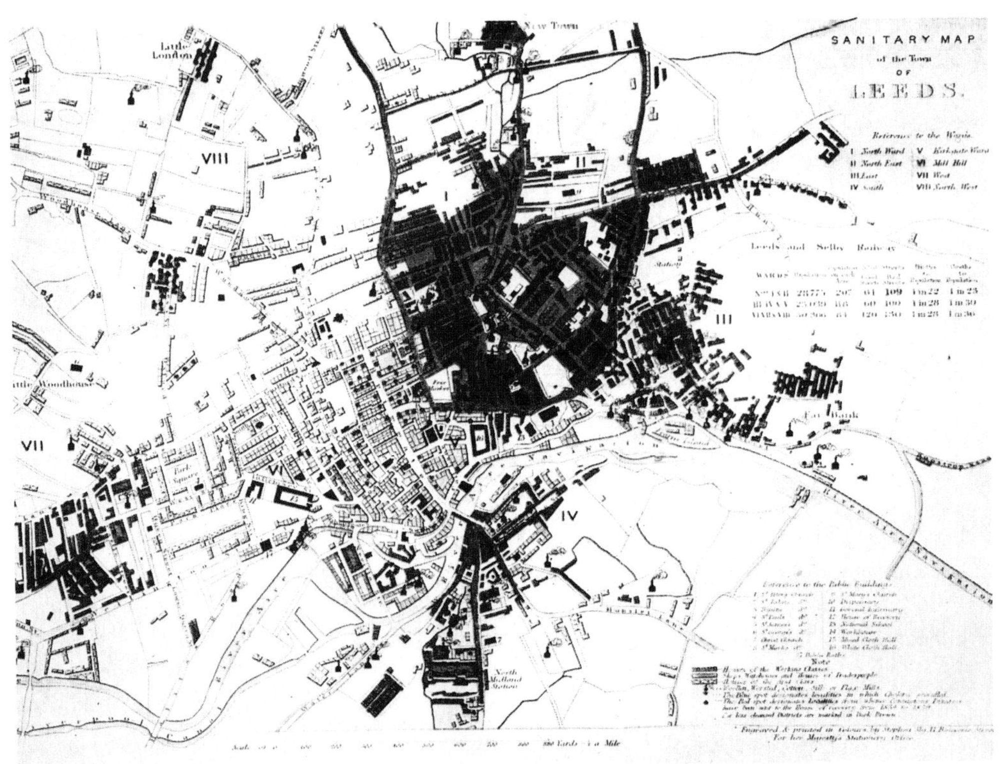

상승률을 보인다는 것이다. 에드먼즈는 이러한 법칙에 근거해 이론화된 표를 만들어 냈는데, 그것은 도시에서 실제로 조사된 자료와 면밀하게 비교 검토된 것이었다. 또한 그는 브라이튼에서 리버풀을 선으로 이으면 그 선을 중심으로 '가장 높은 사망률'을 보인다는 것도 알아냈다. 이 선에서 벌어질수록 안전했다.

파는 에드먼즈의 작업을 발전시켰다. 그는 '영국인 생명표'를 만들어 그 안에 생존 연수, 그 연령에 도달한 사람의 수, 그 연령에서 사망한 사람의 수, 그리고 모든 연령에서의 생존 가능연수, 생존율과 같이 앞의 세 가지 데이터로부터 나올 수 있는 결론들 등 모두 7개의 범주로 자료를 배열하였다. 그는 자신이 '건강 구역'이라고 부른 수치들 옆에 이 표들을 덧붙임으로써, 관련된 전문가들이 사회 전체에 적용될 수 있는 건강에 대한 도표로 활용할 수 있도록 하였다. 그는 건강 구역을 인구 천 명당 17명의 사망치를 보이는 지역으로 정의했다. 이 치수보다 사망률이 높다면 그것은 '예방할 수 있는 원인에 기인'하는 것이었다. 파는 '보통의 공동체'에서는, 인구 수, 평균 기대 수명, 출생자 수, 사망자 수, 사망률 사이에 '확고불변한' 관계가 있다는 것을 증명했다. 어떤 지역의 수치가 이와 다르다면 '예방할 수 있는 원인'이 작용한 것이었다. 의사들은 그것들이 언제 어디서 발생하는지를 알아야만 했다.

문제는 그들에게 그럴 수단이 아무것도 없다는 데 있었다. 심지어 파의 수치에 흥미로운 편차가 보였을 때조차도 아무런 조치도 취해지지 않았다. 그는 콜레라가 가장 심하게 창궐한 지역을 분석해, 그 전염병이 계층이나 검역 방법과 무관하게 발생한다는 것을 알아냈다. 선원 생활의 유무, 재산 정도, 사는 곳, 직업 등의 요소들과도 아무런 관련이 없었다. 그러나 콜레라 희생자들 가운데 템스 강과 관계를 맺고 살던 사람들을 조사했을 때, 파는 매우 이상한 점을 알아냈다. 콜레라의 발병율은 희생자들이 살던 강의 상류로 올라갈수록 산술적으

| (1) **Sum of the living**, and of the **living** of every age ($x$) and upwards to the last age in the Table; also (2) the **years** which the males ($l_x$) **will live**. | Age. |
|---|---|
| $\Sigma P_x$. | |
| $Q_x$. | $x$. |
| 2482745 | 0 |
| 2435830 | 1 |
| 2391268 | 2 |
| 2347977 | 3 |
| 2305494 | 4 |
| 2263607 | 5 |
| 2222199 | 6 |
| 2181176 | 7 |
| 2140460 | 8 |
| 2099994 | 9 |
| 2059732 | 10 |
| 2019643 | 11 |
| 1979708 | 12 |
| 1939917 | 13 |
| 1900269 | 14 |
| 1860770 | 15 |
| 1821432 | 16 |
| 1782271 | 17 |
| 1743306 | 18 |
| 1704556 | 19 |
| 1666044 | 20 |
| 1627790 | 21 |
| 1589805 | 22 |
| 1552094 | 23 |
| 1514663 | 24 |
| 1477514 | 25 |
| 1440650 | 26 |
| 1404074 | 27 |
| 1367787 | 28 |
| 1331789 | 29 |
| 1296081 | 30 |
| 1260665 | 31 |
| 1225541 | 32 |
| 1190709 | 33 |
| 1156170 | 34 |
| 1121923 | 35 |
| 1087971 | 36 |
| 1054314 | 37 |
| 1020954 | 38 |
| 987893 | 39 |
| 955133 | 40 |
| 922677 | 41 |
| 890529 | 42 |
| 858693 | 43 |
| 827175 | 44 |
| 795980 | 45 |
| 765115 | 46 |
| 734588 | 47 |
| 704406 | 48 |
| 674579 | 49 |

파의 생명표에 실려 있는 자료들 가운데 하나. 건강 구역에서 약 250만(첫번째 숫자) 명의 신생아가 태어나는데 49세에 이르면(마지막 숫자) 단지 1/4만이 살아 남았다.

Fig.1. The Knee-jet.
Fig.2. The Head-affusion.
Fig.3. Walking barefoot in wet grass.

로 감소했다. 파는 강에서 나는 악취가 콜레라를 일으키는 한 가지 원인일 수도 있다고 확신했다.

그런데 매우 이상한 일이 발생했다. 공포에 휩싸인 상류 계급이 이미 물을 이용한 치료법에 눈을 돌린 것이다. 19세기 첫무렵에 빈첸츠 프레스니츠라는 슐레지엔의 한 농부가 체코슬로바키아의 그라펜베르크(지금의 제스닉)에 있는 보헤미안 산맥의 고지에 '물 대학' 이라는 것을 세웠다. 건강에 대한 그의 법칙은 동물들이 물에 가는 행동으로 건강을 유지하는데 그것이 사람들에게도 똑같이 적용될 수 있다는 것이었다. "아마도 기독교가 생겨난 이래 인류의 환경을 육체적인 면이나 도덕적인 면에서 그보다 많이 개선시킨 발견을 해낸 사람은 없을 것이다"라는 동시대의 기록은 그의 투기사업이 얼마나 성공적이었는가를 잘 보여주고 있다.

19세기 가운데무렵의 물리 치료법. 젖은 풀밭이나 눈 위를 맨발로 걷는 것이 사회적 오락으로 유행했으며 치통의 치료법으로 권장되었다.

1839년 프레스니츠의 고객들 가운데 군주가 한 명, 공작이 한 명, 왕자와 공주가 22명, 백작과 백작 부인이 149명, 남작과 남작 부인이 80명, 장성이 14명, 참모급 장교가 535명, 기타 우울증 환자들이 포함되어 있었다. 그라펜베르크에서의 치료 과정에는 '젖은 이불 뒤집어 쓰기' '담요 덮고 땀흘리기' '욕탕으로 뛰어들기' '좌욕坐浴' '떨어지고 치솟는 샤워기 요법' '세발 요법' 등의 성가신 것들이 포함되어 있었다. 이 모든 요법들이 하루의 치료 과정에 들어 있었으며 항상 냉수 요법이 뒤따랐다. 치료를 받는 동안에는 많은 양의 물을 마셔야 했는데, 아침 식사 전에 여덟 잔에서 열 잔의 물을 마셨다. 어느 날 아침에는 21파인트(약 12리터)의 물을 마신 한 부인이 다리가 마비되고 의식을 잃기도 했다.

그라펜베르크의 생활은 갑갑하고 엄격했다. 독서, 흡연, 도박은 금지되었고, 특히 매독에 걸린 환자들이 많았기 때문에 부도덕한 행위도 금지되었다. 식당에서는 5백 명 이상의 환자들이, 열려진 창을 통해 들어오는 신선한 공기가 섞인 아래층 방들의 젖소 냄새를 맡으며,

군가에 맞추어 지독히 맛없는 식사를 했다. 치료의 목표는 신체로부터 독을 배출시키는 '육체적 고비'를 야기시키는 데 있었다. 따라서 어떤 형태의 종기나 설사가 발생해도(사실 이런 경우는 흔했다) 회복의 징후로 여겨져 환영을 받았다.

물치료법에 대한 착상이 널리 퍼져 나간 것은 당연한 일이었다. 1842년까지 독일 전역에 50곳이 설립되었으며, 치료법을 찾기 위해 그라펜베르크에 두 명의 잉글랜드 의사가 방문할 정도였다. 그 가운데 한 사람인 제임스 윌슨은 변비에 걸려 장딴지가 거의 없을 정도였다. 다른 한 사람은 제임스 걸리라는 사람으로 의학 잡지의 편집자였다. 후에 윌슨은 자신이 치료 과정 동안 5백 회의 냉수욕, 2천 4백 회의 좌욕을 행하고 3천 5백 잔의 물을 마셨다고 보고했다. 그 두 사람은 이 치료요법을 확신하고 있었다. 잉글랜드로 돌아온 그들은 우물과 식수로 이미 명성을 얻고 있던 몰번의 크라운 호텔을 임대했다.

몰번의 물치료법은 잉글랜드 사회를 휩쓸어 1850년에 이미 디킨스, 나이팅게일, 테니슨, 칼라일 등과 같은 저명 인사의 관심을 끌었다. 한 익명의 저자가 그곳에 대해서 '3주일 간의 젖은 이불 요법'이라는 제목으로 책을 저술했다. 이 유행은 요크셔 주의 오틀레이에 있는 '북그라펜베르크'에까지 퍼져 나갔는데, 그곳에서는 압축 공기욕도 행해졌다. 곧이어 더비셔 주의 매틀록, 스코틀랜드의 여러 지역 그리고 아주 적지였던 아일랜드의 블라니에 그라펜베르크 치료소가 생겨났다.

이 치료법은 효과가 의심스러운 것이었지만, 콜레라와 같은 대규모 전염병에 직면한 빅토리아 시대의 유럽인들 사이에 질병에 대한 인식에 변화가 생기고 있었음을 보여주었다. 사회 전체가 온통 우울증에 빠져들었다. 건강에 대한 관심은 편집증적일 정도였다. 신에 대한 경외감이 무척이나 컸던 당시의 사회에서 이제 병은 새로운 의미를 갖게 되었다. 병에 걸렸다는 사실 자체가 죄악이었다. 빅토리아 시대의 대철학자 허버트 스펜서는 다음과 같이 썼다.

1865년 리버풀의 신설 체육관. 근대 체조 경기 종목이 거의 대부분 행해지고 있다. 부인들도 보이기는 하지만 직접 운동에는 참여하지 않았다.

몸과 마음을 적절히 돌보도록 만드는 데는 "건강을 보존하는 것은 의무이다"라는 신념을 확산시키는 것이 최선책이다. 건강의 법칙을 위배하는 것이 신체적 죄악이라는 것은 분명한 사실이다.

콜레라가 만연한 이후로 신체적 건강과 '건강한 신체에 건강한 정신mens sana in corpore sano'에 대한 관심이 고조되었다. 그리고 그러한 관심은 보통 사냥이나 사격, 낚시와 결합된 스포츠를 통해 발현되었다. 이전까지 사람들은 놀이는 어린애들이나 하는 오락이라고 생각했었다. 콜레라가 이 모든 것들을 바꾸어 놓았다.

1855년에 출판된 『소년들을 위한 책』에서는 유익한 치료 활동으로 궁술, 체조, 펜싱, 승마를 들었다. 25년 후의 출판물에는 축구, 하키, 야구, 골프, 신티[•], 크로케, 잔디 당구, 라켓볼, 파이브즈[••], 핸드볼,

• 신티(shinty): 스틱과 작은 공을 사용하여 야외에서 즐기는 경기. 두 팀으로 나뉘어 공을 상대편 골에 넣는 경기로 필드 하키와 유사하다. 스코틀랜드의 고지대에서 생겨났다.

•• 파이브즈(fives): 핸드볼과 비슷한 게임. 앞쪽과 양 옆쪽 혹은 사방이 벽으로 둘러싸인 코트에서 2명 혹은 두 팀으로 갈린 4명이 손에 낀 장갑이나 라켓으로 벽을 향해 공을 쳐서 되돌아오는 것을 받아넘기며 득점을 올린다.

테니스, 팰런, 잔디 테니스, 배드민턴, 라크로스*, 볼스**, 브로드스워드***, 싱글스틱****, 자전거 타기, 아령, 곤봉 체조, 레슬링, 복싱이 포함되어 있었다. 1868년의 트롤럽이 쓴 『영국의 스포츠와 오락』에는 승마와 조정, 요트, 고산 등반 특히 크리켓이 추가되었다.

> 건강에 대한 관심이 높은 빅토리아 시대의 사람들은 운동 경기를 고안해냈다. 최초의 조직화된 회합은 1849년 울리치 아세널에서 개최되었고, 최초의 대학간 경기는 1864년에 열렸다. 1854년 앨프리드 윌스가 베터혼 봉 등정에 성공해 대중의 상상력을 사로잡았다. 1859년에는 '미용체조callisthenics'란 용어가 만들어졌는데, 이 용어는 '아름다운 힘'이란 뜻을 가지고 있었다.

스포츠의 제도화는 스포츠를 좀더 가치 있는 활동으로 인식시키는 데 기여했다. 스포츠는 또한 기독교적 덕목이나 윤리와 결합되기도 했는데, '페어플레이'나 '정정당당하지 못하다It is not cricket' 혹은 '규칙에 따라 행동하다Play the game'와 같은 말이 그 예이다. 운동은 도덕적 힘을 테스트하는 것이었고 따라서 일단 시작하면 녹초가 될 정도로 열심히 해야 했다. 스포츠에는 어떤 미덕이 담겨 있다고 여겨졌으며, 따라서 스포츠는 무엇보다도 훌륭한 일로 여겨졌다.

콜레라가 유행할 당시 노섬벌랜드 주의 킬링워스 탄광에서 일하던 존 스노라는 의사는 설사나 구토를 통해 감염된 후 함께 음식을 먹는 과정에서 손을 통해 콜레라가 전염되는 것은 아닐까 하는 의문을 1854년부터 갖기 시작했다. 골든 광장에 위치한 런던 우물은 항상 깨끗한 수질을 유지하고 있었다. 그런데 1854년 갑자기 6백 명의 주민들이 그 우물물을 마시고 사망하자 스노가 제기한 의문은 확증되었다. 스노는 분뇨 구덩이가 넘쳐 우물로 유입되는 것을 발견했다. 분뇨 구덩이를 봉쇄하고 물을 여과시키자 이 문제는 사라졌다. 2년 후 런던의

* 라크로스(lacrosse): 북미 인디언들 사이에 전래되어 온 구기(球技)를 변형시킨 운동경기. 그물이 끝에 달린 라켓크로스로 상대편 골에 작은 공을 넣었다.

** 볼스(bawls): 볼(bawl)이라는 공을 잭이라고 불리는 고정된 작을 공을 향해 굴리는 야외 경기. 상대편의 볼보다 잭에 더 가까이 가도록 볼을 굴려야 한다.

*** 브로드스워드(broadsward): 날 폭이 넓은 칼을 쓰는 검술.

**** 싱글스틱(singlestick): 한 손으로 목검을 쓰는 검술.

콜레라의 확산을 막기 위해 필사적으로 노력했지만 성공하지 못했다. 콜레라 환자가 입었던 옷들을 불태우고 있다(1832년 엑서터).

보건소원인 존 사이먼이 램버스에서 했던 테스트를 런던의 9개 행정구에서 실시했다. 전에 램버스에서 급수 시스템에 모래 필터를 사용하자 사망률이 극적으로 떨어진 일이 있었던 것이다.

사이먼은 공중위생 법안을 지지하도록 사람들을 설득시켰고, 수많은 관련 의회 조례들을 제정하도록 했을 뿐만 아니라 병원 시스템의 확장을 포함한 일련의 개혁들을 도입했다. 그 가운데 가장 중요한 공적은 위생 조건에 관한 권한을 가진 국가 공무원은 소유주의 허락 없이도 사유지에 출입할 수 있는 권리를 처음으로 마련한 것이다.

스노의 예측은 1855년에 사실로 증명되었다. 그 무렵 템스 강의 오염이 가장 심한 도심 구역에서 물공급업자들이 물을 실어 나르는 것을 금지하는 법이 제정되었는데, 단 한 수도회사만이 그것을 지키지 않았다. 이 회사는 법을 지킨 다른 회사들과 함께 런던 남부 지역의 거

피치와 타르가 담긴 통을 거리에서 태우고 있다. 사람들은 이 연기에 소독 효과가 있을 것으로 기대했다.

1859년의 런던 하수도 공사 모습. 하루에 20억 리터의 물을 배수시킬 2,090킬로미터의 하수구를 건설하는 데는 모두 3억 1천 8백만 개의 벽돌이 소요되었다.

리를 나누어 물을 공급했는데, 오염된 물을 공급받은 한쪽 거리는 다른 쪽 거리에 비해 열 배 이상의 콜레라 사망자가 발생했다.

1858년 여름 무렵 템스 강이 너무 심한 악취를 풍겨 국회 의사당의 모든 업무가 일시 중단되었다. 하원 의원들은 마침내 조례를 제정하였다. 런던 전역의 하수 시설을 개선시키고 새롭게 설치하는 법률이 서둘러 통과되었다. 공사가 완료되고 런던에서 나오는 모든 하수가 하수관을 통해 런던에서 약 18킬로미터 떨어진 강 하류에 있는 배출구를 통해 빠져나갔다. 조수는 이 하수를 바다로 쓸어 갔다. 콜레라는 다시는 돌아오지 않았다. 위생학자들은 감격스러워했지만 여전히 과학은 이 전염병의 원인에 대해서 무지한 상태로 있었다.

접촉 감염론자들의 주장은 1857년 릴 대학의 한 교수에 의해 강화되었다. 루이 파스퇴르는 우유와 포도주의 맛이 시어지는 원인을 밝히기 위해 우유와 포도주의 발효작용을 연구하고 있었다. 그는 각각의 액체는 특정한 발효제를 필요로 한다는 것을 밝혀 냈다. 그는 발효제는 살아 있는 것으로 자기 증식을 하며 생존을 위해서는 적절한 온

런던의 오염된 식수를 현미경에 비춰 본 것처럼 그린 1850년의 풍자 만화. 당시에는 아직 물이 콜레라의 원인이라는 것이 밝혀지지는 않았지만, 물의 오염 정도는 심각한 우려를 자아냈다.

도와 공기가 필요하다는 것을 알게 되었다. 액체가 든 공기를 밀봉시키고, 높은 열을 가하면 발효가 일어나지 않았다. 번식을 하려면 공기나 공기를 만들어 내는 것이 있어야 한다는 것이 분명해졌다. 파스퇴르는 '공기로 운반되는 미생물'을 발견했다고 발표했다. 그렇다면 유럽의 병원과 사회에 선임병이 유포되는 것도 공기로 운반되는 극미한 병원체가 있기 때문일까? 1864년 파스퇴르는 유리병 안에 우유를 넣고 끓인 후, 밀봉을 해 둔 채로 수년 동안이나 보관했지만 발효가 일어나지 않았으며, 그것은 우유를 '공기 중에 떠다니는 미생물'로부터 차단했기 때문이라고 발표했다.

다음해 글래스고의 한 화학교수가 같은 대학의 외과교수였던 조지프 리스터에게 새로운 '미생물' 이론에 대해 언급했다. 리스터는 그 이론을 즉시 수술실에서 적용해 보았다. 리스터는 30년 전에 색지움 현미경을 개발했던 조지프 잭슨 리스터의 아들이었다. 조지프 리스터는 칼라일에서 가축들에 전염병이 돌았을 때, 도시의 하수에 석탄산을 첨가하자 암소들이 회복된 사실에 주목하고 있었다. 석탄산이 미생물을 죽인 것일까?

파스퇴르의 본을 따라, 리스터는 수술 후 석탄산에 흠뻑 적신 린트천 붕대를 감싸고, 얇은 주석판으로 상처를 감싸 공기를 차단시켜 상처 부위를 깨끗이 하려고 노력했다. 복합 골절(가장 위험한 유형이다)이 포함된 11건의 사례 가운데, 병원 감염에 걸린 것은 단 두 건뿐이었다. 다음 차례로 리스터는 수동식 석탄산 스프레이를 사용해 병원 전체를 소독했다. 외과의사들은 아주 엷은 석탄산 안개 속에 갇혀서 작업을 하기 시작했다. 리스터의 학생들은 수술에 들어가기 전에 "스프레이를 뿌립시다"라고 말하곤 했다. 이 기술은 외과수술과 의학 전반에 혁명적인 변화를 몰고 왔다. 리스터의 제자였던 한 독일 학생은 이렇게 썼다.

당신이 외과 수술에서 이룩한 공적에
인류는 이제 은혜의 눈길로 바라보네
축복의 방부제 냄새를 맡고나면
죽음은 틀어질 수밖에 없다네.

석탄산 살균법의 성공이 명백해지자, 의학은 실험실에서 현미경으로만 볼 수 있는 세계로 다가갔으며 환자의 요구에 따라 치료를 하던 관행도 사라져 갔다. 육안으로는 볼 수 없는 유기체를 구명해 내기 위한 노력이 집중적으로 행해졌고, 그에 따라 환자는 자신의 상태에 대해 아무런 개인적인 영향력도 행사할 수 없게 되었다.

이 무렵 무기 화학에서 이루어진 초창기의 연구결과들이 유기체의 분석에 적용되고 있었다. 대부분의 생물학적 조직과 혈액, 소변, 우유, 위액, 담즙, 침, 눈물, 땀, 콧물, 고름, 윤활액, 정액 따위의 유체들에 관한 현미경 조사가 행해졌는데, 특히 혈액과 소변에 대한 분석

새로운 소독 수술법(1882년 그림). 절개 부위가 석탄산 증기 안에 위치하도록 스프레이의 위치에 세심한 주의를 기울이고 있지만, 의사들은 여전히 외출복을 그대로 착용하고 있다.

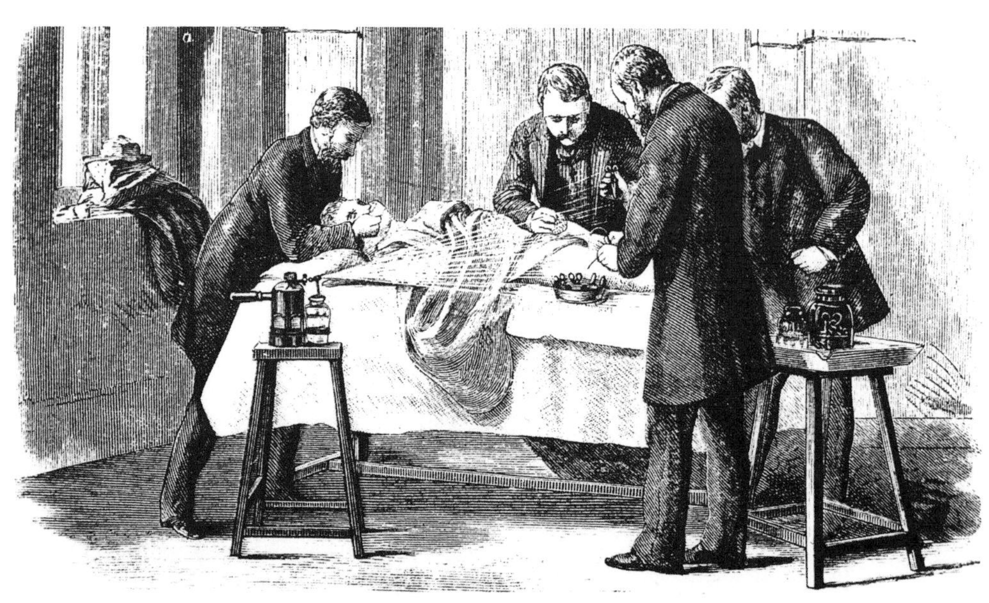

이 큰 성과를 거두었다.

1843년 파리의 가브리엘 앙드랄이 혈액 분석 분야에서 주도적인 역할을 했다. 그는 혈액을 눈과 현미경으로 관찰했을 뿐만 아니라 화학적 성질도 조사했다. 그는 환자와 건강인의 '혈구, 섬유질, 고형질, 수분'의 비율을 밝혀냈으며, 통계 기법을 사용해 데이터의 평균을 구하고, 질병과 혈액 상태의 상관 관계를 밝혀냈으며, 혈액 반응을 수치로 나타내는 법을 개발해 냈다.

앙드랄과 동시대 사람인 알프레드 베크렐은 소변에 대해 앙드랄과 똑같은 방식으로 접근했다. 소변에 들어 있는 성분 가운데 서른네 가지가 1860년까지 밝혀졌다. 또한 포도당의 존재를 확인하기 위한 열두 개의 독립적인 테스트도 있었다. 그 뒤 헤르만 펠링이 당뇨병 진단 시약을 만들어 냈다.

이 마지막 발전은 시제試劑를 사용해 신체를 화학적으로 분석하는 데 중요한 진보를 이루었다는 것을 뜻했다. 이것은 프러시아의 벨슈타인에서 동물의 탄저병에 대해 연구하고 있던 독일의 한 일반의의 활동을 통해 세계적으로 알려졌다. 그의 이름은 로베르트 코흐로, 1876년 탄저균을 배양시킨 결과 이것이 동물의 조직 안에서 포자를 형성한다는 결론을 내렸다. 이런 포자들은 약간의 온기와 산소만 있으면 균을 번식시킬 수 있어, 감염된 동물의 사체를 땅 속에 묻어도 장기간 그 속에서 살 수 있었다.

코흐는 오염된 토양에서 탄저균을 추출해 내는 데 성공함으로써 특정한 세균이 특정한 질병을 일으킨다는 결론을 끌어낼 수 있었다. 그가 성공을 거둘 수 있었던 것은 세균의 종류를 확인하고 그것을 이용해 연구를 진행시킬 수 있을 정도로 많은 세균을 순수한 형태로 배양하는 기술을 개발해 낸 덕분이었다. 묽은 수프에서 세균을 배양하던 기존의 방법을 변화시켰다. 그는 젤라틴과 영양제로 고형 배양물질을 만들고 그 위에 살균처리된 백금 바늘을 사용해 세균을 올려놓았다.

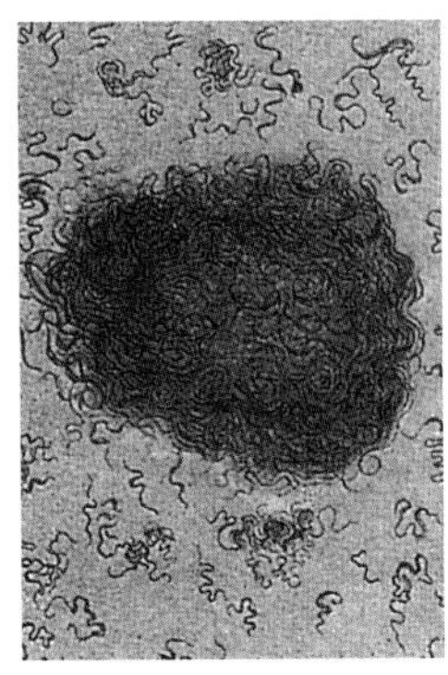

코흐가 쓴 방법 그대로 고체 배지에서 배양한 결핵균 군집을 그린 그림.

감염이 되지 않도록 격리된 배양균들은 배지培地에서 무리를 지어 자랐다. 이 방법은 코흐의 동료였던 파울 에를리히가 우연히 발견한 착색 기법 덕분에 더 나은 효과를 얻을 수 있었다. 1882년 에를리히는 배지를 새로이 발명된 인조 아닐린 염료와 접촉시킨 것을 모른 채 따뜻한 난로 곁에 밤새 놓아 둔 일이 있었다. 다음날 아침 그는 염료가 어떤 종류의 세균에 의해 선택적으로 얼룩져 있는 것을 발견했다.

같은 해에 코흐와 파스퇴르가 자신들의 연구 결과를 발표했다. 코흐는 오랫동안 무수한 인명을 앗아간 결핵균을 분리해 내는 데 성공했고, 파스퇴르는 질병을 옮기는 미생물을 약화시키면 같은 전염에 대해 면역이 생긴다는 것을 밝혀 냈다. 이제 질병은 미생물의 활동 때문에 발생한다는 사실이 확고하게 드러났다.

새로운 발견들이 줄을 이었다. 코흐는 인도를 방문해 순수배양기법을 통해 콜레라균을 분리해 내는 데 성공함으로써, 콜레라가 실제로 더러운 옷이나 오염된 물을 통해 옮겨진다는 것을 증명했다. 1879년에는 임질균이, 1881년에는 연쇄상구균이, 1883년에는 디프테리아균이, 1884년에는 장티푸스균과 파상풍균이, 1905년에는 매독균이 각각 분리되었다.

의학 혁명은 완수되었다. 질병을 옮기는 메커니즘의 발견에 더해, 의학 혁명은 병원에서의 환자의 역할과 사회에서의 개인의 역할에 대한 새로운 개념을 만들어 냈다. 의학이 점점 과학적으로 되어 갈수록 의학의 관심은 침대 곁에서 병원으로, 다시 실험실로 옮겨갔고 진단과 처방에 대한 환자의 간섭도 줄어들어 마침내 사라졌다. 좀더 큰 사회적 혹은 직업적 명성을 바라는 의사들은 환자를 치료하는 것보다 좀 더 분화되고 전문적인 일에 매달렸다. 증상 분석은 병원에서 분리되어 나왔다. 뉴욕에서는 처음으로 세균학 연구소가 설립되어 매일매일 견본을 수집해 도시의 모든 병원에 서비스를 제공했다. 이제 환자들은 수치나 체온 상태, 상해 사진, 통계학을 통해 표현되었다.

의학 혁명은 병원 밖의 세계도 바꾸어 놓았다. 전염병으로 인한 19세기의 위기에 성공적으로 대처한 결과, 처음에는 공중 위생의 관점에서 그 후에는 실험실의 분석을 통해, 이전에는 사제와 재판관이 맡았던 사회적 역할을 의사들이 담당하기 시작했다. 의학은 모든 형태의 사회적 조건과 연관된 객관적인 의견들이 수렴되는 유일한 저상소가 되었다. 삶이 점점 더 의학의 영역 안으로 들어올수록 질병에서부터 감염, 생활 조건, 정상에서의 일탈, 직업에 필요한 자격조건, 범죄에 이르는 여러 사회적 문제들에 의학적 측면들이 포함되어 있다는 인식이 심화되었다. 그리고 그러한 의학적 문제들은 의사들만이 처리할 수 있는 것들이었고, 따라서 의사는 국가의 권위를 더욱더 대표하게 되었다.

건강은 도덕적 의무이며 질병은 죄라는 빅토리아식 사고방식은 엄격히 말해서는 질병과 그다지 관련되어 있지 않은 운동이나 섭생, 게다가 일반적인 '선행'이나 '악행'과 같은 문제에까지도 의학을 신뢰하게 만들었다. 사회적 일탈은 '의학적' 문제가 되었고 이 과정에서 의사들은 법관의 판결마저도 거부할 수 있는 권위를 부여받았다.

20세기 첫무렵에 이르자 과거 백 년에 걸쳐 발전된 의학 기술이 다양한 사회적 맥락에 적용되기 시작했다. 환자의 몸을 대하는 태도와 관련된 변화는 다양하게 나타났다. 환자의 몸은 비인격적인 치료의 대상이 되었고, 판단자의 역할을 맡고 있던 환자는 이제 수동적인 존재로 떨어졌으며, 몸은 수와 통계 분석의 대상으로 변했다. 확정된 '법칙'들은 환자들이 논박할 수 있는 것이 아니었고, 그에 따라 환자들은 무기력해질 수밖에 없었다. 이러한 모든 변화는 몸의 사회적 조건에 반영되어 왔다. 우리가 반기건 반기지 않건 간에 개인주의는 숫자에 자리를 내어 주었고, 그에 따라 사회는 자신의 안녕을 위한 치료법을 순조롭게 발전시켜 나가고 있다.

# 8

♄

# 법칙에 맞게

최근 로스앤젤레스 국제공항 밖에 이런 문구가 적힌 광고판이 세워졌다. "아름다움, 그것은 새로움이다." 변화에 대한 이러한 열망이 생겨난 것은 전적으로 최근의 일이다. 우리는 과학과 기술이 지난 백 년 동안에 해왔던 것과 마찬가지로 물질 생활의 질을 지속적으로 향상시키리라는 기대 속에 살고 있다.

대섭리. 베르세유 궁전의 설계는 대칭적이고 질서가 잡혀 있으며 완전해야 한다는 17세기 후반의 관점을 완벽하게 표현했다.

이렇게 지속되는 변화의 속도는 오늘날 여러분이 알고 있는 것들은 이미 진부한 것이 되었다는 암시를 해주고 있다. 새로운 것에 대한 현대의 열망은 자연을 통제할 수 있는 능력에 대한 낙관적인 확신을 표현하는 것이다. 현대 세계의 어떠한 시점에서도 우리는 과거의 어떤 시점보다 세계에 잘 대처해 나갈 수 있다.

우리는 가능한 모든 세계 가운데 최고의 세계에 살고 있다. 어떤 점에서 우리는 역사란 이렇게 인류가 이룬 최근의 진보, 즉 오늘날의 세계로 이끄는 일련의 의도적인 사건들이었다고 느낀다. 우리는 과거에 살았던 사람들이나 혹은 우리 자신에 비해 물질적인 면에서 세련미가 떨어지는 사회에 살고 있는 사람들이 우리들보다 지능이 모자란다고 여기는 경향이 있다. 게다가 같은 이유로 미래에는 좀더 진보가 이루어질 것이라고 믿고 있다.

우리 대부분은 우리의 존재에 대해 책임을 질 초자연적인 존재가 없다고 믿고 있기 때문에 우리 자신의 능력을 신뢰한다. 인간은 자신의 운명뿐만 아니라 이 지구상의 모든 것의 운명을 홀로 형성해 나간다. 왜냐하면 인간이란 존재하는 생물체들 가운데 가장 고도화된 형상이기 때문이다. 이렇게 일시적인 완전성이란 위치에서 인간은 차분하게 과학의 영원한 발견들을 고찰하는데, 우주의 무한함을 인식하면서 동시에 우주를 이해하려는 인간 자신의 무한한 호기심에 대해 확신을 갖기 때문이다.

현대 사회의 자신감은 진보에 대한 신념에 근거를 두고 있는데, 그러한 신념은 비교적 최근에 생겨난 것이다. 삶의 질이 나아질 것이라는 인간의 희망은 어떻게 보면 아주 오래된 것이라고도 할 수 있겠지만, 그것이 실현될 것이라는 오늘날과 같은 기대는 기본적으로 19세기 첫무렵에 발생한 일련의 사건들의 결과물이다. 19세기 첫무렵, 사람들은 신이 창조의 순간부터 오류를 범했을지도 모른다는 생각을 처음으로 하기 시작했다.

그러한 가능성이 명백해지자, 모든 것이 산산조각날 것 같아 보였다. 당시를 풍미하던 우주관은 뉴턴적인 것이었다. 뉴턴의 우주는 질서와 균형을 갖춘 우주였다. 신은 처음에 우주를 운동하게 만들었고, 우주의 끊임없는 운동은 만물에 내재하는 균형의 증거가 되었다. 영국의 신학자 윌리엄 페일리가 쓴 바에 따르면 만물은 각자의 장소가 있고 실제로 만물을 위한 장소가 있다.

균형에 대한 18세기의 이러한 강조는 팔라디오 양식의 파사드, 하이든의 소나타 곡이 주는 청명함, 조슈어 레널즈가 그린 초상화에 등장하는 걱정이라고는 없어 보이는 중산층의 모습, 찰스 브리지먼이 설계한 조화가 잘 잡힌 정원을 통해 잘 표현되어 있었다. 사회는 질서가 잘 잡혀 있었다. 삶의 목표와 구조는 이기심과 사회계약을 통해 설명되었다. 자연에는 얼핏 질서가 결여되어 있는 것처럼 보이지만 그

18세기 후반의 브래드쇼 가. 자연은 이렇게 안락한 잉글랜드 중상류 가족의 질서 바른 도회지 생활의 배경으로서만 의미가 있었다.

것은 피상적인 사실에 불과하며, 신의 정신 속에 있는 보다 웅장한 섭리의 한 부분으로 여겨졌다.

이러한 신의 섭리는 처음으로 동·식물에 대한 광범위한 목록을 만들기 시작한 카를 폰 린네라는 스웨덴의 한 젊은 자연학자(보통 린나에우스Linnaeus라는 필명으로 알려져 있었다)에 의해서 드러났다. 그의 작업은 1752년에 출판된『식물철학』에서 절정에 달했는데, 라틴어로 쓰여진 그 책에서 그는 식물을 계界, 속屬, 종種에 따라 분류하였다. 그는 첫 번째 이름은 속명을, 두 번째 이름은 종명을 나타내는 이중명명법을 사용했다. 린네는 웁살라 대학에서 자연사를 가르치며 생의 대부분을 보냈는데, 그의 위대한 저술은 장기간에 걸친 스웨덴 북부 지방 탐사의 결과물이었다.

그는 우주를 처음 창조한 것이 신이기 때문에 우주는 정적이며 시간과 무관하며, 변화하지 않는다고 생각했다. 그는 처음에는 자신이 분류한 생명체의 수, 모양, 비율, 상태에만 관심이 있었다. 왜냐하면 만약 신이 의도 속에 들어 있는 복잡성을 완전히 드러내기 위해서는 그러한 데이터들이 중요하기 때문이었다. 자연은 완벽한 균형을 갖추고 있다고 확신했던 그는 모든 동물을 한 쌍씩 우리에 넣어 격리시켜 서로 영향을 주고받지 못하게 하는 동물원을 만들 것을 역설했다. 그는 그러한 동물원을 통해 창조 직후의 상황을 재현할 수 있다고 했다.

린네는 신이 설계한 요소들을 명명하는 데 일생을 바쳤다. 그에게 자연을 관찰하고 각각의 특질들을 일목요연하게 정리하는 일은 무엇보다도 필요한 것들이었다. 신은 필요한 모든 유기체를 애초부터 실수 없이 완벽하게 설계했으므로 탐구해야 할 변화의 메커니즘은 없을 것이었다. 따라서 각각의 종들은 고정되어서 변화할 수 없는 것이었다.

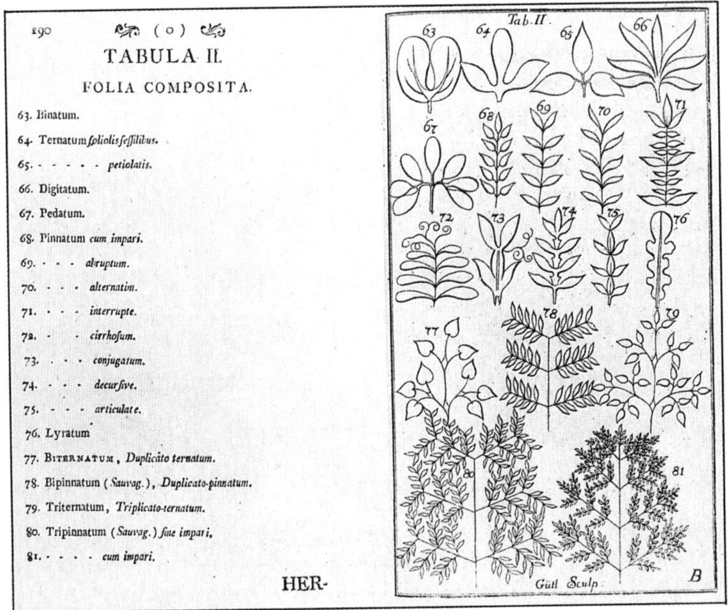
290 (o)

TABULA II.

FOLIA COMPOSITA.

63. Binatum.
64. Ternatum *foliolis sessilibus.*
65. - - - - - *petiolatis.*
66. Digitatum.
67. Pedatum.
68. Pinnatum *cum impari.*
69. - - - *abruptum.*
70. - - - *alternatim.*
71. - - - *interrupte.*
72. - - *cirrhosum.*
73. - - - *conjugatum.*
74. - - - *decursive.*
75. - - - *articulate.*
76. Lyratum
77. Biternatum, *Duplicato ternatum.*
78. Bipinnatum (*Sauvag.*), *Duplicato-pinnatum.*
79. Triternatum, *Triplicato-ternatum.*
80. Tripinnatum (*Sauvag.*) *sine impari.*
81. - - - - - *cum impari.*

HER-



린네가 사용했던 이중명법을 보여주는 『식물철학』의 한 페이지. 이 책에서 식물들은 잎의 수에 따라 명명되었다.

발트 해까지 서서히 내려온 관찰을 통해서, 린네는 에덴동산은 원래 태초의 쌍들이 거주했던 섬이었다고 믿게 되었다. 거기서 아담은 이 쌍들에게 고유의 이름을 부여했던 것이다. 자신을 두 번째 아담이라고 믿었던 린네는 이제 이 작업을 다시 시도한다.

린네는 야생 동물과 가축 사이에 뚜렷한 차이점이 있다는 데 주목했지만 이를 일시적인 현상으로 설명했다. 자유를 찾은 가축은 급속히 자연 상태로 되돌아갔다. 그는 또 자연에 내재한 조화는 창조된 유기체의 수와 형태에 의해 표현된다는 데 주목하였다. 유기체의 수와 형태는 너무 많지도 그렇다고 너무 적지도 않았다. 이것이 바로 신은 오류를 범할 수 없다는 자명한 증거였다. 신의 섭리는 완벽했다.

린네의 대작업은 유럽 자연사 연구에 가장 심대한 영향을 미쳤다. 그는 세계적인 규모의 식물학 표본을 최초로 수집했다. 린네 그 자신은 세계 각국의 수집자들로부터 수백 점의 표본을 기증받았다. 불과 하룻밤 사이에 자연 연구가 붐을 이루게 되었다.

19세기 첫무렵 린네의 모범을, 베스트셀러가 된 『자연신학』의 저자인 윌리엄 페일리가 이어받았다. 자연과 사회 질서가 사회 체계의 요체라는 것이 그의 견해였다. "의도를 보이는 모든 것은 그 의도대로 창조한 자를 갖고 있다"고 그는 언급했다. 우주는 너무 분명하게 구성되어 있으므로 창조자의 손은 모든 유기체에 뚜렷하게 스며 있을 것이다. 예를 들어 페일리는 빛의 입자가 무게를 갖지 않은 것이 얼마나 다행스런 일인가에 대해 언급했다. 그렇지 않다면 햇빛은 큰 재앙이 되었을 것이다. 이런 단순한 사실이 신의 배려와 의도의 증거였다.

질서 또한 신의 의지의 현현이었다. 질서의 파괴는 악이었다. 페일리의 독자들이 살고 있는 세계 역시 지위와 계급 제도에 의해 설계되어 있었다. 이런 사회에서 빈자들은 부자들처럼 자신들의 운명에 만족해야 한다고 페일리는 주장하였다. 왜냐하면 빈자와 부자는 각각 그 차이에 의해서 신의 섭리를 성취하기 때문이다.

18세기 끝무렵이 되어 자연에 대한 관심이 고조되자 생명 현상이 잘 정돈되고 질서를 이루고 있다는 견해는 이제 터무니없는 것으로 인식되었다. 자연은 분명히 길들여지지 않은 야생 상태였고 이제 인간은 이런 자연으로부터 분리된 듯 보였다. 새로 생겨난 산업사회는 획일직이었고, 그에 따라 도시 발생 이진의 소박한 생활, 즉 고결한 미개상태로 복귀하자는 주장이 강력하게 제기되었다. 낭만주의자들은 우주와 합일되는 것을 추구했지만, 그들이 생각한 우주는 정적이기보다는 동적이었으며, 질서가 잡힌 것이라기 보다는 혼돈스러운 것이었다.

초창기의 나비수집가. 손에 든 수집물과 나비체에 주목하라. 18세기 자연 애호가들의 주된 관심사는 표본을 수집하고 열거하며 분류하는 일이었다.

완전하고 질서 잡힌 우주라는 견해에 대한 조심스런 수정이 파리의 왕립 식물원의 한 관리인이 쓴 무려 44권이나 되는 『자연사』라는 출판물에서 제기되었다. 본명이 조르주 루이 르클레르였던 뷔퐁 백작은 원래 수학과 물리학을 공부한 사람이었다. 뷔퐁은 린네가 작성한 빈약한 목록을 유기체의 다소간의 순응과 이동을 허용하는 좀더 일반적인 법적으로 발전시킬 필요가 있다고 보았다. 이런 점에서 그는 자신이 대륙에 보급시키는 데 공헌했던 뉴턴 이론의 영향을 받았다고 할 수 있다.

페일리의 『자연신학』에 실린 그림. 이 책에서 그는 유기체의 각 특징적인 형태들은 기능적 목적을 갖고 있다는 것을 입증해 보임으로써 자연이 설계되었다는 증거를 제시했다.

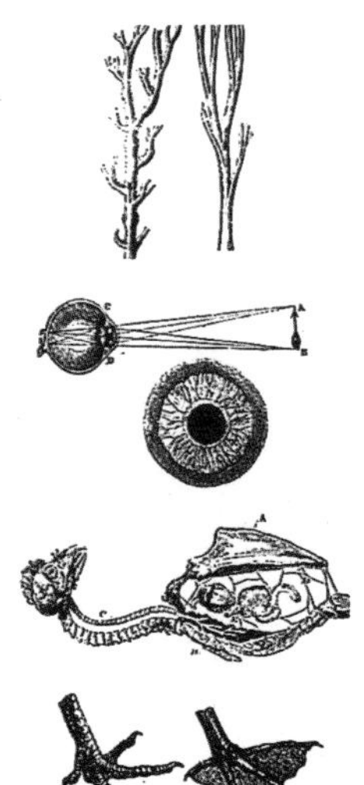

뷔퐁은 분류 행위란 인간의 행위이고 따라서 오류를 범할 수 있는 부차적인 일이라고 생각했다. 그가 관찰한 바에 따르면, 분류 작업이란 은폐된 원인이 법칙과 힘과 요소들을 통해 작용한 필연적인 결과로서 자연 안에서 관찰된 획일성을 설명하는 일이었다. 그러나 뷔퐁은 린네만큼 질서를 찾지 못하였다. 어떤 유기체들은 양식에 딱 들어맞았던 반면 어떤 것들은 그렇지가 못했다. 종의 영속성이란 전적으로 완전한 것은 아니었는데, 왜냐하면 가축의 사육으로 변화나 적어도 원래 형태로부터의 퇴화가 일어났기 때문이었다. 따라서 단지 열등한 형태로의 변화라고는 해도 작용하고 있는 영향이나 변화를 야기하는 과정은 존재했다. 뷔퐁은 지금도 여전히 존재하며 생명체의 우월한 형태를 형성케 하는 원형을 신이 창조했다고 믿었다.

그는 생명체는 음식물의 흡수에 의해 환경의 영향을 받는다는 견해를 제시함으로써 신과 모순되는 문제를 피했다. 그는 이러한 '음식물'은 생식 기관에 모이고, 그 음식물에 의해 후에 자손들이 변화한다고 주장했다.

뷔퐁은 강綱과 속屬은 상상의 산물이라고 생각했다. 린네의 아리스토텔레스주의와 반대되는 신플라톤주의적 견해를 지니고 있던 뷔퐁은 진흙에서 인간에 이르며 신비한 가치가 상승해 가는 거대한 사슬을 가정했다. 그러한 체계에서 약간의 변화는 허용될 수 있었다. 왜냐하면 각 단계마다 유기체의 복잡성이 증가했기 때문이다. 송로松露는 돌보다는 위에 있지만, 버섯보다는 아래에 놓이며 유기체와 무기체 사이를 연결했다. 존재의 더 높은 등급은 지능에 따라 배정된 자신들의 위치에 영구히 고정되었다. 이 점을 잘 드러내 주는 것이 고래와 같은 동물들이다. 고래는 사슬의 위로는 결코 올라갈 수 없다. 왜냐하면 고래는 북극을 서식지로 선택할 만큼 지능이 모자라다고 여겨지고 있었

뷔퐁의 왕의 정원은 후에 식물원이라고 알려졌다. 뷔퐁은 주건물의 왼쪽편에 집에서 살았다. 이런 동물원과 화원의 목적은 질서 있는 형태의 자연을 재현시킨다는 린네의 본래 의도를 반영하는 것이었다.

기 때문이다.

그러나 뷔퐁이 아무리 린네와 견해가 달랐다 할지라도, 그는 신이 유기체의 적당 수를 창조했으며, 가장 개연성 있는 창조의 순간은 17세기에 어셔 주교가 계산한 대로 기원전 4004년 10월 26일 오전 9시였다는 일반적인 견해를 따랐다.

동물계가 완전하게 구성되어 있다는 생각은 이내 의문시되기 시작했다. 산업혁명이 진전되고 금속의 수요가 증가함에 따라, 광업 학자들이 많이 생겨났고 그와 더불어 많은 지질학적 조사들이 행해졌다. 토스카나에 있는 광산의 책임자였던 조반니 아르두이노, 베를린의 광업·광물학 교수인 요한 고틀로프 레만, 프라이베르크 광산 학교의 아브라함 고틀로프 베르너는 모두 지하 지층의 층서누중* 에 주목했다. 그들은 더 깊이 있는 지층일수록 더 오래된 것이라고 가정했다. 그들은 지층에서 화석이 나오는 경우, 높은 층 즉 최근의 층에 있는 것들 가운데 많은 것들이 깊은 층 즉 오래된 층에서는 보이지 않는다는 것을 알게 되었다.

영국의 측량기사이며 수로 건축가인 윌리엄 스미스는 지층 연구에 열중하게 되었다. 스미스는 1791년 서머싯의 석탄 지층을 처음으로 측량했다. 1793년 3월 지방 위원회는 서머싯의 석탄 광산을 케닛 운하와 에이본 운하와 연결할 수로 공사를 위해 지층 측량을 그에게 의뢰했던 것이다. 이 지층들을 측량하는 도중 스미스는 굴착에 의해 드러난 모든 지층이 동쪽 방향으로 규칙적으로 침하되어 있다는 것을 알아냈다. 뉴캐슬어폰타인으로 여행하는 도중 그는 지층들이란 연속적인 완전한 단층이라는 자신의 견해를 확신했다. 귀환 중 그가 베스턴파이크의 스완 여관 쪽으로 구획을 지어 수로를 개척하기 시작했을 때, 그는 세 개로 분리된 지층을 통해 수로 하상이 뻗어 있는 것을 보았다. 이는 각각의 지층에서 발견된 다른 화석에 의해 알아낸 사실이었다.

* 층서누중(層序累重): 지구의 운동으로 층이 바뀌지 않는 한 퇴적암의 상층은 하층보다 오래되지 않았다는 원리.

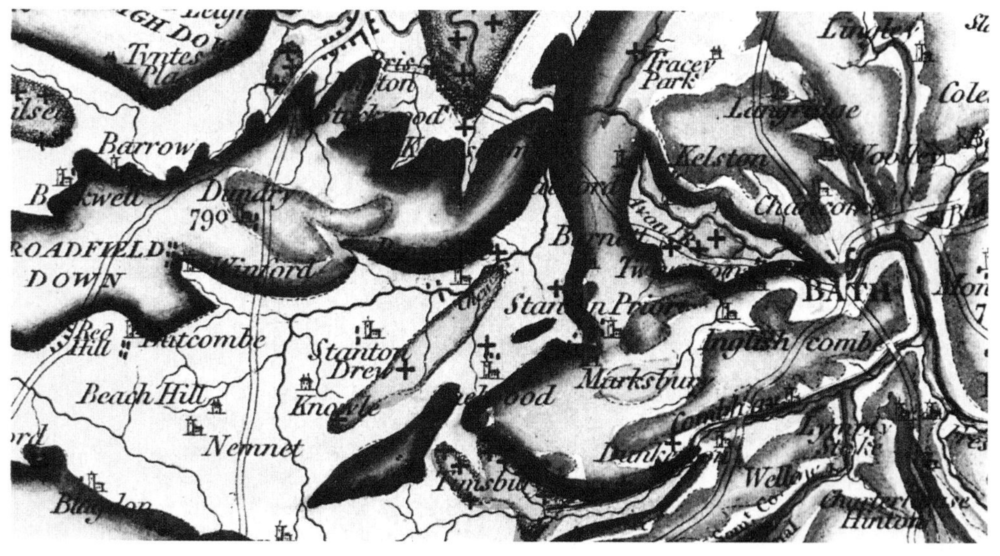


브리스톤 근처 지역을 나타낸 『잉글랜드와 웨일스 지층에 대한 개설』에 실린 윌리엄 스미스의 초기 지질학 지도 중 하나.

1796년 1월 5일 스완 여관에서 그는 지층과 화석 사이의 관계에 대한 결론을 썼다. 토목 공사를 위해 지층을 알아낼 필요가 있다는 것이 그의 주된 관심이었다. 그리고 이런 점은 1814년 출간된 『조직화된 화석으로 밝혀 낸 지층』이라는 책에 잘 나타나 있다. 세기가 바뀔 무렵부터 스미스는 단층 지도를 간행하기 시작했는데 처음에는 지방으로부터 시작해서 후에는 영국의 전체 단층으로 확대해 나갔다.

스미스의 관찰은 많은 문제점들을 야기했다. 만약 그가 다른 층에서 발견한 화석들이 그가 가정한 대로 동시에 만들어진 것이 아니라 다른 시기에 만들어진 것이고, 더구나 화석화된 어떤 동물들은 지금 존재하는 것이 아니라면, 신은 틀림없이 애초에는 창조했으나 지금은 멸종한 동물들의 존속에 대해 자신의 의도를 변경한 것이었다. 창조 행위에서 신은 유기체 종류의 수에 대해 오류를 범한 것일까? 만약 그렇다면 유기체의 멸종은 신의 실수일까? 신이 실수를 범한다는 것이 도대체 가능하기나 한 것이며 더군다나 이런 실수가 다시 반복될 수가 있는 것일까? 이것들은 지극히 불온한 의문들이었다.

이것들에 대해 조르주 퀴비에가 대답을 내어놓았다. 그는 1794년 당시 뷔퐁 동물원과 합병된 파리 자연사 박물관의 척추 동물학 교수였다. 자연사 연구에 퀴비에가 끼친 영향은 광범위한 것이어서 그는 '생물학의 권위자'로 알려지게 되었다.

매머드와 관련된 주요한 발견들이 18세기 마지막 몇 년 동안에 이루어졌으며, 1799년 퀴비에는 각각의 뼈를 필요한 기능에 결부시키는 독특한 기술을 통해 제한된 수의 뼈를 이용해 전체 동물의 형상을 재구성할 수 있는 방법을 보여주었다. 육식동물은, 먹이를 잡아챌 수 있는 발톱과 추적과 포획을 위한 좋은 시력, 몸을 추적에 적합하도록 만

이빨에서 턱, 머리, 발톱 달린 발, 척추, 균형을 잡는 꼬리 등이 손상된 부위들의 형태에 어떻게 필연적으로 뒤따르고 있는가 하는 방법을 보여줌으로써 단일한 뼈로부터 동물 전체의 모습을 이끌어낸 퀴비에의 비교해부학 기법.

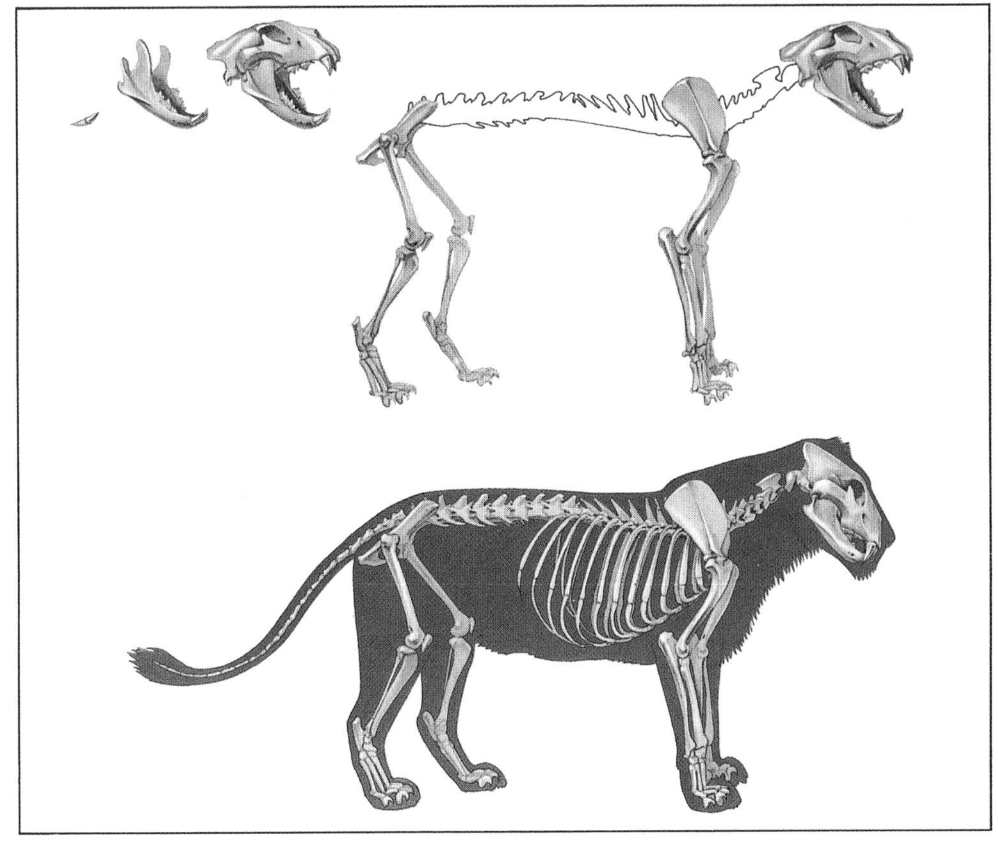

1828년 묘사된 홍수. 산 정상에 도착해 자신들의 불가피한 운명을 기다리는 인류와 동물의 마지막 생존자들. 이것을 편리하게 화석 기록에서 제거했다.

드는 척추, 고기를 소화시키기 위한 위장과 창자의 기능으로 식별할 수 있을 뿐만 아니라 날카로운 이빨과 이런 이빨을 격렬하게 놀릴 수 있게 해주는 턱 그리고 턱을 지탱할 수 있도록 하는 머리 구조로 모두 식별할 수 있다는 것이었다. 이 방법은 비교해부학이라고 알려졌다.

그는 또한 동물의 어떤 부위들은 너무 기본적이어서 모든 동물들에게 공통되지만 환경적인 요건이 다른 형태의 동물과 구별되는 특정한 특성을 요구한다는 것에 우연히 주목하였다. 해부학적인 차이점에 기초한 체계를 이용하는 퀴비에는 모든 동물을 척추동물, 연체동물, 체절동물, 방사형 동물의 네 가지 동물군으로 구분하였다. 그러나 그는 비록 종의 고정성을 믿었으나 동물군의 체계는 최소한 시간의 경과에 따라 각 군에서 독자적인 발전 가능성을 허용하고 있었다. 처음으로 동시 창조의 원칙이 침해받게 된 것이다.

이제는 멸종한 화석 동물의 문제에 대해서는, 퀴비에 자신이 공룡의 잔해를 발견한 파리 유역 몽마르트르의 석회석 채석장에서 이 문제에 대한 답을 얻었다. 1808년 파리 유역의 여러 지점을 굴착하자 해결책이 문득 떠올랐던 것이다. 그가 지층에서 발굴한 뼈들 가운데에는 굴화석 등 여러 형태의 해양 생물의 화석이 섞여 있었다. 고대 바다에 대한 흔적은 성서에 묘사된 홍수를 그에게 상기시켰다. 퀴비에는 땅의 융기에 의해 발생한 거대한 조수가 재난을 일으켰음에 틀림없고 이는 어떤 동물들과 식물들을 멸종시켰다고 가정했다. 이런 점이 지금은 찾아볼 수 없는 이들 동식물의 존재에 대해서 설명해 줄 수 있었다.

두 번의 홍수가 있었을 것이며, 후자의 홍수가 바로 성서에 언급된 홍수였다. 첫 번째 홍수는 인간 창조 이전에 발생해 이전의 생명을 모두 파괴했을 것이다. 그런 다음 인간 창조 후 성서의 홍수가 도래해서 대홍수 사이의 기간 동안 생명체들이 살고 있었던 지금의 해저를 뒤덮었을 것이다. 이런 점들이 인간의 흔적이 충적기의 암설 안에서 발견되지 않는 이유를 설명해 줄 것이다. 성서에 따르면 모든 종은 노아에 의해 구출되었다. 퀴비에는 첫 번째 홍수로 멸종된 종들 가운데 물고기도 있다는 사실에 대해서 설명을 하지 못하였다. 그러나 그는 자신의 홍수설을 지지해 줄 문헌들을 유대, 인도, 이집트, 바빌로니아, 아르메니아, 중국 그리고 아메리카 인디언들의 경전에서 발견하였다.

퀴비에의 복홍수설은 윌리엄 버클런드라는 영국의 괴짜 성직자에 의해 정밀성을 갖추게 되었다. 데번 주 트러쉠에서 태어난 그는 소년 시절에 이미 화석조개를 수집하러 나섰다. 1813년 옥스퍼드 대학의 광물학 강사로 재직할 때 그는 기묘한 환경을 만들어 생활했다. "조개와 바위, 뼈들이 음산하고 어지럽게 널려 있는 복도 같은 방에, 그 끝을 일종의 성소처럼 꾸며 놓고 검은 가운을 입은 채, 강령술사처럼 보이는 버클런드가 화석으로 온통 뒤덮인 흔들의자에 앉아 있었다." 그

제임스 허턴을 그린 풍자화. 지질 조사용 망치를 들고, 자신의 주요 비판자의 얼굴 형태로 침식된 바위를 관찰하고 있다.

의 버릇 역시 엉뚱했다. 자연사에 대한 그의 관심은 식사 취향도 유별나게 만들었다. 그의 식단에는 달팽이, 악어 고기, 강아지, 타조, 박쥐가 포함되어 있었고, 루이 16세의 말린 심장도 먹었다는 소문마저 나돌았다. 더군다나 그는 이것들을 강의중에 씹곤 했다. 존 러스킨은 그와 한 약속을 어긴 후 다음과 같이 썼다. "나는 맛난 쥐고기 토스트를 맛볼 기회를 놓친 그 불운한 약속의 날을 항상 유감스럽게 생각해 왔다."

언젠가 외국의 한 성당을 방문했을 때 버클런드는 순교자의 피라고 알려진 마루 위의 검은 얼룩을 핥아 보고 나서 이것은 박쥐의 오줌이라고 공언한 적도 있었다. 1845년부터 1856년까지 웨스트민스터 성당의 주임 사제로 봉직하는 동안, 그는 깃털로 만든 먼지떨이를 항상 휴대했다. 후에 다윈은 그에 대해 다음과 같이 말했다. "〔버클런드〕는 매우 유머러스하고 좋은 사람이었을지도 모르지만, 내게는 저속하며 거의 상스러운 사람처럼 느껴졌다. 그를 추동한 것은 과학에 대한 사랑이 아니라 명성에 대한 잘못된 갈망이었고 그가 광대처럼 행동한 것도 그 때문이었다."

버클런드의 견해는 단 한 번의 홍수만이 있었다는 것이었고 이것을 증명하기 위해 동굴 안에 기록된 수위를 제시했다. 그는, 조그만 강들이 형성시키기에는 너무 깊은 계곡뿐만 아니라 북독일의 평원과 스칸디나비아와 영국에 점재한 해명되지 않은 표석과, 어울리지 않는 자갈과 산더미처럼 쌓은 모래, 현재의 수위 훨씬 위쪽에 위치한 강기슭의 단구와 같은 몇몇 불가사의를 대홍수가 설명해 줄 수 있다고 믿었다. 버클런드는 훌륭한 강사였고 흥행사였다. 그러나 그는 자신의 주장을 논증하는 데는 실패했다. 당시에 그에 대한 다음과 같은 얘기가 있었다.

대홍수에 대한 몇몇 의심이 제기되었지만

버클런드가 분기하자, 모든 것이 진흙처럼 명료해졌다네.

사실 그의 지위 안에서 전적인 객관성을 유지하기란 어려웠을 것이다. 1819년의 취임 강연회에서 그는 지질학이란 사건의 성서적 기록을 지지하는 것이라고 수장했다. 그가 임명되었던 새로운 교수직은 캔터베리 대교주인 존 섬너에 의해 지질학이 교회를 지지한다면 교회도 이에 호의로 답례할 것이라는 것에 기초하여 승인된 것이었다.

그러나 후에 커크바이 무어데일 동굴에서 1821년에 발견된 분명한 홍수의 증거에도 불구하고, 버클런드의 논증은 주로 제임스 허턴이라는 스코틀랜드 의사의 작업으로 인해 그 결점을 드러냈다.

허턴은 베릭셔에서 업무를 보다 1770년대 이후 에든버러로 이주했다. 그의 동시대인들과 마찬가지로 허턴 또한 대섭리의 증거를 찾았다.

당시 지질학에서의 중요한 논쟁은 수성론자水成論者와 화성론자火成論者 사이에서 벌어졌다. 암석수성론자들은 바다가 침전물을 가라앉혔

버클런드의 『동굴과 균열과 홍수로 인한 자갈에 포함된 생명체의 잔해 관찰』에 실린 삽화. 버클런드는 동굴 안에서 자신이 발견한 뼈들이 대홍수 이전 멸종된 동물들의 뼈라는 것을 증명하기 위해 비교해부학을 이용했다.

고 그후 바다가 퇴각하면서 침전물들이 노출되어 부식작용을 받았다고 믿었다. 산들은 바다 위 원래 표면의 높이 이상으로는 높지 않았다는 것이다. 반면 화성론자들은 끊임없이 뒤틀리고 지진이 일어나는 지각 안의 용해된 화강암으로 인해 지면은 역동적으로 변화하고 있다고 주장했다.

허턴은 영국의 바람과 기후, 서리의 작용을 관찰해 부식이 유기체를 공격하는 것처럼 토양을 공격한다는 결론을 내렸다. 토지는 장년기로 접어들 것이고 침식을 받아 사라질 것이다. 이러한 변화가 급작스럽게 일어난다면 지표 아래의 융기에 의해서만 가능한 것이다. 1785년 허턴은 형성된 지 얼마 안 된 암석 안으로 밀려들어가 있는 화강암을 스코틀랜드의 글렌틸트에서 발견했다. 이러한 암맥들이 편암을 잘라 내었다. 암석들은 형태가 매우 불규칙해서 용해된 상태에서 냉각됨으로써만 형성될 수 있는 것이었고, 암석 안의 광맥은 흔히 볼 수 있는 것이 아니었으므로 지하 깊숙한 곳에서 유래한 것임에 틀림없었다. 또한 그는 1787년 지층이 화산 활동으로 인해 위로 솟아올라 각이 일치하지 않다는 증거를 발견했다. 만약 이러한 융기의 형태가 연속적인 것이라면, 지구는 예전에 항상 해 왔던 방식대로 지금도 활동을 할 것이라고 허턴은 생각했다.

계곡을 형성하는 강의 작용과 함께 풍화 작용과 토양 침식의 효과에 대해 연구한 후, 허턴은 만약 충분한 시간만 주어진다면 일상 환경에서 작용하는 메커니즘은 홍수론자들이 주장하는 대홍수의 재난에 의해 야기된 그런 현상을 충분히 발생시킬 수 있다고 확신하게 되었다. 풍화 과정이 발생하는 시간을 예시하기 위해 허턴은 비교적 상태가 변화하지 않은 고대 로마의 도로를 지적하였다. 그가 주장한 바는 간략히 말하자면 침식 작용과 화산의 활동을 통해 현재의 모든 풍경을 설명할 수 있다는 것이다.

이 견해는 작용하고 있는 과정이 느리지만 한결같은 것이라고 가정하였고, 바로 이런 이유에서 허턴의 이론은 균일설이라고 알려지게 되었다. "이 지구의 실재 구조에 제한을 받고 있는 이론은, 현재의 사물의 질서로부터 벗어나 한 걸음도 더 전진할 수가 없다"라고 허턴은 말했다.

허턴의 생각이 처음부터 호의적으로 받아들여진 것은 아니었다. 프랑스 혁명은 영국에서는 보수적인 반응을 초래했고, 사람들은 새로운 과학 사상에 대해서도 의심스러운 태도를 보였다. 19세기 첫무렵에 들어서야 비로소 균일설은 흥미를 끌기 시작했다. 허턴은 홍수론자들로부터 공격을 받았는데, 왜냐하면 그들의 주장대로 만약 지구의 나이가 단지 6천 년에 지나지 않는다면 그의 강계곡 침식 이론은 아무런 의미가 없을 것이기 때문이었다. 1825년 무렵에서야 허턴은 한 아마추어 지질학자로부터 지지를 받을 수 있었다. 그의 이름은 조지 폴릿 스크로프였는데 '팜플릿 스크로프'라는 별명을 갖고 있었다.

스크로프는 1825년에 프랑스 중부를 방문해 리만 계곡뿐만 아니라 오베르뉴 지방, 특히 서부 클레르몽 페랑에 있는 퓌드돔의 화산형성에 관한 철저한 조사를 했다. 스크로프는 좀더 그럴듯한 설명이 될 수 있을 법한 대재앙적인 설명들을 피했다. 그는 용암의 흐름은 그것이 오랜 기간 동안 활동했음을 보여준다고 결론짓고, 지구가 한때 극도로 뜨거웠었다는 이론을 만들어 냈다. 그 당시에는 격렬했겠지만 온도가 서서히 내려가는 단계가 뒤따랐을 것이다.

1827년 그는 『프랑스 중부의 지질 구조와 사화산에 관하여』라는 제목으로 자신의 조사 결과를 출판했다. 거의 같은 시기에 냉각되는 지구 이론은 물리학자들로부터 지지를 받았다. 지표 밑으로 내려갈수록 온도가 증가한다는 사실은 실재적인 채광 경험으로부터 오래 전부터 알려져 있었다. 이제 루이 코르디에가 지열의 변화는 화산 근처를 제외하고는 어느 곳이나 동일하다는 것을 보였다. 또한 이런 지열은 극히 느린 속도로 방출되었다.

물리학자였던 장 푸리에는 지구가 초기에는 꽤 빨랐지만 점차로 느려졌던 열손실을 겪었으며, 이후 태양으로부터 받은 열과 지구의 열손실이 평형을 이룬 것처럼 보인다는 사실을 밝혀냈다. 이러한 에너지 균형은 오랜 시간에 걸쳐 지구가 안정된 상태를 유지하는 데 도움이 되었을 것이다.

이러한 데이터들은 고대 이래 지구에는 사실상 아무런 변화가 없었다는 것을 함축하고 있었다. 이때에 화석에 대한 아돌프 브롱니아르의 선구적인 작업은 식물상相과 동물상 모두가 시간의 흐름에 따라 점점 더 정교해진다는 사실과, 비록 이것들이 이제는 온화한 지역에서만 발견되지만 초기 석탄기의 식물상은 현대의 열대 식물과 같은 모습이라는 것을 보이기 시작했다. 과거의 세계는 온도가 높았으며 그 후 서서히 냉각되고 있는 듯 보였다. 시간에 대한 성서적 견해는 잘못되었을지도 모르며 모세의 연대기는 재고해야 될 것으로 보이기 시작했다.

창조의 일화는 부유한 지주로 명민한 식물학자의 아들이었던 찰스

스크로프의 『프랑스 중부의 지질 구조와 사화산에 관하여』에 실린 아르데슈의 조자크. 마을 뒤편으로 화산추와 분화구가 보인다.

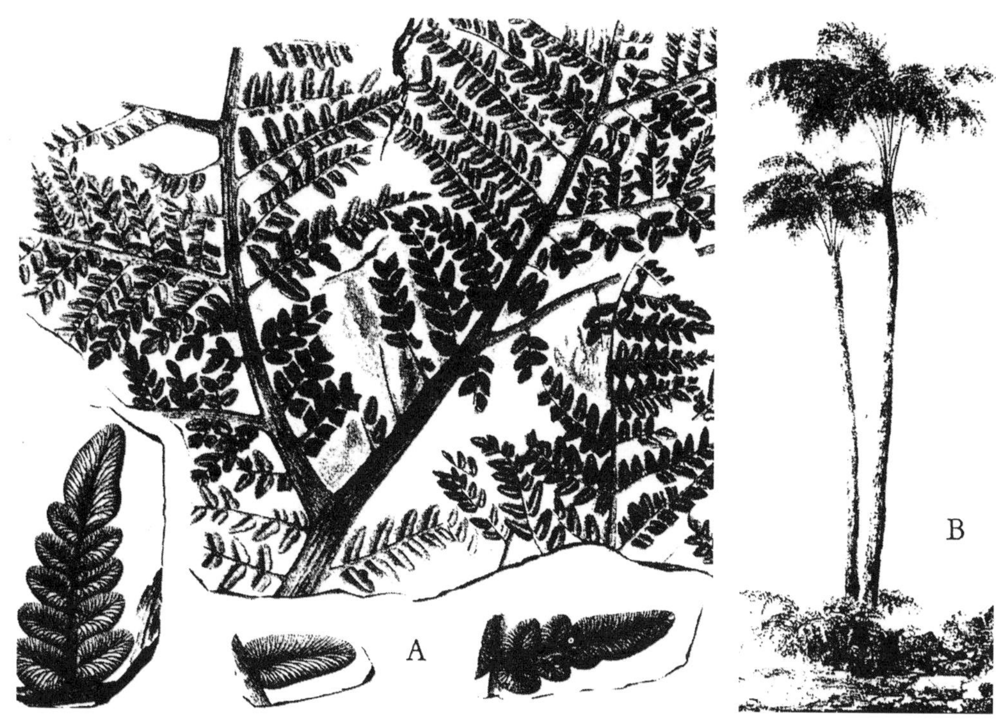


아돌프 브롱니아르가 석탄기 시대의 목성양치, 그리고 그것을 비교하기 위한 현대의 전형적인 목성양치를 그린 세밀화(왼쪽).

라이얼에 의해 완전히 유린되었다. 라이얼은 옥스퍼드에서 법학을 전공하고 있었지만 지질학 원론에 대한 버클런드의 강의에도 참석했다. 같은 해 윌리엄 스미스는 지층 화석에 관한 책을 출판했다. 1819년 대학을 졸업한 라이얼은 잠시 변호사로 일했지만 그다지 성공적이지 못했다. 그는 활동적이며 열정적인 사람으로 사색에 잠겨 있을 때에는 자신의 머리를 근처 의자의 좌대에 굽히는 묘한 버릇이 있었다. 또한 그는 대단히 속물적인 면도 있었는데, 말년에는 사교계의 초대를 받아들일 것인가 말 것인가 하는 문제로 아내와 수시간 동안 의논하고는 했다. "그가 어찌나 신분을 따지는지 우스꽝스러운 정도이다. 게다가 그는 어린애처럼 자신의 감정과 허영을 단순하게 드러냈다"라는 말이 돌았다.

1822년 그는 서식스의 루이스로 자신의 가족과 친분이 있는 기드언

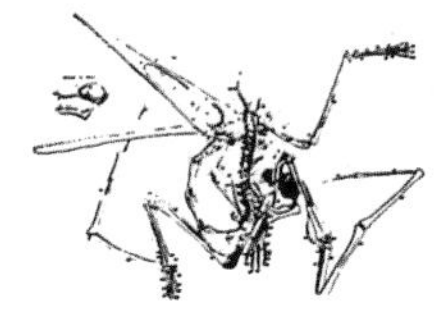

위 : 퀴비에가 발견한 익수룡의 뼈.

아래 : 버클런드가 그린 날 수 있었을 것이라고 추정되는 선사시대의 동물.

맨텔 박사라는 사람을 방문했다. 맨텔은 틸게이트 숲의 채석장에서 최근에 발견한 화석들을 그에게 보여주었다. 이것들은 민물고기였으나 해저의 침전층 아래에 묻혀 있던 것이었다. 이것들은 분명 매우 오래된 것이었지만 라이얼은 근래 갠지스 강가에서 발견할 수 있는 형태라고 설명했다.

파리에 도착한 지 일 년 후에 그는 다시금 과거에 대한 관심을 갖게 되었다. 그는 그곳에서 대학자인 퀴비에를 만나 파리 분지에서 발견한 최근의 화석에 대해 들었다. 몽마르트르 채석장의 화석 동물상과 충적 하상의 화석 동물상 사이에는 서로간에 연결되지 않는 다른 종의 동물 화석이 있었다. 화석의 갭이 있었던 것이다. 충적물은 오래된 것이었지만 상대적으로 근대적인 형태를 갖추고 있었던 반면 채석장의 화석은 그렇지 못했다. 또한 퀴비에는 같은 지층에서 해양 형태와 교호하는 민물고기 화석을 발견했다.

이런 명백한 변칙은 오늘날 그렇듯이 초기 바다 입구가 대륙 안으로 끼여든 것을 반영하고 있는 것이라는 생각이 라이얼에게 스쳤다. 이 논증은 대륙층이 격렬한 이동에 의해 변화했다는 주장만큼이나 설득력이 있는 것 같았다.

1823년 무렵 라이얼은 런던의 지질학회에서 버클런드의 반룡盤龍, 윌리엄 코니비어의 플레시오사우루스와 익티오사우루스, 그리고 퀴비에의 익수룡翼手龍 등 최근에 발견된 것들에 대해 연구를 하고 있었다. 동물의 화석들이 이제 점점 더 빈번하게 발견되었다. 라이얼은 모든 주요한 발견이 사멸된 형태들이고 이것들이 유기체의 다른 과에 속하는 것 같다는 사실에 주목했다.

1872년 조지 스크로프의 책이 출판되고 나서 곧바로 라이얼은 오베르뉴의 형성에 관심을 갖게 되었다. 왜냐하면 그 지역은 오랜 기간 동안 똑같은 지질학적 상태를 유지하던 지역임이 확실했기 때문이다. 청년 시절 이탈리아를 여행했던 그는 라벤나의 고대 로마 항구였던 클라시스 내륙으로 5마일 들어간 곳에서 침적작용에 의해 이루어진 형성물을 보았다. 그는 선사시대에 해수면이 오르락내리락했든지 아니면 육지가 오르락내리락했다는 사실을 잘 보여주는 해양 침전물을 민물 위에서 발견했다. 형성된 순서대로 잘 유지된 연속적인 지층에는 조개껍질과 산호가 묻혀 있는 뚜렷한 층이 있었다. 바다의 바닥에서 발생한 순서대로의 생물이 있었는데 그것은 시간의 엄청난 간극 속에서 매우 눈에 보이지 않을 정도로 느리게 형성되었음이 틀림없었다.

중부 프랑스에 관한 스크로프의 책은 라이얼의 호기심을 자극했다. 오베르뉴는 현무암으로 뒤덮인 언덕과 오래된 분화구, 깊은 계속으로 형성된 화산 지역이었다. 그곳은 민물 침적지층이었는데 화산의 침적물들이 뒤덮곤 했었으며 460미터에 이르는 다양한 높이로 이루어져 있었다. 초기에는 용암 유출물로 채워진 계곡이 있었고 그 이후에 강들이 용암 바깥쪽으로 새 계곡들을 깎아낸 것처럼 보였다.

1828년 라이얼은 절친한 동료인 로더릭 머치슨과 함께 오베르뉴로 갔다. 오리야크 인근에서 그들은 이회토 층으로 형성된 낮은 언덕이 줄지어 있는 것을 보았는데 어떤 이회토 층은 3.5센티미터 정도밖에 안 될 정도로 얇았다. 각 층에는 압착된 차축조 줄기, 민물조개, 작은 습지생물들이 묻혀 있었다. 각 층들은 모두 한 해 동안 침적되어 형성된 것이었다. 이회토의 깊이는 그 지층이 수천 년에 걸쳐 끊임없이 진행되어 온 결과임을 보여주었다. 그것은 강물에 용암이 깎여 생긴 틈새의 경우에도 마찬가지였다.

그들은 오베르뉴를 떠나 니스로 갔는데, 그곳에서 머치슨이 병에 걸렸다. 머치슨은 오베르뉴에서 관찰한 것들에 대해 이미 기록을 해 놓았었고, 라이얼은 베스비우스 화산과 에트나 화산 지역에서 시간의 경과에 관한 증거를 찾기 위해 머치슨을 남겨 놓고 남쪽으로 떠났다. 나폴리 만에 있는 이스키아 섬에서, 그는 중앙 산꼭대기 면의 점토층에서 30종의 바다 조개를 발견했는데 그것들 모두는 현대 지중해에서

라이얼은 이런 조개들에 의한 시간을 설명하는 데 연체동물을 선택했다.

위 : 초기 시대의 화석.

아래 : 위의 화석과 사실상 바뀐 점이 거의 없어 보이는 후대의 화석.

사는 조개의 유형과 동일했다. 그것들은 최근의 화산활동으로 인해 수십 미터 위로 상승한 어린 화석들이었다. 시칠리아의 시라쿠사 항 밖에서 그는 똑같은 것을 더 많이 발견했다. 절벽 위로 반쯤 노출된 이회토에서 그는 현대적 유형의 산호와 조개 화석을 또 다시 발견하였다. 그러나 그곳의 이회토는 매우 오래된 석회암 밑에 침적되어 있었다. 마지막으로 시칠리아의 중앙에 있는 엔나에서 발견한 단층에는 그가 이미 보았던 모든 지층과 현대의 다양한 화석들로 가득 찬 지층으로 구성되어 있었다. 그 지층들은 적어도 수면보다 9백 미터는 높이 솟아 있었다.

지질 과정이 거대한 시간의 흐름 안에서 진행되지 않나 하는 라이얼의 의문이 카타니아 평원에서 확증되었다. 그곳에서 그는 현재의 생물체와 유사한 해양 생물의 화석이 있는 석회암 지층을 발견했다. 이런 암반층이 에트나 화산 밑을 통과하고 있었다. 라이얼은 이미 주요한 화산 근처에서 수십 개의 이차 화산원추구를 보았고, 역사적 증거를 근거로 이것들이 형성되는 데에는 최소한 1만 2천 년이 소요되었을 것이라는 결론을 내렸다. 산 측면으로 깊숙이 끼여 들어간 보베 계곡은 좀더 많은 매몰 화산원추구를 드러냈다. 주화산의 용암에 의해 가려진 수천 개 이상의 화산원추구가 있음에 틀림없었다. 라이얼은 모든 화산추와 가운데의 봉우리는 단일 용암의 흐름에 의해 서서히 쌓인 것이고, 이제 전체 높이가 3킬로미터, 폭이 14.5킬로미터에 달하는 이것이 형성되기 위해서는 수백만 년이 소요되었을 것이라는 사실을 알았다. 에트나 화산 밑을 통과하는 석회암층이 근대의 후손과 사실상 동일한 화석 생물체를 포함하고 있다는 사실은 지구가 측정할 수 없을 정도로 오래되었다는 확신을 라이얼에게 심어 주었다.

라이얼이 그린 표석. 이런 거대한 조각들은 원래의 지질 위치로부터 얼마간 이동한 것이라고 여겼기 때문에 표석이라고 불렀다.

1829년 2월 라이얼은 런던으로 돌아와 곧 저작에 착수했다. 다음해 6월 세 권으로 구성된 『지질학 원리』 중 첫째 권이 간행되었다. 이 첫째 권에 라이얼은 지질사와 현대 세계에서도 작용하고 있는 무기적 물

라이얼의 『지질학 원리』에 실린 보베 계곡. 이 저작은 '현재도 작용 중인 원인과의 관련을 통해 과거 지구 표면의 변화를 설명하기 위한 시론'이라는 부제를 담고 있었다.

리 과정을 포함시켰다. 둘째 권에서는 종을 출현시키거나 소멸시켰을 기후 변화의 유형과 같은 과정들을 다루었다. 마지막 권에서는 성서적 만족감에 젖어 있는 빅토리아 지식인 사회를 혼란에 빠뜨릴 이론을 내어놓았다.

그의 목표는 적당한 시간의 척도로 지금도 계속 진행중인 과정을 근거로 지구의 역사를 재구성하는 것이었다. 라이얼에게 시간을 통한 한결같은 작용은 변화의 속도가 일정하다는 것을 의미했다. 지구의 나이는 지금도 생존하는 종에 대해 멸종한 종의 화석 기록의 비율로써 밝혀질 것이었다. 해양종들이 가장 오래 지속할 것이므로, 라이얼은 자신의 지질학적 시간을 측정하는데 연체동물을 이용했다. 『지질학 원리』 셋째 권의 대부분은 이런 연체 동물 시계를 사용해 3기를 재구성하는 데 할애하고 있다.

허턴의 논증을 정교하게 만든 라이얼의 균일설은, 오직 자연 발생적인 원인만이 사건을 설명하는 데 이용될 수 있고, 과거에 작용했던 과정들은 다소간은 지금도 작용하고 있는 과정과 동일하며, 자연 안의 메커니즘은 전지구적이라는 견해에 근거하고 있었다. 따라서 강과 조수, 해류의 작용과 빙산의 이동 등과 같은 현재의 지질학적 메커니즘은 마찬가지로 과거에도 작용하는 것들이었다. 과거는 오직 현대 사건들과의 이러한 유추법을 통해서만이 과학적으로 설명될 수 있었다.

단층 기록의 명백한 빈틈에 대한 라이얼의 견해는, 언제나 존재해왔던 생물의 주요 그룹이 있었던 반면, 어떤 개개의 종들은 환경의 변화에 따라 나타났다가 사라졌다는 것이었다. 기후의 반복된 변화는, 특히 그 중에서도 온도의 변화는 여러 생물들의 소멸을 설명해 줄 수 있을 것이었다.

라이얼이 혁명의 길을 튼 것은 바로 생물체에 대한 이런 언급을 통해서였다. 그는 "지질학은, 자연이란 유기체와 무기체의 왕국에서 발

1830년 스위스의 몽블랑을 등정하고 있는 초기의 산악 등반.

생해 왔던 연속적인 변화를 탐구하는 과학이다"라고 정의했다. 라이얼의 논증 앞에서 홍수론자들은 자신들의 의견을 철회하여 먼 시간의 척도를 인정하거나 혹은 여분의 재난을 구상하는 수밖에 없었다. 1839년 라이얼은 다음과 같이 썼다. "코니비어의 논문은 결코 유력한 것이 아니다. 그는 노아 시대 이전에 세 번의 홍수가 있었다고 인정했다. 또한 버클런드는 그 외에 얼마나 많은 재난이 있었는가는 신이 알고 있다고 부연했다. 그래서 우리는 모세의 기록으로부터 이것들을 올바르게 배격해 냈던 것이다."

1831년 라이얼은 런던에 있는 킹스 칼리지의 지질학 교수 직위를 캔터베리 대주교와 런던의 주교에 의해 공인받았다.

그가 해결하지 못한 유일한 지질학적 수수께끼는 재난론자들이 자신들의 의견을 옹호할 때 여전히 인용하는 표석漂石들에 대한 의문점이었다. 표석들은 영국 전역과 스칸디나비아 그리고 독일 북부 평원의 지질학적으로 변칙적인 위치에서 발견되는 옥석들과 퇴적물들이었다. 과거의 격렬한 사건의 결과에 의해서가 아니라면 이것들이 어떻게 거기까지 도달할 수 있었을까?

후에 하버드 대학의 자연사 교수가 된 스위스의 발생학자이자 고생물학자인 장 루이 아가시가 라이얼의 책들이 출간된 지 4년 후인 1837년에 그 문제에 관한 최신의 견해들 모두를 종합해 내놓았다. 표석이 처음 발견된 것은 1786년에 또 다른 스위스인인 오라스 드 소쉬르가 빙하에 관한 자세한 연구를 위해 몽블랑에 올랐을 때였다. 스키를 유행시킨 것 말고도, 소쉬르는 산꼭대기에서 화석들도 발견했다. 그 화석들에 관한 당시의 유일한 설명은 그것들이 그곳에 외따로 특별히 창조되었다는 것뿐이었다.

소쉬르가 발견한 것들을 이용해 허턴은 표석들이 빙하에 의해 이동했을 수도 있다는 주장을 내놓았다. 스위스 보 주에서 가이드 일을 하던 장 피에르 페로댕이라는 사람이 빙하가 전에는 훨씬 더 넓은 지역,

어쩌면 유럽 전체를 덮고 있었을지도 모른다고 제안했다. 1836년 보의 광산책임자 장 드 샤르팡티에가 아가시와 함께 디아블레레와 샤모니의 빙하를 조사했고, 같은 해에 아가시의 또 다른 친구 카를 심퍼가 유럽의 기후 변화에 관한 일반 이론을 내놓았다. 아레 빙하의 크레바스에서 광범위한 조사를 한 끝에 아가시는 자신의 이론을 내놓았다. 그는 과거 한때 빙하기가 있었고 그것으로 모든 표석, 그리고 산꼭대기에 격리되어 있다는 화석을 설명할 수 있다고 했다.

그후 어느 날 인간의 유물이 발견되었다. 북부 프랑스 아브빌 근처의 솜 강 하상에서 자크 부셰 드 페르트가 부싯돌을 발견한 것이다. 지층 안에서의 위치로 보아 이것들은 인간이 처음 존재했다는 성서적 연대기보다 훨씬 더 앞서 있는 것이 분명했다.

이러한 모든 지질학적 업적으로부터 획기적인 이론이 1844년에 나왔다. 찰스 다윈이 1831년 조사선인 비글 호에 탑승한 이래 그가 관찰해 왔던 자연에 대한 기록을 35페이지의 노트로 작성했던 때였다. 다윈은 슈르즈버리에서 성공을 거둔 부유한 의사의 아들이었고 그의 아내는 도기 제조업자인 조사이어 웨지우드의 딸이었다. 대체로 그의 학교 성적은 평균 이하였는데, 그의 회상에 따르면 그의 아버지는 그에게 이렇게 말했다고 한다. "네가 사냥이나 개나 쥐잡이에 이외에는 관심을 두지 않는다면 너 자신뿐만 아니라 네 모든 가족에 대해서도 불명예스러운 일이 될 것이다." 에든버러 대학에서 의사 시험에 실패한 후 다윈은 신학을 공부하기 위해 케임브리지로 갔다. 후에 그는 다음과 같이 말했다. "인습에 의해 나 자신이 얼마나 심한 고통을 받았는가를 생각하자 성직자를 희망했던 일이 바보스러운 짓이었다는 생각이 들었다."

케임브리지 대학에서 다윈은 식물학을 강의했던 존 헨즐로와 친해졌는데 대부분의 시간을 다윈은 신학이 아닌 딱정벌레를 수집하는 데 보냈으며, 결국 졸업하는 해에는 과학에 기여하겠다고 결심했다. 헨

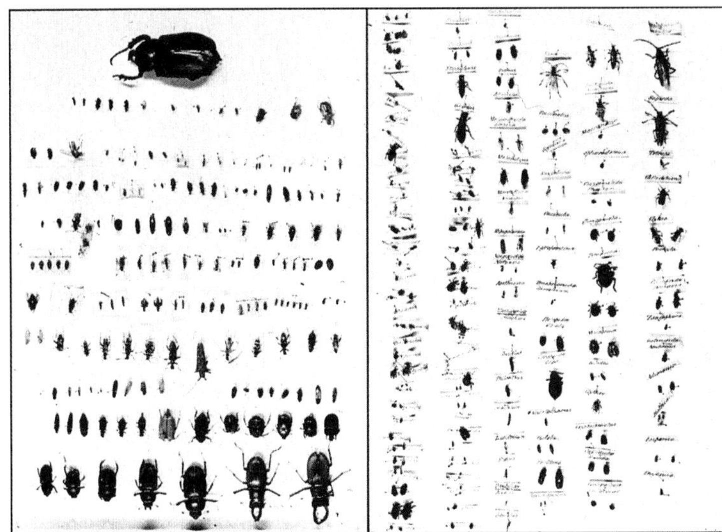

비글 호 항해 기간 동안 다윈이 수집한 딱정벌레 표본. 월리스와 마찬가지로 다윈은 곤충들 사이에도 어마어마하게 다양한 종들이 있다는 증거를 발견했다.

즐로는 비글 호 선장에게 다윈을 무보수 자연사학자로 추천했고, 1831년 12월 27일 다윈은 5년 동안 계속될 항해에 나섰다.

항해 직전에 다윈이 읽었던 책 가운데 하나가 라이얼의 『지질학 원론』 첫째 권이었다. 그는 이 책에 깊은 영향을 받았다. 후에 『종의 기원』에서 그는 이렇게 썼다. "『지질학 원리』에 기록된 찰스 라이얼 경의 위대한 업적을 읽을 수 있는 사람이…… 여전히 과거의 시간이 얼마나 광대했는가를 인정할 수 없다면, 즉시로 이 책을 덮어도 좋다."

다윈이 남아메리카에 도착해서 발견한 성과들은 종들이 어떻게 멸종했으며 어떻게 국부적인 환경 변화에 의해 증식하게 되었는지에 대한 라이얼의 이론들을 뒷받침해 주었다. 남아메리카에서 다윈은 기후가 변화했으며 기후 변화와 함께 생명 형태도 변화했다는 증거를 발견했다. 거대한 육상 동물은 소멸했지만 조개류는 살아남았다. 유럽의 식민지 개척자들에 의해 도입된 종들이 토착종들을 대치했다.

또한 라이얼은 식물상과 동물상의 변화도 분리된 별개의 생태학적 환경 안에서의 고립에 의해 설명할 수 있을 것이라고 이론화했었다.

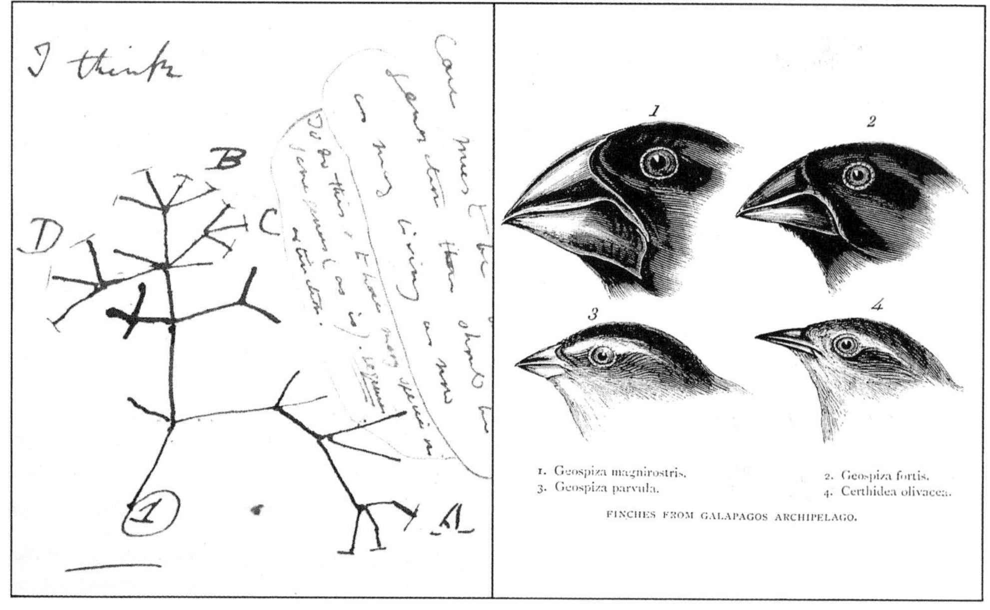


왼쪽 : 다윈이 자신의 이론을 발전시켜 나간 노트의 한 페이지. 여기에 그는 생존한 종과 소멸한 종들을 연결하는 진화 계통수를 그렸다.

오른쪽 : 갈라파고스 방울새류를 통해 묘사된 자연선택. 각각의 변종은 섬의 생태학적 특성에 적합하도록 진화되어 온 것이다. 이런 모든 변종들의 본토 방울새와의 유사성은 모든 형태의 동물들이 독자적으로 창조되었다는 고립 이론을 약화시켰다.

다윈이 남아메리카 해안으로부터 남극 쪽으로 1천 킬로미터 떨어진 갈라파고스 제도에 도착했을 때 그는 이것에 대한 증거를 보았다.

> 이곳에서 나는 육상과 해양의 산물은 틀림없이 아메리카 대륙의 흔적을 갖고 있다. 26마리의 육상 조류가 있는데…… 이 조류들 거의가 모두 특성과 버릇과 행동, 음식에서 아메리카 종들과 긴밀한 유사성을 보이고 있다.…… 이것은 무엇 때문일까?

다윈은 독자적인 창조의 가능성을 거부했다.

또한 그는 갈라파고스 제도와 포클랜드 제도에서 본 동물의 행동에도 주목했다. 갈라파고스 제도들의 새들은 비교적 사람을 두려워하지 않았다. 예컨대 이구아나는 포식동물이 살고 있는 바다를 더 두려워했다. 포클랜드 제도에는 온순한 여우와 날지 못하는 거위가 있었다. 다윈은 이런 동물들이 성공적으로 생존한 것들이며 비정상적인 행동

유형을 보이는 동물들이 라이얼이 제기했던 것과 같은 그런 시간의 척도 안에서 발달될 수도 있는 것은 아닌가 하는 생각을 했다. 만약 그렇다면 이것은 화석 기록이 완전하지 못한 이유에 대해서 설명을 해줄 수 있을 것이었다. 발달의 한 단계에서 다른 단계 사이를 중개하는 종의 수는 엄청난 것임에 틀림없었다. 이것들이 기록에 나타나시 않는 이유는 이들 종이 살아 있는 동안 끊임없이 이동하고, 또한 이 지구상의 모든 지층을 조사할 수 없다는 데 기인할 수 밖에 없었다. 게다가 대부분의 지층 증거들은 침식되었을 것이다.

초기의 화석들 가운데에는 인간의 화석이 발견되지 않았고, 그로 인해 이러한 엄청난 시간의 흐름 속에서 인간은 초기 시대에는 아직 나타나지 않았던 것처럼 여겨졌다. 라이얼의 견해를 뒷받침하는 더 좋은 증거는 안데스 산맥 양쪽 지역의 식물상과 동물상 사이에 차이가 난다는 점이었다. 태평양에서 다윈은 지진이 일어나는 동안 바다에서 섬이 융기하는 지속적인 과정을 알 수 있는 증거를 발견하였다.

잉글랜드로 돌아온 후 다윈은 곧 남아 있는 수수께끼에 대한 답을 발견했다. 만약 라이얼이 옳고, 과정들이 빈번하거나 재난적이 아니고 서서히 균일하게 진행된 것이라면, 여전히 소멸한 종의 수를 설명할 수 있어야 했다. 어떤 경우에는 기후 변화가 필요한 조건을 제공했을 것이지만, 그러나 왜 어떤 종들은 소멸했던 반면 어떤 종들은 성공적으로 생존할 수 있었는가에 대한 이유는 분명치 않았다.

다윈은 1839년 9월 목사이자 경제학자인 토머스 로버트 맬서스의 『인구론』이라는 책에서 그 답을 발견했다. 맬서스는 프랑스와 벌어진 전쟁 때문에 곡물 가격이 상승해 영국에 최후의 대규모 기근이 발생했던 1798년 이 책을 저술하면서 농업 부문의 투자는 단지 수확의 체감만을 가져온다고 생각한 프랑스 사상가 튀르고의 영향을 받았다. 농업에서 기대할 수 있는 최상의 생산물은 2라는 배수로 증가할 것이며 그런 다음 3, 4, 5, 6 등과 같은 단위로 증가할 것이다. 이런 증가는 재생산을 장려할 정도로 충분한 식량 제공을 해주는 것이므로 그 결과로 인구는 늘어날 것이다. 그러나 인구 증가는 산술적이 아닌 기하급수적으로 증가할 것이다. 다시 말해 2, 4, 8, 16 등과 같은 배수로 증가할 것이다. 맬서스는 식량이 풍부한 기간 동안에 생겨날 인구 증가를 억제시킬 유일한 방법은 만혼이나 산아제한과 같은 사회적 · 도덕적 결정을 도입하는 길뿐이라고 했다.

맬서스는 1801년 처음 실시된 인구 조사의 결과가 자신의 견해에 부합되는 것을 보았다. 이 조사는 지난 몇 년 동안에 인구가 엄청나게 증가한 것을 확인해 주었던 것이다. 다윈이 이 논문을 읽은 지 얼마 지나지 않아 맬서스는 총리였던 윌리엄 피트로 하여금 빈민 농업 노동자에게 지불될 추가의 구빈 교부금을 마련하도록 한 법안을 철회시키도록 하는 데 성공했다. 맬서스의 논증은 만약 구빈원이 너무 매력적인 기대를 갖도록 만들어진다면 많은 가족들이 기아를 두려워하지 않아 출산율이 증가하라는 것이었다. 인구 증가는 여분의 빈민 구제를 필요로 할 것이며 이는 다음에는 좀더 많은 출산을 유도할 것이고 이 순환은 반복된다는 것이다.

다윈은 생계에 의해 인구가 제한되며, 도덕적 금기가 없다면 인구는 증가할 것이고, 이런 결과로 인해 생존은 제한된 자원을 획득하기 위한 끊임없는 경쟁의 문제가 될 것이라는 맬서서의 이론을 채택했다. 다윈에게 실마리가 된 문장은 다음과 같은 것이었다. "따라서 인구가 억제되지 않을 때 25년마다 인구는 두 배로 증가하거나 혹은 기하급수적으로 증가한다는 것은 분명하다." 이러한 모델에 따라 다윈은 다음과 같이 썼다.

> 생존을 위한 투쟁은 모든 생명체가 증가하려는 속도에 따라 일어나는 것이 분명하다. 다양한 힘을 전체 동물과 식물계에 적용시키려는 것이 맬서스의 학설이다. 왜냐하면 이런 경우 인위적인 식량증가와 신중한 결혼의 제한이

있을 수 없기 때문이다.

이빨과 발톱이 피로 물든 자연. 생존을 위한 끊임없는 투쟁에서 승리는 가장 강한 자에게로 돌아간다.

즉 현대 세계에 존재하는, 라이얼의 화석에 관해 얘기했던 것에 대한 증거는 바로 이것이었다. "생존을 위한 보편적인 투쟁 안에서 결국 가장 강한 자의 권리가 우세해진다." 다윈에게 이것은 어째서 어떤 종은 성공적으로 생존하는 데 반해 다른 종은 멸종하는지에 대한 이유였다. 왜냐하면 환경은 생명체로 인해 포화상태에 이를 것이기 때문이다. 이용 가능한 양분을 가장 잘 공급할 수 있는 종만이 생존을 하며 늘어날 것이다. 경쟁은 개체들을 먹이가 충분하고 분화한 생태적 조건 안에 속하도록 강요할 것이다. "이러한 환경에서 유리한 변종들은 쉽게 생존할 것이고 불리한 종들은 파멸할 것이다. 이런 결과가 새로운 종의 형성으로 나타난 것이다."

게다가 다윈은 재생산에 도움이 되는 특성들이 또한 생존의 기회를 높일 것이라고 보았다. 이런 점은 전투에서의 용맹성이나 종의 한 성 혹은 다른 성에 의해 고양된 매력으로 나타날 것이다. 종은 생존에 가장 적합한 특성을 가진 구성원의 혈통을 통해 진화할 것이다. 나머지는 죽어 소멸하거나 소수 무리로 남게 될 것이다. 자연은 적자만을 선택해 생존시킬 것이다.

1857년 다윈은 자신의 사상에 대한 세밀한 개요를 친구인 에이서 그레이에게 보냈다. 1년 후 놀랍게도 그는 극동으로부터 원고 하나를 받았다. 이 원고는 말레이 군도에서 연구를 하고 있던 박물학자 앨프레드 러셀 월리스로부터 온 것이었다. 그는 진화에 대해 다윈과 같은 결론에 도달해 있었다. 조심스럽고 정중한 의견 교환을 거쳐 지질학회에서 공동 문서를 낭독한 후 다윈에게 우선권이 있다는 합의에 도달했다. 이렇게 해서 1859년 책을 출판하게 된 것이다.

『종의 기원』은 폭탄과 같은 충격을 세상에 안겨 주었다. 다윈이 식물상과 동물상에 대해 말했던 바를 너무 쉽게 인류에게도 적용시킬 수 있었기 때문이었다. 게다가 같은 시기에 아담의 자손이 아닌 초기 원시인의 흔적이 발견되었다. 1856년 요한 카를 풀로트라는 독일인이 뒤셀도르프 근처 동굴에서 매우 오래된 인간의 유골을 발견했다. 이 유골은 이것이 있던 계곡 이름을 따서 네안데르탈 사람이라는 이름이 붙여졌다. 1858년 조지프 프리스트위치와 휴 포크너라는 두 명의 영국인이 데본의 브릭섬 근처 동굴에서 이런 유골들을 추가로 발견했다.

이러한 원시인의 유골은 많은 것들을 암시하고 있었다. 만약 아담이나 에덴 동산이 존재하지 않았다면, 인간은 다른 생물체들과 마찬가지로 같은 진화 법칙에 복종해야만 했다. 인간은 더 이상 신의 모상에 따라 특별하게 창조된 존재가 아니었다. 게다가 만일 그렇다면 거짓말을 가르치는 종교계로부터 즉각적인 공격을 받게 되었다. 성서는

다윈은 비둘기를 통해 자연선택의 메커니즘을 재현했다. 사육자가 일반 양비둘기를 다양하게 개량시켜(위에서 아래로 전서구, 공작비둘기, 공중제비비둘기) 다른 종처럼 보이게끔 만들 수 있다면, 자연도 그렇게 할 수 있다.

다윈 이후 크게 일어난 자연사 연구 열풍을 풍자한 《펀치》지의 만화(19세기 중반).

온전히 그대로 믿어야 할 것이거나 그렇지 않다면 전혀 믿지 말아야 할 것이라는 주장이 제기되었다. 1864년 1만 1천 명의 성직자들이 "전부가 아니면 아예 포기한다"는 견해를 지지하는 옥스퍼드 선언에 서명하였다.

그러나 전투는 훨씬 이전부터 시작되었다. 『종의 기원』이 출판된 직후인 1860년 옥스퍼드에서의 격렬한 논쟁에서 '소피 샘' 윌버포스 주교는 다윈의 논증을 분쇄하려 했으나 실패했다. 논쟁에서 그에 대항해 박물학자이자 생물학자이며 과학을 대중화시켰던 토머스 헨리 헉슬리가 발언을 했다. 헉슬리는 "나는 조상으로 주교보다는 차라리 원숭이를 택하겠다"라는 불후의 말을 남겼다.

기자와 대중들이 토론을 혼란스럽게 하고 너무 단순화하는 바람에 다윈은 언론의 공격을 받게 되었다. 그들에게 과학은 단순히 종교에 대항하는 것처럼 보였다. 현상들에 대한 다윈의 자연주의적 설명은 우주의 합목적적인 특질과 함께 신의 계획을 제거하였다. 이것이 인간을 동물과 유사하게 만들었다.

다윈의 저서는 유물론자의 활동을 자극했다. 제네바 대학의 지질학

1861년 『종의 기원』에 대한 대중적인 언론의 반응을 보여주는 《펀치》지의 풍자만화.

교수인 카를 폭크트는 『종의 기원』을 강의하며 유럽을 여행했는데, 이 교재를 사용하여 과학과 종교 사이의 갈등을 증폭시켰다. 신학에 반대했다기보다는 카톨릭에 반대했던 미국인 윌리엄 드레이퍼는 다윈의 이론을 이용해 만일 에덴 동산과 창조의 6일이 존재하지 않았던 것이라면 신앙의 전 체계는 허위라는 자신의 견해를 옹호했다. 다윈은 이런 초기 자유 사상가들에게 과학적 후견인인 셈이었다.

그러나 좀더 지식이 있는 신학자들은 점차로 다윈의 견해를 수용했다. 성서를 주로 우화적인 저작으로 간주하기 시작한 것이다. 후에 캔터베리 대교주가 되었던 프레더요릭 템플이 이러한 신학자들의 견해에 동의했다. 비국교도 교회는 한걸음 더 나아갔다. 그런 한편 1871년 《패밀리 헤럴드》지는 "진화론이 사실이라면 사회는 산산조각으로 분해될 것이다"라고 논평했다. 그리하여 다윈은 뜻하지 않게 빅토리아 시대 사람들에게 신앙의 상실과, 종교와 과학은 양립될 수 없다는 대중적인 오해를 더욱 크게 불러일으켰다.

다윈에 대한 반발은 미국에서 더 강했는데, 그곳에서는 근본주의의 쇄도와 공개 세례의 형태로 반감이 표출되었다. 사실 진화론을 가르쳐 성서의 권위를 침해했다는 이유로 다윈주의를 금지시키는 소송이 도전받아 패소한 것이 1925년의 일이었고, 관계 주법이 철회되기까지는 이보다도 42년이 더 경과되어야 했다. 카톨릭 교회는 이보다는 훨씬 민첩하게 행동했다. 카톨릭 교회는 피우스 12세가 〈후마니 게네리스〉를 공포한 1951년 이후에야 진화론에 대한 토론을 허락했다.

종교계 외부에서 다윈의 이론이 준 영향은 광범위했다. 조지 버너드 쇼가 말한 것처럼 "다윈은 연마한 도끼로 사람을 만족시키는 행운을 누렸다."

인종주의는 『종의 기원』이 출판되기 전에도 눈에 띄었다. 1853년 프랑스에서 『인종불평등론』을 출간했던 최초의 진지한 인종 이론가 조제프 아르튀르 고비노 백작의 연구 이후에 특히 그러했다. 그러나 다윈은 인종적 순수성이란 관념에 그럴듯한 모양새를 부여했다. 그의 사촌 프랜시스 골턴은 1860년대 영국과 미국의 우생학 운동의 대표적인 해설자였다.

골턴은 도시 생활이 인간의 식량을 변질시켜 전에 그랬듯이 가장 잘 적응된 자들만이 전염병과 불결한 음식의 섭취에 견딜 수 있게끔 조장한다고 생각했다. 다윈의 이론은 우생학에 과학적 신임을 부여했다. 19세기 끝무렵 몇몇 우생학자들은 시민적 가치가 있는 사람들이 아이를 낳았을 경우 이 부모에게 재정적 지원을 해주어야 한다고 주장했을 뿐 아니라, 천치와 매독 환자, 결핵 환자, 파산자를 예방차원에서 불임시켜야 한다는 극단적인 방법까지 주장했다.

분류에 대한 광적인 열정으로 골턴은 스스로 희한한 기계를 사용해 '매력 있는 여성, 평범함 여성, 추한 여성'의 비율을 작성하여 영국의 '미인 지도'를 작성하였다. 런던은 미적 서열에서 수위를 차지했고 애버딘은 가장 하위였다. 대륙에서 진화론은 에른스트 헤켈이라는 독일 학자의 연구로 인해 마찬가지로 극단적인 목표에 이용되었다. 1859년 다윈의 책이 출판되었을 때 헤켈은 의사로 베를린에서 활동하고 있었다. 스물다섯 살이었던 헤켈은 동물학을 공부하기 위해 예나 대학에 입학하려 하고 있었다.

혼란과 분열을 겪고 있던 독일은 정체성을 찾아 나섰고 곧 비스마르크의 영도 하에 그것을 찾아냈다. 그 시기에 독일에서뿐만 아니라 실질적으로는 유럽에서까지 가장 큰 정치적 · 철학적 영향력의 근원지는 독일의 사상가 헤겔이었다. 그는 실재하는 것은 '전체' 뿐이라고 주장하며, 그것을 절대絶對라 불렀다. 역사는 낮은 곳에서 완전한 곳으로 나아가는 절대지絶對知를 향한 진보의 연속이었다(다윈은 『종의 기원』을 통해 헤겔과 같은 사상을 성공적으로 지지했다). 그리고 인간 정신의 발달은 독일인들의 성취에서 최고로 표현되어 왔다. 헤겔은 역사상 위대한 인물들이 모두 독일인들이었다고 생각했다. 테오도리쿠스, 샤를마

뉴, 바르바로사, 루터, 프리드리히 대제가 그들이었다. 최고의 국가가 배출한 '영웅들' 인 이들은 국가의 '건강성' 을 보여주는 가장 극명한 예였다.

헤겔 사상에서 '전체' 는 국가에 의해 표현되었다. 국가의 순수한 형태는 프러시아 군주국이었고, 그것은 절대적이었다. 헤겔은 "독일의 정신은 새로운 세계 정신이다" 라고 말했다. 그것의 목표는 제한받는 일 없이 스스로 결정을 내리는 절대지의 실현이었다. 그것은 그 스스로 절대적 형태를 갖춘 자아였다. 필요하다면 전쟁을 치르는 한이 있더라도 그 자신의 국가들은 자연 상태에서 서로 관계를 맺고 있었다. 따라서 그들 사이의 관계는 법적으로나 도덕적으로 판단될 만한 성질의 것이 아니었다. 그들의 권리는 그들이 개별적으로 바라는 것이며, 국익은 모든 국가가 따르는 최고의 법이었다.

헤켈은 이러한 "가능한 국가에서 가장 최상의 국가" 라는 철학을 믿었고, 1860년 다윈의 책이 독일에서 출판되었을 때 그는 이 책이 자신의 견해를 지지해 줄 수 있다는 것을 발견했다. 그는 『종의 기원』에서 인간과 자연을 결속시켜 줄 우주 법칙을 찾는 독일 낭만주의 운동과 헤겔의 관념을 결합시킬 수 있는 방법을 찾아냈다.

19세기 이래로 낭만주의는 독일에 널리 퍼져 있었다. 낭만주의자들에게 자연은 끊임없는 생성의 상태로, 존재의 거대한 사슬 안에서 자신의 형상을 발전시켜 나가는 것이었다. 자연의 모든 양상은 사회의 발전과 관련된 것으로 사회 구조 안에서뿐만 아니라 종교와 예술, 신화 안에서 자신을 표현한다는 것이 낭만주의적 관점이었다. 이런 문화 연구를 통해 전체 우주를 이해할 수 있다는 것이다.

그런데 다윈이 이것을 가능하게 만드는 길을 제시했다. 다윈은 자연적 세계와 사회적 세계를 결합시켰던 것이다. 인간은 자연의 일부였다. 게다가 세포의 성장을 연구하고 있었던 얀 프루키네와 테오도르 슈반과 같은 과학자의 최근 발견들은 모든 생물의 세포가 기본 형

바이에른의 광기어린 왕이었던 루트비히를 위해 세워진 성. 독일인들은 과거에서 영감을 찾았다. 이런 점이 우수한 기원을 지녔다는 아리안 족의 신화를 형성하였다.

초보적인 자연력만을 갖춘 유랑부락. 헤켈의 우주론은 비이성에 호소하여 나치즘에 불가사의한 광기를 부여하게 되었다.

태상 동일하다는 것을 보여주는 듯했다.

1862년 헤켈은 독일 전역에서 다윈에 대한 강의를 하기 시작했다. 헤켈에 따르면 다윈의 이론은 새로운 우주론을 기술하는 것과 다름없었다. 진화를 통해 어떻게 인간이 동물로부터 발전을 해왔는가를 보여줌으로써, 다윈은 변화는 불가피한 것이며 그것은 역사 전개의 주요 메커니즘이라는 것을 증명했고, 변화를 방해했던 전제군주의 타도를 정당화시켰다. 카보우르와 마치니, 가리발디가 오스트리아 점령군을 몰아내고 국토의 대부분을 통일시키기 직전이었던 1859년 헤켈은 이탈리아에 있었다.

1860년 코부르크에서 개최된 운동 경기에서 그는 또한 단일 민족, 즉 우수 민족이라는 비전을 보았다. 다윈은 그에게 이것이 어떻게 실현될 수 있는가를 보였다. 헤켈은 자신의 새로운 철학의 기초로써 『종의 기원』을 이용했다. 그는 이것을 분리된 인간과 자연이라는 견해인 이원론과 구별하기 위해 일원론이라고 불렀다. 일원론자에게 인간은 동물과 일치하는 존재였다. 인간은 분리되어 특별하게 창조된 존재라는 주장을 할 수가 없었다. 인간은 영혼을 갖지 않은 존재로 단지 진화의 상위 단계를 차지하고 있을 뿐이다. 헤켈은 다음과 같이 썼다. "어머니인 지구가 무한한 우주 속의 한 점에 지나지 않는 것처럼, 인간 자신도 유기적 자연이라는 사멸할 체계 속의 한 점 원형질에 지나지 않는다."

다윈은 인간 사회와 생물학적 자연은 동일하다는 것을 보여주었다. 따라서 사회는 경쟁과 갈등, 침략이라는 동일한 법칙의 지배를 받아야 한다. 국가는 유기체들과 마찬가지로 생존을 위해 싸워야 한다. 그렇지 않으면 멸망하고 말 것이다.

헤켈이 생각했듯이 독일이 우월한 문화를 가지고 있다면, 그것은 개인에게 살아남아 있는 우수한 자질을 증명함으로써만 그 우월성을 유지할 수 있을 것이다. 아리안 어라고 불리는 유럽어의 원형이 되는

1967년 카나리아 제도에서 수집 탐험을 하고 있는 젊은 시절의 헤켈(왼쪽).

언어는 존재에 관한 언어학 이론은 인종적 순수성에 관한 주장을 그 당시 들어 강화시켜 왔었다. 아리안 어에서 발달되어 나온 잡종어들은 국제주의가 끼친 나쁜 결과물이었다. 헤켈은 인종적 차이는 근본적인 것으로서, 호텐토트 족과 게르만 족 사이에는 양과 염소보다 더 큰 차이가 있다고 여겼다. 인류는 피부색과 지능에 따라 구분되어야만 했다.

인문주의와 고전 문학을 강조하는 교육은 영향력이 약해져 가고 있었다. 세기 끝무렵 "독일 산업 부흥의 토대"라는 강연에서 헤켈은 공동체를 이해 집단으로 분열시키는 자유 사상의 영향력을 대체할 과학의 도입을 주장했다. 자유 의지를 북돋는 것 역시 위대한 것이었는데 다윈이 보였던 바와 같이 유기체는 이성과 의지에 의해서가 아니라 투쟁과 순수성을 통해 승리를 거두기 때문이다.

"인간의 의지는 고등 동물 이상의 자유를 갖는 것이 아니다. 고등 동물과 인간의 자유는 정도의 차이이지 종류의 차이는 아니다.…… 자유가 클수록 복종도 더 강해져야 한다"라고 헤켈은 말했다. 헤켈에게 자유는 집단의 권위에 복종함을 의미했고 이것은 생존의 기회를 증가시켜 줄 것이었다. 이런 조건에서 도덕 법칙은 생물학에 종속되었다. "사실상 수십억 개의 세포들이 종의 생존을 위해 희생하고 있다"는 것이 헤켈의 의견이었다. 개인의 생명은 중요하지 않았다. 전체로서의 공동체의 이해에 관계되는 것보다 더 고결한 절대 윤리를 호소할 수 없었다.

다윈의 이론을 원용한 헤켈의 이론은 당시의 지성사에서 결정적인 영향을 미쳤다. 그것은 독일에서 이미 대두하고 있었던 인종주의, 제국주의, 낭만주의, 민족주의, 반유대주의의 흐름들을 통합했다. 헤켈이 강력히 주장했던 집단의 통일은, 자연과 개인의 분리시킬 수 없는

19세기 끝무렵 독일은 한 세대가 채 못 되어 소국으로 구성된 후진 농업 공동체에서 거대 산업 국가로 올라갔다.

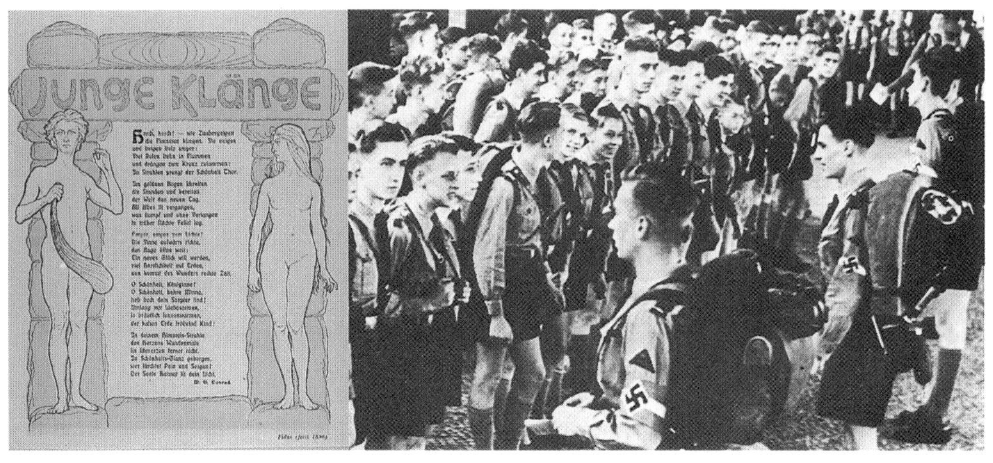


1901년 독일을 자극했던 아리안족의 이상. 인종적 순수성이 국가의 위대함을 보장해 줄 것이다.

위 오른쪽 : 나치당과 긴밀하게 제휴하여 군사적 훈련과 이념적 교의를 가르쳤던 히틀러 청년 단체. 나치의 만(卍)자 기장은 행운을 나타내는 고대 상징이었다.

유대뿐만 아니라 무엇보다도 독일 민족의 혈통과 순수성을 믿었던 집단인 폴키스트 사이에서 찬성을 받았다.

1899년 헤켈은 자신의 주요한 철학적 진술이 담긴 『우주의 수수께끼』를 출판했다. 이 책은 베스트셀러가 되어 처음 10년 동안 10판이 발행되었으며 1933년까지 50만 부가 판매되었다. 이 책에서 헤켈은 이교도 시절 과거와, 조국과, 투쟁의 불가피성과 만족에 대한 신념을 독일인에게 불러일으켰다. 1906년 72세의 나이로 그는 예나 대학에 일원론자 연맹을 설립했다. 일원론자 연맹은 우생학자, 생물학자, 신학자, 문학자, 정치가와 사회학자를 결속시켰다. 노벨화학상을 수상했던 빌헬름 오스트발트가 1911년 의장직을 맡았다.

1911년에는 그 연맹의 회원 수가 독일과 오스트리아 도처에 산재한 42개 도시에 걸쳐 6천 명으로 늘어났다. 연맹이 폴키스트 운동, 특히 그 집단의 주요 지식인들에게 끼친 영향은 대단했다. 지도적 인종 인류학자 오토 아몬은 자연의 법칙이 곧 사회의 법칙이라고 썼다. "용감성, 교활함, 그리고 경쟁은 미덕이다.…… 다윈은 독일의 새로운 종교가 되어야만 한다.…… 인종적 투쟁은 인류를 위해 꼭 필요하다."

알렉산더 플뢰츠는 민족적 순수성을 위해 미래의 아버지를 선발하강자는 인종의 혈통에 독이 되는 존재를 멸망시킴으로써만 생존할 수 있다는 다윈설의 메시지를 모방한 나치 포스터.

는 민족국가를 주장했다. 심신 장애아를 제거할 목적이었다. 1904년 그는 우생학 잡지《아르히프》를 간행해 그 첫째 권을 헤켈에 헌정했다. 이 잡지의 제안은, 테오도어 프리치가 설계한 미트가르트라는 거대한 엘리트 양육 도시와 같은 양육 공동체 설립으로까지 나아갔다.

1918년 이후 플뢰츠는 아리안 족의 창조신 이름을 딴 아르타마르젠이라는 청소년 단체의 지도자가 되었다. 하인리히 힘러와 루돌프 헤스도 이 단체의 창설 멤버였다. 일원론자 연맹의 부의장인 알로이시우스 우놀트는 "야만적인 현실이, 선하고 자유롭고 평등하며 행복한 국민이라는 보잘것 없는 꿈으로부터 우리를 일깨웠다"라고 말했다.

하나의 새로운 민족 정당이 공동체를 결속시킬 상황이었다. 이 정당은 적자생존의 살아 있는 모범으로서, 다시 말해 능력에 기초한 계급 제도로서 기능을 할 것이었다. 노동은 강요될 것이고, 국가의 원동력은 정치가 아닌 경제에서 비롯될 것이었다. 의회 절차의 혼란과 무질서는 사라질 것이고 국가는 생물학적인 엘리트가 될 것이었다. 투쟁은 존재를 위한 주요한 이유가 될 것이었다. 다윈의 진화론에 토대를 둔 나치즘이 탄생한 것이다.

반면 대서양 너머에서는, 다윈을 전혀 다른 방식으로 해석하였다. 이 대륙에서도 물론 다윈은 더비의 교장 선생님이자, 독학으로 수학해 철도를 고안한 엔지니어의 아들이었던 잉글랜드인인 허버트 스펜서에 의해 이미『종의 기원』이전부터 발전되었던 견해에 확증을 주었다.

1852년 스펜서는 맬서스의 사상에 기초해「동물 번식에 관한 일반 규칙으로부터 추론한 인구론」이라는 논문을 발표했다. 이 논문에서 스펜서는 자연 선택의 원리를 거의 확립하는 단계까지 나아갔다. 1859년경에는 모든 사상을 진화원리 하에 단일하게 통합시킨 '종합 철학'을 발전시켰다.

스펜서는 근본적으로 낙관주의자였다. "진화란 끊임없는 분화와 통

Kampf der Gefahr!
Schadenverhütung ist Pflicht!
HANNS REINDL MÜNCHEN
Auch Dich geht's an!
Lies die Monatsblätter für Schadenverhütung „Kampf der Gefahr!" – Herausgegeben vom Amt für Volkswohlfahrt bei der Obersten Leitung der P. O. – Dein Arbeitgeber beschafft diese Zeitschrift für Dich!

진보에 대한 다윈 예찬의 두 가지 형태.

왼쪽 : 진취적인 자유정신을 통한 진보라는 미국의 견해.

오른쪽 : 계획을 통한 진보라는 러시아의 견해.

합을 통해서 막연하고 질서 없는 동종으로부터 명확하고 질서가 선 이종으로의 나가는 변화다"라고 말하고 있다. 그는 이것이 '적자생존'을 통해 발생한다고 하였다. 적자생존이란 말은 스펜서 자신이 처음 만들어낸 용어였다. "인구의 압박은 진화의 가장 가까운 원인으로 작용해 왔다.…… 이것은 인간을 사회 정서를 계발시켜 왔다."

만일 생존을 위한 투쟁이 느슨해진다면, 사회의 붕괴가 뒤따를 것이라고 스펜서는 생각했다. 이러한 투쟁에서 약자는 일반 공동체라는 지고한 선을 위해 굴복해야 한다.

무능력자의 빈궁과, 경솔한 자의 비탄, 게으른 자의 굶주림은 피할 수 없는 거대한 운명이다. 이 운명은 자비심과는 거리가 먼 것으로, 병약한 부모들이 낳은 자식을 일찍 무덤으로 보내며, 의기소침한 자들과 무절제한 자들, 허약한 자들을 분리해 전염병의 제물로 삼는다.

우주가 지향하는 목표는, 타인의 권리를 침해하지 않고서도 스스로를 표현하고 실현시키는 개인을 위해 최대의 기회를 제공하는 세상이라고 스펜서는 말하고 있다.

다윈이 보였듯이, 식물과 동물들의 생존을 위한 투쟁은 진화적 변화를 낳았으며, 이 변화는 진보적인 것으로서 성공적인 개인들로 구성된 공동체로 이끈다. 이렇게 환경은 투쟁에 의해 개선된다. 사회 문제에 가옥 건축이나 빈민법, 구호금, 공장법, 은행, 교육 혹은 관세 인상 등과 같은 방법으로 국가가 개입한다면 경쟁력이 없는 자들을 쉽

개척자 정신. 1889년 오클라호마에서 자유 토지를 확보하기 위해 정주자들이 경쟁하고 있다. 가장 나중의 자가 가장 적게 소유한다는 것이 당대의 정신이었다.

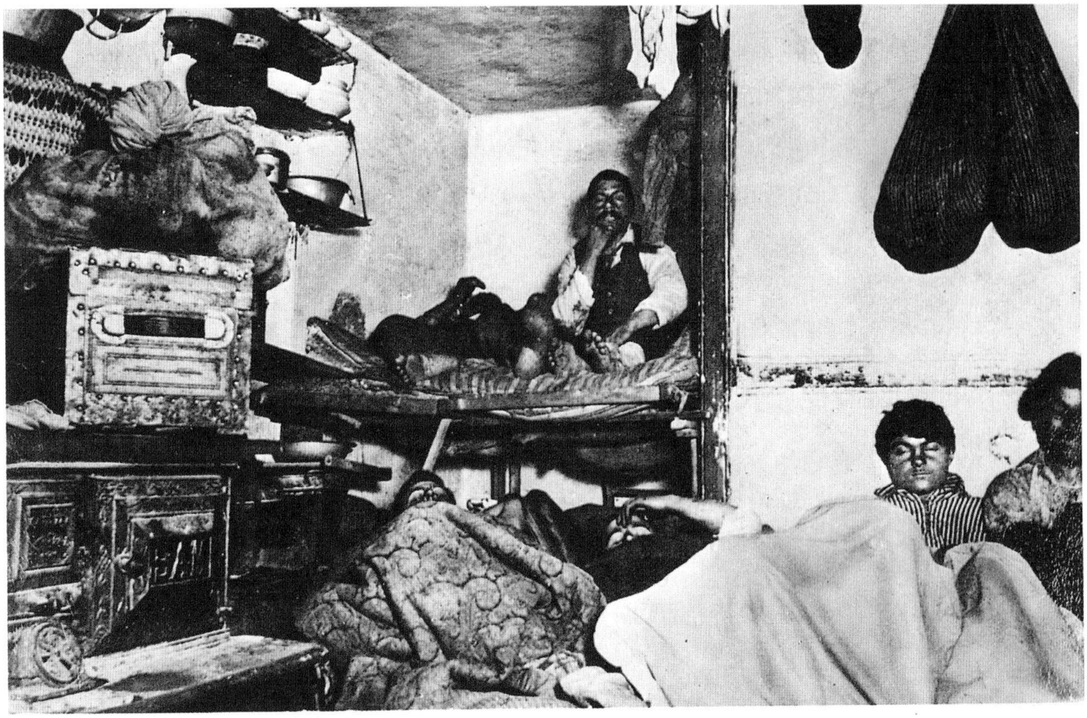

게 번성시켜 공동체에 손상을 입힐 것이다.

정부의 간섭을 제한하는 헌법 아래 건국된 미국에서는 스펜서의 사회적 진화론은 들불처럼 퍼져 나갔다. 미국 정부는 다윈의 주장처럼 자신의 이해관계에 따라 행동하는 개인의 자유를 보호할 단 하나의 의무만을 가질 뿐이었다.

1877년에 사회적 진화론은 영국에서 이미 1869년부터 활동을 시작한 자선 기구 연맹에서 그 모습을 드러냈다. 그것의 목표는 자선을 합리적으로 시행하고 그것을 필요로 하는 사람들에게만 제공함으로써, 극도의 빈곤에 빠진 그들 가정의 구성원들에게 더 이상 자선이 필요치 않도록 환경을 개선하는 것이었다.

미국의 스펜서 추종자인 유먼스와 존 피스크는 1882년 스펜서의 성공적인 미국 방문이 있은 직후에 그의 책 30만 부가 팔렸음을 보증했다. 그는 이제 미국 산업계가 가장 선호하는 사람이 되었다. 앤드루 카네기도 그의 추종자였다. 사회적 진화론을 소개하면서 카네기는 이렇게 말했다.

세기가 바뀔 무렵 자유를 동경해 뉴욕을 찾아온 가난한 이민자들이 뒤죽박죽 섞여 있다. 소박한 개인주의 안에 담긴 미국적 신념은 밝은 미래를 제시했지만 이는 강한 자만이 획득할 수 있는 것으로 약자에게는 아무 의미도 없었다.

> 그 빛은 홍수처럼 밀려들었고 모든 것이 분명해지게 되었다. 내가 신학이나 미신으로부터 벗어났다는 사실이 전부가 아니었다. 나는 진화라는 진리를 발견한 것이다. "만인의 향상을 통한 만인의 행복"이 내 모토가 되었다.…… 인간은 타락을 향한 본능을 가지고 태어난 것이 아니었다. 오히려 나락으로부터 고결한 형상으로 고양된 존재였다. 또한 완전을 향한 인간의 행진 앞에 결승점이란 상상할 수 없는 것이다.

거대한 규모로 제조물품을 생산해 국내 시장을 빠르게 성장시킬 수 있었던 효율적이고 융통성 있는 생산 시스템과 풍부한 천연 자원을 갖춘 이 나라에서, 사회적 진화론은 개척자 정신(혹은 견해에 따라서는 이민 노동자의 착취)이라는 소박한 개인주의에 잘 부합되었다. 카네기는 이것이 가져다 준 기회를 기꺼이 환영했다.

> 그러므로 우리는 사업이나 산업, 거래가 소수의 손에 집중되고 더군다나 이들 사이에서 경쟁을 벌여야 한다는 규칙과 같이 지독히 불공평한 조건을 기꺼이 받아들여 그것을 유익한 일로 만들뿐만 아니라 미래라는 인류의 진보를 위해 반드시 필요한 것으로 만들 것이다.

존 록펠러는 이에 대해 다음과 같이 말하고 있다.

> 거대 산업의 성장은 단지 적자생존에 지나지 않는다. 구경꾼을 즐겁게 해주는 화려함과 향취를 풍기는 미국이란 장미꽃은 그 주위에 돋아난 어린 싹을 희생시킴으로써 탄생할 수 있다. 사업에서 이런 것은 악마적 성향이 아니다. 단지 이것은 자연의 규칙과 신의 율법에 따른 결과일 뿐이다.

미국에서 그 운동의 대표적인 후원자 가운데 한 사람은 예일 대학의 정치와 사회과학의 교수인 윌리엄 그레이엄 섬너였다. 예일 대학은 그의 영향력 아래 미국의 사회적 진화론의 중심지가 되었다. 섬너는 정치적 평등은 정부에 대해 빈민구제, 복지 그리고 그와 유사한 요구들과는 관계가 없는 것으로 생각했다. 그러한 주장을 하게 되면 인간은 덜 자유로워지게 되며, 자신들을 스스로 부양하려는 욕구를 포기하는 것이 되기 때문이다. 그는 "가난한 사람들의 견지에서 자유가 가혹하다고 한다면, 자유는 가혹한 것이다"라고 썼다. 1883년에 출판된 그의 저서 『사회계급이 타인들에게 빚진 것』에서 섬너는 채무는 아무것도 없다고 썼다. 그는 자신의 생각을 '잊혀진 사람들'이라는 말로 요약했다.

A와 B가 연합해 C로 하여금 D에게 대가 없이 무엇인가를 제공하도록 할 경우, C는 망각된 사람이 되는데, 왜냐하면 C가 〔세금을 납부할

정도로] 충분한 자산을 획득했다고 판단함으로서 별 가치가 없는 D를 위해 희생되기 쉽기 때문이다.

이용 가능한 자원을 두고 사람들끼리 벌이는 경쟁은 정당하고 자연스러운 것이다. 사회적 수준에서 벌어지는 생존을 위한 투쟁은 본성상 생계를 가로막는 것과의 투쟁이라고 할 수 있다. 자본주의 체제는 이 두 가지 행위 모두에 가장 알맞은 것이다. 섬머는 이렇게 썼다.

> 백만장자는 자연선택의 결과다.…… 자유, 불평등, 적자생존 그리고 부자유, 평등, 부적자생존이라는 양자택일 외에는 길이 없다는 사실을 이해해야 한다.

스펜서가 미국을 방문했던 해인 1882년은 미국에서 스펜서의 영향력이 절정에 달했던 해였다. 그때 카네기를 포함한 많은 거물급 사업가들이 그를 접대했다. 스펜서는 미국에서 승리했다. 미국이라는 나라에서 승리한 철학자는 그때까지 아무도 없었다. 남북전쟁에서 루스벨트의 뉴딜 정책까지, 사업가들은 자신들의 행위를 사회적 진화론의 용어로 설명했다. 아래로는 주급 3달러를 받으며 허덕이는 사환을 포함한 모든 사람의 일 처리와 근면함이 인류의 선善과 진보에 기여하는 것이었다. 미국인들의 "일어나 나가라"라는 사고방식은 이제 그 존재 이유의 과학적 근거를 갖게 되었다. 그것은 오늘날까지도 미국인들의 삶의 뿌리로 남아 있다.

다윈은 아마도 자신이 결코 예상하지 않았을 방면에서 최후의 결정적인 성공을 거두었다. 『종의 기원』을 읽은 마르크스는 엥겔스에게 편지를 썼다. "『종의 기원』은 우리의 목적을 위해 자연사적 토대가 되어줄 것입니다." 역사적 기초 과정은 대립되는 사상에 의해 3단계로 조합되어 좀더 진보한 단계로 발전한다는 변증법적 유물론은 다윈의 진화론의 메커니즘과 궤를 같이 하는 것이었다. 자연처럼 사회도 시간

근본주의자들이 다윈의 유물론의 결과에 대해 바라보는 시각. 영혼에 대한 믿음에서 점차로 후퇴해 무신론으로까지 타락하고 있다. 학생, 교양 있는 설교가, 과학자의 세 분야의 사람들을 위험분자라고 낙인찍은 점에 주목하라.

에 따라 진보했다.

마르크스는 생존을 위한 투쟁이 진보의 토대가 된다는 다윈의 명제에 깊은 인상을 받았다. 마르크스에게 사회적 등가는 혁명을 향한 계급 투쟁에 놓여 있는 것이었다. 마르크스와 마찬가지로 다윈은 존재에서 미신적이고 초자연적인 의미를 제거했다. 일단 인간이 역사를 수정할 수 있게 되자 인간은 자연과 마찬가지로 역사도 법칙에 복종한다는 것을 이해했다. 진보는 이런 견해에 대한 신념을 통해서만 가능하였다. 변화는 인간 발전의 뿌리였다.

다윈 덕택에 오늘날의 인간 조건에 대한 현대적 견해는 이념의 양쪽 경계 안에서 근본적으로 동일하다. 이들 사이의 불일치란 사회가 진보할 수 있느냐 없느냐의 문제에서 비롯되는 것이 아니라 채택하는 방법의 문제에서 비롯되는 것이다. 양쪽 모두는 다 같은 유물론자들이다. 양쪽 모두에서 인간은 미래에 관한 한 외로운 존재일 수밖에 없다. 삶은 문자 그대로 만들어 나가는 것이다.

# 9

# 파동 만들기

1687년 『프린키피아』가 출판된 이후 2백 년 동안, 사람들은 뉴턴이 제시한 우주론에 신뢰를 보내며 그 안에서 안정적으로 작업하고 사고했다. 지구에도 똑같이 적용되는 불변의 법칙으로 행성 운동을 기술한 뉴턴은 사회의 원래 상태는 합리적이고, 안정적이며 급격한 변화를 일으키지 않는 그런 상태였다고 했다. 그에 따르면 사회의 각 구성원은 사물이 기능하는 구조 속에서 자신이 차지하는 위치를 알고 있기 때문에, 개인들의 모험은 별을 지배하듯이 인간을 확실하게 지배하는 법칙의 범위 안에 있는 한 보상을 받을 수 있다는 것이다. 결국 뉴턴의 주장은 변화는 행성의 궤도 운동에 관한 법칙이 갖는 힘을 적용됨으로써 생겨난다는 것이었다. 변화의 법칙을 자기 자신의 상황에 적용시킨 야심만만한 인간들 역시 그와 똑같은 것을 성취해 낸다.

역사상 가장 거대한 사회적 혁명을 몰고 올 마이크로칩은 엄청나게 복잡한 스위치들로 이루어진 집합체처럼 작동하는 전자의 작용을 이용한다. 이것의 출현은 자기에 관한 초기 연구 덕분이다.

뉴턴이 생각한 우주는 어떻게 보면 너무나 상식적인 것이었다. 공간은 단일하며 절대적인 것으로, 그 안에서 벌어지는 어떠한 일에도 영향을 받지 않고 독립적으로 존재했다. 우주의 구조는 결코 변화하지 않으며 시간의 제한을 받지도 않았다. 뉴턴은 "그 본성에 의해 절대공간은 외적인 어떠한 것에도 관계없이, 언제나 같은 상태로 정지해 있다"고 말했다.

물질을 담고 있는 공간은 절대로 변화하지 않았다. 물질은 공간 안에서 이동했다. 운동의 원리인 변위變位는 물체의 위치상의 변화를 인식 가능하게 하는 공간을 설정하지 않고서는 불가능하다. 물체들은 서로 다른 위치에 놓여 있을 때에만 확인이 가능한데, 그것들이 각기 서로의 물리적 경계 바깥쪽에 놓여 있어야만 구별이 가능하기 때문이다.

동시에 공간은 무한한 것이었다. 유클리드에 따르면 임의의 두 점 사이에 그어진 선은 무한히 연장될 수 있는데 그것은 이 선의 연장을 가로막는 것이 없기 때문이다. 선의 이러한 연장을 가로막는 장벽이 존재한다면 이 장벽은 어떤 것 안에 존재하는 장벽일 것이다. 따라서 '장벽 너머' 도 다른 공간으로 구성되어 있을 것이다.

공간은 무한히 분할 가능한데, 왜냐하면 두 물체 사이의 거리가 아무리 가깝다 하더라도 두 물체가 같은 물체가 아니라면 둘 사이에는 반드시 공간이 있기 때문이다. 공간은 스스로 움직일 수 없다. 공간에서 발생하는 일은 오직 물질과 관련된 일이며, 공간은 물질이 존재할 수 있는 매개체로서 물질보다 먼저 존재하고 있다.

시간도 공간과 마찬가지로 단도직입적인 개념으로 정의되었다. 공간처럼 시간 또한 텅 비어 있었다. 시간은 어느 곳에서나 동일했다. 시간 또한 무한한데, 언제나 시간은 '전' 과 '후' 를 갖고 있기 때문이었다. 공간과 마찬가지로 시간 역시 자신이 담고 있는 것과 상호작용을 하지 않았다. 변화는 시간 안에서 발생하는 것이었다. 공간처럼 시간은 변화도 운동도 함축하지 않았다. 시간의 움직임은 물질의 움직임과는 독립적인 것이었다. 물체가 공간과 아무런 관련이 없듯이 시간의 물리적 내용인 사건들도 시간과는 아무런 관계가 없었다.

시간도 무한히 분할될 수 있었다. 아무리 작은 시간상의 간격이라도 구별이 가능했다. 시간이 주관적이라고 생각하는 것은 말도 안 되는 일이었다. 왜냐하면 인간의 삶이 지속되는 속도가 나비에게는 한

없이 지루하게 보이고, 화석에게는 순간에 지나지 않는다 할지라도 아무튼 시간은 중단 없이 흘러가는 것이기 때문이다. 시간은 또한 공간도 담고 있었다. 왜냐하면 공간은 시간 안에 존재해야만 했기 때문이다.

물질에 대한 정의 역시 단도직입적이었다. 물질은 시간 속에서 공간을 점유하고 있는 불가입적* 인 것이었다. 물질은 공간을 채우는데 왜냐하면 일단 물질이 점유한 공간은 더 이상 다른 것으로 채워질 수가 없기 때문이었다. 물질들이 혼합된다는 것은 한 물질이 다른 물질 안의 공간을 채우는 것이었다. 모든 물질의 구성 요소들은 부피, 크기, 형태가 불변했다. 따라서 우주의 물리적 구조의 불변성도 보장되었으며, 비록 물질의 내부에서 변화가 일어나도 물질의 구성 요소들은 보존되었다.

모든 변화는 운동에 의해 일어났다. 변화는 시간 안에서, 그리고 공간 안에서 물질에만 발생하는 것이라고 정의되었다. 운동 중인 한 물체의 경로에서 볼 수 있듯이 변화는 시간 안에서 이루어지는 공간상의 좌표의 변화였다. 그러나 운동은 물질을 함의하고 있지만, 물질이 운동을 항상 함축하는 것은 아니었다. 왜냐하면, 그 자신의 존재가 운동하고 있는 물체의 존재로부터 추론되는 우주의 어딘가에는 움직임이 없는 물체가 존재해야만 했기 때문이다. 물질과 마찬가지로 운동도 소멸될 수 없으며, 단지 변화할 뿐이었다. 운동은 운동 중의 에너지로 표현되고, 따라서 모든 에너지는 보존되었다.

단단하고 압축된 구성단위들로 된 물질은 엄격한 운동 법칙에 따라 절대공간 안에서 운동했다. 공간 안에서 생겨나는 모든 일은 한 물질이 다른 물질과 충돌하기 때문이었다. 심지어 중력조차 보이지 않는 일련의 물질들이 공간 안에서 충돌함으로써 발생하는 것이었다.

뉴턴의 우주는 절대적인 조건 안에서 작동하는 명명백백한 것이었다. 우주 안에서 같은 시간에 발생하는 모든 사건은 동시적인 일이었

* 불가입성(不可入性): 두 물체가 동시에 한 공간을 차지할 수 없다는 성질.

다. 다시 말해서 특정한 한 순간에 있는 모든 것은 동시에 존재하는 것이라고 할 수 있었다. 지구 위에서 발생하는 일들도 역시 엄청나게 멀리 떨어져 있는 별에서 일어나는 일들과 동시에 발생하는 것이었다. 뉴턴의 우주가 함축하고 있는 지식에 대한 입장은 실재적인 동시에 낙관적이었으며, 확신에 차 있었다. 실재에 관해 탐구하고 그것에 관해 명확히 진술을 만들어 내는 것이 과학의 목적이었다. 지식은 확실성을 증가시켰다. 따라서 지식의 확산은 바람직한 것이었다.

18세기 계몽주의는 지식과 그것의 목적에 대한 뉴턴의 생각에서 영감을 얻었을 것이다. 우주가 이성적인 원리에 따라 움직이는 구조라면, 우주는 이성을 사용해 충분히 이해할 수 있는 것이었다. 인간에게는 모든 이성의 힘을 발전시키고 이용할 수 있는 잠재력이 있고, 때문에 우주는 궁극적으로 설명이 가능했다. 따라서 이러한 목적을 위한 교육에 사회는 총력을 기울여야 했다.

갈릴레이가 과학의 도움으로 객관적 실재를 드러낼 수 있는 수리물리 법칙에 따라 우주가 움직인다는 사실을 밝힌 이래 단기간 동안 모든 연구는 뉴턴적 우주의 절대성에 대한 확신에 의해 행해졌다. 과학의 목적은 이런 절대성 안에서 드러나는 바대로 자연을 측정하고 관찰하는 것이었다.

그런데 뉴턴 물리학의 평온함, 그리고 과학이 할 수 있는 것이 무엇인가에 관한 뉴턴 물리학의 자신감을 산산조각낸 것도 바로 그러한 탐구에서 비롯되었다. 그것은 뉴턴이 사실상 무시했던 자연의 어떤 힘과 관계된 것이었다. 그 문제의 힘이 바로 전기였다.

호박琥珀을 문지르면 인력引力이 생긴다는 사실과 나침반의 바늘이 북쪽을 가리킨다는 사실은 수세기 동안 사람들의 주목을 받아왔다. 그러나 마그데부르크 시의 시장이었던 오토 폰 게리케가 1665년에 유황구에 마찰을 가함으로써 스파크를 발생시키기 전까지는 이 두 현상에 관한 연구는 매우 제한적으로 이루어지고 있었다. 1675년 프랑스 천문학자 장 피카르는 수은 기압계를 흔들면 유리 안의 수은이 빛을 발한다는 것을 알아냈다. 다른 사람들은 유리를 문지르기 시작했다. 프랜시스 혹스비는 크랭크 위에서 구체를 돌려 정전기를 발생시켰다. 1729년 스티븐 그레이는 유리관 한 끝을 비단실이 달린 코르크 마개로 닫고 유리관을 문지르면 인력이 수백 피트까지 비단실을 통해 전달된다는 사실을 알아냈다. 그는 이러한 인력의 '흐름'을 통해 힘이 액체처럼 작용한다는 것을 알 수 있다고 했다.

전기는 무게를 측정할 수 없는 유체流體처럼 보였다. 1745년 포메른의 에발트 폰 클라이스트와 네덜란드의 페터 반 뮈스헨브룩이 용기에 전기 '유체'를 저장할 수 있는 방법을 알아냈다. 그후 그 용기에는 뮈스헨브룩이 그것을 발명했던 곳의 이름을 따 '레이던 병'이라는 이름이 붙었다. 일단 신비한 힘이 저장된 병은 재저장이 가능했고 접촉으로 인해 방전이 발생하면 쇼크가 전달되었다.

1753년 벤저민 프랭클린은 폭풍이 몰아치는 날씨에 연을 날려 감전을 일으킴으로써 전기는 번개와 동일한 현상이라는 것을 증명하려 시도했다. 또한 그는 전기는 음과 양을 띤 유동체일 것이라고 생각했다.

뮈스헨브룩이 발명한 레이던 병은 최초의 충전기였다. 회전하는 유리구를 손으로 회전시킨 다음 총신에 접촉시키면, 총신이 대전된다. 그러면 총신에 연결된 놋쇠줄도 대전되고, 유리병 안의 물도 놋쇠줄을 통해 대전된다.

모든 물체는 이것을 포함하고 있는데, 과충전 되었을 때 수용체는 플러스를 띠게 되며 방전되면 마이너스를 띠게 된다는 것이다.

1780년대까지 과학자들은 음전기, 양전기, 열, 빛, 남쪽을 가리키는 자기磁氣, 북쪽을 가리키는 자기 등의 '무게를 잴 수 없는' 여러 '유체들'이 존재한다는 사실을 알아냈다. 그것들을 인력이나 척력이라는 기존에 알고 있던 '힘들'로 환원시킬 수는 없을까?

그러다가 1795년 프랑스인 샤를 드 쿨롱이 최초로 전기와 자력의 양을 재려고 시도했다. 나침반의 성능을 향상시킬 방법을 찾고 있던 그는 실에 부착되어 있는 자기 바늘을 이용하면 전력과 자력을 측정할 수 있음을 알아냈다. 말하자면 비틀림 저울이 어떤 형태의 힘이든 거리에 따라 강도를 다양하게 보여주었던 것이다. 게다가 이들의 힘은 거리의 제곱에 반비례하고 있었다. 이것은 중력이 작용하는 방법과 정확히 일치했으므로 뉴턴법칙에 따르는 듯 보였다. 쿨롱은 또 전기는 물체 사이를 이동하는 두 가지 유동체로 구성되어 있다고 생각했다. 자력이 물체 안에서 작용하는 두 가지 유동체로 구성되어 있기 때문이었다. 그러나 두 가지 유동체는 다른 것이었다.

갈바니의 동물 실험. 각각의 동물 표본의 신경과 근육에 서로 다른 두 가지 금속을 동시에 접촉시키면 근육이 수축되었다. 갈바니는 이것을 전기가 근육 조직에 충전되기 때문이라고 믿었다.

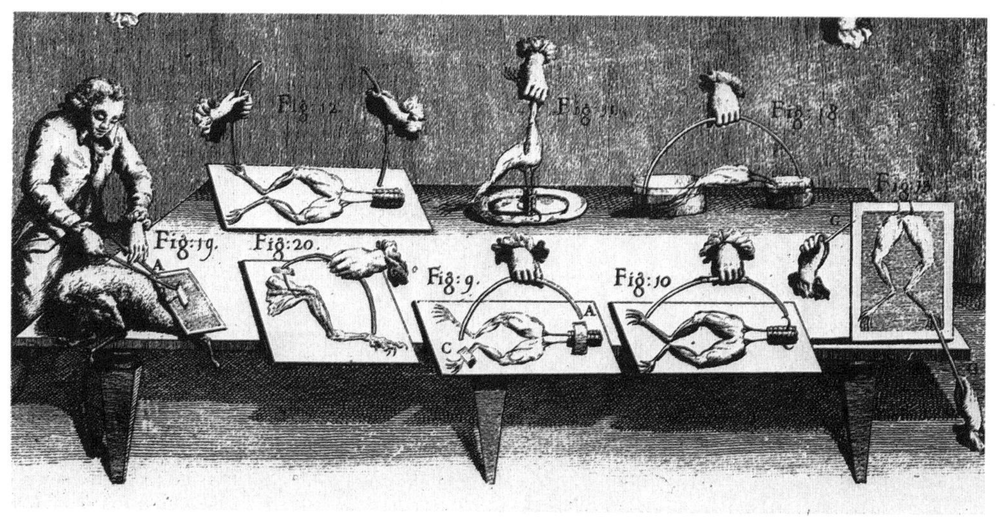

실제로 작용하는 그 힘이 과연 무엇인가를 알지 못하는 것은 둘째치고라도, 그때까지의 문제는 그 힘이 부적절하고 불규칙적으로 공급되고 있다는 것이었다. 볼로냐에서 있었던 우연한 발견은 그에 대한 더 튼튼한 기초를 제공했다. 모든 생물에 전기가 존재한다는 것을 증명하는 연구를 진행하던 중, 루이지 갈바니는 전기 광선을 발생시키는 물고기의 쇼크와 레이덴 병에서 나온 쇼크가 유사하다는 것을 발견했다. 동물도 전기를 발생시키는 것일까? 1780년에서 1786년 사이에 그는 개구리를 집중적으로 연구했는데, 특히 개구리의 신경과 근육을 서로 다른 종류의 금속으로 연결시키면 경련을 일으킨다는 사실에 주목했다. 동물들도 실제로 전기를 발생시키는 것처럼 보였다.

그러나 파도바와 가까운 곳에서 또 다른 이탈리아인인 알레산드로 볼타가 갈바니가 틀렸음을 밝혀냈다. 전기는 두 금속간의 작용 때문에 발생하는 것이었다. 볼타는 두껍고 젖은 판지 사이에 은과 아연 디스크들을 끼워 쌓아올려, 정상적인 전류를 만들어 냈다. 볼타가 만든 것은 항상 일정한 양의 전기를 공급시켜 주는 첫 전지였다.

그러나 과학의 진보와 관련하여 과학자와 일반 사람들이 전지의 발명을 받아들이는 방식은 서로 달랐다. 전지가 발명된 지 1년도 못되어 과학은 백열하는 궁형 빛을 만들어 내는 스파킹 탄소 막대를 만들어 내게 된다. 1812년에는 독일의 군사 과학자들이 상트페테르부르크의 네바 강 건너 러시아의 광산들을 폭발시켰다. 전기는 불임이나 소화불량 등 모든 질병에 잘 듣는 만병통치제로 선전되었다. 볼타의 절친한 친구인 루이지 브루냐텔리는 전기 분해의 신비에 대해 탐구했다. 1801년에는 프랑스인 니콜라 고테로가 전지에 연결되어 전류가 흐르는 도선을 소금용액에 넣어 소금과 염소 가스를 발생시켰는데, 후에 이 기술은 미네랄을 추출하는 데 큰 도움을 주게 된다. 브루냐텔리는 자신의 아이디어를 돈을 버는 데 활용했다. 그는 대형 메달에 금도금을 해서 팔았다. 전기도금은 칼 제조업 등에서 기다리고 있던 기술이

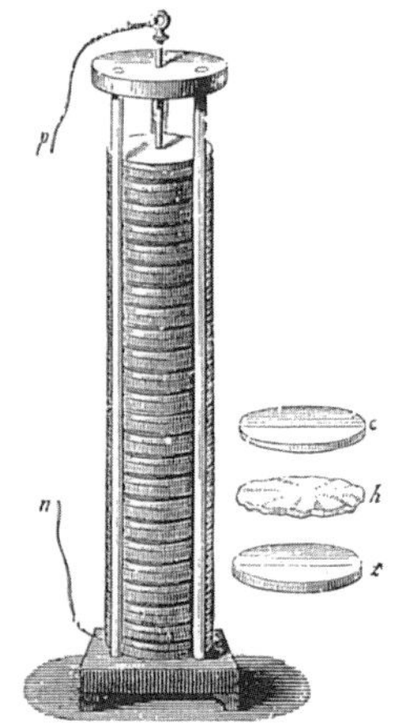

볼타 전지. 차례로 아연, 젖은 종이, 은판으로 만들어졌다.

전기치료법에 대한 당시의 열광적인 유행을 보여주고 있는 전형적인 돌팔이 의사. 그 당시에는 전기에 의한 '충격'이 노화를 방지하고, 술고래들의 금주를 돕고, 기생충병이나 요통에서부터 시력상실과 파상풍까지 수많은 질병을 치료해 준다고 믿었다.

었다. 이러한 일들을 통해 대중들은 기술이 무엇인지를 피부로 느끼게 되었고, 이것이 바로 과학이라고 생각했다.

과학자들은 이런 모든 것에 감명을 받기보다는 우려를 하는 편이었다. 전기 분해를 하는 동안 전류는 화학 반응을 일으켰다. 한편 산연을 화학적으로 분해시키면 전류가 발생했다. 화학과 전기 사이에 어떤 연관성이 있는 것은 아닐까?

물체 사이의 관계라는 관념은 당시에 매우 관심을 끌었는데, 특히 낭만주의 운동이 자연 철학이라는 학파를 형성했던 독일에서 더욱 그러했다. 자연 철학은 모든 현상은 대립되는 힘들이 종합된 조화로운 결과라고 설명함으로써 자연에 대해 변증법적으로 사고한 칸트의 철학에서 비롯된 것이었다. 자연 철학은, 자연은 영구적인 투쟁 상태이며 모든 진보는 종합으로부터 나오며 힘으로부터 비롯되는 것이고 특히 무엇보다도 모든 것이 서로 관계를 맺고 있다는 입장을 견지했다.

1820년, 독일에서 수학하여 자연 철학의 영향을 받았던 덴마크인 한스 크리스티안 외르스테드는 전기와 자기磁氣가 서로 관련되어 있는지를 밝히기 위한 조사에 착수했다. 외르스테드는 전기를 힘 아래 둠으로써 자연 철학의 교의를 따랐다. 그는 전기를 저항이 강한 백금 전선에 통과시켰다. 분명 백금 전선은 다른 물체처럼 작용했다. 번개처럼 빛을 냈던 것이다. 그러나 더 중요한 것은 전류가 자기처럼 근처의 나침반 바늘에 영향을 준다는 것이었다. 외르스테드는 전선을 순환하고 있는 전류가 공간 안에서 자기 효과를 일으킨다는 사실을 알아냈다. 전선 주변에 어떤 힘이 작용하고 있었다.

같은 세기의 첫무렵 이런 것과는 관련이 없는 실험을 통해서 토머스 영과 오귀스탱 프레넬은 각각 거리가 다른 좁은 틈을 통해 빛을 밝혀,

전자기의 발견. 코펜하겐 대학의 물리학 교수인 외르스테드가 강의 중에 전류를 이용해 자기 바늘을 교란시키는 실험에 최초로 성공했다.

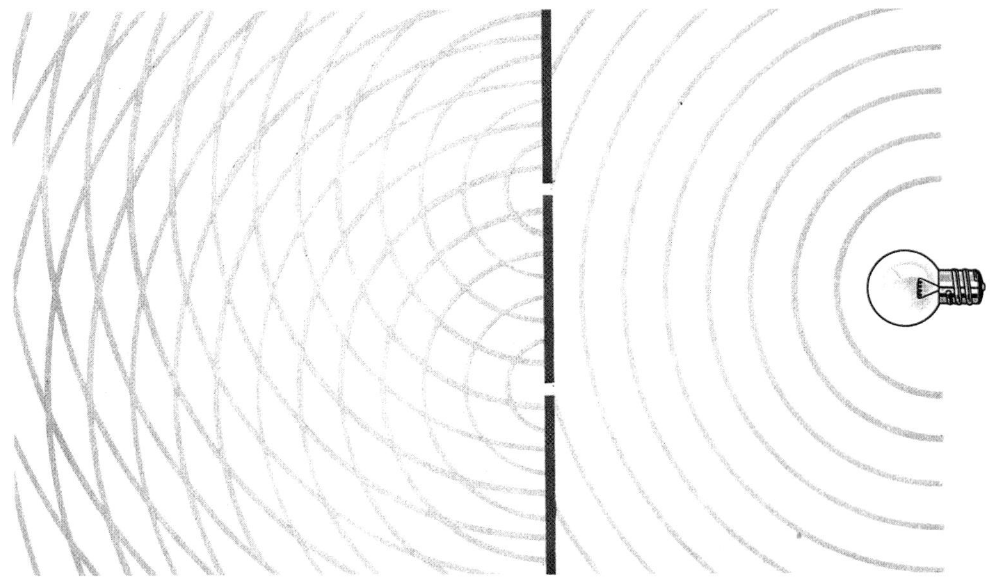

토마스 영이 실험한 빛의 무늬. 오른쪽 빛은 두 개의 작은 구멍을 통해 나온다. 이때 빛이 만들어내는 무늬는 일정한 형태를 띠는 것이 아니라, 강해지거나 약해져 잔물결처럼 어둡고 밝은 빛을 만든다.

틈을 통해 새어 나온 빛이 연못의 물결처럼 서로 합쳐지거나 상쇄되어 간섭 무늬를 만들어 냄으로써 상호 작용을 한다는 것을 증명했다. 서로간에 상쇄되는 파장이 있는 곳은 검은 띠가 나타났다. 빛과 빛이 합해져 어둡게 보였던 것이다. 빛이 인화성 물질로 구성되어 있다는 뉴턴적인 생각이 잘못된 것이며, 빛은 파장처럼 이동하는 듯이 보이기 시작했다.

외르스테드가 자기침과 전선을 이용해 실험하고 있을 무렵, 푸리에와 프레넬은 열과 전기가 파동의 형태로 전도된다는 이론을 내놓았다. 그들은 포괄적인 이론을 발전시켰고, 편광이 횡파 형태로 이동한다는 것을 증명했다. 그렇다면 파동이 이동하는 매질媒質은 무엇인가? 같은 질문이 곧 전기와 자기 연구자들에게 관심거리로 떠올랐다.

그들이 직면한 첫 번째 문제는 상호작용하는 이 새로운 힘들이 뉴턴역학에는 맞지 않는다는 점이었다. 이 힘들은 중력처럼 한 물체의 중심으로부터 다른 물체의 중심으로 곧게 움직이지 않고 힘의 곡성을 따라 움직였다. 이 힘은 전적으로 전기적인 것이었고, 통과하는 매체에 의해 영향을 받지 않았다. 그렇다면 매체가 이 흐름에 영향을 주는 것일까? 연구해 볼 수 있을 만큼 단순한 '대전체帶電體'는 하나도 존재하지 않았다. 단지 '흐름'만을 알 수 있을 뿐이었다. 그렇다면 어디서부터 시작해야 되는 걸까? 이런 현상을 측정해 낼 수 있는 방법을 찾아 이런 신비한 힘을 측정 가능한 현상으로 전환시키는 일이 시급한 과제였다.

1879년 앙드레 앙페르는 전류가 흐르는 두 가닥의 전선을 나란히 놓았을 때, 전류가 같은 방향으로 흐르면 전선들이 서로를 밀쳐 내고, 전류가 반대로 흐르면 잡아당긴다는 것을 알게 되었다. 전기는 자기력을 띠었고, 자기력은 전기적이었다. 그렇다면 전자기 현상이란 양전기와 음전기를 가진 '미립자'가 자기력을 만들어 내는 작용을 말하는 것일까?

전류로 인한 자기의 쏠림을 측정하기 위해 외르스테드가 사용했던 스프링 장치가 부착된 나침반 바늘로 구성된 검류계를 사용해, 게오르크 옴은 금속의 전도율과 철사 안의 저항 형태로 전류의 흐름의 양을 측정할 수 있었다. 이제 전류가 이동하는 방식에 대해 무엇인가가 알려졌고, 전류와 자기가 상호작용을 한다는 것을 보일 수 있을 듯했다. 전류가 철사에 자력을 띠게 만들었다면, 그렇다면 자기도 전기를 만들 수 있지 않을까? 1821년 왕립 연구소의 조교 마이클 패러데이라는 사람이 이 가능성에 대해 연구했다. "…… 물질이 갖고 있는 힘의 여러 가지 형태는 공통된 기원을 갖고 있는 것이므로…… 서로 직접적인 관련을 맺고 있으며 서로 종속되어, 하나의 힘에서 다른 힘으로 전환될 수 있다는…… 의견을 오랫동안 견지하고 있었다."

패러데이는 전에 프랑스인 도미니크 아라고가 구리판을 돌리면 구리판 위에 매달아 둔 자석 바늘이 구리판을 따라 도는 실험을 통해 그 둘 사이에 '전류'가 있다는 것을 증명했었던 일을 상기했다. 패러데이

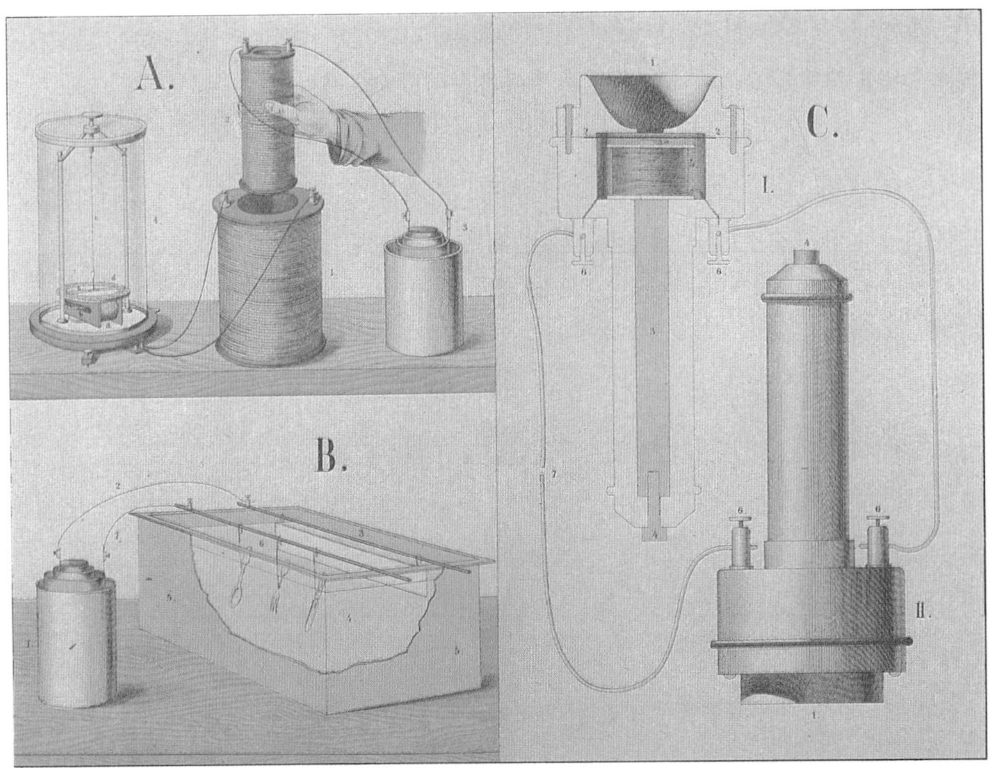


패러데이가 사용한 유도 장치. 축전지에 연결된 작은 실린더가 전자기로 작용한다. 검류계에 연결된 큰 실린더를 움직여 주면 큰 실린더 주위의 도선이 전기를 띠게 된다.

는 전류를 만드는 것 이상을 원했다. 1831년 그는 철로 된 원통에 전선을 감고 전선의 양끝을 검류계에 연결시켰다. 그가 원통 안에 자석을 넣자, 검류계의 바늘이 움직였다. 그리고 그가 원통의 안과 밖으로 자석을 움직이자, 전선은 대전이 되었다. 이것은 비화학적 전기였다. 또 그는 자석의 극 사이에서 원판을 회전시키면 전류가 생겨난다는 것도 알아냈다.

지구의 자기장을 이용하여, 패러데이는 나침반 바늘을 향해 구리 원판을 직각으로 회전시켜 바늘을 움직였다. 그런 다음 그는 검류계에 연결된 철사선 하나를 직사각형 모양으로 구부려 검류계 주위로 도선을 회전시켰다. 바늘은 90도로 방향을 바꾸었다. 1832년 12월 26일 패러데이는 이 결과를 기록했다. "전기와 자기의 상호 관계와 유도는 서로간에 직각인 세 개의 선으로 표시될 수 있다. 한 방향은 전기를 나타내고, 두 번째 방향은 운동을 나타내며, 세 번째 방향이 자기를 나타낸다."

이것이 새로운 전자기 물리학의 기초 이론이었다. 이제 패러데이는 관심을 힘의 방향에 의한 효과로 옮겼다. 중력처럼 힘도 거리에 관계해서 작용하는 것처럼 보였다. 자석 주변의 쇳가루의 반응을 통해서 힘이 곡선을 띠고 있다는 것을 볼 수 있었다. 1840년대 내내 패러데이는 이 선이 단순히 공간에서 힘의 방향을 가리키는 것이라고 생각했다. 그러다가 그는 이것이 공간 자체의 부분이 아닌가 하는 생각이 차츰 들기 시작했다. 그러나 공간을 통해 작은 힘이 서로간에 충돌하고 있으므로 힘은 직선으로 이동하기 쉽다는 오래된 견해에도 불구하고 곡선을 그리는 이 반응은 어떻게 해서 가능할까? 이 비밀은 매체 자체

왼쪽 : 패러데이가 1831년에 쓴 일기에 실린 전자기력 실험에 관한 그림. 자기와 코일을 배열시킨다(A), 지구 자기장의 방향으로 철사 고리를 회전시킨다(B), 자기 막대 사이에 구리판을 회전시킨다(C).

오른쪽 : 자기력이 쇳가루에 미치는 효과. 패러데이는 곡선 형태의 힘을 보인 이 무늬를 '고정' 시켜 일기책 안에 보관했다.

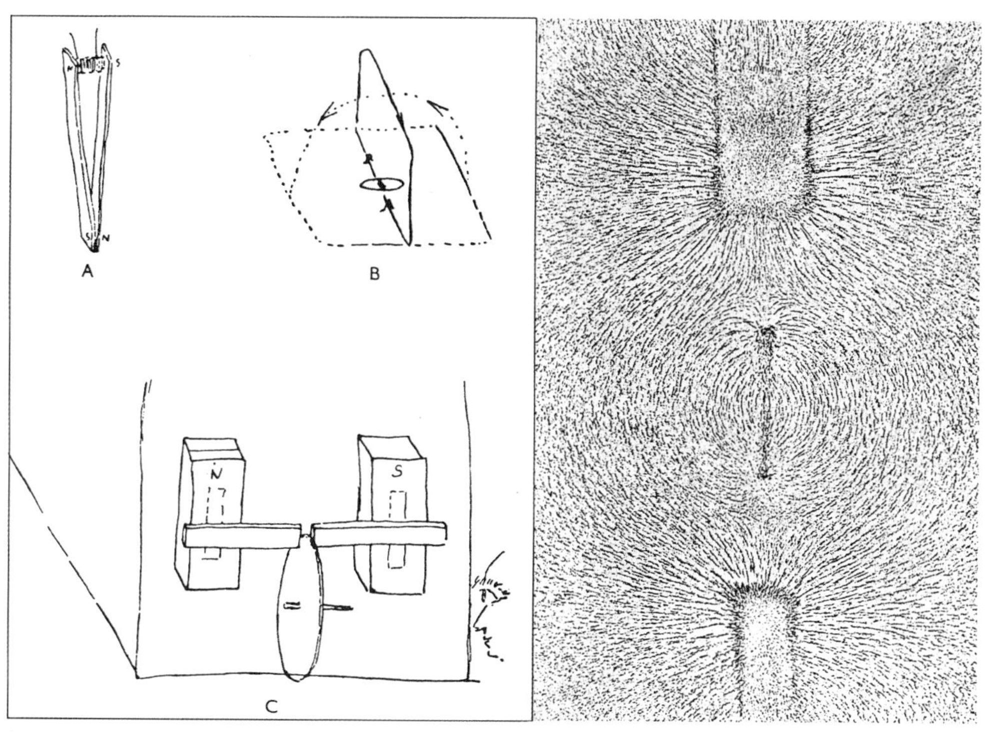

에 있어야 했다. 이 신비한 매체는 에테르라고 알려졌다. 1850년 패러데이는 영국 왕립 협회에 다음과 같이 발표를 했다. "자력선은 중력이나 전기처럼 공간을 이동할 수 있다. 공간은 그 자체로 자기와 관련되어 있으므로, 금후로부터 우리는 자연 현상 중 가장 중요한 사실들을 공간에서 발견할 것이다."

유도에 관해 초기의 실험을 하는 동안 패러데이는 전류를 개폐시킬 때마다 검류계의 바늘이 움직이는 것을 보았다. 그는 힘과 더불어 스위치를 개폐시킬 때 일종의 변형이 있어야 한다고 생각했다. 그렇다면 변형Strain은 그 물질의 전도율에 의존하는 물질의 분자들에 어느 정도든 작용하는 것이 아닐까? 만약 그렇다면 효과적인 전도 물질은 결

오퍼레이터가 모스 전신을 송신하고 있다. 전신기를 이용한 통신의 속도는 통치와 상업 활동에 엄청난 영향을 미쳤다. 군대를 중앙에서 집중적으로 통제할 수 있게 되었으며 통제력 또한 급격히 증가했다. 증권 시장의 사무처리도 한 시간 안에 완전히 끝낼 수 있게 되었다.

국 변형을 발생시키지 않을 것이며 변형이 형성된 후 잠시 동안만 힘을 전도할 것이다.

패러데이는 모든 전도체를 조사했다. 결국 그는 변형에 의해 야기된 효과는 공간 자체 안의 힘의 선을 따라 이동하며, 전류는 선으로 구성되어 파동을 일으킨다는 결론을 내렸다. 뉴턴의 공간 안에서는 변형을 일으키는 것이 없는 듯 보였기 때문에 당시의 사라들이 거의 생각하지 않았던 사고였다.

한편 기술과 결부된 과학의 대중적 인기는 더욱더 높아져 갔다. 패러데이의 발견이 있은 지 10년도 안 되어 미국에서 이탈리아에 이르는 곳곳에서 소형 전기 모터가 개발되었다. 유치한 형태이기는 하지만 전기를 이용한 기관차도 만들어졌다. 그러나 대중의 상상력을 가장 많이 사로잡은 것은 새뮤얼 모스가 발명한 전신기였다. 1844년 워싱턴에서 생성된 전류가 볼티모어에 있는 자석을 작동시켰다. 그 자석은 조작키를 이었다 떼었다 하는 것인데, 전류가 이어졌다 끊어졌다 함에 따라 키가 딸깍딸깍 소리를 냈다. 나중에 모스부호라는 이름이 붙은 이 신호기가 보낸 내용은 "하느님이 이렇듯이 큰 일을 하셨구나!"[●]라는 성서 문구였다.

전신의 발명은 대중을 흥분시켰다. 대중은 과학이 모두에게 더욱 멋지고 안락한 삶을 제공해 줄 수 있는 새로운 발명품들을 계속해서 만들어낼 것이라고 기대했다. 그러나 실제로 과학자들이 더 큰 관심을 가지고 있던 것은 뉴턴주의적 자연관 자체의 기반을 무너뜨릴지도 모를 전기력의 신비를 푸는 일이었다. 전기력이 자연 그 자체의 일부로서 작용한다는 패러데이의 생각에 동의하는 사람들은 소수에 불과했다. 1857년에 제임스 클러크 맥스웰이라는 한 스코틀랜드인이 패러데이에게 편지를 썼다.

당신은 물체를 둘러싸고 있는 매질을 속박 상태로 던져 넣음으로써, 원격

● 성서 민수기 23장 23절의 한 구절.

작용을 하는 물체라는 생각을 처음으로 해낸 사람이다.…… 당신의 역선力線은 하늘을 가로질러 거미줄을 함으로써 인력과의 직접적인 연관이 없이도 별이 운행하도록 만들 수 있습니다.

처음 맥스웰은 보수적인 도료 학자들의 심기를 건드리지 않기 위해 신비스러운 이 자기력선들에 대해 신중하고도 전통주의적인 방식으로 접근했다. 역선을 연구하기 위해 맥스웰은 역선을 '이상적인' 액체, 즉 시스템을 작동시킬 잠재적인 힘이 안에 든 다양한 직경의 관으로 설정했다. 직경의 크기에 따라 달라지는 액체의 속도는 힘의 세기를 나타냈다.

자기력선들이 왜 자석 근처에서 주름이 잡혔다가 다시 부채꼴 모양을 이루며 공간으로 퍼져 나가는지를 설명하기 위해 맥스웰은 데카르트의 오래된 이론을 끌어들였다. 그러나 데카르트가 소용돌이들이 회전한다고 했던 데 반해, 그는 자신이 설정했던 관들을 회전시켰다. 인접해서 회전하는 두 관이 서로에게 영향을 주는 것을 막기 위해 그는 아주 작은 입자 크기의 '빈둥거리는' 바퀴들을 삽입시켰다. 그 모델은 번거롭기는 했지만, 모든 것을 설명해 주었다. 공간에 가득한 매질들이 소용돌이를 일으키며 회전하여 운동 에너지, 즉 자기력을 생성시켰다. 회전이 전달되면서 장의 한 부분과 다른 부분 사이에 접선 압력을 만들어 냈는데, 바로 이게 전자기력이었다. 전류는 바로 이 전자기력의 영향 아래 흐르는 유체의 운동이었다. 이러한 모든 작용에 대한 저항이 열을 발생시킨 것이다.

이러한 모델을 제시함으로써 맥스웰은 '원격운동'의 신비를 해결했다. 그는 '원격운동'은 존재하지 않는다는 사실을 증명했던 것이다. 그의 모델에 따르면 장場, field은 압력과 운동의 영향을 받는 물질들로 가득 차 있다.

시대에 뒤떨어진 뉴턴주의적 용어들 속에서 그 문제를 해결해 낸 후 맥스웰은 이제 전체적인 문제로 시선을 돌렸다. 1860년대 초반에 그는 도선을 따라 흐르는 전류의 속도가 빛의 속도에 가깝다는 것을 증명해 보인 빌헬름 베버와 루돌프 콜라우슈의 1865년 실험에 대해 읽은 적이 있었다. 아르망 이폴리트 루이 피조는 1849년에 회전하는 톱니바퀴의 이로 빛을 보내 그것을 반사시킴으로써 되돌아 온 광선을 다음 번 톱니바퀴가 막는 데 필요한 톱니바퀴의 속도를 측정해 빛의 속도를 알아냈었다.

맥스웰은 빛의 속도와 전류의 속도의 차이가 무시해도 될 정도로 작다는 것을 확신하게 되었다. 그 역시 자연철학자였고 따라서 그는 모든 현상의 연속성을 기대했다. 1856년에 출판된 『동적 전자기장 이론』에서 그는 전기나 자기와 마찬가지로 빛도 에테르의 횡파로 구성되어 있다고 주장했다. 대전된 물체들 사이의 공간에는 대전 현상이 발생할 때 운동을 하는 일종의 물질이 존재한다는 것이다.

맥스웰은 전류의 운동이 시작되고 유지되기 위해서는 얼마만큼 '변형strain'이 필요한지를 알아보기 위해 온갖 종류의 전도체들을 시험했다. 그는 에너지의 전도는 물체에서 뿐만 아니라 장 자체에서도 이루어진다고 생각했다. 모든 면에서 그는 대단한 발전을 이룩했다. 그는 힘을 역학의 영역에서 광학의 영역에다 위치시킴으로써 빛, 전기, 자기라는 세 가지 현상을 통합시켰다. 그러나 이 통합된 힘들을 움직이는 매질에 관해서는 여전히 의문이 남아 있었다. 맥스웰은 그 매질이 물질이라고 확신했다. 그가 생각하기에 매질은 전자기 효과가 발생할 때 공간을 채우는 물질로서, 손으로 만질 수는 없지만 대단히 견고하고 탄력적인 물질이었다.

맥스웰의 모형. 육각형들은 역선 주위를 회전한다. 회전축은 힘의 방향을, 속도는 힘의 크기를 나타낸다. 그리고 공들은 육각형들이 상호 작용을 하지 못하도록 막는 전기 입자들을 나타낸다. 공의 운동은 전류를 나타낸다.

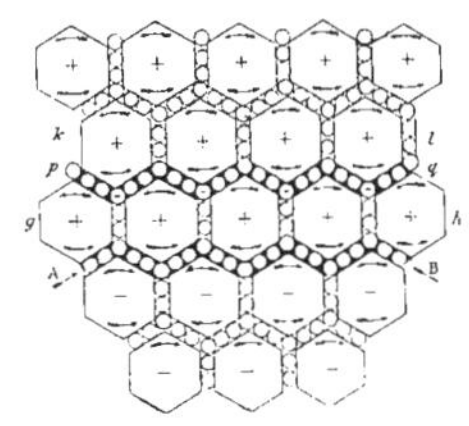

맥스웰은 광선을 이용해 에테르를 조사하고자 했다. 그는 별빛을 처음에는 우주에서 지구가 움직이는 방향으로, 그 다음에는 그 경로에 수직인 방향으로 프리즘에 통과시켰다. 빛에는 별다른 차이를 느낄 만한 일이 일어나지 않았다. 마치 에테르가 존재하지 않는 것 같았

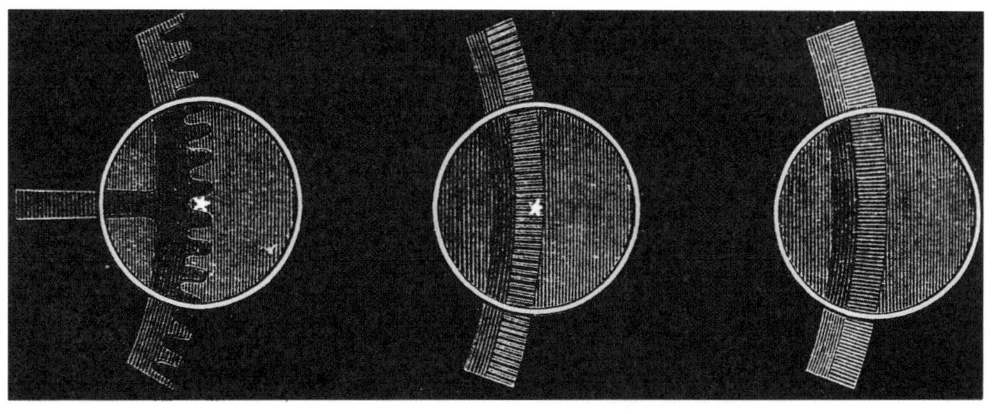

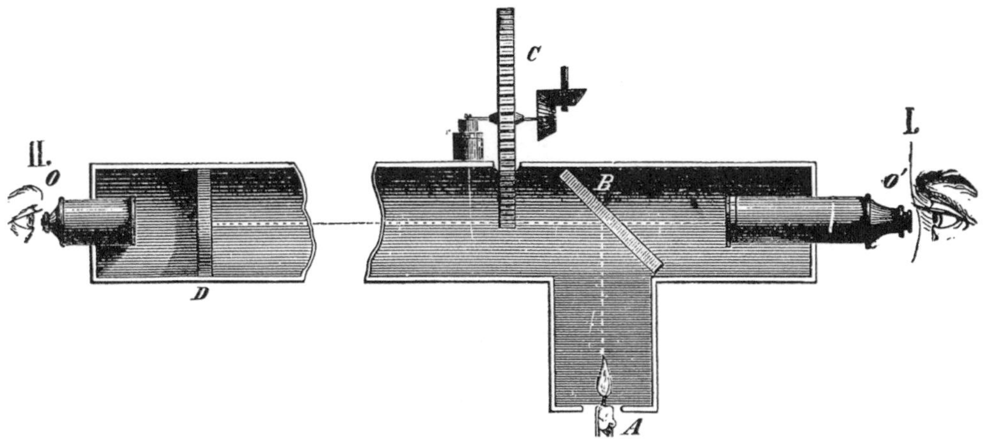


피조가 빛의 속도를 알아내기 위해 사용한 장치(아래). 톱니바퀴의 회전 속도가 증가하면, 톱니들 사이를 통과한 빛(위 왼쪽)은 먼저 부분적으로 어두워지고(중앙), 나중에는 완전히 사라져 버린다(오른쪽).

다. 그러나 맥스웰은 에테르가 존재하는 것은 물론이려니와 그것이 "우리가 알고 있는 것 가운데 가장 크고 단일한 물체"라고 확신했다.

더 나아가 만약 에테르가 존재한다면 그 안에서 움직이는 힘은 전파되는 데 시간이 필요할 것이다. 이것은 동시적 운동이라는 뉴턴의 개념을 부정하는 것이 된다. 당시의 그로서는 예상치 못했겠지만, 후에 그는 이것으로 인해 놀라울 정도로 위대한 인물이라는 명성을 얻게 된다. 바야흐로 뉴턴이 말한 우주에서의 동시성이 소멸할 가능성과 함께, 절대성 개념 역시 사라질 위기에 처해 있었다. 그는 이렇게 말했다.

> 우리의 보잘것없는 관념으로는 생각하는 존재인 우리의 지식을 구성하는 데 우리가 있는 곳이 어디인지, 우리가 가고 있는 곳이 어디인지를 정확히 아는 것이 중요하다고 여겨 왔을지도 모른다.…… 그러나 이러한 관념은…… 물리학을 배우는 학생들의 마음속에서 조차도 점차 설 곳을 잃어 가고 있다. 우주에는 아무런 경계 표지석도 없다.…… 우리는 우리 옆에 있는 전체들에 견주어 우리가 움직이는 속도를 계산해 낼 수는 있지만, 이들 천제들이 우주 공간에서 어떻게 움직이는가에 대해서는 알지 못한다.

실제로 어떤 것들에 대해서는 알려지기도 했다. 코페르니쿠스에 의해 지구가 아리스토텔레스적 우주의 중심에서 쫓겨난 이래로 우주에서 움직일지도 모르는 새로운 중심이 태양일지도 모른다는 가능성이 존재해 왔었다. 잉글랜드에 거주하고 있던 하노버 출신의 윌리엄 허셜이라는 사람은 음악 활동을 하다가 천문학자가 된 특이한 인물이었다. 그는 1805년 초점거리 12미터짜리 망원경을 이용해 '끝을 알 길이 없는' 은하수를 관찰했었다. 허셜에게는 마치 태양이 시리우스의

허셜의 망원경. 1781년에 우라누스 행성을 발견했을 때, 허셜은 음악활동을 하며 재원을 마련할 정도로 천문학에 강박적으로 집착하고 있었다. 우라노스의 발견으로 그는 과학적 명성과 함께 조지 3세의 후원도 얻을 수 있게 되었다.

THE ILLUSTRATED LONDON NEWS

REGISTERED AT THE GENERAL POST-OFFICE FOR TRANSMISSION ABROAD.

No. 2569.—VOL. XCIII. SATURDAY, JULY 14, 1888. SIXPENCE. By Post, 6½d.

RECEIVING A MESSAGE FROM AMERICA BY EDISON'S PHONOGRAPH.

어딘가에서 헤라클레스자리를 향해 움직여 가는 것처럼 보였다. 따라서 태양을 도는 지구의 궤도는 우주에서 하나의 사이클로이드• 임에도 틀림없고, 태양은 직선이나 어쩌면 원형궤도를, 어쩌면 또 하나의 사이클로이드를 그리며 움직여 갈지도 몰랐다.

전자기와 빛을 파波의 전달에 공통이론으로 묶어 낸 맥스웰의 결정적인 논문이 나오기 6년 전에, 대서양을 횡단하는 케이블이 처음으로 설치되었다. 이것의 사용은 런던이 정오일 때 뉴펀들랜드는 아침 6시에 불과하다는 것을 무지한 사람들에게까지 과학적으로 확인시켜 주었다. 또한 이것은 대중들이 과학의 응용에만 관심을 갖도록 부채질한 셈이었다.

이러한 견해를 가장 널리 확산시킨 인물은 '발명가 중의 발명가' 토머스 에디슨이었다. 소소한 발명품은 열흘에 하나, 중요한 발명품은 6개월마다 하나꼴로 만들어 엄청난 다산성을 자랑한 이 남자는 대중의 상상력을 사로잡는 신고안품을 잇달아 내놓았다. 축음기, 주식시세

소리는 1877년 에디슨에 의해서 처음으로 녹음되고 재생되었다. 1888년 무렵에는 에디슨의 축음기로 음악을 듣거나 유명인사들의 목소리를 녹음하는 것이 가정에서 즐기는 인기있는 오락으로 자리잡았다.

• 사이클로이드(cycloid): 원이 직선을 따라 구를 때 원 주위의 한 점이 만드는 곡선.

왼쪽 : 에디슨의 노트에 실린 전구 스케치. 에디슨이 1897년에 만든 백열전구는 45시간 동안 빛을 내는 데 성공했으며 최고의 상업적인 전기불이었다. 1880년에 그는 170시간 동안 빛을 낼 수 있는 전구를 만드는 데 성공했다.

아래 : 이와 같은 사진들 속에서 그는 피곤에 찌든 발명가라는 대중적인 이미지를 꾸준히 키워나갔다. 1888년 뉴저지 주 오렌지에 있는 그의 실험실에서.

표시기, 전기 펜, 키네토스코프*, 이중 반복 전신기를 포함한 1천 개가 넘는 특허가 뉴저지 주 멘로파크에 있는 실험실에서 쏟아져 나왔다. 그는 그곳에다 사실상 세계 첫 발명 공장을 세웠다. 전 세계인을 사로잡고, 또 생활의 전 부문에 걸친 가장 심대한 변화를 몰고 온 발명품은 전등이었다. 에디슨은 1879년 새해 첫날 오후 3시에 전등의 스위치를 켰고, 그가 임시로 전세낸 열차를 타고 온 특별 초대손님 3천 명이 그 광경을 지켜보았다. 간단한 장치도 과학이 될 수 있다는 것을 일반 대중에게 최종적으로 확신시킴으로써 그는 거의 혼자 힘으로 과학과 대중 사이의 이해의 폭을 넓히는 데 가장 큰 역할을 했다.

한편, 에테르와 그것의 기능에 관한 문제는 여전히 과학자들을 괴롭히고 있었다. 만약 맥스웰이 옳고 빛이나 여타의 다른 방사선이 이동하는 데 시간이 걸린다면, 그 시간차는 지구와 눈에 보이는 우주 사이에도 존재해야 하지 않을까? 이것은 전적으로 에테르가 존재하느냐 하지 않느냐에 달린 문제였다. 카를스루에 공과대학의 교수였던 하인리히 헤르츠가 1885년에 그 해답을 찾아냈다. 그는 전자기파가 움직이는 어떤 일정한 속도가 있는지, 또 그것이 빛처럼 움직이는지를 알아보기 위해 실험실 밖에서 전자기파를 만들어 냈다.

헤르츠는 매끄러운 금속 공 두 개를 서로 가까이 세운 후 심하게 요동하는 교류 전류를 그 공들로 흘려 보내 스파크를 일으켰다. 이 스파크가 빛의 속도로 공간을 움직이는 에너지 파를 실제로 만들어 낼 것인가? 전류를 생성시키는 코일은 끝에 각각 직경 1.3센티미터의 단단한 구들이 달려 있는 놋쇠 실린더 두 개에 연결되어 있었다. 공의 뒤쪽으로 3밀리미터 정도 떨어진 곳에는 거울 역할을 하는 오목한 아연판을 세웠다. 만약 전자기가 빛처럼 움직인다면, 그것은 14미터 정도 떨어진 곳에 열려진 채로 있는 부차적인 두 번째 회로로 똑바로 반사될 것이다.

전달 직후 두 번째 회로는 알아보기 힘들기는 했지만, 실제로 작고

* 키네토스코프(kinetoscope): 에디슨이 발명한 초기의 영화 영사기. 한 줄의 필름이 렌즈와 전구 사이를 빠르게 지나가는 것을 구멍을 통해서 보도록 되어 있다.

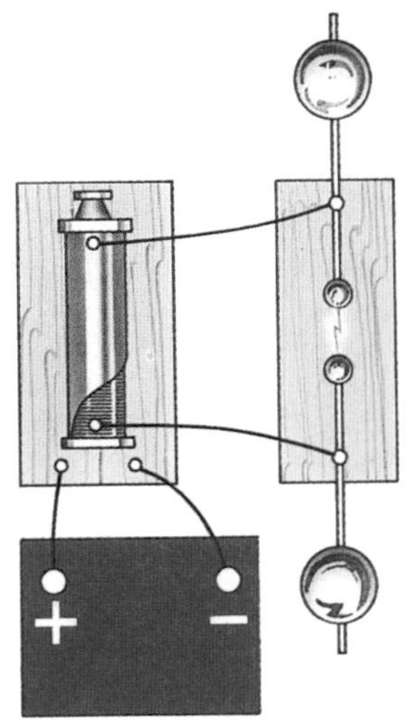


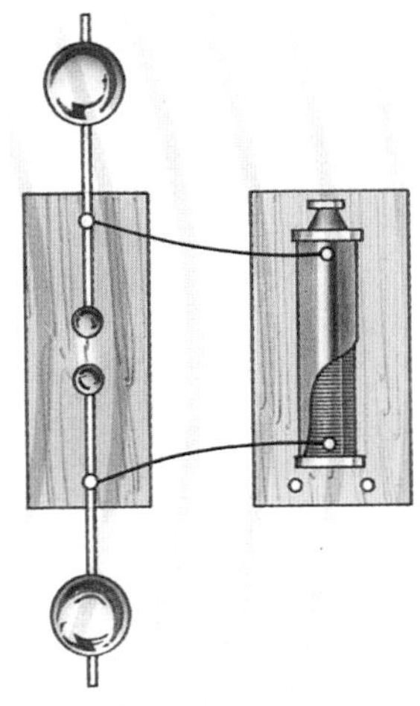

희미하나마 스파크를 일으켰다. 그러므로 전류가 전달되는 일정한 속도가 존재하는 것이 확실했다. 헤르츠는 또 두 번째 회로의 스파크 갭• 위로 자외선을 쬐면 이상한 효과가 나타나는 것을 알아냈다. 스파크가 더 밝게 일어난 것이다. 그러나 그는 이러한 현상을 설명할 방법을 찾기 못한 채로, 힘에 관한 전반적인 실험으로 되돌아갔다. 그는 그것이 마치 광학적 현상인 것처럼 다룸으로써 자외선이 직선으로 움직이기는 하지만, 그의 조수들의 몸에 부딪히면 가로막힌다는 것을 보여주었다. 축에서 90도로 회전하는 자외선은 아연판에 반사되었으며, 수지樹脂로 된 프리즘에 의해 굴절되었다. 자외선은 한 장소에서 다른 장소로 가는 데 시간이 걸렸고, 그것은 자외선이 일종의 매질을 통해 움직이는 것이 틀림없다는 것을 증명한 것이다.

헤르츠의 실험. 왼쪽에 있는 내쏘개는 에너지를 방출하는 스파크를 만들어 냈다. 간극이 있는 오른쪽의 두 번째 회로는 충전되어 작은 스파크를 일으킬 만큼 충분한 방사에 의해 활성화된다.

• 스파크 갭(spark gap): 방전이 일어날 수 있는 두 전극 사이의 간격.

또다시 대중들은 과학의 발전에 관한 소식을 듣게 되었지만, 이번에도 과학의 응용과 관련된 것이었다. 그 세기 끝무렵에 마르코니가 대서양 건너로 라디오 파를 보내는 데 과학을 이용했던 것이다.

한편 네덜란드의 레이던에서 한 저명한 물리학자가 에테르에 대해서 깊이 있는 연구를 진행하고 있었다. 헨드릭 로런츠가 바로 그였는데, 아인슈타인은 후에 그에 대해 "내가 살아오는 동안 만났던 사람들 가운데 가장 탁월한 인물이었다"라고 말했다. 로런츠의 박사 논문 주제는 맥스웰의 장과 관련된 빛의 파동에 관한 탐구였다. 문제는 맥스웰이 원격작용을 설명하는 어려움을 피하기 위해 파동을 가정했지만, 그것을 일상적인 물질에 대입하면 잘 들어맞지 않았다는 데 있었다. 만약 장場이 유리를 통과한다면, 유리의 저항 효과를 생각할 때 그것은 에테르도 유리를 뚫고 나갈 수 있다는 말이 되었다.

로런츠는 만약 변화하지 않는 에테르가 모든 곳에 스며들어 있다면 전자기적 현상을 통일적으로 설명해 내기가 더욱더 간단해질 것이라고 생각했다. 왜냐하면 그는 여전히 모든 현상의 절대적인 근거를 찾

마르코니(맨 왼쪽)가 뉴펀들랜드에서 연으로 안테나가 끌어올리는 것을 지켜보고 있다. 한 달 후 진눈깨비와 비가 쏟아지는 가운데 세 시간 동안이나 서 있던 끝에 그는 영국에 있는 그의 송신기에서 오는 신호를 받았다. 최초로 대서양을 횡단한 무선통신이었다.

고 있었고, 정지해 있는 에테르가 뉴턴의 이론을 지켜 줄 것이라고 믿었기 때문이다. 그는 또 에테르는 우리가 지각할 수도 없는 것이라고 여겼다. 그는 힘이 원자들 위에 실린 기본 전하의 형태, 즉 좀더 작은 입자들의 형태로 에테르 속에서 움직인다고 생각했다. 이러한 방법으로 그 힘은 장을 형성하지만, 장 자체와는 구별되는 것이며, 전하로서 입자와 입자 사이에서 움직인다. 이러한 사실을 포함한 그 힘이 나타내는 모든 양태를 설명하기 위해서는 정지해 있는 에테르가 반드시 필요했다.

한 미국인 청년이 연구를 시작했다. 그는 빛과 소리에 관해 대단한 권위자였던 헤르만 폰 헬름홀츠 밑에서 배우기 위해서 독일에 갔었다. 그는 그곳에서 반투명의 물질들에서의 빛의 굴절에 관해 연구했다. 그의 연구는 훗날 독일의 염색 산업, 카바이드와 천연가스 조명, 그리고 성장 산업이었던 화학 산업의 품질 관리에 응용되어 큰 기여를 한다. 바로 그 청년, 앨버트 마이컬슨은 이렇게 썼다. "에테르가 정지해 있고, 지구가 그것을 통과해 움직인다고 가정을 하면, 빛이 지구 위의 한 지점에서 다른 지점으로 지나가는 데 걸리는 시간은 빛이 진행하는 방향에 달려 있을 것이다."

헤르츠가 힘이 공간으로 전파되는 데에 시간이 소요된다는 것을 증명한 것과 같은 해인 1887년에 마이컬슨과 그의 동료인 에드워드 몰리가 클리블랜드에 있는 케이스 응용과학 학교(지금의 케이스 웨스턴 리저브 대학의 전신)의 지하에 장비들을 설치했다. 굴절에 관한 연구를 진행하던 중 마이컬슨은 빛의 속도 차를 10억분의 1까지 측정해 낼 수 있는 간섭계를 발명했다. 그 장치는 광선들이 서로 겹쳐져 상쇄되거나 보강되는 정도에 따라 다양한 크기의 밝고 어두운 띠로 구성된 간섭 무늬를 만들어 내는 빛 파동의 간섭현상을 이용하는 것이었다.

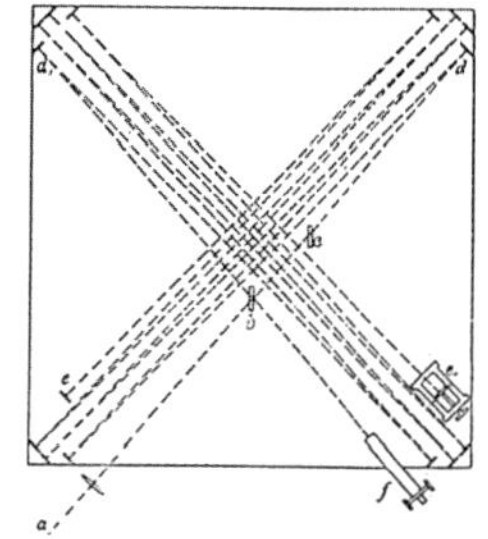

광선의 지연 효과를 찾아내려고 시도한 마이컬슨과 몰리의 실험. 그러나 그런 현상은 나타나지 않았다.

마이컬슨은 수은으로 가득 채워지고 그 위로 사방이 5미터 가량이고 두께가 30센티미터인 거대한 사암판砂岩板을 띄운 장치를 만들었다.

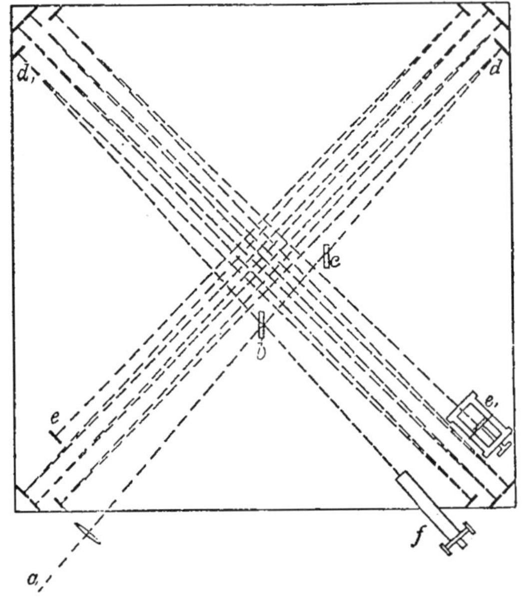


마이컬슨과 몰리의 간섭계. 수직으로 교차하는 광선 두 개의 광학적 경로를 보여주고 있다. 두 경로의 각 끝에 있는 거울 네 개는 여러 번에 걸쳐 광선을 앞뒤로 반사시켜 그 이동 거리를 크게 늘려놓았다.

그는 아르강 등에서 나오는 단색 나트륨 빛을 틈새 두 개와 렌즈 하나에 통과시켜 '점광원'•을 만들어 냈다. 반만 은도금이 된 거울을 향해 광선이 조준되자, 광선은 두 개로 갈라져 서로 직각으로 진행하였다. 그 후 두 광선은 각기 다른 거울에 반사되어, 반만 두 광선을 분리시켰던 거울로 돌아와 다시 합쳐졌다. 이때 이 두 광선은 똑같은 거리를 움직인 것이었다.

이 광선들 가운데 하나는 우주에서의 지구의 운동 방향과 같은 방향으로 조준되었다. 이 방법에서 지구가 에테르를 통과해 나감에 따라 그 빛은 에테르를 '거슬러' 진행하게 될 것이고, 반면에 다른 한 광선을 향해 에테르를 통과하며 진행하는 빛은 다른 광선보다 더 많은 저항을 받아 조각난 채로 늦게 도착할 것이다. 늦게 도착한 그 광선은 다른 한 광선의 상相을 밀쳐내는 간섭 '줄무늬'의 모양을 변화시킬 것이다.

반으로 나뉜 광선이 각기 주파한 거리는 5미터 정도였다. 그들은 광선을 다양한 방향에서 '에테르 속'으로 쏜 결과를 조사하기 위해 석판

• 점광원(點光源): 그 길이나 폭에 비해 충분히 먼 거리에 있어 점으로 간주되는 광원.

을 천천히 회전시켜 가며 실험했다. 60차례의 회전이 3일에 걸쳐 이루어졌다. 그러나 그 두 미국인은 자신들이 기대했던 아무것도 싣지 못한 채 1887년에 실험결과를 담은 책을 출간했다. 실험의 각 시점에서 발생한 간섭 무늬에는 아무런 변화가 없었다. 에테르는 존재하지 않는 것 같이 보였다.

그러나 바로 그 전해에 이 두 사람은 물 속에서 빛이 이동하는 속도에 관한 프레넬의 글을 읽은 적이 있었다. 물의 흐름과 반대되는 방향이건 또는 같은 방향이건, 빛이 움직이는 속도는 물의 흐름과 관련하여 일정했다. 그 실험 결과에 의거하자면, 에테르는 아예 없거나 아니면 지구가 자신을 둘러싸고 있는 에테르를 끌어당기며 움직인다는 것이 되었다. 그러나 에테르가 없다면 빛이 진행하는 데 시간이 걸린다는 것은 생각조차 할 수 없는 일이고, 지구가 에테르를 끌어당기는 경우에도 에테르가 지구에 대해 정지 상태를 유지할 때에만 유효했다. 어느 경우든 모든 사람이 찾고 있던 순수한 에테르는 이제 찾을 가망이 없어 보였다. 뉴턴이 틀렸다는 게 드러난 것처럼 보였다. 그것을 그대로 받아들일 수는 없는 노릇이었다. 그때 1892년 한 아일랜드인이 혜성처럼 나타나 탁월한 방식으로 이 문제를 해결했다. 더블린에 있는 트리니티 칼리지의 자연 및 실험 철학 교수 조지 피츠제럴드가 그 사람이었다.

피츠제럴드는 전에 로런츠가 전류처럼 운동중인 정전기 전하도 자기장을 형성한다는 사실을 증명했던 것을 알고 있었다. 만약 그러한 정전기 전하가 지구 위에 정지해 있다면, 그것은 자기장이 아니라 단순히 정전기장이 될 것이다. 그러나 태양에서부터 보면, 정전기장은 지구 위로 정지해 있는 것처럼 보이지만 실제로는 우주공간을 통해 움직이며 자기장을 형성한다.

로런츠가 앞서 말했듯이 만약 힘이 장에서 물체의 분자들을 통해 움직이는 전하라면, 그리고 익히 알고 있듯이 물체의 형태가 그들 원자

비행을 시도하고 있는 조지 피츠제럴드. 글라이더를 타고 이륙용 플랫폼을 달려 내려오는 저명한 교수를 출발시키기 위해 학생들이 삼으로 된 로프를 잡아끌고 있다. 트리니티 칼리지의 복장에 절대로 빠지지 않는 실크햇을 쓰고 있다.

들의 위치와 상태에 따라 결정된다고 가정하면, 물체의 형태는 장에서의 원자들의 움직임에 따라 변화될 것이다. 만약 형태의 변화가 마이컬슨과 몰리가 사용했던 장비의 길이를 줄어들게 했었다면, 반으로 갈라져 진행하는 광선 가운데 하나는 뒤로 처져 돌아오지만, 그 지체는 지구의 운동 축을 따르는 장비의 수축에 의해 벌충됨으로써 상쇄되어 없어졌을 것이다. 이러한 변화는 직각 쪽의 장비에는 발생하지 않는다. 이러한 효과를 로런츠-피츠제럴드 수축가설이라고 불렀다.

이 이론은 에테르를 건져내기는 했지만, 상대주의적 견해를 채택하는 대가를 치러야만 했다. 전에는 부분적인 탐구만이 이루어지던 현상들이 19세기에 들어서면서 완전히 새로운 현상들로 확인되기 시작했다. 처음에는 자기가, 그 다음에는 전기가 분석되었는데 그것들의 작용이 뉴턴의 기본 법칙에 위배된다는 것이 점차로 밝혀지기 시작했다. 특히 뉴턴의 물리학이 함축하는 인식론 그 자체에 의문이 제기되기도 했다. 이제 세기의 끝무렵으로 가면서 우주는 백 년 전과는 사뭇 다른 모습으로 다가왔다. 뉴턴의 확실성은 사라지고, 실제를 발견하고 설명해 내는 것이 과학의 목적이라는 믿음에도 금이 가기 시작했다.

이제 우주에서 지구의 천문학적인 위치를 정하는 문제는 극도로 복잡한 문제가 되어 버렸다. 지구의 정확한 위치를 정하기 위해서는 다음과 같은 요소들 모두를 고려하고 계산해야만 했다. 지구의 자전, 지구의 공전, 한 달 주기의 부정확성, 분점세차•, 축의 흔들림, 황도각의 변차變差, 지구가 태양에 가장 근접할 때의 위치상에 나타나는 변화, 다른 행성들 때문에 발생하는 지구의 섭동••, 태양과 태양계의 흔들림, 우주에서의 태양계의 운동, 분리되어 움직이는 두 개의 은하수의 별빛, 지구 형태의 내부 변화들…… 지구의 위치를 정확히 말하기 위해서는 얼마나 많은 요소들을 고려해야만 하는가?

우주에 대한 상대주의적 견해, 그리고 그것을 설명해야 할 과학의 책임은 실증주의자들이라고 불리는 일단의 과학자와 철학자들에 의해 표명되었다. 그것을 주도했던 인물은 빈의 물리학자이자 심리학자, 생리학자, 역사학자인 에른스트 마흐였는데, 그는 어떠한 형태의 절대주의에도 모두 반대했다. 마흐는 뉴턴의 법칙들을 보편적인 조건에 적용하는 데 대해 의문을 제기했다. 그는 그러한 조건은 절대로 측정되거나 확인될 수 없다고 생각했다. 운동이나 관성이라는 용어의 견지에서 보자면, 만약 지구의 절대 위치를 알 수 없다면 지구나 태양이 회전을 하느냐 안 하느냐 하는 것은 문제 자체가 잘못된 것이었다.

그는 관성에 관한 모든 절대주의적 진술은 우주에 있는 모든 물질들과 관련된 경우에만 가능하다고 말했다. 국지적 진술들은 그것들이 전형적인 것들이든 아니든 국지적으로 지각된 현상들에 관해서만 가능한 진술들이었다. 묘사될 수 있는 것은 모두가 개인적 · 국지적 · 감각적인 경험들뿐이었다.

• 분점세차(分點歲差): 지구 자전축의 주기적인 세차에 의한 황도 위에서의 분점 이동. 분점은 1년 중 태양이 정확하게 적도 위에 있으며 밤낮의 길이가 같은 두 시기 중 하나이다.

•• 섭동(攝動): 주성(主星)을 도는 천체가 다른 행성의 인력으로 궤도에 변화를 일으키는 일.

마흐는 모든 이론과 법칙이 현상을 묘사하고 예측하기 위해 고안된 계산상의 장치에 불과하다는 조지 버클리의 자연에 대한 도구주의적 견해에 동의했다. 그들은 실재에 대한 설명을 하지 않았다. 마흐는 『역학과학』에서 절대 우주라는 개념상의 괴물을 "경험적으로 나타날 수 없는 순전히 사고의 산물"이라고 공격했다. 마흐에 따라면 뒤늦게 역사에 출현한 역학과학은 자연을 해석하는 명확한 방법이 아니었다. 과학이 묘사해야만 하는 것은 경험이 다른 것들과 관련을 맺는 방식이었다.

> 우리가 시간과 공간이라고 부르는 것은 오직 특정한 현상들을 통해서만 인식된다.…… 공간과 시간의 결정은 다른 현상들을 결정하는 방식에 의해서만 가능하다.…… 우리는 별의 위치를 시간의 견지에서 정의 내리는데, 그것은 실제로는 지구의 위치에서 본 견지에서이다.…… 공간의 경우에도 마찬가지이다.…… 우리는…… 다른 현상들과 견주어진 결정에 비추어…… 눈앞에서 벌어지는 것으로부터 위치를 인식한다.…… 현상은 모

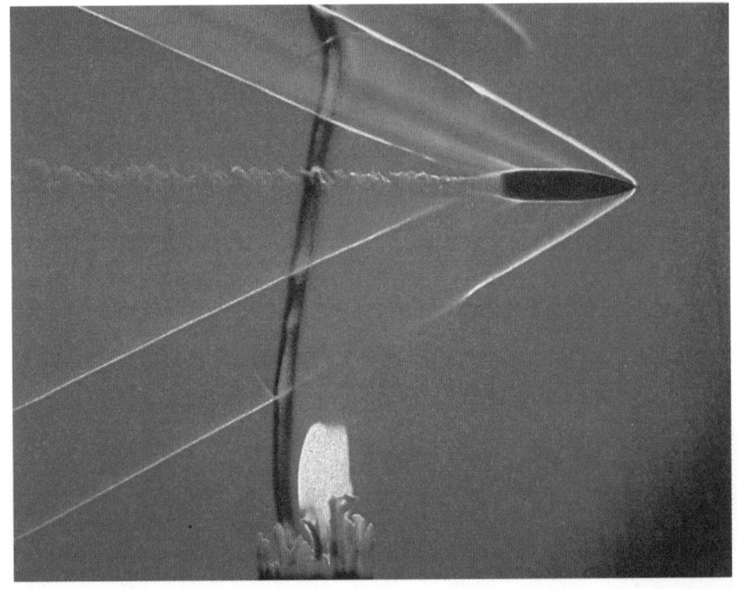

촛불 위의 뜨거운 공기를 통과해 나가는 탄환을 찍은 사진. 마흐가 연구한 충격파동을 보여주고 있다. 그는 음속을 알아내기 위해 초음파를 실험했다. 오늘날 음속은 마하 1이라고 한다.

> 두 다른 현상들의 기능이다.…… 질량, 속도, 그리고 그에 따르는 힘은 모두 상대적인 것들이다.…… 절대적으로 결정될 수 있는 것은 없다. 우리가 무주치는 것, 우리가 받는 힘, 우리가 지적인 또는 다른 이득을 얻을 수 있는 것들은 모두 상대적이다.…… 프톨레마이오스 혹은 코페르니쿠스 설은 하나의 해석일 뿐이다. 그러나 둘 다 현실적으로 가능한 일이기도 하다.

마흐가 다음과 같이 정의내린 것은 후에 '마흐의 원리' 라고 알려지게 된다. 우주에 있는 모든 천체는 우주에 있는 나머지 다른 모든 천체와 일정한 관계를 이루며 존재한다. 그런데 문제는 그 다른 천체들이 너무도 멀리 떨어져 관찰이 불가능한 행성계에 있다는 것이다. 이 경우 과학이 시도할 수 있는 것은 예측이 가능하도록 경험을 체계화하고 자연이 따르는 규칙성을 찾는 것뿐이다. 이러한 탐색에서는 오직 하나의 현상과 다른 현상들 사이의 관계만이 고려의 대상이 된다. 과학적인 설명의 형식 그 자체도 우리가 지닌 문화적 입장에 따라 변화하는 임의적이고 적절치 못한 것일 수도 있다.

마흐와 실증주의자들은 지각할 수 없는 실체와 같이 신비스러운 것이나 형이상학에서 물리학을 구해 냈다. 그들의 현상학은 오직 관계에만 관련되었다. 묘사가 어느 정도의 영구한 가치를 갖는다면 바로 이 정도의 수준에서였다. 로베르트 마이어는 그 세기 중반에 이렇게 말했었다.

> 설정될 수 있는 것은 불변하는 일련의 관계들뿐이다. 이러한 상수常數들은 실재에 대해서 과학이 언급할 수 있는 것들 중에서 가장 멀리 나아간 것이다. 불변하는 관계는 물자체物自體에 어떤 일이 벌어지더라도 변화하지 않는 불변하는 가치의 불변하는 규칙에 의해 지배받는다.

표상은 그 근원상 주관적인 상징 이상이 될 수 없었다.

이 모든 것은 뉴턴, 그리고 실험을 통해서 에테르를 찾아내어 마이컬슨과 몰리가 명백히 틀렸음을 밝혀내려고 노력하던 사람들을 좌절시켰다. 그러나 만약 실제로 에테르가 반드시 또는 부분적으로나마 필요한 근거로서 여겨진다면, 그들의 실패한 실험은 여전히 설명이 되지 않은 채로 남는 것이 되었다.

관찰자의 기준틀에 따라 빛의 속도가 어떻게 영향을 받는가를 보여주는 아인슈타인의 사고 실험.

마흐에게서 큰 영향을 받은 아인슈타인은 에테르를 없앰으로써 그 문제를 해결했다. 그는 자신의 다섯 논문 가운데 세 번째로 1905년에

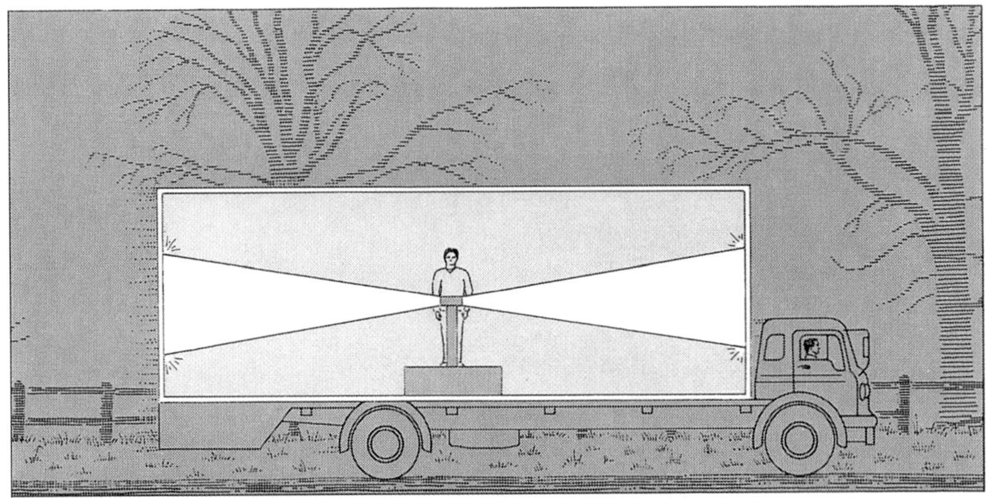

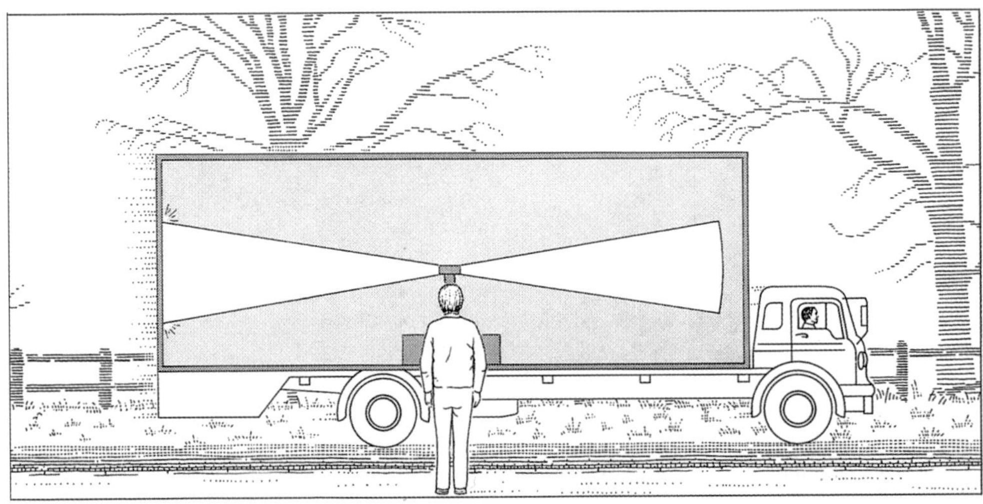

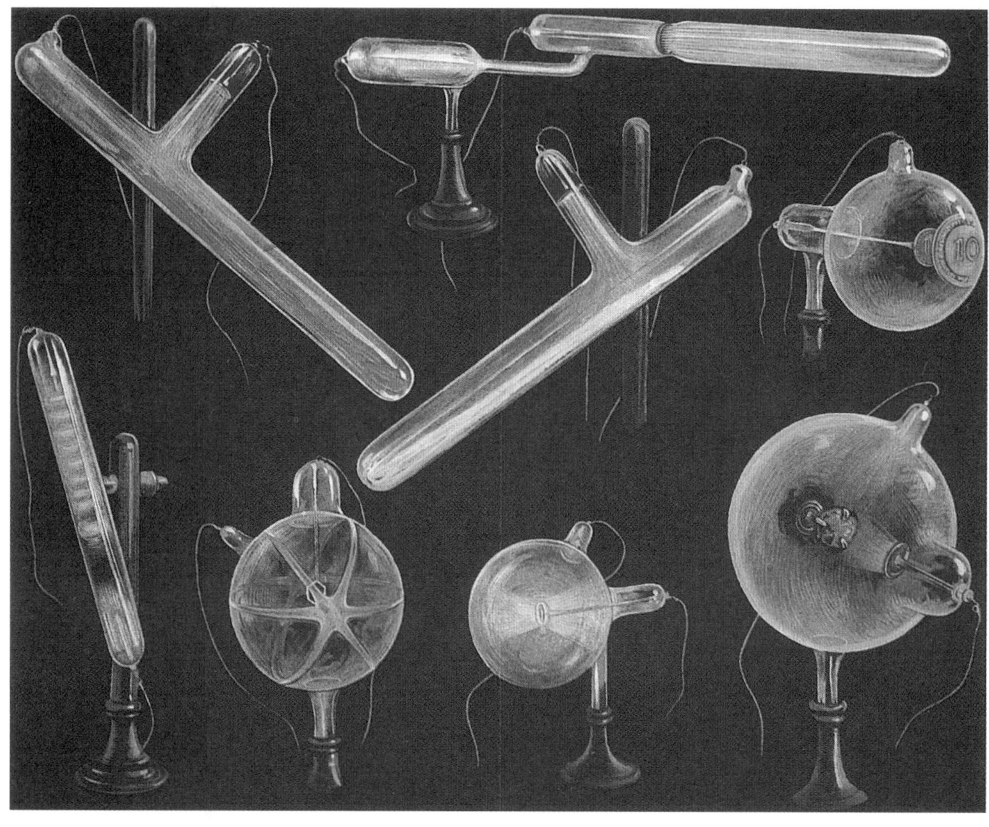

가이슬러관. 서로 다른 저압 기체를 통해 전기의 방전이 일어나면 다양한 색이 나온다. 가이슬러관은 1897년에 빅토리아 여왕의 60번째 생일을 축하하는 장식물로 처음 상업적으로 쓰였다.

출판된 논문을 이렇게 시작했다. "맥스웰의 전기역학은—오늘날 보통 이해되는 것처럼—움직이는 물체에 적용될 때, 자체에는 내재하지 않는 것처럼 보이는 비대칭성을 이끌어 낸다고 알려져 있다." 그가 지칭한 것은 지구 위에서는 움직이지 않지만 어떤 관점에서 보면 움직이고 있는 정전기 발생기를 다룬 로런츠-피츠제럴드 문제였다. 전류가 발생하는 유형과 관련된 결정은 관찰자가 차지한 위치에 따라 상대적이다. 아인슈타인은 모든 관찰자를 엄격한 기준틀에 위치시켰다. 이 틀 밖에서 우주를 관찰하는 것은 불가능하다. 시간, 거리 같은 모든 속성은 이 틀 안에 유사하게 들어 있다.

상대성은 뉴턴의 동시성을 몰아냈다. 만약 빛이 한 장소에서 다른

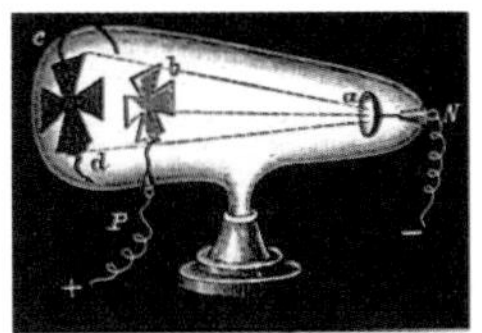

윌리엄 크룩스의 음극선 실험. 감압된 관의 내부의 양극(b)은 음극선(a)의 경로에 있다. 양극에 의해 생긴 완전한 기하학적 그림자(d)는 음극선이 직선으로 진행됨을 보여준다.

장소로 이동하는 데 일정한 시간이 걸린다면, 우주에서 발생하는 사건의 동시성은 결코 성립하지 않는다. 왜냐하면 사건에 관한 정보는 항상 그 사건이 발생한 다음에야 도착하는 것이 되기 때문이다.

게다가 관찰자의 기준틀 안에서 빛의 속도를 재는 측정 도구들은 모두 오직 그 틀과의 연관 하에서만 작동하기 때문이다. 마이컬슨과 몰리의 실험에서 간섭무늬가 나타나지 않았다고 해서 빛의 속도가 우주 전체를 통해서 일정한 것으로 판명나는 것은 아닐지도 모른다. 왜냐하면 피츠제럴드의 설명처럼, 우주 전체를 통해 빛이 항상 일정한 속도로 움직이고 있음을 증명하는 데 사용되는 기기는 그것이 무엇이든 관측자들의 기준틀 안에서 간섭의 효과가 상쇄되어 버리는 일이 생길는지는 모르기 때문이다.

트럭을 이용한 아인슈타인의 '사고思考 실험'은 그 점을 명백히 보여주었다. 트럭 안에 빛을 비추면, 그 빛은 진행한다. 트럭 안의 사람들은 그 빛이 트럭의 앞과 뒤의 벽에 동시에 부딪히는 것을 본다. 그리고 빛의 속도를 측정하면 초속 299,792킬로미터이다. 관찰자들이 움직이는 트럭 밖에 있는 경우에는, 그들은 빛이 트럭의 앞벽보다 뒷벽에 먼저 부딪히는 것을 볼 수 있다. 그러나 이 두 경우의 관찰자들에게 보이는 빛의 속도는 똑같다.

만약 현상을 측정하는 도구들이 모두 이렇듯 틀에 의존하고 있다면, 자연에 관한 모든 진술은 객관적인 실재에 관한 것이 아니라 과학의 방법과 기구에 관한 것이 된다는 결론이 나온다. 아인슈타인 자신도 이렇게 되풀이했다. "물리학은 있는 그대로의 실재를, 그것이 관찰되어지는 것과는 독립적으로 파악하려는 시도이다."

이러한 견해는 뉴턴 물리학의 근본을 뒤흔들어 놓았다. 그러나 나쁜 일이 벌어졌다. 19세기 중반에는 전기에 관한 높은 관심 덕분에 기체에서의 힘의 작용에 관한 탐구가 활발하게 진행되었다. 1855년 요한 가이슬러가 유리관 안에 있는 엷은 기체를 통해서도 전류가 전달되어 유리관을 밝게 빛나게 하는 것을 보였다. 1859년에는 율리우스 플뤼커가 자석을 써서 글로[•]를 움직였고, 글로가 유리관 자체에서 나오는 것처럼 보이는 것을 관찰했다. 1869년에는 그의 제자인 요한 히토르프가 그것을 더 자세히 관찰하였다. 진공 상태에 가까운 유리관에서 그는 음극에서 글로가 나와 양극을 향해 직진해 가는 것을 보았다. 그는 이것은 광선이 그림자를 만들어 내는 중간에 어떤 물질이 있기 때문이라고 설명했다.

• 글로(glow): 방전(放電)에 따르는 기체 분자의 발광.

그 세기 끝무렵으로 가면서 음극선은 굉장한 관심을 끌었다. 헤르츠의 제자인 필리프 레나르트는 그 광선이 빛이 완전히 통하지 않는 금이나 알루미늄박을 통과한다는 사실을 발견했다. 1896년에 케임브리지 대학의 조지프 존 톰슨은 음극선관에 달린 창을 열면, 그 광선이 밖으로 나오지만 불과 몇 센티미터도 못 가 글로를 내지 못하게 된다는 것을 알아낸다. 그는 그것이 음극선이 공기의 원자들보다 작은 입

아원자입자를 최초로 발견한 톰슨은 노벨상을 수상했다.

자들로 형성되어 있으며, 공기의 원자들이 음극선의 진행을 방해하기 때문이라고 결론지었다. 만약 그가 내린 결론이 사실이라면, 음극선 입자들의 크기는 원자보다 작은 것이 된다.

톰슨은 자기쏠림 현상을 이용해 음극선이 질량을 가지고 있음(질량이 있다는 말은 입자라는 말이다)을 입증해 보임으로써 입자의 존재를 증명해 보였다. '전자'는 명백히 전기의 기본단위였다. 이제 뉴턴적 방식으로 우주를 바라보던 사람들을 더 혼란스럽게 만드는 또 다른 문제가 제기되기 시작했다. 입자가 존재하는 것은 사실이었지만, 음극선은 빛의 형태였고 따라서 음극선은 파동이어야만 했다. 파동이 어떻게 입자일 수 있는가?

1900년 베를린에서 막스 플랑크는 고온의 물체가 에너지를 방출하는 방법을 연구하던 도중, 에너지가 기대되던 대로 지속적인 방식이 아니라 작은 단위, 즉 에너지의 묶음 형태로 방출된다는 것을 발견했음을 발표했다. 에너지의 방출이 증가할수록 그것은 처음 단위보다 점점 큰 배수 단위로 늘어나면서 방출된다. 그는 이 에너지파의 진동수에 대해서 항상 일정하게 나타나는 이 기초적인 에너지 단위를, '양'을 뜻하는 양자라 불렀다. 에너지의 파들은 독립적인 양들로 구성된 것처럼 보였다.

톰슨은 이것으로 또 다른 발견을 설명해 낼 수 있었다. 입자에 관한 실험 도중, 그는 진공에서 어떤 금속들에 자외선을 비추면 전자들을 방출한다는 것을 발견했다. 문제는 빛이 판 전체로 확산됨에도, 그것이 가진 에너지가 무엇이든 간에 금속은 전자를 즉각 방출한다는 것이었다.

1905년의 또 다른 논문에서 아인슈타인은 무슨 일이 발생하는가에 대해 설명했다. 플랑크가 말한 바대로 빛은 에너지 단위들의 묶음 형태로 도달한다. 이것들은 금속판과 충돌해 전자들을 방출시키는데, 빛이 발생하는 빈도에 따라 많은 수의 전자들이 방출되었다. 헤르츠의 스파크에 대한 자외선의 신비스러운 작용도 이것에 의해 설명되었다. 빛의 묶음들은 스파크에 에너지를 더하고, 그것을 길게 했다. 에너지가 파동이라는 오래된 이론은 점점 더 의문시되기 시작했다. 아인슈타인은 아무런 의미도 없는 말을 하고 있었다. 아직도 문제는 남아 있었다. 어떻게 파동이 입자일 수 있는가?

1927년에 루이 드 브로이는 용감하게 난국에 맞서서 광자, 즉 빛의 묶음들을 두 개의 바늘 구멍 사이로 동시에 통과시키는 실험을 했다. 그것은 간섭을 통한 빛의 파동 운동설을 확립하기 위해 토머스 영이 한 세기도 전에 이미 사용했던 방법이었다. 광자들은 마치 파동처럼 서로를 간섭했다.

똑같은 해에 미국인 두 명이 진공에서 니켈 표적에 전자를 발사 시켰을 때 전자가 어떻게 산란하는가를 조사했다. 어느 지점에서 그들의 진공관은 폭발했다. 그들은 서둘러 그것을 수소 속에서 가열해 표적에서 산소 오염을 제거하고, 다시 한 번 진공 속에 넣었다. 그들은 그렇게 함으로써 자신들이 그 표면을 따라 주기적인 간격으로 소수의

물리학에 충격을 준 실험인 데이비슨과 거머의 빛의 회절 테스트. 전자들이 과녁에서 튀어나온 뒤에 한 군데로 모인다. 그 후 평행하게 굴절된 전자살은 파동처럼 서로를 간섭함으로써 서로를 보강해 주거나 소멸시킨다(오른쪽).

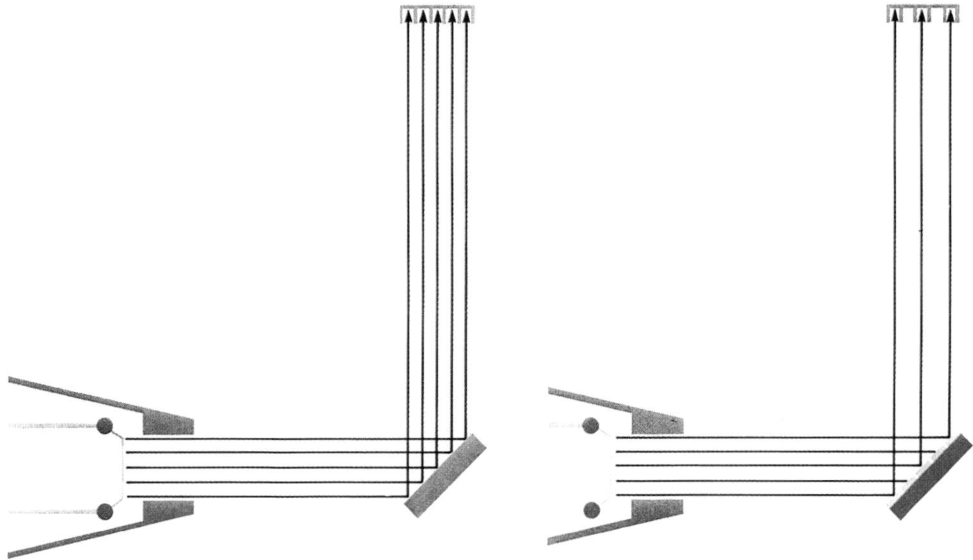

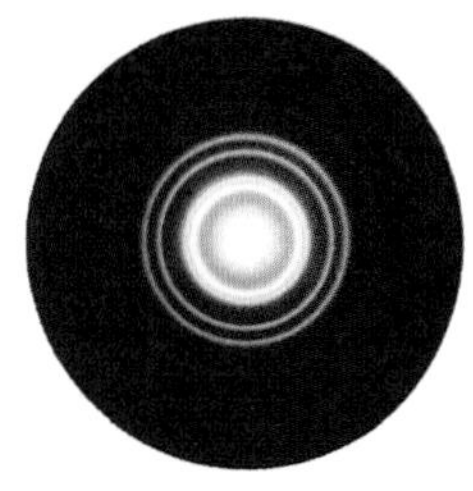
입자가 파동이라는 증거. 전자들이 금박을 통과하면서 축을 따라 생기는 광선을 보여주는 이 그림을 통해 우리는 입자들이 상호작용을 하며 골과 마루로 된 물결 모양의 파동을 만들어 내는 것을 알 수 있다.

큰 결정들을 만들어 내는 니켈의 표면을 변화시켰다는 것을 알지 못했다. 그들이 전자를 다시 발사하기 시작했을 때, 그들은 놀랍게도 산란되는 전자들이 높은 수와 낮은 수의 전자들의 무리들이 번갈아 이루는 명백한 패턴을 형성하며 표적에서 퍼져 나간다는 것을 발견했다. 전자살이 일정한 각도로 니켈의 표면에 부딪히기 때문에, 결정들이 전자들을 연속적이고 위상이 다른 파동들처럼 서로를 간섭하고, 빛이 만들어 내는 것과 동일한 간섭무늬들을 만들어 낸다는 사실을 알아냈다. 입자는 결국 파동일 '수도' 있었다.

1927년 베르너 하이젠베르크는 그것들 모두는 도구의 산물이기 때문에 실제로 발생하는 현상이 무엇인지는 결정할 수 없는 일이라는 것을 보여주었다. 입자가 목적인 실험에서는 입자가 발견되고, 파동이 목적인 실험에서는 파동이 발견되지만 둘이 동시에 발견될 수는 없다.

그는 입자는 확실하게 관찰되지 않는다는 것에도 주목했다. 입자들의 운동은 그것들이 진행하는 파동의 형태를 관찰함으로써 연구할 수 있고, 그것들의 위치는 날아가는 그것들을 멈추어 놓아야만 정할 수 있다. 각각의 실험은 서로를 배제한다. 우리는 전자가 어디에 있는지 또는 전자가 얼마나 빨리 움직이는가는 말할 수 있다. 그러나 그 둘을 동시에 말할 수는 없다. 더 나아가 관찰 행위 그 자체 또한 복잡한 문제였다. 전자를 '보기' 위해서는 그것 위에다 일종의 빛을 쬐어야만 한다. 이것은 그 전자에 에너지를 더하는 것이고, 전자의 상태나 혹은 위치를 변화시키는 일이 된다. 관찰 속에서 우주는 변화한다. 18세기부터 시작된 사변을 최종적으로 끝마치며 하이젠베르크가 말했듯이 "우리가 원자적 사건 속에서 무슨 일이 일어나는지를 묘사하기를 바란다면, 우리는 '발생한다'라는 단어가 오직 그때의 관찰에만 적용되는 것이지 두 개의 관찰 사이의 사건의 상태에는 적용되지 않는다는 사실을 알아야만 한다."

전기에 관한 탐구는 우주에 대해 무엇인가를 말할 수 있는 과학에 대한 새로운 견해와 우주에 대한 새로운 세계관을 이끌어 냈다. 그것은 고대 그리스의 탈레스 이래로 사람들을 지배해 온 인과적 세계관을 몰아냈다.

만약 하이젠베르크가 가정했듯이 실재를 묘사하는 것에는 언제나 근원적이고도 돌이킬 수 없는 불확실성이 동반되는 것이고 관찰자는 관찰하는 동안 그 현상에 변형을 가할 수밖에 없다면, 비트겐슈타인이 말했듯이 "당신은 당신이 원하는 것만을 보게" 되는 것에 다름아니다. 우주에 대해 우리가 말하는 것이 바로 우주이다. 그러나 만약 그렇다면 지식이란 과연 무엇이란 말인가?

Cy comence Le .xxij. chappitre
du huitiesme livre le quel parle
Toutes les planetes ont
double mouvement
dont lun leur est na
turel et propre qui
est dorient en occident encontre le mo
uement du firmament lautre est un
mouvement estrange qui est de oriet
en occident par le firmamet qui les
du double mouvement des pla
nettes et chascune en general: mo
ment naturel ou quel elles sefforcent
daler contre le firmamet. Aucunes
des planetes parfont leurs cours
plustost et les autres plustart. Et
cest pour ce que la quantite de les
cercles nest pas egale lune a lautre
Car saturne demeure en chun signe
par xxx mois et acomplist so cours

# 10

Ψ

# 끝없는 세계들

아인슈타인은 물리학 그리고 물질의 본성과 우주의 운행 방식에 대한 이해를 근본적으로 바꾸어 놓는 개념상의 위대한 도약을 만들어 냈다. 그는 당시 그것이 마치 꿈처럼 자기에게 다가왔다고 말했다. 그는 자신이 '광선'에 올라타고 있는 것을 보았고, 만약 정말 그렇게 할 수 있다면 빛이 정지되어 있는 것처럼 보일 것이라고 결론지었다. 이런 개념은 그 당시의 모든 물리법칙에 정면도전하는 것으로, 아인슈타인으로 하여금 빛이란 어떤 환경, 어떤 관찰자에게나 그 속도가 항상 일정한 하나의 현상이라는 것을 깨닫게 해주었다. 여기서 그는 상대성이라는 개념을 생각해 내게 된다.

중세인들이 생각한 인간과 우주. 하늘이 생활의 모든 면을 지배하고 있다는 믿음에 기초해 사회가 형성되었다. 인간이 처한 상황에 대한 이러한 관점은 21세기를 바라보는 오늘날 우리가 가진 관점만큼이나 그 당시에는 타당한 것이었다.

아인슈타인의 꿈같은 경험은 다른 사람들의 회고 속에서도 찾아볼 수 있다. 벤젠 고리 구조, 즉 다른 분자들이 결합할 수 있도록 원자들의 집단이 결합해 분자화합물을 형성하는 전형적인 메커니즘을 발견한 아우구스트 케쿨레는 불을 응시하다가 서로 꼬리를 물고 있는 뱀과 같은 모양을 한 원자들의 고리를 불꽃에서 보았다고 썼다. 뉴턴은 사과가 땅으로 떨어지는 것을 보고서 계시를 받았다고 전해지고 있다. 어떤 이야기에 따르면, 아르키메데스는 변위變位의 의미를 발견하고 '유레카'라고 외치며 목욕통에서 뛰쳐나왔다고 한다. 구텐베르크는 인쇄기에 대한 착상이 "마치 광선이 오는 것"처럼 떠올랐다고 묘사했다. 월리스의 경우에는 "일시적 정신착란"과 함께 진화의 이론이 찾아왔다. 그들 모두 발견의 순간에 섬광같이 나타난 통찰을 경험했다.

자연의 비밀을 밝혀내는 과정에서 경험하게 되는 이 신비스러운 일들은 여전히 과학의 바로 그 중심부에서 계속되고 있다. 인간은 끊임없이 탐구하며 원소들에 대한 이해를 더욱 확대 · 심화시키고, 태양계의 끝부분까지 탐험을 하고, 존재의 기본 요소들을 결합시키고 있는 힘이 무엇인지를 해명해 낼 수 있는 새로운 발견들을 계속해서 이루어냈다. 인류의 생활 여건이 예전보다 나아진 것은 이러한 발견들 덕분이다. 각 분야에서 이루어낸 발견들로 인해 인류는 생활 조건들을 여러 모로 개선시켰다. 자연에 대한 새로운 이해는 인간의 사고 방식을 계몽시켰고, 새로운 기술은 물질적 삶의 질을 높여 주었다.

과학은 매단계 발전을 거듭할 때마다 우리들의 주요 지식 체계에 무언가를 덧붙이거나 개선함으로써 전체로서의 우주와 관련하여 우리들이 사회를 보는 관점을 변화시켜 왔다. 지식이 변화하면 세계관도 따라서 변화했다.

그동안 잊혀져 왔던 그리스와 아랍의 과학, 그리고 아리스토텔레스가 전개했던 사유의 논리 체계가 이슬람 학자들의 텍스트들을 통해 12세기에 북부 유럽에 새로이 소개되자, 지난 7백 년 이상 사람들의 삶을 지배해 왔던 틀이 일거에 무너져 버렸다. 그 텍스트들이 알려지기 전만 해도 인간은 생명이나 우주에 대해 그저 신비를 느끼기만 했지 어떤 질문도 던져 볼 생각을 않는 수동적인 태도만 보이고 있었다. 자연은 하루살이처럼 소멸하는 덧없는 것들로 가득 차 있어서 탐구할 가치조차 없는 것이었다. 진리는 소멸하는 세계에 놓여 있는 것이 아니라, 빛으로 씌어진 신성한 설계도인 별들이 영원히 지속되는 완전함 속에서 운행되는 하늘에 존재하는 것이었다. 만약 영감을 얻고자 하는 사람이 있다면, 그는 과거의 거장들이 이룩해 낸 성과물들로 돌아가야만 했다. 그러나 아랍의 이 새로운 지식은 이 모든 상황을 바꾸어 놓았다.

성 아우구스티누스 시대의 사람들은 "이해는 오직 믿음으로부터 온다Credo ut intelligam"고 말했었지만, 이제 인간은 이렇게 말하기 시작했다. "믿음은 오직 이해로부터만 온다Intelligo ut credam." 법률 문서들을 논리적으로 분석하는 데 사용된 새로운 기법들이 자연을 실험에 종속시키는 합리적 · 학문적인 사고 체계를 이끌어 냈다.

새롭고 논리적인 접근은 경험주의를 북돋아 주었다. 세계에 대한 개인적인 경험도 이제는 가치 있는 것으로 간주되었다. 아랍세계로부터 홍수처럼 몰려든 지식들은 사람들을 고무시켜 많은 질문을 하도록 했고, 그에 따라 유럽에는 여러 대학들이 설립되었다. 학생들은 대학에서 연구 방법을 배웠으며 학문은 제도화되어 갔다. 테오도리크와 로저 베이컨은 과학을 향한 시험적인 첫걸음을 내딛었다. 인간은 합리적으로 생각할 수 있게 되었고, 무엇보다도 자신감과 특히 진취적 태도를 갖게 되었다.

한 세기 뒤 또 다른 아랍인이 광학 이론들을 새롭게 발견하자 유럽은 다시 한 번 큰 변화를 겪게 된다. 토스카넬리에 의해 피렌체에 소개된 알 하젠의 이론들로 말미암아 초기 르네상스의 인문주의 사상가들은 원근법적 기하학에 눈뜨게 되고, 이것은 아리스토텔레스로부터 탈출할 수 있는 도구가 되었다. 아리스토텔레스가 말한 동심원 구球들은 각기 자연 속에서 위계를 갖고 있었으며, 신에 의해 개별적으로 창조된 독특한 것들로 가득 차 있었다. 각각의 사물들의 가장 중요한 특성은 그 사물만의 특별한 성질을 부여하는 독특한 성질, 즉 '본질'이었다. 사물들은 모두 우주 중심과의 관계에 따라 존재했고, 따라서 그것들을 미술적으로 재현하는데 원근법은 필요치 않았다. 사람들은 모든 사물에 각기 신학적 중요성을 배당하고 그에 따라 사물들을 묘사했다. 성인들은 크게, 평민들은 작게 그려졌다. 모든 사물은 신이 의도

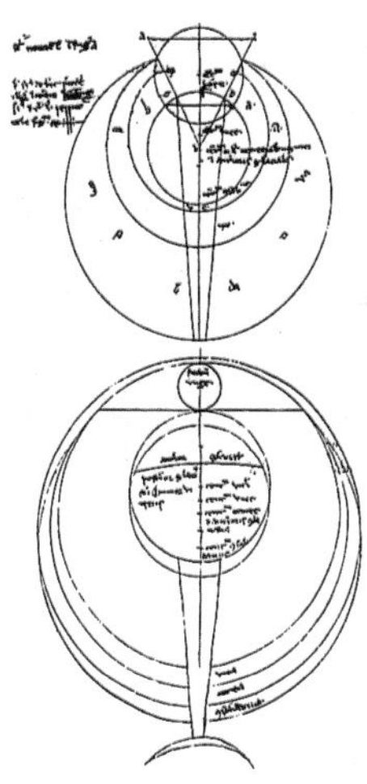

로저 베이컨이 그린 눈 그림(13세기).

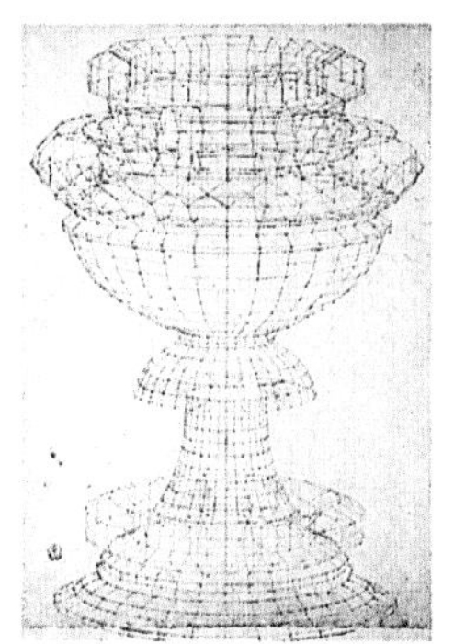

원근법의 초창기에 우첼로가 그린 습작.

콜럼버스가 신대륙을 발견할 때 타고 갔던 카라벨 선.

인쇄기가 등장하는 그림 가운데 가장 오래된 그림(1507).

아리스토텔레스가 생각한 수정체 천구.

한 신비한 계획의 일부분으로서만 존재했고, 따라서 그것들의 크기는 비교적이거나 실재적인 방법으로는 결코 측정될 수 없었으며, 특히 별과 관련될 경우에는 더욱더 그러했다.

그런데 원근법과 기하학이 등장하자 아무리 멀리 떨어져 있는 사물이라도 측량할 수 있게 되었다. 물리적 형태를 드러내는 표현도 가능해졌다. 그에 따라 건축술에는 크기에 다른 비례가 적용되었다. 균형과 조화가 평가의 기준이 되었다. 새로운 측정 방법이 퍼져나감에 따라, 그것은 행성들에도 적용되었다. 지구의 알려지지 않은 곳들도 측정이 가능해졌고 그에 따라 조사도 점점 더 쉬워졌다. 세상은 이제 탐험을 위해 문을 열어 주었다. 신세계가 발견되었다. 새로운 철학은 자연에 존재하는 모든 사물을 보편적인 척도에 따라 측정할 수 있다고 주장했다.

15세기 가운데무렵 구텐베르크라는 독일의 금세공업자가 기억을 인쇄기로 대체시켰다. 인쇄기는 구술 세계를 파괴하는 데 일조했다. 인쇄기가 발명되기 이전 시대 사람들의 일상 생활은 극히 단조로웠다. 사회제도를 영속시키는 데 필요한 지식이나 전문은 과거의 사건이나 관습에 대한 노인들의 기억력에 전적으로 의존하고 있었다. 연장자들이 모든 권위의 원천이었다. 대학의 학생들뿐만 아니라 상인들에게도 기억술이 널리 이용되었는데, 대부분의 정보는 시詩의 형태에 담겨서 전해졌다. 이러한 세계에서는 경험은 모두 개인적인 것들이었다. 시야는 좁았고, 사회는 내부로만 향했다. 바깥 세계에 무엇이 존재하는가는 오직 풍문을 통해서만 알 수 있을 뿐이었다.

인쇄술은 공동체적 경험의 쇠퇴라는 새로운 종류의 고립을 가져왔다. 그러나 그와 동시에 이 기술은 외부 세계와 다양한 접촉을 할 수 있게 해주었다. 이제 변화에는 가속이 붙었다. 인쇄술 덕분에 사람들은 직접 만나지 않고도 정보를 교환할 수 있게 되었으며, 특히 색인은 정보교환의 주요 원천인 교차 참조를 할 수 있게 해 주었다. '사실'이 탄생했으며, 그와 함께 오늘날 우리 모두에게 익숙한 전문화와 대리 경험이 생겨났다.

코페르니쿠스 혁명은 자연에 대한 태도를 근본적으로 변화시켰다. 코페르니쿠스의 우주론이 나오기 전에 사람들을 지배했던 아리스토텔레스적 우주론에 따르면 우주는 행성들이 운행하는 일련의 동심 수정체 천구들로 이루어져 있으며, 맨 바깥쪽의 천구에는 별들이 고정되어 있었다. 하늘을 관찰하면 천체들은 끊임없이, 그리고 변함없이 지구 주위를 돌고 있는 것처럼 보였고, 따라서 아리스토텔레스는 사물들이 부패하고 사멸하는 지구와는 달리 천체는 완전하고 손상되지 않는다고 했다. 지상에서의 자연적 운동은 직선 운동이었는데 이는 물체들은 지상으로 곧장 낙하했기 때문이었다. 그러나 하늘에서 벌어지는 모든 운동은 원 운동이었다.

지구와 천체는 전적으로 다른 세계였다. 우주에서 벌어지는 모든 일은 원동자인 신에 의해 개시되는 것으로서 신의 직접적인 개입은 그 체계를 유지시키는 데 필수적이었다. 그러한 우주의 중심에 있는 지구와 인간은 모두 신이 자신의 모상에 따라 만든 것이었다.

코페르니쿠스는 우주에 대한 이러한 생각을 깨뜨렸다. 그는 태양이 지구 궤도의 중심에 있다고 주장함으로써 무한한 우주로 나아가는 길을 열어 주었다. 이제 인간은 더 이상 만물의 중심이 아니었다. 사회구조에 정당성을 부여해 왔던 우주적 위계도 힘을 잃게 되었다. 행성과 사과는 다같이 중력이라는 힘에 종속되었다. 수학적 법칙에 따라 자연을 연구하고 발견해 냄으로써 자연을 조작하는 일이 가능해졌다. 뉴턴은 사물의 운동을 예측할 수 있는 등식을 만들어냈다. 그리하여 근대 과학이 탄생했고, 그와 함께 확신에 찬 근대적 개인주의도 생겨났다. 우주는 태엽시계 장치였고, 이제 인간은 그 시계의 열쇠를 손에 넣었다.

18세기로 들어오자 환경의 물리적 형태를 변화시켜 기후의 속박으

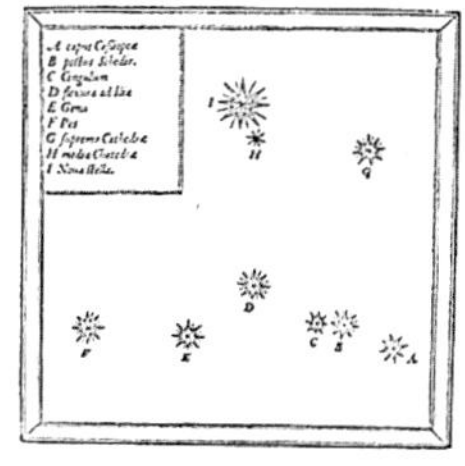

1572년 발견된 대 혜성을 그린 브라헤의 그림(위). 이 발견 덕분에 뉴턴은 행성들이 움직이는 수학적 법칙들을 계산해 낼 수 있었다(아래).

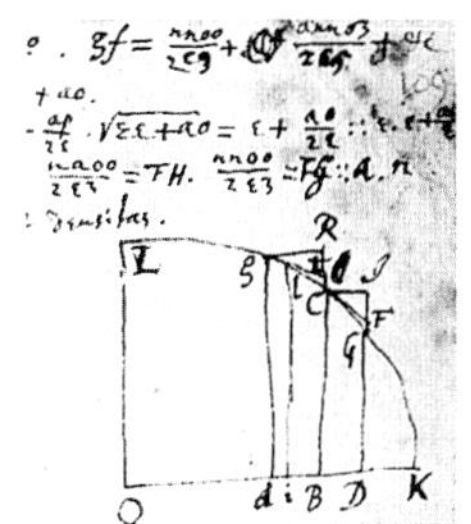

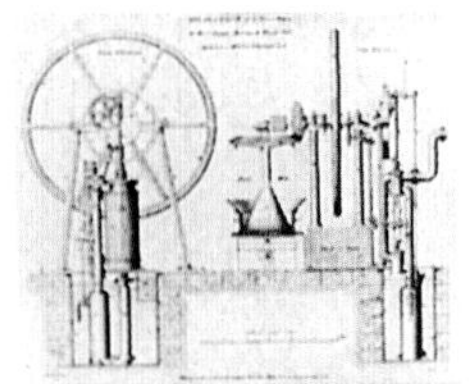
윌리엄 머독의 '태양-행성' 식 운동 방식

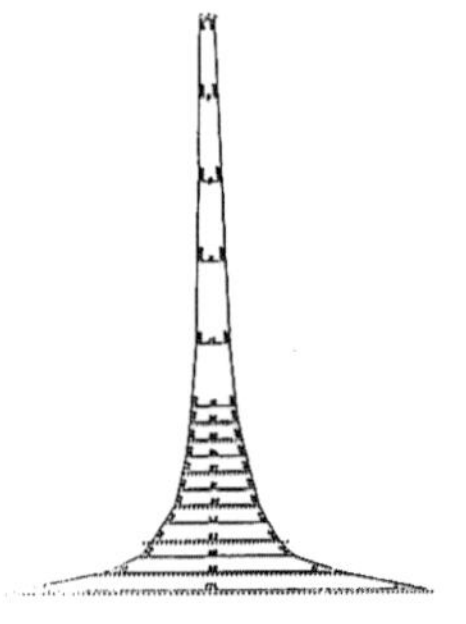
1852년 윌리엄 파는 템스 강 상류의 주거지로 올라갈수록 콜레라 사망자 수가 어떻게 감소하는지 통계학을 이용해 알아냈다.

로부터 벗어날 수 있는 새로운 형태의 에너지도 발견했다. 당시의 생활은 전적으로 농산물에 의존하고 있었다. 토지는 교환의 기본적인 수단이자 권력의 원천이었다. 사회는 소규모의 농경 공동체나 수렵 공동체로 분할되어 있었고, 노동자와 고용주는 계층적인 관계를 맺고 있었다. 노동자는 고용주에게 노동력을 제공하고, 고용주는 대신 노동자의 복지에 대한 책임을 졌다. 사람들은 자신들의 생산물을 소비했다. 공동체들 대부분은 자급자족적인 생활을 영위했고 토지를 가장 많이 소유한 자가 정치 권력도 함께 소유했다. 농사는 기후에 좌우되었고, 인구의 증감은 농작물의 생산량에 달려 있었다. 축제와 성장, 그리고 높은 사망률과 기아가 교대로 찾아왔다.

이렇듯 자체로 균형을 이루고 있던 사회 구조는 증기력이 도입되면서 근본적인 변화를 겪게 된다. 사회는 도시 생활 위주로 움직여 갔으며, 사회적 관계도 현금에 의해 결정되었다. 산업 자본주의의 출현으로 새롭게 생겨난 생산 수단들은 물질적 부를 소수의 자본가들 손에 집중시킴으로써 최초의 계급 투쟁을 초래했다. 늘어난 소비 욕구는 대량 생산을 낳았다. 이것은 근대 세계를 그 이전 세계와 구별 짓는 중요한 이데올로기적 정치적 구분점이 된다.

19세기 첫무렵까지만 해도 질병의 본질에 대해서는 거의 알려진 바가 없었다. 단일한 '질병'의 공격으로 신체 일부에 나타나는 증상의 목록만이 있을 뿐이었다. 그러한 상황에서 의사들은 환자들이 요구하는 대로 처리해 주면 그만이었다. 개업의들마다 만병통치약이라고 주장하며 제각기 다른 처방을 했다.

프랑스 혁명 기간에 이루어진 외과 의사들의 지위 상승과 새로이 개발된 확률 이론의 결합은 질병을 국부적인 현상으로 보는 새로운 시각을 낳았다. 통계적인 조사를 통해 질병의 성질과 그 경과가 밝혀짐에 따라 효율적인 치료가 가능해졌다. 새로운 의술은 그 동안의 침상 옆 서비스를 임상기술로 대체시켰고, 그 결과 환자는 이제 질병의 진단과 치료에 간섭할 수 없게 되었다.

의학 기술이 진보함에 따라 환자의 의견을 구하는 일은 불필요한 일이 되었다. 이제 질병에 관한 정보는 환자의 능동적인 개입 없이도 얻을 수 있게 되었다. 그리고 나중에는 환자의 지식이나 이해 없이도 가능해졌다. 이러한 변호와 함께 19세기에는 의학상의 중요한 발견들이 잇달아 터져 나와 개인 위생이나 공중 위생면의 극적인 개선이 이루어졌다. 19세기 끝무렵에는 의사는 이의를 달 수 없는 객관적 판결자라는 근대적인 역할을 맡게 되었다. 환자들은 마치 수數처럼 다루어졌다.

역사를 신학적으로 해석하는 경향은 19세기 가운데무렵까지도 여전히 맹위를 떨치고 있었다. 창조의 6일과 에덴 동산은 역사적인 사실로 간주되고 있었다. 지구의 나이는 성서 연대기에 의거해 약 6천 년으로 정해졌다. 지질학의 연대도 성서에 의해 결정되었다. 멸종된 유기체들이 새로이 발견되면 사람들은 그것을 성서에 나오는 대홍수와 연관을 지어 설명하곤 했다. 자연사의 목적은 오직 신의 위대한 섭리를 잘 드러내는 데 있었다. 이러한 노력의 중요한 일환이 자연에 존재하는 모든 요소의 목록을 작성하고 명명하는 일, 즉 분류학이었다. 사람들은 신의 처음 계획은 창조 이래로 한 번도 변화하지 않았으며 자연의 목록이 완성되면 그 모습이 다 드러날 것이라고 여겼다.

지구가 믿어지지 않을 정도로 긴 역사를 갖고 있음을 나타내는 지질학적 증거와 화석들이 더 많이 발견되었고 이것은 진화론으로 이어졌다. 우주적 세계관은 유물론적인 것으로 바뀌었다. 인간 역시 자연의 나머지 존재들과 똑같은 재료로 만들어진 것처럼 보였다. 무엇이 살아 남았는가는 신의 의도가 아니라 환경의 우연성에 달린 문제였다. 우주는 끊임없이 변호하고 있었다. 진보와 낙관주의가 새로운 슬로건이 되었다. 사회가 생물학적 법칙에 따르듯이, 인간 역시 자연의 나머지 다른 존재들과 마찬가지로 개선이 가능하다고 여겨졌다. 새로운

해양생물은 지구의 나이를 아는 데 도움을 줄 뿐만 아니라 변화가 얼마나 느리게 진행되는지도 잘 보여준다. 오늘날의 조개류(아래쪽)는 자신의 조상 화석(위쪽)과 사실상 동일한 모양이다.

사회학은 그러한 법칙을 연구하고 그 결과들을 적용시키게 된다.

중세부터 19세기 끝무렵까지 우주관에는 단 한 번의 변화만이 있었는데, 그것은 시계처럼 작동하는 뉴턴의 우주에 아리스토텔레스적 체계가 밀려난 사건이었다. 중력의 법칙이 모든 물체를 지배한고 있는 것처럼 보였다. 시간과 공간은 보편적이고 절대적이었다. 모든 물체는 직선으로 움직였고, 오직 중력과 충돌에만 영향을 받았다.

전자기 현상의 연구는 뉴턴적 세계를 무너뜨렸다. 또 다른 새로운 힘의 존재가 등장했다. 그 힘은 곡선의 형태를 띠었으며, 공간으로 퍼져 나가는 데 시간이 걸렸다. 우주의 구조는 확률과 통계에 기초를 둔 불확실한 것이었다. 절대는 더 이상 존재하지 않았다. 이러한 새로운 세계관으로부터 양자역학, 상대성이론, 전자와 핵물리학이 출현했다.

앞서 언급한 일들을 고려하자면, 인간은 진보를 이룩해 낸 것처럼 보일 수도 있다. 인간은 마술과 의례로부터 이성과 논리로, 경이로운 초자연으로부터 도구적 확신으로, 부분화된 무지로부터 일반화된 지식으로, 신념에서 과학으로, 생존에서 안락으로, 질병에서 건강으로, 신비주의에서 유물론으로, 기계론적 결정론에서 낙관주의적 확실성으로 전진해 갔다. 인간은 자신이 이룩할 수 있는 최선의 세계인 인간 등정의 마지막 단계에서 살고 있다. 오늘날 우리들 각자는 과거 로마의 어떤 황제보다도 더 큰 힘을 소유하고 있다. 우리에게 그 힘을 선사한 이들이 바로 과학자들이고, 오늘날 그들의 수는 인류 역사 전체를 통해 배출된 과학자 수보다 훨씬 더 많다. 이런 사실에 비추어 볼 때 인류는 재난이나 일시적인 방해물들을 만나기야 하겠지만, 과학은 아랑곳하지 않고 계속 우리의 궁극적 진리로 더 가까이 접근해 갈 것이고, 그에 따라 우리 앞에 놓인 길은 더 큰 발전과 진보를 향한 길이 될 것이 틀림없어 보인다.

지난 수세기 동안 이룩한 이러한 지식 축적의 원동력, 즉 과학은 일견 인간의 활동 가운데 매우 독특한 것처럼 보인다. 과학은 객관적이다. 그것은 공정하고 객관적인 탐구방법과 증거에 기초한다. 과학자들은 이론을 세우고, 그것들을 실험을 통해 검증한다. 같은 결과가 반복적으로 나오고 방법상의 어떠한 오류도 없으면 그 이론은 살아 남는다. 그러나 그렇지 못한 경우 이론은 폐기된다. 이 규칙은 엄격하게 적용된다. 과학이 자신의 작업을 평가하는 기준들에는 보편성이 있다. 결과가 반복적이고 어떤 방법에 의해서도 오류가 없다면 그 이론들은 살아 남았다. 진리를 찾는 데는 특별한 변명거리가 필요치 않다. 전류를 찾는 이유는 자연이 어떻게 움직이는가에 관한 정보를 얻고, 그러한 정보를 인간의 지적 · 신체적 삶을 고양시키는 데 이용하고자 하는 것일 뿐이다. 과학적 탐구의 논리는 언제 어떤 상황에서건 필연성에 기초한 합리적인 것이다. 과학의 이러한 특징은 다른 분야에서라면 한 시기를 다른 시기와 전혀 다른 것으로 만들거나, 어떤 문화적 표현을 다른 맥락에서는 전혀 이해할 수 없는 것으로 만드는 것과는 완전히 차원을 달리한다. 과학은 맥락상의 한계를 가지고 있지 않다. 과학은 단지 진리를 찾고 있을 뿐이다.

그러나 어떤 진리를 말하는 것인가? 같은 것일지라도 시대에 따라 달라 보였다. 게다가 실재에 대한 서로 다른 구조를 갖고 있는 많은 사회들이 오늘날에도 공존하고 있다. 그러한 구조 안에서 과거와 현재를 막론하고 인간의 행위 양태는 특정한 지형적 · 사회적 환경에 따르는 특이성을 내보인다. 에스키모인들은 '눈'을 표현하는 수많은 단어들을 가지고 있다. 남아메리카의 가우초•들은 말가죽에 관한 어휘를 다른 어느 민족보다도 풍부하게 구사한다. 개인간의 거리, 즉 한 개인이 낯선 사람에게 허용하는 최근접 거리는 아랍인들이 스칸디나비아인들에 비해 훨씬 가깝다.

개인들 사이에서조차 실재에 대한 지각은 특유하고도 자율적이다. 우리들 각자는 세계에 대한 나름의 정신적 구조를 갖고 있어, 그것에 의거해 새로운 경험들을 인식한다. 새로운 경험들로 가득한 현대 세

• 가우초(gaucho): 아르헨티나나 우루과이의 대초원지대에 살며 유목생활을 하는 목동이나 마부. 주로 인디언과 유럽인의 혼혈인 메스티조들이다.

계에서 살아 남기 위해서는 그러한 능력이 필수적이다. 그러나 새로운 사건들을 경험하기도 전에 그 구조가 그러한 사건들에 대한 전제를 이미 사용자들에게 제시하고 있다는 것도 당연한 일이다. 그 경험들이 우리의 전제에 맞지 않으면, 그것들은 인식이 불가능하거나 의미가 없는 것으로 여겨져 거부되기도 한다. 다시 말해서 구조가 없다면 실재도 존재할 수 없다는 말이다.

기초적인 신경생리학 단계에서 볼 때 이것은 사실이다. 시각 지각은 물체에 튕겨 나오거나 광원에서 나와 망막 안의 간상체를 자극하는 에너지 입자들을 통해 이루어진다. 입자들과 간상체의 충돌은 감극파減極波를 일으키는 물질을 눈 뒤에 망 형태로 배열되어 있는 뉴런을 따라 배출시키고, 그 신호는 시신경을 따라 뇌로 전달된다. 그리고 이때의 시각 지각 행위란 단지 일련의 복잡한 전위 변화에 불과한 것이다.

이러한 수많은 물체를 식별할 수 있는 뇌의 시각 작용 부위에 도달한다. 물체가 처음 뇌에 인식되는 것은 바로 이 지점에서다. 물체를 인식하는 것은 눈이 아니라 뇌이다. 신호 패턴들은 뉴런을 활성화시키는데, 각 뉴런은 제각기 특정한 신호를 인식하는 역할을 맡고 있다. 어떤 의미에서는 실재는 경험되기 이전에 이미 뇌 안에 존재하는 것이라고도 할 수 있다. 그렇지 않다면 신호는 아무런 의미도 갖지 못할 것이다.

뇌는 무질서한 신호들을 분류하고 재배열하고, 거부함으로써 시각적 질서를 부여한다. 실재는 뇌가 만들어 내는 것이다. 다른 감각의 경우에도 기초적인 메커니즘은 똑같다. 경험에 이러한 전제를 부과하는 것이 착시를 일으키는 원인이다. 그리고 이러한 과정을 통해 매우 복잡한 수준의 모든 지각의 형태들이 수정된다. 한 번 더 비트겐슈타인을 인용하자면 "당신은 보고자 하는 것만을 보는 것"이다.

그러므로 외부 세계를 관찰하는 행위는 항상 이론 부과적인 것이다. 만약 그렇지 않다면 세계는 혼돈스러운 곳으로만 남을 것이다. 흑백의 점들로 이루어진 아래 그림에서 볼 수 있는 시각적 환영이 그 좋은 예이다.

이것은 보기와는 달리 그렇게 억지스러운 생각이 아니다. 어떤 질서는 있지만 애매한 그림을 앞에서 우리는 자신이 선호하는 이미지, 즉 '게슈탈트'에 따라 여러 해석 가능성 가운데 하나를 선택한다. 다음 페이지의 예에서, 게슈탈트가 바뀌면 다른 모양의 그림이 보이지만, 그 경우에도 한 번에 한 가지 형태밖에는 볼 수 없다.

인식은 또한 가치 판단에 의해서도 영향을 받는다. 다음 그림에서 불쾌한 뜻을 담고 있는 단어인 'PAIN'은 정육면체의 뒷면에 쓰여 있는 것처럼 보이고, 호의적인 뜻을 연상시키는 'LOVE'라는 단어는 앞쪽에 씌어져 있는 것처럼 보일 것이다.

마찬가지로 관찰 행위도 전문적인 데이터일 경우 전후관계에 의존하며, 그때 형태는 초보자들에게만 의미가 있을 뿐이다. 아마추어들에게는 지도상에 나타난 단순히 일련의 선에 불과해 보이는 것일지라도 지질학자는 그것이 어떤 지형을 나타내는지를 알 수 있다. 또 거품 상자 안의 입자가 남긴 흔적 역시 물리학자들에게만 의미가 있는 법이다.

이 그림 안에 달마시안 개가 한 마리 있다는 가설을 세우고 그림을 보면 개가 보인다. 일단 형태를 확인하고 나면 도대체 무슨 그림인가 하는 혼란스러움은 없어진다.

게슈탈트 그림들. 네케르 입방체(위 왼쪽), 보링의 젊은 여인 혹은 노파(위 오른쪽), 루빈 꽃병 또는 두 사람(아래 왼쪽), 재스트로의 오리 혹은 토끼(아래 오른쪽).

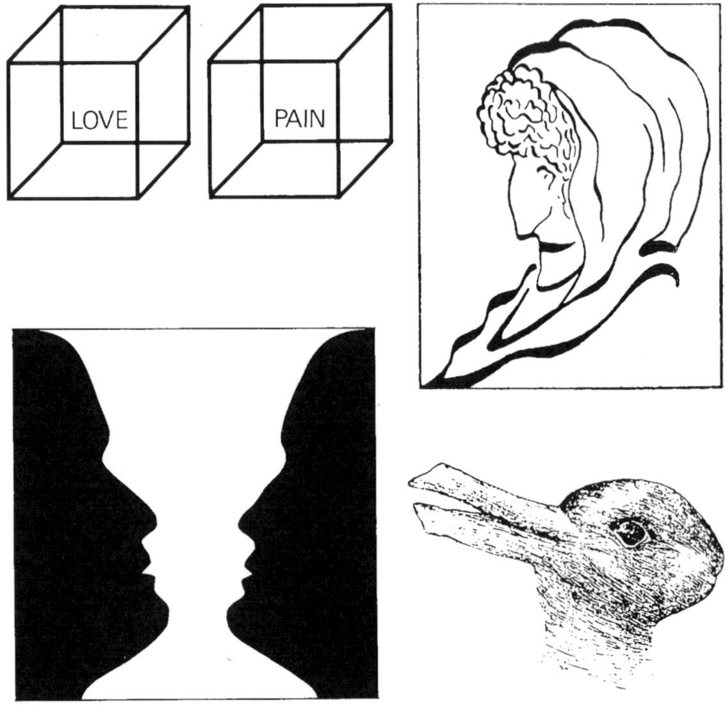


가장 기초적인 것에서부터 가장 복잡한 단계까지의 인식의 모든 경우에, 경험의 의미는 경험이 예상되는 기대 범위에 따라 관찰자에 의해 인식된다. 그렇지 않은 것은 의미가 없거나 부적절한 것으로 거부될 것이다. 우주가 오믈렛으로 만들어졌다고 믿는다면 은하 간에 존재하는 달걀의 흔적을 찾기 위한 도구를 설계해야 할 것이다. 그러한 구조 안에서 행성이나 블랙홀과 같은 현상은 거부될 것이다.

이것은 그렇게 부자연스러운 일은 아니다. 구조 즉 게슈탈트가 모든 인식과 모든 행동을 조절한다. 이것은 실재를 어떻게 가정해야 하는가에 대한 완벽한 해석이다. 개인이나 집단이 존재물을 결정하는 기능을 한다면 이런 점은 반드시 그렇다. 개인이나 집단은 모두 삶을 조속해 나갈 타당한 실재 구조를 갖고 있어야 한다. 만약 자신이 삶은 달걀이라는 사실에 감사해 하는 사람이 있다면, 우리로서는 그가 국소수중에 극소수에 속하는 사람이라는 말밖에는 달리 할 수 없을 것이다.

따라서 구조는 가치를 결정하고 의미를 부여하며, 도덕과 윤리와 목표와 생의 한계와 목적을 결정한다. 이것은 외부 세계에 대해 실재에 대한 현대적 해석을 부여한다. 따라서 "과학이 찾는 진리란 어떤 것인가"라는 질문에 대해 "진리는 현대 구조에 의해 정의한다"라는 답밖에는 구할 수 없다.

구조는 모든 인간의 활동이 일어나는 전체 환경에 대해 이해할 수 있는 견해를 제시한다. 이렇듯 구조는 상세하게 과학의 노력들을 인도한다. 우주에서 아원자까지, 모든 연구의 방면에서 구조는 수수께끼를 풀 가장 효과적인 수단을 제시한다. 이 수수께끼는 해결이 요구되는 것으로서 구조에 의해 자체가 명시되어 있다. 구조는 신념 체계와 지침 그리고 무엇보다도 존재하는 모든 것에 대한 설명을 제시한다. 구조는 미지의 사실을 확률에 의해 정의된 영역에 둠으로써 탐구를 더 용이하게 한다. 구조는 연구 과정 동안 모든 가능한 결과를 위해 과정과 절차를 제공한다. 과학은 어느 때, 어떤 경우에도, 또 어느 장소에서도 이러한 지침에 의해 진보한다.

첫 번째 지침은 대단히 일반적인 것으로서, 우주란 무엇인가 그리고 우주가 어떻게 운행되는가에 관해 정의를 내리고 있다. 인류 역사의 모든 문화는 각자의 우주 발생론을 갖고 있다. 그리스 이전 시대의 우주 발생론은 본성상 신화적 면이 두드러졌다. 고대인들은 우주의 기원을 다루면서 의인화된 용어들을 사용했으며, 초자연적인 힘을 가진 신과 동물들을 등장시켰다.

2천 년이라는 가장 오랜 기간 동안 서양 문명을 지배했던 것은 아리스토텔레스적인 우주론이었다. 아리스토텔레스가 전개한 우주론은 상식적인 관찰에 기반을 둔 것이었다. 별들은 매일 밤 변함없이 규칙적으로 지구를 돌았다. 행성 다섯 개와 달은 이러한 별들의 일반적인

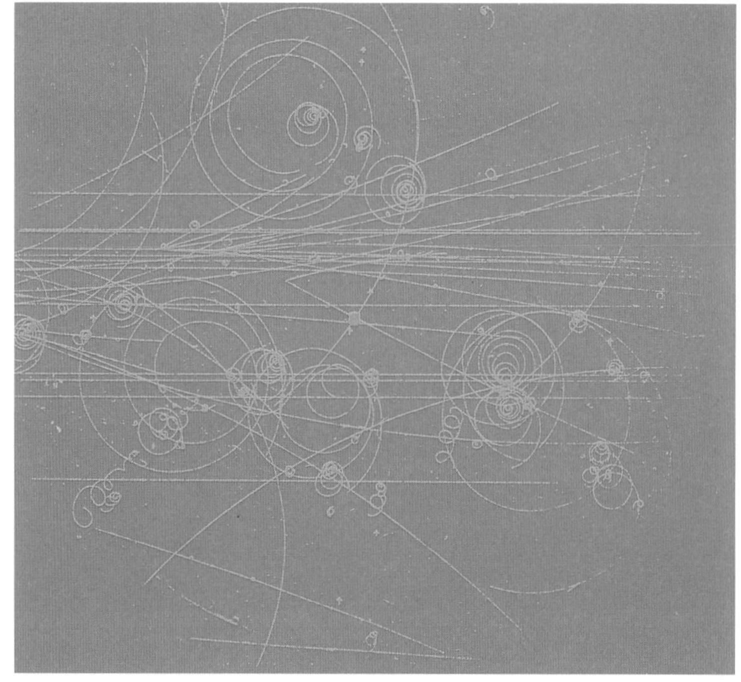

거품상자에 생긴 궤적. 고압의 액체 프로판 등이 든 거품상자에 입자들이 통과하면 미세한 궤적을 남긴다.

회전 운동과는 다르게 움직였고, 낮에는 태양이 같은 방향으로 지구 주위를 돌았다. 아리스토텔레스는 이 천체들을 지구를 중심으로 한 동심원 천구에 위치시켰다.

이런 관찰들은 모든 존재의 개관에 대한 기초로 가능했다. 신은 천체가 운행을 하도록 만들었다. 행성처럼 모든 물체는 자연적인 위치를 갖고 있었다. 지구에서 이 위치는 물체가 도달할 수 있는 가장 낮은 위치였다. 따라서 존재하는 모든 것은, 생명 없는 바위에서부터 식물과 동물을 통해 인간과 천상의 존재에 이르며 최종적으로는 원동자인 신에 이르는 거대하고 복잡하면서도 불변하는 위치를 지니고 있었다.

우주적 질서에 나타난 위계 구조는 사회질서에도 반영되었다. 사회의 모든 구성원에게는 지정된 위치가 있다고 믿어졌다. 이러한 우주론은 다양한 방식으로 과학을 조건지웠다. 천문학은 단지 그 현상을 설명하기만 하면 되었고, 그에 반하는 설명은 무시되었다. 중국인들이 서양보다 정기적인 관찰을 통해 수세기가 앞선 정교한 천문학을 발전시킬 수 있었던 것은 그들의 사회 구조에는 하늘에서의 변화 가능성에 대한 장애물이 없었기 때문이었다.

아리스토텔레스적 우주의 정적인 성격은 변화와 변형을 배제했고 그에 따라 역학은 불필요했다. 왜냐하면 각각의 사물들에는 자신들만의 고유한 '본질'과 욕망이 있고, 따라서 모든 사물에 똑같이 적용되는 공통의 행동 형태나 자연 법칙은 존재할 수 없기 때문이었다.

19세기 가운데 무렵, 다른 우주론이 지배하게 되었다. 영국 국교는 성서의 기록, 즉 지구가 6일 만에 창조되었고 에덴동산은 실재했으며 또한 지구는 매우 젊은 행성이라는 모세의 사관에 구속되어 있었다. 교회는 지구의 나이가 매우 오래되었다는 제임스 허턴과 찰스 라이얼의 새로운 지질학적 의견에 강하게 반발했다. 이런 반발은 신설된 옥스퍼드 대학의 지질학 교수직에 홍수론자인 윌리엄 버클런드를 취임시켜 교회의 입장을 강화시키려는 노력 등 여러 가지 형태로 나타났

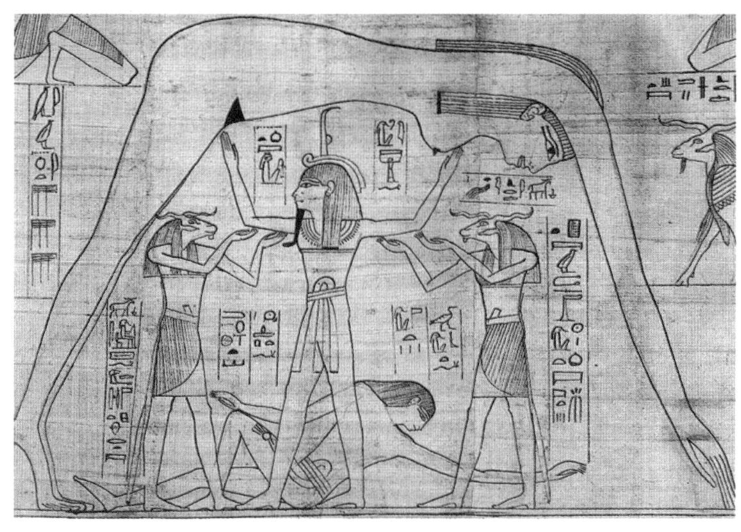

하늘을 떠받치고 있는 천상의 신 누트를 그린 이집트의 파피루스. 신이 서쪽에서 태양을 먹으면 어둠이 왔다가, 동쪽에서 태양을 배설하면 날이 밝는다.

다. 교회의 이런 간섭은 결과적으로 지질학을 분열시키는 원인이 되었다. 교회의 영향에서 벗어나 지질학에 내포된 진화론을 연구하고 싶어했던 전향적 그룹은 독자적으로 생물학 연구를 확립했다.

우리 시대에 우주의 기원에 대해 서로 대립적인 빅뱅 이론과 정적 우주론은 과학적 노력에 영향을 주고 있는데, 이들은 자신들의 입장을 지지하는 증거를 발견하는 데 도움이 되는 물리학과 화학 안에 세부 학문 분야를 형성했기 때문이다.

이렇게 형성된 여러 우주론은 우주의 본성과 목적과 운동 방향(만약 이런 것이 있다면)을 서로 다르게 묘사한다. 18세기 중엽, 모든 식물과 동물의 분류 구조를 만들려 했던 린네의 업적은 신의 대 섭리를 발견하려는 뉴턴주의적 소망에 자극받은 것이었다. 린네는 창조 순간부터 신이 규칙적인 우주를 운행시켰을 때 신의 마음속에 대 섭리가 존재했다고 믿었다. 조화롭고 변하지 않는 우주에 존재하는 모든 형태의 식물과 동물을 식별하고 명명함으로써 신의 섭리를 완전히 해명할 수 있고, 이렇게 함으로써 린네는 과학을 완성시킬 수 있으리라고 생각했다.

19세기 가운데 무렵 이런 견해가 바뀌었다. 다윈의 『종의 기원』에 함축된 우주론에 의하면, 우주는 역동적으로 진화를 거듭하는 것으로, 한 형태에서 다른 형태로 변할 수 있는 유기체 개념을 포함했다. 독일의 에른스트 헤켈과 같은 다윈주의자들은 생명이 있는 유기체는 지구 초창기에 무기물로부터 진화했다는 입장을 견지했다.

세기의 세 번째 사분기에 저명한 생물학자인 토머스 헉슬리는, 10년 전 첫 해양 탐사에서 첼린저 호의 승무원이 해저에서 채취한 진흙 표본들에서 화석으로 보이는 것을 발견했다. 과거의 어느 시기에는 반쯤은 생명체이고 반쯤은 무생물에 가까운 생명 형태가 존재했었다는 헤켈의 이론에 근거해 헉슬리는 이 화석이 잃어버린 생명체임을 알았고 바티비우스 헥켈릴리*Bathybius baeckelii*라는 이름을 붙였다. 몇 년 뒤

1823년 옥스퍼드 대학에서 강의를 하는 윌리엄 버클런드. 그의 교수직은 창조에 대한 성서적 견해를 옹호한다는 조건으로 영국 국교회의 승인을 받았다.

이 바티비우스는 진흙 표본 안에 있던 보존액의 작용으로 만들어진 인공 구조임이 밝혀졌다. 그러나 한동안 이것은 여러 우주론의 결정적인 요인들을 확증하는 데 이용되었다.

중요한 과학적 진보는 19세기의 농업화학 분야에서 이루어졌는데, 이것 또한 자연의 전개 과정이 동적이며 방향을 갖고 있다는 견해에 영향을 받은 것이었다. 1840년 유스투스 폰 리비히 남작은 자연의 대차대조표 이론에 기초해서 전개한 작물과 토양화학이 관한 연구 결과를 출판했다. 이전의 농학은 농작물에 영양분을 제공하는 원천은 부식토이며, 토양에는 부식토가 무한정 들어 있다고 알고 있었다. 단위 면적당 최대의 이윤을 산출해 내는 데 필요한 기술들이 개발되었다.

리비히는 시장에는 자연적인 조절 기능이 있으며, 수요와 공급이

린네의 『자연의 체계』 표제면. 린네는 이 책에서 모든 생물체들 강, 목, 속, 종으로 분류했다.

균형을 이루면 경제가 건강하게 유지될 수 있다는 애덤 스미스를 비롯한 학자들의 경제 이론을 신뢰했다. 그러나 18세기 끝무렵, 사회의 균형은 산업혁명에 뒤이은 폭발적인 인구 증가로 위기에 처했다. 인구 증가는 전통적인 식량 생산법을 위협했다. 맬서스는 식량 생산의 증가와 인구 팽창 사이의 불일치를 환기시켰다.

> 인구가 통제되지 않는다면 매 25년당 두 배로 증가하거나 기하급수적인 비율로 증가한다.…… 반면 산업이 바람직하게 발달한 상황에서도 생존 수단은 산술적인 비율 이상으로 빠르게 증가할 수 없다.

대차대조표 모델을 확신한 리비히는 고수확을 위한 집약 농법 때문에 교란되는 농작물의 수요와 공급 사이의 순환적인 균형의 일반적인 메커니즘을 발견하기 위해 농업의 산출 문제에 매달렸다. 그는 전체적인 메커니즘을 찾고자 했다. 그는 짚, 건초, 과일을 태워 재를 분석함으로써 어떤 작물이 심어진 어떤 땅이건 그곳에서 자란 식물 속에 토양이나 작물의 종류에 상관없이 똑같은 양의 탄소가 만들어진다는 사실을 발견했다. 그는 식물은 토양이 아니라 공기로부터 탄소를 얻는 것이 틀림없다고 생각했다. 그리고 수소는 빗물에서 오는 것임에 틀림없었다. 모든 식물의 수액 속에는 암모니아가 다량으로 들어 있었는데, 식물에 질소를 공급해 주는 것이 바로 그 암모니아이며 그것 또한 빗물에서 나온 것이었다.

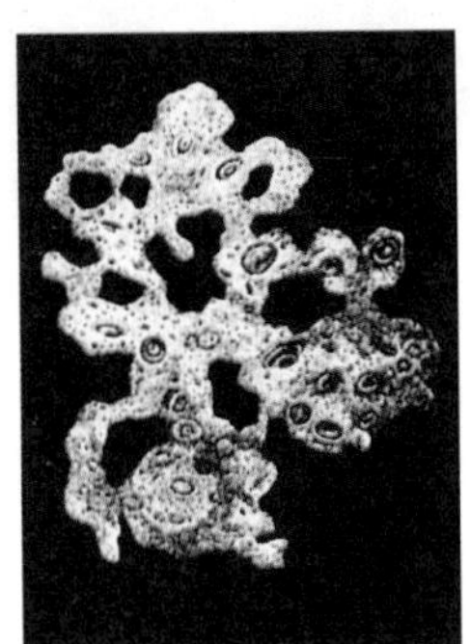

1870년 에른스트 헤켈이 그린 심해 화석의 그림. 이 '유기체'에는 헤켈에서 따온 이름이 붙여졌다.

그는 모든 작물에는 자신의 산성을 중화시킬 적절한 양의 알칼리 염류가 필요하며, 바로 그 때문에 알칼리 염류가 풍부한 곳에서는 작물들이 잘 자라고 부족한 곳에서는 잘 자라지 못한다는 것을 알아냈다. 따라서 이러한 무기물들을 보충하면 자연적인 순환을 깨뜨리지 않고도 토양의 고갈을 방지하면서 수확량을 늘릴 수 있었다. 인공 비료는 리비히가 경제 이론을 자연에 적용시킴으로써 나온 산물이었다.

1840년 독일 기센에 리비히가 설립한 최초의 분석 화학 실험실.

우주가 정적으로 보이든 혹은 직선 운동이나 순환적인 변화를 하는 것이든, 자연의 일반 구조 안에서 경계는 조사가 행해진 대로 표시된다. 이런 경계를 벗어나는 연구는 불필요하거나 역효과를 내는 것으로 규정될 것이다.

1860년대 게오르크 리만과 헤르만 폰 헬름홀츠의 새로운 비유클리드 기하학이 영국에 도입되었다. 영국에서 비유클리드 기하학은 강한 반발을 샀는데, 이는 그 당시 용인되고 있었던 실재 묘사의 방법에 대해 이것이 함축하고 있는 의미 때문이었다. 새로운 기하학은 우주를 묘사하는 진실되고 정확한 방법으로서의 유클리드 기하학이 지닌 타당성에 의문을 품었다. 비유클리드 기하학은, 예를 들어 구의 표면에 살고 있는 2차원적 존재에게 우주가 어떤 모습으로 보일 것인가를 묘사했다. 곡선의 공간에서 삼각형의 내각을 합하면 180도 이상이 될 것이다. 사실 각의 합계는 공간의 구의 곡선에 따라 다른 것이다.

이러한 개념은 유클리드의 기하학에 따르는 3차원적 우주라는 고전적인 뉴턴주의적 사고에 충격을 주었다. 비유클리드 기하학과 같이 뉴턴적 모델에 의문을 제기하는 것은 신의 창조를 받아들이는 공인된 모델에 의문을 제기하는 것이었다. 이러한 불신은 기독교적인 사회의 근간을 흔들고, 더 나쁘게는 실재의 세계를 표상해 내는 과학의 능력(특히 유클리드 기하학만이 가능하다고 여겨지던 능력)을 제한하는 것일 수 있었다.

1873년 광파는 전자기 복사 형태만으로 된 것이 아니라 다른 형태로도 되어 있음이 분명하다는 제임스 맥스웰의 연구 결과가 발표되자 그와 유사한 연구의 제한이 발생했다. 1887년 하인리히 헤르츠는 전자파가 존재한다는 것을 발견했고, 연구가 계속 진행되어 19세기 끝 무렵 데이비드 에드워드 휴스와 마르코니의 연구에서 정점에 달했다. 이때 대서양을 건너 무선 수신이 이루어졌던 것이다. 이 시기를 통해 과학자들은 태양에서 발신되는 전자파를 확인하려 했으나 성공을 거두지는 못했다.

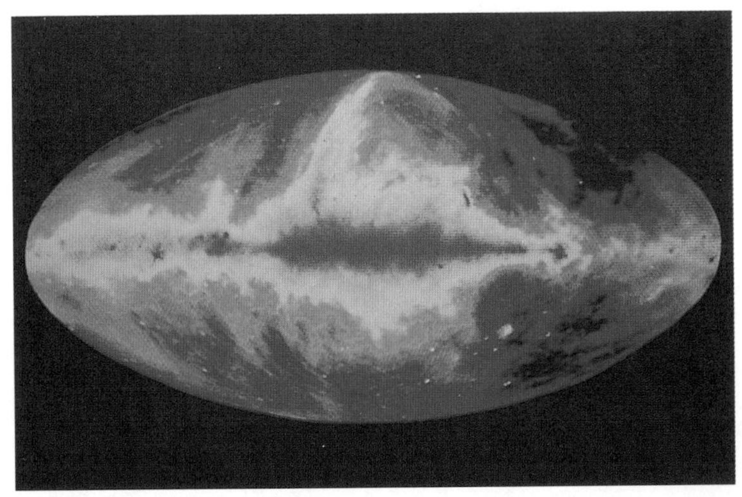

전파망원경으로 본 은하 모습. 은하의 중심면에 가까울수록 복사의 강도가 강하며 색이 파랑, 노랑, 빨강 순으로 바뀐다.

그러나 1902년에 발표된 막스 플랑크의 방출 이론에 따르면 대기권 밖의 전파의 방출은 기본적으로 너무나 미약하기 때문에 탐지가 불가능한 것처럼 보였다. 그의 이론은 너무나 영향력이 컸기 때문에 그 이후 30년 동안 더 이상의 연구는 수행되지 않았다. 그리고 나서 1930년에 벨 전화 회사는 직원인 칼 잰스키에게 새로운 자동차 라디오가 전파방해를 받는 원인을 조사하도록 지시했다. 잰스키는 전파 안테나를 세워 은하수로부터 나오는 쉿 하는 소리를 잡을 수 있었다. 방사현상에 대한 플랑크의 이론이 갖는 영향력으로 인해 30년 후에야 전파천문학이 탄생한 것이다.

과학의 발전은 프랑스 혁명 후의 지배적인 정치적 구조에 의해서도 제한을 받았다. 수학과 물리학은 혁명 전의 계몽주의 엘리트 이데올로기와 너무 밀접하게 제휴하고 있다고 믿어 금지되었다. 반면 표백제나 화약, 기술의 전반적인 과정들을 다루었던 화학은 일반 대중의 삶과 밀접하다고 여겨 장려되었으며 재정 지원도 받았다.

갈릴레이도 1612년 유사한 장애에 부딪혔다. 이때가 망원경의 관찰 결과를 출판해 즉각적인 명성을 얻은 2년 후였다. 당시 갈릴레이는 물체가 수면 위로 떠오르는 이유에 관한 논쟁에 참가하고 있었다. 그의 견해에 반발했던 것은 이렇게 단순한 문제였지만 결국 그는 휩쓸리고 말았다. 그것은 차가움의 성질에 관한 피사 대학의 두 교수와 갈릴레이 사이의 논쟁으로 시작되었다. 특히 논쟁은 물위에 떠오르는 얼음의 반응에 집중되었다.

갈릴레이의 반대자들은 아리스토텔레스를 인용하면서 얼음은 넓고 평평한 형태를 지녀, 물의 저항을 극복할 수 없으므로 바닥에 가라앉지 않고 뜨는 것이라고 주장했다. 로도비코 델레 콜롬베는 증거를 제시하기 위해 같은 무게의 흑단으로 각각 평범한 판과 공을 만들었다. 공은 가라앉은 반면 판은 물에 뜬다고 주장했다. 갈릴레이는 실험 관찰로 가득 채운 1612년에 출판된 책에서 문제가 되는 것은 물질의 무

왕립학회의 창립을 축하하는 그림. (『왕립학회사』, 스프랫, 1667에서) 대좌 위의 흉상은 창립자 찰스 2세이다. 그는 영국국교회의 수장이기도 했다.

게라고 주장했다. 물보다 무겁다면 이것이 물을 대치해 가라앉을 것이며 그렇지 않다면 뜬다는 것이었다. 형태는 관계가 없는 사항이었다. 흑단 판이 뜨는 것은 물에 완전히 젖지 않았기 때문이라고 갈릴레이는 주장했다.

이런 논쟁은 라틴어가 아닌 이탈리아어로 기록되어 단시일 내에 4판이나 발행되었고, 그러나 얼핏보기에 아무런 위험성도 없어 보이는 이 논쟁은 갈릴레이를 곤경에 빠뜨렸다. 사실 그는 아리스토텔레스 사상의 뿌리를 흔들어 놓았다. 한 분야에라도 아리스토텔레스가 오류를 범하고 있다면 그의 자연 체계의 모든 구조가 의심의 대상이 되어야 했다. 17세기 첫무렵의 카톨릭 사회는 아리스토텔레스적 기초에 의존하고 있었다. 짐짓 체계를 믿고 교회의 성직자 계급에 복종은 했지만 갈릴레이는 바로 사회의 구조를 공격하고 있었다. 그의 '부유체론'은 정치적으로나 신학적으로 혁명을 내포하고 있었으므로 억압을 받을 것은 당연했다.

과학 연구의 자유에 대하여 이렇게 구조적으로 가해진 제한은 경계 밖으로 진척되는 것을 위험한 것으로 만들었다. 이런 경계 안에서 또한 구조는 어떤 연구가 사회적으로나 학문적으로 바람직한 것인가를 지시했다.

1660년대 잉글랜드는 당시의 시민 전쟁의 혼란과 유혈로의 복귀에 대해 크게 우려했다. 시민 전쟁은 일찍이 잉글랜드가 경험했던 첫 혁명이었지만, 또한 전대의 왕처럼 왕권신수설에 의해 왕권을 집행하려는 선언도 포함되어 있었다. 유력한 카톨릭과 적대적인 유럽 제국에 둘러싸여 있었으므로 잉글랜드는 번영과 힘을 키우는 데 모든 노력을 다했다. 1660년 잉글랜드 학술원이 설립되었다. 이것의 임무는 무역

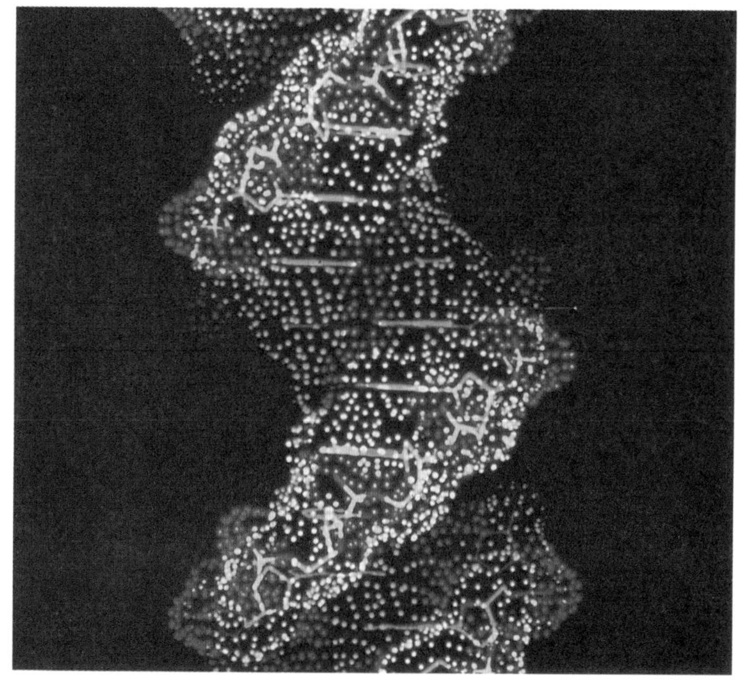

분자생물학이 이룬 가장 위대한 발견. 컴퓨터로 만든 이 DNA분자 그래픽에는 이중나선 구조가 보인다.

18세기 스코틀랜드 계몽주의의 중심지였던 에든버러 대학. 에든버러에서는 그 당시 "북부의 아테네"로 불릴 정도로 엘리트 교육이 성행했다.

과 산업의 발달과 확장에 도움이 되는 발명과 기술을 이루도록 실험과학을 장려해, 잉글랜드를 부강하게 만들며 불만에 찬 빈민들에게 일자리를 제공해 주는 일이었다.

왕립학회의 창설자 가운데에는 유명한 실험주의자이자 경험학파의 지도적 인사였던 로버트 보일이 있었다. 보일은 대륙에 우세한 아리스토텔레스적 견해와 스콜라적 견해를 거부했다. 이것들은 사례를 증명하는 데는 논리적인 논증만으로 충분하다는 입장을 보였기 때문이었다. 보일에게 있어 실험적으로 관찰되지 않고 검증되지 않은 이론은 입증된 것이 아니었다.

당시 과학적 논쟁의 주요 주제 중 하나가 진공에 관한 것이었다. 아리스토텔레스주의자들은 "자연은 진공을 회피한다"는 이유로 진공의 존재를 부인했다. 그들은 이것이 튜브를 통해 물이 흡입되는 이유라고 믿었다. 반면 보일은 이것은, 바닥에 있는 액체 표면에 작용하는 공기압이 흡입에 의해 발생된 진공 안으로 물을 끌어올리기 때문이라고 주장했다. 그러나 진공을 옹호하는 보일의 입장은 과학적인 근거가 없는 것으로 여겨졌다.

아리스토텔레스가 말했듯이 우주가 물질로 충만되어 있다면 진공의 여지가 없을 것이다. 이런 경우라면, 천사나 인간 영혼과 같이 비물질적인 형상이 거주할 공간이 있을 수 없었다. 영혼과 천사와, 신이 명한 우주의 전체 질서가 없다면, 왕의 권위와 신의 대리인인 교황의 권위를 포함해 모든 권위가 의심을 받아야 할 것이다. 이런 견해는 시민 전쟁과 왕정폐지기에 온 나라를 파괴했던 광적인 분파주의에 길을 열어 줄 것이었다.

점차 세력을 얻어가던 무신론적 자연주의자들은, 다른 자연적 형상과 마찬가지로 물도 자연이 진공을 싫어한다는 것을 알고 있기 때문에 튜브를 채운다는 입장을 견지했다. 무신론적 자연주의는 모든 자연물에 인류와 같은 의식적인 목표를 제공했으며, 이렇게 함으로써 신이 인간과 맺고 있는 특별한 관계를 부인했다. 이런 세계에서는 권위도, 안정도, 계급도, 그리고 무엇보다도 군주제는 있을 수 없었다. 결국 진공의 존재에 대한 실험적인 입장이 무시된다면, 산업을 위한 경험과학의 모든 가치가 위험에 처하고 따라서 영국의 번영과 안정도 위협을 받을 것이었다. 진공의 존재에 대한 확립은 사회적으로나 정치적으로 필요한 일이었다.

과학자들은 동시대의 구조 속에서 자신들의 연구가 갖는 가치를 그들 스스로 결정할 수 있다. 1930년대에 막스 델브뤼크와 질라드를 비롯한 일단의 물리학자들이 속한 소그룹이 물리학은 더 이상 자신들이 매달릴 만한 흥미 있는 문제를 가까운 장래에는 찾아내지 못할 것 같다고 주장했다. 물리학적 방법들을 이용하면 생물학 분야에는 아직도 연구가 덜 된 기회의 땅이 더 많이 있는 것처럼 보였다. 물리학자들이 대거 생물학으로 방향을 틀었다. 그들은 물리학에서 나온 기술과 아이디어들을 접목시킨 새로운 과학을 만들어 냈다. 그 새로운 학문분과가 바로 분자 생물학이었다. 그 이후 생물학 분야의 중요한 연구에 물리학자들이 관여하는 것은 필수적이 되었다. 그것은 과학 그 자체의 내적인 자극을 통해서 나타난 현상은 아니었다.

19세기 끝무렵에는 전략적이고 정치적인 고려들이 의학 연구를 압박했다. 그 시기의 가장 긴급하고도 필수적인 것은 말라리아의 통제와 관련된 정책을 수립하는 것이었다. 대영 제국의 행정력을 지속적으로 유지하기 위해서는 자신들이 주둔하는 지역에 창궐하고 있는 말라리아를 예방하고 치료하는 것이 급선무였다.

그 문제의 해결 방법을 두고 두 가지 서로 다른 방식이 충돌했다. 로널드 로스는 공중위생과 관련된 예방법을 주장했다. 그는 적도 부근의 아프리카를 방문해 시에라리온에 머무는 동안 그는 쓰레기를 제거하고, 웅덩이에 괴어 있는 물을 배수시키고, 물은 꼭 뚜껑을 덮은 곳에 보관하고, 페스트가 번창하는 지역에는 등유를 살포하거나 덤불을 제거할 것을 지시했다. 그는 이러한 공중 위생적 접근을 통해 말라리아 지역이 통치자들과 지방민 모두에게 안전하게 될 것이라고 주장했다.

19세기 이탈리아의 범죄학자 체사레 롬브로소의 자료에 실린 '타고난 범죄자들'. 그는 얼굴의 특징을 보고서 범죄 성향이 높은 사람을 식별해 낼 수 있다고 주장했다.

또 다른 견해는 패트릭 맨슨이 주장한 것인데, 그는 과학적 조사의 필요성을 강조했다. 그는 열대지방의 질병들의 발생과 그 경과에 관해 더 많은 것을 밝혀내는 것이 당장의 통제보다도 더 효과적임이 결국은 밝혀질 것이라고 주장했다.

이 문제를 결정하기 위해 몇 개의 위원회가 조직되었다. 과학적인 접근이 승리했지만 이것은 이론적인 증거나 실험적인 증거를 통해서가 아니라 사회적인 의미 때문이었다. 열대의학회의 설립은 해외에 있는 의사들의 과학적 명성을 높여 줌으로써 식민지를 체계적으로 통제하며 착취할 수 있을 것이었다. 또한 이것은 공중 위생을 통한 방법보다 비용이 적게 들었으며, 문제에 대해 진보적 견해를 반영하고 있는 한 당시의 낙관적인 제국 윤리와 조화되는 것이었다. 과학적 접근법은 또한 이 분야에서 일하는 사람들의 위치를 높여, 이전의 과학의 명성을 열대의학에 부여해 줄 것이었다. 열대 환경을 개선시키려는 욕망이 아닌 사회적이고 정치적인 이유 때문에, 위원회는 용인된 구조에 맞지 않았던 견해를 지닌 로스에 대항해 전문 과학자들 위주로 구성되었다.

때때로 전적으로 새로운 전문 영역이 사회적으로 바람직한 목표를 위해 만들어질 수도 있다. 19세기 첫무렵 에든버러 시市는 가장 먼저 산업화의 효과를 인식했다. 에든버러는 다른 주요한 영국 도시들보다 더 오랫동안 산업화를 막아오면서, 북부의 비산업적인 지식 도시로서 자신을 자리매김해왔다. 노동 계급과 프티 부르주아의 수가 늘어나자 상류층 인사들과 전문가들은 신도시로 이주해 사회 계급 사이의 분열을 깊게 했다.

도시의 학계, 클럽, 제도권 진입이 막힌 부유한 신흥 상업 계급은 권력으로부터의 고립감을 크게 느꼈다. 1817년 무렵 그들은 《스코틀랜드인》이라는 독자적인 신문을 발행했다. 이들은 배타적이며 형식적이고 지식을 위한 지식에만 관심을 갖는 스코틀랜드의 지식인 기구에 대항하였으며, 사회에 대한 이런 거부감은 완전히 새로운 '과학'인 골상학을 옹호하는 형태로 나타났다.

두개골에 대한 연구는 빈에서 공부한 프란츠 갈과 요한 슈프르츠하임이라는 두 의사들에게서 비롯되었다. 그들은 뇌가 정신의 기관이며 정신의 각 기능들은 뇌 표면의 특정한 위치에 분포하고, 그 기능들의 과잉이나 결핍은 두개골의 특정 부위가 들어가고 나온 것을 보고 직접적으로 감지해 낼 수 있다고 주장했다. 따라서 인간의 머리 모양을 조사함으로써 각 기능상의 개인의 자질 정도를 알아낼 수 있다는 것이다.

빈은 급속히 골상학 연구의 중심지가 되었다. 새로운 과학의 주도적 옹호자였던 에든버러 시의 변호사인 조지 쿰이 뇌의 정신적 기능을 33가지로 분류했다. 쿰이 분류한 기능은 연애(성벽), 명민, 도야성, 지혜, 목적의식, 선견, 허영, 도벽, 살해본능, 기억, 공격성, 수리능력, 시정 등을 포함했다.

스코틀랜드 골상학자들은 중하류 계층과 노동 계층 사이에서 많은 지지를 받았다. 골상학이 최고조로 유행했을 때 코우게이트 교회에서 열린 강연회에 수백 명의 사람들이 몰려들었다. 1820년 골상학 협회가 설립되었다. 대학 교수회원은 단지 한 사람뿐이었다. 골상학자들은 자신들의 사회적 신분 상승은 물론, 정신병자에 대한 개선된 치료, 노동계급의 교육, 형법 개정, 좀더 개화된 식민지 정책, 공장에서의 노동 조건의 개선을 환기시켰으므로 위험한 사회개혁가로 취급되었다.

이런 모든 주장은 골상학이 성격과 지식의 메커니즘에 대한 연구 기회를 제공했다는 신념에 근거하였다. 이것이 진보적인 사회 계획에 필요한 정보를 제공하리라는 것이다. 교육과 노동 조건, 위생과 일반 환경을 개혁함으로써 오는 개선 효과는, 진보한 시민의 두뇌에 대한 과학적인 연구 방법을 통해 직접 관찰될 수 있었다.

골상학에 대한 관심은 19세기 끝무렵을 고비로 식었지만, 골상학은 그 이전까지는 오늘날의 필요성과는 무관하게 뇌의 연구에 박차를 가했다. 그 시대에는 뇌를 연구하는 데 특별한 의학적(특히 외과적) 지식이 필요치 않았으며, 그 결과로 얻게 된 지식이 실제로 적용되는 일도 거의 없었다. 그러나 뇌의 기능과 구조에 관심이 모아진 골상학자들의 주장은 이후 40년이 넘는 기간 동안 라몬 이 카할을 비롯한 초기 신경생리학자들의 중요한 발견들을 이끌어 냈다.

어떠한 연구건 그 연구를 시작하기 전에 미리 탐구의 대상이 되는 현상의 존재를 설정하는 것이 필수적이다. 연구자들은 증거를 수집해야만 한다. 그러나 그러한 증거들이 받아들여지거나 거부되는 것은 이미 구조에 의해 부여된 가치들에 좌우된다.

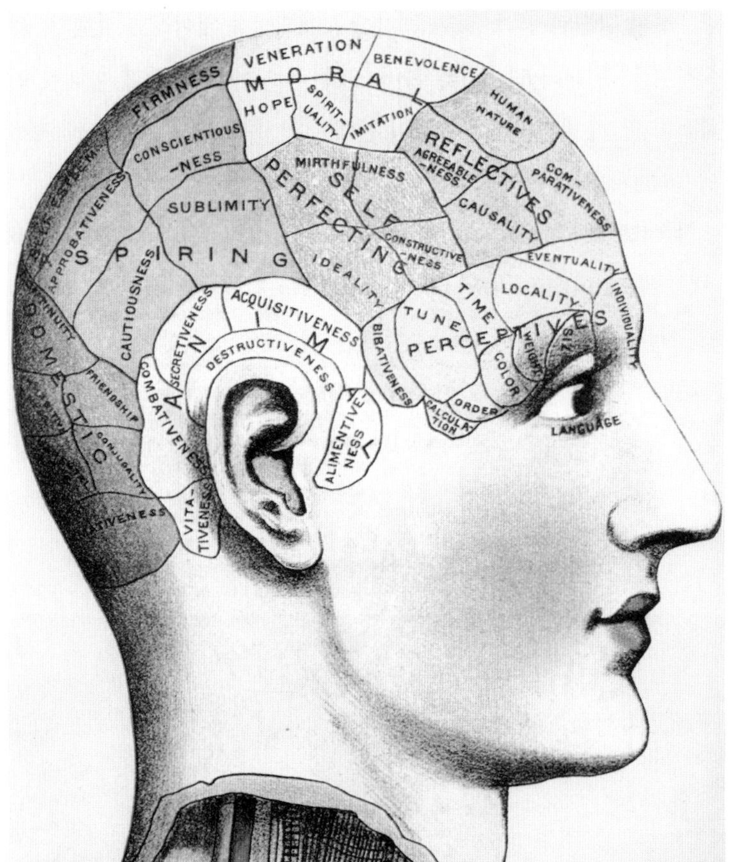


이런 두개골 지도는 폴 브로카가 두뇌의 언어 중추를 발견할 수 있도록 자극했다.

19세기 첫무렵 자연사에 대해 일반적으로 인정된 견해는 다윈의 이론이었다. 그러나 다윈 이론의 유일한 결점은 유인원과 인간 사이를 연결해 주는 종의 증거가 결여되어 있다는 것이었다. '잃어버린 고리'가 발견된다면 이 이론은 완성될 수 있었다.

1912년 2월 지방의 법무관이자 아마추어 골상학자인 찰스 도슨이라는 사람이 서식스의 자갈 채석장에서 희귀한 화석을 발견했다는 서신을 대영 박물관 지질학국 책임자인 아서 우드워드에게 보냈다. 도슨은 두개골이 몹시 큰 이 화석은 홍적세 지층에서 발견된 것이므로 이제까지 발견된 인간 유골 중 가장 오래되었을 것이라고 말했다. 채석장의 탐사를 더 진행시키자 마스토돈과 하마 등의 이빨 형태를 띤 화석이 몇 개 발견되어 두개골의 연대를 알 수 있었다. 이빨 근처에서 인간이 사용했던 부싯돌이 발견되었다.

같은 해 채석장에서 턱뼈가 발견되었다. 이 발견은 고인류학계를 흥분시켰다. 이 턱뼈에는 턱이 자유롭게 움직임으로 해서 형성될 수 있는 마모가 난 두개의 어금니가 있었지만 유인원의 것으로 보였기 때문이었다. 유인원은 턱을 자유롭게 움직일 수 없는 데 반해 인간은 턱을 자유롭게 움직일 수 있었다. 채석장의 턱뼈 위치로 보아 두개골로부터 떨어져 나온 것이 거의 확실했다. 다윈 이론의 모델은 먼저 두개

과학계의 지도급 학자들이 '필트다운사람'을 조사해 승인했다. 이 사건을 날조한 것으로 추정되는 찰스 도슨이 전문가들 뒤 오른쪽 두 번째에 서 있다.

골을 진화시키고 그 다음 턱뼈를 진화시켰을 것이라고 가정했기 때문에, 이것은 모든 사람이 찾아왔던 '잃어버린 고리'임이 분명했다. 흥분은 극에 달했다.

송곳니만 찾으면 완전히 확증될 수 있었다. 인간의 것임을 보여주는 송곳니를 찾아 이것이 다른 이빨층 위로 돌출한 것이 아님을 보인다면 아무리 유인원 형태의 턱뼈로 보일지라도 전체 두개골은 인간의 것이 분명할 것이었다. 1913년 8월 30일 턱뼈가 발견된 부근에서 이빨 하나가 발견되었다. 이것은 정확히 들어맞았다. 사람들은 열광했다. 사실 이것은 다윈이 예견한 유인원과 인간 사이의 고리였다. 1915년 이 지점으로부터 3킬로미터쯤 떨어진 곳에서 유사한 두개골과 턱뼈가 다시 발견되어 마지막으로 남아 있던 의문이 해결되었다.

1920년대 가운데무렵부터 화석 인간이 아프리카, 자와, 중국에서 발견되었다. 그러나 이들 모두는 서식스에서 발견한 것들과는 반대되는 발전 형태를 보여주었다. 이들은 진화한 특성을 보였지만 두뇌강은 여전히 유인원의 형태를 지니고 있었다. 1944년, 인간으로 이끈 진화는 두 가지 특징적인 방향으로 진행되었다는 결론을 내렸다. 그러나 한 방향의 진화 증거는 서식스 두개골이 유일한 것이었다. 사람들은 혼란에 빠졌다.

그 뒤 새로 개발된 플루오르 검사법을 이용한 결과 서식스 유골이 가짜임을 밝혔다. 이 뼈들은 아마 중세인의 것이었을 것이다. 게다가 두개골과 턱뼈는 오래된 것으로 보이게끔 철로 착색되어 있었다. 어금니는 인간의 것으로 가장하기 위해 줄로 깎았으며 송곳니 또한 줄로 손질해 갈색으로 착색시켰다. 두개골 근처에서 발견된 동물 뼈는 세계 각지에서 발견된 것들이었고 역사상 어느 시기에도 한 지역에 군집해 있었던 적이 없는 것들이었다. 필트다운사람의 두개골은 날조된 것이었다.

당시의 검사법들이 철도금, 줄질, 그리고 무엇보다도 물감의 전재 여부 정도는 충분히 밝혀 낼 수 있었다는 사실은 잃어버린 고리가 포함되어 있을 것으로 기대되는 진화의 계통 구조에 대한 믿음이 위조된 증거를 용인할 만큼 강력했다는 사실을 반영한다. 자갈 채석장에 코끼리 뼈 화석이 크리켓 배트 형태로 새겨져 있었지만 이것이 전문가들의 주의를 환기시키지는 못했다. 당시 고생물학 모델에 의해 구축된 그들의 기대는, 증거의 객관적인 평가를 방해했다.

또한 때로, 증거의 발견지나 형태가 공인된 기준에 맞지 않는다는 이유로 증거 채택이 고의적으로 기각되기도 했다. 1769년 프랑스 과학 아카데미 조사단이 각각 다른 곳에서 발견한 세 개의 뇌석을 제출했다. 이것들은 하늘로부터 떨어진 것이라는 평가를 받았다. 화학 분석은 이것들이 놀랄 정도로 유사하다는 것을 밝혔지만 이들의 출처로 인해 거부되었다. 이것은 당시에 유행했던 혜성에 대한 견해 때문이었다. 혜성의 존재는 인정되었지만 그 성분에 대해서는 과학자들의 논쟁거리였다. 혜성들은 과학자들에 의해 관측되었다. 운석은 농부들이나 기껏해야 지방 목사들에 의해 발견되었다. 프랑스 혁명 전에는 이런 증거의 출처들은 무시되었다.

계몽주의 기간 동안의 과학적 증거는, 다른 부문과 자신을 분리시켰던 과학계의 관찰이나 실험만이 유일하게 인정되었다. 비조직적인 대부분의 아마추어들은, 자신들의 아마추어적 지위를 지키는 데 급급했다. 하층 계급들로부터 나온 증거를 용인하는 것은 이런 지위를 위험하게 하는 것이었다.

또한 별똥별 즉 운석은 잘 관측될 수 있는 혜성의 출현과 동시에 나타났을 때에도 민속적인 것으로 취급하여 신용하지 않았다. 남부 프랑스의 라 그랑 드 라 쥘라악 근처에 거대한 별똥별이 떨어졌을 때 시장과 변호사를 포함한 3백 명 이상의 사람들이 목격했지만 과학자들이 현장에 없었다는 이유로 이 보고서는 허위라고 묵살되었다. 반대하는 이유는 늘 그렇듯 관찰자의 착시였다.

그러나 1801년이 되자 프랑스 과학 위원회는 충분한 '돌들'을 전문가들의 손에 맡겨 화학적인 조사를 하게 했고, 그러고 나서야 낙하한 운석들에 관한 새로운 보고들이 진지하게 받아들여졌다. 1803년 파리 근교의 레이글에 떨어진 거대한 낙하물이 콜레주 드 프랑스의 장 바티스트 비오에 의해 조사되었다. 그는 그것이 원래는 천체에 있던 것이라고 발표했다. 프랑스 혁명은 프랑스 일반 대중의 지위를 높여주었고, 그 증거물을 발견하고 조사하는 도구들을 통제하는 과학자들과 함께 운석은 이제 명백한 현상으로서 받아들여지게 되었다. 운석이 어디서 유래했는가는 그 돌들을 과학적으로 분석한 결과 지구상의 어느 곳에서도 발견되지 않는 니켈과 철의 화합물이 나옴으로써 밝혀졌다.

구조가 별똥별을 사실 그대로 인정할 정도로 충분히 변화했을 때, 역시 같은 구조가 특별한 도구를 사용하여 이 돌이 지상에 있는 성분으로 되어 있는가 그렇지 않은가를 확증하도록 과학적인 분석을 명할 수 있었다. 과학자들은 예상 데이터의 존재 여부를 찾았다.

증거가 받아들여지거나 거부되어 현상의 존재가 확립되면, 또 다시 구조는 다음 단계를 명한다. 이것은 현상을 조사할 수단을 마련해주며, 예상 데이터의 지침이 된다. 이런 방법으로 제출된 데이터가 받아들여지는데, 구조에 의거해 확증에 필요한 데이터만을 발견하도록 설계된 도구가 이용될 것이기 때문이다. 사건과 관계없다고 여겨지는 어떤 데이터도 무시될 것이다.

예를 들어 19세기 끝 무렵 잉글랜드에서는, 전자기 복사가 압력에 영향을 미친다고 생각되었기 때문에 윌리엄 크룩스가 압력을 측정하기 위한 복사계輻射計를 만들었다. 그는 공기를 배낸 유리공 안의 수직축에 다수의 작은 날개를 달아 회전시켰다. 복사원과 마주본 날개면을 검은 색으로 칠했는데 이것은 복사는 밝은 표면보다 검은 표면에 영향을 미친다고 알려졌기 때문이었다. 이 장치가 태양에 노출되자

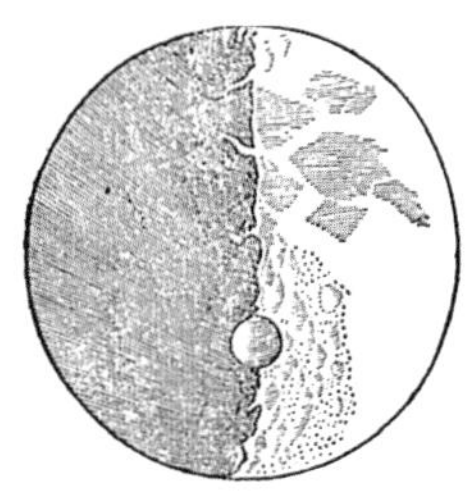

망원경으로 관찰한 달의 모습을 그린 갈릴레오의 그림. 그림 속에 산이 보이는데 아리스토텔레스는 달에 산이 존재하지 않는다고 했었다.

날개가 태양 바깥 방향으로 회전하였다. 빛의 세기가 더 강할수록 회전 속도도 빨라졌다. 예상한대로 복사는 날개의 압력에 작용했다. 이 기구는 너무 민감해서 다음에는 별의 복사를 감지하고 측정하는 데 사용되었다.

그러나 얼마 후 회전의 원인은 복사압에 의한 것이 전혀 아니라는 것이 밝혀졌다. 공기를 빼낸 공 안에 남아 있던 소량의 공기를 빛이 가열했기 때문에 날개가 회전했던 것이다. 날개 주위를 따라 온도가 달랐으므로 날개의 가열된 부분을 따라 공기가 이동했고 이곳에서 공기가 응축되어 압력을 높인 것이었다. 날개를 회전시킨 것은 이러한 공기압의 차이였다. 이론적인 기대에 답하여 복사계는 옳은 결과를 만들었지만 잘못된 원인에 근거한 것이었다.

갈릴레이는 다른 경우에서이긴 하지만 같은 기술을 사용했다. 1609년 베네치아에서 그는 가장 먼저 망원경을 사용하여 천체를 관측한 끝에, 코페르니쿠스가 옳았으며 지구는 사실상 태양을 회전하고 있다는 이단적이고 위험한 결론에 도달했다. 망원경을 통해 아리스토텔레스가 우주에 관해 말했던 것이 사실인지 아닌지를 확인할 수 있을 것이라고 예상했던 그는 지구가 태양계의 중심이 아니라는 증거를 보였다. 망원경이 제공한 영상은 극도로 빈약한 것이었고 궤도를 벗어난 것이었으며 영상은 뒤틀어져 있었다. 갈릴레이는 목성의 위성과 금성의 상, 달 표면의 산과 바다 등 그 자신이 본 것을 그림으로 그렸다. 이것들 중 위성이 그의 견해를 가장 잘 증명해 주었다. 망원경을 통해 그린 달의 그림은 맨눈으로 본 것보다 부정확했다.

유황구로 실험을 하고 있는 게리케.

갈릴레이는 망원경으로 보았던 것을 특별한 방법을 통해 자신의 비평가에게 보여주었다. 첫째로 그는 건물 벽에 새겨진 글자나 항해 중의 배와 같은 먼 거리의 물체를 어떻게 확대시킬 수 잇는가를 보여주었다. 이것들은 익히 보아오던 물체들이었고, 망원경은 정말로 보다 선명하게 그것들을 보여주고 있었다. 그런 다음 갈릴레이는 망원경을 하늘로 향하게 했다. 하늘에서는 전적으로 낯선 것들이 보일 터였다. 그러나 이것은 모두에게 망원경은 물체를 확대시킨다는 증거가 아닌가? 이것들은 불합리한 추론이라고 갈릴레이의 반대자들은 말했다. 그러나 망원경을 통해 하늘에서 보고 있는 것들을 평가할 현실적인 기준이 없었다. 이 점을 알았던 갈릴레이는 사람들이 망원경을 통해 보도록 해서, 망원경의 성능을 받아들이도록 만들었다. 따라서 이들은 갈릴레이의 견해에 기울어지게 되었다. 갈릴레이는, 그들의 관심을 완전히 비교할 수 없는 위성들에 집중시켰고, 도구의 부정확성을 드러냄으로써 자신의 주장을 손상시킬지도 모를 달의 영상을 가볍게 다루었다.

이런 데이터들과 관계가 없는 것으로 여겨지는 하나의 예가 1663년에 생겨났다. 오토 폰 게리케는 어떤 물체들을 문지르면 인력이 발생한다는 사실에 관심을 갖고 있었다. 유황이 이런 물질이었다. 게리케는 유황구를 만들어 이것을 돌려 가며 문질렀다. 그의 의도는 17세기 첫무렵 자기를 연구했던 잉글랜드인 의사 윌리엄 길버트의 연구를 더 진척시키는 것이었다. 자기에 관해 윌리엄 길버트가 쓴 책은 인력 실험 연구를 자극했다. 길버트에 따르면 지구는 자기 인력으로 모든 물체를 표면으로 끌어들이는 거대한 자석이라는 것이다. 요하네스 케플러는 이런 인력이 행성을 태양 주위의 궤도 안에 유지시켜주고 있다는 사실을 보였다. 당시 자연의 물리적 구조에 따르면 자기는 모든 물체를 끌어당기는 기본 현상이라는 것이다.

유황구를 도구로 이용해서 게리케는 환경과 조건을 달리해 가며 인력을 측정했다. 그는 유황구를 문지르면 인력이 생긴다는 사실 말고도, 딱딱 하는 소리가 나면서 스파크가 발생한다는 것도 알아냈다. 그러나 이 도구는 자기 연구만을 위해 만들어진 것이었다. 이런 실험 구조로 인해 원래 의도했던 연구 목적 이외의 다른 현상에 대해서는 중요한 데이터를 얻지 못했고, 그 자신도 스파크 현상을 무시하고 방대한 자신의 저작 말미에 간단히 언급했을 뿐이었다. 이렇게 했던 것은 다행이라고 할 수도 있는데, 왜냐하면 그의 관찰을 계기로 훗날 전기의 발견으로 이어지는 연구를 할 수 있게 되었기 때문이다.

그 당시에 이미 데이터는 그 구조 자체가 양태를 결정하는 메커니즘 때문에 특정한 방식으로 질서 지워지고 움직이는 하나의 특정한 우주 구조 내에서만 유효하다는 합의가 이루어져 있었다. 그리고 그 데이터들은 설득력 있는 증거들을 통해 확인될 수 있는 현상과, 또 그 현상들을 연구하기 위해 특별히 고안된 도구들을 이용해 조사할 수 있는 현상들을 조사하는 공인된 형태를 결정한다. 이제까지 데이터의 의미는 도구 자체나 혹은 실험자가 기대하는 바에 달려 있었다. 자연에 관한 수동적인 연구 도중에 우연히 발견된 데이터들에는 아무런 객관적 의미가 없었다. 그 당시까지도 연구의 각 단계는 그 선행 단계와 아무런 연관관계 없이 이루어졌다. 따라서 도구는 특정한 한의 데이터만을 발견해 내기 위해 만들어졌다. 현상의 측정이나 관찰을 통해 드러난 데이터의 의미는 전에 사라져 버린 것들에 의해 이미 추론된 것이다.

19세기 중반 이후 매우 정교하게 두개골을 측정할 수 있는 측정기가 만들어졌다. 인간의 골상학적 구조에서는 두개골의 융기가 클수록 두뇌가 더 활동적인 것이었다. 대뇌피질의 전엽을 덮고 있는 두개골 부위가 더 많이 튀어나올수록 재능이 더 많다는 것이었다. 지력은 인치로 규정되었다. 이 믿음은 지금까지 이어져 둥근 머리나 높은 이마는 지식의 징표로 여겨지고 있다.

자료에 대한 이와 유사한 가치 함축적 해석은 스코틀랜드 글렌로이의 '평행 도로'라 알려진 지질 구조에서도 발생했다. 이곳은 다윈과 여타 지질학자들이 각기 다르게 설명한 곳이었다. 각각의 표본 지질 구조에 따라 지층은 땅이 바다 위로 융기된 것이거나, 바다가 물러나면서 이것들을 드러낸 것이거나, 혹은 빙하로 인한 호수나, 기타의 호수에 의해 형성된 것임을 나타낼 수가 있었다. 이 도로를 해석하는 이러한 가정들 없이는 이것들은 전혀 존재할 수가 없었다.

19세기 후반의 천문학은, 화성의 운하運河와 목성의 홍점이 다같이 측정될 수 있는 두드러진 현상이며, 이것의 존재가 각 행성과 전체 태양계에 관해 완벽한 예견을 해줄 수 있을 것이라고 믿었다. 화성 운하의 경우 이것의 의미는 분명했다. 이것은 의심할 바 없이 붉은 행성에 발달된 문명이 존재했다는 증거였다. 결국 이 운하는 구경이 작은 망원경의 제한된 성능에 의해 만들어진 허위였음이 밝혀졌다.

1867년 라이얼의 『지질학 원론』에 실린 로이 협곡의 '평행 도로'.

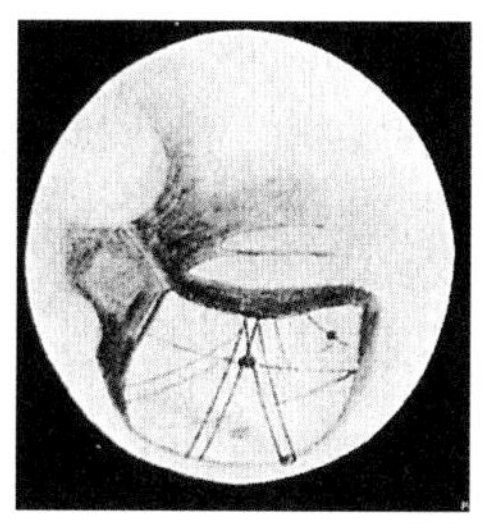

퍼시벌 로웰이 그린 화성 운하.

때로 데이터가 보여줄 것에 대해 너무 많은 예견을 담은 이론은, 예상된 결과가 나오지 않더라도 그것이 이론 구조 때문이 아니라 잘못된 관찰 기술 때문이 아닌가 하는 의심을 줄 정도로 강한 경우가 있다. 앨버트 마이컬슨과 에드워드 몰리는 에테르의 효과를 측정하는 데 사용했던 광선의 반사로부터 발생하는 간섭 줄무늬를 발견하는 데 실패했다. 이 결과에 그들은 당황했다. 전자기 복사의 작용을 위한 모델은 에테르의 존재를 요했으므로, 에테르를 통과한 복사는 퍼져 나갈 수 있어야 했다. 이 실험이 에테르가 존재하지 않는다는 것을 성공적으로 보였는지의 여부는 논외의 문제였다. 당시 마이컬슨과 몰리 혹은 여타의 과학자들은 단순히 잘못된 실험 방법을 사용했기 때문에 이 실험이 실패했다고 믿었다.

이론적 구조가 예견되는 현상에 대한 증거의 필요성을 강하게 지시할 때, 비록 데이터가 없다 하더라도 데이터는 의미를 지닐 것이다. 19세기 마지막 10년 동안 프랑스는 문화와 산업을 분산시키기 위해 동부 프랑스의 낭시와 같은 지방 도시에 수백만 프랑을 쏟아 부었다. 1896년경 낭시에 새로운 연구소, 특히 사유 기금에 의한 전기 공학 연구소가 도시의 과학적 주도권의 증거로 설립되었다. 중앙 정부는 새로운 대학 실험실의 연구원들에게 도시의 개선 상태를 정당화할 결과와 수년 간의 연구 결과를 제출하도록 심한 압력을 넣었다. 또한 나라 전체에 프랑스 과학은 일반적으로 쇠퇴해 있다는 감정이 팽배해 있었으므로 프랑스의 명성을 높일 장엄한 성공이 요구되었다.

1900년경 심리학적이고 영적인 현상에 대한 관심이 일었으며, 텔레파시와 연상 작용이 연구되었다. 신경 작용과 전기 작용 사이에는 관계가 있는 듯 보였다. 낭시에는 프로이트가 연구했던 유명한 정신병 기구가 있었다.

유럽의 다른 곳에서는 빌헬름 뢴트겐이 X선을 1895년에 발견했고, 이듬해에 앙투안 베크렐이 방사능을 확인하였다. 1900년까지는 알파, 베타, 감마선이 모두 발견되었다. 더 많은 것을 발견할 수 있으리라는 기대감이 팽배해 있었다. 1903년에는 저명한 물리학자이자 프랑스 과학 아카데미 회원인 낭시 대학의 교수 르네 블롱들로가 또 다른 광선을 발견했다고 발표했다. 그는 낭시의 이름을 따서 그것을 N선이라고 명명했다.

블롱들로는 극성을 갖게 된 X선을 관찰하던 중에 새로운 종류의 방사능을 발견했다. 그는 알루미늄을 통과하는 새로운 광선들이 스파크를 더욱 밝게 하는 것을 보았다. 그 광선들은 프리즘에 의해 굴절되기도 하였는데, X선이 그러한 방식으로 굴절되지 않는다는 것은 이미 알려져 있었다. 과학계는 새로운 광선을 발견할 수 있을 것이라고 기대하고 있었기 때문에, 그 즉시 수십 명의 대학원생들이 이 새로운 분야에서 자신들의 명성을 얻기 위해 블롱들로의 연구에 매달렸다.

불과 3년 만에 이 주제에 관한 논문이 3백여 편이나 씌어졌고, 박사학위 논문들도 준비되고 있었다. 이 광선은 빛이 통과하지 못하는 물체들을 뚫고 지나갈 수 있을 뿐만 아니라, 신기하게도 인간의 근육에서도 방출되었다. 게다가 N선은 지각능력을 증대시켰다. 그 선은 인간의 신경체계에 의해서 특히 지적인 활동에 몰두하는 동안에 발생했다. 이 신비로운 N선과 영혼은 어떤 관계가 있는 것일까? 1904년에 블롱들로는 과학 아카데미가 수여하는 유명한 르콩트 상을 수상했다.

N선의 존재는 실험에서 스파크가 밝아지는 것을 통해 증명되는데,

그 정도가 희미하다고 항상 주장되었다. 문제는 낭시 밖의 어느 누구도 그 밝기의 차이를 알 수 없었다는 데 있었다. 1904년 9월 블롱들로는 낭시를 방문한 미국의 물리학 교수 로버트 우드에게 자신의 실험을 보여주었다. 그러나 우드 역시 스파크에 나타나는 변화를 볼 수 없었다. 그는 그 당시의 어떠한 장비로도 스파크에 나타난 밝기의 변화를 25퍼센트 이내로 측정하는 것은 불가능하다는 것을 이미 그전부터 알고 있었다. 스파크의 밝기라는 것은 모호한 측정 기준임에 틀림없었다. 블롱들로가 N선들의 파장이 퍼져 나가는 것을 보여주기 위해 프리즘을 이용해 N선을 굴절시키고 분리해 내는 틈을 타 우드는 무언가를 실행했다. 우드는 그 프랑스인이 어둠 속에서 바쁘게 움직이는 동안 프리즘을 치워놓았다. 그런데도 그 프랑스인에게는 N선이 계속 보이고 있었다. 우드는 같은 달에 그 이야기를 출판했다. 더 이상 N선은 관찰되지 않았다. 그 학문 분과는 처음 생겼을 때처럼 급작스럽게 붕괴했다.

블롱들로가 사기를 쳤다는 증거는 어디에서도 찾아볼 수 없다. 그와 그의 동료들 역시 희생자였다. 당시 그들은 N선이 발견되리라고 믿고 있었고, 그 광선을 볼 수 있는 기구들을 만들었고, 그 광선을 보았다. 짧은 기간동안이나마 실제로는 존재하지 않는 이러한 현상이 과학자들이 알고 있던 아주 엄격한 테스트와 방법들을 통화했던 것이다.

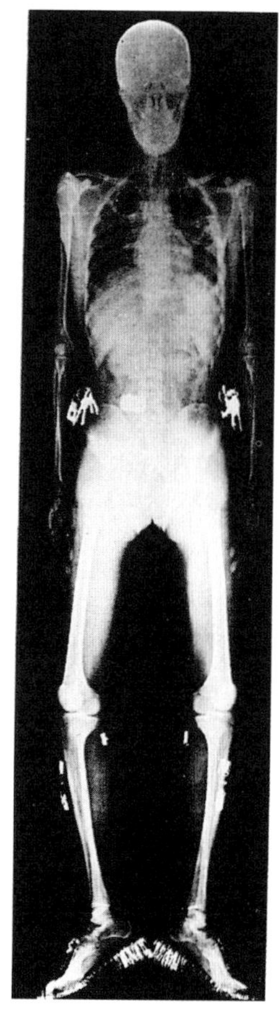

남성의 몸을 찍은 최초의 뢴트겐 사진. 재킷 호주머니에 든 열쇠, 신발 안의 금속제 양말 대님과 못들이 보인다.

우주에서 실험실 의자에 이르기까지 매 작동 단계에서, 구조는 관찰과 연구를 통제한다. 연구의 각 단계는 어떤 결과가 나올 것인가라는 가설에 기초한 예견에 부응해서 수행된다. 이러한 결과를 얻는데 실패하면 실험이 실패한 것으로 여겨 가설을 기각한다. 프톨레마이오스의 주전원이나 데카르트의 와동渦動의 경우처럼, 구조의 메커니즘에 미세한 조정을 가함으로써 변칙을 수용하려는 시도가 있었다. 이런 방법을 통해 구조는 본질적으로 원래 상태로 남아 있는데, 자연 연구에 지속성과 균형이 있다면 특히 그렇다.

그러나 앞에서 살펴본 바와 같이 구조는 그 안에 연구자를 분석의 가장 상세한 부분으로 이끄는 각 단계에 작용하는 체계를 담고 있다. 또한 그러한 단계에서 현재 구조를 완전히 뒤엎지 않고는 수용할 수 없는 변칙이 흔히 발생한다.

이런 거대 변화의 사건들 가운데 하나가 연구를 수행하고 있는 연구원 한 사람에 의해 다음과 같이 사실적으로 묘사된다. 1966년 후반 월터 피트먼은 해상海床의 일정 지역에 대한 자기 현상의 새로운 단면을 보고 있었다. 그의 말에 의하면 그는 그 순간,

> 망치로 얻어맞은 기분이었다. …… 회고하건대 우리가 아무런 방해물도 없는 장소와 마주친 것은 행운이었다.…… 다른 어떤 장소에서도 완전한 단면도를 작성할 수 없었다. 우리를 산만하게 하거나 현혹시킬 아무런 변칙도 없었다.……

이는 지성사에서 보기 드문 경우로, 구조가 변하려는 순간이었다. 이전의 구조가, 대륙들은 현재 위치에 도달한 것이라는 이론에 의지해 메커니즘을 재정립하려는 수많은 시도를 50년 이상이나 무력하게 만듦으로써 변화에 성공적으로 대항했기 때문에 더욱더 흥분되는 일이었다.

지난 세기까지 사람들은 지표면이 비교적 일정한 수직 운동의 영향을 받고 있으며, 최초의 냉각기 즉 수축기를 겪은 후로는 대륙들이 오늘날의 위치에 그대로 있어 왔다고 믿고 있었다. 따라서 지금의 산 가운데는 예전에는 바다 분지였던 곳도 있고, 지금의 해저 가운데 예전에는 산맥이었던 곳도 있을 수 있다. 그러나 1860년대 들어 안토니오 스니데르 펠레그리니가 유럽과 북아메리카의 탄층炭層에서 출토되는 삼억 년 전 화석들 사이에 어떤 유사성이 보이며, 따라서 그 대륙들이

원래는 하나의 거대한 대륙으로 연결되어 있었을 것이라고 주장했다.

1915년 알프레트 베게너라는 독일 기상학자가 더 세밀한 부분까지 나아갔다. 아프리카와 북아메리카와 남아메리카의 해안은 마치 한때 서로 맞붙어 있던 것처럼 보였다. 이 시나리오에 의하면, 예전에는 서로 인접해 있었으리라는 생각이 들 정도로 이 지역 사이에는 놀라운 지질학적 유사성이 있다. 남아프리카의 케이프 산맥과 부에노스아이레스의 시에라 산맥, 아프리카에서 유럽까지 이어지는 세 개의 주요한 지질 습곡, 브라질과 아프리카의 거대한 편마암 고원은 그 예이다. 그리고 연대가 고생대 이전으로 거슬러 올라가는 동일한 화석들 (그 이후로는 사실상 없다) 도 남아메리카와 아프리카에서 많이 발견되었다.

베게너는 이러한 의문점들과 기타 다른 의문점들은 원래는 그 대륙들이 붙어 있었다가 나중에 분리되었다는 사실로써만 설명될 수 있다고 여겼다. 그는 대륙은 규소와 알루미늄으로 된 거대한 빙산이며 해저를 형성하는 좀더 무거운 현무암으로 된 바다 위에 '떠 있다' 고 주장했다. 대륙들이 갈라진 것은 단지 그것들이 바다 위로 표류했기 때문이다.

이 제안은 완전히 멸시를 받았다. 베게너는 지질학자가 아니었다. 대륙을 추진시켰을 어떤 메커니즘도 알려져 있지 않았다. 부드러운 대륙이 딱딱한 해상을 쟁기질하듯 파헤치며 통과할 수는 없었다. 그를 괴롭혔던 문제점은 의사疑似 문제점들이었다. 화석의 생물 지질학적 유사성은, 지금은 가라앉았지만 예전에는 고대의 대륙교가 대륙을 연결했었다는 사실로부터 기인했거나, 종자와 포자가 바람에 실려 바다를 건넜다는 사실로부터 기인했던 것은 분명했다. 어떤 경우가 되었든 대륙은 고정된 것이 아니었다. 베게너가 제기했던 질문에 대하여 이렇게 당대 구조의 용어로 만족스럽게 대답할 수 있었다. 그러나 30년 동안 그의 견해를 옹호하려는 더 이상의 시도는 없었다.

1950년대에 이르러 전혀 연관성이 없는 분야에서 이루어진 발전이

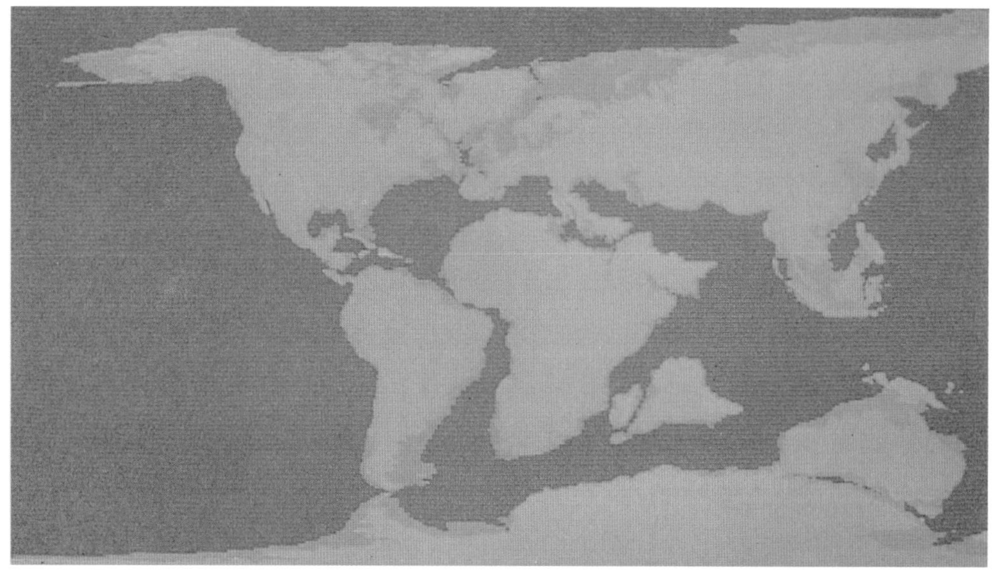

잔류 자기에 근거해 작성한 6천만 년에서 1억 년 전의 대륙 위치. 인도가 스리랑카 해변과 얼마나 떨어져 있는지에 주목하라.

이것을 재평가하는 계기가 되었다. 새로 발명된 자력계가 지구의 자장은 자전축과 평행하게 되어 있다는 것을 밝혔다. 게다가 연구 결과는 바위들은 원래의 자기 방위를 유지하고 있음을 나타냈으며, 잉여자기는 자극의 위치나 바위 위치가 장구한 세월에 걸쳐 변화했다는 것을 가리키고 있었다. 현재의 자기 방위가 이동에 의한 것이라면, 시계 방향으로 회전하는 동안 인도와 영국은 북쪽으로 이동을 한 것임이 분명했다.

10년 후 해양학자들은 이제까지 인정된 해저에 대한 견해를 수정했다. 광범위한 중앙해령이 전세계에 걸쳐 발견되었다. 좁은 지진대와 연결된 지구대가 해령을 통해 뻗어 있었다. 또한 해령에는 그 마루를 따라 고온의 용암이 흐르고 있다는 것이 밝혀졌다. 해령은 해상 안의 끊임없는 활동과 관련이 있는 것이 분명했다.

1960년 몇 개의 해령과 평행으로 난 지역에 대해 자기 분석을 한 결과 잉여 자기도가 번갈아 가며 세기를 달리해 띠를 형성하고 있다는 것이 밝혀졌다. 같은 시기에 해양학자들은 해저의 퇴적물이 매우 얇다는 것을 발견하고 충격을 받았다. 특히 해령의 침전물은 더욱 얇았다. 게다가 중심부의 견본에서 발견한 어떤 침전물도 초기 백악기보다 오래된 것이 없었다. 해저는 예상보다도 젊고 얇았다.

1963년 6월, 지구의 자장극은 주기적으로 반전되어 왔다는 사실이 확증되었다. 고온의 물질이 해저의 해령 표면으로 도달해 외부로 퍼졌다는 증거를 보인다면, 이제까지 관찰해 왔던 모든 것, 즉 용암의 활동과 휴식은, 지구 자기장이 변화하는 기간 동안 나타난 해령의 한쪽 면의 띠에 의해 특징지어져야 한다는 제안이 프레드릭 바인과 드러먼드 매슈스라는 두 명의 과학자로부터 나왔다. 따라서 이 띠는 분극화한 잉여 자기를 갖고 있어야 했다.

1966년에 태평양-남극대륙 해령의 자기단면도가 만들어졌다. 그 지도들은 이 새로운 견해들을 뒷받침하기에 충분했다. 해양저는 해령으로부터 바깥쪽으로 퍼져 나가 있었는데, 그것은 대륙이 천천히 밀려져 나와 분리되었음을 보여주는 것이었다. 바로 이러한 설명만이 그때까지 알려진 모든 데이터들을 설명해 낼 수 있었다. 그러나 그 보다 더 중요한 것은 그것이 다른 예외들까지도 해결했다는 것이다. 만약 해저가 퍼져 나가고 있다면, 해저는 대륙의 경계면과 충돌할 수 있고 따라서 대륙을 다시 가라앉게 할 수도 있다. 이로써 캘리포니아 해안을 따라 난 지진대와 미국북서부의 산맥 형성과정을 설명할 수 있게 되었다.

새로운 구조는 지구 표면이 다수의 판으로 되어 있어, 용해된 원형태의 표면 위를 떠다닌다고 가정했다. 판 구조의 출현은 지구물리학의 전 분야를 혁명적으로 변화시켰으며 새로운 구조의 길을 열었고, 이제는 지구가 어떻게 기능하고 있는가에 대한 새로운 견해 안에서 연구가 행해지도록 통제하고 있다.

각 구조는 정의에 의해 실재에 대한 견해 혹은 실재의 양상이 어떻

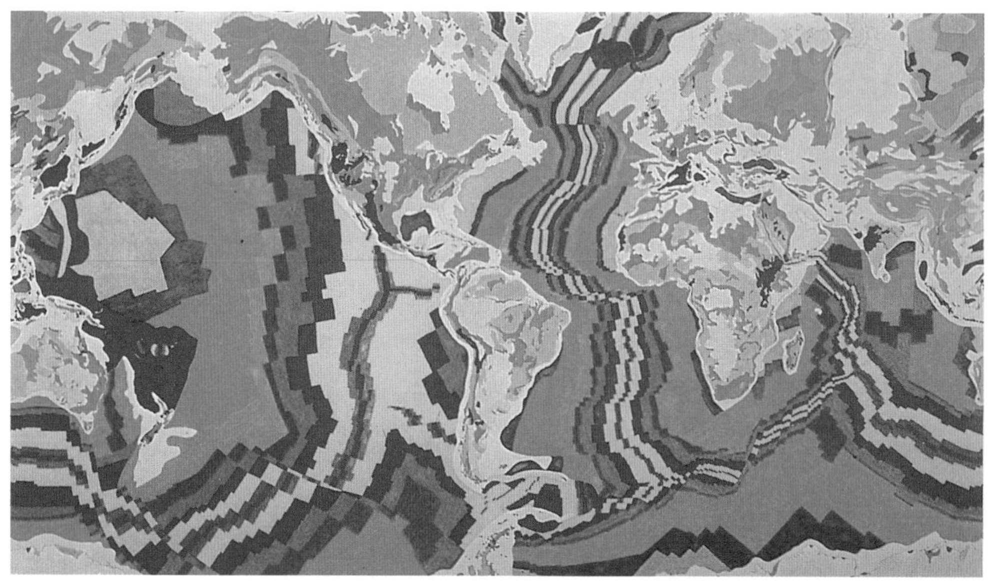

컴퓨터로 합성한 세계 지도. 해저에서 솟아오른 중앙해령(붉은색)을 볼 수 있다.

해저의 자기 패턴이 해령에 평행하게 나타난다. 흰색과 검은색 띠는 바위 극성이 서로 반대임을 나타낸다.

게 전개될 것인가를 완성해야 한다. 이것이 현재의 진리다. 그러나 앞에서 보았듯이 구조는 대치된다. 아리스토텔레스는 코페르니쿠스에 의해 부인되었고, 코페르니쿠스는 뉴턴으로, 그리고 뉴턴은 아인슈타인으로 대치되었다. 라부아지에와 프리스틀리는 기체화학과 플로지스톤이란 묘한 성질에 대한 개념을 파괴해, 연소에 기초한 화학으로 이를 대치했다. 투시 기하학은 무형 물질계의 상호 작용을 측정하려는 신학적 규칙에 도전했다. 19세기의 기하학은 역사에 대한 성서적 기록을 제거했다.

대부분의 경우 각 구조는 과학계 자체와는 직접적으로 관련되어 있지 않은 상황에 의해 발생된다. 흔히 변화에 대한 압력은 학계의 외부로부터 온다. 그러나 원인이 무엇이든 간에 최초의 우주 구조는 다른 구조적 작업 안의 전체적인 실재 형태를 자리 잡게 한다는 것을 볼 수 있다. 다음에는 이것들이 연구의 영역을 규정한다. 그 뒤 이런 연구 영역은, 전체 구조가 수용할 수 없고 따라서 변화를 발생시키지 못하는 변칙을 조사할 전문적인 형태를 요구한다. 그러나 판단 체계뿐만 아니라, 이론과 발견, 방정식, 법칙, 절차, 도구들이 조사 결과를 평가하는 데 이용되며, 이들 모두는 맥락과 구조의 모든 부분에 의해 규정된다.

우리의 현재 구조의 구성은 이전의 구조에 기초하고 있다. 우리의 구조는 일련의 구조적 변화 중 맨 마지막의 것이다. 구조적 변화는 실재에 대해 어떤 발견이 이루어졌는가와는 관련성이 없고 오히려 실재의 견해가 한 구조에서 다른 구조로 어떻게 변해 왔는가에 관련을 맺고 있다. 과학 활동은, 과학의 자율적인 활동과는 관계가 없는 전체 구조 안의 요소에 의해 영향을 받아 왔기 때문이다.

1차 대전 동안 독일 과학자들은 전쟁이 끝나기를 고대했는데, 그렇게 되면 과학과 기술에 대한 재정 지원이 늘어나고 신망과 사회적 위치가 높아져 과학과 기술이 성장하고 번창할 것이라고 기대했던 것이다. 그들은 독일이 전쟁에서 이기리라 예상했다. 그러나 연합군에 대한 예기치 못한 참패 그리고 치욕스런 굴복으로 여겨진 제재 조치는 독일 사상계를 근본적으로 변화시켜 결국 과학의 한 국면에 깊은 영향을 미쳤다.

질서와 이성적 세계에 대한 독일인의 신념은 패배로 인해 동요되었다. 무엇인가 잘못되었음에 틀림없었고, 따라서 국가는 만연하는 절망감에 대처할 강화된 일체감이 필요함을 절실히 느꼈다. 생존과 복구를 위해서는 패배를 낡은 기계적 사고의 '사멸한 손'의 탓으로 돌리기보다는, 유기체와 감정과 인간 삶의 비이성적인 번영을 강조한 철학을 찾는 일이 시급한 것으로 보였다. 과학은 희망과 일체감을 제공하기 보다는 이들을 파편화했고, 결정론적인 법칙에 편승하는 데 일조를 했다. 독일인들은 뉴턴주의적 견해가 패배의 원인이었다는 판단을 내렸고 이를 거부하였다.

전쟁이 일어난 지 불과 몇 년 만에 교육 개혁은 학교 내의 수학이나 물리학 교육의 급격한 감소를 초래했다. 과학에 대한 적개심은 하늘을 찌를 정도였다. 프러시아의 교육 장관 카를 베커는 이렇게 말했다. “순수한 지식을 과대 평가하는 것은 엄청난 화를 부른다.…… 우리는 비이성적인 것들에 대한 관심을 다시 가져야만 한다.”

1918년부터 1930년 사이에 계속된 경제 공황과 정치적 혼란은 위기감을 가져왔다. 위기감은 대부분의 독일 지식인이 읽었던 오스발트 슈펭글러의 『서구의 몰락』의 대단한 성공으로 강화되었다. 이 책에서 슈펭글러는 생존하기 위해 독일이 필요로 하는 종류의 지식을 정의했다. 각 문화는 자신만의 독특한 지식 형태를 지닌 자율적이고 분리된 것이라는 견해를 피력했다. 진리를 판단할 보편적인 기준은 없었다.

고전 과학의 실패를 풍자한 1921년의 독일 만화. 권위자에게 모욕을 받은 빈털터리 천문학자가 점성술가로 변모해 전쟁 모리배에게 상담을 해주고 돈을 번다. 나중에 그는 그 돈으로 관측 기구를 산다.

국가가 건강하기 위해서는 '운명' 의식이 반드시 필요했다. 이것은 과학의 파괴적인 견해를 필요로 하지 않는 진리의 비이성적인 내적 의식을 제공해 줄 것으로 보였고 우주의 인과 관계를 설명해 주는 듯 보였다. 정확한 과학은 객관적인 것이 결코 될 수 없었다. 인과율은 위험하고 파괴적인 것이었다. 이것이 독일을 실패로 이끌었다.

인과적인 관점에 대한 이러한 일반적인 적대감이 독일인의 삶의 모든 면에 스며들었다. 인과적인 관점을 지지하면 재정적 후원과 보조금과 지위를 잃을 수도 있었다. '인과성' 에 대한 거부는 독일 특유의 현상이었다. 뒤이어 독일 과학에 새로이 '비인과적 관점' 이 대두했고, 우주의 작용은 원인과 결과가 아닌 우연과 확률의 문제로 여겨졌다. 에르빈 슈뢰딩거와 베르너 하이젠베르크와 양자물리학의 핵심인 '불확정성 원리' 가 실험의 확실성에 종말을 가져왔다. 관찰자가 우주를 관찰하는 동안 우주는 바뀌었다. 관찰될 수 있는 인과적 실재 따위는 존재하지 않았던 것이다.

양자물리학은 후에는 다른 곳에서도 전개되었다. 그러나 기존 물리학의 구조를 그대로 따르는 것을 선호하지 않았던 바이마르 제국의 지적 · 사회적 환경에서 양자물리학이 발전했다는 것이 중요하다. 양자물리학은 독일 군대의 패배가 낳은 산물이라고 보아도 과언이 아니다.

순수하게 과학적인 학문분야의 탄생조차도 지식의 진보와는 아무런 관계가 없는 요소들에 기인한다. 한때 의학은 점성술과 직접적이고도 적대적인 경쟁 관계에 있었다. 그리고 1600년대까지만 해도 점성술이 우세했었다. 점성술과 의학은 모두 신체적인 치유 효과를 연역해 낼 수 있는 이론적 체계를 갖고 있었으며, 둘 다 스스로를 "과학적"이라고 여겼다. 의학은 출혈요법, 하제, 수술 등에 의존했는데, 환자를 치료하는 데 성공하는 경우보다는 사망케 하는 경우가 더 많았다. 사실 약초를 처방하는 것이 더 효과가 높았는데도 의사들은 거의 그렇게 하지 않았다. 반면에 점성술은 치료율도 높았고, 위험 부담도

적었다.

점성술은 법으로 규제를 받지 않았다. 따라서 누구나 행할 수 있었다. 점성술사들은 성인들, 특히 시골 지역의 사람들 대부분을 상대했다. 그들은 자신들을 찾아오는 고객들에게 임신, 배우자의 부정, 임포텐츠, 출세 등과 관련된 일반적인 문제들을 상담해 주었다. 의학과는 달리 점성술은 약초를 처방했고 대단한 효험이 있었다. 그럼에도 불구하고 점성술사들은 고작 장인 취급만을 받을 뿐이었다.

반면에 의학은 좀더 작고 통일성 있는 엘리트 집단에 의해 도시에서 주로 행해졌다. 그들은 비회원들을 배제하고, 시장을 더 잘 통제할 목적으로 만들어진 규제와 통제가 가해지는 직업 형태를 개발하려고 시도했다. 의학은 지식을 이용하는 현대적인 관점에 잘 들어맞았다. 환자를 제대로 치료하지 못하면서도, 의학은 관찰된 것을 분류하고 명명하는 일에 집중했다. 의학은 또한 개별적인 것들에 집중하는 지배적인 사유형태에 젖어 그것들을 축적해 나갔지만, 반면에 점성술사들은 개별적인 술을 거의 쓰지 않았다.

왕정 복고기 동안 과학은 점점 제도화되어 갔고, 의학은 조직화가 덜 되고 더욱더 무정부주의적이 되어 간 점성술보다 그것에 쉽게 적응할 수 있었다. 그러나 그때까지만 해도 점성술과 의학 가운데 어느 쪽이 더 효과적인가를 확신할 수는 없었다. 치료 효과면에서 의학이 점성술을 누르고 승리했음을 보여줄 수 있는 결정적인 발전은 없었다. 그러나 1700년대로 들어서자 점성술은 그 영향력과 지지를 상실했다. 질병에 대한 '의학적' 견해가 승인된 것은 의사들이 행하는 절차가 전반적으로 들어맞는다는 것 뿐만 아니라 단지 그들이 조직을 만드는 데 능했다는 사실과도 커다란 관련이 있다. 그러나 사실상 그들의 방법이 점성술에 비해 과학적인 우월성을 가지고 있다는 증거는 어디에도 없었다.

서양의 모든 실험 과학은 비과학적인 기원을 비슷하게 가지고 있다.

헬레니즘 시대의 과학 지식의 집성과 함께 이루어진 아리스토텔레스의 선전 논리학이 프랑스에 도입된 이래 피에르 아벨라르와 같은 사상가들은 믿음의 문제에 새로운 시각으로 접근하기 시작했다. 논리학은 신앙의 이해를 도왔고, 그에 따라 믿음을 깊게 해 주었다. 아벨라르를 포함한 일단의 학자들은 성서 속에 보이는 모순적인 요소들을 해명하기 위해 일종의 종합이라는 형태로 그것들을 해명하는 변증법 기술을 활용했다. 이 활동의 논리적 귀결점은 자연을 변증법적으로 파악한 테오도리쿠스, 로저 베이컨, 그로스테스트 주교 등과 같은 스콜라 철학자들이 저작에서 분명하게 드러났다. 그렇게 함으로써 그들은 근대적이고 과학적인 이성을 창시했고, 오늘날 우리가 과학이라고 부르는 것을 신학의 영역과 통제로부터 벗어나게끔 했다. 서양에서는 원래 자연에 대한 탐구는 의미도 가치도 없다는 주장을 강화하려는 시도들이 있었다.

서양 사상의 기본적 양태는 그리스인들이 발전시킨 단일한 모델에 의해 태어났다. 처음 그리스의 이오니아인들은 자신들이 불확실한 환경 속에 살고 있으며, 살아 남기 위해서는 그 불확실한 환경을 좀더 많이 알고 통제할 수 있어야만 한다는 사실을 알게 되었다. 환경을 극복해 나가는 과정 속에서, 이집트의 피라미드 건축술을 익힌 그들은 가장 먼저 그것을 항해술에 적용시켰고, 나중에는 기하학을 행렬 즉 모든 가능한 도형들의 패턴이라는 고도의 수준까지 올려놓았으며, 그것을 주주에 질서를 부여하고 연구하는데 활용할 정도가 되었다.

이러한 모델을 사용하는 데 쓰인 규칙들은 기하학의 성질과 기하학이 요구하는 사고의 체계로부터 파생되었다. 각과 선의 사용은 논리와 이성을 낳았으며, 그것은 서양 사상의 기본적 도구들이 되었다. 실제로 아리스토텔레스의 논리 체계는 『오르가논』(Organon : 도구)이라고 불렸다. 그와 함께 우리는 기하학적 모델을 통해 얻은 지식만이 유일하게 가치 있는 지식이라고 주장하는 합리주의자들의 길을 걷게 된

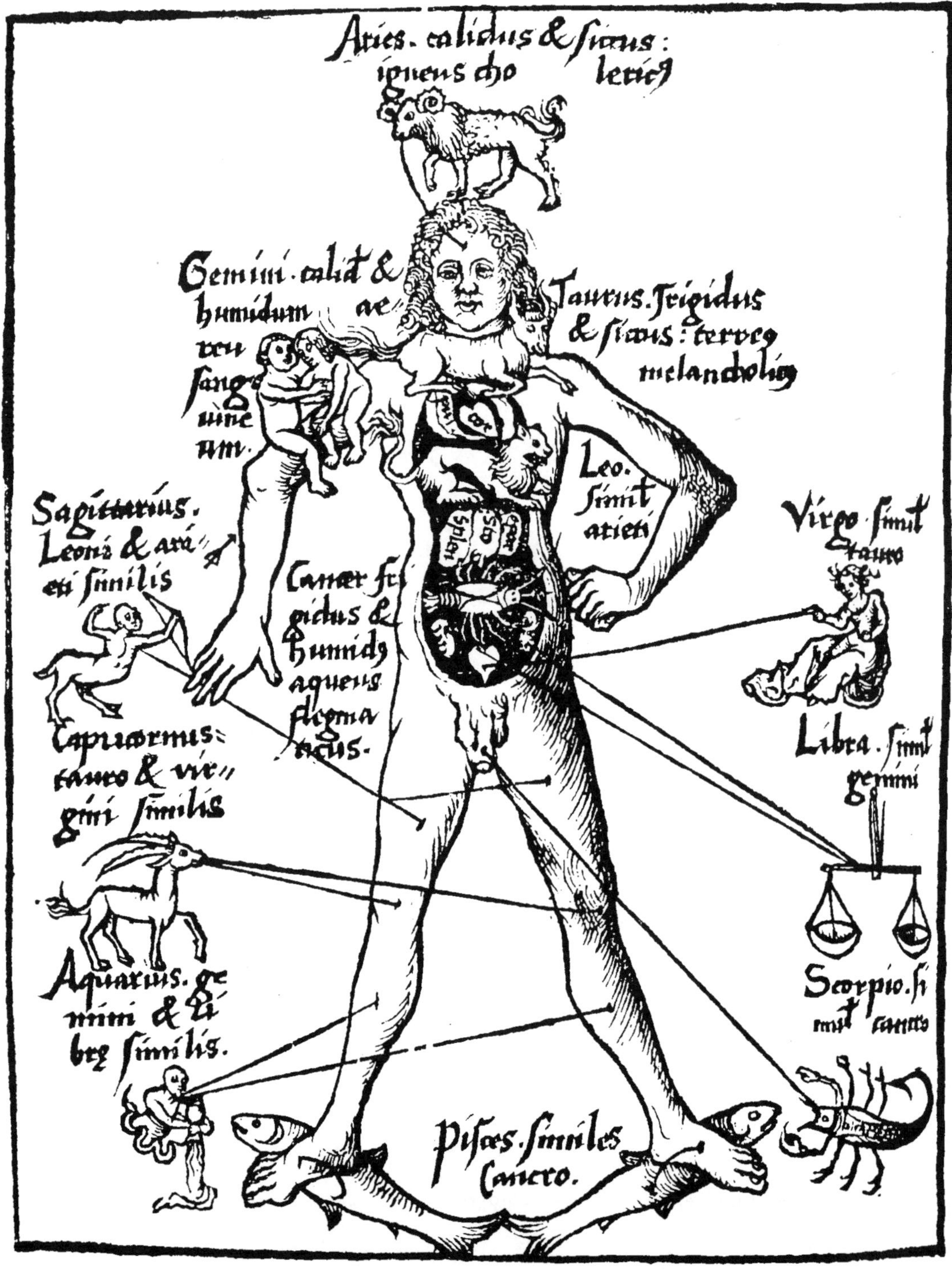

Aries. calidus & siccus:
igneus cho leric9
Gemini. calid' & humidum ae reu sang uine um.
Taurus. frigidus & siccus: terre9 melancholic9
Leo. simil' arieti
Sagittarius. Leoni & ari eti similis
Virgo simil' tauro
Cancer fri gidus & humid9 aqueus flegma ticus.
Libra. simil' gemini
Capricornus: tauro & vir gini similis
Aquarius. ge mini & li bre similis.
Scorpio. si mil' cancro
Pisces. similes cancro.

다. 과학은 자신이 자연을 더 타당하게 잘 설명할 수 있다는 명분을 갖고, 신화와 마법을 몰아내기 위한 싸움을 시작했다.

16세기의 의학은 별에 의존했다. 방혈(防血)이 필요하면, 환자의 별자리에 따라 절개할 곳을 정했다.

그러나 신화, 마법의 의례, 종교적 믿음도 과학과 똑같은 것을 겨냥하고 있다. 과학은 존재에 관한 중대한 물음에 대해 설명해 줄 수 있는 보편적인 구조로서의 우주발생론에서 찾는다. 그것은 에다•와 길가메시, 서사시, 창조와 에덴동산에 대한 믿음의 경우에도 마찬가지다. 신화와 과학은 똑같이 세상을 설명하는 인과적인 구조를 제공한다. 그 의례에는 테스트를 통과하고 마법에 적용되는 필수적인 절차와 엄격한 규칙을 따르는 전수자들만이 알 수 있는 비밀스러운 언어가 사용되는데, 그것은 과학의 경우도 동일하다. 과학과 마차가지로 신화 역시 어떤 사건에 대하여 그 일이 왜 일어나는지 혹은 왜 일어나지 못하는지를 설명함으로써 사람들에게 안정성과 확실성을 제공한다. 신화의 목표는 세계를 설명하고, 자연을 통제할 도구를 제공함으로써 사람들에게 안정을 주고 외견상 혼돈스럽게만 보이는 우주 속에서 인간이 서야 할 자리를 일러주는 것이다. 그것은 과학의 목표와 완전히 일치하는 것이다.

따라서 과학은 무엇보다도 그것이 어떻게 보이느냐에 관한 학문이 아니다. 과학은 객관적인 것도 아니며 편견이 없는 것도 아니다. 자연에 관한 모든 관찰은 이론에 스며들기 때문이다. 자연은 너무나 복잡하고 너무 임의적이기 때문에, 자연에 관한 특정한 사실을 예상하는 체계적인 도구를 이용해서만이 접근할 수 있다. 이러한 패턴이 없다면, 심지어 "내가 무엇을 보고 있는가"라는 단순한 물음에 대한 답조차 발견할 수가 없다.

구조는 제도화되어 있으며, 교육 제도에 의해 영속성을 부여받는다. 구조에 대해 합의하는 것은 능률적이다. 이것은 연구자가 매번 처음 원칙으로 거슬러 올라가는 수고를 덜어 준다. 구조론은 사실들의 당위성을 지적해 주며, 결과의 모든 가치와 평가는 구조의 내부 안에

• 에다(Edda): 아이슬란드어로 쓰인 고대 북유럽의 신화 시가집.

존재한다. 이론이 사실을 창조하고, 사실이 이론을 증명하므로 과학의 논증은 순환적이다. 이론에 구속되는 것은 질서 있는 진보를 위해 반드시 필요하다. 미지의 사실은 구조의 용어로 먼저 정의되어야만 조사가 가능하다.

그것이 함축하는 바는 오랜 세월에 걸쳐 실재의 구조가 변화해 온 결과, 과학은 오직 동시대의 용어들로 정의되고 동시대의 도구들로 연구된 실재에 관한 동시대의 문제에만 답할 수 있다는 것이다. 논리학은 그 시대의 가치관을 반영한다. 아벨라르는 논리학을 진리를 드러내는 도구로 사용했고, 갈릴레이는 실험상의 증거를 제시하는 데 사용했다. 언어도 역시 변화한다. 15세기에 지구는 '움직이지 않고 고정되어 있는' 것이었다. 18세기에 '전기electric' 라는 말에는 그것이 '액체' 라는 함의가 있었다. '공간' 은 게오르크 리만이 나오기 전에는 2차원이었다. 방법도 마찬가지로 환경에 의존한다. 변증법적 논증은 경험적 관찰로, 그리고 나중에는 통계적 확률성으로 대체된다. 과학

서구의 과학과 마찬가지로 불교도 오직 존재의 본질을 이해하는 데 관심을 갖고 있다. 그 과정에서 과학과는 달리 불교는 일상 세계를 모두 부인한다. 그러나 이 두 철학은 모두 우주를 통일시키는 단일한 힘을 찾고 있다.

은 오류를 통해서 발전한다. 왜냐하면 오류는 새로운 구조를 낳기 때문이다.

이러한 주장에도 불구하고 과학이 언제나 타당한 방법이나 실재에 대한 보편적인 설명을 제공하는 것은 아니다. 진리 탐구, 즉 '자연의 비밀의 발견'은 데카르트가 말했듯이 일시적인 진리를 색다르게 탐구하는 것이다. 하나의 진리는 다른 진리로 대치된다. 시간에 따라 과학이 자연에 좀더 복잡한 영상을 제공했다는 사실은 그 자체로 인간이 최선의 상태로, 이제까지 중 가장 정확한 모델에 의해 삶을 영위하고 있다는 결정적인 증거가 되지는 못하고 있다.

어떤 구조의 사용을 통해 얻어진 지식은 선택적인 것이다. 구조와는 독립된 지식 탐구를 인도할 기준이나 신념은 존재하지 않는다. 요컨대 과학적 지식은 실재가 무엇인가를 분명히 표현할 필요는 없다. 이것은 각 구조와 도구의 산물이다. 발견은 발명에 의한 것이고, 지식은 인위적인 것이다.

이것이 사실이라면, 모든 시기의 모든 견해는 마찬가지로 타당성을 지니고 있다. 형이상학적이고 초일상적이고 최종적이며 절대적인 실재란 존재하지 않는다. 사건으로 향하는 특정한 방향도 없다. 우주는 사람들이 말한 바대로 존재한다. 이론이 변하면 우주도 변한다. 진리는 상대적이다.

사람들은 이러한 상대주의적 관점을 일반적으로 회피해 왔다. 좌파는 상대주의적 관점이 참여를 약화시킨다고 여겼고, 우파는 사회를 무기력하게 만든다고 여겼다. 사실 단체에 의해 채택된 구조에 대해서는 모든 사람이 다같이 책임이 있다. 특권적인 진리원이 없다면, 모든 구조는 동등하게 가치 있는 평가를 받아야 하며 동등하게 가치 있는 것으로 묵인되어야 한다. 상대주의는 과학의 구조로부터 발생한 사회에 대해 과학이 책임을 지도록 만든다. 상대주의는 평가 가치 자체가 지니는 문맥상의 본질을 인식하게 함으로써 평가에 주의할 것을 강조한다.

상대주의적 접근은 이전의 그 어느 것과도 비교할 수 없는 구조를 구축할 수 있게 해주는 새로운 전자 데이터 시스템을 활용하게 될 것이다. 만약 구조적 변화가 소위 '사실'들이 병렬될 때 가장 빈번히 발생한다면, 그 체계는 현재의 변화 속도에서 일반 대중이 인식할 즈음에는 이미 폐물이 되는 사실이 아니라, 사실 사이의 관계를 평가할 기회를 줄 것이다. 그것은 사실들이 상호작용함으로써 변화를 낳는 방식에서 늘 일정불변하게 존재하는 것이다. 그리고 그때의 지식은 구조 그 자체에 대한 연구를 포함하게 될 것이다.

이런 체계는 모든 관심사가 사회에 필요한 지식이 어떤 것인지에 대한 지속적인 재평가에 따라 드러나며 가치 평가가 지식 탐구의 지침으로 적용되는 '균형잡힌 무정부' 형태를 허용할 수도 있을 것이다. 이것이 전문가의 작업을 보통 사람들의 판단에 맡겨 버림으로써 전문가의 위치를 위협하리라는 견해는 과학이 의식적으로건 무의식적으로건 늘 사회적 필요의 산물이었다는 사실을 무시하는 것이다. 인류의 노력에서 핵심적인 부분의 하나임은 분명하지만, 과학은 지난 수 세기 동안 지나치다 싶을 정도로 과도한 특권을 누려 왔기 때문에 과학 자체나 사회 양쪽 모두에 해가 될 수도 있을 것이다. 이제 지식을 필요로 하는 사람이 자신이 원하는 지식에 좀 더 쉽게 접근할 수 있도록 만들어야 할 때가 되었다.

# 참고문헌

1. 우리가 존재하는 방식


Burnet, John, *Early Greek Philosophy*(A. & C. Black, 1892).

Campbell, Joe, *Myths to Live By*(Souvenir Press, 1973). 『신화와 함께하는 삶』, 이은희 옮김, 한숲.

Cole, Michael, and Scribner, S., *Culture and Thought: A Psychological Introduction*(John Wiley: Chichester, 1974).

Cook, J. M., *The Greeks in Ionia and East*(Thames & Hudson, 1962).

Douglas, Mary, *Rules and Meanings: The Anthropology of Everyday Knowledge*(Penguin: Harmondsworth, 1973).

Eliade, Mircea, *Myth and Reality*(Allen & Unwin, 1963). 『신화와 현실』, 성균관대학교 출판부.

Firth, Raymond, *Symbols: Public and Private*(Allen & Unwin, 1973).

Kuhn, Thomas S., *Essential Tension*(University of Chicago Press, 1977).

Leach, E., *Culture and Communication*(Cambridge University Press, 1976).

Leach, E., *Social Anthropology*(Fontana, 1982).

Levi-Strauss, Claude, *The Savage Mind*(Weidenfeld & Nicolson, 1966). 『야생의 사고』, 안정남 옮김, 한길사.

Lloyd, G. E. R., *Early Greek Science: Thales to Aristotle*(Chatto & Windus, 1970). 『그리스 과학사상사: 탈레스에서 아리스토텔레스까지』, 이광래 옮김, 지성의 샘.

Neugebauer, O., *The Exact Sciences in Antiquity*(Dover Publications: New York, 1969).

Tejera, Victorino, *Modes of Greek Thought*(Prentice Hall: Englewood Cliffs, N, J., 1971).


2. 천상의 불빛 아래에서


Baldwin, J. W., *The Scholastic Culture of the Middle Ages 1000-1300*(D. C. Heath: Lexington, Mass., 1971). 『중세문화이야기』, 박은구 · 이영재 옮김, 혜안.

Brooke, Christopher, *The Twelfth Century Renaissance*(Thames & Hudson, 1969).

Brown, Peter, *The Making of Late Antiquity*(Harvard University Press, 1978).

Crombie, A. C., *Augustine to Galileo*, Vols I and II(Penguin: Harmondsworth, 1959).

Crombie, A. C., *Robert Grosseteste and the Origins of Experimental Science*,

*1100-1700*(Clarendon Press: Oxford, 1971).

Dunlop, D. M., *Arabic Science in the West*(Pakistan Historical Society: Karachi, 1958).

Haskins, C. H., *The Rise of Universities*(Cornell University Press, 1923). 『대학의 기원』, 삼성문화재단.

Hitti, Philip K., *History of the Arabs*, 10th ed.(Macmillan, 1970).

Kantorowicz, H., *Studies in the Glossators of Roman Law*(Cambridge University Press, 1938).

Leff, Gordon, *Mediaeval Thought*(Penguin: Harmondsworth, 1958).

Murray, Alexander, *Reason and Society in the Middle Ages*(Clarendon Press: Oxford, 1978).

Ronchi, Vasco, *The Nature of Light: An Historical Survey*, trans. V. Barocas (Heinemann, 1970).

Southern, R. W., *Mediaeval Humanism*(Basil Blackwell: Oxford, 1970).

Waley, David, *The Italian City Republics*(World University Press: Stamford, 1969).

Wallace, William A., *The Scientific Methodology of Theodoric of Freiberg*(The University Press: Fribourg, 1959).

Watt, M., *Influence of Islam on Mediaeval Europe*(Edinburgh University Press, 1972).

### 3. 관점

Allen, D. J., *The Philosophy of Aristotle*(Oxford University Press, 1952).

Aston, Margaret, *The Fifteenth Century*(Thames & Hudson, 1968).

Bolgar, R. R., *The Classical Heritage and Its Beneficiaries*(Cambridge University Press, 1954).

Boxer, C. R., *The Portuguese Seaborne Empire 1415-1825*(Hutchinson, 1969).

Brucker, Gene, *Renaissance Florence*(John Wiley: Chichester, 1969).

Burke, Peter, *Tradition and Innovation in Renaissance Italy*(Collins, 1972).

Edgerton, Sam Y., *The Renaissance Rediscovery of Linear Perspective*(Harper & Law: New York, 1976).

Gadol, J. K., *Leon Battista Alberti*(University of Chicago Press, 1970).

Gilmore, Myron P., *The World of Humanism 1453-1517*(Harvard University Press, 1962).

Hay, D., *The Italian Renaissance in Its Historical Background*(Cambridge University Press, 1960).

Kristeller, Paul Oskar, *Renaissance Philosophy and the Mediaeval Tradition*(Archabbey Press: Pennsylvania, 1966).

Lindberg, David C., *Theories of Vision from Al-Kindi to Kepler*(University of

Chicago Press, 1976).
Wackernagel, Martin., *The World of the Florentine Renaissance Artist*(Princeton University Press, 1981),
White, John, *The Birth and Re-Birth of Pictorial Space*(Faber & Faber, 1957).
Wittkower, R., *Architectural Principles in the Age of Humanism*(Warburg Institute, 1949).

### 4. 사실의 문제

Brown, Lloyd., *The Story of Maps*(Dover Publications: New York, 1949).
Buck, L. P., *The Social History of the Reformation*(Ohio State University Press, 1972).
Clanchy, M. T., *From Memory to Written Record*(Edward Arnold, 1979).
Dickens, A. G., *The German Nation and Martin Luther*(Fontana, 1974).
Eisenstein, Elizabeth L., *The Printing Press as an Agent of Change*, Vols Ⅰ and Ⅱ(Cambridge University Press, 1979).
Febvre, Lucien, and Martin, Henri-Jean, *The Coming of the Book*(New Left Books, 1976).
Gilmore, Myron P., *The World of Humanism, 1453-1517*(Harvard University Press, 1962).
Ivins, William M., *Prints and Visual Communication*(Routledge & Kegan Paul, 1953).
Jemett, Sean, *The Making of Books*(Faber & Faber, 1951).
Lindsay, Jack, *The Troubandours and their World*(Frederick Muller, 1976).
Scholderer, Victor, *Johann Gutenberg: The Inventor of Printing*(British Museum Publications, 1970).
Smalley, Beryl, *The Study of the Bible in the Middle Ages*(Basil Blackwell: Oxford, 1952).
Steinberg, S. H., *Five Hundred Years of Printing*(Pelican: Harmondsworth, 1955).
Updike, D. B., *Printing Types: Their History, Forms and Use*(Oxford University Press, 1922).
Yates, Frances A., *The Art of Memory*(Penguin: Harmondsworth, 1966).

### 5. 무한히 합리적인

Allen, D. J., *The Philosophy of Aristotle*(Oxford University Press, 1952).
Andrade, E. N., *Isaac Newton*(M. Parrish, 1950). 『아이작 뉴턴』 전파과학사.
Boyer, Carl B., *The History of Calculus and Its Conceptual Development*(Dover Publications: New York, 1949).
Busch, H., and Lohse, B., *Baroque Europe*(Batsford, 1962).

Casper, Max, *Kepler*(Abelard-Schuman: New York and London, 1959).

Clagett, Marshall, *History of Science*(University of Wisconsin Press, 1969).

Drake, Stillman, *Galileo*(Oxford University Press, 1980).

Dreyer, J. L. E., *Tycho Brahe: A Picture of Scientific Life and Work in the Sixteenth Century*(Dover Publications: New York, 1963).

Goodstein, Thomas, *The Dawn of Modern Science*(Houghton Mifflin: Boston, 1980).

Hall, A. R., *Scientific Revolution 1500-1800*(Longmans, Green, 1954).

Kline, Morris, *Mathematics in Western Culture*(Pelican: Harmondsworth, 1953). 『수학 문명을 지배하다』, 박영훈 옮김, 경문사.

Koyré Alexandre, *From the Closed World to the Infinite Universe*(Johns Hopkins University Press, 1957).

Kuhn, Thomas, *The Copernican Revolution*(Harvard University Press, 1957).

Pledge, H. T., *Science Since 1500*(HMSO, 1966).

Westman, Robert S., *The Coperican Achievement*(University of California Press, 1975).

6. 산업혁명의 진실

Alexander, David, *Retailing in England During the Industrial Revolution*(Athlone Press, 1970).

Briggs, Asa, *The Power of Steam: An Illustrated History of the World's Steam Age*(Michael Joseph, 1982).

Cootes, R. J., *Britain Since 1700*(Longman, 1968).

Crowther, J. G., *Scientists of the Industrial Revolution*(Cresset Press, 1962).

Dickson, P. G. M., *The Financial Revolution in England*(Macmillan, 1967).

Dorman, C. C., *The London and North Western Railway*(Priory Press, Hove, 1962).

Flinn, M. W., *Origins of the Industrial Revolution*(Longman, 1966).

Girouard, Mark, *Life in the English Country House*(Yale University Press, 1978).

Gladwin, D. D., *The Canals of Britain*(Batsford, 1973).

Hans, Nicholas, *New Trends in Education in the Eighteenth Century*(Routledge & Kegan Paul, 1951).

Hill, Christopher, *The Intellectual Origins of the Industrial Revolution*(Oxford University Press, 1965).

Hills, Richard, *Power in the Industrial Revolution*(Manchester University Press, 1970).

Kerridge, Eric, *The Agricultural Revolution*(Allen & Unwin, 1967).

Mathias, Peter, *The Transformation of England*(Methuen, 1979).

O'Connor, D. J., *John Locke*(Penguin: Harmondsworth, 1952).

7. 의사들은 그때 무슨 일을 했을까

Ackernecht, E. H., *Medicine at the Paris Hospital, 1794-1848*(Johns Hopkins University Press, 1967).

Barlow, C. and P., *Robert Koch*(Heron Books: Norwich, 1971).

Cox, C. and Mead, A., *A Sociology of Medical Practice*(Collier Macmillan: New York, 1975).

Eyler, J. M., *Victorian Social Medicine: Ideas and Methods of William Farr*(Johns Hopkins University Press, 1979).

Flinn, M. W., *Public Health Reform in Britain*(Macmillan, 1968).

Greenwood, M., *Medical Statistics from Graunt to Farr*(Cambridge University Press, 1948).

Jones, J. Philip, *Gambling Yesterday and Today*(David and Charles: Newton Abbot, 1973).

King, Lester S., *The Medical World of the Eighteenth Century*(University of Chicago Press, 1958).

Lopez, Claude-Anne, *Mon Cher Papa*(Yale University Press, 1966).

Reiser, S. J., *Medicine and the Reign of Technology*(Cambridge University Press, 1978).

Rosen, E., *From Medical Politics to Social Medicine*(Cambridge University Press, 1948).

Simon, Brian, and Bradley, Ian, *The Victorian Public School*(Gill & Macmillan: Dublin, 1975).

Smith, F. B., *The People's Health, 1830-1910*(Croom Helm, 1979).

Staum, Martin S., *Cabanis: Enlightenment and Medical Philosophy in the French Revolution*(Princeton University Press, 1980).

Turner, E. S., *Taking the Cure*(Michael Joseph, 1967).

Vess, D. M., *Medical Revolution in France*(University of Florida Press, 1975).

8. 법칙에 맞게

Barzun, Jacques, *Darwin, Marx, Wagner: Critique of a Heritage*(Secker & Warburg, 1942).

Burgess, G. H. O., *The Curious World of Frank Buckland*(John Baker, 1967).

Burrow, J. W., *Evolution and Society*(Cambridge University Press, 1966).

Chadwick, Owen, *The Secularisation of the European Mind in the Nineteenth Century*(Cambridge University Press, 1975). 『19세기 유럽 정신의 세속화』, 이정석 옮김, 현대지성사.

Coleman, W., *Georges Cuvier, Zoologist: A Study in the History of Evolution Theory*(Harvard University Press, 1964).

Gasman, Daniel, *The Scientific Origins of National Socialism*(Macdonald, 1971).

Gillispie, C. C., *Genesis and Geology*(Harvard University Press, 1951).

Glass, B. (ed.), *Forerunners of Darwin*(Johns Hopkins University Press, 1959).

Hofstadter, R., *Social Darwinism in American Thought*(George Braziller: New York, 1944).

McKinney, H. Louis, *Wallace and Natural Selection*(Yale University Press, 1972).

McLellan, David, *Karl Marx: His Life and Thought*(Macmillan, 1973).

Oldroyd, R. R., *Darwinian Impacts*(Open Unversity Press, 1980).

Rudwick, M. J. S., *The Meaning of Fossils: Episodes in Palaeontology*(Macdonald, 1972).

Ruse, Michael, *The Darwinian Revolution*(University of Chicago Press, 1979).

Wilson, Leonard, G., *Charles Lyell: The Year to 1841*(Yale University Press, 1972).

### 9. 파동 만들기

Berkson, William, *Fields of Force*(Routledge & Kegan Paul, 1974).

Blakemore, John T., *Ernst Mach: His Work, Life and Influence*(University of California Press, 1972).

Cohen, I. Bernard, *The Newtonian Revolution*(Cambridge University Press, 1980).

Fever, L. S., *Einstein and the Generations of Science*(Basic Books: New York, 1974).

Gillispie, C. C., *The Edge of Objectivity*(Princeton University Press, 1960). 『객관성의 칼날』, 이필렬 옮김, 새물결.

Holton, Gerald, *Thematic Orgins of Scientific Thought: Kepler to Einstein*(Harvard University Press, 1973).

Jolly, W. P., *Marconi*(Constable, 1972).

Josephson, Matthew, *Edison: A Biography*(McGraw-Hill: New York, 1959).

Meyer, Herbert W., *A History of Electricity and Magnetism*(MIT Press: Cambridge, Mass., 1971).

Popper, Karl R., *Quantum Theory and Schism in Physics*(Hutchinson, 1982).

Reichenbach, Hans, *From Copernicus to Einstein*(Dover Publication: New York, 1980).

Reichenbach, Hans, *Philosophic Foundations of Quantum Mechanics*(University of California Press, 1965).

Swenson Jr, L. S., *Genesis of Relativity*(Burt Franklin: New York, 1979).

Swenson Jr, L. S., *The Ethereal Aether*(University of Texas Press, 1972).

### 10. 끝없는 세계들

Barnes, Barry, *Interests and the Growth of Knowledge*(Rourledge & Kegan Paul,

1977).

Barnes, B., and Edge, D., *Science in Context: Readings in the Sociology of Science*(Open University Press, 1982).

Collins, H. M., (ed.), *Sociology of Scientific Knowledge*(Bath University Press, 1982).

Collins, H. M., and Pinch, T. J., *Frames of Meaning: The Social Construction of Extraordinary Science*(Rourledge & Kegan Paul, 1982).

Feyerabend, Paul, *Aganist Method: Outline of an Anarchistic Theory of Knowledge*(Verso Editions, 1975). 『방법에의 도전』, 정병훈 옮김, 한겨레.

Feyerabend, Paul, *Science in a Free Society*(Verso Editions, 1978).

Fleck, Ludwik, *Genesis and Development of a Scientific Fact*(University of Chicago Press, 1979).

Gould, Stephen Jay, *The Panda's Thumb: More Reflections in Natural History*(Penguin: Harmondsworth, 1980). 『판다의 엄지』, 김동광, 세종서적.

Gregory, Richard L., *Eye and Brain: The Psychology of Seeing*(World University Library, 1966).

Healther, D. C., *Plate Tectonics*(Edward Arnold, 1979).

Hesse, Mary, *Revolutions and Reconstructions in the Philosophy of Science*(Harvester Press: Brighton, 1973).

Knorr, Karin D., et al. (eds), *The Social Process of Scientific Investigation* (Reidel: Dordrecht, 1981).

Kuhn, Thomas, S., *The Structure of Scientific Revolutions*(University of Chicago Press, 1962). 『과학혁명의 구조』, 까치.

Polanyi, Michael, *Personal Knowledge: Towards a post-Critical Philosophy* (Routledge & Kegan Paul, 1958). 『개인적 지식: 후기비판철학을 향하여』, 표재명 · 김봉미 옮김, 아카넷.

Ziman, John, *Reliable Knowledge: Exploration of the Grounds for Belief in Science*(Cambridge University of Press, 1978).

## 옮긴이의 말

"계수나무 한 그루, 토끼 한 마리"

"이것은 한 인간에게는 작은 한 걸음에 불과하지만 인류에게는 큰 도약입니다."

달에는 토끼가 방아를 찧으며 살고 있다고 믿은 적이 있었다. 그후 시간이 지나 사람이 달에 가고 그곳에는 토끼가 살고 있지 않음을 사람들은 눈으로 확인할 수 있었다. 더 정확히는 텔레비전 화면으로…….

여기 한 장의 사진이 있다. 사람들이 모여 있다. 1919년 월드 시리즈를 구경하러 온 사람들이 뉴욕의 타임스퀘어를 가득 메우고 있다. 앞에 상황판이 보인다. 그리고 사다리도 보인다. 한 타자가 아웃되면 운동장에서 속보가 전해졌으리라. 야구장에 있는 사람이 상황판을 담당하는 사람에게 전화를 하면 기록원이 사다리를 타고 올라가서 상황판에 표시했으리라. 누구누구가 타석에 나왔었는데 삼진이 되었노라고, 그래서 지금은 8회 투 아웃 상황이고 주자는 1루에 있다고……. 1919년 그러니까 지금으로부터 80년 정도 전의 일이다. 그 당시는 아직 라디오가 발명되기 전이었다.

기록원이 사다리에 올라 기록을 할 때마다 탄성과 한숨이 교차했으리라. 그리고 경기를 화제로 삼삼오오 이야기꽃을 피웠으리라. 일정한 시간이 지나 다시 기록원이 나타나면 구경꾼들의 시선은 상황판에 고정되었을 것이다. 그리고 또다시 한숨과 탄성이 교차하고 이야기꽃이 피어났을 것이다.

그러나 지금은 누구도 이런 식의 야구 중계를 보기 위해 광장으로 몰려나오지는 않을 것이다. 아마 기록과 기록 사이의 그 긴 시간을 참아낼 수 있을 만큼 참을성이 있는 사람도 없을 것이다. 여러 채널에서 동시에 방송되는 야구 경기들을 리모컨을 '휘휙' 돌려가며 '훑어보는' 우리로서는…….

세상은 변한다. 그리고 변화의 속도는 나날이 빨라지고 있다. 사람들은 그 속도에 적응하면서 살아간다. 물론 적응을 거부하고 자신만

의 방식을 고수하며 자신만만하게 살아가는 사람도, 혹은 적응하지 못하고 뒤쳐졌다는 패배감 속에서 살아가는 사람들도 있다. 그러나 변화에 대한 적응은 대부분의 사람에게 선택이 아니라 생존의 문제이다. 적어도 현대인들은 그렇게 믿고 있다.

그리고 그것은 이제 인간만의 문제는 아니다. 영국 어느 지역의 고슴도치들도 변화의 속도에 적응해야만 했다. 적이나 위험물이 나타나면 몸을 구부려 공처럼 만들고 가시를 곤두세우는 것이 고슴도치들의 '본능' 이었다. 그러나 이제 그 지방의 고슴도치들은 그렇게 하지 않는다. 그들은 차가 나타나면 그대로 몸을 웅크리는 대신 빠르게 달아나 버린다. 자신들의 서식지에 넓은 고속도로가 생기는 바람에 무수한 동료들이 차에 치여 죽어간 것이다. 그래서 녀석들은 조상 대대로 물려받은 본능을 포기하고 '적응' 을 선택한 것이다.

세상은 늘 변한다. 그리고 그에 따라 사람들의 삶도 변화한다. 이 책은 그런 이야기를 다루고 있다. 지식이 어떻게 변해왔고 그것이 또 세상을 어떻게 바꾸어 놓았고 또 사람들의 삶은 어떻게 바꾸어 놓았는지를……. 저자는 세계를 변화시키는 힘이 지식이라고 믿는다. 지식은 세계를 변화시키고 우리의 삶의 모습과 존재를 바꾸어 놓는다.

저자에 따르면 역사에는 굽이굽이마다 변화의 순간이 있다고 한다. 그리고 그 변화의 순간을 만들어 낸 것은 지식(더 정확히는 과학)이었다. 코페르니쿠스의 지동설은 단지 하나의 지식 체계가 또 다른 하나의 지식 체계로 바꾸는 것에 끝나지 않았다. 교회와 절대왕권이 지배하던 사회가 무너지고 다른 모습의 사회로 이어지는 계기가 된 것이다. 의학의 발전 역시 그랬다. 이전까지만 해도 죄인 취급을 받던 여러 정신 질환자들이 이제는 병을 가진 '사람' 으로 대우를 받게 된 것이다. 다윈의 진화론 역시 그랬다. 자연선택이라는 개념은 적자생존이라는 말로 인구에 회자되면서, 각국의 경제정책이나 복지정책에 부정적 혹은 긍정적인 영향을 끼쳤다.

저자 제임스 버크는 이런 변화의 순간들을 재미있는 에피소드를 섞어가면서 솜씨 있게 요리해 내는 데 성공했다. "'우리가 알고 있는 것이 바로 우리 자신'이다. 그러니 지식은 여러 사람에게 공유되어야 하며, 당신에게도 그런 권리가 있으며 그런 방향으로 나아가고 있다"는 것이 저자의 결론이다.

이제 아무도 하늘의 달을 올려다보면서 계수나무와 토끼를 떠올리지 않는다. 이제 아무도 두세 시간을 상황판 앞에 지켜 서서 야구 경기를 보지 않는다. 더 정확히 말하자면 그들과 우리는 다른 사람들이 되어 버린 것이다. 우리는 그들에 비해 너무 많은 지식을 가지고 있고 기계라는 문명의 이기에 너무 많이 익숙해져 있다. 우리도 어쩌면 '본능'을 버리고 '적응'을 선택한 영국의 고슴도치들과 같은 처지일지도 모른다. '본능'을 버리고 '적응'을 선택한 고슴도치들은 행복할까? '느림'을 버리고 '빠름'를 선택한 우리는 과거의 사람들에 비해 더 행복하다고 할 수 있을까?

그러나 한 가지는 분명하다. 이런 변화의 근저에는 지식이 있고 그런 지식을 만들어 낸 것은 바로 우리들 자신이라는 것이다. 우리들은 앞으로도 계속 새로운 지식을 만들어 나갈 것이다. 그리고 그 지식이 올바르게 쓰이도록 하는 것은 온전히 우리들의 몫이다.

# 찾아보기

*본문에 굵게 표시한 숫자는 해당 그림이나 사진이 나온 쪽수를 가리킵니다.

ㅇ

ㅎ



기타

**제임스 버크** James Burke
북아일랜드에서 태어나 옥스퍼드 대학에서 석사학위를 받았다. 이탈리아에서 영어-이탈리아어사전을 편찬하던 중 우연히 방송일에 관여하다가 이내 방송의 세계에 매료되었다. BBC, PBS 등에서 과학, 역사, 시사에 관한 다큐멘터리를 제작해 격찬과 함께 수많은 상을 휩쓸었다. 그후 세계 방송사상 가장 걸출한 과학 다큐멘터리 프로듀서이자 베스트셀러 작가로서 빛나는 명성을 쌓아갔다. 역사에 대한 해박한 지식과 세계를 읽는 예리하고 독특한 시각은 텔레비전이라는 매체를 통해 세계적으로 큰 반향을 불러일으켰다. 미국에서는 3백여 대학에서 그가 만든 다큐멘터리와 컴패니언북을 교재로 채택할 만큼 명망이 높다. 그는 복잡한 과학사에서 연관성이 별로 없어 보이는 사소한 사건이나 사물들을 연결하여 기술사의 발전 과정에 숨어 있는 근원을 추적해 상관관계를 명쾌하게 파헤친다. 그가 제작한 수십 편의 과학 다큐멘터리 중에서 유명한 것으로는 〈커넥션〉 시리즈와 이 책의 원작인 〈우주가 바뀌던 날〉 등이 있다. 지은 책으로 『커넥션』 『핀볼 효과』 『도끼장이의 선물』 등이 있다.

**장석봉**
대학에서 철학을 공부하고 단행본 기획과 번역일을 하고 있다. 지은 책으로는 『인류의 문화를 바꾼 물건 이야기 100』이 있으며, 옮긴 책으로 『잊혀진 미래』 『핀볼 효과』 『야구의 물리학』 『나의 잡학사전』 『도발:아방가르드의 문화사』 등이 있다. 베어스의 아주 오래된 팬이다.

우주가 바뀌던 날 그들은 무엇을 했나

1판 1쇄 찍음 2010년 11월 3일
1판 1쇄 펴냄 2010년 11월 12일

**지은이** 제임스 버크
**옮긴이** 장석봉

**주간** 김현숙
**편집** 변효현, 김주희
**디자인** 이현정, 전미혜
**영업** 백국현, 도진호
**관리** 김옥연

**펴낸곳** 궁리출판
**펴낸이** 이갑수

**등록** 1999. 3. 29. 제300-2004-162호
**주소** 110-043 서울시 종로구 통인동 31-4 우남빌딩 2층
**전화** 02-734-6591~3
**팩스** 02-734-6554
**E-mail** kungree@kungree.com
**홈페이지** www.kungree.com



ISBN 978-89-5820-199-1 03900

값 30,000원